大学语文新编教程

DAXUE YUWEN XINBIAN JIAOCHENG

文学卷

（第五版）

◎ 毛信德 主编

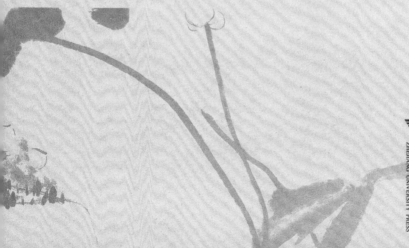

浙江大学出版社
ZHEJIANG UNIVERSITY PRESS

第五版序

毛信德

在经历了不算太短的二十年时光,《大学语文新编教程》已经成为在全国大学语文教学领域中比较成熟的一部教材,根据浙江大学出版社统计(包括原杭州大学出版社的印刷数字在内),本教程(含文学卷、写作卷)共发行了三十五万册以上,发行范围分布全国十几个省市自治区,2003年获得全国高校出版社畅销书奖,2007年5月也得到了国内某著名媒体的评论与肯定。一方面说明这部教材在体例上、内容上比较适合各高校大学语文课程的教学需要,另一方面也说明本教程坚持小开本、低定价以减轻学生书费负担的做法获得了大家的公认。感谢各高校大学语文教学同仁的厚爱、感谢广大莘莘学子的支持,如今在人们对于文学尤其是中国古代文学的认识仍然处于或高或低、飘忽不定的情况下,在各高校大学语文教学还是处于惨淡经营的情况下,要维护这门从前辈学者继承下来的课程地位,还是一句老话:"一要发展,二要提高"。十五年前,国家教育部提出加强高校人文素质教育工作。2010年7月在全国高校文化素质教育专家论坛上,包括本人在内的全体与会代表和原教育部领导再次明确:根据《国家中长期教育改革和发展规划纲要(2010—2020)》的精神,必须把"坚持以人为本推进素质教育……作为教育改革和发展的战略主题"。

为适应目前形势下的教学需要,在2011年本教程又经过了比较大的修订,出版第五版,继续保持原来体例和小开本、低定价的传统。期待各位大学语文同仁、广大同学批评指正。

2011年2月2日于浙江工业大学

修 订 说 明

毛信德

谚语曰:"光阴似箭"。《大学语文新编教程》(文学卷)(写作卷)自 1991 年问世以来,倏忽已有一十八个年头,其间经过五次修订三十余次重印,总印数达到二十万套以上,教材质量得到了诸多高校和莘莘学子的认可。大学语文课程自从 20 世纪 80 年代在全国高校重新开设至今,筚路蓝缕风雨飘摇,课程地位稳定的尚且可以考虑教材建设队伍发展,不稳定的则只能战战兢兢维持生计,唯恐遭到淘汰,个中艰辛业内人士自有体验。回想当年前辈学者倡导重开"大学国文"的拳拳之心,正应了一句老话"创业难,守业更难"。好在今天全国上下对提高大学生人文素质的重要性已经有了共识,2006 年 9 月颁布的《国家"十一五"时期文化发展规划纲要》第三十条明确提出:"高等学校要创造条件,面向全体大学生开设中国文学课。"在这样的大好形势下,大学语文课程建设必将迎来又一个美好的春天。当前对于大学语文课程来说,重要的是明确课程定位、抓好师资队伍建设、提高课程教学质量,使之成为一门学生爱听、教师爱讲,能够充分激发年轻一代热爱人类语言文学和民族文化,训练学生能够比较熟练地运用母语进行写作的课程,这其中教材建设是一个重要的环节。有鉴于此,浙江工业大学充分重视大学语文教材的建设与完善,每隔三年修订一次的惯例,能够较好地保证《大学语文新编教程》做到与时俱进不断完善,还是20 世纪 90 年代全国大学语文研究会提出的那句口号:"一要发展,二要提高"。本人年近六十有五,即将退出本科教学岗位,故本次修订在主编会议确定原则后,皆由年轻一辈的教授,副教授具体实施组织完成,同时对参编人员也作了部分调整。他们是:文学卷执行主编张欣教授、彭万隆教授,中国古代文学分科主编刘成国副教授,中国现当代文学分科主编左怀建教授,外国文学分科主编王福和教授;写作卷执行主编岑雪苇副教授、姚莫诩教授,写作理论分科主编赵中华讲师,文体写作分科主编庞飞博士。

  本教程于1980年代末期由本人创意设计,1990年代初期完成编写工作,其间承浙江大学、福州大学、河海大学、原杭州大学、原上海工业大学、原江西工业大学等兄弟高校诸位同仁的通力合作,使本《教程》第一版得以于1991年顺利出版发行,于1993年获得浙江省普通高校优秀教学成果二等奖;1999年浙江工业大学人文学院成立,由于全校性大学语文课程建设和中文学科发展的需要,本《教程》成为学校重点教材建设项目,也成为中文系教材建设的一个主要成果,使浙江工业大学的大学语文教学形成一支拥有二十余名教授、副教授和讲师组成的教师队伍,成为全校开课规模最大、最受学生欢迎的公共课程之一,与中国文化要览、美学和大学写作以及多门选修课构成了一个完整的大学语文课程体系,也成为提高汉语言文学本科专业教学质量、发展中国古代文学和比较文学与世界文学等研究生教学的重要支柱之一。抚今追昔感慨系之,本人坚信大学语文是一项关系到培养年轻一代人文素质的重要事业,一定会和中华民族的灿烂文化一样永葆青春!

2006 年 12 月

于浙江工业大学

序

毛信德

由于前辈们的努力倡导和身体力行,自 80 年代重新开设大学语文课程以来,成绩巨大,然而目前面临的困难还是大的。语文教学在我国大学教学体系中的地位尚未完全确立,对它的作用的认识也并非完全一致。为了迎接 21 世纪的挑战,更需要我们振作精神,把这项有益于千秋后代的事业在本世纪的最后几年里推上一个新的台阶。为此,我们必须在现有成绩的基础上,做到坚持与提高。坚持就是指坚持在大学生的整个学习过程中,贯穿对他们的汉语言文学的熏陶和训练,使之融化于大学教学的实施之中;提高就是指提高大学生的总体文学修养、道德情操,增强人文精神的培育以及语言和文字的表达能力。

大学的语文教学决不仅仅是在课堂上讲解几篇作品或者是分析几位作家,也不仅仅是教学生学会写几种文体的应用文章,它应该是一项如何教育学生懂得"中国人为人的道德"(鲁迅语)的系统工程,它应该是包括文学、美学、教育学、心理学、史学、写作学、艺术学等各门学科在内的大学阶段的语文总体教学。对于所有非文史专业的大学生,尤其是对理工科大学生来说,学好专业固然重要,学好大学语文也同样重要。因为它可以培养学生高尚的道德情操,完善同学们应有的知识结构,在人类伟大的传统文化的陶冶下,努力做到文理渗透,使自己成为既掌握高深的专业知识,同时又具有丰富的思维能力和表达能力的合格的大学生。

鉴于上述的理由,我们可以明确:大学语文类课程在理工科大学中应该而且必须具有合法的地位;"大学语文"在理工科大学中只能加强,不能削弱。科学与文学本来就不是截然割裂的,在当今科学技术高度发达的年代,一个从事科学研究的人是不可能对审美感知、艺术情操一窍不通的,想像、灵感、诗意并不单单只属于艺术家。正如列宁所说:"有人以为只有诗人需要幻想,这是没有道理的,这是愚蠢的偏见! 甚至数学上也是需要幻想的,没有它就不可能发明微积分。"因此,对于理工科大学生来说,学习古今中外的文学作品,掌握分析和鉴赏的能力,善于运用母语表达自己的内心情感和思维,能熟练地驾驭本国语言,使之成为传播或接受信息的工具,这是必不可少的。理工科大学生需要学习计算机操作和机械制图,他们同样也需要学习文学艺术知识和写作技巧,这也是时代发展的必然趋势。从当前高等教育的内涵来说,逐渐从单一的专业教学发展到理、工、文、管的全面渗透势在必行。

与多数的理工科大学一样,浙江工业大学自80年代初期以来,就坚持在全校学生中开设包括大学语文、应用写作以及多门古今中外文学选修课在内的大学语文类课程。经过若干年的努力,已形成了一个比较完整的课程体系,并于1993年以"理工科大学大学语文教学的改革"为题,获得浙江省普通高等学校优秀教学成果二等奖,1996年被学校列入首批优秀课程建设项目。事实证明,在理工科大学,重视大学语文教学,开设好这门素质教育课程,对于增强学生思想修养,提高学生人文精神,活跃校园文化生活,具有重要的意义;同时,对于培养学生汉语言文学方面的阅读、欣赏、理解和表达能力,可以起到极大的推动作用。

经过十几年的教学实践,我们体会到:要形成一个比较完整的大学语文课程体系,一是需要领导的重视与支持,二是需要有一支奋发向上、团结进取的师资队伍,三是需要有一部内容完备、因地制宜的教材。所幸的是我们拥有了这三个方面的条件,这也是我们近年来之所以能取得一点成绩的原因所在。

教材乃教学之本。鉴于这一认识,1990年以来,考虑到理工科大学的特点和课程教学的具体需要,我校会同华东地区多所理工类兄弟院校进行探索、商讨,于1991年8月编写出版了《新编大学语文》(文学卷·写作卷)在各校使用。1994年8月,又对此教材作了大幅度的修订或重写,更名为《大学语文教程》(文学卷·写作卷)重新出版。现在,时间又过去了三年,为了进一步提高教材质量,不断更新内容,以适应当前教学形势的发展需要,我们以比较新的面目再次推出这套教材。这套教材在大的框架上,依然保持了"文学卷"与"写作卷"可分可合、合二为一、分而独立的体例。我们认为:在开设"大学语文"课程时,也同时应该让学生懂得和掌握语言表达的几种基本写作形式;在开设"应用写作"课程时,也完全可以结合文学史、文学作品的选讲、评述来丰富写作内容。在文学卷中,我们强调文、史并重,多读佳作,教师可以依据具体情况予以选择、深化;在写作卷中,我们主张以基础理论为先导,写作实践为基础,侧重于社会实际需要,主要是有助于学生掌握文体写作的规律和特点。从主观愿望来看,这样似乎是没有矛盾的,而且有利无弊,在以往数年的教学实践中,也多少体会到这一教学方式的好处。当然,从全局出发,它的客观效果如何,还有待于时间的评判。

教材建设是高等学校教学中的重要一环。在大学语文教学领域内,我们在前辈学者、全国高校同仁和使用过我们教材的广大同学的热忱支持中增添了前进的力量。在本教材再次出版之际,谨向过去十余年工作中支持、关心和帮助过我们的人们,尤其是上海大学(原上海工业大学)、浙江大学、福州大学、南昌大学(原江西工业大学)、杭州大学、河海大学的各位教授致以谢忱。

本教材由教研室同仁分工执笔,副主编负责各篇具体安排,主编全面审读统稿。不妥之处还望指正。

是为序。

1997年2月18日

于浙江工业大学

目　　录

上编　中国古代文学

中编　中国现代文学

下编　外国文学

上　编

中国古代文学

第一章 先秦文学

先秦文学,是指公元前221年秦统一中国以前的各个时期的文学。它是我国古代文学发生发展的第一个阶段。这一阶段所产生的很多优秀作品,为我国以后两千多年的文学发展奠定了坚实的基础。

原始歌谣和远古神话 文字产生以前的文学,都属远古文学。远古文学包括原始歌谣和远古神话,是中国文学的开端。

原始人类在劳动或舞蹈过程中所发出的一种有节奏的呼声,就是原始歌谣。像《吕氏春秋·音初篇》所载的《候人歌》:"候人兮猗!"《吴越春秋·勾践阴谋外传》所载的《弹歌》:"断竹,续竹,飞土,逐宍(肉)。"《吕氏春秋·古乐篇》所说的:"昔葛天氏之乐,三人操牛尾,投足以歌八阕……"都是远古人类劳动舞蹈过程中的口头创作。

由于远古时代的生产力水平相当低下,限制了人类的认识水平。原始人类把自然界变化的动力,归之于某种神的意志和权力,于是就出现了远古神话。现存较早的典籍如《山海经》、《淮南子》中,都保存了一些远古神话,如《精卫填海》、《女娲补天》、《夸父逐日》等。这些作品通过丰富、美丽、神奇的幻想,表现了文学的浪漫主义精神,对后世文学创作有着积极的影响。

《诗经》 《诗经》是我国古代第一部诗歌总集,共收入西周初年至春秋中叶大约500年间的诗歌305篇(不包括有目无辞的6篇笙诗)。

《诗经》按乐曲的不同分为"风"、"雅"、"颂"三个部分。"风"包括十五国风,有诗160篇;"雅"分大雅和小雅,有诗105篇;"颂"分周颂、鲁颂和商颂,有诗40篇。《诗经》所采用的艺术表现手法主要有"赋"、"比"、"兴"。"赋"是铺陈直叙;"比"就是托物比方;"兴"是感物起兴,朱熹《诗集传》说:"兴者,先言他物,以引起所咏之辞。""风、赋、比、兴、雅、颂",合称诗之"六义"。

《诗经》,先秦时通称"诗"或"诗三百",到了汉代被奉为经典,称作《诗经》。汉代传授《诗经》的有四家:齐之辕固生,鲁之申培,燕之韩婴,赵之毛亨、毛苌,分别称为"齐诗"、"鲁诗"、"韩诗"和"毛诗"。前三家亡佚,独毛诗得以流传至今。

整部《诗经》所包含的思想内容非常丰富,历来被作为士子了解古代社会生活的生动教科书。其中的精华部分,就是国风。由于地域的不同,国风分为十五,分别是周南、召南、邶风、鄘风、卫风、王风、郑风、齐风、魏风、唐风、秦风、陈风、桧(郐)风、曹风和豳风,除周南、召南产生在江汉、汝水流域外,绝大部分是黄河流域劳动人民的集体创作,真实地反映了当时劳动人民的生活状况,表达了人民对剥削压迫的不平和对美好生活的向往,是我国最早的现实主义诗篇。

国风中的许多诗歌,揭示了统治阶级的剥削实质,表现了被剥削阶级的反抗思想。如《魏风·伐檀》以讽刺的口吻揭露了剥削阶级的不劳而获:"不稼不穑,胡取禾三百廛兮? 不狩不猎,胡瞻尔庭有县貆兮?"《魏风·硕鼠》除揭示剥削阶级的本质外,更表达了对理想社会的向往:"乐土乐土,爱得我所。"

徭役、兵役的重压,在西周和东周都是存在的,周室东迁以后,各诸侯国经济逐渐发展,统治者更加奢侈起来,一些较大的诸侯国还经常发动兼并战争。在这种情况下,统治者就加重了对人民的奴役。《式微》、《击鼓》(邶风)、《陟岵》(魏风)、《扬之水》(王风)等诗篇,都深刻地反映出人民在沉重的徭役和兵役负担下所遭受的痛苦和折磨。《唐风·鸨羽》就是这方面最沉痛的控诉："肃肃鸨羽,集于苞栩。王事靡盬,不能艺稷黍。父母何怙?悠悠苍天,曷其有所!"徭役不仅给被役者带来极大痛苦,还破坏了正常的生产和家庭生活,使他们的父母无人奉养,陷入难以存活的境地。

反映婚姻、恋爱的诗篇在国风中占的比重最大。这些诗歌大多是率真大胆的表白,感情诚挚、热烈淳朴、思想健康。虽然同属爱情题材,内容上却很少重复,凡属爱情生活中所有的忧喜得失、离合变化,都得到了充分表现。

由于妇女特定的社会地位,不合理的婚姻制度带给她们的痛苦更深。《卫风·氓》就是反映婚姻问题的一篇有代表性的"弃妇诗",另外《邶风·谷风》、《王风·中谷有蓷》、《郑风·遵大路》等也同样反映了妇女在婚姻上的悲惨遭遇。

与"弃妇诗"相比,反映青年男女恋爱的诗歌则多数显得活泼自然,带有一些原始情调。《召南·野有死麕》写了邂逅定情和幽期密约的情景;《邶风·静女》则写一对情人在城隅的幽会,"静女其姝,俟我于城隅。爱而不见,搔首踟蹰"。女孩子故意躲藏起来,男孩子久等不见,不禁"搔首踟蹰",显得多么活泼。类似的作品,还有《郑风·萚兮》、《郑风·溱洧》、《陈风·东门之枌》等,无不写顺利美满的恋爱生活,反映出自由而自然的恋爱环境。但是有一些作品也揭露了爱情的束缚与不如意,如《郑风·将仲子》、《鄘风·柏舟》写父母对恋爱的反对;《郑风·狡童》、《陈风·泽陂》写失恋或单恋的痛苦;《唐风·葛生》写死生隔绝的不幸等等。特别是《柏舟》所体现的为追求幸福而顽强抗争的精神,在后代许多妇女形象如刘兰芝、祝英台、白娘子等身上得到更为完善的发展,成为贯穿古今爱情主题的基本格局。

《诗经》作品很多以劳动起兴,或以劳动作比喻,说明歌谣与劳动有着密切关系。专写生产劳动的作品,在《国风》中也很常见,如《豳风·七月》一篇,通过叙述农夫在一年中所从事的农业劳动,反映当时的生产关系和人民的艰苦生活。《周南·芣苢》用简单的歌词表现妇女们采摘芣苢时的情景:"采采芣苢,薄言采之。采采芣苢,薄言有之。"简单的内容重复咏唱,却能使读者感染到劳动的欢乐。《魏风·十亩之间》:"十亩之间兮,桑者闲闲兮,行与子还兮!"表现了劳动后的轻松愉快,使人想见那种呼群约伴、踏歌归去的情景。

《召南》中的《采蘩》和《采苹》写的也是劳动的内容,但由于反映的是奴隶们被迫的劳动,因而情调上不再是愉快欢悦。

《诗经》在中国文学史上占有相当重要的地位,其艺术成就和对后世的影响,主要表现在以下三方面:

一、真实地反映了周代社会生活及其本质,无论是积极干预时政的怨刺诗、抒写民间疾苦的征役诗,还是直接抒写百姓生活的婚恋诗、农事诗,都能贴近生活,表达真情实感,不作无病呻吟。《诗经》开创了现实主义的创作手法,成为我国古代诗歌创作的优良传统之一。尤其是"饥者歌其食,劳者歌其事"的现实主义精神,一直为后世进步作家所继承发扬。从汉乐府民歌的"感于哀乐,缘事而发",到建安时期的诗人,一直到唐代的李白、杜甫、白居易等人,无不受到了《诗经》现实主义精神的影响。

二、赋、比、兴手法,在《诗经》中得到了广泛的运用,赋适用于写景、叙事和直抒胸臆;比多用浅近易见的事物为喻体来打比方,使被喻的事物生动可感;兴谓触景生情、因事寄兴,有其他手法无法达到的表达效果。赋、比、兴的手法,在《诗经》中常常是交互为用、相互联系,共同构成《诗经》表现手法的基本特征。赋、比、兴的手法,被后世的文学家广泛使用,特别是比兴手法,由于它有助于增强诗歌的形象性与含蓄美,已成为中国古代诗歌中最具有民族特色的表现形式。

三、《诗经》的句式整齐而又灵活多变,以四言为主,又常夹以二言、三言、五言、六言等,使句子整齐中又富于变化。《诗经》是押韵的,同时又大量地使用叠音词或双声叠韵的连绵词,以增强诗的节奏美。《诗经》还常常采用重章叠句的手法,使相同的乐调重复出现,产生回旋往复的美感。

屈原及其《离骚》　屈原(约前339—前278),名平,战国末期楚人,出身于楚国的没落贵族家庭,为我国古代伟大的浪漫主义爱国诗人。屈原"博闻强志",熟悉政治情况,善于外交辞令,曾任楚怀王左徒,"入则与王图议国事,以出号令;出则接遇宾客,应对诸侯",因此起先颇受怀王信任。但由于楚国当时存在内外的尖锐斗争:在内政上是保守派与改革派的斗争,外交上也表现为亲秦和亲齐两派的斗争。前者以怀王稚子子兰等楚国的贵族集团为代表,后者以屈原为代表。怀王使屈原起草法令,上官大夫对法令内容想予以裁夺,屈原不赞同。于是上官大夫反诬屈原恃才矜功。怀王不察,遂疏屈原。秦惠王见有隙可乘,派张仪至楚,许怀王商於之地六百里,使绝齐交。怀王既绝交,又不得地,怒而发兵攻秦,先后皆大败,丧师失地。齐既见死不救,韩魏复出兵攻楚,怀王不得已,乃复用屈原,使齐,恢复邦交。不久由于怀王昏庸,又为群小所蔽,终于重蹈覆辙,亲秦绝齐,并放逐屈原于汉北。此时楚国内政腐败,外交失策,又连年为秦所败,怀王遂再度受欺,入秦而不返。顷襄王立,以弟子兰为令尹,对秦完全采取妥协政策。屈原痛恨子兰劝怀王入秦,故子兰复谗屈原,顷襄王怒而迁之于江南。楚顷襄王二十一年即公元前278年,楚国郢都被秦攻破,屈原悲愤忧郁,自投汨罗江而死。传说时在五月初五。

屈原是"楚辞"的代表人物。所谓"楚辞"是指战国时期兴起于楚国的一种诗体,其特征如宋代黄伯思云:"书楚语、作楚声、记楚地、名楚物,故可谓之'楚辞'。"(《校定楚辞序》)其名最早见于西汉前期,西汉末年刘向编定《楚辞》,使此诗体广为流传,除屈原作品外,还收辑宋玉及西汉东方朔等人诗作,由东汉王逸《楚辞章句》传世,凡17卷,为现存"楚辞"之范本。

《汉书·艺文志》载:"《屈原赋》二十五篇。"未列出具体篇目。王逸《楚辞章句》记载这 25 篇诗为:《离骚》、《九歌》(11 篇)、《天问》、《九章》(9 篇)、《远游》、《卜居》、《渔父》。但后人公认屈原的作品是:《离骚》、《九歌》、《天问》、《九章》、《招魂》等 23 篇。其中《离骚》是屈原诗歌的代表作,是我国古代文学作品中最长的一首抒情诗,也是"楚辞"中最为著名的一首长诗,后人亦多以"骚"代指"楚辞",并与《诗经》并称,成为中国文学两大渊源。

对"离骚"的含义有十余种解释。较为可信的是汉代的两种解释,一是遭受忧愁。司马迁《史记·屈原贾生列传》:"离骚者,犹离忧也。"班固《离骚赞序》:"离,犹遭也;骚,忧也。明己遭忧作辞也。"一是离别的忧愁。王逸《楚辞章句》:"离,别也;骚,愁也。""言己放逐离别,中心愁思。"近人游国恩认为"离骚"为古楚乐曲,与古乐曲"劳商"一物异名。

《离骚》表现了诗人眷念祖国和热爱人民的胸怀,他不但要挽救楚国的危亡,还想让楚国强大起来,从而实现中国的统一。诗中还表现了屈原坚持理想、憎恶黑暗、疾恶如仇的精神。它虽是一首浪漫主义诗篇,却具有深刻的现实意义。

《离骚》在艺术上有很高的成就。首先,《离骚》充满了积极的浪漫主义色彩。全诗自叙世系、生辰、品德、志趣,同时还不乏夸张的描写:扈江离辟芷,纫秋兰为佩,朝饮木兰坠露,夕餐秋菊落英;高余冠之岌岌,长余佩之陆离。诗人还驰骋想像,上天下地,向大舜陈情,与神人交友,使蛟龙驾车,挥云霓作旗,令雷师戒卫,命飞廉相随,在具有神话般色彩的叙述中,表达了诗人对理想的执著追求和对祖国的无限热爱。其次,屈原继承和发展了《诗经》比兴的手法。"《离骚》之文,依《诗》取兴,引类譬喻。故善鸟香草以配忠贞,恶禽臭物以比谗佞,灵修美人以媲于君,宓妃佚女以譬贤臣,虬龙鸾凤以托君子,飘风云霓以为小人。"(王逸:《楚辞章句·离骚经序》)开创了中国诗歌以香草美人寄情言志的境界。

作为一首长篇抒情诗，《离骚》不但有大量的直陈胸怀之辞，还通过听女媭告诫、向重华陈辞、与天帝交友、求淑女为妻、命灵氛占卜、迎巫咸降神、驰神思游天等几个相互关联的故事情节，反复申述诗人远大的政治理想，诉说自己横遭迫害的愤慨，表达诗人对理想的追求和对祖国的热爱。

屈原是我国文学史上第一位以爱国主义的主题思想和浪漫主义的表现手法闻名于世的伟大作家，他继承了《诗经》的优良传统，在汲取楚国民歌丰富的营养的基础上，创造了"骚体诗"，并完成了诗歌从集体口头创作向作家个人创作的过渡。在中国诗歌史上向以"风""骚"并称，它们分别代表了诗歌现实主义创作手法和浪漫主义创作手法的成熟。所有这些，奠定了屈原在中国文学史上的崇高地位。

屈原对后世的影响是巨大的。屈原的爱国思想和他高尚的品格，数千年来一直为后人所推崇。贾谊谪迁长沙，引屈原为知己，用他的《吊屈原赋》来鞭挞黑暗现实。司马迁受宫刑之后能忍受奇耻大辱而坚持写完《史记》，也受了屈原顽强精神的影响。

从文体上说，屈原创造的"骚体诗"，突破了《诗经》每句四字的格式，使诗歌能更好地表达诗人的内心情感，而且在骚体诗中，诗人还可以反复陈情，使诗的体制进一步扩大，从而为汉赋的产生作了准备。所以刘勰说："然赋也者，受命（名）于诗人，拓宇于楚辞也。"（《文心雕龙·诠赋》）

在艺术手法方面，屈原对后世的影响也是巨大的，《诗经》所代表的现实主义创作手法和《楚辞》所代表的浪漫主义创作手法，一直是我国文学创作的两种最基本的创作手法。屈原继承并发展了《诗经》的比兴手法，把比兴的主体与客体融为一体，把物与我、情与景融合起来，形成一系列独立的意象，在诗歌中起着重要的象征、寄寓作用。这种"寄情于物"、"托物言情"的表现手法，对我国的诗歌创作发展也产生了极大的推进作用。

先秦历史散文 自文字产生以后,我国历代王朝发生的大事,均要用文字记录下来。殷商的甲骨卜辞,虽然篇幅不长,但一篇完整的卜辞,总是包含序辞、命辞、占辞、验辞四个部分,其记事内容包括时间、地点、人物、事件、结果等等,可以看成是历史散文的开端。现存最早的历史散文集,记事的有《春秋》,记言的有《尚书》。

《春秋》,相传是孔子依据鲁国史官所编的史书加工而成的编年体史书,按事件发展的时间顺序,先后记载了鲁隐公元年(前722)至鲁哀公十四年(前480)共242年间的各国大事。《尚书》分《虞书》、《夏书》、《商书》、《周书》四部分,是一部训诰体的历史散文集。

春秋末期和战国时代是我国历史上经济制度和政治制度的大变动时期。在剧烈的社会斗争中,各诸侯国的当政者需要借鉴历史、总结经验,于是《左传》、《公羊传》、《谷梁传》、《国语》、《战国策》、《竹书纪年》等历史著作应运而生。这可算是先秦历史散文发展的成熟时期。

《左传》是一部配合《春秋》的编年体史书,记事起于鲁隐公元年(前722)止于鲁哀公二十七年(前468),比《春秋》多13年。此书相传为春秋末鲁国史官左丘明所作,其记述史事较《春秋》更为详备,比较全面地反映了各诸侯国的政治、经济、军事、文化等方面的事件,具有更高的史学价值。

《左传》既是一部重要的史学著作,同时又是一部优秀的历史散文著作。《左传》善于叙事,精于裁剪。如《僖公二十三、二十四年》记载晋公子重耳的流亡过程,虽然全文是按时间的先后为序的,但作者能从众多的事件中选取有关重耳成长的故事加以重点描写,从而既展示了重耳流亡的全过程,又不使对流亡过程的记述显得呆板乏味。《左传》还善于描写战争。《左传》并不拘泥于战争场面的描写,而侧重交代战争的起因及胜败的内外因素,揭示出战争的前因后果、经验教训,使整个战争描写显得波澜起伏,多姿多彩。

《左传》所记载的外交辞令,大多笔力纵横,曲折缜密,具有极强的说服力。如僖公三十年,秦晋联军围郑,郑大夫烛之武凭借极有说服力的外交辞令,不费一兵一卒,就分化了秦、晋联盟,迫使秦、晋退兵,使郑国转危为安。

《左传》同时善于通过人物言行来刻画人物性格,虽然《左传》中的人物描写多是片断的,但人物的性格特征仍然十分鲜明。如《隐公元年》记"郑伯克段于鄢"一事,郑庄公、共叔段、姜氏以及诸大臣的性格特征,甚至只用一言一行就生动地表现出来了。

《国语》,是我国最早的一部国别体历史著作,全书凡21卷,记载了从周穆王十二年(约前967)起至周定王十六年(前453)止五百余年中周王朝和鲁、齐、晋、郑、楚、吴、越等7个国家的史事。《国语》叙事甚少,记载的主要是谏说之辞,并以此评价人物的高低和政治的得失,反映了春秋时代的政局变化。如《周语上》记载了召公谏厉王弭谤,阐明了"防民之口,甚于防川",应该"宣之使言"广开言路的道理,是一篇出色的说理文。

《战国策》,也是一部国别体的历史著作。今本《战国策》分东周、西周、秦、齐、楚、赵、魏、韩、燕、宋、卫、中山等12国,记述了自周定王十七年(前590)至秦始皇三十一年(前216)各诸侯国的斗争以及游说之士的言论与活动。《战国策》所反映的思想具有新的特征。春秋时期的行人辞令,讲究礼法信义,而《战国策》所表现出的纵横家之辞,重权谋谲诈,真实地反映了战国时期尔虞我诈的社会现实。《战国策》还表现出了"贵士"的思想,有远见的君王都非常注重士的作用,竞相"致士"。同时,《战国策》也表现出追求个人名利的人生观,为了达到个人的目的,战国策士不讲品德节操,像陈轸朝秦暮楚,苏秦先主张连横后主张合纵,一切活动都以个人利益为转移。相反,《战国策》也表现了一部分谋臣策士顾及国家安危,坚持正义,反抗强暴的思想言行。如鲁连义不帝秦、触龙说赵太后,这种以国家利益为重的思想是值得称道的。

《左传》、《国语》、《战国策》等历史散文相继出现,不仅丰富了史学文库,也大大发展了语言艺术。既为后世的史传著作和戏剧小说提供了大量的历史资料和历史题材,也为后世的散文家提供了文章的范例。

诸子散文　春秋战国时期是中国社会急剧变革的时代,产生了新的社会阶层——士。这些士人,面对激烈变革的社会,纷纷提出自己的政治主张与治国方法,形成了百家争鸣的局面。他们或奔走游说,或著书立说,这是诸子散文大量出现的社会历史原因。

由于各自所治学术与政治主张不同,在当时形成了儒、道、阴阳、法、名、墨、纵横、农、杂、小说(据《汉书·艺文志》)等十家之说,其中以儒、墨、道、法四家影响为最大,其代表著作有《论语》、《孟子》、《墨子》、《老子》、《庄子》、《韩非子》等。

诸子散文的发展,可分为三个时期:第一是春秋末期和战国初期,代表作有《论语》和《老子》,它们显得词约而意丰;从《墨子》开始向有组织有结构的论说文形式发展,并且初具规模。第二是战国中期,代表作有《孟子》和《庄子》,它们的文辞比前一时期繁富,说理也较畅达。第三是战国末期,代表作有《荀子》和《韩非子》,它们的逻辑严谨,结构周密,分析深入,文辞丰富,在理论文字的表现形式上,达到了很高的成就。

《论语》,是记录孔子及其弟子言行的语录体著作,全书共 20章,可能为孔子的弟子以及再传弟子所编。内容涉及哲学、政治、时事、教育、文学等多方面,是一部重要的儒家经典著作。

孔子(前 551—前 479),名丘,字仲尼,春秋末鲁国人。他思想的核心是"仁",主张正名,提倡德治,强调等级名分,讲求孝义忠信,是儒家学派的创始人。

《论语》是语录体散文,语言精练,用意深远,有雍容和顺、纡徐含蓄的风格。如"岁寒然后知松柏之后彫也",这不仅是对松柏的礼赞,更是概括了丰富的现实和社会生活。又如"三军可夺帅也,匹夫不可夺志也",有力地表达了"匹夫"之志的坚强。类似简短而又含意隽永的句子不少,历来为人们所传诵。

《论语》有些章节还在简单的对话和行动中生动地展示了人物的性格特征。写孔子,描绘出一个思想深沉、举止端方的大哲学家、大教育家的形象;写子路,则写出其直率、鲁莽、刚烈的性格;写颜渊,写出他的沉默好学和安贫乐道;另外子贡、曾参、子夏等,也都给人清晰的印象。其中《先进》篇"弟子侍坐"章,便是这方面的杰出代表。

《孟子》,是记录孟子言行的语录体著作,是孟子和他的弟子撰写的,共7篇。

孟子(约前372—约前289),名轲,字子舆,战国邹(今山东邹县)人,是孔子之后儒家学派的主要代表。孟子发展了孔子"仁"的思想,主张法先王、施仁政、行王道、修孝悌忠信。他提出的"民贵君轻"说,具有一定的进步意义。

《孟子》散文的最大特点是气势充沛,感情强烈,笔带锋芒,富于鼓动性,有纵横家、雄辩家的气概。这在《滕文公》"许行"章及《梁惠王》"齐桓晋文之事"章中有集中表现。

《孟子》文章还善于运用譬喻来陈述事理,辨明是非。譬喻的运用丰富多样,有整段用比,如《告子》"牛山之木"章;有整章用比,如《尽心》"晋人有冯妇者"章;有本意喻意并列,如《告子》"鱼我所欲也"章;有喻体本体互叠,如《告子》"礼与食孰重"章;而全段整章之比往往近乎寓言故事者,则有《公孙丑》之"宋人揠苗助长"章、《离娄》"齐人乞墦"章等。

《庄子》现存33篇。其中《内篇》7篇为庄周所作,《外篇》、《杂篇》为门人或后学所作。

庄子(约前369—约前286),名周,战国中期宋国人,是继老子之后道家学派的主要代表人物。在政治思想方面,他宣扬宿命论,主张放弃斗争,回到原始时代愚昧无知的状态中去。在认识领域,庄子认为,个人的认识和力量是有限的,而宇宙是广阔无边的,客观上起到了开拓人们思路、不断探求未知领域的效果。

思 考 题

一、试述《诗经》的社会意义和艺术特征。

二、试述诸子散文中《论语》的思想价值。

三、试述屈原在楚辞创作中的贡献以及《离骚》的艺术特色和历史价值。

■作品选

周南·关雎①

《诗　经》

关关雎鸠,在河之洲②。窈窕淑女③,君子好逑④。参差荇菜⑤,左右流之⑥。窈窕淑女,寤寐求之⑦。求之不得,寤寐思服⑧。悠哉悠哉⑨,辗转反侧。参差荇菜,左右采之。窈窕淑女,琴瑟友之⑩。参差荇菜,左右芼之⑪。窈窕淑女,钟鼓乐之⑫。

注释:①《关雎》是《诗经》的第一篇,描写一个男子思慕一个姑娘的情感,以及他努力追求爱情的愿望。②关关:鸟鸣声。雎鸠(jū jiū):水鸟名,相传此鸟雌雄相守不离。洲:水中陆地。③窈窕:美好的样子。淑女:贤德的女子。④君子:对男子的美称。逑(qiú):匹配,此指配偶。⑤参差:长短不齐貌。荇(xìng)菜:一种水草,可食。⑥流:求取。⑦寤(wù):睡醒。寐(mèi):睡着。⑧思服:思念。⑨悠:思。悠哉悠哉,犹言"思念呀,思念呀"。⑩友:亲爱。此句指用琴瑟来亲近"淑女"。⑪芼(mào):择取。⑫乐之:使之快乐。

秦风·蒹葭①

《诗　经》

蒹葭苍苍②,白露为霜③。所谓伊人④,在水一方⑤。溯洄从之⑥,道阻且长。溯游从之⑦,宛在水中央⑧。

蒹葭萋萋,白露未晞⑨。所谓伊人,在水之湄⑩。溯洄从之,道阻且跻⑪。溯游从之,宛在水中坻⑫。

蒹葭采采,白露未已⑬。所谓伊人,在水之涘⑭。溯洄从之,道阻且右⑮。

溯游从之,宛在水中沚⑯。

注释:①《蒹葭》是一首怀人之作,在艺术上达到了情景交融的境地,但所追求的对象为谁,迄今无定论。蒹葭(jiān jiā):芦荻,芦苇。②苍苍:繁盛的样子。后两章"萋萋"、"采采"义同。③为:凝结成。④伊人:这个人。指诗人所追寻的人。⑤一方:那一边。⑥溯洄:逆流而上。从之:追寻他。⑦溯游:顺流而下。⑧宛:宛然,好像。⑨晞(xī):干。⑩湄:岸边,水与草交接之处。⑪跻(jī):升,高。此言道路险峻,需攀登而上。⑫坻(chí):水中小洲,小岛。⑬已:完,了。"未已"指露水尚未被阳光蒸发完毕。⑭涘(sì):水边。⑮右:迂回曲折。周人尚左,故以右为迂回。⑯沚:水中的沙滩。

卫风·伯兮①

《诗　经》

伯兮朅兮②,邦之桀兮③。伯也执殳④,为王前驱。自伯之东,首如飞蓬。岂无膏沐⑤,谁适为容⑥。其雨其雨,杲杲出日⑦。愿言思伯⑧,甘心首疾⑨!焉得谖草⑩,言树之背⑪。愿言思伯,使我心痗⑫。

注释:①《伯兮》是一首思妇诗,描写一妇女对久役于外的丈夫的思念,反映了徭役给人民带来的痛苦。②伯:女子对丈夫的称呼。朅(qiè):勇武。③桀:通"杰",杰出的人。④殳(shū):古代杖类兵器。⑤膏沐:发油与洗发水。⑥适(dí):悦。容:打扮。⑦杲杲(gǎo):日出明亮貌。⑧愿言:思念的样子。⑨甘心首疾:形容思念的深切。⑩焉:何。谖(xuān)草:即萱草,又名忘忧草。古人以为此草可使人忘忧。⑪言:动词词头,一说是代词"我"。树:种。背:北堂,即后庭。⑫痗(mèi):病。

小雅·采薇①

《诗　经》

采薇采薇,薇亦作止②。曰归曰归,岁亦莫止③。靡室靡家④,猃狁之

16

故⑤。不遑启居⑥,猃狁之故。

采薇采薇,薇亦柔止⑦。曰归曰归,心亦忧止。忧心烈烈⑧,载饥载渴⑨。我戍未定,靡使归聘⑩。

采薇采薇,薇亦刚止⑪。曰归曰归,岁亦阳止⑫。王事靡盬⑬,不遑启处⑭。忧心孔疚⑮,我行不来⑯。

彼尔维何?维常之华⑰。彼路斯何?⑱君子之车⑲。戎车既驾,四牡业业⑳。岂敢定居?一月三捷㉑。

驾彼四牡,四牡骙骙㉒。君子所依,小人所腓㉓。四牡翼翼㉔,象弭鱼服㉕。岂不日戒?猃狁孔棘㉖。

昔我往矣,杨柳依依㉗。今我来思㉘,雨雪霏霏㉙。行道迟迟㉚,载渴载饥。我心伤悲,莫知我哀。

注释:①《采薇》是一首戍卒怀归之诗,通过一个战士之口,反映了戍边生活的辛苦和思乡之情的殷切。薇:野生的豌豆苗。②作:起,生。止:句尾语气词,表示肯定语气。③曰:动词词头,无义。莫:"暮"的古体。④靡:无。⑤猃狁(xiǎn yǔn):也作"猃狁",商周时北方的少数民族。⑥遑:闲暇。启:通"跽",跪坐(双膝着席,腰部伸直,臀部不触及脚后跟)。居:安坐(双膝着席,臀部紧贴脚后跟)。启居:指安定下来。⑦柔:柔嫩。⑧烈烈:炽烈。⑨载:又。⑩聘:问,指问候家人。⑪刚:硬。此指豆苗老了。⑫阳:指夏历十月。⑬盬(gǔ):止息。⑭启处:同"启居"。⑮孔:很。疚:痛苦。⑯来:犹言"返"。⑰尔:花繁盛貌。维:句中语气词,无义。常:即常棣。⑱斯:相当于"维"。⑲君子:指军中将帅。⑳牡:指驾车的雄马。业业:壮大貌。㉑捷:通"接",指交战。㉒骙骙(kuí):强壮威武。㉓小人:指士兵。腓(féi):遮蔽。㉔翼翼:整齐貌。指马训练有素。㉕象弭:用象牙制的弓角。鱼服:用鱼皮做的箭箙。服,通"箙",盛箭的器具。㉖棘:通"急",紧急。㉗依依:柳条枝叶茂密的样子。㉘思:动词词尾,无义。㉙霏霏:雪下得很大的样子。㉚迟迟:缓慢。

湘夫人①

屈 原

帝子降兮北渚②,目眇眇兮愁予③。嫋嫋兮秋风④,洞庭波兮木叶下。登白薠兮骋望⑤，与佳期兮夕张⑥；鸟何萃兮蘋中⑦，罾何为兮木上⑧！

沅有茝兮澧有兰⑨，思公子兮未敢言⑩。荒忽兮远望⑪，观流水兮潺湲⑫。麋何食兮庭中⑬，蛟何为兮水裔⑭？朝驰余马兮江皋⑮，夕济兮西澨⑯。闻佳人兮召予，将腾驾兮偕逝⑰。

筑室兮水中，葺之兮荷盖。荪壁兮紫坛⑱，匊芳椒兮成堂⑳。桂栋兮兰橑㉑，辛夷楣兮药房㉒。罔薜荔兮为帷㉓，擗蕙櫋兮既张㉔。白玉兮为镇㉕，疏石兰兮为芳。芷葺兮荷屋㉗，缭之兮杜衡㉘。合百草兮实庭，建芳馨兮庑门㉙。九嶷缤兮并迎，灵之来兮如云㉛。

捐余袂兮江中㉜，遗余褋兮澧浦㉝。搴汀洲兮杜若㉞，将以遗兮远者。时不可兮骤得㉟，聊逍遥兮容与㊱！

注释：①《湘夫人》选自《九歌》，描写湘君对湘夫人的殷切思慕和不能相遇的怨怅。②帝子：相传舜妃为帝尧之女，故称帝子。此指湘夫人。降：走下。渚：水涯。③眇眇：极目凝望而不见的样子。愁予：使我愁苦。④袅袅(niǎo)：微风吹拂貌。⑤薠(fán)：秋天生的草，长于湖泽间。登白薠：指站在长满白薠草的洲岛上。骋望：纵目远望。⑥佳期：约定的时期。⑦萃：聚集。蘋：水草名。⑧罾(zēng)：渔网。这两句是说，鸟儿聚集在水草丛生之处，渔网反而挂在树梢上，表示事与愿违。⑨沅、澧：二水名，在今湖南境内，都流入洞庭湖。茝(chǎi)：香草名。⑩公子：指湘夫人。⑪荒忽：同"恍惚"，隐约看不清楚的样子。⑫潺湲：水缓缓流动的样子。⑬麋：似鹿而较大的动物。⑭蛟：无角的龙。水裔：水边。⑮江皋：江边。⑯澨(shì)：水边。⑰腾驾：驾乘。偕逝：同往。⑱葺：覆盖屋顶。荷盖：以荷叶为盖。⑲荪壁：用荪草装饰的墙壁。紫坛：用紫贝砌成的庭院。⑳匊：同"播"，散播。成：装饰。㉑栋：屋梁。橑：屋椽。㉒辛夷：香木名。楣：门户上的横梁。药：即白芷，香草名。㉓罔：通"网"，编织。㉔擗：拆开。櫋(mián)：一作"幔"，帐顶。既张：已经陈设好。㉕镇：压坐席的东西。㉖疏：散布。㉗芷葺：用香芷加盖。㉘缭：缠绕。杜衡：香草名。㉙庑：廊。㉚九嶷：山名，相传舜死葬于此山。此指九嶷山之神。缤：众多的样子。并迎：都来迎接（湘夫人）。㉛灵：指九嶷山诸神。㉜捐：弃。袂：复襦，指外衣。㉝褋：贴身穿的衣服。㉞搴(qiān)：拔取。汀洲：水中平地。杜若：香草名。㉟骤：屡，多。㊱容与：徘徊。

18

国　殇①

屈　原

操吴戈兮被犀甲②,车错毂兮短兵接③。旌蔽日兮敌若云,矢交坠兮士争先④。凌余阵兮躐余行⑤,左骖殪兮右刃伤⑥。霾两轮兮絷四马⑦,援玉枹兮击鸣鼓⑧。天时坠兮威灵怒⑨,严杀尽兮弃原野⑩。

出不入兮往不反⑪,平原忽兮路超远⑫。带长剑兮挟秦弓⑬,首身离兮心不惩⑭。诚既勇兮又以武,终刚强兮不可凌。身既死兮神以灵,子魂魄兮为鬼雄⑮。

注释:①《国殇》是《九歌》中的一篇,是屈原祭祀为国而牺牲的将士的诗歌。诗人以热烈的感情赞颂了将士们的英雄气概和壮烈精神,这是一首充满爱国精神的诗篇。殇,指无主的鬼魂。国殇,指为国牺牲者。②操:持。戈:兵器。吴戈:吴地制造的戈,以锋利著称。犀甲:犀牛皮甲。③错:交错。毂(gǔ):车轮贯轴处。短兵:指刀剑。④坠:跌落。士:兵士。⑤凌:侵犯。躐(liè):践踏。行:行列。⑥骖:两旁驾车的马匹。殪(yì):倒地死去。右:指右骖。刃伤:为刀刃所伤。⑦霾:同埋。絷(zhí):绊住。⑧援:拿着。玉枹(fú):玉饰的鼓槌。⑨天时坠:犹言天昏地暗。威灵怒:鬼神震怒。⑩严:威。严杀:犹言鏖战痛杀。弃原野:指尸骨被弃于旷野。⑪意谓将士们以必死的决心出发投入战斗。⑫忽:迅速貌。意谓战士们在平原中迅速行进很快就远离故乡。⑬秦弓:秦地所产之弓。秦弓以质优著名。⑭惩(chéng):止。心不惩:犹言报国之心始终不止。⑮子:指殇者。鬼雄:鬼中豪杰。

烛之武退秦师①

《左　传》

九月甲午,晋侯、秦伯围郑②,以其无礼于晋③,且贰于楚也。晋军函陵,秦军氾南④。佚之狐言于郑伯曰⑤:"国危矣!若使烛之武见秦君,师必退。"公从之。辞曰:"臣之壮也,犹不如人;今老矣,无能为也已。"公曰:"吾不能早

19

用子,今急而求子,是寡人之过也。然郑亡,子亦有不利焉!"许之⑥。

夜缒而出⑦,见秦伯曰:"秦晋围郑,郑既知亡矣。若亡郑而有益于君,敢以烦执事⑧。越国以鄙远⑨,君知其难也;焉用亡郑以陪邻? 邻之厚,君之薄也。若舍郑以为东道主⑩,行李之往来⑪,共其乏困⑫,君亦无所害。且君尝为晋君赐矣⑬,许君焦、瑕,朝济而夕设版焉⑭,君之所知也。夫晋何厌之有⑮? 既东封郑⑯,又欲肆其西封⑰;若不阙秦⑱,将焉取之⑲? 阙秦以利晋,唯君图之⑳。"

秦伯说,与郑人盟。使杞子、逢孙、扬孙戍之㉑,乃还。

子犯请击之㉒,公曰:"不可。微夫人之力不及此㉓。因人之力而敝之㉔,不仁;失其所与㉕,不知㉖;以乱易整,不武㉗。吾其还也。"亦去之。

注释:①本篇选自《左传·僖公三十年》。烛之武,郑大夫。本文为《左传》中说辞的佳作,既有明确的说理,又有曲折的暗示,富有雄辩的逻辑力量,开战国游说的先河。②九月甲午:公元前630年九月十三日。晋侯:指晋文公。秦伯:指秦穆公。③以:因。晋文公为公子时逃亡在外,经过郑国,郑文公没有以礼待他。④函陵:郑地名,在今河南新郑县。氾(fán)南:氾水之南中牟县。氾水后干涸消失。⑤佚之狐:郑大夫。郑伯:指郑文公。⑥许:答应。⑦缒:用绳子吊着东西,此指用绳子缚住烛之武从城墙上送下。⑧冒昧地拿"亡郑"这件事来麻烦您。敢,表谦敬的副词。执事:办事人员,实指秦伯。谦辞。⑨鄙远:以辽远的郑国为边邑。秦在西,郑在东,晋在秦郑之间。鄙,边邑,此处用作动词。⑩东道主:东方道上的主人。郑在秦东,秦出兵他国,必东过郑,郑尽招待之责,为秦东道之主人。⑪行李:使节。⑫共:通"供"。⑬尝:曾经。赐:恩惠。⑭济:渡河。版:筑墙用的夹板,此指修筑防御工事。晋惠公(文公之弟)依靠秦国力量得以回国为君,曾许以焦、瑕之地为报,但回国后,就矢口否认了。⑮厌:满足。⑯封:边界,此作动词用。⑰肆:扩展。⑱阙:损。⑲焉:疑问代词,哪里。⑳唯:表示希望的语气词。图:考虑。㉑杞子、逢孙、扬孙:三人均为秦大夫。戍之:驻守在郑国。㉒子犯:即狐偃,晋文公舅舅。击之:击秦师。㉓微:若无。夫人,那个人,指秦穆公。晋文公是靠秦穆公的帮助才回国,继而为君的。㉔敝:损害。㉕所与:同盟者。㉖知:同"智"。㉗乱:犹言相互冲突。易:代替。整:步调一致。不武:没有威武。

20

召公谏厉王弭谤^①

《国　语》

厉王虐^②，国人谤王^③。召公告王曰："民不堪命矣。"王怒，得卫巫，使监谤者。以告，则杀之。国人莫敢言，道路以目^④。

王喜，告召公曰："吾能弭谤矣^⑤，乃不敢言^⑥！"召公曰："是障之也^⑦。防民之口，甚于防川。川壅而溃^⑧，伤人必多；民亦如之。是故为川者决之使导^⑨，为民者宣之使言^⑩。故天子听政，使公卿至于列士献诗^⑪，瞽献曲^⑫，史献书^⑬，师箴^⑭，瞍赋^⑮，矇诵^⑯，百工谏^⑰，庶人传语^⑱，近臣尽规^⑲，亲戚补察^⑳，瞽、史教诲，耆、艾修之^㉑，而后王斟酌焉。是以事行而不悖^㉒。民之有口，犹土之有山川也，财用于是乎出^㉓；犹其原隰之有衍沃也^㉔，衣食于是乎生。口之宣言也，善败于是乎兴^㉕。行善而备败^㉖，其所以阜财用衣食者也^㉗。夫民虑之于心而宣之于口，成而行之，胡可壅也？若壅其口，其与能几何^㉘？"

王弗听，于是国人莫敢出言。三年，乃流王于彘^㉙。

注释：①本篇选自《国语·周语上》，记述了召穆公对周厉王的劝谏，说明了"防民之口，甚于防川"，应"宣之使言"的道理。②厉王：周厉王，姓姬，名胡，前878—前842在位。虐：残暴。③谤：议论。④以目：用眼睛示意。⑤弭(mǐ)：止除。⑥乃：于是。⑦障：堵塞。⑧壅(yǒng)：堵塞。溃：水冲破堤防。⑨为：治理。决：排除。导：疏通。⑩宣：开导。⑪公卿、列士：均古代官爵名。太师、太傅、太保为三公，少师、少傅、少保、冢宰、司徒、宗伯、司马、司寇、司空为九卿；列士指上士、中士、下士。献诗：进献从民间搜集来的诗歌。⑫瞽(gǔ)：盲人，此指乐师。古时以盲人充任乐师，故名乐师为瞽。下文"瞍"、"矇"均乐师名。⑬史：史官。⑭师：师氏，教民之官。箴：劝谏之言，此指进献劝谏之言。⑮赋：陈述政治之善恶。⑯诵：劝谏之辞。此指进献劝谏之辞。⑰百工：从事各种工艺的人。⑱庶人：平民。⑲尽：通"进"，进献。规：规劝。⑳亲戚：指与自己有血缘关系或婚姻关系的近臣。补：制止，纠正。察：监察。㉑耆、艾：年六十为耆，五十为艾。此指朝中老臣。修：修正。㉒悖：荒谬。

㉓财用:财富,器物。㉔原:平原。隰(xí):低洼潮湿之地。衍:低洼而平坦的土地。沃:有河流灌溉的土地。㉕兴:产生。㉖备:防备。㉗阜:增多。㉘与:赞同。㉙三年:三年后,即公元前842年。彘(zhì):地名,在今山西霍县境内,周厉王被流放14年后死于该地。

庄辛说楚襄王①

《战国策》

庄辛谓楚襄王曰:"君王左州侯,右夏侯,辇从鄢陵君与寿陵君②,专淫逸侈靡③,不顾国政,郢都必危矣④。"襄王曰:"先生老悖乎⑤?将以为楚国袄祥乎⑥?"庄辛:"臣诚见其必然者也,非敢以为国袄祥也。君王卒幸四子者不衰⑦,楚国必亡矣!臣请辟于赵⑧,淹留以观之⑨。"

庄辛去,之赵,留五月,秦果举鄢、郢、巫、上蔡、陈之地⑩。襄王流揜于城阳⑪。于是使人发驺征庄辛于赵⑫,庄辛曰:"诺。"

庄辛至。襄王曰:"寡人不能用先生之言,今事至于此,为之奈何?"庄辛对曰:"臣闻鄙语曰⑬:'见兔而顾犬⑭,未为晚也;亡羊而补牢,未为迟也。'臣闻昔汤、武以百里昌,桀、纣以天下亡⑮。今楚国虽小,绝长续短⑯,犹以数千里,岂特百里哉⑰?王独不见夫蜻蛉乎⑱?六足四翼,飞翔乎天地之间,俯啄蚊虻而食之⑲,仰承甘露而饮之。自以为无患,与人无争也;不知夫五尺童子,方将调饴胶丝⑳,加己乎四仞之上㉑,而下为蝼蚁食也㉒。夫蜻蛉其小者也㉔,黄雀因是以㉕。俯噣白粒,仰栖茂树,鼓翅奋翼,自以为无患,与人无争也;不知夫公子王孙,左挟弹,右摄丸㉖,将加己乎十仞之上,以其类为招㉗。昼游乎茂树,夕调乎酸醎。倏忽之间,坠于公子之手㉘。夫黄雀其小者也,黄鹄因是以。游于江海,淹乎大沼,俯噣鳝鲤,仰啮菱藕㉙,奋其六翮㉚,而凌清风㉛,飘摇乎高翔㉜。自以为无患,与人无争也;不知夫射者,方将修其碆卢㉝,治其矰缴㉞,将加己乎百仞之上,被礛磻㉟,引微缴,折清风而抎矣㊱。故昼游乎江河,夕调乎鼎鼐㊲。夫黄鹄其小者也,蔡灵侯之事因是以㊳。南游乎高陂㊴,北陵乎巫山,饮茹溪之流㊵,食湘波之鱼㊶,左抱幼妾,右拥嬖女㊷,与之驰骋乎高蔡之中,而不以国家为事;不知夫子发方受命乎宣王㊸,系己以朱丝而见之也。蔡灵侯之事其小者也,君王之事因是以。左州侯,右夏侯,辇

22

从鄢陵君与寿陵君，饭封禄之粟㊲，而载方府之金㊳，与之驰骋乎云梦之中㊴，而不以天下国家为事；不知夫穰侯方受命乎秦王㊵，填黾塞之内㊶，而投己乎黾塞之外㊷。"

襄王闻之，颜色变作㊸，身体战栗。于是乃以执珪而授之为阳陵君㊹，与淮北之地也㊺。

注释：①本篇选自《战国策·楚策四》，用层层比喻说明了贪图享乐，对敌人丧失警惕，就必然招致祸患的道理。庄辛：楚人，楚庄王后裔。楚襄王：楚顷襄王，怀王子，名横，前298—前263年在位。说：劝说。②州侯、夏侯、鄢陵君、寿陵君：均楚襄王宠臣。从(còng)：率领，使跟随。③淫逸：放荡，不守常规。侈靡：奢侈，浪费。④郢(yǐng)都：楚国国都郢，在今湖北江陵，此指代楚国。⑤悖(bèi)：惑乱，糊涂。⑥将：表示选择的连词，还是。祅(yāo)祥：吉凶的征兆，此指显示灾异的凶兆。⑦卒辛：始终宠爱。⑧辟：同"避"。⑨淹：停留。⑩举：攻占。鄢：今湖北宜城。巫：楚巫郡，今湖北宜昌市以西沿江地区。上蔡：今河南上蔡。陈：今河南淮阳。⑪流揜(yǎn)：流亡困迫。城阳：即成阳，在今河南息县西北。⑫发：遣。驺：骑士，侍从。征：征召。⑬鄙语：俗语。⑭顾：回头看。⑮汤武：商代开国之君汤与周代开国之君武王。以：介词，凭借。桀纣：夏代最后国君桀与商代最后国君纣。⑯绝：截。续：补。⑰岂特：岂止。⑱独：副词，相当于"难道"。夫：代词，那个。蜻蛉：即蜻蜓。⑲虻：小蚊。⑳承：接。㉑方将：将要。调饴：调和糖浆。胶丝：粘在丝上（用以粘取飞虫）。㉒仞：八尺为仞，一说七尺。㉓蝼蚁：蝼蛄与蚂蚁。㉔其：代词，指因贪图享乐以招致灾祸的事。㉕因是以：相当于说"如同这样呢"。㉖噣：同啄。白粒：指米。㉗挟弹：拿着弹弓。摄丸：取出弹丸。㉘类：指黄雀之类。一说为"颈"的误字（依王念孙说）。招：射的目的物。㉙酸醎(xián)：酸味与咸味，泛指调料。㉚据王念孙说，此句为衍文。倏(shū)忽：顷刻。㉛啮(niè)：咬。薠：即苻，一种水草。㉜六翮(hé)：指翅膀。翮：羽毛的茎。㉝凌：乘。㉞乎：动词词尾。㉟修：整治。砮(bō)：石制的箭头，此指箭。卢：黑弓。㊱增缴(zēng zhuō)：古代射猎工具，箭上系网，射猎时，射箭布网以捕鸟。缴：同"缴"，系在箭上的网。㊲礛(jiān)：锐利的石箭头。磻(bō)：同"砮"。此句说，带着锐利的石镞。㊳扤：通"陨"，坠落。㊴鼐(nài)：大的鼎。㊵蔡灵侯：蔡国国君。㊶高陂(bēi)：高丘。㊷茹溪：水名，在四川巫山县北。㊸湘波：湘水。㊹嬖(bì)：宠爱。㊺高蔡：今河南上

23

蔡县。㊻子发：楚大夫，名舍。宣王：楚宣王，楚怀王祖父。《左传·昭公十一年(前531)》载：受灵王之命围蔡的，不是子发，而是公子弃疾。㊼封禄之粟：封地内收取的谷物。封：封地。禄：俸给。㊽方府之金：各地府库交纳的钱财。㊾云梦：即云梦泽，指今湖北江陵至蕲春之间的大湖区域。㊿穰侯：秦昭王母宣太后之弟。秦王：指秦昭王。(51)填：通"镇"，镇守。黾(méng)塞之内：指平靖关以南。黾塞：即平靖关。(52)投：抛掷。外：楚襄王逃往的城阳，在黾塞以北，故称"外"。(53)颜色：脸色。(54)执珪(guī)：楚官爵名。阳陵君：给庄辛的封号。(55)与：疑下脱"举"字。此处指攻取。

富与贵人之所欲①

《论　语》

子曰：富与贵，是人之所欲也②，不以其道得之③，不处也④。贫与贱，是人之所恶也⑤，不以其道得之⑥，不去也⑦。君子去仁⑧，恶乎成名⑨？君子无终食之间违仁⑩，造次必於是⑪，颠沛必於是⑫。

注释：①本篇选自《论语·里仁》，孔子论述了"仁"的重要性。②是：这。③其道：正当的手段。④处：接受。⑤恶：讨厌，排斥。⑥得之：从原文理解，此处当是"免之"或"去之"，涉上文而误。⑦去：离开，摆脱。⑧仁：爱。⑨恶：怎么，如何。⑩终食之间：吃完一顿饭的时间内，比喻耗时之短促。违：离开。⑪造次：仓猝，匆忙。⑫颠沛：失败、挫折，流离失所。

子在川上曰①

《论　语》

子在川上曰②：逝者如斯夫③！不舍昼夜④。子曰：吾未见好德如好色者也⑤。子曰：譬如为山，未成一篑，止吾止也⑥。譬如平地，虽覆一篑，进吾往也。

注释：①本篇选自《论语·子罕》，孔子在这段话中表现了他对于个人生存、道德行为、思想意志的见解。②川上：河岸边。③逝者：流失的东西，此处尤指时间。斯：这，这个。此处尤指流动的河水。④舍：停止。⑤据《史记》记载，孔子在卫国时曾从卫灵公及夫人乘车同行，招摇过市，孔子羞之，故有此言。⑥止：中止，停止。此句为凡事不能半途而废，"为山九仞，功亏一篑"，与下句意思相连接。

天下皆知美之为美①

《老子》

天下皆知美之为美，斯恶已②；皆知善之为善，斯不善已。故有无相生，难易相成，长短相形③，高下相倾④，音声相和⑤，前后相随，恒也⑥。是以圣人处无为之事⑦，行不言之教，万物作焉而不辞⑧，生而不有⑨，为而不恃⑩，功成而弗居⑪，夫唯弗居，是以不去⑫。

注释：①本篇选自《老子》第二章，阐述了老子对于美与恶的认识。②此句谓天下人都知道什么是美好的，那么丑恶就比较出来了。③相形：相互比较。④相倾：相互倾倚。⑤相和：相互应和。《礼记·乐记》记载：音、声有别。即谓生于人心之谓音，感于物而动之谓声。⑥恒也：永恒的规律。⑦处：施行。事：指政事。⑧作：发展生长。不辞：不加干涉。⑨生而不有：万物生成而不占有。⑩为而不恃(shì)：有所作为而不自以为有功。⑪弗居：不居功德。⑫不去：功德不会消失。据韩非子《解老》所云，此句与上文联读，意谓：自以为有德就是无德的表现，不自以为有功德，却是真正有德的表现。这正是老子的观点。

天时不如地利①

《孟子》

孟子曰：天时不如地利，地利不如人和②。三里之城，七里之郭③，环而攻之而不胜。夫环而攻之，必有得天时者矣；然而不胜者，是天时不如地利也。城非不高也，池非不深也，兵革非不坚利也，米粟非不多也；委而去之④，

25

是地利不如人和也。故曰:域民不以封疆之界⑤,固国不以山溪之险⑥,威天下不以兵革之利⑦。得道者多助,失道者寡助。寡助之至,亲戚畔之⑧。多助之至,天下顺之。以天下之所顺,攻亲戚之所畔,故君子有不战,战必胜矣。

注释:①本篇选自《孟子·公孙丑下》,通过孟子对于天时地利人和三者关系的论述,表达了他对于人的因素的理解。②天时:指天气季节。地利:指有利的地理形势。人和:指军队内部的团结。③城:内城。郭:外城。④委而去之:放弃城池而逃跑。⑤域:此指拘限。此句意谓限制民众外跑光靠边疆的封闭是行不通的。⑥固国:巩固国防。此句意谓不能光靠山河的险要来巩固边防。⑦威:权威。此句意谓建立权威不能自恃武力的强盛。⑧畔:通"叛"。

民 为 贵①

《孟 子》

孟子曰:民为贵,社稷次之②,君为轻。是故得乎丘民而为天子③,得乎天子为诸侯,得乎诸侯为大夫④。诸侯危社稷,则变置⑤。牺牲既成⑥,粢盛既絜⑦,祭祀以时⑧;然而旱干水溢,则变置社稷⑨。

注释:①本篇选自《孟子·尽心下》,表达了孟子对于民众、国家与君王之间关系的认识。②社稷:社指土神,稷指谷神,后泛指代国家。③丘民:田野村民。古代以"丘"作为地域名称,一丘含十六井;"丘"亦有众、聚之义,故泛指百姓。此句谓获得百姓信任的方可成为天子。④大夫:指诸侯的僚臣。⑤变置:更立。⑥牺牲:祭祀用的猪、牛、羊。⑦粢盛:盛在器皿中的黍稷。絜:同洁。⑧以时:按时。⑨然而两句:但如遇水旱之灾,则是其神不尽职,就得更置社稷。

秋 水①(节选)

《庄 子》

秋水时至,百川灌河②。泾流之大③,两涘渚崖之间④,不辩牛马⑤。于是焉河伯欣然自喜⑥,以天下之美为尽在己⑦。顺流而东行,至于北海,东面而视,不见水端⑧。于是焉河伯始旋其面目⑨,望洋向若而叹曰⑩:"野语有之曰⑪,闻道百,以为莫己若者⑫,我之谓也。且夫我尝闻少仲尼之闻而轻伯夷之义者⑬,始吾弗信,今我睹子之难穷也⑭,吾非至于子之门则殆矣⑮,吾长见笑于大方之家⑯。"

北海若曰:"井蛙不可以语于海者⑰,拘于虚也⑱;夏虫不可以语于冰者,笃于时也⑲;曲士不可以语于道者⑳,束于教也。今尔出于崖涘㉑,观于大海,乃知尔丑㉒,尔将可与语大理矣㉓。天下之水,莫大于海。万川归之,不知何时止而不盈㉔;尾闾泄之㉕,不知何时已而不虚;春秋不变㉖,水旱不知㉗。此其过江河之流,不可为量数。而吾未尝以此自多者㉘,自以比形于天地㉙,而受气于阴阳。吾在于天地之间,犹小石小木之在大山也,方存乎见少,又奚以自多㉚?计四海之在天地之间也,不似礨空之在大泽乎㉛?计中国之在海内㉜,不似稊米之在大仓乎㉝?号物之数谓之万,人处一焉;人卒九州㉞,谷食之所生,舟车之所通,人处一焉㉟;此其比万物也,不似毫末之在于马体乎㊱?五帝之所连㊲,三王之所争㊳,仁人之所忧,任士之所劳㊴,尽此矣。伯夷辞之以为名,仲尼语之以为博㊵,此其自多也,不似尔向之自多于水乎㊶?"

注释:①本篇节选自《庄子·秋水》,是全文的主体部分。作者以海洋的广大、天地的无穷,来衬托个人的认识和作用是有限的道理,从而启发人们永无止境地去学习,去工作。作者以寓言的形式、迭出的比喻,使文章生动形象,富有说服力。②时:按季节。灌河:注入黄河。③泾(jīng)流:畅通无阻的水流。④涘(sì):岸。渚(zhǔ):水中小块陆地。⑤辩:通"辨"。⑥焉:句中语气词,表示停顿。河伯:黄河水神。⑦美:美景。⑧水端:水的尽头。⑨旋:改变。⑩望洋:迷惘昏眊貌。若:海神名。⑪野语:俗语。⑫莫己若:没有人比得上我。⑬且夫:表示再说一层道理。且:表示进一层的语气关系。夫:语气词,表示下文要发议论。少:认为……少。闻:见闻,这里指学识。轻:觉得……轻。⑭穷:尽。这里指看不到尽头。⑮殆:危险。⑯长:长久。见笑:被耻笑。大方之家:懂得大道理的人。⑰井蛙:一本作"井鱼"。⑱拘于虚:受居住的处所局限。虚:一本作"墟",住处。⑲笃:拘束,蒙蔽。时:季节。⑳曲士:乡曲之士,见识浅陋的人。㉑尔:你。㉒丑:鄙陋。㉓大理:大道理。㉔盈:满。㉕尾闾:一名沃焦,传说中排放海水的地方。㉖春秋:指一年四季。

27

㉗不知：无差别，不受影响。㉘多：夸耀。㉙比形：托身。比：寄托。㉚奚以：凭什么。㉛礨(lěi)空：小洞穴。㉜中国：中原地区。㉝稊(tí)米：形似稗而形体稍大的米。㉞号物之数谓之万：称物的数量叫"万"。㉟人：人类。卒：遍布。㊱人处一焉：个人只是人类中的一员。㊲毫末：毫毛的末梢。㊳五帝：指黄帝、颛顼、帝喾(kù)、尧、舜。一说指伏羲、神农、黄帝、尧、舜。连：连续，指禅让。㊴三王：按《史记》说法，以夏、商、周三代开国之王，即夏禹、商汤和周文王、周武王为三王。㊵任士：能担当重任的贤人。劳：忧劳。㊶"伯夷"二句：伯夷以辞让君位而得到名声，孔子以谈说天下而显示渊博。㊷向：刚才。

第二章　秦汉文学

公元前 221 年,秦始皇嬴政统一中国,结束了诸侯纷争的局面。15 年后,汉高祖刘邦又在秦王朝的废墟上建立了刘姓封建帝国,直至公元 220 年,曹丕废汉称帝。这一时期的文学,统称之为秦汉文学。

作为中国历史上第一个封建帝国,秦王朝在中国政治制度史上颇多建树,但由于实行极端的文化专制政策,文学创作上却极少作为。如果把秦始皇统一六国之前也计算在内,秦代文学作品亦仅有一些政论文和铭文。李斯(?—前 208)是秦代惟一有作品流传下来的文人,有《谏逐客书》、《上书对二世》、《狱中上书》及一些记载秦始皇巡游封禅的刻石铭文。此外,秦代文学还有一些石鼓文、秦惠王时期刻的诅楚文和新发现的秦国竹简文书等。

刘汉王朝包括西汉和东汉总共四百余年,这一时期,国力比较强盛,政治相对稳定,同时汉代统治者在文化政策上有较大调整,采取了一系列有利于文学发展的措施,因此,在汉代经济和文化得到长足发展的同时,文学也进入了我国古代文学发展史上的第二个重要阶段,突出表现在散文、赋、史传文学、诗歌等方面。

西汉散文　西汉散文主要是政论散文,它直接继承了先秦散文的发展成果,同时,又与西汉时期的社会政治状况相联系,其中以西汉初期成就最高,主要代表作家有贾谊、晁错。

贾谊(前 200—前 168),洛阳人,汉初最重要的思想家和最杰出的文人。少年时博学多才,一度深受汉文帝赏识,后因锋芒太露,被文帝疏远,先后被贬为长沙王太傅、梁怀王太傅,最后因梁怀王坠马死,贾谊"自伤为傅无状,常哭泣,后岁余,亦死"(《史记·屈原贾生列传》),时年 33 岁。著有《贾子新书》及部分奏疏、赋等。

其散文代表作有《过秦论》,《陈政事疏》(一作《治安策》)、《论积贮疏》等。

贾谊的政论文兼有战国纵横家文风的特点,行文流畅、语言犀利,其中以《过秦论》最具艺术特色。该文旨在讲述秦亡的教训,揭示秦二世而亡的原因。文章由两大部分组成,先概述秦国百余年间由兴至盛转衰的历史,继以陈涉弱小之力与秦王朝之强大相比映,总结秦亡的教训,语势纵横、感情充沛,给人以极强的感染力,可视为汉初散文的典范之作。

晁错(前 200—前 154),颍川(今河南禹县)人。景帝时官至御史大夫,后被腰斩。其政论散文流传下来的有 8 篇,都是他给皇帝的奏疏,其中以《守边劝农疏》、《论贵粟疏》最有名。前者提出"务民农桑"的主张,简洁明快,深厚警刻;后者则发挥了贾谊重农抑商的主张,但比贾谊的论述更缜密、更切合实际。

西汉中期以后,散文的内容和风格都发生了变化,但由于辞赋盛行,散文的影响力减少,从事散文创作的作家及成就也相应减少。

汉赋 汉赋是汉代最具代表性的文学样式。"赋"本是《诗经》中的一种表现手法,意为铺陈、描写;战国时荀子以"赋"名篇,才成为一种散文和韵文相结合的文学体裁的名称。

贾谊是汉初赋作家中最重要的代表,他不仅以政论文卓立文坛,同时也以赋作独步一时,共有赋五篇,最著名的为《吊屈原赋》与《鵩鸟赋》。《吊屈原赋》是贾谊谪往长沙、途经湘水时,因伤悼屈原,有感而作。在赋中,作者表现出对屈原的深切同情和尊敬,并以反复的比喻来比拟贤者遭逸、世道昏暗,字里行间流露出对自己无辜遭贬的愤慨。《鵩鸟赋》为贾谊谪居长沙时所作,以假托与鹏鸟的回答,阐明自己对生死、祸福的达观态度。

枚乘是贾谊之后的又一位重要赋作家。枚乘(？—前140),字叔,淮阴(今属江苏)人,曾任文学侍从、弘农尉等官职。其主要成就为辞赋,《汉书·艺文志》载枚乘赋九篇,其中以《七发》最负盛名。《七发》写"楚太子"有疾,"吴客"用七段话向楚太子讲说,最终使楚太子"涊然汗出,霍然病已"。《七发》一改贾谊赋说理和楚辞抒情的特点,完全用叙事写物的形式,篇幅大增,辞藻华美,使赋更接近于散文。其中反复运用的主客问答形式,更是为后世所模仿。《七发》的出现,标志着新体大赋体制的定型。

武帝、宣帝时汉赋大盛,直至元帝、成帝时仍余风不减。其间,最有影响的赋作家是司马相如。司马相如(前179—前118),字长卿,蜀郡成都(今四川成都)人。少好击剑读书。景帝时曾作过武骑常侍、梁孝王门客,著有赋二十多篇,其代表作有《子虚赋》、《上林赋》、《大人赋》、《长门赋》等。《子虚赋》、《上林赋》是司马相如最杰出的辞赋作品,《子虚赋》作于相如为梁孝王门客时,《上林赋》作于武帝召见之际,前后相去十年,但两赋内容连属,构思一贯,结体谨严,实为一篇完整作品的上下章。二赋写楚使者子虚使齐,齐王带他畋猎,夸耀车骑之盛,子虚对以楚云梦之泽。事后,子虚将此事告之齐人乌有,乌有以齐的疆域夸耀。最后亡是公以天子上林苑的壮丽及天子射猎之盛来压倒齐楚。赋中的故事、人物皆属虚构,目的是为天子歌功颂德。司马相如的赋对称整齐,堆砌繁富,重写景,重铺排,重夸饰,追求声音美和句型的排列美,是汉赋的典范之作,对后世影响很大。司马相如之后,汉赋进入了一个模仿时期,其中以扬雄和班固为代表人物。

扬雄(前53—公元18),字子云,蜀郡成都(今四川成都)人。主要生活在汉成帝时期。《汉志》著录其赋十二篇。《甘泉》、《河东》、《羽猎》、《长杨》四赋是扬雄著名的大赋,为模拟司马相如的《子虚赋》、《上林赋》而作。但由于扬雄才学宏富,其模拟之作也别具一格。与司马相如的赋作比较起来,扬赋思想缜密,气态沉雄,略有新意。

班固(32—92),字孟坚,扶风安陵(今陕西咸阳东北)人。班彪之子,著名史学家、辞赋家。《两都赋》是班固辞赋的代表作,也是京都赋的名篇。赋中假设西都宾客向东都主人夸耀西都的繁盛和宫苑的富丽,而东都主人则对之以今朝盛事。其形式基本模仿《子虚赋》、《上林赋》。

东汉中叶以后,宦官、外戚争夺政权,国势日衰,赋渐渐发生变化。著名的作家,如张衡、赵壹、蔡邕、祢衡等人的赋逐渐趋向篇幅短小、字句平浅的抒情小赋发展。东汉的抒情小赋改变了大赋呆板、典雅、含蓄的形式和风格,开始走向疏荡、通俗、率真,给人以耳目一新的感觉,为魏晋时小赋的兴盛作了准备。

张衡(78—139),字平子,南阳西鄂(今河南南阳)人。少善属文,又精天文历算,是杰出的科学家、文学家,两度执掌管天文的太史令。《二京赋》是张衡著名的代表作,据说这是他耗时十年模仿司马相如的《子虚赋》和班固的《两都赋》精心写作而成。张衡生性耿直、甚有抱负,他处于东汉帝国由盛转衰的年代,宦官专权政治腐败,终使他产生远离朝廷回归田园的念头。张衡还作有《归田赋》、《思玄赋》及《四愁诗》等。

赵壹,生卒年不详,字元叔,汉阳西县(今甘肃天水)人,为人正直耿介,狂傲不羁。灵帝光和元年(178)入京,经袁逢等人推荐,一度名震洛阳,著有赋、颂、书、论等16篇,代表作《刺世疾邪赋》是东汉末年抒情小赋的名篇,反映了东汉末年社会的动乱黑暗,对官场中的腐败现状表示了强烈的愤慨。

司马迁与《史记》　司马迁(前145—前87?),字子长,左冯翊夏阳(今陕西韩城)人。其父司马谈,武帝时为太史令。司马迁10岁即学习古文字,后又向孔安国学习古文《尚书》,向董仲舒学习公羊派《春秋》。20岁时开始漫游,"南游江淮,上会稽,探禹穴,窥九疑,浮于沅湘。北涉汶泗,讲业齐鲁之都,观孔子之遗风,乡射邹峄,厄困鄱薛彭城,过梁楚以归"。回京师后,被任命为郎中,又奉派"西征巴蜀以南,南略邛、笮、昆明"(《史记·太史公自序》)。再后因侍武帝巡狩、封禅,还到过其他一些地方,对各地的风土人情、山川河流、文物古迹进行了广泛的考察,为其以后撰写《史记》打下了坚实的基础。元封元年(前110)其父病逝。元封三年(前108)司马迁继任太史令。太初元年(前104)受命主持制定"太初历",并正式动手写作《史记》。天汉三年(前98)因李陵事下狱受腐刑,之后司马迁"隐忍苟活",发奋著述,终于在太始四年(前93)完成了《史记》。

《史记》是我国第一部纪传体通史,记载了上起传说中的黄帝下至汉武帝太初年间大约三千年的历史。全书一百三十篇,五十二万字,分十二本纪、十表、八书、三十世家、七十列传等五个部分。"本纪"记载历代最高统治者的事迹;"表"是各个历史时期的简要大事记;"书"则分别叙述天文、历法、水利、经济、文化、艺术等方面的发展和现状;"世家"主要记述贵族侯王的历史;"列传"则是各种不同类型、不同阶层的人物的传记。

《史记》不仅是一部伟大的历史著作,也是一部伟大的文学著作,它建立了我国纪传体的史学,同时也开创了我国的传记文学,是我国第一部传记文学总集。

《史记》的文学价值首先表现在它塑造了一系列栩栩如生的历史人物的艺术形象。《史记》是以人物为中心的,在人物塑造上,善于在矛盾中刻画人物形象,即通过许多紧张的斗争场面,将人物置于复杂的矛盾冲突中,让人物在紧张的斗争中展现自我形象和个性特征。如《项羽本纪》中"鸿门宴"一节,围绕杀与不杀刘邦的问题,刘邦、张良、樊哙与项羽、范增、项庄等处于激烈的矛盾冲突中,正是通过这激烈的矛盾冲突,揭示了刘邦的虚伪狡诈,张良的足智多谋,樊哙的粗豪勇猛,项羽的坦率轻信,范增的老谋深算,收到了很好的艺术效果。

其次，善于选择具有典型意义的细节来表现人物的性质或烘托气氛。如"鸿门宴"一节中对樊哙的性格刻画，作者巧妙地通过樊哙"侧其盾以撞"卫士，入帐后"披帏西向立，瞋目视项王，头发上指，目眦尽裂"，以及"立饮酒"、"生啖彘肩"等细节描写，逼真地表现了樊哙的粗放、勇猛和忠心的性格特征。

再次，善于裁剪和安排情节，谋篇布局，匠心独运。《史记》不同于后世小说，它要同时给许多历史人物立传，因而，如何选择材料，安排情节，既能突出人物个性，又能尽量多地保存史料，是一个非常棘手的问题。司马迁巧妙地运用了"互见法"，或详此略彼，或详彼略此，以突出重点、突出人物个性为选材标准，既恰到好处地突出了人物个性，又避免了不必要的重复。如《项羽本纪》集中叙述巨鹿之战、鸿门宴、垓下之围三个关键的历史事件，突出项羽叱咤风云、英勇善战的英雄性格，而他在政治、军事方面的一系列错误，则分散在《高祖本纪》、《陈丞相世家》、《淮阴侯列传》中加以补叙。

最后，运用口语和个性化的语言来刻画人物情态，尤其是大量采用歌谣、谚语、俗语来叙事或论赞，极大地丰富了人物性格，使之更加传神具象，栩栩如生。

《史记》的影响是极其深远的，它不仅是我国古代散文的典范，同时也为后世小说提供了宝贵的艺术经验，其人物传记中曲折生动的故事情节，也是我国古代戏剧题材的重要来源。

《汉书》 班固编撰的《汉书》是我国第一部纪传体断代史。体例基本上沿袭《史记》，只改"书"为"志"，废"世家"并入"列传"，全书由十二帝纪、十志、八表、七十列传四个部分共一百篇组成，记载了从汉高祖元年（前206）到王莽地皇四年（公元23）共229年的历史。

《汉书》缺乏《史记》那种深刻的见识和大胆的批判精神，但是，

《汉书》也有其独特的成就。它对史实的记载详尽严谨，比《史记》记载了更多更有价值的史料；同时也对西汉统治者的荒淫残暴做了揭露；作为史传文学，《汉书》有不少出色的人物传记，如《张禹传》、《东方朔传》、《朱买臣传》、《霍光传》、《苏武传》（附见于《李广苏建传》）等都是公认的名篇；与《史记》疏荡往复的笔法不同，《汉书》更重视规矩绳墨，行文谨严有法，语言详赡严密，倾向排偶，范晔评价"迁文直而事露，固文赡而事详"（《后汉书·班固传》）即指出了《史》、《汉》的不同风格。

《汉书》风格与《史记》迥然有别，它有精细的笔法、固定的叙述规则，以谨严取胜，同样对后代史学和文学产生了巨大的影响。

汉乐府民歌　"乐府"原是西汉一个官署的名称。历代"乐府"的内涵不同，汉代人把由乐府机关采集的可入乐演唱的民歌称为"歌诗"，这些歌诗在魏晋以后被称为"乐府"，同时魏晋六朝文人用乐府旧题而写的诗，有合乐不合乐的，也称为"乐府"。唐代则出现了不用乐府旧题而只有依照乐府的某些特点写作的诗，被称为新乐府。宋元以后，"乐府"又用作曲词的别称。

"乐府"由官署之名演变为一种诗体，包括文人乐府与乐府民歌两部分。乐府民歌则仅指由乐府机关采集的入乐歌唱的各地民间诗歌。南朝齐时沈约作《宋书·乐志》开始编集汉乐府民歌，宋人郭茂倩在前人所集的基础上又编成《乐府诗集》。乐府民歌的主要内容可分为三类：第一类，反映劳动人民悲惨的生活遭遇和反抗斗争精神。如《妇病行》描写一个妇女饥寒贫穷的生活，《十五从军征》、《战城南》反映连年战争给劳动人民带来的深重灾难，《平陵东》揭露了官吏土豪对劳动人民的肆意掠夺。第二类，反映了爱情婚姻及其妇女问题。汉乐府描写爱情颇具特色，如《上邪》通过一个女子的自誓，表现对爱情的坚贞，《江南》则既写出了劳动的愉快，又写出了爱情的欢娱。第三类，反映了东汉后期的社会动乱给士人造成的忧惧和漂泊之苦的思想情绪。如《乌生》、《枯鱼过河泣》等。

汉乐府民歌继承和发扬了《诗经》的现实主义精神,比较真实、广泛地反映了当时的社会风貌,叙事描写细致生动,语言朴素精练、形式自由多变,直接影响了后来的曹操、鲍照、李白等人的诗歌创作。其中《孔雀东南飞》、《陌上桑》、《十五从军征》等五言诗更是开创并完成了五言诗体的形式,推动了五言诗的发展,为建安时期五言诗的繁荣奠定了基础。

《古诗十九首》 《古诗十九首》出自汉代文人之手,但没有留下作者的姓名。它非一时一地所作,也非一人之作,最早见于萧统《文选》。《古诗十九首》代表了汉代文人五言诗的最高成就。

《古诗十九首》除了游子之歌,就是思妇之词,抒发游子的羁旅情怀和思妇闺愁是其基本内容。此外还有部分写追求功名富贵的强烈愿望与仕途失意的苦闷哀愁。

《古诗十九首》的艺术成就非常突出。它采用融情入景、借景抒情的手法,善于选择某些生活细节来抒写内心情感,使抒情诗带有叙事成分,同时运用比兴,达到言近旨远、含蓄蕴藉的艺术效果,诗歌语言浅近自然而又情味隽永。

《古诗十九首》的出现标志着文人五言诗的成熟,是建安诗歌的先导,对我国诗歌的发展产生过重大影响。

思 考 题

一、两汉文学的主要成就有哪些? 它在中国文学史上的地位如何?

二、试述汉赋的艺术特征。

三、试述《史记》的文学价值和史学价值。

■作品选

谏逐客书^①

李斯

臣闻吏议逐客,窃以为过矣^②。

昔缪公求士^③,西取由余于戎^④,东得百里奚于宛^⑤,迎蹇叔于宋^⑥,求丕豹、公孙支于晋^⑦。此五子者,不产于秦,而缪公用之,并国二十,遂霸西戎^⑧。孝公用商鞅之法^⑨,移风易俗,民以殷盛,国以富强,百姓乐用^⑩,诸侯亲服^⑪,获楚、魏之师^⑫,举地千里,至今治彊^⑬。惠王用张仪之计^⑭,拔三川之地^⑮,西并巴、蜀,北收上郡,南取汉中^⑰,包九夷,制鄢、郢^⑱,东据成皋之险^⑲,割膏腴之壤,遂散六国之从^⑳,使之西面事秦,功施到今^㉑。昭王得范雎^㉒,废穰侯,逐华阳^㉓,彊公室,杜私门^㉔,蚕食诸侯,使秦成帝业。此四君者,皆以客之功。由此观之,客何负于秦哉^㉕?向使四君却客而不内^㉖,疏士而不用,是使国无富利之实,而秦无彊大之名也^㉗。

今陛下致昆山之玉^㉘,有随、和之宝^㉙,垂明月之珠^㉚,服太阿之剑^㉛,乘纤离之马^㉜,建翠凤之旗^㉝,树灵鼍之鼓^㉞,此数宝者,秦不生一焉,而陛下说之^㉟,何也?必秦国之所生然后可,则是夜光之璧,不饰朝廷;犀、象之器,不为玩好^㊱;郑、卫之女,不充后宫;而骏良驶騠不实外厩^㊲,江南金锡不为用,西蜀丹青不为采^㊳。所以饰后宫、充下陈、娱心意、说耳目者^㊴,必出于秦然后可;则是宛珠之簪、傅玑之珥、阿缟之衣、锦绣之饰不进于前^㊵;而随俗雅化、佳冶窈窕赵女不立于侧也^㊶。夫击瓮叩缶^㊷,弹筝搏髀^㊸,而歌呼呜呜快耳目者^㊹,真秦之声也^㊺。《郑》、《卫》、《桑间》、《韶虞》、《武象》者^㊻,异国之乐也。今弃击瓮叩缶而就《郑》、《卫》,退弹筝而取《韶虞》,若是者何也?快意当前,适观而已矣^㊼。今取人则不然,不问可否,不论曲直,非秦者去,为客者逐。然则是所重者,在乎色、乐、珠、玉,而所轻者,在乎人民也。此非所以跨海内、制诸侯之术也^㊽。

臣闻地广者粟多,国大者人众,兵强则士勇。是以太山不让土壤⑩,故能成其大;河海不择细流,故能就其深⑪,王者不却众庶,故能明其德⑫。是以地无四方,民无异国,四时充美,鬼神降福,此五帝三王之所以无敌也⑬。今乃弃黔首以资敌国⑭,却宾客以业诸侯⑮,使天下之士,退而不敢西向,裹足不入秦,此所谓藉寇兵而赍盗粮者也⑯。

夫物不产于秦,可宝者多;士不产于秦,而愿忠者众。今逐客以资敌国,损民以益仇,内自虚而外树怨于诸侯,求国无危,不可得也⑰。

注释:①这是李斯给秦王的一个奏章,写于秦王嬴政十年(前237),故属战国后期之作。作者针对秦国逐客之为,以"楚材晋用"之理批驳了秦贵族驱逐一切客卿的逻辑,文章在指出逐客的错误后,提出全篇总旨,又以四个段落加以论证,逻辑严密,文字精练。秦王读后终于取消了逐客令。②吏:指秦宗室大臣。客:客卿,当时别国人在秦国做官者。窃:私下,谦词。过:错误。③缪(mù):通"穆"。缪公:秦穆公(前659—前621在位),名任好,春秋五霸之一。④由余:晋国人,后入戎。穆公以礼招致,用其计谋伐戎,灭十二戎国,开地千里。戎:春秋时我国西部少数民族的统称。⑤百里奚:楚国宛(今河南南阳)人,原为虞国大夫,晋灭虞被俘,把他作为晋献公女儿的陪嫁奴仆送给秦国。他逃回家乡,为楚国边兵所执。秦穆公听说他有才干,以五张黑羊皮赎回,任以为相,号称五羖大夫。⑥蹇(jiǎn)叔:岐(今陕西岐山)人,寓居于宋,由百里奚推荐,秦穆公用重金聘他为上大夫。⑦丕豹:晋国人,因其父被杀,逃到秦国,穆公任他为大将。公孙支:字子桑,岐人,游于晋,秦穆公任以为大夫。⑧并:兼并,合并。⑨孝公:即战国时的秦孝公(前361—前338在位),名渠梁。商鞅:本卫国的庶公子,姓公孙,名鞅,又称卫鞅;因秦孝公封他以商於之地(今陕西商县),故称商鞅、商君。任秦相约十年,实行变法,使秦富强。⑩乐用:乐于被使用,即乐于为国家效力。⑪亲服:亲附听命。⑫获:俘获,这里引申为战胜。获楚魏之师:指秦孝公二十二年(前340),商鞅率秦军大败魏军,魏国割河西之地求和;同年,又打败楚军。⑬举地:攻取土地。彊:同"强"。治彊:安定强大。⑭惠王:即秦惠文王(前337—前311在位),也称秦惠王,孝公之子,名驷。张仪:魏国人,惠文王时曾任秦相,用连横之计,破坏六国的合纵策略。⑮拔:攻取。三川之地:本属韩国,在今河南西北地区。因境内有黄河、洛水、伊水,故称"三川"。秦攻占后,设三川郡。⑯巴、蜀:皆古

国名,在今四川东北部和西部,秦吞并后设巴郡、蜀郡。上郡:本魏地,在今陕西西北部一带,前328年(惠文王十年),秦派公子华与张仪攻魏,魏国以上郡十五县献秦求和。⑰汉中:本楚地,在今陕西南部和湖北西北部。前312年,秦攻占汉中六百里地,设置汉中郡。⑱包:囊括,此处指并吞。九夷:泛指当时楚境的少数民族。制:控制、绁制、抑制。鄢(yān):楚地(今湖北宜城),曾为楚都。郢(yǐng):楚都(今湖北江陵)。此以鄢、郢指代楚国。⑲成皋(gāo):又名虎牢(今河南荥阳西北),险要之地。⑳膏腴:肥沃。散:拆散,瓦解。六国之从(纵):指燕、赵、韩、魏、齐、楚东方六国联合抗秦的"合纵"联盟。㉑西面:面向西。事:侍奉。施(yì):延续。㉒昭王:即秦昭襄王(前306—前251在位),惠文王之子,名则,又名稷。范雎(jū):魏国人,逃到秦国,后为昭襄王的相,提出"远交近攻"策略。㉓穰(rǎng)侯、华阳:均为昭襄王母宣太后之弟,曾在朝专权。范雎建议昭襄王,把两人驱逐出关。㉔彊公室:使王室加强、巩固。杜:杜塞。私门:指私家、贵族豪门,与"公室"相对而言。㉕负:辜负,对不起。㉖向使:当初假使。却:拒绝。内:同"纳",接纳。㉗名:名声。㉘昆山:昆仑山,古代传说昆仑山北麓和田产美玉。㉙随:为春秋时的小国(今湖北境内),相传随侯以药敷治一条受伤的大蛇,后蛇衔珠相报,故称"随侯珠"。和:即卞和,春秋时楚人,曾于山中得一璞玉,献给楚王,琢成美玉,故称"和氏璧",后秦始皇以为传国之玺。㉚明月之珠:夜光珠。㉛服:佩带。太阿(ē)之剑:相传为春秋时吴国冶匠干将与欧冶子合铸的宝剑之一。㉜纤离:骏马名。㉝建:竖立,翠凤之旗:用翠凤的羽毛装饰的旗帜。㉞鼍(tuó):鳄鱼类动物,俗名猪婆龙,皮可制鼓。㉟说:同"悦"。㊱犀象之器:用犀牛角、象牙制成的器物。㊲郑、卫:均东周时国名,当时认为郑、卫多美女。㊳駃騠(jué tí):良马名。厩:马棚。㊴丹青:绘画的颜料。采:彩饰。㊵下陈:原指堂下之途,古代统治者宾主相见时陈列礼品、站立侍从之处。此借指宫中地位低下的姬侍。㊶宛珠之簪:嵌有宛(今河南南阳)地出产的珠的簪子。傅:同"附"。玑:不圆的珠子,此为泛指。珥(ěr):耳饰,耳环。阿缟(gǎo):齐国东阿(今山东东阿)出产的白色绢。㊷随俗雅化:随着时尚的变化而打扮得时髦漂亮。佳冶:美好艳丽。窈窕(yáo tiáo):体态优美。赵女:赵国的美女。㊸叩缶(fǒu):击击瓦器。秦国以瓮、缶之类作为打击乐器,故秦声粗犷、质朴。㊹搏髀(bì):拍着大腿打拍子。髀,大腿。㊺快耳:使耳朵感到愉快,意即好听。㊻声:乐声。㊼郑、卫:指郑、卫两国的乐曲。桑间:原为地名,在卫国濮水之

39

滨(今河南濮阳地区),相传为卫国男女欢会歌唱之地,此指桑间地方的音乐。韶虞:相传为舜时的乐曲。武象:周代的乐名。⑱适观:适于观赏,欣赏起来感到舒适。⑲跨:占据,据有。海内:古人以为中国四周皆海,海内为国土。⑳让:辞退。㉑择:选择区别,有"舍弃"之意。就:成就,造成。㉒众庶:民众百姓。明其德:使其德望昭著。㉓五帝三王:泛指古代著名帝王。按《史记》说法,以黄帝、颛顼(zhuān xū)、帝喾(kù)、尧、舜为五帝;以夏、商、周三代开国之王,即夏禹、商汤和周文王、周武王为三王。㉔黔(qián)首:百姓。资:资助,供给。㉕业诸侯:使诸侯成就功业。㉖藉寇兵:借给贼寇武器。赍(jī)盗粮:送给偷盗者粮食。㉗益仇:使仇敌得益。自虚:使自己虚弱。

鹏 鸟 赋①

贾 谊

　　单阏之岁兮②,四月孟夏。庚子日斜兮,鹏集予舍③。止于坐隅兮④,貌甚闲暇⑤。异物来萃兮⑥,私怪其故。发书占之兮⑦,谶言其度⑧,曰:"野鸟入室兮,主人将去。"请问于鹏兮:"予去何之? 吉乎告我,凶言其灾⑨。淹速之度兮⑩,语予其期。"鹏乃叹息,举首奋翼;口不能言,请对以臆⑪:

　　"万物变化兮⑫,固无休息。斡流而迁兮⑬,或推而还。形气转续兮⑬,变化而蝉⑭。沕穆无穷兮⑮,胡可胜言! 祸兮福所倚⑯,福兮祸所伏;忧喜聚门兮⑰,吉凶同域。彼吴强大兮,夫差以败;越栖会稽兮⑱,勾践霸世。斯游遂成兮,卒被五刑⑲。傅说胥靡兮,乃相武丁⑳。夫祸之与福兮,何异纠缠㉑;命不可说兮,孰知其极㉒! 水激则旱兮,矢激则远;万物回薄兮㉓,振荡相转㉔。云蒸雨降兮,纠错相纷㉕;大钧播物兮㉖,坱圠无垠㉗。天不可预虑兮,道不可预谋;迟速有命兮,焉识其时㉘! 且夫天地为炉兮,造化为工㉙;阴阳为炭兮,万物为铜㉚。合散消息兮㉛,安有常则? 千变万化兮,未始有极㉜! 忽然为人兮㉝,何足控抟㉞;化为异物兮㉟,又何足患! 小智自私兮㊱,贱彼贵我;达人大观兮㊲,物无不可㊳。贪夫殉财兮,烈士殉名;夸者死权兮㊴,品庶每生㊵。怵迫之徒兮㊶,或趋东西;大人不曲兮㊷,意变齐同。愚士系俗兮㊸,窘若囚拘㊹;至人遗物兮㊺,独与道俱。众人惑惑兮㊻,好恶积亿;真人恬漠兮㊼,独与道息㊽。释智遗形兮㊾,超然自丧㊿;寥廓忽荒兮⊙,与道翱翔。乘流则逝兮,得坻则止^③;纵躯委命兮^③,不私与己^③。其生兮若浮^③,其死兮若休^③;澹乎若深渊之静^③,泛乎若不系之舟^③。不以生故自宝兮^③,养空而浮^③;德人无累,知命不忧。细故蒂介^③,何足以疑!"

注释:①本文是贾谊放逐长沙时所作。据《史记》本传记载,贾谊在长沙时,有一鹏鸟(俗名猫头鹰)飞入其室,按当地风俗为大不祥。时贾谊正处于失意境地,自以为寿命不长,甚伤悼,遂作此赋以自慰。文中假托与鹏鸟的问答,抒发自己怀才不遇的情绪,并以老庄的齐死生、等祸福的思想来自我宽解。赋中说理的成分增加,直接抒情的成分减少,已开始脱离楚辞的风格。赋中假设自己与鹏鸟答问的形式,对汉赋问答体的形成起了一种过渡作用。②单(chán)阏(è):太岁在卯叫单阏。时为汉文帝六年,岁在丁卯。③集:止。④坐隅:座位的一角。⑤闲暇:从容不惊的样子。⑥异物:指鹏鸟。萃:止。⑦发:打开。⑧谶:预示吉凶的话。度:吉凶的定数。⑨这两句是说,如有吉利的事情告诉我,如有凶事也请告诉我是什么灾祸。⑩淹:迟。⑪臆:心中所想的。这两句的意思是,鸟不能说话,请允许我以心中所想的来对答。⑫斡流:运转。⑬形:有形的;气,指无形的,与形相对。转:转化。续:继续。⑭而:如。蟺(chán):蜕化。这两句意思是,形气的转移连续,变迁蜕化。⑮汩(wù)穆:精微深远的样子。⑯倚:因。⑰聚门:聚集在同一门内。⑱春秋时,吴王夫差战胜越国,越王勾践卧薪尝胆,兴复越国,又灭吴称霸。会稽:山名,越王被困时尝居住于此。⑲斯:李斯。游:游历。遂成:指李斯游历秦国身登高位。卒被五刑:李斯晚年为赵高所谮,受五刑而死。⑳傅说:传说原在傅岩服劳役,殷高宗武丁以为贤,遂招他为相。胥:相。靡:系。㉑纠:两股拧成的绳索。纆(mò):一股拧成的绳索。这两句意思是,祸福相互纠缠,如同绳索绞在一起。㉒极:尽。这两句意思是,天命不可解说,谁知道他的究竟。㉓旱:通"悍",指水流汹涌奔腾。㉔回薄:往返相激。回:返。薄:迫。㉕振:同"震"。这两句的意思是,万物都不断转化,相互激荡、影响、转化;人事也有时因祸而至于福,有时因福而至于祸,互相影响,反复无常。㉖纠错:纠缠交错。㉗大钧:造化。钧:制造陶器时用的转轮。播物:指运转造物。㉘块(yǎng)圠(yà)无垠:无边无际。㉙迟速:这里指人死生的快慢。识:知道。㉚炉:冶金之炉。工:冶金之工匠。㉛这两句意思是,阴阳转化万物,故喻为碳;物由阴阳转化而成,故喻为铜。㉜消:灭。息:生。㉝忽然:偶然。㉞控抟:控,引,

41

抟,持。这里有贪恋珍惜的意思。㉟异物:其他东西,指死。㊱小智:智慧浅陋。㊲达人:通达之人。大观:心胸开阔,有远见卓识。㊳可:合适。㊴夸者:贪求虚名的人。㊵品庶:指一般人。每:贪。㊶怵:指为利所诱。迫:为生活所迫。㊷大人:指道德高尚的人。曲:通"屈"。不曲:不为物所屈。㊸意:通"亿",形容其多。齐同:一视同仁之意。㊹系俗:为俗所系。㊺囚:有罪之人。㊻至人:有至高道德之人。遗物:遗弃事物,意不为物所累。㊼道:老庄之道。俱:一起去。㊽惑惑:非常迷惑的样子。㊾真人:指得天地之道之人。息:止。独与道息:单独与大道止息,意与道同处。㊿释:放。遗形:遗弃形体。自丧:自亡其身。51寥:深远。廓:空阔。忽荒:恍惚之意。52坻(chí):水中的小洲。53纵:放纵。躯:身体。命:命运。54私:爱惜。与:给。这句意思是,不因爱惜自己的身体而把它当作自己的私物。55浮:浮游。56休:休息。57澹:安静。58泛:漂浮。59自宝:以自己为宝。60养空:涵养空虚。61细故:细小的事故。蒂介:即芥蒂,芒刺,比喻不愉快的事情。

七　　发(节选)①

枚　乘

　　楚太子有疾,而吴客往问之,曰:"伏闻太子玉体不安,亦少间乎②?"太子曰:"惫③!谨谢客。"

　　客因称曰:"今时天下安宁,四宇和平④,太子方富于年⑤。意者:久耽安乐⑥,日夜无极,邪气袭逆⑦,中若结轖⑧,纷屯澹淡,嘘唏烦酲⑨,惕惕怵怵⑩,卧不得瞑⑪。虚中重听⑫,恶闻人声。精神越渫⑬,百病咸生。聪明眩曜⑭,悦怒不平⑮。久执不废⑯,大命乃倾⑰。太子岂有是乎?"太子曰:"谨谢客。赖君之力,时时有之,然未至于是也。"客曰:"夫贵人之子,必宫居而闺处⑱,内有保母⑲,外有傅父,欲交无所⑳。饮食则温淳甘膬㉑,腥醲肥厚㉒,衣裳则杂遝曼煖㉓,燀烁热暑㉔。虽有金石之坚,犹将销铄而挺解也㉕,况其在筋骨之间乎哉?故曰:纵耳目之欲,恣支体之安者㉖,伤血脉之和。且夫出舆入辇㉗,命曰蹙痿之机㉘;洞房清宫,命曰寒热之媒;皓齿蛾眉㉙,命曰伐性之斧;甘脆肥膿㉚,命曰腐肠之药。今太子肤色靡曼㉛,四支委随㉜,筋骨挺解,血脉淫濯㉝,手足堕窳㉞;越女侍前㉟,齐姬奉后㊱;往来游醮㊲,纵姿乎曲房隐

42

间之中㉒。此甘餐毒药㉓,戏猛兽之爪牙也㉔。所从来者至深远,淹滞永久而不废;虽令扁鹊治内㉕,巫咸治外㉖,尚何及哉!如今太子之病者,独宜世之君子,博见强识㉗,承间语事㉘,变度易意㉙,常无离侧,以为羽翼。淹沈之乐㉚,浩唐之心㉛,遁佚之志㉜,其奚由至哉㉝!"

太子曰:"诺。病已,请事此言。"(中略)

客曰:"将以八月之望㉞,与诸侯远方交游兄弟,并往观涛乎广陵之曲江㉟。至则未见涛之形也,徒观水力之所到,则恧然足以骇矣㊵。观其所驾轶者㊶,所擢拔者㊷,所扬汩者㊸,所温汾者㊹,所涤汔者㊺,虽有心略辞给,固未能缕形其所由然也㊻。恍兮忽兮㊼,聊兮慄兮,混汨汨兮,忽兮慌兮,俶兮傥兮㊽,浩潢潒兮㊾,慌旷旷兮。秉意乎南山,通望乎东海。虹洞兮苍天㊿,极虑乎崖涘。流揽无穷,归神日母[51]。汨乘流而下降兮,或不知其所止。或纷纭其流折兮[52],忽缪缭而不来[53]。临朱汜而远逝兮[54],中虚烦而益怠。莫离散而发曙兮,内存心而自持。于是澡楑胸中,洒练五藏[55],澹澉手足,颒濯发齿,揄弃恬怠,输写淟浊,分决狐疑,发皇耳目。当是之时,虽有淹病滞疾,犹将伸伛起躄[56]、发瞽披聋而观望之也[57],况直眇小烦懑,醒醲病酒之徒哉!故曰:发蒙解惑,不足以言也。"

太子曰:"善!然则涛何气哉?"

客曰:"不记也[58]。然闻于师曰,似神而非者三:疾雷闻百里[59];江水逆流,海水上潮[60];山出内云,日夜不止。衍溢漂疾[61],波涌而涛起。其始起也,洪淋淋焉[62],若白鹭之下翔。其少进也,浩浩溰溰[63],如素车白马帷盖之张。其波涌而云乱,扰扰焉如三军之腾装。其旁作而奔起也,飘飘焉如轻车之勒兵[64]。六驾蛟龙[65],附从太白。纯驰浩霓[66],前后骆驿。颙颙卬卬[67],椐椐强强[68],莘莘将将[69]。壁垒重坚,沓杂似军行[70]。訇隐匈磕[71],轧盘涌裔[72],原不可当。观其两旁,则滂渤怫郁[73],𡶴漠感突[74],上击下律[75]。有似勇壮之卒,突怒而无畏;蹈壁冲津[76],穷曲随限[77],逾岸出追[78];遇者死,当者坏。初发乎或围之津涯,荄轸谷分[79]。迴翔青篾[80],衔枚檀桓[81]。弭节伍子之山[82],通厉骨母之场[83]。凌赤岸,篲扶桑,横奔似雷行。诚奋厥武,如振如怒。沌沌浑浑,壮如奔马。混混庉庉[84],声如雷鼓。发怒庢沓[85],清升逾跇[86],侯波奋振,合战于藉藉之口[87]。鸟不及飞,鱼不及回,兽不及走。纷纷翼翼[88],波涌云乱。荡取南山,背击北岸。覆亏丘陵,平夷西畔。险险戏戏,崩坏陂池[89],决胜乃罢。汹汹潺潺[90],披扬流洒。横暴之极,鱼鳖失势,颠倒偃侧[91],沈沈湲湲[92],

43

蒲伏连延⑬。神物怪疑⑭,不可胜言。直使人踣焉⑮,洄闇悽怆焉⑯。此天下惟异诡观也,太子能强起观之乎?"

太子曰:"仆病未能也。"

客曰:"将为太子奏方术之士有资略者⑰,若庄周、魏牟、杨朱、墨翟、便蜎、詹何之伦⑱。使之论天下之精微,理万物之是非。孔、老览观,孟子持筹而算之⑲,万不失一。此亦天下要言妙道也,太子岂欲闻之乎?"

于是太子据几而起曰⑳:"涣乎若一听圣人辩士之言㉑。"涊然汗出㉒,霍然病已㉓。

注释:①本赋为枚乘的代表作。七发:即以七事启发太子。②少间:稍微好点儿。③愈:疲惫。④四宇:四方。⑤方富于年:恰好年轻。⑥意:料想。耽:沉溺,入迷。⑦袭逆:侵入内部。⑧中:指胸中。结辖(sè):郁结堵塞。⑨纷屯澹淡:指人精气摇荡,心绪不宁。噫唏:叹息声。醒(chéng):喝醉了酒神志不清。⑩惕惕怵怵:形容心神不宁,烦恼恐惧。⑪瞑:闭上眼睛,指安睡。⑫虚中:身体内虚弱。重听:听觉不灵。⑬漠:分散,疏散。⑭聪:听觉。明:视觉。眩曜:迷惑,惑乱。⑮悦:喜悦。不平:失常。⑯执:持,握。⑰大命:生命。⑱宫居:居住在宫中。闺处:处在闺门之中。闺:宫中小门,上圆下方。⑲保母:即保姆,宫中负责照顾太子生活的女仆。⑳无所:没有机会。㉑温淳:味道温厚。脆(cuì):同"脆"。㉒胜(chéng):肥肉。醲(nóng):浓烈的酒。㉓杂遝(tà):众多杂乱。遝:通"沓"。曼:轻细。㉔燂(xún):火热。烁:热。㉕销铄:熔化。挺解:解散,散驰。这两句的意思是,生活在这样一个安逸的环境中,即使身体坚固如金石,也终将被熔化,解散。㉖纵耳目之欲:放纵耳目声色的欲望。恣:放纵。㉗舆、辇:均为车子。㉘蹷(juě)、痿:都是瘫痪不能行动的疾病。机:事物变化的征兆。㉙洞房:像黑洞一样的房子,形容房子幽深。㉚皓齿蛾眉:指美女。㉛脓:同"酿"。㉜腐:腐蚀,破坏。㉝靡曼:憔悴瘦弱。㉞委随:弯曲不能伸展。㉟淫:过量地,无节制地。濯:大。血脉淫濯:阳虚会导致脉大。㊱堕:懈怠。孺(yǔ):弱。㊲越女:越国的女子。㊳齐姬:齐国的美女。㊴醮:通"宴"。㊵曲房隐间:曲折隐秘的宫室。㊶甘餐毒药:把毒药当作美食吃。㊷戏:游戏。这句是说,与猛兽的爪牙相游戏。这两句是隐喻太子把生命当儿戏。㊸淹滞:停留。㊹扁鹊:先秦时名医。治内:医治身体内部疾病。㊺巫咸:传说中的神医。治外:指在人体之外通过祷祝治病。

44

㊻识：通“志”，记忆。强识：记忆力强。㊼承间：乘机会。语：谈论。㊽变度易意：把太子的思虑改变过来。㊾羽翼：帮手，辅佐。㊿沈：沉的古体字，往下落的意思。淹沈：沉溺。(51)浩唐：通“浩荡”，放荡的意思。(52)遁佚：放纵过度。(53)奚由：何从。(54)望：每月的阴历十五日为望日。(55)广陵：地名，即今江苏扬州。(56)恤然：惊恐的样子。(57)驾：超越。轶：后车超越前车。(58)汩(gǔ)：水流迅速。(59)温汾：结聚。(60)涤汔(qǐ)：洗荡。(61)心略：心计。辞给：有辩才。缕：线，这里指详细。(62)恍兮忽兮：形容江水浩荡惊骇，不可辨认。恍忽：通“恍惚”。(63)，俶(tì)傥：即倜傥，洒脱，不拘束。俶：通“倜”。(64)瀇(wǎng)瀁(yǎng)：水广大的样子。(65)秉意：集中注意力。秉：主，持。(66)通望：一直望到。(67)虹洞：意天水相连。(68)极虑：极尽思虑。涘：水边。(69)揽：即“览”。日母：太阳。(70)纷纭：这里指浪头多而纷乱。(71)缪(liǎo)缭：缠结。(72)朱汜：地名。(73)槩，同“溉”。(74)洒、练：用水冲洗。五藏：即五脏。藏：通“脏”。(75)澉(gǎn)澹(dàn)：洗涤。(76)頮(huì)：洗脸。濯：洗。(77)揄：脱。(78)输写：排除。写：同“泻”。淟(tiǎn)浊：污浊，肮脏。(79)皇：明。(80)伸伛(yǔ)起躄(bì)：使驼背的人身体直起来，使跛脚的人站起来。伛：驼背。(81)使瞎子眼睛复明，使聋子恢复听觉。瞽：瞎子。披：开。(82)直：只是。眇：小。(83)不记：不见于记载。(84)疾雷：声似疾雷。(85)内：同“纳”。(86)衍：多余的。漂疾：快速流动。(87)淋淋：形容水向下流的样子。(88)溰(āi)：高白的样子。(89)云乱：像云一样乱。(90)腾装：奔腾前进，装备整齐。(91)勒：约束，这里是指挥的意思。(92)六驾蛟龙：六条蛟龙驾的车。(93)太白：河神。(94)纯：通“屯”。纯驰：或屯或驰。浩霓：高大的样子。(95)颙(yóng)颙卬卬(áng)：波高浪大的样子。(96)椐椐(jū)强强：相互伴随的样子。(97)莘莘将将：形容波浪相互激烈碰撞的样子。(98)沓杂：众多的样子。军行：指军队的行列。(99)訇隐匈磕(gài)：形容涛声很大，隆隆作响。(100)轧：没有边际。轧盘涌裔：形容波涛气势磅礴。(101)滂渤怫郁：形容波涛磅礴，激越昂扬。(102)闇漠感突：波浪之间因冲撞而溅起的样子。(103)律：形容波涛从高处下落。(104)蹈、冲：冲击，击打。壁：河岸。津：渡口。(105)隈：水流的弯曲处。(106)追：古“堆”字，此处指沙堆。(107)荄：通“陔”，田埂。轸：通“畛”，井田沟上的小路。这句是说，浪涛像田边的小路和田埂、山岭与山谷一样容易区分。(108)迴翔：犹回旋。青篾：地名，一说车名。(109)衔枚：古代行军时为了不让马出声，在起口中放有箸状物，称衔枚。檀桓：地名；一说有盘桓，回旋的样子。(110)伍子之山：以伍子胥命名的山。(111)通厉：远行。胥母，当为胥母。(112)赤岸：地

名。⑬篲(huì)：扫。扶桑：神树。⑭振：同"震"。⑮沌沌浑浑：波涛一浪追逐一浪的样子。⑯混混庉(dùn)庉：波涛的声音。⑰庢(zhì)：阻碍。沓：重迭，这里指波浪因遇阻而重叠。⑱清：清波。逾迤(yì)：超越。⑲侯波：大波。⑳藉藉：地名。㉑翼翼：健壮的样子。㉒跛池：斜坡，这里指江岸。池：通"陀"。㉓汫(jié)：水波相击。潺湲(yuán)：水流。㉔偃：向后倒下。㉕沋(yóu)沋湲湲：形容鱼鳖东倒西歪的样子。㉖蒲伏：同"匍匐"。㉗恠：即"怪"。㉘踣(bó)：向前跌倒。㉙泂闇：因惊慌而不知所措的样子。㉚方术之士：研究医卜星相之术的人，这里指春秋战国间的游士。资略者：指拥有一定主张和思想者。㉛庄周、魏牟、杨朱、墨翟、便娟、詹何，均为春秋战国时有识之士。㉜筹：筹划。㉝据：依靠，凭借。几：几案。㉞涣乎：清醒的样子。㉟㳻(niǎn)然：形容汗出的样子。㊱霍然：形容疾病迅速消除。

项羽本纪①（节选）

项王军壁垓下②，兵少食尽，汉军及诸侯兵围之数重。夜闻汉军四面皆楚歌③，项王乃大惊曰："汉皆已得楚乎？是何楚人之多也！"项王则夜起，饮帐中。有美人名虞，常幸从④；骏马名骓⑤，常骑之。于是项王乃悲歌忼慨⑥，自为诗曰："力拔山兮气盖世，时不利兮骓不逝⑦。骓不逝兮可奈何，虞兮虞兮奈若何⑧！"歌数阕⑨，美人和之。项王泣数行下，左右皆泣，莫能仰视⑩。

于是项王乃上马骑⑪，麾下壮士骑从者八百余人，直夜溃围南出⑫，驰走。平明⑬，汉军乃觉之，令骑将灌婴以五千骑追之。项王渡淮，骑能属者，百余人耳⑭。项王至阴陵⑮，迷失道，问一田父，田父绐曰⑯："左。"左，乃陷大泽中。以故汉追及之。项王乃复引兵而东，至东城，乃有二十八骑。汉骑追者数千人。项王自度不得脱⑱，谓其骑曰："吾起兵至今，八岁矣，身七十余战⑲，所当者破⑳，所击者服，未尝败北㉑，遂霸有天下。然今卒困于此㉒，此天之亡我，非战之罪也。今日固决死㉓，愿为诸君快战㉔，必三胜之，为诸君溃围，斩将，刈旗㉕。令诸君知天亡我，非战之罪也。"乃分其骑以为四队，四向㉖。汉军围之数重。项王谓其骑曰："吾为公取彼一将。"令四面骑驰下，期山东为三处㉗。于是项王大呼驰下，汉军皆披靡㉘，遂斩汉一将。是时，赤泉

46

侯为骑将⊗,追项王,项王瞋目而叱之③,赤泉侯人马俱惊,辟易数里③。与其骑会为三处。汉军不知项王所在,乃分军为三,复围之②。项王乃驰,复斩汉一都尉,杀数十百人。复聚其骑,亡其两骑耳。乃谓其骑曰:"何如?"骑皆伏曰③:"如大王言。"

于是项王乃欲东渡乌江④。乌江亭长权船待⑤,谓项王曰:"江东虽小,地方千里,众数十万人,亦足王也。愿大王急渡。今独臣有船,汉军至,无以渡。"项王笑曰:"天之亡我,我何渡为!且籍与江东子弟八千人渡江而西,今无一人还,纵江东父兄怜而王我,我何面目见之?纵彼不言,籍独不愧于心乎?"乃谓亭长曰:"吾知公长者⑥。吾骑此马五岁,所当无敌,尝一日行千里,不忍杀之,以赐公。"乃令骑皆下马步行,持短兵接战。独籍所杀汉军数百人。项王身亦被十余创⑧。顾见汉骑司马吕马童⑨,曰:"若非吾故人乎⑩?"马童面之⑪,指王翳曰⑫:"此项王也。"项王乃曰:"吾闻汉购我头千金,邑万户,吾为若德⑬。"乃自刎而死。王翳取其头,余骑相蹂践争项王,相杀者数十人。最其后,郎中骑杨喜、骑司马吕马童、郎中吕胜、杨武各得其一体。五人共会其体,皆是。故分其地为五:封吕马童为中水侯,封王翳为杜衍侯,封杨喜为赤泉侯,封杨武为吴防侯,封吕胜为涅阳侯。

……

太史公曰⑭:吾闻之周生曰⑮,舜目盖重瞳子⑯,又闻项羽亦重瞳子,羽岂其苗裔邪⑰?何兴之暴也⑱!夫秦失其政,陈涉首难,豪杰蜂起,相与并争,不可胜数。然羽非有尺寸⑲,乘势起陇亩之中⑳,三年,遂将五诸侯灭秦㉑,分裂天下,而封王侯,政由羽出㉒,号为"霸王",位虽不终㉓,近古以来未尝有也。及羽背关怀楚㉔,放逐义帝而自立㉕,怨王侯叛己,难矣。自矜功伐㉖,奋其私智而不师古㉗,谓霸王之业,欲以力征经营天下㉘,五年卒亡其国,身死东城,尚不觉寤,而不自责,过矣㉙。乃引"天亡我,非用兵之罪也"㉚,岂不谬哉!

注释:①《项羽本纪》是《史记》中描写人物最有光彩的篇幅之一,司马迁不以成败论英雄,在文中写尽了一代枭雄项羽的壮烈一生。这里节选了其中最后一段,描述了项羽垓下被围、自刎乌江的过程。②壁:营垒;此处用作动词,即在……扎营。垓(gāi)下:地名,故址在今安徽灵璧县东南沱河北岸。③四面皆楚歌:四面八方都响起用楚方言所唱的歌曲。④幸从:得到宠爱,跟随在项羽身边。⑤骓(zhuī):毛色黑白相间的马。这里是以毛色为马命名。

⑥忼慨:同"慷慨",悲愤激昂。⑦逝:奔驰。⑧奈若何:将你怎么办。若:你。⑨阕(què):乐歌终了一次叫做一阕。⑩莫:没有人。⑪骑(jì):名词,一人乘一马为一骑。⑫直夜:当夜。溃围:突破重围。⑬平明:天亮时。⑭骑能属者:能跟从而来的骑兵。属:随从。⑮阴陵:秦时地名,故址在今安徽定远县西北。⑯田父:老农。绐(dài):欺骗。⑰东城:秦时地名,故址在今安徽定远县东南。⑱度(duó):揣测,估计。脱:脱身。⑲身:亲身参加。⑳所当者:所遇到的敌方。㉑尝:曾。败北:战败,败走。㉒卒:最终。㉓固:必,一定。㉔快战:痛痛快快地打一仗。㉕刈(yì):割,砍。㉖四向:面朝四个方向。㉗期:约定。山东:山的东面。为三处:意谓分三处集合。㉘披靡:惊溃散乱的样子。㉙赤泉:地名,在今河南淅川西。赤泉侯:汉将杨喜,后封赤泉侯。㉚瞋(chēn)目:瞪大眼睛。叱(chì):大声呵斥。㉛辟易:倒退。㉜复:又,再。㉝伏:通"服"。㉞乌江:即今安徽和县东北之乌江浦。㉟亭长:乡官。秦、汉时制度,十里一亭,设亭长一人。舣(yǐ):同"舣",移船靠岸。㊱纵:即使。王我:让我为王。㊲长者:性情谨厚的人。㊳创:创伤。㊴顾:回头看。㊵故人:旧相识。㊶面之:面对着项王。㊷指王翳:把项王指给王翳看。㊸吾为若德:我就给你个好处吧。㊹太史公:即太史令,司马迁自称。《史记》每篇传记文后均设"太史公曰"一段文字,以抒发他对传主一生行事、遭遇的总结性意见。㊺周生:汉时儒者,姓周,名不详。㊻盖:表示推测,"或许是"、"可能是"之意。重瞳子:一只眼睛里有两个眸子。㊼苗裔:后代子孙。㊽暴:骤然,突然。㊾尺寸:指极少的封地、权势等凭借。㊿陇亩:田间,指民间。51将:率领。五诸侯:齐、赵、韩、魏、燕五国。此处泛指楚以外的各路义军。52政:政令。53不终:没取得较长远的好结果。54背关怀楚:放弃关中,怀归楚地。指的是项羽不抠据关中而还军建都彭城。55放逐义帝:项羽之叔项梁起兵时,立楚王后代熊心为怀王。灭秦后项羽尊其为义帝。后项羽自立为西楚霸王,徙义帝往长沙郴县,并阴令人于途中杀之。56难矣:意思是说,项羽在这种情况下还想成大事,那就太困难了。57自矜:自夸,自负。功伐:指武力征伐之功。58私智:一己之能。师古:以古代成功立业的帝王为师。59为征:以武力征讨。经营:治理,整顿。60过矣:实在是大错了。61引:援引,以……为理由。

48

苏 武 传（节选）[①]

班 固

武字子卿，少以父任，兄弟并为郎[②]，稍迁至栘中厩监[③]。时汉连伐胡[④]，数通使相窥观[⑤]。匈奴留汉使郭吉、路充国等前后十余辈[⑥]。匈奴使来，汉亦留之以相当[⑦]。天汉元年[⑧]，且鞮侯单于初立[⑨]，恐汉袭之，乃曰："汉天子，我丈人行也[⑩]。"尽归汉使路充国等。武帝嘉其义[⑪]，乃遣武以中郎将使持节送匈奴使留在汉者[⑫]，因厚赂单于，答其善意[⑬]。武与副中郎将张胜及假吏常惠等募士、斥候百余人俱[⑭]。既至匈奴，置币遗单于[⑮]。单于益骄，非汉所望也[⑯]。

方欲发使送武等[⑰]，会缑王与长水虞常等谋反匈奴中[⑱]。缑王者，昆邪王姊子也[⑲]，与昆邪王俱降汉，后随浞野侯没胡中[⑳]。及卫律所将降者，阴相与谋劫单于母阏氏归汉[㉑]。会武等至匈奴，虞常在汉时素与副张胜相知[㉒]，私候胜曰："闻汉天子甚怨卫律[㉓]，常能为汉伏弩射杀之[㉔]。吾母与弟在汉，幸蒙其赏赐[㉕]。"张胜许之，以货物与常。后月余，单于出猎，独阏氏子弟在[㉖]。虞常等七十余人欲发[㉗]，其一人夜亡[㉘]，告之[㉙]。单于子弟发兵与战，缑王等皆死，虞常生得[㉚]。

单于使卫律治其事[㉛]。张胜闻之，恐前语发[㉜]，以状语武。武曰："事如此，此必及我。见犯乃死，重负国[㉝]！"欲自杀，胜、惠共止之。虞常果引张胜[㉞]。单于怒，召诸贵人议[㉟]，欲杀汉使者。左伊秩訾曰[㊵]："即谋单于，何以复加？宜皆降之[㊶]。"单于使卫律召武受辞[㊷]，武谓惠等："屈节辱命，虽生，何面目以归汉[㊸]！"引佩刀自刺。卫律惊，自抱持武，驰召医。凿地为坎[㊹]，置煴火[㊺]，覆武其上[㊻]，蹈其背以出血。武气绝，半日复息[㊼]。惠等哭，舆归营[㊽]。单于壮其节[㊾]，朝夕遣人候问武，而收系张胜[㊿]。

武益愈[51]，单于使使晓武。会论虞常[52]，欲因此时降武[53]。剑斩虞常已[54]，律曰："汉使张胜谋杀单于近臣，当死，单于募降者赦罪。"举剑欲击之，胜请降。律谓武曰："副有罪，当相坐[55]。"武曰："本无谋，又非亲属，何谓相坐？"复举剑拟之[56]，武不动。律曰："苏君，律前负汉归匈奴，幸蒙大恩，赐号称王，拥众数万，马畜弥山[57]，富贵如此。苏君今日降，明日复然[58]。空以身膏草野[59]，谁复知之！"武不应。律曰："君因我降[60]，与君为兄弟，今不听吾计，后

49

虽欲复见我,尚可得乎?"武骂律曰:"女为人臣子[33],不顾恩义,畔主背亲[34],为降虏于蛮夷[35],何以女为见[36]? 且单于信女,使决人死生[37],不平心持正,反欲斗两主[38],观祸败[39]。……若知我不降明,欲令两国相攻,匈奴之祸从我始矣[40]!"

律知武终不可胁[41],白单于[42]。单于愈益欲降之,乃幽武[43],置大窖中,绝不饮食[44]。天雨雪[45]。武卧啮雪[46],与旃毛并咽之[47],数日不死,匈奴以为神。乃徙武北海上无人处[48],使牧羝,羝乳乃得归[49]。别其官属常惠等,各置他所[50]。武既至海上,廪食不至[51],掘野鼠去草实而食之[52]。杖汉节牧羊[53],卧起操持,节旄尽落。积五六年,单于弟於靬王弋射海上[54]。武能网纺缴[55],檠弓弩[56],於靬王爱之,给其衣食。三岁余,王病,赐武马畜、服匿[57]、穹庐[58]。王死后,人众徙去。其冬,丁令盗武牛羊[59],武复穷厄[60]。

……

昭帝即位[61],数年,匈奴与汉和亲。汉求武等,匈奴诡言武死。后汉使复至匈奴,常惠请其守者与俱[62],得夜见汉使,具自陈道[63]。教使者谓单于,言天子射上林中,得雁,足有系帛书,言武等在某泽中。使者大喜,如惠语以让单于[64]。单于视左右而惊,谢汉使曰[65]:"武等实在[66]。"于是李陵置酒贺武曰:"今足下还归,扬名于匈奴,功显于汉室,虽古竹帛所载[67],丹青所画,何以过子卿! 陵虽驽怯[68],令汉且贳陵罪,全其老母,使得奋大辱之积志,庶几乎曹柯之盟。此陵宿昔之所不忘也[69]。收族陵家,为世大戮,陵尚复何顾乎[70]? 已矣[71]! 令子卿知吾心耳[72]。异域之人,壹别长绝[73]!"陵起舞,歌曰:"径万里兮度沙幕[74],为君将兮奋匈奴。路穷绝兮矢刃摧[75],士众灭兮名已聩[76]。老母已死,虽欲报恩将安归[77]?"陵泣下数行[78],因与武决。

单于召会武官属[79],前以降及物故[80],凡随武还者九人。武以始元六年春至京师[81]。……武留匈奴凡十九岁,始以强壮出[82],及还,须发尽白。

注释:①本文选自《汉书·李广苏建传》。苏武的父亲名苏建,因军功封侯,苏武的传记附在他的传后。②少(shào)以两句:年轻时因为父亲职位的关系而任官,兄弟三人同时担任郎官。③稍:渐。迁:指升任。栘(yí)中厩:马厩名。监:官名。④连:连接,屡次。胡:指匈奴。⑤通使:互派使者。⑥留:扣留。郭吉:武帝于元封元年(前110)率军北上,派郭吉为使者去晓谕匈奴单于归顺,单于怒而扣留郭吉。路充国:武帝元封四年(前107),匈奴使者病死在汉,武帝派路充国为使者护丧至匈奴,单于以为使者被汉杀死,便将路

充国扣留在匈奴。十余辈:十多批。⑦相当(dàng):相抵。⑧天汉元年:公元前100年。天汉:武帝年号(前100—97)。⑨且鞮(jū dī)侯:单于即位前的封号。单于:匈奴首领的称号。⑩丈人:对老者的尊称。行(háng):辈。⑪嘉其义:嘉奖他懂道理。⑫中郎将:皇帝的侍从武官名。节:旄节,竹竿上缀之以旄牛尾,凡三层,是使者的凭信物。⑬略:财物。⑭假吏:兼职的属吏,常惠本来不是官吏,是临时充任使者属吏,故称。募士:招募来的士卒。斥侯:侦察兵。俱:一起走。⑮置币:准备财物。遗(wèi):送。⑯非汉句:指单于由于苏武送了厚礼而更加骄横,这种态度违背了汉王朝原来互相通好的愿望。⑰方欲:指单于正要打发使者送苏武归汉。⑱会:恰巧碰上。缑(gōu)王:匈奴的一位亲王。长水虞常:长水校尉(武官名)名叫虞常,他曾经投降匈奴,此时与缑王合谋劫持单于母归顺汉朝。长水:水名,在今陕西省蓝田县西北。⑲昆邪(hùn yé)王:匈奴的一位亲王。⑳浞(zhuó)野侯:汉将赵破奴封号,他于太初二年(前103)出击匈奴,兵败投降。没胡中:指陷没在匈奴。㉑卫律:原为汉臣,后投降匈奴,被封为丁灵王。阏氏:匈奴对单于妻的称号。㉒素与句:一向同副使张胜相熟。㉓私候:私下拜访。㉔闻:听说。㉕常:虞常自称名。伏弩:埋伏弩弓。㉖幸蒙句:希望能得到朝廷天子的赏赐。㉗货物:指财物。㉘子弟:指单于子弟。㉙发:指发动,起事。㉚夜亡:夜里逃走。㉛告之:告发这件事。㉜生得:被活捉。㉝治其事:审理这件事。㉞前语:指前面虞常对张胜说的话。㉟以状语武:把情况告诉苏武。㊱见:被。犯:凌辱,侵犯。乃:才。重:更加。㊲引:攀引,供出。㊳贵人:指匈奴贵族。㊴左伊秩訾:匈奴的一位王的称号。㊵即谋三句:现在他们因谋害卫律就要杀头,假使他们要谋害单于,那又怎么样加重处罚他们呢?应该叫他们投降。㊶受辞:接受审讯。㊷屈节三句:丧失气节,辱没使命,即使活着,我还有什么脸面回到汉朝去。㊸坎:坑。㊹煴(yūn)火:有烟无焰的火。㊺覆武其上:把苏武伏卧在燃火的坎上。㊻蹈(tāo):轻轻敲打。㊼复息:重新苏醒过来。㊽舆:扛。㊾壮其节:认为苏武的气节很勇敢。㊿收系:逮捕关押。51益愈:逐渐痊愈。52使(shì)使晓武:派遣使者通知苏武。53会论:会同判定罪名。54因:凭借,趁。降武:迫使苏武投降。55已:完毕。56募者赦罪:听从单于号召而投降的人可以免罪。57坐:连坐,连带治罪。58复举句:指卫律又举起剑来装作要砍武的样子。59负汉:背叛汉朝。60弥:遍,满。61复然:指同样富贵。62膏:用作动词,指肥沃。63君因我降:你通过我的关系投降。64女:通"汝",你。

51

⑥⑤畔主背亲：背叛国君和父母亲。⑥⑥蛮夷：这里指匈奴。⑥⑦何以句：为什么要同你相见？⑥⑧决：决断。⑥⑨斗：使动用法。⑦⑩观祸败：坐看两国受到战争的祸害和破坏。⑦①若知三句：你知道我不会投降已经很明白了，却还来逼我，这是想要让我们两国互相打仗，我怕匈奴将来遭到灭亡之祸，就要从杀我这件事开始了。⑦②终不可胁：到底不会因威胁而屈服。⑦③白：禀告。⑦④幽：囚禁。⑦⑤窖：地窖。⑦⑥绝不饮食：断绝供应水和食品。⑦⑦雨(yù)：下，落。用作动词。⑦⑧啮：咬，嚼。⑦⑨旃(zhān)毛：毛织的毡毯。⑧⑩徙：迁。北海：匈奴的北边，即今之贝加尔湖。⑧①羝：公羊。乳：生子。⑧②别其两句：分别隔离苏武的属员常惠等人，把他们安置到其他地方去。⑧③廪(lǐn)食：指供应粮食。⑧④野鼠句：挖掘野鼠所藏的野果来充饥。⑧⑤杖汉节：拄着汉朝的旄节。⑧⑥於靬(wū jiān)王：匈奴单于的弟弟。弋射：射猎。海上：即北海。⑧⑦网：结网。纺缴：纺制系在箭尾的丝绳。⑧⑧檠弓弩：用檠来矫正弓弩。⑧⑨给(jǐ)：供应。⑨⑩服匿：盛酒酪的瓦器。⑨①穹庐：毡帐，圆顶的大帐篷。⑨②丁令：即"丁零"，部落名，匈奴之别种。丁零盗武牛羊，当是丁零王卫律所唆使。⑨③厄：困苦。⑨④昭帝：汉武帝少子刘弗陵，公元前86年至前74年在位。⑨⑤诡言：谎报。⑨⑥请其句：请求看守他的人同他一起去见汉使。⑨⑦具自陈道：详细陈述这几年的情况。⑨⑧上林：苑名，皇帝游猎的场所。帛书：用绸子写的信。⑨⑨让：责问。⑩⑩谢：道歉。⑩①实在：确实活着。⑩②古竹帛：指古书、史书，古代用竹简或白绸记事。⑩③丹青：绘画用的颜料，这里指壁画，汉代将有功之臣绘在壁画上让后代瞻仰。⑩④驽怯：愚笨怯懦。⑩⑤令：假使。赦(shì)：赦免。奋：奋起，施逞。庶几乎：差不多，一样。曹柯之盟：指春秋时鲁将曹沫曾屡败于齐，割地求和。后齐鲁在柯邑(今山东省阳谷县东北阿城镇)会盟，曹沫手持匕首胁迫齐桓公将过去所割之地统统归还鲁国。这里李陵以曹沫自比，也想找机会立功赎罪。宿昔：指早晚，念念不忘的意思。⑩⑥大戮：奇耻大辱。⑩⑦已矣：算了吧，完了。⑩⑧令子卿句：我只是让你知道我的心而已。⑩⑨异域两句：我已成为异邦之人，从此一别就成永诀了。⑪⑩径：通"经"。度：渡，与"经"同义。沙幕：即"沙漠"。⑪①奋：奋战。⑪②路穷绝：路尽，指被包围在峡谷之中，无路可走。矢刃摧：指兵器都毁坏了。⑪③隳：败坏。⑪④将安归：将回到哪里去。⑪⑤数行：指泪水纵横。⑪⑥召会句：召集会合苏武原来的随行官员。⑪⑦物故：死亡。⑪⑧凡：共计。还者：指回汉朝的人。⑪⑨以：在。始元六年：公元前81年。始元：昭帝年号(前86—前74)。京师：京都。⑫⑩强壮：指壮年。苏武出使匈奴时年四十岁。

52

归田赋①

张　衡

　　游都邑以永久②，无明略以佐时③，徒临川以羡鱼④，俟河清乎未期⑤。感蔡子之慷慨⑥，从唐生以决疑⑦。谅天道之微昧⑧，追渔父以同嬉⑨，超埃尘以遐逝⑩，与世事乎长辞。

　　于是仲春令月⑪，时和气清，原隰郁茂⑫，百草滋荣。王雎鼓翼⑬，鸧鹒哀鸣⑭，交颈颉颃⑮，关关嘤嘤⑯。于焉逍遥，聊以娱情。

　　尔乃龙吟方泽⑱，虎啸山丘⑲。仰飞纤缴⑳，俯钓长流。触矢而毙，贪饵吞钩，落云间之逸禽㉑，悬渊沈之鲿鰋㉒。

　　于是曜灵俄景㉓，系以望舒㉔。极般游之至乐㉕，虽日夕而忘劬㉖，感老氏之遗诫㉗，将迴驾乎蓬庐。弹五弦之妙指㉘，咏周孔之图书。挥翰墨以奋藻㉛，陈三皇之轨模㉜。苟纵心于物外㉝，安知荣辱之所如㉞。

　　注释：①《归田赋》大概是张衡晚年的作品，抒写了因受宦官排挤，抱负无从施展的苦闷心绪，以及向往田园，不愿同流合污的高洁情怀。其体式短小，语言清新，是东汉后期抒情小赋的代表作。②都邑：指当时京都洛阳。③明略：明智的谋略。佐时：辅佐当时的国君。④徒：徒然。临川羡鱼：语出《淮南子·说林》："临河而羡鱼，不如归家织网。"喻空有愿望。⑤俟：等待。河清：相传黄河一千年清一次，以"河清"喻政治清明。未期：不能预期。⑥蔡子：即蔡泽，战国时辩士。慷慨：指壮士不得志而激昂苦闷的情怀。⑦唐生：即唐举，战国时相士。蔡泽不得志时曾请唐举看相。决疑：即指看相事。⑧谅：实在是。微昧：微妙幽隐，不可捉摸。⑨渔父：用屈原《渔父》篇意，屈原被放逐"行吟泽畔"，遇避世隐身的渔父，遂相应答。作者要与"渔父"同乐，表明自己对于田园的向往。⑩埃尘：指污浊纷杂的世俗。遐逝：远远地离去。⑪仲春：农历二月。令月：好的月份。⑫原：平地。隰(xí)：低下潮湿的地方。郁茂：草木茂盛貌。⑬王雎(jū)：鸟名，即雎鸠。鼓翼：飞翔。⑭鸧鹒(cāng gēng)：鸟名，即黄莺。⑮颉颃(jié háng)：鸟儿上下翻飞的样子。⑯关关嘤嘤：鸟和鸣声。⑰于焉：于是乎。⑱尔乃：于是。龙吟：如龙那样吟咏。方泽：大泽。

⑲虎啸:如虎那样歌啸。⑳纤缴(zhuó):系在箭尾的细丝绳,这里指代箭。㉑逸禽:泛指飞鸟。㉒悬:钓起。鲦鲷(shā liú):皆鱼名。㉓曜灵:太阳。俄:斜。景:同"影",日光。㉔系:继。望舒:神话传说中给月亮赶车的神,此指代月亮。㉕般(pán)游:游乐。至乐:快乐到极点。㉖劬(qú):疲劳。㉗老氏:即老子。遗诫:指老子《道德经》中"驰骋畋猎,令人心发狂"之语。㉘迥:返。蓬庐:茅屋。㉙五弦:五弦琴。妙指:美妙的意趣。指通"旨"。㉚周孔:周公、孔子。㉛翰:笔。奋藻:发挥文采,即著书写文。㉜陈:陈述。三皇:传说中远古的三个帝王,说法不一,一般指伏羲、神农、黄帝。此泛指古代圣王。轨模:规矩、法则。㉝苟:且。纵:放任。物外:世外。㉞所如:所往、所归。

上　邪①

《汉乐府》

上邪!②,我欲与君相知③,长命无绝衰④。山无陵⑤,江水为竭,冬雷震震,夏雨雪⑥,天地合⑦,乃敢与君绝!

注释:①本篇是一首情歌,是女子对所爱男子表示坚贞的誓言:直到江水干涸,高山成平地,冬天打雷,夏天下雪,天与地并在一起才能分开。②上:指天。邪,语助词。这句话等于说"天啊!"③相知:相爱。④命:令,使。⑤陵:山峰。山无陵:高山变成平地。⑥雨:作动词用。雨雪:下雪。⑦天地合:天和地合并到一起。

东门行①

《汉乐府》

出东门②,不顾归③;来入门,怅欲悲④。盎中无斗米储⑤,还视架上无悬衣⑥。拔剑东门去,舍中儿母牵衣啼⑦:"他家但愿富贵⑧,贱妾与君共餔糜⑨。上用仓浪天故⑩,下当用此黄口儿⑪。今非⑫!""咄,行⑬!吾去为迟⑭!白发时下难久居⑮!"

注释:①本篇在《乐府诗集》中属《相和歌辞·瑟调曲》。叙述的是城市贫民在无衣无食的窘境中铤而走险的情况,反映了汉代人民在残酷和剥削压迫下的觉醒与斗争。②东门:指洛阳城的东门。③顾:念,考虑。④怅:失意,恼恨。⑤盎:一种小口腹的瓦瓮。⑥还视:回头看。⑦儿母:指妻子。⑧他家:别人家。⑨贱妾:封建时代妻子在丈夫面前对自己的谦称。餔糜:吃粥。餔:通"哺",吃。糜:粥。⑩用:因,为了。仓浪天:青天。仓浪:青色。⑪黄口儿:指幼儿。"上用"两句为妻子哀求丈夫上看青天,下看幼儿,不要离家出走。⑫今非:现在这样不对,指丈夫铤而走险的做法。⑬咄:呵叱声,这里是丈夫对妻子阻拦的呵叱。行:意为决心走了。⑭"吾去"句意思说:我已经走晚了。⑮白发时下:白头发时常脱落。此句意为:白头发都在掉了,这样的苦日子不能再挨下去了。

十五从军征①

《汉乐府》

十五从军征,八十始得归②。道逢乡里人:"家中有阿谁③?""遥看是君家,松柏冢累累④。"兔从狗窦入⑤,雉从梁上飞⑥,中庭生旅谷⑦,井上生旅葵⑧。舂谷持作饭,采葵持作羹。羹饭一时熟,不知贻阿谁⑨。出门东向看,泪落沾我衣。

注释:①本篇属《横吹曲辞·梁鼓角横吹曲》,描写一个老战士回乡后无家可归的悲惨情景,揭露了汉代不合理的兵役制度给劳动人民造成的苦难。②归:回家。③阿(e):语助词,无意义。④冢:坟墓。累累:与"垒垒"通,形容丘坟一个连一个的样子。这两句是被问者应答之词。⑤狗窦:给狗出入的墙洞,窦,洞穴。⑥雉:野鸡。⑦旅谷:植物未经播种叫"旅生"。旅生的谷叫"旅谷"。⑧旅葵:即野葵。⑨贻:送,赠送。

陌 上 桑①

《汉乐府》

日出东南隅②，照我秦氏楼。秦氏有好女，自名为罗敷③。罗敷喜蚕桑，采桑城南隅。青丝为笼系④，桂枝为笼钩。头上倭坠髻⑤，耳中明月珠⑥。缃绮为下帬⑦，紫绮为上襦⑧。行者见罗敷，下担捋髭须⑨。少年见罗敷，脱帽著帩头⑩。耕者忘其犁，锄者忘其锄。来归相怒怨，但坐观罗敷⑪。

使君从南来⑫，五马立踟蹰⑬。使君遣吏往，问是谁家姝⑭？"秦氏有好女，自名为罗敷。""罗敷年几何?""二十尚不足，十五颇有余。"使君谢罗敷⑮："宁可共载不⑯?"罗敷前置辞⑯："使君一何愚！使君自有妇，罗敷自有夫。"

"东方千余骑，夫婿居上头⑰。何用识夫婿⑱？白马从骊驹⑲；青丝系马尾，黄金络马头；腰中鹿卢剑⑳，可值千万余。十五府小吏㉑，二十朝大夫㉒，三十侍中郎㉓，四十专城居㉔。为人洁白皙㉕，鬑鬑颇有须㉖。盈盈公府步㉗，冉冉府中趣。坐中数千人，皆言夫婿殊㉘。"

注释:①本篇又名《艳歌罗敷行》、《日出东南隅行》，在《乐府诗集》中属《相和歌辞·相和曲》。叙述一个太守调戏采桑女子的故事，赞美了采桑女的坚贞和聪明，反映了当时上流社会的荒淫和无耻。②隅：方。③罗敷：古代美女名。④笼：篮子。系：系东西的绳子。⑤倭坠髻：又叫堕马髻，其髻歪在头部的一侧，似坠非坠。⑥明月珠：宝珠名。⑦缃：浅黄色。绮：有花纹的绫。帬，同"裙"。⑧襦：短袄。⑨须：胡须。⑩帩头：即绡头，包头发的纱巾。⑪这两句是说，耕田的人归来相互抱怨是因为贪看罗敷。坐：因为。⑫使君：东汉对太守或刺史称呼。⑬五马：太守乘车用五匹马，此处指太守车马。⑭姝：美女。⑮谢：请问的意思。宁：愿。共载：共同乘车。⑯置辞：致辞。⑰东方：指"夫婿"作官的地方。千余骑：泛指跟随"夫婿"的人。上头：前列。⑱何用：用何。识：识别。⑲骊：深黑色的马。驹：两岁的马。⑳鹿卢：即"辘轳"，井上汲水用的工具，用绳子缠起来的。鹿卢剑：指剑柄用丝条缠绕起来的剑。㉑小吏：衙门中的低级小吏。㉒朝大夫：朝廷上的大夫。㉓侍中郎：皇帝的侍从官。㉔专城居：意思是一城之主，即指太守。专：独占的意思。㉕洁白皙：指

人的肤色洁白。㉖鬑(lián)鬑:头发疏薄。颇:略微。㉗盈盈:与下句的冉冉,皆形容步伐舒缓。公府步:指官府中当官的走路的派头。㉘殊:与众不同。

行行重行行①

《古诗十九首》

行行重行行②,与君生别离。相去万余里,各在天一崖。道路阻且长,会面安可知?胡马依北风③,越鸟巢南枝④。相去日已远,衣带日已缓⑤。浮云蔽白日,游子不顾反⑥。思君令人老,岁月忽已晚。弃捐勿复道,努力加餐饭⑦。

注释:①本篇写一个女子思念远方的情人。追叙初别,次写路途遥远难以相会,再写相思之苦,最后以“弃捐勿复道,努力加餐饭”聊以自慰。②重行行:意思是不停止的行走。③胡马:北方产的马。依:依恋。④越鸟:南方产的鸟。越:指南方百越之地。巢南枝:在向南的树枝上作巢。⑤缓:宽松。⑥顾:念。这一句意思是,游子在外面可能别有所恋,不想回家。反:同“返”。⑦捐:弃。道:谈说。

涉江采芙蓉①

《古诗十九首》

涉江采芙蓉②,兰泽多芳草③。采之欲遗谁④?所思在远道⑤。还顾望旧乡⑥,长路漫浩浩⑦。同心而离居⑧,忧伤以终老⑨。

注释:①本篇写夫妻分离的痛苦和思念的心切,情感绵长,哀婉动人。②芙蓉:莲花。③兰泽:有兰草生长的低湿之地。④遗(wèi):赠送。⑤所思:指思念的对象。⑥旧乡:故乡。⑦漫浩浩:漫长无边。⑧同心:指夫妇感情融洽。离居:分别居住两地。⑨终老:老死。

第三章　魏晋南北朝文学

自公元 220 年曹丕称帝建立魏国，至公元 581 年隋文帝杨坚统一中国，先后出现过三国、西晋、东晋和南北朝割据的多国局面，史称"魏晋南北朝"。

社会变动对文学的影响　魏晋南北朝，自建安年代算起，在长达四百余年中，社会一直处于分裂的状态。汉末大乱，接着三国鼎立，其后虽有西晋的短暂统一，但不久又进入长期的南北对立。战乱带给百姓的是无边的苦难，然而对于文学则提供了极为丰富的题材。社会的剧变还导致了思想领域的变化。汉末，名、法、兵、纵横等学派重新抬头；魏晋后，以道家为核心的玄学成为思想学术界的主流；同时，佛教亦传入中国，并应时而盛行。所有这些为文学的发展创造了一个比较自由的环境与气氛。

此外，复杂的阶级关系也直接影响了这一时期文学的发展。汉末魏初，中小地主势力有所发展，西晋以后逐渐形成士族门阀制度。豪门世族占有大量土地，并世代把持朝政，在经济、政治和文化中享有特权，中小地主阶层的文人既入仕无门，满腔的愤懑便发之于诗文。这种个人与社会、理想与现实的矛盾，成为这一时期文学创作的普遍主题。另一方面，士族知识分子垄断文坛，影响了文学发展的行程。东晋玄言诗的独霸诗坛，齐梁浮艳文风的形成都与此有关。

由于以上所述的种种原因，魏晋南北朝文学较之西汉文学，所呈现的便是完全不同的面貌。首先，由于思想统治的松动，文士地位的提高,人们对于文学表现出更高的自觉性。不但创作数量大增,更为可贵的是文坛上开始致力于对文学创作本身规律的探讨,出现了一系列的文学批评和文学理论著作,如曹丕的《典论·论文》、陆机的《文赋》等,为中国古代文论的发展奠定了坚实的基础。其次,由于这一时期复杂的阶级关系与士族寒门的激烈斗争,在文学创作中明显地出现两种互为对立的传统。诗歌是这一时期主要的文学样式。纵观四百年左右的诗歌创作,大致可看出两条不同的发展轨迹:一条是建安的路线,既反映社会政治的内容,又着意于抒写一己之怀抱,所表现的是一种慷慨、苍凉的艺术风格。建安的"三曹"、"七子"是突出的代表,而后则有正始文人嵇康、阮籍等"竹林七贤",西晋的左思、东晋的陶渊明,以及南朝的鲍照等。另一条是太康路线。诗歌内容相对薄弱,但比较注重形式的雕琢,西晋太康年间的陆机是著名的代表。其后统治文坛达百年之久的玄言诗,以及浮艳的梁陈宫体诗等,实为其一脉相承。

建安风骨与三曹父子 建安是东汉最后一名皇帝汉献帝刘协的年号(196—219)。这一时期,我国的文学发生了重要变化,文坛上涌现出了大量的现实主义作家,曹操、曹丕、曹植父子和孔融、陈琳、王粲、徐幹、阮瑀、应场、刘桢七子以及女诗人蔡琰都是其中的代表作家。他们都被卷入了当时动乱的时代漩涡之中,他们的作品,一方面反映了社会的动荡、百姓的疾苦,真实地描绘了凄惨的社会图景;另一方面又抒写了他们整顿乾坤、一统天下的理想与壮志。他们的作品,既慷慨悲壮又显得苍凉刚劲,后人称之为"建安风骨"。

曹操(155—220),字孟德,沛国谯(今安徽亳县)人。他的诗作今存二十余首,全是乐府诗。以古题写时事,这是他的创造。诗的主要内容有二:一是反映汉末战乱与人民的苦难。如《蒿里行》写袁绍等在讨伐董卓的战争中自相残杀给人民带来的灾难,其中"铠甲生虮虱,万姓以死亡。白骨露于野,千里无鸡鸣。生民百遗一,念之断人肠",可谓汉末社会的生动写照。二是抒写囊括四海、统一天下的豪情壮志。如《短歌行》《步出夏门行》等,所言"老骥伏枥,志在千里;烈士暮年,壮心不已",体现了奋斗不息、昂扬奋发的进取精神。曹操的诗既学习汉乐府,又有自己的独特风格,他以质朴的语言披露其作为一位雄心勃勃的政治家、军事家的胸襟。这种"气韵沉雄"(敖陶孙:《诗评》)的诗风,影响了整个建安时期的文学创作。

曹丕(187—226),字子桓,为曹操之次子,于公元220年废汉自立,在位达7年之久,是邺下文人集团的实际首领,由于宫廷生活的限制,使其诗歌的题材较为狭窄。但他善于学习民歌的各种体裁,四言与五言而外兼作六言、七言等,其《燕歌行》二首是现存最早最完整的七言诗。他对于七言诗体的形成,是有一定贡献的。曹丕亦擅长散文,《吴质书》《又与吴质书》悼念亡友,凄婉动人,是短篇抒情散文的佳作。他的《典论·论文》则是我国文学批评的开山之作,对文学创作以及文学理论的建设与发展起到了积极的作用。

曹植(192—232),字子建,曹丕同母弟,是建安时期文学成就最高的作家,《诗品》称之为"建安之杰"。他的一生可以公元220年曹丕称帝为界线,分前后两期。早年他"生乎乱,长乎军",在时代感召与军旅生活的影响下,颇有雄心壮志,又以才华出众为曹操所宠爱,往往"任性而行,不自彫励"。曹操死后,曹丕废汉自立,对宗室诸王防范极严,与曹植又有太子之争的前隙,更是备加猜忌。故曹植虽为王侯,却动辄得咎,与囚徒无异,41岁便在郁愤中死去。

曹植诗现存八十余首。前期主要抒写建功立业之怀抱,如《白马篇》,塑造了一个武艺高强、渴望为国立功的"幽并游侠儿"形象,"捐躯赴国难,视死忽如归"的豪言壮语,正体现了曹植的政治理想。后期作品则以表达理想难以实现的愤懑与不平为主,《野田黄雀行》借少年救雀寄寓自己无力保护僚友的悲慨,表现对身受迫害的怨愤与反抗。《赠白马王彪》更为突出,诗分7章,蝉联回环而下,抒情中穿插叙事、写景,将郁结于心的复杂感情淋漓尽致地抒发出来,那种吞声饮泣之悲,令读者之心为之震颤,是文学史上不可多得的长篇抒情诗。曹植的散文与辞赋的成就亦颇高,《洛神赋》是他赋作中的名篇,千古传诵。该赋以对人神的爱情悲剧的描绘,寄寓内心的失意与追恋,兼以想像丰富,词采流丽,具有极强的艺术魅力。

"七子"中,孔融(153—208)年辈最高,但他个性耿直孤傲,政治上又不与曹操合作,故为其所杀。孔融作品流传不多,诗仅7首,散文仅《论盛孝章书》、《荐祢衡表》等,皆为名篇。其余6人皆为曹氏之僚属,他们目击汉末动乱,又有济世之志,故其作品大都具有建安文学的共同特征,其中以王粲成就最高。王粲以外,陈琳(?—217)、阮瑀(约165—212)亦不乏反映现实的诗篇。陈琳的《饮马长城窟行》借秦皇筑长城事,深刻地反映了当时徭役的残酷;阮瑀的《驾出北郭门行》与汉乐府《孤儿行》相类,揭示了封建家庭关系的冷漠无情。刘桢(?—217)、徐幹(171—217)亦长于诗,刘桢《赠从弟》以比兴手法抒写守志不阿的操守,堪称名作。徐幹《室思》写恋情婉转深沉:"思君如流水,何有穷已时?"两句令人回味无穷。惟应玚(?—217)诗稍逊。

王粲(177—217),字仲宣,山阳高平(今山东邹县)人。建安十三年(208)归附曹操,为丞相椽,赐爵关内侯,是"七子"中成就地位最高的,刘勰在《文心雕龙·才略》中称他为"七子之冠冕"。前期创作极富现实主义精神,这是由于生活于战乱流离之中,目睹了百姓的灾难,而自己又无施展才能的机会,以致长期流寓南方,所有这些反映到作品中,便自然而然地形成了悲凉慷慨的风格。

他的诗以《七哀诗》最为著名,诗共3首,以乐府旧题写时事,是现实主义的杰作。第一首尤为突出,写诗人由长安避难荆州途中的见闻与感受,真实地刻画了汉末动荡残破的社会面貌。流寓

61

荆州登当阳城楼所写的《登楼赋》为王粲赋中名篇。作者触景生情,引起了对故乡的深沉怀恋,联想到国家正处于动乱之中,自己虽有建功立业的抱负,然终无所施展,眼看着时光白白地流逝,内心实难平静。字里行间渗透了作者对乱世的忧虑以及对和平生活、对干一番事业的向往与渴望。此赋情景交融、自然流畅,一反汉赋雕琢堆砌的作风,显示了抒情小赋在艺术上的成熟。

女诗人蔡琰的五言《悲愤诗》是建安文坛上的一篇杰作,全诗长达 540 字,叙述了在动乱之中诗人自身的不幸遭遇,也反映了人民特别是妇女的共同命运,控诉了军阀混战的罪恶。

正始文学与阮籍、嵇康　建安之后的正始时期(240—248),司马氏逐渐掌握了魏国的军政大权,与曹魏统治者展开了激烈的争夺政权的斗争,政治变得异常黑暗。由于不满当时的社会现实,正始文人往往用比较曲折隐晦的手法,用老庄思想来与司马氏相对抗。他们的作品,揭露了司马集团的残酷统治,抒写了在世族压抑之下的苦闷与抗议,这种干预现实的精神,与建安风骨是一脉相承的,故有"正始之音"、"正始风力"之称。正始文人中最著名的是阮籍、嵇康。

阮籍(210—263),字嗣宗,陈留尉氏(今河南开封)人。他早年便有"济世志",然残酷的现实迫使他终日"饮酒昏酣,遗落世事",与人交谈,"发言玄远,口不臧否人物"。表面上的佯狂放诞,并不能消除内心的痛苦,阮籍还是把这许多无由发泄的愤懑倾泻出来了,那就是他的 82 首五言《咏怀》诗。《咏怀》非一时之作,它表现的是诗人一生复杂而难言的苦闷。虽有畏祸避世的消极思想,但那种孤独寂寞情怀的抒写,那种"终身履薄冰"的忧惧心理的展现,以及处污秽而立志做守常君子的表白,都是带有时代烙印的,因此是积极的、进步的。另外,又因其处于政治的高压之下,在诗歌的表现上不得不另辟蹊径,采用言此意彼、隐约曲折的方法。这样,阮籍不但是建安以来第一位全力创作五言诗的诗人,而且在艺术风格上独树一帜,为后人提供了丰富的技巧与手段。

嵇康(224—263),字叔夜,沛国铚(今安徽宿县西)人。较之阮籍,嵇康还有刚烈疾恶的一面,因此招来了杀身之祸。他的诗作不如阮籍,然散文《与山巨源绝交书》却是不可多得的名篇佳作。全文嬉笑怒骂,极尽辛辣讽刺之能事,不但表现了嵇康峻急刚烈、大胆反抗的性格特征,而且文学意味浓重,手法多变,开拓了散文创作的新的领域。

两晋文学的嬗变 文学发展到西晋,开始了明显的转变。西晋的士族制度加深了阶级鸿沟,士族文人远离社会和人民,他们的创作缺乏现实内容,片面地追求形式的华美,逐渐走上了形式主义道路。正如刘勰所说:"体情之制日疏,逐文之篇愈盛。"(《文心雕龙·情采》)晋初傅玄、张华的作品已经表现出这种倾向。其后虽出现过所谓诗歌繁荣的太康时期,然太康诗人的作品,即便是陆机所写的,亦大多模拟前人,堆砌繁冗,以致呆板陈腐,了无生气。西晋末年出现并盛行于东晋的玄言诗,更是远离现实,抽象枯燥,徒具诗歌的形式而已。玄言诗统治文坛达百年之久,直到东晋末年陶渊明的出现,才为文学带来清新气息。

除了陶渊明,在两晋文坛上还有一位诗人值得一提,那就是太康(280—289)年间的左思。左思(约250—约305),字太冲,齐国临淄(今山东淄博)人,他的诗现存14首,《咏史》8首是他的代表作。其主要内容是对门阀制度的揭露与抨击,是雄伟抱负无由实现的不平与愤懑。由于左思具有强烈的反抗精神,对那些豪门世族表现了极端的蔑视,所以,他的这些诗就特别地感人,其批判的力量亦特别强。这就形成了矫健高亢、气势充沛的独特风格,具有积极浪漫主义的特色。《诗品》称之为"左思风力",这显然是"建安风骨"的继承与发展。另外,名为咏史、实为咏怀的表现形式,丰富了咏史诗的体式,对后代产生了良好的影响。

陶渊明的诗歌创作 陶渊明(365—427),名潜,字元亮,浔阳柴桑(今江西九江西南)人。其曾祖陶侃官至大司马,祖父、父亲也做过太守、县令之类的官,至陶渊明时家境已经没落。少年时代的陶渊明就有"大济苍生"之志,但在当时士族门阀制度盛行的年代,想实现自己的政治理想是不可能的。29岁以后的十几年中,陶渊明几度出仕,但所担当的不过祭酒、参军等职,抱负无由施展,且要与官场中人周旋,使他感到"违己交病"、"志意多所耻",最终因为"不能为五斗米折腰"而罢仕归田。

归田之后,陶渊明写了大量的田园诗。在现存的120余首诗中,最为人们所传诵的是那些描绘田园风光、歌唱村居生活的诗篇,故历代论诗者均称他为"田园诗人"、"隐逸诗人"。写于归隐后的《归去来兮辞》和《桃花源记》是诗人向往自由、安谧的理想生活的写照,是诗与文的和谐结合,成为千古名篇。

谢灵运和谢朓的诗歌创作　南北朝时期,诗歌的面貌与魏晋时期相比,有很大的不同。宋齐时代谢灵运和谢朓的山水诗取代了东晋以来的玄言诗,是南朝诗歌较过去的重要变化。

谢灵运(385—433),陈郡阳夏(今河南太康)人。出身于世家大族,祖父谢玄是淝水之战的前敌指挥之一,曾立下殊勋。谢灵运18岁袭封康乐公,故又称"谢康乐"。他从小养尊处优,生活奢豪,而且热衷用世。宋初刘裕采取压制世族的政策,谢灵运从公爵降为侯爵,心怀忿恨。永初三年,又被以"构扇异同,非毁执政"为由黜为永嘉太守,元嘉十年以谋反罪被杀。永嘉地处东南沿海,谢灵运出京后先回会稽始宁老宅,然后沿富春江溯流而上,经桐庐、兰溪,转由婺江而达金华,舍舟陆行,至丽水又挂帆东下直抵永嘉。这一条路线,是有名的风景区,山水佳绝,谢灵运一路都有诗抒情记事。在永嘉这一时期,登山临水成为他生活中的主要内容,山水诗的创作亦进入高潮。

谢灵运具有深厚的文化素养,工诗文,能书画,通史学,又精熟佛老。故而他的山水诗能调动多方面的艺术手法,准确地捕捉大自然的各种形象,并以精心的刻镂而达到巧似。从内容上看,他的山水诗所反映的生活面还是比较狭窄的,但其开创生面、变革诗风的功绩是不可低估的。在淡乎寡味的玄言诗泛滥之际,输进了山水景物的描写,并大量地创作山水诗,确立山水诗在士族诗坛的地位,促使玄言诗向山水诗转化,谢灵运是起了决定性作用的。

谢朓(464—499),字玄晖,陈郡阳夏人,与谢灵运同族,故有"小谢"之称。曾在隋王萧子隆和竟陵王萧子良的幕下,后任宣城太守,又有"谢宣城"之称。齐永元元年,因事牵连,下狱而死,只活了36岁。他的诗作内容丰富,其中以描写山水风景的最为出色。他的主要成就是发展并完善了山水诗,使之从玄言诗中分离出来,独立成派。在他以前的山水诗,如郭璞的带有仙气,谢灵运的又带有佛理,到了谢朓手中,仙气与佛理才净化得差不多了,其笔下的自然已是人间的山川景物,即目所见,切身所感,而且运用了永明声律和骈化修辞,以气韵见胜,把南齐一代的山水诗推向最高峰。

南朝诗歌与鲍照、庾信　南朝诗歌较之前代,在题材内容和形式技巧方面都有所发展。鲍照等人的诗歌,描写了广泛的社会生活,表现出对受压迫的人民的深切同情,继承并发扬了诗歌的现实主义创作传统。

鲍照(414—466),字明远,东海(今江苏涟水县北)人。他出身贫寒,因而在门阀士族统治的时代,处处受人压抑。虽然做过几任小官,但受尽歧视打击,最后在荆州死于乱军之中。

鲍照是一位大力写作乐府体的诗人,在其现存两百多首诗中,乐府诗占了八十多首,其中尤其是五言、七言为主的杂言乐府成就最高。他继承了汉乐府的现实主义精神,直接表达了广大人民的爱憎,有浓厚的生活气息,跳动着时代的脉搏。18首《拟行路难》为其杰出的代表作。此组诗并非一时之作,内容也包括很多方面,主要是表现自己建功立业的愿望以及对门阀制度的不满与抗议。如其四《泻水置平地》是作者在仕途上受尽挫折以后的哀怨之词,情调虽偏于感伤,却饱含着血泪的控诉;其六《对案不能食》满怀悲愤地控诉门阀制度,抒写自己百般无奈的心绪,只有对当时社会中方正之士不容于世有切肤体验之后,才可能写得如此淋漓尽致。鲍照的感慨并非泛泛而言,他的遭遇是门阀制度下寒门士子仕途坎坷的典型,具有一定的代表性。因此,他的这类诗所显示的是对于不合理社会现实的强烈的批判精神,其思想意义是非同一般的。

庾信(513—581),字子山,南阳新野(今河南新野)人。自幼聪颖,博览群书。15岁时作昭明太子萧统的东宫讲读,19岁作梁简文帝萧纲的东宫抄撰学士。梁元帝承圣三年(554),奉命出使西魏,被留长安,屈仕敌国。后又仕北周,老死北方。

庾信前期是个宫廷文学侍臣,所作诗多为奉和、应制之作,形式绮艳,内容空洞。屈仕北朝之后,使他的生活、思想都有了大的变化,诗赋的内容和风格也因此有了大的改变。其《拟咏怀》二十七首,非一时之作,反映了他后期的生活、思想和情感,内容丰富而又深刻。诗中反复地倾诉了对故国的深沉怀念之情。如其《拟咏怀》第一首借涸鲋思水、惊鸟失林、风云变色、松竹悲吟表达了他失去故国的处境以及悲凉沉痛的心情。除《拟咏怀》二十七首外,庾信自悲身世的重要作品还有《和张侍中述怀》、《伤王司徒褒》等,其心情也与《拟咏怀》完全一致。

此外,庾信在诗歌的形式、格律方面也有很多创新,他的五言新体诗如《寄徐陵》、《秋日》等,已与唐代的律诗、绝句暗合,成为唐人律诗、绝句的先驱。

南北朝乐府民歌 南北朝的乐府民歌是继《诗经》和汉乐府之后的又一批人民口头创作,是我国民歌史上的一个新阶段,它不仅反映了新的社会生活,而且形式体制乃至风格,都发生了变化。

由于南北的长期对峙,南北民歌的面貌有较大的差异。南朝诗歌以《清商曲辞》中的"吴声歌"和"西曲歌"为主,几乎全是情歌,而且大多出自女子之口,故风格清约婉转,不管是表白炽热的爱恋,还是诉说婚姻的悲苦,都以谐音双关的隐语来表现。如《子夜歌》、《华山畿》、《懊侬歌》、《读曲歌》等。这些民歌兼以体裁短小,更觉清新可爱。南歌中也有长篇,最著名的是《西洲曲》。这是一首闺情诗,主人公倾诉了她的一年四季的相思之情,描写细腻,节奏谐美,取喻新颖,妙语连珠,历来被视为南朝民歌最高成就的代表。北朝诗歌以《乐府诗集》中"鼓角横吹曲"为主。所谓"鼓角横吹曲",是当时北方民族一种在马上演奏的军乐。不难想见,北朝民歌的内容大多与战争有关联,其风格当然与南朝民歌大异其趣,它体现的是北方民族的风格,高亢刚健。北朝民歌中最突出的是《木兰诗》,它塑造了一位代父从军的女英雄的形象,具有深广的社会意义和思想价值。它与《焦仲卿妻(孔雀东南飞)》后先辉映,是我国诗歌史上的"乐府双璧",其成就是令人瞩目的。

魏晋南北朝的散文与小说 魏晋南北朝时期,诗歌而外,赋仍为文学之大宗,然汉赋那种铺张扬厉的作风,已为人们所抛弃,出现了如王粲的《登楼赋》、鲍照的《芜城赋》、江淹的《别赋》以及庾信的《哀江南赋》等抒情咏物的名篇,这在赋的发展史上是一个长足的进步。散文的成就不高,在六朝诗风的影响下,逐渐为骈文所替代,不过在北朝依然出现了几部值得一提的优秀散文著作,如郦道元的《水经注》、杨衒之的《洛阳伽蓝记》等。至于骈文,这是一种讲求句式对称、用事精巧、韵律优美、词藻华丽的美文形式,代表了艺术技巧的进步与发展,然形式主义倾向又在所难免,到后来,甚至日常应用文亦皆用此形式书写。由于它过分地追求形式,内容日显单薄,终于走到一条死胡同里去了。

此外,小说的发展已在本时期初具规模,笔记小说盛行,有志怪、志人两类。前者记述神鬼怪异故事,虽有宣扬封建迷信之嫌,但其中不少民间传说颇为生动,曲折地反映了人民的思想与愿望,代表作为干宝的《搜神记》。后者记述汉末至东晋士族阶层的轶事琐闻,刘义庆的《世说新语》为其代表作。

魏晋南北朝的文艺理论　先秦两汉时期,虽于诸子及《史记》、《汉书》等著作中散存着不少有关评述文学的言论,但往往只是片段而已,还不曾有过文学批评方面的专著。魏晋南北朝是中国文学理论批评史上一个重要的转折时期,亦是文学理论的研究日趋成熟,并取得很高成就的时期,出现了一大批对后世有深远影响的文学理论著作,提出了一系列文学批评的新问题,其中魏晋时期曹丕的《典论·论文》、陆机的《文赋》和南朝刘勰的《文心雕龙》、钟嵘的《诗品》等最为突出。

曹丕的《典论》一书共20篇,其中《论文》是我国现存的第一篇文学理论和文学批评专著,开了综合评论作家作品的风气,对我国文学批评和文学创作的发展起到了积极的影响。其主要内容有以下几个方面:首先,肯定了文学的地位与作用。把文章提到"经国之大业,不朽之盛事"的高度加以提倡。其次,强调"文以气为主",即作家要有自己独特的个性和风格。再次,曹丕还研究了各种文体的特点与差异,最先提出了"夫文本同而末异"的观点,并据此把文学体裁区分为四类,指出各自的特点:"奏议宜雅"、"书论宜理"、"铭诔尚实"、"诗赋欲丽"。最后,曹丕还讨论了文学批评应持的正确态度,他反对"文人相轻",要求"审己以度人",进行公正的评价。这对于文学批评的开展,无疑具有积极意义。曹丕的《典论·论文》的诞生标志着我国古代的文学批评进入了一个新时期。

陆机(261—303)的《文赋》是文学批评史上另一篇重要著作。他第一次比较系统地论述了文学创作的过程,对于创作构思过程中的想像和感兴的论述尤其精辟。陆机还探讨了写作技巧的问题。这些问题的提出显然是经验之谈,是曹丕《论文》中所不曾涉及的,很有意义。《文赋》首次将创作过程、方法、形式、技巧等问题提上文学批评的议程,总结了不少创作经验,但它忽视了文学作品的内容,片面强调表现的方法技巧,在一定程度上助长了当时及后来文学创作中的形式主义倾向,又是毋庸讳言的。

刘勰(约465—约532)的《文心雕龙》成书于南朝齐和帝中兴元年至梁武帝天监二年间(501—503),是中国文学批评史上第一部有严密体系的文学理论专著。全书共10卷50篇,原分上、下两部,各25篇。上部前5篇为全书纲领,是总论部分,要求一切要本之于道、稽之于圣、宗之于经。余下20篇为文体论,对各种文体源流及作家作品逐一进行研究与评价。下部前20篇为创作论,以后4篇主要是文学史论和批评鉴赏论,最后一篇《序志》叙述作书动机、态度及原则。《文心雕龙》虽以儒家思想为核心,但在具体论述中却能抛弃经学家的抽象说教,表现了朴素的唯物主义的文学观,对文学创作、文学批评、文学特点和规律等一系列问题,提出了精辟的见解,是极富独创性的。

钟嵘(约468—约518)的《诗品》是一部诗歌评论专著,成书于梁天监十二年(513),以五言诗为主,将自汉至梁有成就的诗人,区别等第,分为上中下三品,故称《诗品》。钟嵘在对当时诗坛所存在的堆垛典故和刻意追求声律等弊病进行尖锐批评的同时,对诗歌创作中的一些重要问题提出了自己的见解。

萧统(501—531)主持编选的《文选》是现存最早的诗文选集,共60卷,选入了从先秦到齐梁时期的诗文作品。编者根据文笔之辩的理论进行选编,入选作品多数经过精细推敲,反映了古代各种文体概貌,为后人研究这一时期的文学史提供了依据。

思 考 题

一、试述建安文学的成就和"建安风骨"的特点。

二、试述两晋文学诗歌创作的基本成就和陶渊明的创作风格。

三、南北朝的文论创作有什么特征?《文心雕龙》在中国文学史上有什么贡献?

■作品选

短 歌 行①

曹 操

对酒当歌②,人生几何？譬如朝露,去日苦多③。慨当以慷④,忧思难忘。何以解忧？唯有杜康⑤。青青子衿,悠悠我心⑥。但为君故,沉吟至今。呦呦鹿鸣,食野之苹。我有嘉宾,鼓瑟吹笙⑦。明明如月,何时可掇⑧？忧从中来,不可断绝。越陌度阡⑨,枉用相存⑩。契阔谈宴,心念旧恩。月明星稀,乌鹊南飞。绕树三匝⑪,何枝可依？山不厌高,海不厌深⑫。周公吐哺⑬,天下归心。

注释:①《短歌行》系汉乐府旧题,属《相和歌辞·平调曲》。曹操的《短歌行》共有两首,此选第一首。诗人抒写时光流逝而功业未成的苦闷,表现求贤若渴,执著追求理想的心情意志。全诗感情浓烈,千折百回,震撼人心,是曹操的代表作之一。②当:意同"对"。③去日:流逝的时光。苦:很。④慨当以慷:即"慷慨",有志之士抱负不得伸展时的激昂慨叹的情绪。⑤杜康:相传古代最早酿酒的人,此用来指代酒。⑥青青子衿,悠悠我心:为《诗经·郑风·子衿》成句,写一女子对情人的绵绵情思。此用以表示对贤才的思念。衿:衣领。青衿是周代学子的服装。悠悠:连绵不断的样子。⑦呦呦鹿鸣,食野之苹。我有嘉宾,鼓瑟吹笙:《诗经·小雅·鹿鸣》成句。《鹿鸣》本为宴请宾客的歌诗,此用以表优礼贤士,以诚相见的态度。呦呦:鹿叫声。苹:艾蒿。⑧掇:拾取。比喻人才难得。⑨陌,阡:都是田间小路,南北叫阡,东西称陌。这句是说贤才远道来访。⑩枉:屈驾,敬辞。存:问候。⑪匝(zā):周。⑫山不厌高,海不厌深:典出《管子·形势篇》:"海不辞水,故能成其大;山不辞土石,故能成其高。"厌,满足。⑬吐哺:吐出口中咀嚼着的食物。《韩诗外传》说周公"一饭三吐哺,犹恐失天下之士"。此处表示以周公为榜样,广招贤士,成就功业的

愿望与信心。周公:西周武王之弟,因封邑在周(今陕西岐山附近),故称。

典论·论文①

曹　丕

　　文人相轻,自古而然。傅毅之于班固②,伯仲之间耳③,而固小之④,与弟超书⑤曰:"武仲以能属文为兰台令史⑥,下笔不能自休⑦。"夫人善于自见,而文非一体,鲜能备善⑧。是以各以所长,相轻所短。里语⑨曰:"家有弊帚,享之千金⑩。"斯不自见之患也。

　　今之文人,鲁国孔融文举⑪,广陵陈琳孔璋⑫,山阳王粲仲宣⑬,北海徐幹伟长⑭,陈留阮瑀元瑜,汝南应玚德琏⑯,东平刘桢公幹⑰:斯七子者⑱,于学无所遗,于辞无所假,咸以自骋骥䮮于千里,仰齐足而并驰⑲。以此相服,亦良难矣⑳。盖君子审己以度人,故能免于斯累而作《论文》㉒。

　　王粲长于辞赋,徐幹时有齐气,然粲之匹也㉓。如粲之《初征》、《登楼》、《槐赋》、《征思》,幹之《玄猿》、《漏卮》、《圆扇》、《橘赋》㉔,虽张、蔡不过也㉕。然于他文,未能称是㉖。琳、瑀之章表书记,今之隽也㉗。应玚和而不壮㉘。刘桢壮而不密㉙。孔融体气高妙,有过人者,然不能持论,理不胜辞,以至乎杂以嘲戏㉚。及其所善,扬、班俦也㉛。

　　常人贵远贱近,向声背实,又患闇于自见㉜,谓己为贤。夫文,本同而末异㉝。盖奏议宜雅,书论宜理,铭诔尚实,诗赋欲丽㉞。此四科不同,故能之者偏也㉟;唯通才能备其体㊱。

　　文以气为主,气之清浊有体,不可力强而致㊲。譬诸音乐,曲度虽均,节奏同检㊳;至于引气不齐,巧拙有素㊴,虽在父兄,不能以移子弟㊵。

　　盖文章,经国之大业㊶,不朽之盛事。年寿有时而尽,荣乐止乎其身㊷。二者必至之常期㊸,未若文章之无穷。是以古之作者,寄身于翰墨㊹,见意于篇籍㊺,不假良史之辞,不托飞驰之势,而声名自传于后㊻。故西伯幽而演《易》㊼,周旦显而制《礼》㊽,不以隐约而弗务㊾,不以康乐而加思㊿。夫然则古人贱尺璧而重寸阴,惧乎时之过已○51。而人多不强力,贫贱则慑于饥寒○52,富贵则流于逸乐○53,遂营目前之务,而遗千载之功○54。日月逝于上,体貌衰于下,忽然与万物迁化○55,斯志士之大痛也!

融等已逝,唯幹著《论》⑱,成一家言。

　　注释:①《典论》是曹丕的一部学术专著,今仅存《自序》、《论文》、《论方术》等篇,余已亡佚。《论文》是我国最早的一篇文学批评专论,文中批评了"文人相轻"、"贵远贱近"等陋习,提出了著名的"文气"说和四科八目的文体论,也谈到了文章的重要作用。这些批评和观点,都简明中肯,对当时和后世文学的发展都有一定的推动作用。②傅毅:东汉初年的文学家,字武仲,茂陵(今陕西兴平县东北)人,汉章帝时为兰台令史,与班固等人一起整理内府的藏书。早卒。现存诗赋28篇。③伯仲:兄弟的排行,长为伯,次为仲。伯仲之间:意思是彼此相差无几。④小之:看不起他(傅毅)。⑤超:班固的弟弟班超,字仲升,曾出使西域。⑥属(zhǔ嘱)文:写文章。属:连缀。兰台令史:汉代整理内府图书和办理书奏的官。⑦下笔不能自休:写起文章来没完没了不知休止。这是班固嘲笑傅毅的话。⑧自见(xiàn):显示自己的长处。体:体裁。鲜:少。备善:全都精通。⑨里语:俗话。⑩这句话见于《东观汉记》卷一《光武帝纪》,意思是自己家里的破扫帚,也被看得很贵重。⑪鲁国:今山东曲阜。⑫广陵:今江苏扬州。陈琳:字孔璋,曾在何进、袁绍处做过事,后归曹操,当时军国书檄,多由陈琳撰稿,有《陈记室集》一卷。⑬山阳:今山东东南部。⑭北海:今山东昌乐县境。徐幹:字伟长,曹操辟为司空军谋祭酒掾、五官将文学。有《中论》二卷。⑮陈留:今河南省开封市。阮瑀:字元瑜,曾受学于蔡邕,后归曹操,辟为司空军谋祭酒,掌记室。当时军国书檄,多是他和陈琳所作。有《阮元瑜集》一卷。⑯汝南:今属河南。应场:字德琏,曹操辟为丞相掾,后为五官将文学。有《应德琏集》一卷。⑰东平:今属山东。刘桢:字公幹,曹操辟为丞相掾属。有《刘公幹集》一卷。⑱斯七子者:这七个人。"建安七子"之称始见于此。⑲遗:遗漏。假:依傍。这两句意思是:学识很广博,无所不知;文辞能创新,无所因袭。⑳咸:都。骋:驰骋。骐骥(lù):骏马。齐:疾。这两句意思是:他们都凭着自己的才能,像驰骋千里的骏马,在文坛上争先恐后地并驾齐驱。㉑以此相服,亦良难矣:以七子各自的才能,要互相推服,也就很难了。良:很。㉒审:检查。度(duó):估量。累(lèi):弊病。这两句承上文意思是:只有检查了自己,再来估量别人,才能避免文人相轻的弊病。君子:曹丕自指。㉓齐气:这里是指徐幹文章气势比较舒缓。《三国志·王粲传》注引《典论》云:"粲长于辞赋;幹时有逸气,然非粲匹也。"与今所传篇

72

文不同。㉔《初征》、《登楼》等篇是王粲所作的赋;《玄猿》、《漏卮》等篇是徐幹所作的赋。㉕张、蔡:张衡和蔡邕。张衡:字平子,东汉著名文学家和科学家,有《张河间集》。蔡邕:东汉文学家,字伯喈,有《蔡中郎集》。㉖称(chèn):符合。㉗章表书记:奏章、表文及书信之类。隽(jùn俊):杰出。㉘和而不壮:文章的气势缓和但不雄壮。㉙壮而不密:文章的气势雄壮但不绵密。㉚这几句意思是:孔融的禀性和才气都很高妙,有过人的地方,但不善于写理论文章。他的文章辞藻胜于说理,还常常掺杂一些嘲戏的词句。㉛扬:扬雄,字子云,西汉末年的著名学者和辞赋家。班:班固。俦(chóu):匹敌。㉜贵远贱近:这里的"远"、"近"既指时,又指地,但主要指时。向声背实:趋向虚名而背弃实际。闇(àn):昏暗。此指受蔽。㉝本同而末异:本源相同,支流(指体裁)各异。㉞奏议宜雅:奏章议事要典雅庄重。书论:书信和议论文。铭诔:记载功德的铭文和记叙死者生平的诔文。㉟科:类。这两句意思是:四类文体要求不同,而作家擅长的只偏于某一方面。㊱通才:全才。㊲文气三句:文气最为主要,文气的或清或浊应有类型和来源,不是勉强可以达到的。气:指作家的个性和作品的风格。㊳曲度:曲调。均:相同。检:法度。㊴引气:运气行腔。㊵素:素质,指人的天赋。㊶虽在二句:即使是父兄具备了这样的才能,也不能够转移给自己的子弟。㊷经国:治国。㊸荣乐:荣名欢乐。止乎其身:限于自己一身。㊹二者:指年寿有尽,荣乐止身。常期:一定的限期。㊺寄身于翰墨:从事文章著作。翰墨:笔墨,文章。㊻见(xiàn)意:表露心意。篇籍:篇章、书籍。㊼不假三句:不必凭借历史学家的记载,也不必依托显赫者的权势,就能扬名后世。飞驰:指达官显贵。㊽西伯:指周文王姬昌。"殷之州长曰伯,文王为雍州之伯,在西,故曰西伯"(语见《诗经·周南·召南谱》疏)。史载,文王曾被纣王囚于羑里,因推演《易》象而作卦辞。㊾周旦:即周公旦,武王的弟弟,成王的叔父。成王即位时年幼,由周公旦摄政。当他平定管、蔡、霍三叔之乱后,曾改定官制,创制礼法。显:显达。㊿句谓:不因为贫困失志而不写文章。〓句谓:不因为富贵安乐而转移心思(不写文章)。〓时之过已:指时间流逝过去。〓强力:努力。〓慑(shè):害怕。〓流:放纵。〓千载之功:指文章。〓迁化:变化,指死亡。〓《论》:指徐幹所著的《中论》。曹丕《与吴质书》曰:"伟长……著《中论》二十篇,成一家之言,辞义典雅,足传于后,此子为不朽矣。"

燕 歌 行（其一）①

曹 丕

秋风萧瑟天气凉,草木摇落露为霜,群燕辞归雁南翔。念君客游思断肠,慊慊思归恋故乡②,君何淹留寄他方③？贱妾茕茕守空房④,忧来思君不敢忘,不觉泪下沾衣裳。援琴鸣弦发清商⑤,短歌微吟不能长⑥。明月皎皎照我床,星汉西流夜未央⑦。牵牛织女遥相望,尔独何辜限河梁⑧？

注释：①《燕歌行》：乐府旧题,属于《相和歌》中的《平调曲》,古燕地的民歌。燕：是春秋战国时期的诸侯国的名称,辖地在今天的北京市以及河北的北部和辽宁的西南一带。曹丕的《燕歌行》共有两首,这是其中的第一首。全诗情景交融,在环境的渲染中烘托思妇的内心活动,抒情委婉细腻,音节和谐流畅,格调清丽婉转,千百年来一直传诵人口。从形式来看,这是中国诗歌史上第一首比较完整的七言诗,而且句句押平声韵,是七言古诗发展的第一阶段,在诗歌史上具有不可磨灭的开创之功。②慊慊(qiàn)：失意不满的样子。这句是想像身处异地他乡游子思念家乡的心情。③他：同"他"。④茕茕(qióng)：孤独寂寞。⑤援：取,拿来；清商：东汉以来在民间曲调的基础上形成的一种新乐调,特色是悲怆凄凉。⑥短歌：乐府调类名,乐府曲调有短歌行、长歌行等,短歌多表现低回忧伤的情绪。⑦星汉：银河。⑧辜：罪。意思是说牵牛和织女你们有什么罪呢？为什么要被隔在银河的两岸。

吁嗟篇①

曹 植

吁嗟此转蓬,居世何独然②！长去本根逝,宿夜无休闲。东西经七陌,南北越九阡③。卒遇回风起④,吹我入云间。自谓终天路,忽然下沉泉。惊飙接我出⑤,故归彼中田⑥。当南而更北,谓东而反西。宕宕当何依⑦,忽亡而复存。飘飖周八泽⑧,连翩历五山,流转无恒处,谁知吾苦艰？愿为中林草,秋随野火燔⑨。糜灭岂不痛,愿与株荄连⑩。

注释:①曹丕继承帝位之后,曹植被封为有名无实的诸侯王,出京驻守边地,而且"十一年中而三徙都",生活处于一种极不安定的状态中。这里,曹植以飞蓬自喻,表示对这种生活强烈的不满。全诗句句在写"转蓬",但句句又是诗人自我形象的写照;"转蓬"流荡无依、四处漂泊的生存状况正是曹植后期流离颠沛生活的真实反映。诗作的结尾最为惨痛,诗人借飞蓬之口表示了对不可更易的出身的悔恨,希望来生只做个如林中秋草一样的普通人,无限哀怨、愤激之意尽寓其中。吁嗟(xū jiē):悲愤忧叹的语气词。②蓬:飞蓬,一种植物,在秋天的时候开出球状的小花,干枯后成为白色,遇风则到处飘转。何独然:为什么只有它(飞蓬)如此(随风飘转)。这里含有以飞蓬自喻的愤激之意。③陌、阡都是田间的小路,东西为陌,南北为阡。七陌、九阡都是形容路途遥远。④回风:狂风。⑤惊飙(biāo):自下而上的暴风。⑥故:同顾,意为"岂";中田:田中。⑦宕宕:同"荡荡",孤独无依的样子。⑧飘飖(yáo):在空中飘荡。⑨燔(fán):用火烧。⑩荄(gāi):草根。

七 哀 诗(其一)①

王 粲

　　西京乱无象②,豺虎方构患③。复弃中国去,委身适荆蛮④。亲戚对我悲,朋友相追攀⑤。出门无所见,白骨蔽平原。路有饥妇人,抱子弃草间。顾闻号泣声,挥涕独不还。"未知身死处,何能两相完"?驱马弃之去,不忍听此言。南登霸陵岸⑥,回首望长安。悟彼《下泉》人⑦,喟然伤心肝。

注释:①王粲的《七哀诗》共有三首,本诗是第一首,抒写作者在离开长安时所见到的乱离景象和自己的惨痛心境。本诗语言质朴,不事雕琢,但情感浓烈,风格悲怆。七哀:表示哀思之多。六臣注《文选》吕向说:"七哀,谓痛而哀,义而哀,感而哀,怨而哀,耳目闻见而哀,叹而哀,鼻酸而哀也。"②西京:指长安;乱无象:社会秩序非常紊乱。③豺虎:指在长安作乱的董卓及其部属。④中国:中原,现在的黄河中下游流域;荆蛮:代指荆州之地,古代称南方的少数民族为"蛮",荆州地处南方,所以这么说。⑤以上两句描绘了亲戚朋友在离别的时候依依不舍的场景。⑥霸陵:汉文帝的坟墓,在长安之南。⑦《下泉》:是《诗经·曹风》中的篇名,据《毛诗序》说:"《下泉》,思治也。曹人共疾共公侵刻下民,不得其所,忧而思明王贤伯也。"作者在这里借典故而表达了渴求明君的强烈愿望。

咏　　怀(其三十三)①

阮　籍

一日复一夕,一夕复一朝。颜色改平常②,精神自损消③。胸中怀汤火④,变化故相招⑤。万事无穷极,知谋苦不饶⑥。但恐须臾间,魂气随风飘⑦。终身履薄冰⑧,谁知我心焦。

注释:①《咏怀》是阮籍平生诗作的总题目,共有八十二首,内容大多是描写对现实不满但又无法解脱的苦闷心情,表现手法上比较隐晦,辞旨幽深,风格含蓄。这是阮籍咏怀组诗中的第三十三首,抒写诗人内心的苦闷和忧虑。"终身履薄冰"是他日夜焦虑的心境的形象概括。据《晋书·阮籍传》所记,魏晋易代之际"天下多故,名士少有全者",处于如此险恶社会环境中,随时可能遭受不测之祸,面对如此困境,诗人心中痛苦至极,他以精神和容貌的变化反映自己在曹魏集团和司马氏集团政治斗争的夹缝中求生存的悲愤心情。在表现手法上具有"文尚曲隐"的特色。②颜色:容貌。③损消:一点一点地消耗掉。④汤:热水。这句比喻内心如沸如焚,极不平静。⑤变化:指上句所说的容貌改变、精神损耗的事实;招:招致。⑥知:同"智";这两句的意思是说天下的事情变化多端,担心自己的智慧不足,无法应对。⑦魂气随风飘:指死亡。⑧终身履薄冰:典出自《诗经·小雅·小宛》:"战战兢兢,如履薄冰。"

咏　　史(其二)①

左　思

郁郁涧底松,离离山上苗②。以彼径寸茎③,荫此百尺条④。世胄蹑高位⑤,英俊沉下僚⑥。地势使之然,由来非一朝⑦。金张藉旧业⑧,七叶珥汉

76

貂⑨。冯公岂不伟,白首不见招⑩。

注释:①《咏史》共八首,本篇列第二,写由于门第的限制,有才能而出身寒微的人只能屈居下位,而士族子弟却依靠父兄世业来窃居高位。②郁郁:茂盛的样子。涧底松:比喻才高位卑的寒士。离离:下垂的样子。苗:初生的草木。③径寸茎:即一寸粗的茎,指山上苗。④荫:遮蔽。百尺条:指涧底松。条:树枝。⑤胄:长子。世胄:世家子弟。蹑:履、登。⑥下僚:下级官员,即属员。沉下僚:沉没于下级的官职。⑦"地势"两句是说这种情况恰如涧底松和山上苗一样,是地势造成的,其所从来久矣。⑧金张:指汉代金日磾和张安世两家族。金家自汉武帝到汉平帝,七代为内侍。张家自汉宣帝以后,有十余人为侍中、中常侍。《汉书·张汤传赞》云:"功臣之世,唯有金氏、张氏亲近贵宠,比于外戚。"⑨七叶:七代。珥(ěr 耳):插。珥汉貂汉代侍中、中常侍的帽子上,皆插貂尾。这两句是说金张两家的子弟凭借祖先的世业,七代做汉朝的贵官。⑩冯公:指冯唐,生于汉文帝,武帝时仍居郎官小职。伟:奇。不见招:不被进用。这两句是说"冯唐难道不奇伟吧? 但年老了还是不被重用"。以上四句引证史实说明"世胄蹑高位,英俊沉下僚"的情况,是由来已久。

兰亭集序①

王羲之

永和九年②,岁在癸丑,暮春之初,会于会稽山阴之兰亭③,修禊事也④。群贤毕至,少长咸集。此地有崇山峻岭,茂林修竹,又有清流激湍,映带左右,引以为流觞曲水,列坐其次⑤。虽无丝竹管弦之盛,一觞一咏,亦足以畅叙幽情。

是日也,天朗气清,惠风和畅,仰观宇宙之大,俯察品类之盛,所以游目骋怀⑥,足以极视听之娱,信可乐也。

夫人之相与⑦,俯仰一世⑧,或取诸怀抱,悟言一室之内⑨,或因寄所托⑩,放浪形骸之外⑪。虽趣舍万殊⑫,静躁不同,当其欣于所遇,暂得于己,快然自足,不知老之将至。及其所之既倦⑬,情随事迁,感慨系之矣。向之所欣,俛

77

仰之间⑭,已为陈迹,犹不能不以之兴怀⑮,况修短随化⑯,终期于尽。古人云:死生亦大矣,岂不痛哉!

每览昔人兴感之由,若合一契⑰,未尝不临文嗟悼,不能喻之于怀⑱。固知一死生为虚诞⑲,齐彭殇为妄作⑳。后之视今,亦犹今之视昔,悲夫!故列叙时人,录其所述。虽世殊事异,所以兴怀,其致一也。后之览者,亦将有感于斯文。

注释:①本文选自《晋书·王羲之传》。兰亭:在今浙江绍兴西南。穆帝永和九年(353),王羲之、谢安、孙绰等四十余人,多为当世名士,会集于山阴兰亭,堪称东晋一代风流盛会。本文即记叙此次宴集盛况。文章文才清丽,文思幽远,叙事简洁,节奏明朗,畅快明亮。②永和:东晋穆帝的年号。九年:公元353年。③会稽:郡名;山阴:县名;治所均在今浙江绍兴。④修禊:古代习俗,于三月上旬的巳日(曹魏后固定为三月三日)到水边嬉游,以消除不祥。文人常借此宴集,为诗文之会。⑤觞:酒杯。曲水:环曲的水渠。修禊时,置杯于上流,任其顺流而下,停在谁面前,谁就取饮。⑥游目骋怀:随意观赏和遐想。⑦相与:相交往。⑧俯仰:形容人生短暂。⑨悟:同"晤"。⑩因:凭借。⑪以上两句说:或者凭借着感情所寄托的事物,放任不羁。⑫趣舍万殊:各人所趣向(爱好)或弃舍的彼此不同。⑬所之既倦:对原来爱好的事物感到厌倦。⑭俛:同"俯"。⑮以之兴怀:因此而发生感慨。⑯修短:指生命的长短。⑰若合一契:(同自己的想法)契合如一对符契。⑱喻之于怀:在内心自我喻解。⑲一死生:将生死等同看待。⑳彭:彭祖,古代传说中的长寿者,据说活了八百岁。殇:殇子,未成年夭折者。齐彭殇:将彭祖与殇子等同看待。

归去来兮辞 并序①

陶渊明

余家贫,耕植不足以自给。幼稚盈室,缾无储粟②,生生所资③,未见其术。亲故多劝余为长吏,脱然有怀④,求之靡途⑤。会有四方之事⑥,诸侯以惠爱为德⑦,家叔以余贫苦,遂见用于小邑⑧。于时风波未静⑨,心惮远役⑩。彭泽去家百里⑪,公田之利,足以为酒,故便求之。及少日,眷然有归欤之情⑫。何则? 质性自然⑬,非矫励所得⑭;饥冻虽切,违己交病⑮。尝从人事⑯,皆口腹自役。于是怅然慷慨⑰,深愧平生之志。犹望一稔⑱,当敛裳宵逝⑲。寻程氏妹丧于武昌,情在骏奔,自免去职。仲秋至冬,在官八十余日。因事顺心,命篇曰《归去来兮》⑳。乙巳岁十一月也㉑。

归去来兮,田园将芜胡不归! 既自以心为形役㉒,奚惆怅而独悲? 悟已往之不谏㉓,知来者之可追。实迷途其未远,觉今是而昨非。舟遥遥以轻飏,风飘飘而吹衣。问征夫以前路,恨晨光之熹微㉔。

乃瞻衡宇㉕,载欣载奔㉖。童仆欢迎,稚子候门。三径就荒㉗,松菊犹存。携幼入室,有酒盈樽。引壶觞以自酌,眄庭柯以怡颜。倚南窗以寄傲㉘,审容膝之易安㉚。园日涉以成趣㉛,门虽设而常关。策扶老以流憩㉜,时矫首而遐观㉝。云无心以出岫,鸟倦飞而知还。景翳翳以将入㉞,抚孤松而盘桓㉟。归去来兮,请息交以绝游。世与我而相违,复驾言兮焉求! 悦亲戚之情话,乐琴书以消忧。农人告余以春及,将有事于西畴㊵。或命巾车㊶,或棹孤舟㊷。既窈窕以寻壑㊸,亦崎岖而经丘㊹。木欣欣以向荣,泉涓涓而始流。善万物之得时㊺,感吾生之行休㊻。

已矣乎,寓形宇内复几时㊼,曷不委心任去留㊽? 胡为乎惶惶兮欲何之? 富贵非吾愿,帝乡不可期㊾。怀良辰以孤往㊿,或植杖而耘耔[51]。登东皋以舒啸[52],临清流而赋诗。聊乘化以归尽[53],乐乎天命复奚疑!

注释:①本篇作于陶渊明在彭泽令任上决意归隐而尚未成行之时,文中所写纯属想像。该赋一改一般辞赋的华美和典雅奥博,语言清新流畅,朴素自然;条分缕析,结构井然;恬淡旷逸,情致昂扬,是陶渊明辞赋中的名篇。来:语气词,表示将要做一件什么事情的意思。②瓶:同"瓶",用以储粮的器皿。③生生:维持生活。资:凭借,依靠。④脱然:豁然。怀:想法、考虑。⑤靡:没有。⑥四方之事:奉命出使之事,语出《论语·子路》:"使于四方。"这里指陶渊明为建威参军时出使京都一事。⑦诸侯:指刘裕,其时刘裕任车骑将军,都督中外诸军事,陶渊明曾任刘裕镇军参军。⑧小邑:小县。这里指小县的县令。⑨风波:指刘裕等起兵勤王、讨伐桓玄的战事。⑩惮(dàn):怕,畏惧。⑪彭泽:县名,在今江西湖口东。⑫眷然:内心向往的样子。⑬自然:平和真率。⑭矫励:勉强。⑮违己:违背自己的意志。交病:遇到痛苦。⑯人事:一般士人所从事的事务,指任职为官吏。⑰慷慨:这里指感慨、悲叹。

⑱一稔(rěn):谷物一熟,指一年。⑲宵逝:半夜逃走,指悄悄去职。⑳骏奔:急忙奔赴。㉑命:命名。㉒乙巳岁:晋安帝义熙元年(405)。㉓役:役使。形:躯体。㉔谏:劝止,这里是补救、挽回之意。㉕熹微:曙光朦胧的样子。㉖衡宇:以横木当作门的简陋住房。㉗载:又。㉘三径:指隐士居住的庭园。㉙眄(miàn):流盼,闲观。㉚寄傲:寄托高尚的情志。㉛审:看得清楚,明白。容膝:形容狭小的仅可容纳一人跪坐的居室。㉜趣:兴趣,习惯爱好。㉝策:持。扶老:手杖。流:游览。㉞矫首:抬头。遐观:远望。㉟景:阳光。翳翳:昏暗的样子。㊱盘桓:徘徊。㊲驾:驾车。言:语助词。驾言:代指出游。㊳畴:田亩。㊴巾车:有帷的车子。㊵棹:长桨,这里指用棹划船。㊶窈窕:山路曲折幽深的样子。㊷崎岖:山路高低不平的样子。㊸善:赞美,欣慕。得时:正当其时。㊹行休:即将结束。㊺寓形:寄寓形体,指生存。㊻委心:随心所欲。去留:死生。㊼帝乡:天帝居住之处,指神仙境界。㊽怀:挟。孤往:独自出游。㊾植杖:把手杖插在地上。耘耔:为农作物除草培土。㊿皋:水边的高地。啸:撮唇发出的曼长清趣的声音。舒啸:放声长啸。(51)聊:姑且。化:造化。乘化:随着大自然的变迁规律。

读《山海经》①

陶渊明

　　孟夏草木长②,绕屋树扶疏③。众鸟欣有托,吾亦爱吾庐。既耕亦已种,时还读我书。穷巷隔深辙④,颇回故人车。欢然酌春酒⑤,摘我园中蔬。微雨从东来,好风与之俱⑥,泛览周王传⑦,流观山海图⑧。俯仰终宇宙,不乐复何如⑨?

　　注释:①《读〈山海经〉》十三首是陶渊明隐居后不久所作的一组诗歌,第一首是总论,从第二首开始分别歌咏书中所记载的奇异事物,这里所选的便是第一首,描绘了诗人在草木丰隆的夏季农事已毕,闲居读书的情景。全诗洋溢着难以抑制的欣悦之情。这份欣悦并不仅仅是来自泛览图书所带来的乐趣。更重要的是诗人在这种妙合自然的隐居方式中获得了精神的满足。《山海经》:是一部记录古代神话和海内外山川异物的书。汉代的刘歆校定为十八卷,两晋之际的郭璞为它作了注和图赞。②孟夏:夏天的第一个月,即农历四月。③扶疏:枝叶繁茂的样子。④穷巷:深巷;深辙:用来指代权贵所乘的大车。⑤欢然:欣悦的样子。⑥俱:一起。⑦周王传:《穆天子传》,记载周穆天子八骏西征,得见王母的传说。⑧山海图:指郭璞所作的《山海经》图赞。⑨这两句的意思是说俯仰之间已经从这些图书中获尽宇宙之间的事,所以感觉非常快乐。

登江中孤屿①

谢灵运

江南倦历览②,江北旷周旋③。怀新道转迥④,寻异景不延⑤。乱流趋正绝⑥,孤屿媚中川⑦。云日相辉映,空水共澄鲜。表灵物莫赏,蕴真谁为传⑧?想像昆山姿,缅邈区中缘⑨。始信安期术⑩,得尽养生年⑪。

注释:①这首诗写于景平元年(423)初夏,谢灵运出守永嘉后,把附近的风景名胜游览殆尽,但诗人仍不满足,想再去江北寻找新的景致,该诗是重游永嘉江(今瓯江)时所写。从结构来讲,全诗分为两部分。前半部分记游写景,后半部分为理语陈述,全诗在低回叹婉中流露出淡淡的向往与怅惘之情。江:永嘉江;孤屿:永嘉江中的孤屿山,在永嘉(今温州)城南四里处。②江南:指永嘉江的南面;倦历览:经过多次游历后已经感到厌倦。③江北:指永嘉江的北面;旷周旋:指以前经常去,但近期已经好久都没有动了。④怀新:抱着寻幽探胜的心情;道转迥:因为心情迫切,所以觉得路途似乎很遥远。⑤景:同影,指日光。这里是说时间在飞快地流逝。⑥乱流趋正绝:指所坐的船横截江面。《尔雅》:"正绝流曰乱。"⑦媚:妩媚地展示着自我的幽美之姿;中川:中流。⑧表:展现;灵:自然中所含的真意;真:与灵同意。这两句话的意思是说孤屿山媚于江心的美景展现了自然的灵秀之气却没有人欣赏;其中蕴含的真意也没有人能够理解。言外之意以山水的知音自居。这两句为全篇诗眼,"赏"即"赏心"之意,诗歌的主旨就是在妍媚动人的自然美鉴赏中兴情悟理,并获得审美享受。这种享受既是由于自然景色的美丽,也有由景悟理之后"畅神"而发自内心的愉悦。⑨昆山:昆仑山,中国的神话传说中神仙的居所;缅邈:本意是遥远,但这里用作动词,表示远离;区中缘:人间尘缘。⑩安期:

81

安期生，古代传说中活到一千岁的仙人；安期术：指长生不老之术。⑪养生年：过完天年，自然终老。

别　　赋①

江　淹

　　黯然消魂者②，唯别而已矣！况秦、吴兮绝国③，复燕、宋兮千里④，或春苔兮始生⑤，乍秋风兮暂起⑥。是以行子肠断⑦，百感凄恻。风萧萧而异响⑧，云漫漫而奇色⑨。舟凝滞于水滨⑩，车逶迟于山侧⑪，棹容与而讵前⑫，马寒鸣而不息⑬。掩金觞而谁御⑭，横玉柱而沾轼⑮。居人愁卧⑯，怳若有亡⑰。日下壁而沉彩⑱，月上轩而飞光⑲。见红兰之受露，望青楸之离霜⑳。巡曾楹而空掩㉑，抚锦幕而虚凉㉒。知离梦之踯躅㉓，意别魂之飞扬㉔。

　　故别虽一绪㉕，事乃万族㉖。

　　至若龙马银鞍㉗，朱轩绣轴㉘，帐饮东都㉙，送客金谷㉚。琴羽张兮萧鼓陈㉛，燕、赵歌兮伤美人㉜；珠与玉兮艳暮秋㉝，罗与绮兮娇上春㉞。惊驷马之仰秣㉟，耸渊鱼之赤鳞㊱。造分手而衔涕，感寂寞而伤神。

　　乃有剑客惭恩㊲，少年报士㊳，韩国赵厕㊴，吴宫燕市㊵，割慈忍爱㊶，离邦去里㊷，沥泣共诀㊸，抆血相视㊹。驱征马而不顾㊺，见行尘之时起㊻。方衔感于一剑㊼，非买价于泉里㊽。金石震而色变㊾，骨肉悲而心死㊿。

　　或乃边郡未和，负羽从军(51)。辽水无极(52)，雁山参云(53)。闺中风暖(54)，陌上草熏(55)。日出天而耀景，露下地而腾文，镜朱尘之照烂，袭青气之烟氲。攀桃李兮不忍别，送爱子兮沾罗裙(56)。

　　至如一赴绝国，讵相见期(57)。视乔木兮故里(58)，决北梁兮永辞(59)。左右兮魂动(60)，亲宾兮泪滋(61)。可班荆兮赠恨(62)，唯樽酒兮叙悲(63)。值秋雁兮飞日，当白露兮下时，怨复怨兮远山曲(64)，去复去兮长河湄(65)。

　　又若君居淄右(66)，妾家河阳(67)。同琼佩之晨照(68)，共金炉之夕香(69)。君结绶兮千里，惜瑶草之徒芳(70)。惭幽闺之琴瑟(71)，晦高台之流黄(72)。春宫闼此青苔色(73)，秋帐含兹明月光。夏簟清兮昼不暮(74)，冬釭凝兮夜何长(75)！织锦曲兮泣已尽(76)，回文诗兮影独伤(77)。

82

傥有华阴上士⑤，服食还山⑥。术既妙而犹学，道已寂而未传⑦。守丹灶而不顾⑧，炼金鼎而方坚。驾鹤上汉⑨，骖鸾腾天⑪。暂游万里⑫，少别千年。唯世间兮重别⑬，谢主人兮依然。

下有芍药之诗⑮，佳人之歌⑯，桑中卫女⑰，上宫陈娥⑱；春草碧色，春水渌波，送君南浦，伤如之何！至乃秋露如珠，秋月如珪⑲，明月白露，光阴往来；与子之别，思心徘徊。

是以别方不定⑳，别理千名㉑，有别必怨，有怨必盈，使人意夺神骇㉒，心折骨惊㉓。虽渊、云之墨妙㉔，严、乐之笔精㉕，金闺之诸彦㉖，兰台之群英㉗，赋有凌云之称㉘，辩有雕龙之声㉙，谁能摹暂离之状，写永诀之情者乎？

注释：①本赋与《恨赋》是江淹赋的代表作。赋中通过对各种不同类型人物离别情绪的描写，刻画了他们各自不同的心理状态。作品所刻画之人物有血有肉，情感丰富；语言绚丽多彩，生动形象；尤其善于借助环境描写、借助虚词和典故来突出人物的心理感受，使通赋充斥着浓浓的抒情气氛。②黯(àn)然：沮丧的样子。销魂：失魂落魄。③秦、吴及下句的燕、宋：古代诸侯国名，后来沿用为地名。秦在今陕西一带。吴在今江苏、浙江一带。绝国：指两地相距极远。④燕：在今河北一带。宋：在今河南东部。⑤或：有的人。苔：绿色的苔藓植物。这句是说，有的人在春色宜人正好共同游冶之时却要分别。⑥乍：突然。暂起：一下子吹起。这句是说，在送别时突然刮起一阵秋风，更增加了凄凉的感觉。⑦行子：远行的人。肠断：形容悲痛之极。⑧异响：与平时的声音不同。⑨奇色：色彩变得奇异。⑩凝滞：停止不动。⑪逶迟：徘徊流连。⑫棹(zhào)：本指船桨，这里借代为船。容与：流连不前的样子。讵(jù)：岂。⑬寒鸣：悲叫。⑭掩：盖住杯盖。御：饮。⑮柱：琴瑟上用来固定弦线的小木块，这里借指乐器。沾轼：眼泪浸湿了车前的横木。⑯居人：留在家里的人。⑰亡：失落。⑱日下壁：照在墙上的阳光渐渐移去。沉彩：失去光彩。⑲月上轩：月光照在窗栏杆上。飞光：光彩辉发。⑳红兰：秋兰。㉑楸(qiū)：落叶乔木。离：著。㉒巡：巡回察看。曾：通"层"。楹：厅堂前部的柱子。曾楹：高楼。㉓抚：摸。锦幕：有锦绣的帷帐。虚：空虚。凉：冷落。㉔知：了解。离梦：行子所做的梦。踯躅：徘徊。㉕意：料想。别魂：行子离别后的魂魄。飞扬：魂灵飘荡无所归属的样子。㉖一绪：同一种情绪。㉗族：类别。㉘龙马：骏马。㉙朱轩：古代贵人乘坐的有帷幕的红漆车辆。绣轴：有锦

83

绣帷幕的车。㉚帐饮东都：在郊外搭了帐篷设盛大宴会饯别。东都：西汉京城长安的城门名。㉛金谷：地名，在洛阳西北，晋代的大官僚富豪石崇在这里建筑了别墅“金谷园”，曾于此设盛宴送大官僚王诩回长安，宴会间宾客诗酒唱和，后石崇把三十人的诗汇为一集而作《金谷诗序》。后世常以此作为豪华而兼有雅兴的饯别。㉜羽：古代五音之一，声调慷慨。张：弹奏。陈：罗列。㉝赵：古国名，在今山西一带。这句是说燕赵的歌姬美人演唱送别之歌，情态悲伤感人。㉞这句是说装饰着珠玉的歌姬舞女使萧瑟的暮秋变得艳丽起来。㉟这句是说穿着华丽的舞女歌姬使芳菲未盛的初春变得娇美起来。㊱惊驷马：美妙的音乐，使正在低头吃草的马昂起头来。古时称拉一辆车用的四匹马为驷马，这里泛指马。㊲耸渊鱼：乐声使潜伏在深渊中的鱼跳跃起来。㊳造：到。衔涕：含泪。㊴伤神：即神伤，神色沮丧。㊵剑客：精通剑术的侠客。惭恩：尚未报答他人的恩惠而感到惭愧。㊶报士：勇于报仇的人。㊷韩国：战国时，聂政为严仲子刺杀韩相侠累后自杀。这里和下文提到的四个刺客故事，都出自《史记·刺客列传》。赵厕：战国时，豫让受到晋国智伯的优待，后智伯为赵襄子所灭，豫让便潜入厕所行刺赵襄子，终于被逮捕，最后自杀。㊸吴宫：春秋时，专诸为吴国公子光在宴会上刺杀了吴王僚，自己也被卫士当场杀死。燕市：战国末年，燕太子丹收买荆轲，谋刺秦王，结果失败，荆轲反被杀死。㊹割慈：告别父母。忍爱：忍心离别妻子。㊺邦：故国。里，故乡。㊻沥泣：洒泪。㊼抆（wěn）：擦。血：血泪。㊽不顾：不回头看。㊾时起：时时扬起。㊿方：正。衔感：心怀知遇之恩。一剑：行刺恩人的仇敌。(51)买价：换取美好的名声。泉里：黄泉之下。这两句是说：剑客并不是要用死去换取声价，而是要用行刺来报答知遇之恩。(52)金石：指钟磬一类乐器。震：鸣奏。色变：面容变色。秦舞阳随荆轲入秦行刺，听到秦王朝廷乐声轰鸣时，吓得面无人色。(53)骨肉悲：《史记·刺客列传》记载，聂政刺死侠累后，自杀前自己破坏面容，以免被认出而牵连其姊，其姊聂荣闻讯后赴韩市伏尸痛哭，宣布其弟名姓而死于聂政之旁。心死：指悲哀之极。(54)羽：箭。(55)辽水：即辽河，在今辽宁。无极：指极远。(56)雁山：雁门山，在今山西。参云：高耸入云。(57)闺中：室内。(58)陌上：野外。熏：香。(59)耀景：闪耀光芒。(60)腾：升起。文：文彩。(61)镜：照。朱尘：红尘，指长满花草的大地。照烂：光彩灿烂。(62)袭：侵袭。这里指春色迎面扑来。青气：春天草木的色泽。烟煴（yīn yūn）：同“氤氲”，气氛浓郁。(63)爱子：爱人，指征夫。(64)讵相见期：哪会有相见的日期。(65)乔木：高大的树。

⑥⑥决:同"诀",别。北梁:在住宅北面的桥梁。⑥⑦左右:指仆从人员。魂动:内心感伤激动。⑥⑧泪滋:流泪。⑥⑨可:岂。班荆:把柴草铺在地上,双方坐着边吃边谈。《左传》载,楚国的伍举因遭谗而流亡,与楚国使者声子在郑国郊外相遇,两人班荆饮食交谈,声子答应设法让伍举重返祖国。后伍举被招回。赠恨:把一腔怨恨心事告诉对方。⑦⓪樽:酒杯。⑦①曲:曲奥之处。⑦②湄:水边。⑦③淄:淄水,在今山东。右:西。⑦④河阳:黄河北岸,今河南孟县有河阳故城。⑦⑤琼佩:用美玉做的装饰品。⑦⑥金炉:古人熏香用的香炉。⑦⑦结绶:出仕。绶:系在官印上的带子。⑦⑧瑶草:一种香草,比喻少妇。徒芳:无人赏识而空自芳香,喻虚度年华。⑦⑨幽闺:深闺,指少妇的卧室。这句是说,因丈夫远出,无心再弹琴瑟,对之若有愧。又,琴瑟暗喻和谐的夫妇关系。⑧⓪晦:幽暗。因怕远眺触景伤情而不拉开帘幕,所以室内光线暗弱。流黄:丝织的黄色帘幕。⑧①宫:房间。闭(bì):关闭。青苔色:因闭门不出而台阶上长出了青色的苔藓。⑧②簟(diàn):细席。⑧③釭(gāng):油灯。凝:灯光聚集不动。⑧④织锦曲:即织在锦缎上的回文诗。前秦窦滔携宠姬赵阳台镇守襄阳,与妻苏蕙断绝音信,于是苏蕙用五色丝线织成纵横八寸的回文诗,其文回环反复皆能读通,称为《璇玑图》,派人送往襄阳,窦滔看后非常感动,便把苏氏接去。这里借指相思之极。⑧⑤傥:同"倘",或者。华阴:华山的北边。上士:修炼得道的人。⑧⑥服食:吃丹药。还山:回到山中修炼,以求成仙。⑧⑦寂:寂静,道行高深的境界。传:通。未传:还没有达到通的境界。⑧⑧丹灶:炼丹的灶。不顾:不顾问人世。⑧⑨炼金鼎:在金鼎中炼丹。方坚:意志正十分坚决。⑨⓪上汉:登天。汉:银河。⑨①骖鸾:乘着鸾鸟。⑨②暂游万里:瞬息之间游历万里。⑨③惟:念、考虑。重别:把离别看得很重。⑨④谢:告辞。依然:依恋不舍的样子。这两句是说:道士考虑到人世间把离别看得很重,因此他在升天时来与主人告别,这时连道士也不免有依依不舍之情。⑨⑤芍药之诗:《诗经》中的爱情诗《溱洧》有"赠之以芍药"之句,后世便把歌唱男女恋爱的诗称为芍药诗。⑨⑥佳人之歌:李延年向汉武帝推荐他妹妹李夫人的歌,也是指男女恋爱歌曲。⑨⑦桑中、上宫:古代卫国的地名。《诗经》中的爱情诗《桑中》篇,叙述卫国的青年男女相约在桑中、上宫幽会,因此后世借指为男女约会的地点。卫女:卫国女子。⑨⑧陈娥:陈国美女。⑨⑨南浦:《九歌·河伯》中有"子交手兮东行,送美人兮南浦"的诗句,因此后世常泛指男女送别的地方为南浦。⑩⓪珪(guī):碧玉。⑩①别方:分别的情况。⑩②别理:分别的原因。⑩③意夺:丧失意志。神骇:神魂惊惧。

⑩心折骨惊：即骨折心惊。⑩渊：王褒，字子渊；云：扬雄，字子云。皆为西汉著名的辞赋家。墨妙：与下文"笔精"同，都指文章之精妙。⑩严：严安；乐：徐乐。皆为汉武帝时著名散文家。⑩金闺：即金马门，西汉长安的官署名，汉代学士在此等候皇帝命令作文。彦（yàn）：指有才德之人。⑩兰台：东汉宫中藏书及编撰史书场所，当时有学问之人如班固、傅毅等皆担任过兰台令史。英：杰出人才。⑩赋有凌云之称：文章达到富有感染力的境界。⑩辩有雕龙之声：指演讲具有出口成章的水平。雕龙：词采华丽，犹如雕镂的龙文。

过 江 诸 人①

刘义庆

过江诸人，每至美日②，辄相邀新亭③，藉卉饮宴④。周侯中坐而叹曰⑤："风景不殊⑥，正自有山河之异⑦！"皆相视流泪。惟王丞相愀然变色曰⑧："当共戮力王室⑨，克复神州，何至作楚囚相对⑩！"

注释：①本篇选自《世说新语·言语》。《世说新语》为笔记小说集，记载汉末至东晋士族名流的逸事和生活，反映了他们的放诞生活和清谈风气。晋愍帝建兴四年(316)，刘曜陷长安，愍帝被虏。第二年，元帝即位建立东晋王朝，建都于建业（今南京）。当时黄河流域广大地区被少数民族占领，中州士人大多渡江南下。《过江诸人》即反映南下士族中的部分官吏，在国破家亡之后的两种思想情绪。作者显然推崇图强恢复，反对一味感伤。江：长江。诸人：指王导、周颛（yǐ）等部分士族官吏。②美日：风和日丽的日子。③辄：常常。新亭，在今江苏南京市南，三国时吴所建。④藉卉：坐在草地上。卉：草的总名。⑤周侯：即周颛，官至尚书仆射，汝南安城（今河南原武东南）人。中坐：指饮酒到一半。一说，坐在席正中。⑥不殊：没有不同。⑦正自：只是。山河之异：指当时北方广大地区为少数民族占领。⑧王丞相：名导，临沂（今山东临沂）人。元帝即位后官至丞相。愀（qiǎo）然：原指凄怆的样子，此指脸色变得严肃起来。⑨戮力：尽力。⑩楚囚：典出《左传·成公九年》，楚钟仪为晋所俘，晋人称他为"楚囚"。后世用以指囚犯。

情　采①

刘　勰

圣贤书辞,总称"文章"②,非采而何?夫水性虚而沦漪结③,木体实而花萼振④,文附质也⑤。虎豹无文,则鞟同犬羊⑥;犀兕有皮,而色姿丹漆⑦,质待文也。若乃综述性灵,敷写器象⑧,镂心鸟迹之中⑨,织辞鱼网之上⑩,其为彪炳⑪,缛采名矣⑫。故立文之道⑬,其理有三:一曰形文,五色是也;二曰声文,五音是也;三曰情文,五性是也⑭。五色杂而成黼黻,五音比而成《韶》、《夏》⑮,五情发而为辞章,神理之数也。

《孝经》垂典,丧"言不文"⑯;故知君子常言,未尝质也。老子疾伪⑰,故称"美言不信";而五千精妙,则非弃美矣。庄周云:"辩雕万物"⑱,谓藻饰也。韩非云:"艳乎辩说"⑲,谓绮丽也。绮丽以艳说,藻饰以辩雕,文辞之变,于斯极矣。

研味《孝》、《老》⑳,则知文质附乎性情;详览《庄》、《韩》,则见华实过乎淫侈。若择源于泾渭之流㉑,按辔于邪正之路㉒,亦可以驭文采矣。夫铅黛所以饰容㉓,而盼倩生于淑姿㉔;文采所以饰言,而辩丽本于情性。故情者文之经,辞者理之纬;经正而后纬成,理定而后辞畅㉕,此立文之本源也。

昔诗人什篇,为情而造文;辞人赋颂,为文而造情。何以明其然?盖《风》、《雅》之兴,志思蓄愤,而吟咏情性,以讽其上㉖,此为情而造文也;诸子之徒,心非郁陶㉗,苟驰夸饰,鬻声钓世㉘,此为文而造情也。故为情者要约而写真,为文者淫丽而烦滥。而后之作者,采滥忽真,远弃《风》、《雅》,近师辞赋,故体情之制日疏㉙,逐文之篇愈盛。

故有志深轩冕㉚,而泛咏皋壤㉛,心缠几务㉜,而虚述人外㉝。真宰弗存,翩其反矣㉞。夫桃李不言而成蹊,有实存也;男子树兰而不芳,无其情也㉟。夫以草木之微,依情待实,况乎文章,述志为本,言与志反,文岂足征?

是以联辞结采,将欲明经,采滥辞诡,则心理愈翳㊱。固知翠纶桂饵,反所以失鱼。"言隐荣华"㊲,殆谓此也。是以"衣锦褧衣"㊳,恶文太章;"贲"象穷白㊴,贵乎反本。夫能设模以位理,拟地以置心㊵,心定而后结音,理正而后摛藻;使文不灭质,博不溺心,正采耀乎朱蓝,间色屏于红紫㊶;乃可谓雕琢其章,彬彬君子矣㊷。

87

赞曰⑤：言以文远，诚哉斯验。心术既形⑥，英华乃赡⑦。吴锦好渝，舜英徒艳⑧。繁采寡情，味之必厌。

注释：①本篇选自《文心雕龙》。情指情理，采指文采。文章主张要情与采结合，反对用辞藻来掩饰内容的空虚，要根据思想感情来选择体裁，确定音律，运用辞藻，做到情采并茂。②"文章"：这个文章不是指作品，文是有条理，章是有色彩，就是文采鲜明的意思。③沦漪(yī)：水上微波。④萼(è)：花托，在花的最外部，多作绿色。振：开放。⑤文附质：文指辞采，质指情思；文指形式，质指内容。⑥鞹(kuò)：没有毛的皮革。⑦犀兕(xī sì)：形似牛，犀是雄的，兕是雌的。犀牛兕牛皮，古代用来作甲胄，漆上色彩。姿：通资，凭藉。⑧敷写：描写。敷：铺叙。⑨镂心：用心琢磨。鸟迹：指文字。许慎《说文·序》说，仓颉看了鸟迹兽蹄创制文字。⑩渔网：指纸张。《后汉书·蔡伦传》说蔡伦用渔网做纸。⑪彪炳：光彩。⑫名：显著。⑬文：这个文是广义的，包括颜色，指形文，音乐，指声文，情理，指情文。⑭五性：指仁义礼智信。⑮黼黻(fǔ fú)：古代礼服上所绣的华美的花纹。比：配合。韶(sháo)夏：古代乐曲。韶：舜乐。夏：禹乐。⑯垂：传下来。典：合于法度的话。丧言：父母丧时说的话。《孝经·丧亲》："言不文。"⑰疾：憎恶。⑱辩：巧言。原文见《庄子·天道》。⑲原文见《韩非子·外储说左上》，作"艳乎(于)辩说"。⑳孝：指《孝经》。老：指《老子》。㉑泾渭：泾水浊，渭水清，在两水汇合时才显，所以要从源头上去分。择：区分。㉒按辔：停下马。这里实指不要沿着邪路走下去。辔，驭马的缰绳。㉓铅：铅粉。黛：黛石，青黑色颜料，画眉用。㉔倩：美丽。在此指美丽的笑貌。淑：美好。㉕情和理在这里是互文，即情里兼包理，理里兼包情。㉖讽：讽劝。㉗诸子：指辞赋家。郁陶(yáo)：感情郁积。㉘鬻(yù)：卖。㉙体：体现。制：作品。㉚轩冕：坐车和戴礼帽，是大官的排场。轩：有屏藩的车，犹轿车。冕：礼帽。㉛皋壤：水边的原野，指田园。㉜几务：即机务，指朝廷上各种政务。㉝人外：世外。㉞真宰：内心的真情。宰：主。翩其反矣：本指花的翻动。翩：迅速。反：翻；这里指相反。㉟桃李句：见《史记·李将军列传》。男子句：见《淮南子·缪称训》。这里是借来作比喻用，强调真情实感在文学创作中的重要性。㊱翳：隐蔽。㊲纶：钓丝。桂：肉桂，一种珍贵食物。㊳言隐荣华：见《庄子·齐物论》。隐：隐没。㊴衣锦褧(jiǒng)衣：见《诗经·卫风·硕人》。在锦绣上加上罩衫。衣：动词，穿上。褧衣：麻布罩

88

衫。㊵"贲"(bì)象穷白:《易经·贲卦》的"贲"是文饰意,可是它的象却归于
白色。穷:探索到底。白指本色,因为丝的本色是白的。㊶模:规范,指体裁。
地:底子。文章的润饰文采,好像在白底子上著色。㊷摛:铺陈。㊸正采:正
色,为青赤黄白黑。间色:杂色,为绀红缥紫流黄。屏:弃。㊹彬彬:状有文有
质。彬彬君子:见《论语·雍也》:"文质彬彬,然后君子。"㊺赞:作者总结全篇
的话。㊻心术既形:内心的情思已经通过文辞显露出来。㊼英华乃赡:指文
采丰富。㊽渝:变色。舜英:木槿花,朝开暮落,有花无实。

拟 咏 怀(其七)①

庚 信

　　榆关断音信,汉使绝经过②。胡笳落泪曲,羌笛断肠歌③。纤腰减束
素④,别泪损横波⑤。恨心终不歇,红颜无复多⑥。枯木期填海⑦,青山望断
河⑧。

注释:①庚信共有《拟咏怀》诗二十七首,是晚年流寓北国时所作,内容大
多是叙述丧乱,自伤身世。本诗是其中的第七首。这是一首描述羁旅愁思之
作。综观全诗,难以割舍的思乡之情一以贯之,思乡而又归乡无望的惆怅和
无奈笼罩全篇,具有感人至深的艺术力量。②榆关:今天的陕西榆林县东面,
这里泛指北方的边塞;汉使:汉朝的使者,这里以汉朝指代故国。这两句以
"断音信"、"绝经过"割裂了与故国家园的一切联系,将个体抛置到一个无奈、
无望的境地。③胡笳、羌笛:北方民族所用的乐器。这里作者以异地凄凉的
音乐渲染了内心的愁思与悲意。④束素:束腰所用的丝带。⑤横波:眼睛。
⑥恨:遗憾;红颜无复多意思是说青春不再。⑦枯木期填海:典故出自《山海
经·北山经》,见前文陶渊明《读〈山海经〉》注①。⑧青山望断河:典故出自
《水经注·河水注》:"华岳本一山,当河,过而曲行。河神巨灵手荡脚蹋,开而
为河。"这六句发挥了屈原以美人自比的传统,塑造了一个青春不再,容颜憔
悴的自我形象,随着时间的流逝,对家乡的思念之情却与日俱增,这份乡关之
思如同巨灵开山一样强烈,如同精卫填海一样永无歇。

西 洲 曲①

忆梅下西洲②,折梅寄江北。单衫杏子红,双鬓鸦雏色③。西洲在何处?
两桨桥头渡。日暮伯劳飞④,风吹乌桕树。树下即门前,门中露翠钿⑤。开门
郎不至,出门采红莲。采莲南塘秋,莲花过人头。低头弄莲子,莲子青如水⑥。
置莲怀袖中,莲心彻底红。忆郎郎不至,仰首望飞鸿⑦。鸿飞满西洲,望郎上青
楼⑧。楼高望不见,尽日栏杆头。栏杆十二曲,垂手明如玉⑨。卷帘天自高,海
水摇空绿⑩。海水梦悠悠,君愁我亦愁。南风知我意,吹梦到西洲。

注释:①本篇收入《乐府诗集·杂曲歌辞》。全诗通过季节变换的描述,
抒写一位少女对远在江北的情人的深长思念。音节和谐,语言含蓄婉转,是
南朝民歌中的佳作。②下:去,往。西洲:地名。③鸦雏色:形容女子头发乌
黑发亮。鸦雏:小乌鸦。④伯劳:鸟名,仲夏始鸣,常单栖。⑤翠钿:用翠玉镶
嵌的首饰。⑥莲子:双关语,与"怜子"谐音。青如水:隐喻爱情的纯洁。⑦飞
鸿:双关语,书信的意思。古有鸿雁传书的故事。⑧青楼:用青色涂饰的楼。
古代女子居处的通称。⑨明如玉:指肌肤光洁白皙如玉。⑩海水:指江水。
摇空绿:空自摇绿。

企 喻 歌 辞①

北朝民歌

男儿可怜虫,出门怀死忧②。尸丧狭谷中,白骨无人收。

注释:①企喻歌辞:北方的民歌,《乐府诗集》入"梁鼓角横吹曲"里。②死
忧:将死的忧思。

第四章　隋唐五代文学

　　公元581年隋王朝建立,589年,灭陈,统一全国,结束了南北朝长期对峙的分裂局面。公元618年,唐高祖李渊灭隋炀帝杨广,建立唐政权,定都长安。唐代进入中国封建社会发展的鼎盛时期。公元907年唐朝灭亡,形成五代十国政权的交替迭变,直到公元960年宋朝建立,才结束了分裂混乱的局面。

　　唐代国家的富强、思想政策的开明、文化的大融合等多种因素造就了唐代文学的空前繁荣。唐代文学的辉煌主要体现在以下四个方面:一、诗歌的繁荣;二、古文运动的成就;三、传奇小说的创作;四、词从民间到文人的发展。唐代诗歌的突出贡献在于发展并完善了近体诗,即格律诗这一诗歌创作形式,并在句数、字数、平仄、对仗、押韵方面都作出了严格的规范,体制上有排成四句形式的绝句和八句形式的律诗,此外还有少数八句以上的排律,每句字数则固定为五言、七言两种。唐代的格律诗创作成就达到了中国古代诗歌的顶峰。

　　初唐诗歌　初唐指唐开国至唐玄宗开元元年(713)的约一百年时间,这是唐诗发展的过渡时期。浮艳绮靡的宫体诗在初唐诗坛上占统治地位,与此同时,诗坛上出现了一批锐意革新的诗人,他们就是被称为"初唐四杰"的王勃(650—676)、杨炯(650—693后)、卢照邻(约634—689)、骆宾王(约640—684后)。他们的创作突破了旧宫体诗的狭隘内容,由奉和应制转向对江河大漠的描绘和对个人情怀的抒发;在形式上,王、杨擅长近体五言律诗,而卢、骆则开创并发展了唐代新七言歌行。初唐四杰使唐诗获得了转机,而真正继往开来,开启一代诗风的是陈子昂。

陈子昂(659—700),字伯玉,梓州射洪(今属四川)人。24岁举进士,官至右拾遗。回乡后被县令段简诬陷,在狱中忧愤而死。有《陈伯玉集》。陈子昂的创作一扫齐梁浮艳之气,以其独特的风格为唐诗开辟了新的领域。贯穿在陈子昂诗歌中的是对新的人格理想和时代精神的呼唤与塑造,为后人传诵的《登幽州台歌》采用散文化句法,既写出了怀才不遇的感伤,又发出了整个时代的呼唤,体现了唐人恢宏的气度。

盛唐山水田园诗及边塞诗 唐玄宗开元、天宝年间至"安史之乱"爆发(713—756)前的数十年是唐代鼎盛时期,唐诗在这段时期也达到了空前繁荣,不仅出现了像李白、杜甫这样伟大的诗人,也产生了以王维、孟浩然为代表的山水田园诗人群体和以高适、岑参为代表的边塞诗人群体以及其他一些各具风格的诗人,成为中国古典诗歌史上的黄金时代。热情洋溢、豪迈乐观,具有郁勃奔放的浪漫气质,是盛唐诗的主要特征。

山水田园诗人群体以写山水田园或隐逸生活为其特色,代表作家是王维、孟浩然。孟浩然(689—740),襄州襄阳(今湖北襄樊)人,40岁时应进士试,落第后游历吴越多年。张九龄被贬荆州时,孟浩然曾应辟入幕,但不久就归隐家乡,直到去世。有《孟浩然集》。孟浩然是唐代第一个倾力创作山水诗的作家,他的两百余首诗作中多数是山水诗,其中一部分是漫游秦中、吴越而作,如《江上思归》、《宿建德江》等;多数的山水诗是写故乡襄阳的鹿门山、万山等名胜景物,如《夜归鹿门歌》等。孟浩然还有一部分作品是生活气息浓厚的田园诗,如《过故人庄》等。孟浩然的诗作意境清幽淡远,多自然超妙之趣,创造了山水诗浑融完整的风格。

王维(701?—761),字摩诘,太原祁(今山西祁县)人。15岁起游学长安,21岁举进士,作太乐臣,曾被贬济州。后回长安,因张九龄的提携，官至右拾遗，累迁监察御史、吏部郎中、给事中等官，最后官至尚书右丞。有《王右丞集》。

王维的诗歌创作以40岁左右为界限分为前后两期。前期他怀着积极进取的人生态度，写出了一些浪漫豪情之作，如《少年行》等。40岁左右，因张九龄罢相等原因，他开始过着半官半隐的生活，退朝之后，常焚香独坐，以禅诵为事，创作了大量的山水田园诗，其诗歌的主要内容为抒写隐居终南别业、辋川别业的闲情逸致，《终南别业》写道："中岁颇好道，晚家南山陲。兴来每独往，胜事空自知。行到水穷处，坐看云起时。偶然值林叟，谈笑无还期。"描绘了士大夫远离现实、啸咏山林的情趣。

王维的山水田园诗以画理、禅法入诗，做到了"状难写之景如在目前，含不尽之意溢于言外"，他的诗歌善于用较少的字表现丰富的感受，具有一种韵外之致。在表现手法上，他把文学、绘画、音乐等不同的艺术表现手法结合起来运用，在诗歌创作中重视画面的布局及光线、色彩和音响的运用。例如："山下孤烟远村，天边独树高原"显出诗人构图布局的匠心；"返景入深林，复照青苔上"则写出了一个光和色非常调和的境界；"桃红复含宿雨，柳绿更带朝烟"在色彩的对比中写出了如画的景色；"屋上春鸠鸣，村边杏花白"又是以声入诗。值得注意的是，他往往把声和色搭配得和谐融洽，共同为展示一个完整的意境服务。王维的诗歌语言清新凝练，声韵和谐，精湛的语言艺术使他的诗具有强烈的艺术魅力。

开元、天宝年间对外战争频繁，许多诗人都在自己的作品中或反映征戍生活，或描写边塞风光，因而产生了一个以写边塞生活为主的边塞诗人群体。代表诗人是高适、岑参，其他还有李颀(？—约756)、王之涣(688—742)、王昌龄(约694—756)等。

高适(约700—765)，字达夫，渤海蓨(今河北景县)人。20岁到长安，求仕不遇，于是北上蓟门，漫游燕赵，后又在梁宋一带度过了10年困顿落拓的生活。近50岁时才任封丘尉，后官至节度使、散骑常侍。有《高常侍集》。高适的作品大多为北上蓟门、浪游梁宋时写的边塞诗,诗风沉雄悲壮。他的诗中有怀才不遇的愤激,有对受朝廷重用的期望,但更多的是对现实的关怀和忧念,如《塞上》表示了对边患的忧虑,《蓟门五首》描写了戍卒的生活,对士卒待遇之低、朝廷恩惠之薄提出了抗议。代表作《燕歌行》突破了此前同题诗作肆意铺陈、渲染征人思妇缠绵相思之情的格局,大大拓宽了歌辞的内容,格调时而雄迈高亢,时而忧郁感伤,形式上四句一韵,整齐中求变化,极富韵律之美。

岑参(715—770),祖籍南阳,出生于江陵(今属湖北)。30岁举进士。曾两度出塞,在边塞生活长达6年。有《岑嘉州诗集》。岑参性格好奇,在诗歌创作中也追求新奇的风格和意境。他的边塞诗喜以瑰丽的笔调,描写带有异域情调的新鲜事物或奇特风光,给唐代边塞诗开拓了新奇的境界。《白雪歌送武判官归京》体现了岑参刻意求奇、积极乐观的创作特点。

李白的诗歌创作   李白(701—762),字太白,祖籍陇西成纪(今甘肃秦安),出生于中亚的碎叶(今吉尔吉斯斯坦境内),5岁时随父迁居四川彰明县的青莲乡,因自号青莲居士。李白的家庭可能是富商,幼年时接受了很好的教育,培养了多方面的情趣和才能。开元十二年(724),李白"仗剑去国,辞亲远游",开始了漫游兼求仕的生活。天宝元年(742),唐玄宗下诏征李白入长安,命李白为供奉翰林,很快因为他的傲岸作风而受到权贵们的诋毁,3年后即被放还乡。离开长安后,再度开始他的漫游生活。宝应元年(762),李白病死在安徽当涂族叔李阳冰家中。

李白的诗歌是盛唐气象的典型代表,诗人以其天真的赤子之心讴歌理想的人生。如果说理想色彩是盛唐一代诗风的主要特征,那么李白更以富于展望的理想歌唱走在了时代的前沿。他的许多诗歌丰富和发展了盛唐诗英雄主义的主题。《梁甫吟》、《行路难》(其二)等就是借助历史人物抒发自己"心雄万夫"的气概和热情,李白把排难解纷的济世理想和放纵不羁的个性自由统一起来,以求得完美的人生.在很多诗歌中都表现了先建立奇功伟业然后功成身退的人生理想。在一些作品中,李白的反权贵思想得到了充分的表露,如《古风》(其十五)愤怒地指责权贵们"珠玉买歌笑,糟糠养贤才"。李白的作品中还有不少歌咏山水之作,另有一些诗则表现了社会生活中的各种人情美。

明代的王世贞说李白诗歌是"以气为主,以自然为宗",这正好概括了李白诗歌的艺术形象、抒情方式和语言运用等方面的特点。

李白在创作中常常展开天马行空式的想像和幻想,以气骋词,来实现艺术的变形。他往往通过形体规模的变形来取得强烈的艺术效果,如"泰山一掷轻鸿毛"、"燕山雪花大如席"等等。有时则突破空间方位的拘限或改变时间的速度来体现他的激情,如《将进酒》中的"君不见黄河之水天上来,奔流到海不复回;君不见高堂明镜悲白发,朝如青丝暮成雪"。在更多的诗里,他以游仙、梦境或幻境来补充和组织画面,在虚拟的描写中更加恣肆汪洋地抒发自己的感情。

李白的"以气为主"还表现在其壮浪纵恣的抒情方式。在创作的过程中,诗人的感情如喷涌而出的洪流,不可阻挡地滔滔奔泻,其间裹挟着强大的力量。李白诗歌的跳跃性也是极强的,往往在一波未平、一波又起的开阔动荡中袒露变幻无常的情感活动,贯穿于诗中的不是生活的逻辑,而是情感的踪迹。

杜甫的诗歌创作　杜甫(712—770),字子美,京兆杜陵人,生于河南巩县。出身于世代官宦之家,祖父杜审言是武则天时期著名的诗人,家庭给了杜甫正统的儒家文化教育,也加深了他对诗歌的兴趣。20岁以后的十余年中,杜甫过着漫游的生活,他游过吴越、燕赵一带,还到过齐鲁等地,过着"裘马轻狂"的生活。35岁左右,杜甫到长安谋求仕途的发展,但在滞留长安的10年中,杜甫的理想不断受挫,生活也越来越困顿,直至天宝十四年(755)十月才谋得右卫率府胄曹参军这样一个极其卑微的官职。同年 11 月,安禄山叛乱,杜甫又开始颠簸不定的生活,他一度被叛军困于长安,后逃出投奔在凤翔的唐肃宗,被任命为左拾遗。不久被贬为华州司功参军。一年后,杜甫弃官入蜀。在一生最后的一年多时间里,杜甫是在小舟漂泊中度过的,大历五年(770)冬病死在湘江的一条船上。

杜甫现存诗一千四百多首,他的诗歌真实而深刻地反映了安史之乱这一历史转折时期的社会政治状况,是时代的一面镜子,被称为"诗史"。杜甫一贯同情人民、热爱人民,他的诗深刻地反映了劳动人民遭受的种种压迫和苦难,揭露了统治阶级的罪恶。"三吏"(《新安吏》、《石壕吏》、《潼关吏》)、"三别"(《新婚别》、《垂老别》、《无家别》)反映出了广大人民在残酷的兵役下所受的痛楚;《自京赴奉先县咏怀五百字》揭露了达官贵人的财富都是从劳动人民身上掠夺来的现实:"彤庭所分帛,本自寒女出;鞭挞其夫家,聚敛贡城阙",而"朱门酒肉臭,路有冻死骨"则更一针见血地表现了当时社会尖锐的阶级对立。

杜甫深受儒家思想的影响,有"诗圣"之称,他的诗除爱民的主题外,另一重要内容则是爱国。杜甫始终关怀国家的命运,"济时敢爱死,寂寞壮心惊"表明杜甫是一个不惜牺牲自我的爱国主义者。《春望》、《闻官军收河南河北》说明作者已经把自己的喜怒哀乐和祖国的命运紧紧联系在一起了。

杜甫是一个创作天地非常广泛的诗人,除表现爱民、爱国这两大社会主题的诗外,还有不少其他方面的诗,如感怀、赠送、咏物、怀古等,都写得非常警策精妙,《春夜喜雨》、《望岳》、《梦李白》、《病橘》等都是这类诗歌中的代表作。

从创作方法来看,杜甫诗歌最大的特色是现实主义。他继承和发展了自《诗经》以来的现实主义传统,并达到了空前的高度。他的诗充满了强烈的现实生活气息,笔调客观严谨,忠实地反映了当时的社会生活。杜诗的基本风格是"沉郁顿挫",所谓"沉郁",主要表现为意境开阔壮大、感情深沉苍凉;所谓"顿挫",主要表现为语言和韵律曲折有力,而不是平滑流利或任情奔放。在这种基本风格上,又呈现出多种多样的风采,或雄奇、或清新、或古奥、或闲逸、或瑰丽、或质朴,皆臻胜境。

杜甫在炼字造句上用功很深。"为人性癖耽佳句"、"清词丽句必为邻"、"语不惊人死不休"等诗句说明他很注重语言的锤炼。杜诗语言精工、稳重而又有出人意外的神妙,如"竹批双耳峻,风入四蹄轻",一个"批"、一个"入",显出杜甫的造句之妙。杜甫还善于运用民间口语和方言,这些"俗字"出现其中增强了诗歌的生动性。

古文运动和韩愈、柳宗元的散文 "古文"是和"骈文"相对立的概念,这个词是韩愈提出的,他把自己散行单句、上继先秦两汉文体的散文称为"古文"。唐中叶,韩愈、柳宗元大力提倡古文,同时又把自己的理论付诸实践,创作了大量优秀的散文。在他们周围还有一大批拥护者。如此经过二三十年的努力,终于推翻了骈体文的统治,取得了古文运动的胜利。到了晚唐,古文运动的成果未能巩固,开始走向衰落;直至北宋,由欧阳修发起,又有苏洵、苏轼父子和王安石、曾巩的努力,古文运动才取得了最后的胜利。

韩愈(768—824),字退之,河阳(今河南孟县)人,自言郡望昌黎,自称昌黎韩愈,世称韩昌黎。贞元八年(792)进士。穆宗时,召为国子监祭酒,历京兆尹及兵部、吏部侍郎。有《昌黎先生集》。韩愈是中唐文坛、诗坛的领袖,他大力奖掖后进,和他周围的文人形成了一个文学集团。韩愈反对六朝以来骈偶的文风,提倡散体,务去陈言,倡导了唐代的古文运动。

韩愈的散文各体兼长,论说文、杂文、抒情散文和传记等皆有佳作。说理文如《原道》《师说》《进学解》等行文流畅,说理透彻,逻辑严密。他的杂文如《杂说四》("世有伯乐")寓意深刻,构思精巧。他的记叙文写人、记事、状物都很重视形象的鲜明和完整,如《张中丞传后叙》歌颂张巡、许远、南霁云的事迹,慷慨悲壮,令人扼腕。韩愈的抒情散文则感情真挚、委婉曲折,如《祭十二郎文》抒发他对亡侄的悼念,字里行间饱含着作者恳挚的骨肉之情,催人泪下。

韩愈的散文,雄奇奔放,富于曲折变化,而又流畅明快。宋代散文家苏洵说他的散文"如长江大河,浑浩流传"。韩愈的散文语言新颖、简洁、准确、生动,词汇丰富,绝少陈词滥调,对后世的文章写作起到了重要的规范作用。

柳宗元(773—819),字子厚,河东(今山西永济)人。贞元九年(793)进士。和刘禹锡等人参加了王叔文集团的政治革新运动,事败被贬永州司马,10年后调柳州刺史,死于柳州。世称柳柳州或柳河东。有《柳河东集》。柳宗元和韩愈齐名,也是唐代古文运动的倡导者。

柳宗元的散文也丰富多样。议论文、传记、寓言都有佳作。议论文如《捕蛇者说》,文笔犀利;传记如《段太尉逸事状》,撷取人物的片段故事,直叙事实,不涉抒情议论,语言简劲有力;寓言如《蝜蝂传》、《三戒》等,想像奇特、寓意深刻。代表柳宗元散文最高成就的是山水游记,这类作品借对自然事物的描摹来抒发作者的感受,文笔秀美,富有诗情画意,代表作《永州八记》是柳宗元游记中的珍品,作者在叙事写景中曲折地表现了对现实的抗议,同时也体现出他寄情山水的情怀。

柳宗元散文的语言以"峻洁"著称,文字简洁而准确,又兼有含蓄之长,表现为一种孤高脱俗的风格。

中唐诗歌 发生在唐玄宗天宝十四年(755)的安史之乱是唐代由盛而衰的转折点,也是盛唐文学和中唐文学的分界线。安史之乱使唐朝社会生产力遭到了极大的破坏。在这种情况下,中唐诗歌和盛唐诗歌呈现出不同的风貌,概言之,浪漫主义是盛唐诗的主流,而现实主义则是中唐诗的主潮。

中唐诗歌分为前后两个时期。前期是大历(766—778)前后,这一时期的诗人可分为三类:元结(719—772)、顾况(727—815)的诗歌继承了杜甫现实主义的优良传统,元结的《春陵行》、顾况的《囝》都是同情百姓疾苦的作品;李益(748—829)则继承了盛唐边塞诗的传统;刘长卿(？—790)、韦应物(737—792)以写山水田园诗见长,韦应物的《滁州西涧》用简淡自然而精练的语言表现了清幽空寂的境界。

中唐诗的后期是贞元、元和(785—820)之际,唐诗发展到此时再次掀起高潮,而现实主义正是这个高潮的潮头。这一时期诗歌繁荣的标志是风格和流派的众多。张籍(768—830)、王建(生卒年不详)、白居易、元稹(779—831)崇尚平易通俗,主张用新乐府描写民生疾苦,掀起了新乐府运动;韩愈、孟郊(751—814)追求奇崛;李贺的诗诡异瑰丽;刘禹锡和柳宗元分别以豪健雄奇和孤峭峻洁著称。但是由于国势日蹙的缘故,这时期的诗人或多或少地在作品中流露出时代折光的衰飒之气。

李贺(790—816),字长吉,生于福昌昌谷(今河南宜阳)。因避父晋肃之讳,不得参加进士科考试。年少失意,郁郁而死。有《李长吉歌诗》。李贺早慧,又因仕途无路而倾全力于诗歌创作。其作品的主要内容是抒写怀才不遇的悲愤。浪漫主义是李贺诗的基本特色。他的诗想像丰富、构思奇特、色彩浓艳,善于运用新颖诡异的语言,创作出幽奇瑰丽的意境,因而又被称为“鬼才”。《李凭箜篌引》就充分体现了李贺诗想像怪奇的特点。

刘禹锡(772—842),字梦得,洛阳(今属河南)人。贞元九年(793)进士,历官监察御史、朗州司马、夔州刺史等。有《刘宾客集》。其诗骨力豪劲,故以“诗豪”见称,“自古逢秋悲寂寥,我言秋日胜春朝”、“沉舟侧畔千帆过,病树前头万木春”等诗句都体现了这一特点。刘禹锡还努力学习民歌,把文人诗和民歌结合起来,写出了很多民歌体的小诗,具有清新隽永的特点。

白居易与新乐府诗 在贞元、元和年间,有一批诗人在诗坛上掀起了一股新的诗潮,他们以乐府——尤其是新题乐府的形式,来反映社会问题、针砭政治弊端,以期达到实际的社会效果。在艺术表现上,他们努力以平易浅近的语言、自然流畅的意脉来增加诗歌的可读性。元稹、白居易以出色的诗歌作品把新乐府的创作推向高潮,其中白居易的《新乐府》50 首、《秦中吟》10 首成为这一诗潮的代表作品。

白居易(772—846),字乐天,晚号香山居士,祖籍山西太原,后迁居下邽(今陕西渭南),生于新郑(今属河南),贞元十六年(800)进士。曾任翰林学士、左拾遗等,因上书言事,40 岁时被贬江州司马。后曾任杭州、苏州刺史。官终刑部尚书。有《白氏长庆集》。

白居易一生创作了三千多首诗歌,这在唐代诗人中是首屈一指的。他曾将自己的诗分成四类:讽谕诗、感伤诗、闲适诗和杂律诗,相对来说,讽谕诗的成就最高,但闲适诗和感伤诗中也不乏佳作。

《新乐府》50 首、《秦中吟》10 首是讽谕诗中的杰作,主要内容是揭露时弊,反映人民疾苦。如《秦中吟》中的《轻肥》写宦官的骄奢淫逸、花天酒地,结尾处以衢州人食人的现象作鲜明的对比,在当时具有深刻的现实意义。

白居易的感伤诗以《长恨歌》和《琵琶行》为代表。《长恨歌》以唐明皇李隆基和贵妃杨玉环的爱情悲剧为题材,讽刺并揭露了封建帝王纵欲荒淫、贪色误国的生活,同时又以无限的同情讴歌了李、杨爱情。这首诗情节曲折离奇,想像丰富,虚实结合,具有很高的艺术造诣。白居易的诗"不事雕饰,直写性情",平易通俗,所以在当时就流传很广。他的最大贡献在于继承并发展了自《诗经》、汉乐府到杜甫的传统,把现实主义推向了一个新的高度。

晚唐诗歌 从文宗太和、开成(827—840)之后到唐亡的七八十年,是文学史上的晚唐时期。晚唐诗坛,成就最高的是杜牧、李商隐,他们在题材上分别发展了咏史诗和爱情诗,艺术上也有新的发展,是唐代文学史上灿烂的晚霞。

杜牧(803—852),字牧之,京兆万年(今陕西西安)人。太和二年(828)进士,长期沉沦下僚,古诗多感怀时事之作,七言近体以写景抒情或怀古咏史著称,有《樊川文集》。杜牧出身在世代为官的家庭,祖父杜佑又为著名学者,家学渊源和杜牧对现实的关注忧虑使他的诗作具有深沉的历史感,他的咏史诗如《过华清宫》、《泊秦淮》等都表现了诗人透过历史对现实的关怀,即使是一些登临咏怀之作也渗透着作者对历史和现实的感触。

李商隐(813—858),字义山,号玉谿生,原籍怀州河内(今河南泌阳),自祖父起迁居郑州荥阳(今属河南)。开成二年(837)进士,但却长期屈居下僚。擅骈文,尤工诗,为晚唐大家,有《李义山诗集》。由于仕途坎坷,他往往以隐晦曲折的形式、精美华丽的语言表达感伤压抑的情绪,如《无题》回环往复抒发离愁别绪,有浓重的感伤氛围。

唐五代词　词是始于盛唐,成于晚唐五代,盛于宋代的一种新诗体。原名"曲子词",即有曲谱的歌词,后来简称为"词"。词有许多调子,每调有一个名称,即词牌名。每调的句数,每句的字数以及用韵、平仄都有一定的格式。一般每调分上下阕。绝大多数词调的句子长短不齐,因而又称为"长短句"。

最早的唐代民间词是在敦煌发现的曲子词,这些民间词反映的社会场景广泛,生活气息浓郁,语言朴素清新,为文人词的创作和发展提供了很好的借鉴。

中唐时期,很多诗人如白居易、刘禹锡、张志和等都填过词。晚唐时期,文人写词者渐多,词人中作品最多、影响最大的是温庭筠(约812—870)。温庭筠熟谙音律,创作了不少词调。他的词注重字句、声律和谐,但由于太过雕琢、浓艳华丽,内容上以写闺情见长,因此,后人称温词为"花间集之冠"。花间词由五代时后蜀赵崇祚收集了温庭筠、皇甫松、韦庄等18家词498首,编为《花间集》而得名。花间词人除温庭筠、皇甫松、孙光宪外,其余都是居住在西蜀的文人,词风也大体一致。他们师法温庭筠,多数作品都只能以香艳富丽的词藻来描写妇女的服饰和体态,题材比温词更窄,内容也更空虚。

花间词人中成就最高的当属韦庄(837—910),韦庄的词有别于其他花间词人绮艳雕琢的风格,写得色彩清淡、语言明丽、意脉流畅,《思帝乡》(春日游)、《菩萨蛮》(人人尽说江南好)等都体现了韦庄词的清新风格。

和西蜀一样,在唐末五代的动荡年代,南唐的社会生活也相对稳定,加上南唐君主爱好填词,因此词在南唐就比较繁荣,形成了南唐词派,其代表词人是李煜,它与西蜀并列为当时两大词坛。

李煜(937—978),字重光,继其父李璟为南唐主,世称李后主。在位时不修政事,纵情享乐,国亡后,相传为宋太宗毒死。李煜在亡国之后填的词抒发了对旧时光景的怀念和个人遭遇的感叹,极为沉痛。李煜的词,自然率直、直抒胸臆、不事雕饰,语言单纯明净、精练准确、新颖别致,意境凄婉感人。如《虞美人》的“问君能有几多愁,恰似一江春水向东流”,《清平乐》的“离恨恰如春草,更行更远更生”,含蓄地显示出愁思的长流不断、绵绵不绝,具有极强的艺术魅力。李煜的主要贡献在于扩大了词的境界,特别是在抒情艺术上达到了前所未有的成就。“词至后主而眼界始大,感慨遂深”(王国维《人间词话》),李煜使词成为言怀述志的新诗体,取得了文坛上的真正地位。

思 考 题

一、试述唐代格律诗在中国诗歌发展史中的地位、成就和艺术特征。

二、比较李白与杜甫诗歌作品的风格和艺术特色。

三、试述唐代古文运动和韩愈的贡献。

■作品选

在 狱 咏 蝉①

骆宾王

西陆蝉声唱②,南冠客思侵③。那堪玄鬓影④,来对白头吟。露重飞难进,风多响易沉。无人信高洁,谁为表予心?

注释:①此诗作于仪凤三年(678)秋。骆宾王因上书言事,触怒武则天而下狱。诗中作者借蝉自喻,用比兴手法寄托自己遭谗下狱的悲愤。②西陆:指秋天。③南冠:《左传》载"晋侯观于军府,见钟仪,问之曰:'南冠而系者谁也?'有司对曰:'郑人所献楚囚也。'"后以南冠代称囚犯。④玄鬓影:指蝉,鬓发梳得薄如蝉翼,看上去像蝉翼的影子,故称。

春江花月夜①

张若虚

春江潮水连海平,海上明月共潮生。滟滟随波千万里,何处春江无月明!江流宛转绕芳甸②,月照花林皆似霰③;空里流霜不觉飞,汀上白沙看不见。江天一色无纤尘,皎皎空中孤月轮。江畔何人初见月?江月何年初照人?人生代代无穷已,江月年年只相似。不知江月待何人,但见长江送流水。白云一片去悠悠,青枫浦上不胜愁④。谁家今夜扁舟子⑤?何处相思明月楼?可怜楼上月徘徊,应照离人妆镜台。玉户帘中卷不去,捣衣砧上拂还来⑥。此时相望不相闻,愿逐月华流照君⑦。鸿雁长飞光不度,鱼龙潜跃水成文⑧。昨夜闲潭梦落花⑨,可怜春半不还家。江水流春去欲尽,江潭落月复西斜。斜月沉沉藏海雾,碣石潇湘无限路⑩。不知乘月几人归,落月摇情满江树。

登幽州台歌^①

陈子昂

前不见古人^②,后不见来者^③。念天地之悠悠,独怆然而涕下^④。

秋登万山寄张五^①

孟浩然

北山白云里,隐者自怡悦^②。相望始登高,心随雁飞灭^③。愁因薄暮起,兴是清秋发^④。时见归村人,平沙渡头歇。天边树若荠,江畔洲如月^⑤。何当载酒来,共醉重阳节。

张五:名未详。②北山二句:南齐隐士陶弘景《诏问山中何所有》诗:"山中何所有? 岭上多白云。只可自怡悦,不堪持赠君。"此化用其意。③心随句:心随征雁南飞,直到天边看不见。④薄暮:傍晚。⑤天边二句:隋薛道衡《敬酬杨仆射山斋独坐》:"遥原树若荠,远水舟如叶。"荠:荠菜。

汉 江 临 眺①

王 维

楚塞三湘接,荆门九派通②。江流天地外,山色有无中。郡邑浮前浦,波澜动远空③。襄阳好风日,留醉与山翁④。

注释: ①此诗作于开元二十八年(740),描写了汉江与襄阳壮丽的景色。汉江:即汉水,发源于陕西宁强嶓冢山,入湖北,于汉阳注入长江。临眺:登临眺望。②楚塞:指原属于古代楚国的地界。三湘:湘水合漓水称漓湘,合蒸水称蒸湘,合潇水称潇湘,故称三湘。荆门:山名,在湖北宜昌南。九派:指长江的九条支流。③郡:州郡。邑:城镇。动:摇动。④襄阳:在汉江南岸,即诗人登临之地。山翁:指西晋名士山简,曾任镇南将军,镇守襄阳,有政绩,好饮酒,每饮必醉。

终 南 山①

王 维

太乙近天都②,连山到海隅。白云回望合,青霭入看无③。分野中峰变④,阴晴众壑殊。欲投人处宿,隔水问樵夫。

注释: ①王维不仅擅长于写小景,大景也照样写得很好。这首诗从终南山的主峰太乙着笔,总揽全山,写出了它雄伟磅礴的气势。②太乙:终南山的主峰。近天都:高与天连。③白云二句:意谓全山都弥漫着青白的云雾,连成一片。回望合:四望如一。霭:雾气。④分野句:意谓山区广阔,站在中峰上一望,山的极东和极西,极南和极北,已属于不同的分野。分野:古天文学术语,古人把天上的星宿和地上的区域联系起来,称为分野,凡地上每一区域,都划在星空某一分野之内。

竹 里 馆①

王　维

独坐幽篁②里,弹琴复长啸③。深林人不知,明月来相照。

注释:①这是作者所写的《辋川集》二十首中的第十七首。竹里馆,是辋川别墅的胜景之一。②幽篁:深密的竹林。③长啸:撮口出声曰啸。啸声清越而舒长,故曰长啸。

从 军 行①

王昌龄

青海长云暗雪山②,孤城遥望玉门关③。黄沙百战穿金甲④,不斩楼兰终不还⑤。

注释:①《从军行》是乐府《相和歌辞·平调曲》旧题,内容多写战争。王昌龄的《从军行》共七首,这是其中的第四首,写将士们勇往直前、夺取胜利的雄心壮志,慷慨激昂,令人振奋。②长云:指漫天是云。雪山:指祁连山。③玉门关:在今甘肃敦煌县西,汉时是边境的一个重要关隘。④金甲:铁衣。穿:磨穿。⑤楼兰:汉西域国名,在今新疆罗布泊附近。《汉书·傅介子传》载:汉武帝时,楼兰攻击汉朝派往大宛的使臣,公元前 77 年,大将军霍光派平乐监傅介子前往楼兰,斩其王。这里指敌人。

闺 　 怨①

王昌龄

闺中少妇不知愁,春日凝妆上翠楼②。忽见陌头杨柳色③,悔叫夫婿觅封侯①。

注释:①闺怨:即闺中之怨愁。②凝妆:盛妆打扮。③陌头:路边。④觅封侯:指从军求取军功,达到封侯的目的。

走马川行奉送封大夫出师西征①

岑 参

君不见走马川行雪海边,平沙莽莽黄入天②。轮台九月风夜吼③,一川碎石大如斗,随风满地石乱走。匈奴草黄马正肥,金山西见烟尘飞④,汉家大将西出师。将军金甲夜不脱⑤,半夜行军戈相拨,风头如刀面如割⑥。马毛带雪汗气蒸,五花连钱旋作冰⑦,幕中草檄砚水凝⑧。虏骑闻之应胆慑⑨,料知短兵不敢接,车师西门伫献捷⑩。

注释:①该诗是作者任安西北庭节度判官时为送别封长清西征之作。以豪迈乐观的情怀,歌颂出征将士不畏艰险、勇于征战的英雄气概。走马川:又名左末河,即今新疆维吾尔自治区内的车尔臣河。②雪海:泛指西北苦寒之地。黄入天:无边无际的黄沙一直伸到天边。③轮台:在今新疆米泉县境内。④金山:阿尔泰山,泛指塞外山脉。烟尘飞:指战争已经发生。⑤汉家大将:指封长清。金甲:打仗时穿的铠甲。⑥风头如刀:指寒风凛冽刺人,如刀割。⑦五花连钱:指名贵的战马身上的毛色花纹。⑧草檄(xí):起草声讨敌人的文书。砚水凝:砚台里的水冻成了冰。⑨虏骑:敌人的骑兵。慑(shè):恐惧,害怕。⑩车师:唐代安西都护府所在地,今新疆吐鲁番县。伫(zhù):等待。

燕 歌 行①

高 适

汉家烟尘在东北,汉将辞家破残贼②,男儿本自重横行,天子非常赐颜色③。摐金伐鼓下榆关,旌旆逶迤碣石间④。校尉羽书飞瀚海,单于猎火照狼山⑤。山川萧条极边土,胡骑凭陵杂风雨⑥。战士军前半生死,美人帐下犹歌舞！大漠穷秋塞草腓，孤城落日斗兵稀⑦。身当恩遇常轻敌，力尽关山未解围⑧。铁衣远戍辛勤久，玉箸应啼别离后⑨。少妇城南欲断肠，征人蓟北空回首⑩。边庭飘飖那可度，绝域苍茫何所有⑪。杀气三时作阵云，寒声一夜传刁斗⑫。相看白刃血纷纷，死节从来岂顾勋⑬？君不见沙场征战苦，至今犹忆李将军⑭。

注释：①此诗作于开元二十六年(738)，其诗原序云："开元二十六年，客有从御史大夫张公出塞而还者，作《燕歌行》以示适，感征戍之事，因而和焉。"《燕歌行》：乐府《相和歌·平调曲》名。②汉家：汉朝，这里代指唐朝。汉将：指唐将。残贼：凶残的敌人。③横行：指为国效劳，驰骋疆场，英勇杀敌。赐颜色：赏脸，器重。④摐(chuāng)金伐鼓：指军队中用于号令的敲钲击鼓。榆关：山海关。旌旆(jìng pèi)：军中各种旗帜。逶迤(wēi yí)：延续不断的样子。碣石：山名，在今河北，这里泛指东北滨海地区。⑤校尉：武官名，泛指领兵将领。羽书：插羽毛表示紧急的文书。瀚海：大沙漠。单于：匈奴首领，这里代指敌方各部落的统领。狼山：即狼居胥山，这里泛指接战之地。⑥胡骑：敌人的骑兵。凭陵：凭借暴力进行侵扰。⑦腓(féi)：枯萎。⑧轻敌：蔑视敌人。力尽关山：指战士们在战场上用尽了力量。⑨铁衣：铁甲，借指出征的战士。玉箸：借指远在家乡妻子的眼泪。⑩城南：长安城南，泛指征人妻子居住的地方。蓟(jì)北：蓟州之北，泛指北部边塞地区。⑪边庭：边疆。绝域：极其僻远的地方。⑫三时：指晨、午、晚，即一整天。刁斗：军用铜器，白天用以烧饭，夜间敲打报更。⑬死节：为国而死。顾勋：为了个人的功劳。⑭李将军：即西汉名将李广。他骁勇善战，爱护士卒。《史记·李将军列传》："……广之将兵，乏绝之处，见水，士卒不尽饮，广不近水；士卒不尽食，广不尝食。宽缓不苛，士以此爱乐为用。"

将　进　酒①

李　白

君不见黄河之水天上来，奔流到海不复回！君不见高堂明镜悲白发，朝如青丝暮成雪！人生得意须尽欢②，莫使金樽空对月。天生我材必有用，千

108

金散尽还复来。烹羊宰牛且为乐,会须一饮三百杯。岑夫子,丹邱生③,将进酒,杯莫停。与君歌一曲,请君为我侧耳听:钟鼓馔玉不足贵④,但愿长醉不愿醒。古来圣贤皆寂寞,惟有饮者留其名。陈王昔时宴平乐⑤,斗酒十千恣欢谑⑥。主人何为言少钱,径须沽取对君酌⑦。五花马⑧,千金裘,呼儿将出换美酒⑨,与尔同销万古愁。

注释:①《将进酒》是《乐府曲辞·汉铙歌》旧题,内容多写饮酒放歌时的情景。该诗表现出一种与世不谐、蔑视权贵的傲岸精神,抒发了"天生我材必有用"的高度自信心及怀才不遇的悲愤。该诗气势磅礴,语言奔放,酣畅淋漓,体现了李白飘逸豪放的诗风。②得意:有兴致的时候。③岑夫子:岑勋。丹邱生:元丹邱。两人都是李白的好友。④钟鼓:指权贵人家的音乐。馔(zhuàn)玉:精美的食器。钟鼓馔玉:代指富贵利禄。⑤陈王:曹植曾封陈思王。其诗《名都篇》云:"归来宴平乐,美酒斗十千。"平乐:宫殿名,故址在今洛阳。⑥斗酒十千:一斗酒值十千钱,极言酒之名贵。⑦径须:直须。⑧五花马:指名贵的马。⑨将出:拿出。

长 干 行①

李 白

妾发初覆额,折花门前剧②。郎骑竹马来,绕床弄青梅③。同居长干里,两小无嫌猜④。十四为君妇,羞颜未尝开。低头向暗壁,千唤不一回⑤。十五始展眉,愿同尘与灰⑥。常存抱柱信,岂上望夫台⑦。十六君远行,瞿塘滟滪堆⑧。五月不可触,猿声天上哀⑨。上门迟行迹,一一生绿苔。苔深不能扫,落叶秋风早。八月蝴蝶黄,双飞西园草。感此伤妾心,坐愁红颜老⑩。早晚下三巴⑪,预将书报家。相迎不道远,直至长风沙⑫。

注释:①《长干行》:是乐府《杂曲歌辞》旧题,李白此作共两首,这里选其第一首。长干:古金陵里巷名,故址在今南京市南。此诗描写一位年轻商妇的心情,她对幸福的爱情生活表示了炽热的向往和追求。②初覆额:刚刚盖住前额,指童年时候。剧:游戏。③郎:是女子对丈夫的称呼。骑竹马、弄青梅:都

109

是孩子们玩的游戏。④无嫌猜:感情融洽,没有猜忌。⑤向暗壁:面向墙壁。不一回:不回转身来。⑥展眉:舒展双眉,指不再害羞。⑦抱柱信:《庄子·盗跖篇》载:尾生与女子约好在桥下相会,女子未来,大水忽至,尾生不肯离开,抱着桥柱被水淹死。望夫台:古代传说妻子因思念外出的丈夫,天天登台而望。⑧瞿塘:峡名,长江三峡之一,在四川省奉节县境内。滟滪(yù)堆:瞿塘峡口江心的一块巨大礁石。⑨不可触:五月江水暴涨,滟滪堆几乎全被淹没,舟行于此极易触礁沉没。猿声:三峡峻岭多猿,鸣声哀切。当地渔歌云:"巴东三峡巫峡长,猿鸣三声泪沾裳。"⑩坐:因为。⑪早晚:何时。三巴:古巴郡、巴东、巴西三地的总称,今四川省东部地区。⑫不道远:不嫌远。长风沙:地名,在今安徽省安庆市东长江边上。陆游《入蜀记》:"自金陵至长风沙七百里。"

宣州谢朓楼饯别校书叔云①

李 白

弃我去者,昨日之日不可留;乱我心者,今日之日多烦忧。长风万里送秋雁,对此可以酣高楼。蓬莱文章建安骨,中间小谢又清发②。俱怀逸兴壮思飞,欲上青天览明月③。抽刀断水水更流,举杯消愁愁更愁。人生在世不称意,明朝散发弄扁舟④。

注释:①这首诗是天宝末年李白游宣州时所作。诗人在大起大落的情感波浪中,披露了他内心深沉的痛苦,也表现了他睥睨忧患的性格。②蓬莱二句:上句谓李云文章得建安风骨,下句自比为小谢之清发。蓬莱:借指唐代的秘书省。李云校书秘书省,故称"蓬莱"。建安骨:建安风骨的简称。小谢:指谢朓,区别于谢灵运而言。清发:清新秀发,指谢朓的诗风。③览:同"揽"。④散发弄扁舟:指避世隐居,暗用范蠡"乘扁舟浮于江湖"的典故。

月 夜①

杜 甫

今夜鄜州月,闺中只独看②。遥怜小儿女,未解忆长安③。香雾云鬟湿,清辉玉臂寒。何时倚虚幌④,双照泪痕干。

注释:①此诗作于唐肃宗至德元年(756)。当时杜甫羁留在长安,他因望月而想念妻子儿女,诗中设想家人挂念自己的情形写得很逼真,从而有力地反衬出了诗人在战乱中思念亲人的真挚感情。②鄜(fū)州:今陕西富县,当时杜甫的家属在鄜州。闺中:指作者的妻子。③长安:这里代指诗人自己。④虚幌:透明的帷幕。

登　高①

杜　甫

　　风急天高猿啸哀,渚清沙白鸟飞回。无边落木萧萧下,不尽长江滚滚来。万里悲秋常作客,百年多病独登台。艰难苦恨繁霜鬓,潦倒新停浊酒杯②。

注释:①此诗约于代宗大历二年(767)杜甫流寓夔州重九登高时所作。此时杜甫年老多病,所以望着江边的秋景,感慨万端。"无边落木萧萧下,不尽长江滚滚来"两句,气势雄浑,是历来传诵的名句。②苦恨:极恨。潦倒句:杜甫此时因肺病戒酒,故云。

赠卫八处士①

杜　甫

　　人生不相见,动如参与商②。今夕复何夕,共此灯烛光。少壮能几时,鬓发各已苍③。访旧半为鬼,惊呼热中肠④。焉知二十载,重上君子堂⑤。昔别君未婚,儿女忽成行。怡然敬父执,问我来何方⑥。问答未及已,驱儿罗酒浆⑦。夜雨剪春韭,新炊间黄粱⑧。主称会面难,一举累十觞。十觞亦不醉,感子故意长⑨。明日隔山岳,世事两茫茫⑩。

注释:①唐肃宗乾元二年(759)春,唐军被安史叛军打败于相州,洛阳震动,杜甫从洛阳赶回华州,途中作此诗。卫八:诗人青年时代的一位朋友,其名不详,八,是其排行。处士:指古代有才德而隐居不仕的人。②参与商:即二十八宿中的参宿与商宿,两星遥望,此出彼没,不能相遇。此喻会面之难。③苍:鬓发灰白。④热中肠:内脏如同火烧。⑤君子:对卫八的敬称。⑥父执:父亲的朋友。⑦已:停止。罗:陈设。⑧间:掺和。⑨故意:故人之情意。⑩山岳:指西岳华山,在洛阳与华州之间。

天末怀李白①

杜 甫

凉风起天末②,君子意如何③?鸿雁几时到④,江湖秋水多。文章憎命达,魑魅喜人过⑤。应共冤魂语,投诗赠汨罗⑥。

注释:①这首诗作于唐肃宗乾元二年(759)秋,杜甫流寓秦州时所作。李白曾被永王李璘罗致幕中,李璘兵败被杀,李白也受牵连下狱,并在乾元元年流放夜郎(今贵州桐梓),次年遇赦放还。杜甫得知消息后,作此诗表示深切的怀念和同情。②凉风:秋风。③君子:指李白。意:心情。④鸿雁:比喻书信。⑤憎:憎恶,嫉恨。达:通达。魑魅(chī mèi):传说中害人的怪物。这两句对李白的遭遇表示同情和愤懑。⑥冤魂:指屈原。汨罗:汨罗江,在今湖南湘阴县东北,传说是屈原投水处。

秋兴八首(之一)①

杜 甫

玉露凋伤枫树林,巫山巫峡气萧森②。江间波浪兼天涌,塞上风云接地阴③。丛菊两开他日泪,孤舟一系故园心。寒衣处处催刀尺,白帝城高急暮砧④。

注释:①《秋兴》八首是唐代宗大历元年(766)秋,杜甫流寓夔州(今甘肃天水)时所作,此为第一首。诗中突出刻划夔州秋天的阴郁,以此引出另外七首诗中的乡思和忧国之情。②萧森:萧瑟阴森。③塞上:指夔州。塞:关隘险要之处。④白帝城:在夔州城东,地处山顶,故云"白帝城高"。砧:捣衣石。

山　石①

韩　愈

山石荦确行径微②,黄昏到寺蝙蝠飞。升堂坐阶新雨足,芭蕉叶大栀子肥③。僧言古壁佛画好,以火来照所见稀④。铺床拂席置羹饭,疏粝亦足饱我饥⑤。夜深静卧百虫绝,清月出岭光入扉⑥。天明独去无道路,出入高下穷烟霏⑦。山红涧碧纷烂漫,时见松枥皆十围⑧。当流赤足踏涧石,水声激激风吹衣。人生如此自可乐,岂必局束为人靰⑨。嗟哉吾党二三子,安得至老不更归⑩。

注释:①这首诗作于唐德宗贞元十七年(801)七月,时韩愈在洛阳,这是一首叙写游踪的纪游诗,诗取首句"山石"二字为题。②荦(luò)确:山石不平的样子。行径微:山路狭窄。③栀(zhī)子:常绿灌木,夏天开白花,花有香气。④稀:稀罕,以前很少见。⑤羹饭:饭菜。疏粝(lì):粗糙的饭食。⑥扉(fēi):门户。⑦无道路:看不清道路。烟霏:流动的烟雾。⑧枥(lì):同"栎",落叶乔木。围:双手合抱为一围。十围:形容树干粗大。⑨靰(jī):马缰绳。此作动词,指被人控制。⑩吾党二三子:指和自己志同道合的人。不更归:不再回去。

杂说四①

韩　愈

世有伯乐,然后有千里马②。千里马常有,而伯乐不常有。故虽有名马,只辱于奴隶人之手③,骈死于槽枥之间④,不以千里称也。

马之千里者,一食或尽粟一石⑤。食马者不知其能千里而食也⑥。是马也,虽有千里之能,食不饱,力不足,才美不外见⑦,且欲与常马等不可得,安求其能千里也⑧?

策之不以其道,食之不能尽其材⑨,鸣之而不能通其意,执策而临之曰:"天下无马。"呜呼! 其真无马邪? 其真不知马也⑩!

钴鉧潭西小丘记①

柳宗元

得西山后八日②，寻山口西北道二百步③，又得钴鉧潭。潭西二十五步，当湍而浚者为鱼梁④。梁之上有丘焉，生竹树。其石之突怒偃蹇⑤，负土而出⑥，争为奇状者，殆不可数：其嵚然相累而下者⑦，若牛马之饮于溪；其冲然角列而上者⑧，若熊罴之登于山。

丘之小不能一亩⑨，可以笼而有之⑩。问其主，曰："唐氏之弃地，货而不售⑪。"问其价，曰："止四百⑫。"予怜而售之⑬。李深源、元克己时同游，皆大喜，出自意外。即更取器用⑭。铲刈秽草⑮，伐去恶木⑯，烈火而焚之。嘉木立，美竹露，奇石显。由其中以望，则山之高，云之浮，溪之流，鸟兽之遨游，举熙熙然回巧献技⑰，以效兹丘之下⑱。枕席而卧，则清泠之状与目谋⑲，瀯瀯之声与耳谋⑳，悠然而虚者与神谋，渊然而静者与心谋。不匝旬而得异地者二㉑，虽古好事之士㉒，或未能至焉。

噫！以兹丘之胜㉓，致之沣、镐、鄠、杜，则贵游之士争买者㉔，日增千金而愈不可得。今弃是州也，农夫渔父过而陋之㉕。价四百，连岁不能售；而我与深源、克己独喜得之，是其果有遭乎㉖。书于石，所以贺兹丘之遭也。

注释：①作者在唐顺宗永贞元年(805)被贬为永州司马。永州僻远而多山水之胜,作者寄情山水,于元和四年(809)写下了著名的"永州八记"。本篇为其中第三篇。在写景之中寄寓着自己遭受贬谪的感叹忧伤。钴鉧(gǔ mǔ)潭:因潭的形状像熨斗而得名。钴鉧:古时熨斗。②得:发现。③寻:沿着、顺着。道:行走。④湍:急流。浚:水深。鱼梁:障水的石堰,中空,以通鱼之往来。⑤突怒:突起挺立的样子。偃蹇(jiǎn):高耸的样子。⑥负:背。⑦嵚(qīn)然:耸立的样子。相累:重叠相连。⑧冲然:向上突起的样子。角列:如兽然斜列。⑨不能:不足,不到。⑩笼:包举。⑪货而不售:卖而没卖出去。货:卖。售:卖出。⑫止四百:仅仅四百文。⑬怜:喜爱。售:买入。古代买卖都叫"售"。⑭器用:器具,此指锄、铲之类。⑮刈(yì):割。秽草:杂草。⑯恶木:不成材的杂树。⑰举:都。熙熙然:和乐的样子。回巧献技:运用它们的巧慧,献出各自擅长的技巧。⑱效:呈献。⑲谋:合,指客观景物与人的感官相和谐。⑳潆潆(yíng yíng):泉水回流声。㉑匝旬:周旬。异地:指钴鉧潭和小丘。㉒好事之士:古代喜欢山水的人。㉓胜:秀丽的风景。㉔沣(fēng):在今陕西户县。镐(hào):在今陕西西安市西南。鄠(hù):在今陕西户县。杜:杜陵。四地都是唐代长安附近豪贵们住的地方。㉕陋:鄙视、轻视。㉖遭:际遇,运气。

西塞山怀古①

刘禹锡

王濬楼船下益州②,金陵王气黯然收③。千寻铁锁沉江底④,一片降幡出石头⑤。人世几回伤往事⑥,山形依旧枕江流。今逢四海为家日⑦,故垒萧萧芦荻秋⑧。

注释:①此诗作于唐穆宗长庆四年(824)秋,刘禹锡由夔州刺史调任和州刺史途中。怀古咏史,得出"兴废由人事,山川空地形"的卓越识见。西塞山:在今湖北大冶县东,是长江中游的军事要塞之一,形势险要。三国时,东吴曾以之为江防前线,恃险固守。②王濬(jùn):西晋益州(治所在今四川成都)刺史。据《晋书》本传,晋武帝"谋伐吴,诏濬修舟舰。濬乃作大船连舫,方百二十步,受二千余人"。太康元年(280)正月,王濬率船从益州出发攻吴。③金陵:即今南京市,时为吴国国都,此代指吴国。王气:即"帝王之气",这里借指

吴国的国运。④千寻句：东吴曾用铁链在长江险要处修成拦江工事，阻拦晋军船只，但都被王濬水师用火炬烧毁，沉入江底。寻：古代八尺为一寻。⑤降幡(fān)：表示投降的旗帜。石头：石头城，即金陵。⑥几回伤往事：吴、东晋、宋、齐、梁、陈六个朝代均建都金陵，但三百年间相继败亡。⑦四海为家：指国家统一。⑧故垒：旧时的营垒，此指西塞山。

轻　　肥①

白居易

　　意气骄满路②，鞍马光照尘。借问何为者，人称是内臣③。朱绂皆大夫，紫绶悉将军④。夸赴军中宴⑤，走马去如云。樽罍溢九酝，水陆罗八珍⑥。果擘洞庭橘，脍切天池鳞⑦。食饱心自若，酒酣气益振。是岁江南旱，衢州人食人⑧！

注释：①《秦中吟》十首是白居易一组著名的讽喻诗，本诗是其中的第七首，作于元和四年(809)。轻肥：语出《论语·雍也》："乘肥马，衣轻裘。"用来借指达官显宦，兼喻其生活豪奢。②意气：《史记·管晏列传》："意气扬扬，甚自得也。"后多用来指洋洋自得的神气。③内臣：指宦官。因为他们在宫内替皇帝服役，故称。④朱绂：朱红色朝服。紫绶：紫色的系印绶带。唐制，官分九品，四、五品衣绯(朱红)，二、三品佩紫绶(服色同)。大夫、将军：分指文职与武职。⑤军中：指宦官所掌握的禁军。⑥樽罍(léi)：古代盛酒的器具。九酝：泛指最醇美的酒。八珍：泛指最精美的食品。⑦擘(bò)：剖，分开。洞庭橘：江苏太湖洞庭山所产的名橘。天池：海的别名。⑧衢州人食人：据史籍记载，元和三年冬到四年春，江南大旱。衢州：今浙江衢州市一带。

长恨歌①

白居易

　　汉皇重色思倾国②，御宇多年求不得③。杨家有女初长成④，养在深闺人未识。天生丽质难自弃，一朝选在君王侧。回眸一笑百媚生，六宫粉黛无颜色⑤。春寒赐浴华清池⑥,温泉水滑洗凝脂⑦。侍儿扶起娇无力,始是新承恩泽时。云鬓花颜金步摇⑧,芙蓉帐暖度春宵。春宵苦短日高起,从此君王不早朝。承欢侍宴无闲暇⑨,春从春游夜专夜⑩。后宫佳丽三千人,三千宠爱在一身。金屋妆成娇侍夜⑪,玉楼宴罢醉和春。姊妹弟兄皆列土⑫,可怜光彩生门户。遂令天下父母心,不重生男重生女。骊宫高处入青云,仙乐风飘处处闻。缓歌慢舞凝丝竹,尽日君王看不足。渔阳鼙鼓动地来⑬,惊破《霓裳羽衣曲》⑮。九重城阙烟尘生⑯,千乘万骑西南行。翠华摇摇行复止⑰,西出都门百余里⑱。六军不发无奈何⑲,宛转蛾眉马前死。花钿委地无人收⑳,翠翘金雀玉搔头㉑。君王掩面救不得,回看血泪相和流。黄埃散漫风萧索,云栈萦纡登剑阁㉒。峨嵋山下少人行,旌旗无光日色薄。蜀江水碧蜀山青,圣主朝朝暮暮情㉓。行宫见月伤心色,夜雨闻铃肠断声。天旋日转回龙驭㉔,到此踌躇不能去㉕。马嵬坡下泥土中,不见玉颜空死处㉖。君臣相顾尽沾衣,东望都门信马归。归来池苑皆依旧,太液芙蓉未央柳㉗。芙蓉如面柳如眉,对此如何不泪垂!春风桃李花开日,秋雨梧桐叶落时。西宫南苑多秋草㉘,落叶满阶红不扫。梨园弟子白发新㉙,椒房阿监青娥老。夕殿萤飞思悄然,孤灯挑尽未成眠。迟迟钟鼓初长夜,耿耿星河欲曙天。鸳鸯瓦冷霜华重㉚,翡翠衾寒谁与共㉛?悠悠生死别经年,魂魄不曾来入梦。临邛道士鸿都客㉜,能以精诚致魂魄。为感君王辗转思,遂教方士殷勤觅。排空驭气奔如电㉝,升天入地求之遍。上穷碧落下黄泉㉞,两处茫茫皆不见。忽闻海上有仙山,山在虚无缥缈间。楼阁玲珑五云起㉟,其中绰约多仙子。中有一人字太真㊵,雪肤花貌参差是㊶。金阙西厢叩玉扃㊷,转教小玉报双成㊸。闻道汉家天子使,九华帐里梦魂惊。揽衣推枕起徘徊,珠箔银屏迤逦开㊹。云鬓半偏新睡觉,花冠不整下堂来。风吹仙袂飘飖举,犹似《霓裳羽衣》舞。玉容寂寞泪阑干㊺,梨花一枝春带雨。含情凝睇谢君王,一别音容两渺茫。昭阳殿里恩爱绝㊻,蓬莱宫中日月长㊼。回头下望人寰处,不见长安见尘雾。唯将旧物表深情,钿合金钗寄将去㊽。钗留一股合一扇,钗擘黄金合分钿㊾。但令心似金钿坚,天上人间会相见。临别殷勤重寄词,词中有誓两心知。七月七日长生殿㊿,夜半无人私语时。在天愿作比翼鸟,在地愿为连理枝。天长地久有时尽,此恨绵绵无绝期。

注释:①此诗写于唐宪宗元和元年(806)十二月,作品以唐玄宗李隆基与

117

他的妃子杨玉环之间的爱情故事为主线,既写出了他们的荒淫误国,又表达了对这一爱情悲剧的同情,诗歌把浓郁的爱情、精致的描写与美丽的想像完美地结合在一起,成为白居易最杰出的诗作之一,也是我国古代叙事诗的典范。②汉皇:借指唐玄宗。倾国:指貌美的女子。③御宇:统治天下。④杨家有女:指杨玉环幼时养在叔父家。唐玄宗开元二十三年(735),册封为寿王(李隆基子)妃。二十八年(740),李隆基为夺取她,先度她为女道士,号太真。天宝四年(745),册封为贵妃。⑤六宫:古代后妃们所住之处。粉黛:美女的代称。无颜色:失去了她们的美色。⑥华清池:温泉浴池名,在今陕西临潼县骊山上。⑦凝脂:白嫩而润滑的皮肤。⑧金步摇:首饰,钗的一种。⑨承欢:承受欢宠。⑩夜专夜:每晚都得到恩宠。⑪金屋:《汉武故事》载,武帝幼时,他姑妈问他:"汝欲得妇否?"武帝答:"欲得。"姑姑指着她的女儿阿娇问:"好否?"武帝答:"若得阿娇作妇,当作金屋贮之。"金屋:华美的房屋,此指杨贵妃的住处。⑫列土:本指分封土地,此指得到封爵。⑬骊宫:指骊山上的华清宫。⑭渔阳句:指安禄山反叛。渔阳:唐郡名,是范阳节度使所统辖的八郡之一,这里泛指范阳地区。鼙鼓:古代军中所用的一种小鼓。⑮《霓裳羽衣曲》:舞曲名,是西域乐曲的一种,开元时流入中国。⑯九重城阙:指京城长安。⑰翠华:皇帝仪仗队的旗子,用翠鸟羽毛装饰。⑱西出都门句:指马嵬驿,马嵬故址在兴平县(今属陕西省)西北二十三里,距长安百余里。⑲六军:泛指皇帝的羽林军。⑳花钿:即金钿,镶嵌金花的首饰。㉑翠翘、金雀:钗名。玉搔头:玉簪。㉒云栈:高入云霄的栈道。㉓圣主:指唐玄宗李隆基。㉔天旋日转句:唐肃宗至德二年(757)十月,郭子仪军收复长安,唐肃宗派太子太师韦见素迎玄宗于蜀郡。同年十二月,唐玄宗还京。天旋日转:谓大局转变。龙驭:皇帝的车驾。㉕此:指杨玉环死处,在今陕西兴平马嵬坡。㉖空死处:空见死处。㉗太液、未央:原为汉代所造的池名、宫名,这里借指唐代宫廷中的池苑。㉘西宫:太极宫。南苑:兴庆宫。玄宗返京后,初居兴庆宫,后迁入太极宫中的甘露殿。㉙梨园弟子:指玄宗当年所训练过的一批艺人。㉚椒房:后妃所住的宫殿,用椒和泥涂壁,取其香暖兼有多子之意。阿监:宫中女官。㉛钟鼓:报时的钟鼓声。初长夜:指秋夜,入秋则夜渐长,故称。㉜星河:银河。㉝鸳鸯瓦:两片嵌合在一起的瓦。㉞翡翠衾:织有翡翠鸟花纹的被子。㉟临邛(qióng):古县名,今四川省邛崃县。鸿都:东汉首都洛阳宫门名,这里借指长安。㊱排空驭气:腾空驾云。㊲碧落:道家称天界为碧落。黄泉:地下。㊳五云:五彩的云朵。㊴太真:杨玉环被度为女道士时,号太真。㊵参差:仿佛。㊶金阙:金碧辉煌的神仙宫殿。扃(jiōng):门户。㊷小玉:传说是吴王夫差的小女。双成:即董双成,西王母的侍女。这里小玉和双成指仙境中杨贵妃的侍女。㊸九华帐:彩饰繁丽的帐子。㊹珠箔:珠帘。银屏:饰有银丝花纹的屏风。迤逦:连延不断的样子。㊺阑干:纵横貌。㊻昭阳殿:汉殿名,赵飞燕所居,这里借指贵妃生前的寝宫。㊼蓬莱宫:泛指仙境,蓬莱是神话中海外三山之一。㊽钿合:用珠宝镶嵌的一种首饰,用两片合成。一说,是用珠宝镶嵌的金盒。㊾擘:用手分开。㊿长生殿:华清宫内杨贵妃的寝殿。

梦　天①

李　贺

　　老兔寒蟾泣天色②,云楼半开壁斜白③。玉轮轧露湿团光④,鸾珮相逢桂香陌⑤。黄尘清水三山下,更变千年如走马⑥。遥望齐州九点烟,一泓海水杯中泻⑦。

　　注释:①这首诗写诗人梦游月宫的幻境,从而寄寓了诗人对人世沧桑变化的深沉感慨。②老兔寒蟾(chán):兔和蟾(即蛤蟆)都是传说中住在月宫里的动物,这里指月亮。③云楼:想像中月宫里的神仙居处。白:指月中琼楼玉宇的颜色。④玉轮:指月中仙人所乘坐的车子。轧(yà)露:辗着露珠。⑤鸾珮(pèi):雕有鸾凤的玉佩,此指系着鸾珮的仙女。⑥黄尘:指陆地。清水:指沧海。三山:仙家所说的海上三神山,即蓬莱、方丈、瀛洲。如走马:形容变化之快。⑦齐州:即中州,中国。九点烟:中国古代分为九州。泓(hóng):水深而广的样子。

过华清宫绝句(三首选一)①

杜　牧

　　长安回望绣成堆②,山顶千门次第开③。一骑红尘妃子笑,无人知是荔枝来④。

　　注释:①这首诗是感慨唐玄宗宠幸杨贵妃骄淫误国之事。原作共三首,

此为第一首。华清宫:故址在今陕西省临潼县骊山上,是唐玄宗、杨贵妃的游乐之地。②绣成堆:形容骊山突兀而奇秀的景色。③千门:形容骊山上宫门之多。次第:一个接一个的。④一骑(jì):一人一马的合称。妃子:杨贵妃。《新唐书·杨贵妃传》记载:"妃嗜荔枝,必欲生致之。乃置骑传送,走数千里,味未变,已至京师。"

江南春绝句①

杜 牧

千里莺啼绿映红,水村山郭酒旗风。南朝四百八十寺②,多少楼台烟雨中。

注释:①这首诗描绘了江南春天广阔而美丽的境界。②南朝句:据《南史·郭祖深传》,当时仅"都下佛寺,五百余所,穷极宏丽,僧尼十余万,资产丰沃,所在州县,不可胜言"。

贾 生①

李商隐

宣室求贤访逐臣②,贾生才调更无伦③。可怜夜半虚前席,不问苍生问鬼神④。

注释:①这首诗借咏叹贾谊,批评统治者不能真正重视人才,包含了作者自己深沉的感慨。贾生:指贾谊。②宣室:汉代长安的王室。逐臣:被放逐的臣子,这里指贾谊。贾谊曾被贬为长沙王太傅,后汉文帝将其召回。③才调:才能,才气。无伦:无比。④可怜二句:据《史记·屈原贾生列传》,汉文帝因刚举行完祭祀,就向贾谊"问鬼神之本,贾生因具道所以然之状。至夜半,文帝前席"。前席:古人席地而坐,听得入神,不自觉地将坐席向前移动,以靠近对方。虚:徒然。可怜:可惜。

无　题①

李商隐

　　昨夜星辰昨夜风,画楼西畔桂堂东。身无彩凤双飞翼,心有灵犀一点通②。隔座送钩春酒暖③,分曹射覆蜡灯红④。嗟余听鼓应官去,走马兰台类转蓬⑤。

　　注释:①李商隐集中对爱情或本事有所隐讳的诗,都标以"无题"。这首诗描写失恋的感伤。②灵犀:古人将中心有一道白纹贯穿的犀牛角称作"通天犀",看作灵异之物。③送钩:指藏钩之戏,藏钩于手中令人猜。④分曹:分队。射覆:一种游戏,在器皿下覆盖着东西让人猜。⑤应官:应付官差。兰台:唐人用以称呼秘书省。

更　漏　子①

温庭筠

　　玉炉香,红蜡泪②,偏照画堂秋思③。眉翠薄,鬓云残④,夜长衾枕寒。梧桐树,三更雨,不道离情正苦⑤。一叶叶,一声声,空阶滴到明。

　　注释:①《更漏子》,词牌名。这首词着力刻画闺中少妇秋夜不能入睡的离情。②红蜡泪:杜牧《赠别》诗:"蜡烛有心还惜别,替人垂泪到天明。"③秋思:秋来引起的愁思。④鬓云残:鬓发散乱。⑤不道:不顾。

菩　萨　蛮①

韦　庄

　　人人尽说江南好,游人只合江南老。春水碧于天,画船听雨眠。垆边人似月②,皓腕凝霜雪。未老莫还乡,还乡须断肠③。

鹊 踏 枝^①

冯延巳

谁道闲情抛却久,每到春来,惆怅还依旧。日日花前常病酒,不辞镜里朱颜瘦。　河畔青芜堤上柳^②,为问新愁,何事年年有?独立小楼风满袖。平林新月人归后^③。

注释:①《鹊踏枝》,词牌名。此词描写浓厚的春愁闲情。②青芜:形容草色碧青。③人:指游人。

望 江 南^①

李 煜

多少恨,昨夜梦魂中。还似旧时游上苑^②,车如流水马如龙^③;花月正春风!

注释:①《望江南》,词牌名。这首词是后主李煜追怀往昔情事之作。②上苑:帝王游猎的园囿。此指李煜在南唐时的宫苑。③车如句:形容车马之盛,络绎不绝。《后汉书·皇后纪》:"车如流水,马如游龙。"

乌 夜 啼^①

李 煜

林花谢了春红^②,太匆匆,无奈朝来寒雨晚来风。　胭脂泪^③,相留醉,几时重。自是人生长恨水长东。

注释:①《乌夜啼》,词牌名。这首词作于李煜成为北宋囚徒时期,情感哀婉欲绝。②林花:指所有木本草木花。③胭脂:指代宫女。

第五章　宋金文学

公元 960 年,赵匡胤取代北周政权建立宋王朝,定都汴京(今河南开封)。1127 年,金兵南下,占领中原领土,徽、钦二帝被俘,北宋灭亡。钦宗之弟康王赵构南渡,迁都临安(今浙江杭州),建立南宋王朝。1279 年,元人灭金后直取临安,南宋覆灭。整个宋王朝历时三百余年。

宋代文学是中国文学史上承前启后的阶段。宋代的古文、诗、词继承了唐五代的优良传统并有所发展,出现了许多著名的作家和作品,成绩斐然,尤其是词的创作在宋代达到了高峰。话本、戏曲、说唱文学也有不俗的成就,为元、明、清以来的小说、戏曲的繁荣准备了条件。

北宋前期的词　北宋初期,词继晚唐五代以后继续受到文人士大夫和最高统治者的厚爱,但是词的地位并未提高,它仍然是文人在樽前花间一觞一咏之际的娱乐工具。北宋初期,先是以王禹偁(954—1001)、林逋(967—1028)等人语言清新、秀美的小令为主,稍后,范仲淹首先把边塞军旅生活写入词中,给被冠以"艳科"之名的词从内容到风格都带来了新的气息,但为数寥寥,影响有限。到了晏殊、欧阳修,词的清新风格得以较大的体现。他们的词作受到南唐冯延巳的影响,尽量摆脱花间词人的猥俗、浮艳的习气。柳永的创作较多地从都市生活中摄取题材,带来了北宋词风的一大转变。

晏殊(991—1055),字同叔,临川(今属江西)人。有《珠玉词》。

晏殊一生显达,作为太平盛世时的宰相,过着"未曾一日不燕饮"的生活,故其词题材不外乎吟风弄月、伤春感时、伤离惜别,很适合樽前花下歌妓们传唱的需要。晏殊虽然明显地受到晚唐五代文人词传统的影响,但与"花间词"的堆砌雕镂相比,晏词语言明朗淡雅,意境浑然天成。晏殊的词进一步奠定了疏淡清丽、精致柔婉的风格在宋词中的地位。

欧阳修(1007—1072),字永叔,号醉翁,晚年又号六一居士,吉州永丰(今江西永丰)人。天圣八年(1030)进士。因支持范仲淹的政治改革而屡遭贬谪。晚年反对王安石新法。有《欧阳文忠公集》。欧阳修并未视词为抒写人生的正规文学形式,因而欧词的题材仍以吟咏男女恋情、抒写山水闲恬之感为多,但已摒弃"花间派"的堆砌浓艳,风格明丽柔婉。如《蝶恋花》(庭院深深深几许)、《踏莎行》(候馆梅残)等都以精致的语言、柔婉的风格写出了细腻的感受。

柳永(约987—1057),原名三变,字耆卿,崇安(今福建崇安)人。一生在仕途上抑郁不得志,因而专意填词,在词的体制、内容、风格诸方面都有突破。在体制上,他打破了词以小令为主的格局,创制了大量慢词,如《望海潮》、《雨霖铃》、《八声甘州》等;在内容上,柳词中虽然有一部分作品沿袭了写男女恋情的传统,但有许多作品反映中下层市民生活和自抒羁旅行役之苦,一些描述歌妓舞女生活的作品真切地写出了她们内心深处的痛楚;在风格上,他不受文人雅词的束缚,吸收俚俗语言入词,艺术上长于铺叙,风格婉约细腻。所以,一时间柳永的词广为传播,以致"凡有井水处,即能歌柳词"。柳永的词实际上为后来苏轼对词体的解放作了准备。

欧阳修与北宋的诗文变革 欧阳修是北宋诗文变革运动的领袖人物。欧阳修的诗文变革,在理论上一方面是与唐代韩、柳的古文运动一脉相承的,他强调"道"对文的决定作用;但另一方面也反对过分偏激的主张,他看到有道德的人未必一定能文,因而主张要重道又重文,所以欧阳修所倡导的"古文",与唐人走的是一条不同的道路。通过欧阳修为首的文学集团的努力,北宋中叶的这一场文学变革终于取得了成功,并由此在诗、文两个领域确立了宋代文学的基本风格。

欧阳修的创作在这场文学变革中起到了典范的作用,就作品而言,他的散文成就胜过诗歌。他的散文文体多样,最能体现欧阳修艺术成就的是他的记叙兼抒情体的散文。在这类文章中,他既讲求散体文结构、句法上的特点,又汲取骈体文在音律、辞采方面的长处,并且重视文中情绪变化与节奏变化的协调,呈现一种纡徐流转、抒情性和音乐感很强的特点,著名的《醉翁亭记》、《丰乐亭记》、《鸣蝉赋》、《秋声赋》等都体现了这一创作特色。《醉翁亭记》写滁州山涧的游乐,文中句法变化对偶相间、时散时偶,这样既有鲜明的节奏感,又流动摇曳,使作者孤独惆怅的情绪在这种节奏中得到完备的体现。

王安石(1021—1086),字介甫,临川(今江西抚州)人。庆历二年(1042)进士。积极推行新法,但遭到保守派的反对。有《临川集》。他是宋代诗文变革运动的另一位有力推动者,他把文学创作和政治密切联系在一起,认为文章应该"有补于世","以适用为本",不以"刻镂绘画"为先,这与欧阳修反对西昆体的主旨是一致的。他的散文创作以论说文成就最高,大多针砭时弊,基于深刻的分析,提出明确的主张,具有极强的说服力。如《答司马谏议书》,言简意赅,辞婉而坚,是一篇有内容、有见解的政论文。

在诗坛上,梅尧臣(1002—1060)、苏舜钦(1008—1048)两位诗人在诗歌的题材和风格等方面进行了新的尝试,从而打开了宋诗创作的革新道路。

苏轼的创作　苏轼(1037—1101),字子瞻,号东坡居士,眉山(今四川眉山)人。宋仁宗嘉祐二年(1057)进士。神宗熙宁年间通判杭州,历知密州、徐州、湖州。因"乌台诗案"被贬黄州。哲宗元祐年间,累迁翰林学士,出知杭州、颍州。绍圣初(1094)又远谪惠州、儋州,元符三年(1100)遇赦北归,次年卒于常州。苏轼在政治上主张慎重,反对王安石变法。但他历任地方官吏,对人民生计颇为关怀,政绩卓然。

苏轼代表了北宋文学的最高成就,在诗、词、文等各个领域都有杰出的成就。苏轼的文学作品中,诗歌数量最多,内容最丰富。今存诗2700多首,其中有不少是同情人民疾苦及关心国家命运的作品,如《荔枝叹》一诗揭露了由古及今统治阶级的奢侈享受带给人民的巨大灾难。但最能代表苏轼诗歌成就的是数量众多且对后世影响巨大的抒发个人情怀和咏颂自然景物的作品,如《游金山寺》、《六月二十七日望湖楼醉书》等。苏轼的诗既符合韵律要求,又能充分表达无所不包的丰富内容,随意挥写,自由奔放,富有浪漫色彩。如《游金山寺》一诗写得超迈豪纵,同时又具有隽永的韵味和浓郁的诗意。苏轼诗歌中常常包含深刻的哲理,为人传诵的《题西林壁》,将引人入胜的景色与耐人寻味的诗意、发人深思的哲理融为一体,蕴含着人们常说的宋诗中的"理趣"。

苏轼文学创作的革新精神在词中表现得最为突出。苏轼"以文为诗",又"以诗为词",完全打破了诗与词的界线。怀古、记游、说理、抒情等向来为诗人所惯用的题材,苏轼都可以用词来表达,这使词摆脱了仅仅作为乐曲的歌词而存在的状态,成为可以独立发展的新文体。如《江城子·密州出猎》写他在射猎中所激发的为国杀敌立功的壮志,《水调歌头》(明月几时有)抒写对人间生活的热爱与豁达的处世观,《念奴娇·赤壁怀古》描写了赤壁古战场的雄奇景色和周瑜、诸葛亮等英雄人物的形象,给人以壮丽的感觉。苏轼以自己的创作实践,改变了晚唐五代词家婉约的风格,提高了词的地位,扩大了词的题材,开拓了词的意境。

苏轼充分发挥了韩、柳以来所提倡的古文的作用和表现力,同时又汲取了前代各家散文的长处,形成了"汪洋恣肆"的特点。他的政论文也写得明晰透彻、滔滔雄辩,善于随机生发、翻新出奇。

苏轼的书札、杂记、小赋等,大多夹叙夹议,随笔挥洒,表现出作者坦率的胸怀,如《前赤壁赋》和《后赤壁赋》,以诗一样的语言,抒写了江山风月的清奇和作者对历史英雄人物的感慨。又通过客与主的对话、水与月的比喻,探讨宇宙与人生的哲理,表现出作者在政治上受到挫折时的苦闷及从庄子、佛家思想出发观察宇宙人生的洒脱态度。

北宋后期文学 北宋后期的诗词作家主要是出于苏轼门下的一批文人,其中最著名的是被称为"苏门四学士"的黄庭坚、秦观、晁补之、张耒。他们的作品中已少见苏轼那种自由奔放的气质和恢弘开朗的精神,更为讲究的是诗歌的表现形式和语言技巧,黄庭坚、陈师道开创的江西诗派正是这一特点的显现。而北宋后期的词在当时浮靡的社会风气的刺激下,其语言和技巧也更加趋于圆熟与精美。

黄庭坚(1045—1105)在诗歌创作上,力求创新出奇,主张在唐诗以外,闯出一条自己的路,他说"文章最忌随人后",又说"自成一家始逼真"。与苏轼相比,黄庭坚更加刻意追求标新立异,不过他更多着重在修辞表意的技巧上出奇制胜,同时也更多着重在对前人诗句、古书典故运用上的花样翻新,即所谓写诗要讲究"无一字无来处",然而又不是照搬"古人之陈言",要做到变化运用,"点铁成金",这可以看作黄庭坚的诗歌创作纲领。黄庭坚对诗歌认识的致命弱点是忽视了杜甫、白居易以来诗家崇尚现实的精神,忽视了现实生活这个诗歌创作的源泉。所以在摆脱了西昆体的形式主义后,又走上了新的形式主义道路。南宋初期吕本中作《江西诗社宗派图》,首列黄庭坚、陈师道、陈与义等,江西诗派的名称从此确立。后来方回著《瀛奎律髓》,把杜甫尊为一祖,奉黄庭坚、陈师道、陈与义为三宗,形成了江西诗派的整体概念。江西诗派在中国诗歌发展史上影响深远。

秦观(1049—1100)并没有继承苏轼开创的豪放超逸的词风,

而是沿袭了柳永的婉约细腻的格调,只是较少柳永那一味倚翠偎红的浪子作风,而更多失意文人抚今追昔的愁绪。善于通过凄迷的景色、婉转的语调表达伤感的情绪,是秦观词的艺术特征。

周邦彦(1056—1121)早年有过与柳永类似的生活经历,创作上受柳永影响颇深,风月艳情与羁旅闲愁等题材成了他的词作的主要内容。周邦彦的词虽然没有在题材和情感内涵方面提供更多新的质素,但他在艺术形式、技巧方面都堪称是北宋词的又一个集大成者,为后人提供了许多可借鉴的东西。周邦彦精通音律,很重视词与音乐的配合,使词的声律模式进一步规范化、精密化,他还创制了不少新调。他的词格律严谨,语言浑然天成又精致工巧。

李清照的词 李清照(1084—约1155),号易安居士,济南章丘(今属山东)人。父亲李格非是当时著名的学者兼散文家,母亲也有文学才能,李清照自少年起就能诗善画。18岁嫁给工部侍郎赵挺之之子太学生赵明诚。赵爱好金石之学,也有很高的文化素养。他们婚后过着美满和谐而优裕的生活。南渡不久,赵明诚病卒,接着金兵南下,她在浙东亲历变乱,生活颠沛流离,此后在孤寂凄苦中度过了晚年。

李清照是诗、词、文都擅长的作家,最有成就的是词。她的词以南渡为界,分为前后两期。前期主要描写她在少女和少妇时期对生活的热爱,与丈夫的爱情生活及离别时的愁绪,这些词写得真挚细腻、委婉动人。靖康之变后,李清照连续遭到国破、家亡、夫死的打击,致使词风发生了很大变化,后期作品表现的主要内容可以用12个字概括:孀居之苦、沦落之悲、亡国之痛。《菩萨蛮》(风柔日薄春犹早)中的"故乡何处是,忘了除非醉",《添字采桑子》(窗前谁种芭蕉树)中的"伤心枕上三更雨,点滴霖霪,愁损北人,不惯起来听",是南渡初期许多背井离乡、骨肉分散之人的共同感受。而《声声慢》(寻寻觅觅)及《武陵春》(风往尘香花已尽)所描绘的无法排遣的愁绪,则饱含了国破家亡的沉痛忧伤。

李清照的词主要继承了晚唐以来的婉约词风,但又有较大突破。她写词注重格律,崇尚典雅与情致。她的词所表现的是真情实感,用词不雕琢堆砌,以明白如话的语言表达传神动人的情感。《如梦令》(昨夜雨疏风骤)中的"知否?知否?应是绿肥红瘦"被认为是"用浅俗之语,发清雅之思"的佳句。李清照塑造形象不是浓施彩墨,而是抓住足以表现人物内心世界的细节,用白描手法和极为凝练的笔触加以勾勒,显示出深厚的语言功力。李清照的词语言流传如珠,极富声韵美,并善于通过平仄变化,准确、恰当地把内心感情传达出来。如《声声慢》开头连用的 14 个叠字,一气贯下,毫无斧凿痕迹,历来受人称道。

南宋文学 南宋初,随着时事的激烈动荡,文学创作发生了巨大的变化。在词作上,慷慨悲歌的爱国主义热情代替了酣歌醉舞与柔靡香艳之音,爱国主义成为这一时期的突出主题。这不仅表现在辛弃疾的作品中,也表现在像岳飞、张元幹、张孝祥、陈亮等爱国主义作家的作品中。他们把对山河破碎的悲愤之情表现在词中,力图唤醒民众去反抗入侵的敌人。

南宋最著名的诗人是陆游,与陆游并称的有杨万里、范成大、尤袤,他们四人号称"中兴四大诗人",陆游的名声尤著,尤袤流传下来的作品很少,成就也不高。杨、范虽比不上陆游,但能摆脱江西派的窠臼,作品的思想性和艺术性各有特色。

杨万里(1127—1206),号诚斋,吉州吉水(今属江西)人,他的诗作尽量从自然界的事物中汲取题材,以口语俗谚表达,形成他信手拈来、脱口而出的独特风格,这就是严羽在《沧浪诗话》中所称的"杨诚斋体"。"诚斋体"的特点是语言幽默诙谐、平易浅近、自然活泼。杨万里还是一个关心国家命运的爱国诗人,写过一些颇为忧愤沉痛的诗作,如《初入淮河四绝句》等。

范成大(1126—1193)的突出成就在于田园诗,晚年写的《四时田园杂兴》描述了江南农村生活的各个侧面,像一卷生动的农村风俗画,展示了丰富多彩的南宋风土人情,富于乡土气息。

南宋后期,宋金对峙的局面相对比较稳定,像辛弃疾、陆游、陈亮这样充满爱国热情的词人不复出现。南宋后期词人的创作在题材上又回到了昔日的文人失意、男女恋情、离愁别绪的老路上去,但他们对于词的艺术的发展作出了重大的贡献。

姜夔(1155?—1221?)词中有一些慨叹国事之作,虽不似辛词充满激情,但却蕴藉着一种深沉的伤感和凄凉,他的名作《扬州慢》(淮左名都)就表现了词人对国事的忧患,字里行间渗透着词人无奈的感慨。但这类作品在姜夔词中比重不是很大,他更多的作品或是记游或是咏物或是写男女之情。艺术上,姜词讲求格律和音韵,注重词的层次结构,讲究用字。

文天祥(1236—1283)是南宋末年的抗元英雄。其诗沉郁悲壮,气象浑厚,是他人格的体现,其古体诗《正气歌》、《过零丁洋》诸篇表现出诗人光辉的品格,"人生自古谁无死,留取丹心照汗青"成为后代志士仁人的座右铭。

陆游的诗词　陆游(1125—1210),字务观,晚号放翁,越州山阴(今浙江绍兴)人。宋高宗绍兴二十三年(1153),试礼部,因名列秦桧孙之前而被黜免。孝宗时,赐进士出身。历官隆兴、夔州通判,并参王炎、范成大幕府,权知严州等。光宗时,任朝议大夫、礼部郎中。后弹劾去职,归老故乡。陆游生当民族矛盾尖锐、国势危迫的南宋时期,恢复中原是其一生志向,虽屡遭投降派的排斥、打击,但始终不渝,至死还告诉儿孙:"王师北定中原日,家祭毋忘告乃翁。"

陆游是一个有多方面才能的作家,他的作品有诗、词、散文,其中诗的成就最高,现存诗有9300多首,内容丰富,触及南宋前期社会生活的各个层面。其中涉及时事政治的作品,激昂慷慨,充满强烈的义愤,表达了广大人民恢复中原的愿望,与辛弃疾的词共同成为这个时代的最强音。

陆游爱国诗篇的第一个特点就是"铁马横戈"、"气吞残虏"的英雄气概和"一身报国有万死"的牺牲精神。他始终以为国立功、战死沙场为荣,正是从这点出发,他认为"从军乐事世间无",直到82岁,诗人还唱出"一闻战鼓意气生,犹能为国平燕赵"(《老马行》)的豪言壮语。陆游爱国诗的另一特点,就是表现对投降派的坚决斗争,对屈辱求和的投降路线的愤慨,《陇头水》诗说:"生逢和亲最可伤,岁辇金絮输胡羌。"与此相联系,诗人对沦陷区人民的苦难寄予无限关心与同情:"遗民忍死望恢复,几处今宵垂泪痕。"(《关山月》)正是由于反对投降,要求抗战,陆游一再遭到主和派的排挤打击,因此他的诗中充满着壮志难酬的愤懑,《书愤》、《关山月》等诗都带有沉郁悲凉的色彩。

与热爱祖国相一致,陆游同时也热爱人民,写了许多反映人民生活的诗歌,《游山西村》一诗向我们展示了农村风景的美丽、风俗的纯朴与农民的纯洁。陆游还写了大量深刻反映当时尖锐的阶级矛盾的诗篇,如《农家叹》等。描写山川风光、抒写生活情趣、表现对美好事物的追求与向往的作品,在陆游诗歌中也占有较大比重,《梅花绝句》、《过灵石三峰》等,就是这方面的代表作。

陆游专力作诗,也擅长填词。他的许多词作抒写了激越悲凉的爱国情思,如《诉衷情》(当年万里觅封侯)一词,便充满了壮志未酬的悲愤。

辛弃疾的词 辛弃疾(1140—1207),字幼安,号稼轩,历城(今山东济南)人。少年时曾聚众二千参加耿京的抗金义军。南归后,历任地方官吏,在政治、军事上都采取积极的措施利国便民。后为朝廷当权者所忌,自43岁起落职闲居上饶20年,晚年又被起用。辛弃疾将抗金视作自己的重任,又颇具军事才能,但终未被朝廷重视。

辛弃疾的《稼轩词》存词600多首,不但数量上超过前辈和同代的词人,在内容上也是丰富多彩。辛词主要有以下几个方面的内容:一、直接描写抗金战斗生活和恢复中原杀敌报国的壮志,《破阵子·为陈同甫赋壮词以寄之》极力铺写阅兵练武的场面,展示抗金部队的军容、军威,表现抗金将士的英雄气概,抒发词人的豪情壮志,写得慷慨激昂,气势宏大,确是前所未有的"壮词"。二、登临怀古,抒发报国无门、壮志未酬的忧愤,《水龙吟·登建康赏心亭》、《永遇乐·京口北固亭怀古》就是这方面的代表词作。三、描写农村景物和农民生活习俗的农村词,这些词给人以清新自然的感觉,《清平乐·村居》运用通俗的语言描绘生活的一个侧面,极富生活气息。

辛弃疾词内容广泛,艺术风格也丰富多彩。辛弃疾词的艺术特色主要表现在以下几个方面:一、表现形式和风格的多样性。如同样是写爱国的壮词却采用多种表现手法,有直接以战斗生活入词的,风格慷慨悲壮;有借登临怀古来抒发爱国情怀的,风格大多深沉郁愤;有假借伤春悲秋、离愁别恨或思妇怨女等传统题材寄托爱国主题的,风格外柔内刚。二、大胆的创新精神。首先,辛弃疾继苏轼之后进一步打破了"以文为词";其次,他打破了上片写景、下片抒情的常格。三、高度的语言技巧。辛词的语言很富于表现力,他的词有时纯粹用白描,有时大胆地运用典故,有时运用民歌、俗语、俚语入词,使得作品浅显通俗,呈现出不同的风格。

金文学 金代(1115—1234)的诗文成就远不及南宋,惟一例外的是元好问。元好问(1190—1257),字裕之,太原秀容(今山西忻县)人。金宣宗兴定五年(1221)进士。金亡,不仕。元好问在金亡前后写了不少直接反映现实的诗篇,宋理宗绍定六年(1233)蒙古军包围汴京,元好问沉痛悲歌:"高原水出山河改,战地风来草木腥。"(《壬辰十二月车驾东狩后即事》)城陷后,他被蒙古军驱遣至聊城,沿途见闻使诗人悲愤填膺,写出了不少激动人心的诗篇:"白骨纵横似乱麻,几年桑梓变龙沙。只知河朔生灵尽,破屋疏烟却数家。"(《癸巳五月三日北渡》其三)"山无洞穴水无船,单骑驱人动数千。直使今年留得在,更教何处过明年。"(《续小娘歌》其三)生灵涂炭景象宛然在目。他的不少写景诗如《台山咏绿》、《游黄华山》等气势开阔,形象生动。

随着城市经济的繁荣,为适应市民阶层文化和娱乐的需要,在北宋的汴京和南宋的杭州等大都市里出现了一些群众艺场性质的"瓦肆"或"瓦子",经常演出说话、说唱、杂剧和院本等艺术。金代接近人民的作家和民间艺人在两宋的基础上发展了院本,并把说唱文学推进了一大步,元杂剧就是在他们的直接影响下产生的。金院本都已失传,说唱文学现存有董解元的《西厢记诸宫调》与无名氏的《刘知远诸宫调》。诸宫调是一种有说有唱而以唱为主的文学样式,因为它用多种宫调的曲子联套演唱,故称为诸宫调。《西厢记诸宫调》取材于唐元稹的《莺莺传》,在情节上,改变了《莺莺传》的悲剧性结局,而以崔、张的团圆作为结束。通过这一独具匠心的再创造,不仅使人物形象更加鲜明、丰满,更重要的是突出了作品的反封建主题,增强了作品的思想意义。在艺术上也取得了较高成就,对王实甫的《西厢记》杂剧有很大影响。

思 考 题

一、试述宋代词的艺术特色和它的成就。
二、试述苏轼在诗、词、文诸方面的贡献。
三、比较豪放词派与婉约词派的不同艺术风格。

■作品选

山 园 小 梅①

林 逋

众芳摇落独暄妍②,占尽风情向小园③。疏影横斜水清浅,暗香浮动月黄昏④。霜禽欲下先偷眼⑤,粉蝶如知合断魂⑥。幸有微吟可相狎⑦,不须檀板共金樽⑧。

注释:①此诗为北宋诗人林逋(967—1028)的代表作。他以梅自喻,表现了诗人不染尘俗、孤高幽逸的情趣。诗中"疏影"一联化用南唐江为"竹影横斜水清浅,桂香浮动月黄昏"句,曲尽梅花韵姿,成为传诵千古的咏梅绝唱,而"暗香"、"疏影"亦成了梅的代名词。②暄妍:鲜艳明丽。③占尽风情:犹言独占春光。④暗香:幽香。⑤霜禽:寒鸟。⑥合:该,揣度之辞。断魂:犹言神往。⑦狎(xiá):亲近。⑧檀板:檀木制的拍板。金樽:泛指酒杯。幸有二句:意谓梅品幽逸,只合诗人作伴,低声吟咏,用不着俗人歌唱、喝酒来凑趣。

渔 家 傲①

范仲淹

塞下秋来风景异②,衡阳雁去无留意③。四面边声连角起④。千嶂里,长烟落日孤城闭⑤。   浊酒一杯家万里,燕然未勒归无计⑥。羌管悠悠霜满地⑦,人不寐,将军白发征夫泪。

注释:①《渔家傲》,词牌名。宋仁宗康定元年(1040)至庆历三年(1043),范仲淹任陕西经略副使兼知延州(今陕西延安),守边4年,此词为此间所作。

词主要写边地生活的艰苦,以及作者功业未就的苦闷和对家乡的思念。②塞下:指当时西北边境。③衡阳:县名,在今湖南衡阳市,旧县城南有回雁峰,相传北雁至此不再南飞。衡阳雁去:为"雁去衡阳"倒文。无留意:意谓毫不留恋西北荒凉之地。④边声:边境马嘶风号等声音。角:角声,即军中的号角声。⑤嶂:像屏障一样的山峰。千嶂二句极写边塞荒凉而又壮阔的景象。⑥燕然:山名,即今蒙古人民共和国之杭爱山。勒:刻。《后汉书·窦宪传》载窦宪追北单于,"登燕然山,去塞三千余里,刻石勒功而返。"燕然未勒:意谓边患未平、功业未成。⑦羌管:即羌笛,因出自羌地,故名。羌管句:意为笛声悠扬,寒霜满地,发人思乡之情。

浣 溪 沙①

晏 殊

一曲新词酒一杯,去年天气旧亭台。夕阳西下几时回? 无可奈何花落去,似曾相识燕归来②。小园香径独徘徊③。

注释:①《浣溪沙》,词牌名。此词抒写晚春薄暮、小园对景的惆怅,惆怅中包含因时光流转、人事变迁而引起的内心波动。②无可奈何二句:慨叹存者终必消失,而又以消失中似含永存来自慰。③香径:花园中的小路。

蝶 恋 花①

欧阳修

庭院深深深几许?杨柳堆烟,帘幕无重数。玉勒雕鞍游冶处②,楼高不见章台路③。 雨横风狂三月暮,门掩黄昏,无计留春住。泪眼问花花不语,乱红飞过秋千去④。

注释:①《蝶恋花》,词牌名,原名《鹊踏枝》。此词又见于冯延巳《阳春集》,但李清照及宋人选集《乐府雅词》等均认为是欧阳修的作品。②玉勒雕鞍:华贵的车马。冶处:指歌楼妓馆。③楼高句:汉代长安有章台街,为歌妓

135

集中之地，后人常以章台指妓馆所在。这句谓高楼上看不到情人走马章台的地方。④乱红：纷纷飘零的花朵。

秋声赋①

欧阳修

欧阳子方夜读书②，闻有声自西南来者，悚然而听之，曰："异哉！"初淅沥以萧飒，忽奔腾而砰湃，如波涛夜惊，风雨骤至。其触于物也，鏦鏦铮铮③，金铁皆鸣；又如赴敌之兵，衔枚疾走④，不闻号令，但闻人马之行声。余谓童子："此何声也？汝出视之。"童子曰："星月皎洁，明河在天。四无人声，声在树间。"

余曰："噫嘻，悲哉！此秋声也，胡为而来哉？盖夫秋之为状也：其色惨淡，烟霏云敛⑤；其容清明，天高日晶；其气栗冽，砭人肌骨⑥；其意萧条，山川寂寥。故其为声也，凄凄切切，呼号愤发。丰草绿缛而争茂⑦，佳木葱茏而可悦⑧；草拂之而色变，木遭之而叶脱；其所以摧败零落者，乃其一气之余烈⑨。夫秋，刑官也⑩，于时为阴⑪，又兵象也⑫，于行用金⑬；是谓天地之义气⑭，常以肃杀而为心⑮。天之于物，春生秋实。故其在乐也，商声主西方之音⑯，夷则为七月之律⑰。商，伤也，物既老而悲伤；夷，戮也，物过盛而当杀。嗟乎！草木无情，有时飘零。人为动物，惟物之灵，百忧感其心，万事劳其形，有动于中，必摇其精。而况思其力之所不及，忧其智之所不能，宜其渥然丹者为槁木⑱，黟然黑者为星星⑲。奈何以非金石之质，欲与草木而争荣？念谁为之戕贼，亦何恨乎秋声！"

童子莫对，垂头而睡。但闻四壁虫声唧唧，如助余之叹息。

注释：①本文作于宋仁宗嘉祐四年（1059）。以秋声发端，创造了秋夜幽美深邃、凄清冷寂的秋夜意境，抒发了作者因忧虑愁思折磨而致衰老的伤感。文笔精美，描述精妙，极尽渲染之能事。②欧阳子：作者自称。③鏦鏦铮铮：金属相击声。④衔枚：古代行军常令军士口中衔枚（形如筷子），防止喧哗。⑤烟霏云敛：烟云密聚。霏：飞。⑥砭：古代用以治病的石针，此处意为针刺。⑦缛：繁茂。⑧葱茏：草木繁盛的样子。⑨一气：指秋气。⑩夫秋，刑官也：周

朝以天地四时之名命官(谓之六卿),司寇为秋官,掌管刑法、狱诉。审决死罪
人犯也在秋天。⑪于时为阴:以阴阳配合四时,春夏属阳,秋冬属阴。⑫又兵
象也:古代征伐,多在秋天,故云。⑬于行用金:以金、木、水、火、土五行分配
四时,秋天属金。⑭天地之义气:天地间的肃杀之气。古人认为天地间弥漫
着一种气,这种气会因四季而变化,如春天是阳和之气,秋天是肃杀之气。秋
天是行刑惩罚不义之人、用兵讨伐敌人的季节,所以肃杀之气又称"义气"。
⑮肃杀:摧残万物。心:用心,目的。⑯商声句:旧说以宫、商、角、徵、羽五声
分配四时,秋天为商声。西方:秋天的方位。⑰夷则句:古人以十二律分配十
二月,七月为夷则。⑱渥然丹者为槁木:红润的容颜变为枯槁。渥丹:浓郁润
泽的朱红色。⑲黟然黑者为星星:黑发变白。黟(yī):黑貌。星星:喻白色。

望 海 潮①

柳　永

　　东南形胜,江吴都会②,钱塘自古繁华。烟柳画桥,风帘翠幕,参差十万
人家。云树绕堤沙,怒涛卷霜雪③,天堑无涯④。市列珠玑,户盈罗绮,竞豪
奢。　　重湖叠巘清嘉⑤,有三秋桂子,十里荷花。羌管弄晴⑥,菱歌泛夜⑦,
嬉嬉钓叟莲娃。千骑拥高牙⑧,乘醉听箫鼓,吟赏烟霞。异日图将好景,归去
凤池夸⑨。

注释:①《望海潮》,词调名,首见于柳永集中,调名当是以钱塘作为观潮
胜地取意。这首词咏杭州的繁盛和西湖的佳丽,充分发挥了以赋写词的长
处。②江吴句:钱塘位置在钱塘江北岸,旧属吴国,隋、唐时为杭州治所,五代
吴越建都于此,故云江吴都会。"江吴"一作"三吴"。③霜雪:比喻浪花。④
天堑:天然的险阻。⑤重湖:西湖以白堤为界,分为外湖、里湖,故云。叠巘
(yǎn):重叠的山峰。清嘉:秀丽。⑥羌管句:即晴日吹弄羌管。⑦菱歌句:谓
菱舟夜泛,传出阵阵歌声。⑧高牙:此指两浙转运使孙何,柳永这首词是送给
他的。⑨凤池:即凤凰池,本指皇帝禁苑中池沼,此泛指朝廷。

淮中晚泊犊头①

苏舜钦

春阴垂野草青青，时有幽花一树明。
晚泊孤舟古祠下，满川风雨看潮生。

注释：①此诗写淮河舟行即景，在优美的境界中，流露出作者的孤寂和不平。

答司马谏议书①

王安石

某启②：昨日蒙教③，窃以为与君实游处相好之日久④，而议事每不合⑤，所操之术多异故也⑥。虽欲强聒⑦，终必不蒙见察⑧，故略上报⑨，不复一一自辨⑩。重念蒙君实视遇厚⑪，于反复不宜卤莽⑫，故今具道所以⑬，冀君实或见恕也⑭。

盖儒者所争，尤在于名实⑮。名实已明，而天下之理得矣⑯。今君实所以见教者⑰，以为侵官、生事、征利、拒谏⑱，以致天下怨谤也。某则以谓受命于人主，议法度而修之于朝廷，以授之于有司⑲，不为侵官；举先王之政⑳，以兴利除弊，不为生事；为天下理财㉑，不为征利；辟邪说㉒，难壬人㉓，不为拒谏。至于怨诽之多，则固前知其如此也㉔。人习于苟且非一日，士大夫多以不恤国事、同俗自媚于众为善㉕。上乃欲变此㉖，而某不量敌之众寡，欲出力助上以抗之，则众何为而不汹汹然㉗！盘庚之迁㉘，胥怨者民也㉙，非特朝廷士大夫而已㉚。盘庚不为怨者故改其度㉛，度义而后动㉜，是而不见可悔故也㉝。

如君实责我以在位久，未能助上大有为㉞，以膏泽斯民㉟，则某知罪矣㊱；如曰今日当一切不事事㊲，守前所为而已㊳，则非某之所敢知㊴。

无由会晤㊵，不任区区向往之至㊶。

138

注释：①宋神宗熙宁二年(1069)春，王安石任参政知事，推行新法，遭到司马光等人的激烈反对。次年，司马光写了三封信给王安石，指责王安石，要他罢新法，复旧制。第一封信长达三千余字，王安石当即作简短回复，即本文所说"故略上报"一事。后经考虑，针对司马光的指责，又写了这封《答司马谏议书》。②某启：某人陈述。某：写信人的自称，也即用"某"代替名字。③蒙教：承蒙赐教，是接到来信的客气说法。④窃：表敬之词，私下的意思。君实：司马光的字。游处：同游共处，这里指同朝共事。⑤每：每每，经常。⑥操：采取，持。术：这里指政治主张、见解。⑦强聒(qiǎng guō)：硬在耳边絮叨。聒：吵吵嚷嚷。⑧察：体察，理解。见察：犹"理解我"。⑨略上报：简略地回一封信。⑩辨：同"辩"。⑪重念：一再地想。视遇厚：看重。⑫反复：指书信来往。卤莽：粗疏简慢。卤：同"鲁"。⑬具：备，详细的意思。所以：理由。⑭或：也许。恕：谅解。见恕：犹谅解我。⑮名：指观念、概念。实：指客观事实。尤在于名实：特别在于名实是否相符。得：指掌握。⑰见教：乃客套语，犹"教诲我"。⑱侵官：指侵夺了原来官吏的职权。生事：指生事扰民。征利：指设法生财，与民争利。拒谏：指拒绝守旧派的反对意见。以上是司马光来信中指责王安石推行变法的四点错误。⑲有司：各部门负责的官吏。⑳不为：不算是。㉑举：推行。先王：指古代的贤君。㉒为天下理财：替国家开源节流，整顿财政。㉓辟邪说：排斥不正当言论。辟：排斥、抨击。㉔难(nàn)：批驳。壬人：巧言善辩、喜欢奉承拍马的人。㉕前知：事先知道。㉖恤：顾念，关切。㉗同俗：迎合流俗。自媚于众：自己讨得众人欢心。众：此处专指豪族富门守旧派。㉘上：皇上，指宋神宗。乃：于是。变此：改变这种风气。㉙汹汹然：大吵大闹的样子。㉚盘庚：商代国君。盘庚之迁：指盘庚决定将国都自奄(今山东曲阜)迁至殷(今河南安阳小屯村一带)，遭到臣民反对仍坚持迁都一事。㉛胥：相。胥怨者民：平民们都反对。㉜非特：不独，不只是。㉝改其度：改变他的计划。㉞度(duó)义：考虑到这样合理。㉟是而不见可悔：他认为正确，所以没有什么要悔改的地方。㊱有为：有作为，做一番事业。㊲膏泽：作动词用"施恩惠"的意思。斯民：人民。㊳知罪：认罪。知：有承认意。㊴事事：做事。前一个"事"是动词，后一个"事"是名词。一切不事事：什么事情都不做。㊵守前所为：遵守以前的陈规旧法。㊶知：这里指接受、领教的意思。㊷无由会晤：没有机会见面。㊸不任：不胜。

139

区区:这里作"衷心"解。向往:仰慕。

泊 船 瓜 洲①

王安石

京口瓜洲一水间②,钟山只隔数重山③。
春风又绿江南岸④,明月何时照我还。

注释:①这是王安石七绝的代表作,其中"春风"句更为脍炙人口。全诗风格清新,情景交融,别具一格。②京口:今江苏镇江,与长江北岸瓜洲隔水相望。③钟山:今又名紫金山,位于南京东侧。④春风句:据洪迈《容斋续笔》卷八载,此句原为"春风又到江南岸",经诗人改动十余次,终以"绿"字定稿。

游 金 山 寺①

苏 轼

我家江水初发源②,宦游直送江入海③。闻道潮头一丈高,天寒尚有沙痕在。中泠南畔石盘陀④,古来出没随涛波。试登绝顶望乡国,江南江北青山多。羁愁畏晚寻归楫,山僧苦留看落日。微风万顷靴文细⑤,断霞半空鱼尾赤⑥。是时江月初生魄⑦,二更月落天深黑。江心似有炬火明,飞焰照山栖乌惊。怅然归卧心莫识,非鬼非人竟何物⑧?江山如此不归山⑨,江神见怪警我顽⑩。我谢江神岂得已⑪,有田不归如江水!

注释:①此诗为宋神宗熙宁四年(1071),作者路经镇江游金山寺所作。虽然题为《游金山寺》,但作者并非记金山寺,而是写他登金山临眺时的所见所想。景象瑰丽,虚实相生,笔意奇诡。②我家句:意即家在长江上游,作者为四川眉山人,故云。③宦游句:苏轼此次通判杭州,经过镇江,故云。④盘陀:石大貌。⑤靴文细:形容波纹很细。⑥鱼尾赤:形容红色的晚霞。⑦初生魄:刚有点亮光。⑧江心四句:作者自注:"是夜所见如此。"⑨归山:辞官归隐。⑩见:通"现"。⑪谢:告诉。

水 调 歌 头①

苏 轼

丙辰中秋,欢饮达旦,大醉,作此篇,兼怀子由。

明月几时有?把酒问青天。不知天上宫阙,今夕是何年。我欲乘风归去,又恐琼楼玉宇②,高处不胜寒。起舞弄清影,何似在人间! 转朱阁,低绮户,照无眠。不应有恨,何事长向别时圆?人有悲欢离合,月有阴晴圆缺,此事古难全。但愿人长久,千里共婵娟③。

注释: ①《水调歌头》,词牌名。该词作于宋神宗熙宁九年(1076),当时苏轼在政治上不得意,和胞弟子由(苏辙字)已有近七年没有相见。这首词上片写执著人生,下片写善处人生,表现了苏轼热爱生活、情怀旷达的一面,词中境界高洁、说理通达、情味浓厚,因此九百多年来传诵不衰。②琼楼玉宇:指月中宫殿。"又恐"一作"惟恐"。③婵娟:颜色美好貌,此指月色。

前 赤 壁 赋①

苏 轼

壬戌之秋②,七月既望③,苏子与客泛舟,游于赤壁之下。清风徐来,水波不兴。举酒属客④,诵明月之诗,歌窈窕之章⑤。少焉⑥,月出于东山之上,徘徊于斗牛之间⑦。白露横江,水光接天。纵一苇之所如,凌万顷之茫然⑧。浩浩乎如冯虚御风⑨,而不知其所止;飘飘乎如遗世独立⑩,羽化而登仙⑪。

于是饮酒乐甚,扣舷而歌之。歌曰:"桂棹兮兰桨,击空明兮溯流光;渺渺兮予怀⑭,望美人兮天一方⑮。"客有吹洞箫者,倚歌而和之。其声呜呜然,如怨如慕⑯,如泣如诉;余音袅袅,不绝如缕,舞幽壑之潜蛟⑰,泣孤舟之嫠妇⑱。

苏子愀然⑲,正襟危坐,而问客曰:"何为其然也?"客曰:"'月明星稀,乌鹊南飞⑳',此非曹孟德之诗乎?西望夏口㉑,东望武昌,山川相缪,郁乎苍苍㉒,此非孟德之困于周郎者乎?方其破荆州,下江陵,顺流而东也,舳舻千里⑳,旌旗蔽空,酾酒临江㉖,横槊赋诗,固一世之雄也,而今安在哉?况吾与子渔樵于江渚之上㉗,侣鱼虾而友麋鹿㉘,驾一叶之扁舟,举匏樽以相属㉙。寄蜉蝣于天地㉚,渺沧海之一粟,哀吾生之须臾,羡长江之无穷。挟飞仙以遨游,抱明月而长终。知不可乎骤得,托遗响于悲风㉛。"

苏子曰:"客亦知夫水与月乎?逝者如斯㉜,而未尝往也;盈虚者如彼,而卒莫消长也㉝。盖将自其变者而观之,则天地曾不能以一瞬;自其不变者而观之,则物与我皆无尽也㉞。而又何羡乎?且夫天地之间,物各有主,苟非吾之所有,虽一毫而莫取。惟江上之清风,与山间之明月,耳得之而为声,目遇之而成色;取之无禁,用之不竭。是造物者之无尽藏也㉟,而吾与子之所共适㊱。"

客喜而笑,洗盏更酌㊲。肴核既尽,杯盘狼藉。相与枕藉乎舟中㊳,不知东方之既白。

注释:①本文与《后赤壁赋》都是宋神宗元丰五年(1082),苏轼被贬黄州时所作。苏轼因被新党指控为讪谤朝廷而遭贬,政治上失意,在黄州过着苦闷的谪居生活。但他又是一个胸襟旷达之人,在纵情山水之际,又能转悲为喜,心情通畅。全文如行云流水,语言流畅,音节自然,情景交融,并能寓说理于形象之中,历来为人传诵。②壬戌:即宋神宗元丰五年。③既望:农历每月的十六。望:十五日。④属:同"嘱",劝酒。⑤明月之诗:指《诗经·陈风·月出》的第一章"月出皎兮,佼人僚兮,舒窈纠兮,劳心悄兮。"窈纠与窈窕音近义同。⑥少焉:一会儿。⑦斗牛:斗宿(南斗)、牛宿,星宿名。⑧纵一苇二句:言任凭小船在宽广的江面上飘荡。⑨冯虚御风:腾空驾风而行。冯:通"凭"。虚:太虚,太空。⑩遗世独立:离开尘世,超然独立。⑪羽化:道教传说成仙的人能够飞升,称羽化。登仙:登临仙境。⑫桂棹兰桨:棹桨均为划船的工具,冠之以桂兰,是对划船工具的美称。⑬空明:倒映在水中的月亮。流光:指随着江水浮动的月光。⑭渺渺:悠远的样子,指思绪。⑮美人:内心所思慕的贤人,诗赋中常指国君。⑯怨:哀怨。慕:眷恋。⑰幽壑:深谷,此指深渊。⑱嫠(lí)妇:寡妇。舞幽壑二句:使深渊中潜伏的蛟龙起舞,使身处孤舟中的寡妇哭泣。⑲愀然:忧愁变色的样子。⑳月明二句:见曹操《短歌行》。㉑夏口:故址在今湖北武昌。㉒武昌:今湖北鄂城。㉓相缪:互相盘绕。㉔郁:树木茂盛的样子。㉕舳舻:此处指战船。舳(zhú):船尾。舻:船头。舳舻千里:指船首

142

尾相接连绵千里,言其多。㉖酾(shī)酒:斟酒。㉗渔樵:打鱼砍柴,指隐居生活。㉘侣、友:名词的意动用法。㉙匏(páo)樽:盛酒器。㉚蜉蝣:昆虫名,生存期极短,此用来比喻人生的短暂。㉛遗响:余音,指洞箫声。㉜逝者如斯:《论语·子罕》:"子在川上曰:'逝者如斯夫,不舍昼夜。'"㉝卒:终究。消长:减和增。㉞物与我:万物与人类。㉟造物者:大自然。无尽藏:无穷无尽的宝藏。㊱适:享受。㊲更酌:再饮(酒)。㊳相与枕藉:彼此枕着睡觉。

登 快 阁①

黄庭坚

痴儿了却公家事②,快阁东西倚晚晴③。落木千山天远大,澄江一道月分明④。朱弦已为佳人绝⑤,青眼聊因美酒横⑥。万里归船弄长笛,此心吾与白鸥盟⑦。

注释:①此诗作于宋神宗元丰五年(1082),黄庭坚为吉州太和令时。快阁在太和县,以江山广远、景物清华得名。②痴儿:作者自称。③东西:时东时西地来回漫步。倚:凭倚。④澄江:双关语,水名,快阁即在其上,也指清澈平静的江水。⑤朱弦句:指世上无知己,不再弹琴,含有怀才不遇的感慨。《吕氏春秋·本味》载"钟子期死,伯牙破琴绝弦,终生不复鼓琴,以为世无足复为鼓琴者。"⑥青眼:对人表示好感的眼色。《晋书·阮籍传》载,阮籍能作青白眼,嵇喜来,作白眼,以示厌恶;嵇康来,作青眼,以示尊重。此指值得喜爱重视的只有酒。⑦与白鸥盟:用与白鸥盟誓说明归心坚决。

踏 莎 行①

秦 观

雾失楼台,月迷津渡,桃源望断无寻处。可堪孤馆闭春寒,杜鹃声里斜阳暮②。 驿寄梅花,鱼传尺素,砌成此恨无重数③。郴江幸自绕郴山④,为谁流下潇湘去⑤?

苏幕遮①

周邦彦

燎沉香②,消溽暑③。鸟雀呼晴,侵晓窥檐语④。叶上初阳干宿雨⑤,水面清圆,一一风荷举⑥。　　故乡遥,何日去?家住吴门⑦,久作长安旅。五月渔郎相忆否?小楫轻舟⑧,梦入芙蓉浦⑨。

注释:①《苏幕遮》,词牌名。②燎沉香:烧香,沉香:一种香料。③溽暑:潮湿的夏天天气。④侵晓:天刚亮时,侵:近。⑤宿雨:昨夜的雨。⑥一一句:荷叶在晨风中,一一擎举着。⑦吴门:作者为钱塘人,钱塘原属吴郡,故称。⑧楫:同"楫"。⑨芙蓉浦:荷花塘,此指西湖。

临江仙 夜登小阁忆洛中旧游①

陈与义

忆昔午桥桥上饮②,坐中多是豪英。长沟流月去无声③。杏花疏影里,吹笛到天明。　　二十余年如一梦,此身虽在堪惊。闲登小阁看新晴④。古今多少事,渔唱起三更⑤。

注释:①《临江仙》,词牌名。此词为陈与义晚年所作,抒发了作者对北宋末年国破家亡的深沉感慨,词风苍凉悲壮。②午桥:在洛阳县南十里。③长沟句:月影随流水默默流去,岁月也悄悄逝去。④新晴:指雨后初晴的月色。⑤古今二句:古往今来多少事情,都只是付诸半夜里渔翁当歌来唱罢了。

醉花阴①

李清照

薄雾浓云愁永昼,瑞脑消金兽②。佳节又重阳,玉枕纱厨③,半夜凉初透。　　东篱把酒黄昏后④,有暗香盈袖。莫道不消魂,帘卷西风⑤,人比黄花瘦。

注释:①《醉花阴》,词牌名。此词是作者寄给丈夫赵明诚的。词中"莫道不消魂"三句以不求秾丽、自甘素淡的菊花自比,温柔蕴藉,又绝无浮薄之嫌;既表达了作者对丈夫的思念,又衬托出了作者不同凡俗的高标逸韵。②瑞脑:龙脑,香料;金兽:兽形的铜香炉。③纱厨:纱帐。④东篱:代指菊圃,语出陶渊明"采菊东篱下,悠然见南山"。⑤帘卷西风:"西风卷帘"之倒文。

声声慢①

李清照

寻寻觅觅②,冷冷清清,凄凄惨惨戚戚③。乍暖还寒时候④,最难将息⑤。三杯两盏淡酒,怎敌他、晚来风急!雁过也,正伤心,却是旧时相识。　　满地黄花堆积⑥,憔悴损⑦,如今有谁堪摘?守着窗儿,独自怎生得黑⑧!梧桐更兼细雨,到黄昏,点点滴滴。这次第⑨,怎一个愁字了得!

注释:①《声声慢》,词牌名。此词为李清照晚年所作的名篇之一,一题作"秋情"。词以残秋景色为衬托,倾诉夫亡家破,饱经忧患和乱离生活的哀愁。②寻寻觅觅:谓心神不安,茫然若有所失而又寻求不得的心情。③戚戚:忧伤的样子。④乍暖还寒:应是"乍寒还暖"。⑤将息:养息,保养。⑥黄花:菊花。⑦憔悴损:即"憔悴煞"。⑧怎生得黑:怎么能熬得到天黑。怎生:怎样。⑨次第:情况,光景。

关 山 月 ①

陆 游

　　和戎诏下十五年②,将军不战空临边。朱门沉沉按歌舞③,厩马肥死弓断弦。戍楼刁斗催落月④,三十从军今白发。笛里谁知壮士心⑤,沙头空照征人骨⑥。中原干戈古亦闻,岂有逆胡传子孙⑦。遗民忍死望恢复⑧,几处今宵垂泪痕!

　　注释:①《关山月》,乐府古题。此诗作于宋孝宗淳熙四年(1177),借守边士兵的口吻,痛斥统治者对敌苟和投降的政策,表现了广大士兵报国无门的怨愤和中原人民渴望恢复的心情。②和戎句:戎,古代对西南少数民族的通称,此指金人。隆兴元年(1163),宋金订立和议,至淳熙四年,约为十五年。③朱门:红漆的大门,此指豪门贵族。沉沉:庭院重深。按:打拍子。④戍楼:边地用以守望的楼。刁斗:军中巡更兼作烧饭的铜器。⑤笛里句:意谓有谁理解战士们在笛声中所寄托的报国无门的悲哀呢?唐时多用笛吹奏《关山月》。⑥沙头:指沙场。⑦逆胡传子孙:金自太祖阿骨打建国,其后进犯中原,灭北宋,至此已传国五世,故云。⑧遗民:指金人统治下的汉族百姓。

临安春雨初霁 ①

陆 游

　　世味年来薄似纱,谁令骑马客京华?小楼一夜听春雨,深巷明朝卖杏花。矮纸斜行闲作草②,晴窗细乳戏分茶③。素衣莫起风尘叹,犹及清明可到家④。

　　注释:①此诗作于宋淳熙十三年(1186)春,时陆游奉命权知严州(今浙江建德),由山阴(今浙江绍兴)被召入京(临安,今浙江杭州)。时陆游年已62岁,长期浮沉宦海却壮志未酬,情怀忧郁,夜听春雨感而发之,其中"小楼"二句传颂一时。②矮纸:短纸。草:草书。③细乳:茶乳。分茶:宋元时煎茶之

法。注汤后用箸搅茶乳,使汤水波纹变幻成种种形状。④素衣二句:陆机《为顾彦先赠妇》诗:"京洛多风尘,素衣化为缁。"此化其意而用之。陆游于该年3月返回山阴,7月赴严州任。

十一月四日风雨大作^①

陆　游

僵卧荒村不自哀,尚思为国戍轮台^②。夜阑卧听风吹雨,铁马冰河入梦来^③。

注释:①此诗是绍熙三年(1192)陆游居山阴时所作。诗表达了68岁的陆游还想横渡绝域,为国守边的一片丹心以及唯有将复国之壮志寄于梦境的悲哀。②轮台:在今新疆维吾尔自治区轮台县,此指边防要塞。③夜阑二句:因风雨声而引起联想,梦到边地作战的情景。夜阑:夜深,冰河:冰冻的河流。

诉 衷 情^①

陆　游

当年万里觅封侯^②,匹马戍梁州^③。关河梦断何处^④,尘暗旧貂裘^⑤。胡未灭,鬓先秋,泪空流。此生谁料,心在天山,身老沧州^⑥!

注释:①《诉衷情》,词牌名。此词写作者在收复失地、重整河山的雄心壮志遭到打击后,晚年闲居故乡山阴时的痛苦、悲愤心情。②觅封侯:寻找立功以博取封侯的机会。③梁州:今陕西汉中一带,陆游48岁时曾在川陕宣抚使公署襄理公务,过军旅生活。④关河:边塞、河防,供指边防地带。⑤貂裘:此指战袍。⑥天山:借指边防前线。沧州:水边,古时常用以指隐士所居之处。此指作者晚年闲居的山阴镜湖边。

念奴娇 过洞庭^①

张孝祥

洞庭青草^②,近中秋、更无一点风色。玉鉴琼田三万顷,着我扁舟一叶。

147

素月分辉,明河共影③,表里俱澄澈④。悠然心会,妙处难与君说。　　应念岭表经年⑤,孤光自照,肝胆皆冰雪⑥。短发萧骚襟袖冷⑦,稳泛沧浪空阔。尽挹西江⑧,细斟北斗⑨,万象为宾客⑩。扣舷独啸,不知今夕何夕。

注释:①《念奴娇》,词牌名。作者张孝祥(1132—1169),历阳乌江(今安徽和县)人,1154年中进士第一名授中书舍人,诗词追踪苏轼,有深厚思想内涵。该词通过月夜泛舟洞庭的描写,展现了自然景象的浩瀚开阔,表现了作者自我人格的超拔高洁。②洞庭青草:洞庭湖和青草湖,一北一南,两湖相连。③明河:银河。④表里:从外到内。表指界外,里指内心。⑤岭表:五岭之外,指今广东、广西一带。"岭表"一作"岭海"。经年:一年或一年多。作者在知静江府任上有一年多时间。⑥孤光:月光。⑦萧骚:萧疏,稀少。⑧尽挹(yì)西江:《景德传灯录》卷八:居士庞蕴参问马祖:"不与万法为侣者是什么人?"马祖答:"等汝一口吸尽西江水,即向汝道。"庞蕴当即领悟玄机。此借禅宗话头表明心胸开阔。挹:用勺子舀水。西江:西去的大江,指长江。洞庭湖在岳阳东北,通长江。⑨细斟北斗:用北斗星当酒器来饮长江之水。《诗经·小雅·大东》:"维北有斗,不可挹酒浆。"此反用诗意。北斗:星座名,七星相连,状如长柄勺。⑩万象为宾客:意谓以天地万物为宾客,与之共饮。

双双燕 咏燕①

史达祖

过春社了②,度帘幕中间,去年尘冷。差池欲住③,试入旧巢相并。还相雕梁藻井,又软语商量不定。飘然快拂花梢,翠尾分开红影。　　芳径,芹泥雨润④。爱贴地争飞,竞夸轻俊。红楼归晚,看足柳昏花暝。应自栖香正稳,便忘了、天涯芳信。愁损翠黛双蛾,日日画栏独凭。

注释:①《双双燕》,词牌名。作者史达祖(生卒年不详),汴京(今河南开封)人。该词用拟人手法,传神地描绘了燕侣的生活情态,表达了人们对美好爱情的向往和作者对人情难圆的感叹。②春社:古时在立春后第五个戊日祭祀土神,称春社。春社在春分前后,春暖花开,正当燕子由南方北归之时。

③差池:本义形容燕子在飞动时翅羽、尾羽参差不齐。这里含犹豫不决之意。
④芹泥:燕子喜衔菜地之泥筑巢。

四时田园杂兴(选二)①

范成大

其一②

土膏欲动雨频催③,万草千花一饷开④。
舍后荒畦犹绿秀,邻家鞭笋过墙来。

其二⑤

胡蝶双双入菜花,日长无客到田家。鸡飞过篱犬吠窦,知有行商来买茶。

注释:①宋孝宗淳熙十三年(1186),作者在石湖养病,把乡村生活中的所见所闻所感随时写成绝句,凡六十首。分"春日"、"晚春"、"夏日"、"秋日"、"冬日"五组,各十二首。写景不重词采,而意境活泼自然,给人以清新、明快之感,此选二首。②该首写春天泥土滋润、草木欣欣向荣的景象。③土膏:泥土滋润。④一饷:同"一晌(shǎng)",片刻,一会儿。⑤该首写初夏乡村的宁静。全篇不言"静"字,而用侧面的写法显出宁静的光景;看到鸡从篱笆飞过,狗从墙洞里向外吠叫,这才意识到有人来到。

初入淮河①(其二)

杨万里

两岸舟船各背驰,波痕交涉亦难为②。
只余鸥鹭无拘管,北去南来自在飞。

注释:①《初入淮河》是宋孝宗淳熙十六年(1189)作者任秘书监时,奉派

为接伴金国贺正旦使,北行途中写下的一组爱国诗。淮河当时为绍兴和议所定的宋、金分界线,故诗中感慨颇深。②波痕句:谓南北隔绝,以中流为界,虽波痕相接无间,亦不能相通。

摸 鱼 儿①

辛弃疾

淳熙己亥,自湖北漕移湖南,同官王正之置酒小山亭,为赋②。

更能消、几番风雨,匆匆春又归去。惜春长怕花开早③,何况落红无数。春且住,见说道,天涯芳草无归路。怨春不语④。算只有,殷勤画檐蛛网,尽日惹飞絮⑤。　　长门事,准拟佳期又误⑥。蛾眉曾有人妒,千金纵买相如赋,脉脉此情谁诉⑦?君莫舞,君不见,玉环飞燕皆尘土⑧!闲愁最苦,休去倚危栏,斜阳正在,烟柳断肠处⑨。

注释:①《摸鱼儿》,词牌名。此词为辛弃疾于宋孝宗淳熙六年(1179)由湖北转运副使调任湖南时赋别所作。一题"暮春",写尽春意阑珊的哀怨之情,以寄托政治上的幽愤之感。词中作者以失意的陈皇后自喻,而将那些得宠的权臣比喻为杨玉环、赵飞燕,显露出对朝廷的不满情绪。②王正之:王正己字正之,辛弃疾之旧交,此时同在湖北供职。小山亭,在鄂州(今湖北武汉)湖南转运副使官署内。③长怕花开早:害怕花早开早落,故云。④怨春句:春天没有留住,却是悄悄溜走。⑤算只有二句:意谓只有画檐的蜘蛛网,整天在那里沾惹飞絮,似乎想把春天留住。⑥长门句:指汉司马相如为失宠的陈皇后写《长门赋》一事。⑦蛾眉句:原指美人,此意自喻。⑧玉环句:杨玉环,唐玄宗贵妃,后赐死马嵬坡。赵飞燕,汉成帝宠后,后废为庶人而自尽。杨、赵二人以善妒著名。⑨斜阳二句:喻国势衰微。

150

水龙吟^① 甲辰岁寿韩南涧尚书

辛弃疾

渡江天马南来^②,几人真是经纶手^③?长安父老^④,新亭风景^⑤,可怜依旧!夷甫诸人,神州沉陆^⑥,几曾回首!算平戎万里,功名本是,真儒事,公知否? 况有文章山斗^⑦,对桐阴、满庭清昼^⑧。当年堕地^⑨,而今试看,风云奔走。绿野风烟^⑩,平泉草木^⑪,东山歌酒^⑫。待他年,整顿乾坤事了,为先生寿。

注释:①《水龙吟》,词牌名。该词以祝寿为题感伤国事,激励韩元吉奋起报国,也抒发作者虽遭闲置,仍不忘恢复的情怀。韩南涧:即韩元吉,1184 年(岁次甲辰),逢韩 67 岁生日,辛弃疾填该词祝寿。②渡江句:用西晋灭亡后统治者的南渡建东晋之事,喻指北宋灭亡后统治者南渡长江建立南宋事。③经纶手:有整理丝缕技能的人,引申为有治理国家才能的人。④长安父老:《晋书·桓温传》:"温进至灞上,(苻)坚以五千人深沟自固,人皆安堵复业,持牛酒迎温于路者十八九,耆老感泣曰:'不图今日复见官军!'"此处用东晋桓温北伐受长安父老欢迎故事,喻指北方沦陷区人民渴望恢复。⑤新亭风景:《世说新语·言语》:"过江诸人,每至美日,辄相邀新亭,藉卉饮宴。周侯中坐而叹曰:'风景不殊,正自有山河之异!'皆相视流泪。唯王丞相(导)愀然变色曰:'当共戮力王室,克复神州,何至作楚囚相对!'"此处用东晋故事,喻指南宋统治者苟安江南的局面。⑥夷甫二句:西晋宰相王衍字夷甫,好清谈,不理政事,此指妥协误国的南宋统治者。沉陆:即陆沉,山河沦陷。⑦文章山斗:指韩愈,此处代指韩元吉。⑧桐阴:北宋时,汴京有二韩氏,皆故家世族,一为宰相韩琦家,一为韩亿家。宋王明清《挥麈前录》卷二云:韩亿"居京师,庭有桐木,都人以桐树目之,以别相韩也"。韩元吉为韩亿五世孙,作者因而有此说法。满庭清昼:指家风清明。⑨当年堕地:言外意谓韩元吉自小不凡。堕地:出生,诞生。⑩绿野风烟:用唐代宰相裴度故事。裴度曾平淮西吴元济之乱,后退隐。《旧唐书·裴度传》:"时阉竖擅威,天子拥虚器,播神道丧,度不

151

复有经济意,乃治第东都集贤里,沼石林丛,岑缭幽胜,午桥作别墅,其燠馆凉台,号绿野堂。"⑪平泉草木:用唐代宰相李德裕故事。李德裕曾平泽潞刘稹之乱,后退隐。《旧唐书·李德裕传》:"东都于伊阙南平泉别野,清流翠篠,树石幽奇。"⑫东山歌酒:用晋代名相谢安故事。谢安在淝水之战中大破苻坚军,出仕前曾隐居东山。《晋书·谢安传》:"(安)虽放情丘壑,然每游赏,必以妓女从。"又:"安虽受朝寄,然东山之志,始末不渝。"

鹧鸪天①

辛弃疾

　　陌上柔桑破嫩芽,东邻蚕种已生些。平冈细草鸣黄犊,斜日寒林点暮鸦。　　山远近,路横斜,青旗沽酒有人家。城中桃李愁风雨,春在溪头荠菜花。

　　注释:①《鹧鸪天》,词牌名。此词作于在江西上饶带湖家居时。作品用白描手法写出充满生机和活力的农村景象,结尾以野居生活的自由自在自慰。

扬 州 慢①

姜　夔

　　淮左名都②,竹西佳处③,解鞍少驻初程④。过春风十里⑤,尽荠麦青青。自胡马窥江去后⑥,废池乔木⑦,犹厌言兵。渐黄昏,清角吹寒⑧,都在空城⑨。杜郎俊赏⑩,算而今,重到须惊。纵豆蔻词工⑪,青楼梦好⑫,难赋深情⑬。二十四桥仍在⑭,波心荡,冷月无声⑮。念桥边红药⑯,年年知为谁生⑰。

　　注释:①《扬州慢》,姜夔自度曲。建炎三年(1129),金兵占领扬州,掠夺一空。绍兴三十一年(1161),金主完颜亮再次大举南侵,扬州再遭劫难。此词写于第二次劫难后的十五年即1176年的冬至日。词追怀丧乱、感慨今昔,是一首反映现实较为深刻的词。②淮左:方位以东为左,淮左即淮东。扬州

152

是宋代淮南东路的首府,故称"淮左名都"。③竹西:亭名,在扬州城东禅智寺旁。杜牧《题扬州禅智寺》诗:"谁知竹西路,歌吹是扬州。"④解鞍:下马。少驻:稍停。初程:整个旅程的第一站。⑤春风十里:这里指扬州。杜牧《赠别》诗有"春风十里扬州路,卷上珠帘总不如"句。⑥胡马窥江:指金兵两次南犯扬州,扬州受到严重破坏。⑦废池:因战争废毁的城池。乔木:这里指古老的大树。⑧清角:凄清的号角声。⑨空城:指劫后的扬州。⑩杜郎:指杜牧。俊赏:风流蕴藉。一说对自然景物有很强的欣赏能力。⑪纵:即使。豆蔻词工:杜牧《赠别》诗"娉娉袅袅十三余,豆蔻梢头二月初",以"豆蔻梢头"形容少女之美好。⑫青楼:妓院。青楼梦好:杜牧《遣怀》诗有"十年一觉扬州梦,赢得青楼薄倖名"句。⑬纵豆蔻词工三句:意为纵有杜牧的诗才,也难以表达诗人此时悲怆的心情。⑭二十四桥:扬州的二十四桥,至宋代仅存开明桥等七桥,所言"二十四桥仍在",仅是虚指,并非纪实。一说,二十四桥即吴家砖桥,又名红桥。联系下文"念桥边红药"句看,应从后说。⑮波心荡两句:隐括杜牧诗《寄扬州韩绰判官》"二十四桥明月夜"诗句意,以"波"、"桥"、"月"映衬今昔情景变化殊异。⑯红药:红芍药。⑰年年知为谁生:这里指芍药年年开放,但却无人观赏,以此进一步衬托劫后扬州的荒凉寂寞。

过零丁洋①

文天祥

　　辛苦遭逢起一经②,干戈寥落四周星③。山河破碎风飘絮④,身世飘摇雨打萍。惶恐滩头说惶恐⑤,零丁洋里叹零丁⑥。人生自古谁无死,留取丹心照汗青⑦!

注释:①宋昺(bǐng)宗祥兴二年(1279),元军强迫文天祥随船打厓山(今在广东新会南海中,南宋最后的据点)。当时降将张弘范为元军主帅,一再逼迫文天祥招降正在海上坚决抵抗的张世杰。文天祥写了这首诗给他,张弘范见他辞义坚决,只得作罢。②辛苦句:追求往事,指自己是以读书、进士及第而起家的。遭逢:得到朝廷的选拔。③寥落:荒凉冷落。四周星:四年。④絮:柳絮。这里指山河破碎得像被风吹散的飞絮一样。⑤惶恐滩:在今江西

153

万安,急流险恶,为赣江十八滩之一。⑥零丁洋:在今广东中山县南。⑦汗青:史册。

壬辰十二月车驾东狩后即事(其二)^①

元好问

惨淡龙蛇日斗争^②,干戈直欲尽生灵^③。高原水出山河改,战地风来草木腥^④。精卫有冤填瀚海,包胥无泪哭秦庭^⑤。并州豪杰知谁在,莫拟分军下井陉^⑥。

注释:①金哀宗天兴元年(1232)正月,蒙古军围困汴京,十二月,粮尽援绝,哀宗出奔。这时元好问任左司都事,时在围城中。此诗作于金主出城东奔后,共五首,这里选的是其中第二首。诗人面对疮痍满目、京城被围的残局,抒发了一筹莫展、悲愤难伸的哀痛心情,诗富有艺术概括力。②龙蛇:以干支纪年,天兴元年为壬辰,二年为癸巳,辰为龙,巳为蛇。按传统迷信说法,"岁在龙蛇贤人嗟"(见《后汉书·郑玄传》李贤等注)。③尽生灵:"生灵尽"的倒文。④高原二句:指天兴元年金兵与蒙古军交战,败走汴京,哀宗派完颜麻斤出等率领民丁万人,开堤决水以保京城,功未毕而元军至,麻斤出等被杀,民丁生还者不足二三百人(见《金史·白撒传》)。⑤精卫二句:用精卫填海及申包胥泣秦庭乞兵救楚典故,说明自己即使有爱国之志,也欲泣无泪了。⑥并州二句:用五代刘知远出兵井陉事,感叹没有援军前来保驾、解围。《资治通鉴》载:刘知远"闻晋主(少帝)北迁(被契丹所掳),声言欲出兵井陉,迎归晋阳",后自将往迎,不及而还。并州豪杰:指刘知远,时任河东节度使,驻节并州,故称。井陉(xíng):关名,在今河北井陉县东北。

第六章　元明清文学

元(1279—1368)、明(1368—1644)、清(1644—1911)三个朝代是我国封建社会的后期,其特点是出现了资本主义经济萌芽,但在政治上依然维持了原有的封建专制统治。元代的蒙古族政权和清代的满族政权使原来的汉族社会产生了重大的变革,而从文学角度来说,占主流的仍是高度文明的汉族文学。

在这长达六百余年的历史进程中,先后出现了元代的杂剧,明代的戏曲、传奇小说和清代的长篇小说等几个高潮,它们的产生标志着中国两千余年封建社会文学发展的成熟。

元杂剧和元曲四大家　中国戏曲起源于原始歌舞,经几千年的发展演变,到宋代正式形成了含表演、歌舞为一体的杂剧,出现了专门演出杂剧的戏班,当时的演出一般由末泥、引戏、副末、副净四人组成。南宋时,杂剧发生了分化,南方的杂剧逐渐发展成以江浙语音为标准的南戏,北方的杂剧(金称为院本)逐渐发展成以元大都(今北京)音为标准的元杂剧。

元杂剧贴近社会、体现生活,具有浓郁的时代气息。元杂剧的体裁格式一般以一本四折为主,这种独特的结构对于叙述故事情节、表达人物性格特征和表演技艺均有突出效果。元杂剧的创作和演出,初始以大都为中心,后期又向江南转移,现存元杂剧作品有150余种,有名可查的元杂剧作家大约有120人,其中著名的有关汉卿、马致远、王实甫、白朴、郑光祖等。

关汉卿,号已斋叟,大都(今北京)人,生于金末(1224—1230),

卒于元大德四年(1300)之前,是元杂剧的奠基人和元代初期剧坛领袖。所著杂剧 60 余种,今存《窦娥冤》、《救风尘》、《望江亭》、《拜月亭》等 17 种,其作品涉及面广,雅俗共赏,为元杂剧中的精品,《感天动地窦娥冤》是他的代表作,也是中国的第一悲剧。《窦娥冤》的内容是寡妇窦娥先为张驴儿诬害,被指为毒死其父的罪犯,并想霸占她,窦娥不屈,后官府昏庸,竟将她处死。窦娥死前指天发誓,冤苦感动天地,血溅白练,六月降雪,大旱三年。全剧以窦父窦天章任官后,为之申冤结束。《窦娥冤》揭露了当时社会官府昏庸残暴,草菅人命,而使恶人横行的事实,塑造并歌颂了窦娥这一正直、善良、不屈的劳动妇女形象。在抨击邪恶和黑暗的同时,也表达了人民对正义必定取胜、冤狱得到昭雪的渴求。

王实甫,名德信,大都人,生卒年不详,约与关汉卿同时代而稍后,一生共创作杂剧 14 种,代表作《西厢记》,是中国戏曲史上的杰作。元杂剧一般以四折来表现一个完整的故事,王实甫的《西厢记》则有五本二十折,使描写人物情节有充分发挥余地。《西厢记》取材于唐代元稹的传奇《莺莺传》、金代董解元的《西厢记诸宫调》,王实甫借鉴前人的创作,进行了大胆的艺术加工,突出了张君瑞和崔莺莺反抗封建礼教、打破门第观念、自由结合的恋爱主题。

马致远(约 1250—约 1324),号东篱,大都人,今存杂剧有《汉宫秋》等 7 种。《汉宫秋》以汉代宫女王昭君出塞和亲匈奴的故事演绎而成,写出了一代美女的爱情悲剧。全剧以抒情为主,借古讽今,对后人的戏剧创作影响甚大。

白朴(1226—约 1306),字太素,陕州(今山西河曲)人,代表作《墙头马上》描述了裴少俊与李千金历经患难终成眷属的故事。

此外,杂剧的优秀作品,还有康进之的《李逵负荆》、石君宝的《秋胡戏妻》、李好古的《张生煮海》、尚仲贤的《柳毅传书》、杨显之的《潇湘雨》、郑光祖的《倩女离魂》、纪君祥的《赵氏孤儿》等。

元朝后期,江南南戏兴盛并广为流传,出现了高明、施惠等作家,著名作品有《琵琶记》、《拜月亭》等,为明代传奇戏打下了基础。

元曲的另一个分支是散曲,这是配合流行曲调进行清唱的抒情韵文,包括小令和套数,用于抒情、写景、叙事、道白,便于清唱。小令是单支曲子,套数则是多支曲子依同一宫调联缀而成。散曲是通俗文学的一部分,具有浓郁的都市文化气息,内容广泛。名作如关汉卿的《南吕一枝花·不伏老》用生动泼辣、诙谐幽默的语言描写了一位戏曲艺人百折不挠、热爱生活的形象。马致远的《天净沙·秋思》悲壮凄凉,情景交融,被后世称为"秋思之祖"。后期作家还有张养浩、睢景臣、张可久、张鸣善等人。

明清戏曲及汤显祖的创作　明代的戏曲最初是继承了元代杂剧的传统,产生了《拜月亭》、《荆钗记》、《白兔记》和《杀狗记》等四大传奇。至明代中叶,在南戏的基础上发展起来的传奇剧,取代了杂剧,成为剧坛上的主流,并涌现了以汤显祖为代表的传奇剧作家,使明代的戏剧创作达到了高潮。

汤显祖(1550—1616),江西临川人,性耿直,在任南京礼部主事时,因上《论辅臣科臣疏》直接抨击首辅申时行等朝廷大员而遭贬逐,后任浙江遂昌知县,"纵囚放牒,不废啸歌",后毅然辞官,归隐临川。他的剧作有《紫箫记》、《紫钗记》、《还魂记》、《南柯记》和《邯郸记》5种,后4种合称"临川四梦",又称"玉茗堂四梦"。其中《还魂记》最负盛名,是我国戏曲史上浪漫主义的杰作。

《还魂记》全称《牡丹亭还魂记》,根据话本《杜丽娘慕色还魂》改编,讲述南安太守之女杜丽娘因读《诗经·关雎》而萌发春情,私游后花园感深而梦,醒后寻梦不得伤悲而亡。3年后岭南秀才柳梦梅养病梅花庵,偶游后花园得丽娘倩图而痴醉;嗣后,丽娘复生,两人相爱,柳生赴京中为状元,皇帝亲为主婚,有情人终成眷属。《牡丹亭》以大胆的爱情追求和梦幻情感的描写,肯定了杜丽娘的人性欲望,在封建伦理盛行的明代中叶,具有强烈的进步意义。作品词语绚丽多彩,情节曲折离奇,堪称艺术精品。

明代著名的传奇作品还有：李开先的《宝剑记》、梁辰鱼的《浣纱记》、王世贞的《鸣凤记》、薛近兖的《绣襦记》、高濂的《玉簪记》和孙仁孺的《东郭记》等。

清代戏曲的主要成就表现在三方面：首先在传奇剧方面继续产生出一批代表作家和代表作品，如李玉的《清忠谱》、李渔的《比目鱼》、朱佐朝的《渔家乐》、尤侗的《钧天乐》、蒋士铨的《临川梦》等，其中成就最高的是洪昇（1645—1704）的《长生殿》和孔尚任（1648—1718）的《桃花扇》。《长生殿》吸收前人《长恨歌》、《杨太真外传》、《梧桐雨》等成就，对唐明皇、杨贵妃爱情悲剧这一传统题材进行重新演绎，反映了唐代开元天宝年间的社会历史生活，表达了亡国之恨和爱国之心，情节严密细腻，是一部杰出的抒情悲剧。《桃花扇》是一部最接近历史真实的剧作，以明末名士侯方域和名妓李香君的爱情故事为题材，曲折地表达了清兵入关、明朝灭亡这一史实。李香君的人物塑造相当成功，她不屈于淫威，阉党得势后逼迫她，她以头撞地，血溅宫扇，后为人点染成桃花。她勇敢、伶俐、有气节，地位虽低，思想境界却高于他人。全剧结构别致严谨，语言具有诗的韵味，使艺术真实与历史真实达到了统一。其次，戏曲理论在戏曲创作的基础上也有较大发展，李渔（1610—1680）所写的《闲情偶寄》，从结构、音律、语言和演技方面对戏曲进行全面系统的总结探讨，达到了新的水平。再次，自明代以来，传奇的四大唱腔——海盐腔、余姚腔、弋阳腔、昆山腔广为流传，并逐渐分化成京腔、昆腔、梆子腔、秦腔、四平腔、太平腔、汉调、青阳腔等带有地方特色的唱腔，进而形成数以百计的地方戏。乾隆五十五年（1790），三庆、四喜、春台、和春四大徽班进京，与湖北汉调相互影响，并吸收了昆腔、秦腔的一些精华，融会贯通而形成了京剧，使清代戏剧创作形成了空前繁荣的局面。

明代小说的繁荣和四大奇书　明代文学除戏曲成就之外，最大的收获就是长篇章回体小说和短篇小说的繁荣。以宋元话本为基础,在前人丰富的民间资料上经过加工、组合、丰富、充实后而形成的篇幅浩大、人物众多、情节连贯的长篇章回体小说,既表现了当时社会的特点,又包含了文人作家对于社会生活的观察和思考。因此,它们成为中国文学史上作家们有目的地创作的,以新题材、新内容、新形式见长的作品形式。这类作品中的佼佼者就是被后人称为"四大奇书"的《三国志通俗演义》、《水浒传》、《西游记》和《金瓶梅》。

《三国志通俗演义》是长篇章回小说的开山之作,作者罗贯中,山西太原人,生活于1330—1400年之间,其他作品还有《隋唐志传》、《三遂平妖传》等,而以《三国演义》最负盛名。《三国演义》以历史上三国时代的故事、史料、传说为基础,写出了自东汉灵帝至西晋武帝共97年历史,深刻地反映了三国时期政治、军事、社会的矛盾冲突和斗争,塑造了诸葛亮、曹操、刘备、孙权、关羽、周瑜等一系列典型形象,成为在民间流传最为广泛、影响最为深刻的艺术群体。《三国演义》在主题上宣扬匡扶汉室的正统思想,通过艺术上正反两方面的形象塑造,在广阔的战争背景中,以人物的鲜明个性和激烈的思想冲突为铺垫,集战术、谋略、艺技之大成,堪称中国文学史上一部很有艺术价值和社会意义的作品。

《水浒传》的作者一般被公认为施耐庵(生卒年不详)。施耐庵生活于元末明初,鉴于当时社会黑暗、官吏残暴,在元末农民起义的影响下,他认识到"杀尽不平方太平"才是出路,于是以北宋年间宋江起义的史实为题材,写成了这一部流传后代、影响巨大的长篇章回小说。《水浒传》突出了乱自上作,官逼民反的事实,揭示了农民造反起义完全是官府不义和社会不公造成的这一真理。小说以丰富曲折的情节、生动形象的语言和变化多端的故事内容,写出了梁山泊108位英雄好汉劫富济穷、替天行道的造反过程,其中几位主要人物如宋江、林冲、鲁智深、武松、李逵等,以其杰出的艺术描写和丰富的个性色彩,成为中国文学史上最有魅力的典型形象。

《水浒传》的故事情节前半部多依人物而展开,前后情节依人物而衔接,不露痕迹浑然一体;后半部依事而述,大故事套小故事,脉络清晰。此外,人物语言极具个性化,人物形象跃于纸上,呼之欲出。《水浒传》以其深刻的主题思想、精湛的艺术手段和曲折动人的故事情节,成为中国文学史上的名著之一,为广大读者所赞颂,成为各类文学、艺术作品的主要表现题材,甚至连以后爆发的农民起义也往往以此为模仿对象,可见其影响之大。

《西游记》以其神话色彩而独具一格。作者吴承恩(约1500—约1582),字汝忠,号射阳山人,淮安山阳(今江苏淮安)人。吴承恩自小喜爱神话传说,晚年归于故里专意写作,善于搜集稗官野史、怪诞杂说,博览群书。《西游记》以唐代高僧玄奘法师赴天竺取经的历史故事为基础,以前人说唱及民间传说为依据,通过浪漫主义的丰富想像,描述了唐僧、孙行者(悟空)、猪悟能(八戒)、沙僧师徒四人前往西天取经的艰难经历。小说将他们历经九九八十一难、路途中多次遇险遭劫作为主线,写出了从孙悟空出世到西天取经归来的复杂过程。小说着重描写了以孙悟空为代表的正义力量如何不断战胜妖魔鬼怪,以其坚韧不拔的英雄气概,斗妖战魔最终取得真经。《西游记》所塑造的一系列主要人物,如孙悟空、猪八戒、唐僧以及白骨精、牛魔王等,既包含了人类社会现实生活中的共性,又充分体现了作者心目中的浪漫主义理想色彩,成为广大读者熟悉和喜爱的人物,并广为流传,荣立于世界文学艺术典型之林。

《金瓶梅》成书在明代嘉靖(1522—1566)至万历(1573—1619)年间。序载该书作者是兰陵笑笑生,而兰陵笑笑生究竟为何人至今仍不得其解,学者说法众多。此书的内容借《水浒传》中"武松打虎"至"武松杀嫂"的情节演化开来,由此扩充成一百回、上百万字的长篇小说。同其他三部传奇长篇小说不同,《金瓶梅》不是在原有的民间说唱文学和流传的杂记故事基础上,占有丰富的资料编写而成,而是由作者在前无古本、无所凭据依托的情况下自己创作而成的,这也标志着中国小说创作进入了作家独立完成创作的阶段。

《金瓶梅》在内容上也不同于其他三部小说,它以山东清河县市井暴发户西门庆以及他的三个姜婢潘金莲、李瓶儿和庞春梅的生活为主线,着重揭露了西门庆勾结官府、巧取豪夺、贪财好色、横行乡里的罪恶本质。西门庆最终在酒色财气的夹攻下因纵欲过度、服药过量而暴死,表明了作品对于这一类人物的立场。《金瓶梅》是一部社会暴露小说,以西门庆一家发家至衰亡的历史为线索,展现了一幅千姿百态的明代民间世情长卷,集中了朝廷上层至社会底层形形色色的丑恶众生相,揭示了社会的黑暗和复杂的矛盾。小说用"入笋"、"脱卸"或"搓草绳"的方法,善设伏笔,前后紧凑,丝丝入扣,不露痕迹。过于赤裸的男女性行为的描写和对于社会现实暴露的缺乏批判,是《金瓶梅》的严重缺陷。

拟话本与"三言"、"二拍"   明代中叶,话本日益受到市民的欢迎,引起了文人的广泛注意。这类作品一是对宋元话本的收集、整理,二是模拟话本形式创作的新的小说,故称"拟话本"。嘉靖年间洪梗辑印的《清平山堂话本》、万历年间熊大木编刻的《通俗话本》,是较早的成集者。最著名的结集,则是天启年间冯梦龙所编的《喻世明言》(1622)、《警世通言》(1624)、《醒世恒言》(1627)(合称"三言")和崇祯年间凌濛初所编的《初刻拍案惊奇》(1628)、《二刻拍案惊奇》(1632)(合称"二拍")。其间,还有《醉醒石》、《石点头》、《西湖二集》等一大批拟话本集子问世,构成了明代拟话本的繁荣局面。

冯梦龙(1574—1646),长洲(今江苏吴县)人,南明时曾任福建寿宁县令,重视小说、戏曲和通俗文学作品的收集、整理与创作,写有长篇小说《平妖传》、剧本《双雄记》等,但他一生最大的成就是"三言"的辑成。冯梦龙按章回体形式拟成回目,每集 40 篇,合计 120 篇,其中约三分之一改编自宋元话本。"三言"取材广泛,有政治历史事件、狱讼案例、奇闻趣事、名人逸事,但更多的则是市民阶层的爱情婚姻、悲欢离合的故事。作品内容多以市民生活为主,描述明代社会生活的各个方面,绘声绘色,情节曲折,人物形象刻画细腻,艺术构思别具一格,不乏佳作,有《卖油郎独占花魁女》、《杜十娘怒沉百宝箱》、《玉堂春落难逢夫》等脍炙人口的名篇,但其中部分篇幅夹有封建糟粕等不健康因素。

凌濛初(1580—1644),乌程(今浙江湖州)人,曾任上海县丞等职,主要创作成果是"二拍"。"二拍"共80篇(其中一篇重名,一篇为杂剧,实为78篇),是作者应"肆中人"(书商)要求而作,这是一部个人的白话小说创作集。"二拍"所反映的思想特征与"三言"大致相同,艺术水平也在伯仲间,故在文学史上一般都将两书并称。明末有署"姑苏抱翁老人"者,见"三言"与"二拍"卷帙浩繁,观览难周,故从中精选40篇成《今古奇观》,后成为流传最广的拟话本小说集。

清代小说的繁荣　清代文学,以小说创作成就最高。文言短篇小说创作的最优秀者是蒲松龄(1640—1715)的《聊斋志异》。全书491篇,以民间传说、佚闻野史为依据,以狐、鬼、仙、妖为内容,以此来寓现实于浪漫主义想像之中。社会现实中人是丑恶的,而小说中的鬼狐却是善良的。作品暴露和抨击了社会的黑暗与不平等,歌颂了中下层人民的善良品德和反抗精神。情节曲折、复杂,写法变化多端,出人意料之外,虽为文言,但读来仍别有情趣,为文言小说的上乘佳作。

清代的长篇章回小说,著名的有陈忱的《水浒后传》、钱彩的《说岳全传》、李汝珍的《镜花缘》、褚人获的《隋唐演义》、吴敬梓的《儒林外史》、曹雪芹的《红楼梦》等。《儒林外史》以封建社会知识分子群体为描写对象,连缀许多故事而成,借以批评各种类型的封建士大夫功名利禄观念,用诙谐幽默的语调、辛辣讽刺的笔触,嬉笑怒骂,恣肆文笔,把科举考试制度和八股制度下的陈腐冬烘描写得淋漓尽致。封建礼教口头上道德廉耻,骨子里实为虚伪冷酷,《儒林外史》揭示了其吃人的一面,昏庸、贪婪、无能是官吏清廉、正直的外表下的真实面目。《儒林外史》塑造了周进、范进、王玉辉、汤知县、王仁等一系列科举制度下饱受八股之苦的知识分子形象。《儒林外史》是我国讽刺文学的巨作,对后世谴责小说,以至鲁迅等人的杂文、小品文均产生了不小的影响。

晚清谴责小说产生于19世纪中叶以后,是当时小说创作的主要成就。其代表作有李宝嘉的《官场现形记》、吴沃尧的《二十年目睹之怪现状》、曾朴的《孽海花》和刘鹗的《老残游记》,四者并称为清末四大谴责小说。它们暴露官场黑暗内幕,批判现实,讽刺政治腐败,剖析贪官污吏、买办洋奴的本质,号召社会改良,在当时产生了一定的影响。

曹雪芹及其《红楼梦》 曹雪芹的长篇小说《红楼梦》达到了我国古典小说的艺术高峰。曹雪芹(1715?—1763或1764),名霑,字梦阮,号雪芹、芹溪、芹圃,其远祖为汉人,在明末清兵入关时入了旗籍,成为八旗世家,自其曾祖父曹玺始曹家三代蒙受圣恩,显赫一时,但至雪芹少年时,失去恩宠,家业被抄,家族衰败,举家北迁。中年后雪芹住北京西部,过着"满径蓬蒿,举家食粥"的贫苦生活。他就是在这样的环境中写成不朽名著《红楼梦》,完整的稿子仅存前80回,后部只留残稿,现传120回本的后40回为程伟元、高鹗所续。

《红楼梦》又名《石头记》、《金陵十二钗》、《情僧录》等,内容以荣、宁二府贾家和王、薛、史三家(合为"金陵四大家")共荣共富,后被抄家、衰落的过程为背景,以贾宝玉、林黛玉和薛宝钗的爱情婚姻悲剧为主线,穿插了金陵十二钗的身世、经历和结局。书以甄士隐、贾雨村开场,葫芦僧带出"护官符",冷子兴演说荣、宁二府,介绍了主要人物。贾宝玉衔玉而生,为贾母宠爱,全府上下视为掌上明珠。贾母外孙女林黛玉丧母失恃,前来投奔,宝玉、黛玉二人情投意合,日相接近。后薛宝钗举家迁来,"金玉良缘"和家庭财势的联合认可,对宝黛的自由恋爱产生冲击。从中穿插元妃省亲、秦可卿之死、刘姥姥来访和年轻人结诗社等活动。后来贾宝玉和薛宝钗成亲,林黛玉断肠焚诗稿,以死殉情。然后贾府显衰败之兆,被官家查抄,上下一片混乱,失去圣恩,一落千丈。最后贾府树倒猢狲散,落得"白茫茫一片真干净",林黛玉衔恨魂返太虚,薛宝钗抱恨独守空房,贾宝玉遁入空门做了和尚。全书以甄士隐、贾雨村"说"太虚情,归结"红楼梦"。

《红楼梦》是作者所处的特定的历史时期的一面镜子,其社会意义在于给我们提供了当时社会的广阔画面,揭示了它的种种社会矛盾和弊端,并以贾府兴衰史揭示清王朝的腐败、贪淫,预示了清王朝行将崩溃和必然灭亡的趋势。曹雪芹生动地描绘了这巨厦将倾的场景,想以女娲补天之石去抢救它,纵然有才有志,但已无力回天。

《红楼梦》的积极意义首先在于对传统的封建文化的否定和批判,表现了初步的民主主义思想。贾宝玉的道路正是对封建价值观念的批判,贾宝玉、林黛玉、晴雯、鸳鸯、司棋、尤三姐正是体现了当时青年男女要求冲破封建枷锁的束缚和渴望以"不自由,毋宁死"来完成自我行动的反抗精神。书中所体现的对女性的尊重是作者对男尊女卑以及女子无才便是德的封建思想的对抗。

《红楼梦》全书篇幅宏大、场景广阔、人物众多,塑造出许多不朽的人物形象。贾宝玉拒绝学"经世济民"之术,背叛了忠孝之道,对封建礼教虽有反抗,但终究是走向失败,走向虚无。林黛玉多愁善感,心慧口利,得罪多人,孤立无援,和宝玉相爱却不能结合,最终带着对人世的绝望而去。薛宝钗四平八稳,外拙内秀,上下迎合,拘于礼教,如愿嫁给了宝玉,但始终得不到爱情。此外,王熙凤的泼辣阴诈,晴雯的倔强好胜,刘姥姥的憨厚纯朴,平儿的伶俐小心,贾政的道貌岸然,袭人的曲意奉承,尤三组的刚烈,薛蟠的无赖,贾琏的无耻,迎春的厚道,均有淋漓尽致的细腻描写,各有千秋、千姿百态,使中国古典小说人物长廊骤然增添了众多栩栩如生的人物。

《红楼梦》取得了我国古典小说艺术的最高成就。从塑造人物到语言风格,继了中国古典小说的传统,人物形象血肉丰满,很少雷同。语言通俗不失典雅,含蓄蕴于平淡之中,简朴、练达、明快,无论叙事、描景、抒情、写意,无不精美绝伦,达到了中国文学空前的艺术高度。作品的结构也颇具特色,曹雪芹突破了中国古代小说单线结构的方式,采用了多条线索齐头并进、交相联结又互相制约的网状结构。小说对细节描写尤为突出,虽一切情节都是按"太虚幻境"中歌词所预先标明的方向去铺陈,但读来却不觉得生硬、晦涩,无人工斧凿的痕迹。这些都为后人的文学创作提供了例证,也深受读者之喜爱。小说不仅结构严谨、机杼自出,它更以"悲喜千般同幻渺,古今一梦尽荒唐"的悲剧告终,一改中国文学作品中传统的大团圆结局,以主要人物的悲惨境遇来达到最大限度的悲剧效果。

明清的诗文创作与文艺思潮　明清两代诗文创作,流派众多,各种文艺思潮叠相出现。明初,刘基、宋濂、高启等人的诗文较有社会内容,但从永乐至成化年间,流行于上层官僚集团的文风,是以杨士奇、杨荣、杨溥为代表人物的"台阁体"。"三杨"均是宰辅之臣,诗文用以歌功颂德,粉饰太平,艺术上讲究雍容典丽,缺乏生气,对社会起了不良影响,这一文风统治文坛近百年。后以李东阳(1447—1516)为首的"茶陵派"出现,强调宗法杜甫,着眼于音调和法度,文风有所扭转,直至前后七子的出现,"台阁体"文风才消失殆尽。

以李梦阳、何景明、徐祯卿、边贡、康海、王九思、王廷相"前七子"为代表的文学流派产生于明孝宗弘治年间。他们针对"台阁体"陈陈相因、束缚手脚、文风萎弱的状况,强调"文必秦汉,诗必盛唐",提倡复古,反对摹拟之风,这在当时确实扭转了文坛沉闷的局面,为诗文创作注入了新鲜空气。嘉靖、隆庆年间,又出现了李攀龙、王世贞、谢榛、宗臣、梁有誉、徐中行、吴国伦"后七子",声势浩大,追随者众,他们虽与"前七子"主张相近,但文风转复古为拟古,摹拟成风,矫枉过正,同样对文坛产生了负面影响。

明代中叶杰出思想家、文学家李贽(1527—1602),以王学左派"心学"为武器,向道德传统观念宣战,文章辛辣挥洒,针对不良文风,提出"童心说",主张要有真心,去伪存真,让现实生活中人的真情实感表达出来。李贽还自己著文,批判旧礼教,强调个性解放,主要作品有《焚书》《续焚书》《藏书》。他的《忠义水浒传叙》开创小说评点的特殊文学批评方式,对长篇小说、通俗文学予以应有的肯定。

针对"前后七子"的复古以至拟古的形式主义流弊,以王慎中、唐顺之、归有光、茅坤为代表的"唐宋派"提出一套与复古派相对立的理论,反对因袭教条,堆砌文字,推崇唐宋古文,主张由唐宋而窥西汉、先秦,文章强调自然流畅,直抒胸臆。

此后,以明代湖北公安人袁宗道(1560—1600)、袁宏道(1568—1610)、袁中道(1575—1630)三兄弟为首的"公安派",提倡"性灵说"。他们适应资本主义萌芽出现的形势,受王学左派李贽的影响,推崇"独抒性灵,不拘俗套",强调真实表现作者个性化思想情感的重要性,反对摹古、拟古,主张变古革新,冲破陈规陋习,提倡清新明畅,摒弃艰深古奥。但过分偏于描写个人闲情逸致,忽视社会,因而失于油滑。以竟陵(今湖北天门)人钟惺、谭元春为代表的"竟陵派",同样反对"前后七子"的复古、拟古,提倡"性灵"之说,但强调用幽深孤峭的文风来矫正公安派的浅浮俚俗的流弊,对明末文坛产生了消极影响。

晚明小品文较为出众,经过各文学流派的努力探索,出现一些颇有新意的作品。随之而来的明末农民起义、阉党专权和清兵入关,民族矛盾和阶级矛盾尖锐突出,出现了"复社"等文学团体,爱国诗文成为时代特色,陈子龙、夏完淳为突出人物。清初著名文学家有顾炎武(1613—1682)、黄宗羲(1610—1695)和王夫之(1619—1692)。顾炎武参加过复社抗清,终生不仕。著有《天下郡国利病书》《音论》《诗本音》和《日知录》,写有不少优秀的诗歌,抒发爱国理想和抱负。其文章内容切中时弊,文笔简朴、明快,主张经世致用的真才实学,反对"心、理、性、命"的空谈,反对模拟复古,强调要有自己的创见,使文章有益于现实和未来,这在当时是甚有卓见的。黄宗羲也参加过复社抗清活动,著作甚丰,有《宋元学案》、《明儒学案》、《黄梨洲文集》等。文学上他强调真性情,抒发真情感,认为声调与性情不能共荣,力主文章明白畅达,伸展自如。他和顾炎武一起,以自己的见解和创作,扭转了明末以来的不良文风造成的影响。王夫之别号姜斋,人称船山先生,著书70种,收入《船山遗书》。他的作品诗歌甚丰,另有《姜斋诗话》。文风重视内容,言之有物,纵横自如,强调"以意为主",创作要"身历目见",痛恨因袭模仿、恪守陈规和脱离实际。他的精辟见解具有进步意义。

继之而起的有钱谦益、吴伟业、王士禛倡导的"神韵说",执诗坛之牛耳。词人有朱彝尊(1626—1709)为首的"浙西词派"、陈维崧(1625—1682)为首的"阳羡词派",各以清空、豪放为旨,此外,纳兰性德也自成一派。而散文有"国初三大家"魏禧、侯方域、汪琬。乾嘉时期,清政府大兴文字狱,文人无奈而钻入故纸堆,思想禁锢,文风走向拟古和形式主义。沈德潜的"格调说"、翁方纲的"肌理说"是其代表。郑燮的诗文自由奔放、反映民情,黄景仁则独抒哀怨凄凉的情怀,袁枚的诗文格调清新,在当时也别标一格。

康熙、乾隆年间,产生了正统的"桐城派"古文家,方苞(1668—1749)、刘大櫆(1698—1779)、姚鼐(1732—1815)三人均是安徽桐城人,故称"桐城派"。方苞受戴名世《南山集》牵连,入狱当死,康熙见他文章,免死起用,而成为该派创始人。方、刘、姚三人师徒传授,一脉相承,姚鼐选编的《古文辞类纂》,被桐城派古文家奉为圭臬。桐城派总结秦汉、唐宋八大家至明代归有光等人的写作经验,讲究"义法"和声调格律,以"雅洁"为标准,文章读来琅琅上口,使桐城派文章,在形式上走向了完美,其内容则日趋单薄疏乏。姚鼐之后,姚门四弟子梅曾亮、管同、方东树、姚莹大加宣扬,桐城派影响日渐扩大,直至清末,成为清代散文流传最广、影响最大的一个流派。

清代对文学理论贡献较大的是袁枚(1716—1797)和赵翼(1727—1814)。袁枚辞官后居江宁,著有《小仓山房诗文集》、《随园诗话》,主张文学创作的目的在于抒发"性灵",反对复古、模拟,要求把个人的真实感受生动活泼地表现出来。赵翼号瓯北,有《瓯北诗集》、《瓯北诗话》等,在文学理论上,他强调创新,反对"荣古虐今",赵翼有诗云:"李杜诗篇万口传,到今已觉不新鲜。江山代有人才出,各领风骚数百年。"

清代后期的杰出文学家有龚自珍等。龚自珍(1792—1841),浙江仁和(今杭州)人,字尔玉,号定庵,著有《定庵文集》12卷,诗600余首,他在诗文中宣扬了唯物主义和追求改革的进步思想,是19世纪中国最有影响的思想家和文学家。19世纪末叶,在文坛上还涌现了一批鼓吹改良的诗人、作家,其中著名的有康有为(1858—1927)、梁启超(1873—1929)和章炳麟(1869—1936)等人。

思 考 题

一、试述元杂剧在中国文学史上的地位和元曲四大家的艺术成就。

二、试述明代小说与"四大传奇"的历史价值。

三、试述《红楼梦》的主题与贾宝玉的形象特征。

■作品选

西厢记·长亭送别①

王实甫

(夫人,长老上,云)②今日送张生赴京,就十里长亭③,安排下筵席。我和长老先行,不见张生、小姐来到。(旦、末、红同上)④(旦云)今日送张生上朝取应去,早是离人伤感,况值那暮秋天气,好烦恼人也呵!"悲欢聚散一杯酒,南北东西万里程。"(旦唱)

[正宫][端正好]⑤碧云天,黄花地⑥,西风紧,北雁南飞。晓来谁染霜林醉?总是离人泪。

[滚绣球]恨相见得迟,怨归去得疾。柳丝长玉骢难系,恨不得倩疏林挂住斜晖⑦。马儿迍迍的行,车儿快快的随⑧,却告了相思回避,破题儿又早别离⑨,听得道一声"去也",松了金钏;遥望见十里长亭,减了玉肌。此恨谁知!

(红云)姐姐今日怎么不打扮?(旦云)你那知我的心呵!(旦唱)

[叨叨令]见安排着车儿、马儿,不由人熬熬煎煎的气。有什么心情将花儿、靥儿,打扮得娇娇滴滴的媚!准备着被儿、枕儿,则索昏昏沉沉的睡⑩。从今后衫儿、袖儿,都揾做重重叠叠的泪。兀的不闷杀人也么哥!兀的不闷杀人也么哥⑪!久已后书儿、信儿,索与我栖栖惶惶的寄⑫。

(做到科⑬,见夫人科)(夫人云)张生和长老坐,小姐这壁坐,红娘将酒来。张生,你向前来,是自家亲眷,不要回避。俺今日将莺莺与你,到京师休辱末了俺孩儿,挣揣一个状元回来者⑭!(末云)小生托夫人余荫,凭着胸中之才,觑官如拾芥耳⑮。(洁云)⑯夫人主见不差,张生不是落后的人。(把酒了,坐)(旦长吁科)(旦唱)

[脱布衫]下西风黄叶纷飞,染寒烟衰草萋迷。酒席上斜签着坐地,蹙愁眉死临侵地⑰。

[小梁州]我见他阁泪汪汪不敢垂⑱,恐怕人知。猛然见了把头低,长吁气,推

169

整素罗衣⑲。

[幺篇]虽然久后成佳配,奈时间怎不悲啼⑳!意似痴,心如醉,昨宵今日,清减了小腰围。

（夫人云）小姐把盏者!（红递酒,旦把盏长吁科云）请吃酒!（旦唱）

[上小楼]合欢未已,离愁相继。想着俺前暮私情,昨夜成亲,今日别离。我谂知这几日相思滋味㉑,却元来此别离情更增十倍。

[幺篇]年少呵轻远别,情薄呵易弃掷。全不想腿儿相挨,脸儿相偎,手儿相携。你与俺崔相国做女婿,妻荣夫贵,但得一个并头莲,煞强如状元及第㉒。

（夫人云）红娘把盏者!（红把酒科）（旦唱）

[满庭芳]供食太急,须臾对面,顷刻别离,若不是酒席间子母每当回避㉓,有心待与他举案齐眉。虽然是厮守得一时半刻,也合着俺夫妻每共桌而食。眼底空留意,寻思起就里,险化做望夫石。

（红云）姐姐不曾吃早饭,饮一口儿汤水。

（旦云）红娘呵,甚么汤水咽得下!（旦唱）

[快活三]将来的酒共食㉔,尝着似土和泥。假若便是土和泥,也有些土气息,泥滋味。

[朝天子]暖溶溶玉醅,白泠泠似水㉕,多半是相思泪。眼面前茶饭怕不待要吃㉖,恨塞满愁肠胃。蜗角虚名,蝇头微利㉗,拆鸳鸯在两下里。一个这壁,一个那壁,一递一声长吁气。

（夫人云）辆起车儿㉘,俺先回去,小姐随后和红娘来。（下）（末辞洁科）

（洁云）此一行别无话儿,贫僧准备买登科录看,做亲的茶饭,少不得贫僧的㉙。先生在意,鞍马上保重者!从今经忏无心礼㉚,专听春雷第一声。（下）（旦唱）

[四边静]霎时间杯盘狼藉,车儿投东,马儿向西,两意徘徊。落日山横翠。知他今宵宿在那里?有梦也难寻觅。

（旦云）张生,此一行得官不得官,疾早便回来。（末云）小生这一去,白夺一个状元,正是:青霄有路终须到,金榜无名誓不归。（旦云）君行别无所赠,口占一绝,为君送行:弃掷今何在,当时且自亲。还将旧来意,怜取眼前人㉛。（末云）小姐之意差矣,张珙更敢怜谁?谨赓一绝,以剖寸心㉜;人生长远别,孰与最关亲?不遇知音者,谁怜长叹人㉝!（旦唱）

[耍孩儿]淋漓襟袖啼红泪,比司马青衫更湿㉞。伯劳东去燕西飞㉟,未登程先

170

问归期。虽然眼底人千里,且尽生前酒一杯。未饮心先醉,眼中流血,心里成灰。

[五煞]到京师,服水土,趁程途,节饮食,顺时自保揣身体⑧。荒村雨露宜眠早,野店风霜要起迟!鞍马秋风里,最难调护,最要扶持。

[四煞]这忧愁诉与谁?相思只自知,老天不管人憔悴。泪添九曲黄河溢,恨压三峰华岳低⑨。到晚来闷把西楼倚,见了些夕阳古道,衰柳长堤。

[三煞]笑吟吟一处来,哭啼啼独自归。归家若到罗帏里,昨日个绣衾香暖留春住,今夜个翠被生寒有梦知。留恋你别无意,据鞍上马,阁不住泪眼愁眉。

(末云)有甚言语,嘱付小生咱?(旦唱)

[二煞]你休忧文齐福不齐⑬,我只怕你停妻再娶妻。休要一春鱼雁无消息!我这里,青鸾有信频须寄⑬;你却休,金榜无名誓不归。此一节,君须记:若见了那异乡花草,再休似此处栖迟⑭!

(末云)再谁似小姐,小生又生此念?(旦唱)

[一煞]青山隔送行,疏林不做美,淡烟暮霭相遮蔽。夕阳古道无人语,禾黍秋风听马嘶。我为什么懒上车儿内,来时甚急,去后何迟?

(红云)夫人去好一会,姐姐,咱家去!(旦唱)

[收尾]四围山色中,一鞭残照里⑪。遍人间烦恼填胸臆,量这些大小车儿如何载得起!

(旦、红下)(末云)仆童赶早行一程儿,早寻个宿处。泪随流水急,愁逐野云飞。

(下)

注释:①《长亭送别》是《西厢记》第四本中的第三折。崔母发觉女儿已同张生暗自结合,即逼迫张生立刻进京应考。这折戏就是写一对恋人离别时依依不舍的动人情景。曲文有情有景,情景交融,熔抒情、写景、叙事于一炉,是《西厢记》的精华部分。②夫人:指崔莺莺的母亲。长老:寺院住持僧的通称。这里指普救寺的法本。上:上场。云:道白。这里是夫人在说话。③长亭:古代设置在大路上供休息和送别的亭子。大约十里一长亭,五里一短亭。④旦:杂剧中女角色的通称,有正旦、外旦、老旦、小旦等名目。这里指扮演莺莺的正旦。末:杂剧中男角色的名称,其中又分正末、副末、冲末、外末等。这里指扮演张生的正末。红:红娘。⑤正宫:宫调名,类似现在的乐调。正宫相当

于D调。[端正好]:曲牌名。元杂剧规定,每折戏在单乐上只限用一个宫调,下由若干曲牌组成套曲,一韵到底。此处的[端正好],同下面的[滚绣球]、[叨叨令]、[小梁州]等,均属同一宫调的曲牌。⑥碧云天二句:化用范仲淹《苏幕遮》词"碧云天,黄叶地"句。黄花:指菊花。⑦玉骢:青白色的马,也泛指马。倩:请,央求。⑧迍迍(chǎn):行动迟缓的样子。马儿二句:言张生骑马在前,莺莺乘车随后。⑨却告了二句:是说相思才了,别离又起。却:才。破题儿:唐宋以来,考试诗赋、八股,开头解析题意叫做破题,这里比喻事情的开端。⑩厣儿:古代女子在额部或两颊点贴的妆饰。则索:只得,只能。⑪兀的不:兀的,发语词,犹言"这",表示惊异或加重语气。同"不"连用,表示反话语气,犹言"这岂不"、"怎么不"。也么哥:元曲中常和的句末衬字,有声无义。⑫索:须要。恓恓惶惶:即恓惶,匆忙不安的样子。这里作"急忙"、"赶紧"解。⑬科:元杂剧里表示动作、表情及舞台效果的术语,与南戏中的"介"相同。⑭辱末:即辱没,玷辱埋没,也作"辱抹"。挣揣:争取,夺得。者:句末祈使语气词,也作"咱"。⑮如拾芥:比喻极容易做到。⑯洁:元杂剧称僧人为"洁郎",简称"洁"。这里指上面出场的长老。⑰斜签着坐:斜着身子坐。死临侵地:没精打采,呆呆发愣。⑱阁:通"搁",停止,忍住。⑲推:推说,借口。可作"装作"解。⑳幺篇:元杂剧中凡重复前曲的叫"幺篇",与前曲的字数有时有出入。奈时间:长期忍受。奈:通"耐"。㉑谂知:深知,深切体会到。㉒煞强如:远胜似。㉓每:们。㉔将:拿。㉕玉醅(pēi):美酒。白泠(líng):清澈状。㉖怕不待:难道不,岂不。㉗蜗角、蝇头:比喻极细小的东西,借喻争微逐末。㉘辆:动词,驾。㉙登科录:科举考试的录取名册。㉚经忏:经文忏词,此处泛指佛经。礼:念经拜佛。㉛此诗见元稹《会真记》,是莺莺被张生遗弃后所作。"今何在"原作"今何道";"旧来意"原作"旧时意"。怜:爱。眼前人:新的情人。㉜赓:续。㉝知音者:指莺莺。长叹人:张生自指。㉞红泪,女子的眼泪,曲出王嘉《拾遗记》。司马青衫:语出白居易《琵琶行》:"坐中泣下谁最多?江州司马青衫湿。"㉟伯劳:鸟名。乐府诗《东飞伯劳歌》有"东飞伯劳西飞燕"句,"劳燕分飞":借喻情人的离散。㊱顺时:顺应时令。揣:"囊揣"的省词,虚弱、文弱之意。㊲泪添二句:元李珏《〈题江水云〉西湖类稿》诗有"泪添东海水,愁压北邙低"之句,此意仿李诗。㊳文齐福不齐:有文才而无考中的福分。㊴青鸾:古代传说中能报信的鸟。㊵花草:借指女子。栖迟:淹留不走。㊶"一鞭"句:形容夕阳余晖之景象。一鞭:指落日下山相距仅一鞭之长。

172

山坡羊·潼关怀古①

张养浩

　　峰峦如聚,波涛如怒,山河表里潼关路②,望西都③,意踟蹰④。伤心秦汉经行处⑤,宫阙万间都做了土⑥。兴,百姓苦;亡,百姓苦。

注释:①张养浩(1270—1329),山东济南人,历任礼部尚书等职,著有《云庄休居自适小乐府》及散曲等。本曲通过怀古,表现了对民间疾苦的关怀与同情。封建王朝的兴与亡,给百姓带来的都是苦难。兴则大兴土木,亡则兵连祸结,曲终一语破之。作者去世前数月,曾被任命为陕西行台中丞,治旱救灾。此曲或为赴任途中所作。②山河表里:《左传·僖公二十八年》,子犯曰:"若其不捷,表里山河,必无害也。"他劝晋文公与楚决战,言晋国内有山,外有河,即被击败,亦足固守。此曲引喻潼关内有华山,外有黄河,形势险要。③西都:泛指长安(今陕西西安)和咸阳一带。秦代和西汉建都于此。④意:心中。踟蹰:犹豫、徘徊。这里是思潮起伏不平的意思。⑤"伤心"句:行经秦汉故都,见历史遗迹,倍觉伤心。⑥宫,宫殿。阙,皇宫前的望楼。

吴　　士①

方孝孺

　　吴士好夸言,自高其能②,谓举世莫及。尤善谈兵③,谈必推孙、吴④。

　　遇元季乱⑤,张士诚称王姑苏⑥,与国朝争雄⑦。兵未决⑧。士谒士诚曰:"吾观今天下形势莫便于姑苏,粟帛莫富于姑苏,甲兵莫利于姑苏;然而不霸者⑨,将劣也。今大王之将,皆任贱大夫⑩,战而不知兵,此鼠斗耳⑪!王果能将吾⑫,中原可得,于胜小敌何有⑬?"士诚以为然,俾为将⑭,听自募兵⑮,戒司粟吏勿与较嬴缩⑯。

　　士尝游钱塘⑰,与无赖懦人交⑱。遂募兵于钱塘,无赖士皆起从之。得官者数十人,月靡粟万计⑲。日相与讲击刺坐作之法⑳,暇则斩牲㉑、具酒燕

173

饮㉒。其所募士，实未尝能将兵也㉓。

李曹公破钱塘㉔，士及麾下遁去㉕，不敢少格㉖。蒐得㉗，缚至辕门诛之㉘。垂死犹曰："吾善孙、吴法。"

注释：①本文是根据作者漫游吴越时所见所闻而写成的一篇"世戒"。文章以寓言开头，分别从言谈、行为和临刑前的自语等三个方面，勾画出一个"好夸言"、"尤善谈兵"的吴士形象。文章在情感的冷处理中进行客观的描述，形成了寓热于冷中，含而不露的寓言特色。②自高其能：自己抬高自己的本领。③谈兵：谈论用兵的方法。④孙、吴：古代的军事家孙武和吴起。⑤元季：元朝末年。⑥张士诚(1321—1367)：元末泰州(今属江苏大丰)人。本以操舟贩盐为业，元朝末年起兵，占据江浙一带富庶地区，定都平江(今江苏苏州)，称吴王。后为朱元璋所擒，自缢死。姑苏：今江苏苏州。⑦国朝：本朝，这里指明朝。争雄：争胜。⑧兵未决：战争的胜负未决。⑨霸：诸侯之长。这里指成为当时起兵者的领袖。⑩贱丈夫：没有学问和本领的人。⑪鼠斗：老鼠打架。⑫将吾：以我为将。⑬于胜小敌何有：对战胜小的敌人又算什么呢。⑭俾：使。⑮听：听任。⑯戒：告。司粟吏：管粮食的官吏。勿与较赢缩：不要计较多少。赢：通"赢"、"盈"，满。缩：不足。⑰钱塘：今浙江杭州。⑱无赖懦人：没有职业的、胆量小的人。⑲靡：耗费。⑳击刺坐作之法：击剑、刺枪、跪倒、起立的方法，泛指兵士练武的动作。㉑斩牲：杀牲口。㉒燕：同"宴"。㉓将兵：带领军队。㉔李曹公：即李文忠，明洪武年间以战功官至大都督府左都督，封为曹国公。㉕麾(huī)下：部下。㉖少格：略加抵抗。格：抗拒。㉗蒐得：搜索得到。蒐：同"搜"。㉘辕门：军营的大门。

见 村 楼 记①

归有光

昆山治成之隍②，或云即古娄江③。然娄江已湮④，以隍为江，未必然也。吴淞江自太湖西来⑤，北向若将趋入县城，未二十里，若抱若折，遂东南入于海，江之将南折也，背折而为新洋江。新洋江东数里，有地名罗巷村，亡友李中丞先世居于此⑥，因自号为罗村云。

174

中丞游宦二十余年。幼子延实，产于江右南昌之官廨⑦。其后每迁官，辄随。历东兖、汴、楚之境⑧，自岱岳、嵩山、匡庐、衡山、潇湘、洞庭之渚，延实无不识也。独于罗巷村者，生平犹昧之。中丞既谢世，延实卜居县城之东南门内金潼巷。有楼翼然，出于城闉之上⑨。前俯隍水，遥望三面，皆吴淞江之野。塘浦纵横，田塍如画，而村墟远近映带。延实日焚香洒扫读书其中，而名其楼曰"见村"。

余间过之，延实为具饭。念昔与中丞游，时时至其故宅所谓南楼者，相与饮酒论文。忽忽二纪⑩，不意遂已隔世。今独对其幼子饭，悲怅者久之。城外有桥，余常与中丞出郭造故人方思曾⑪，时其不在，相与凭栏，常至暮怅然而反。今两人者皆亡。而延实之楼，即方氏之故庐，予能无感乎？中丞自幼携策入城，往来省墓，及岁时出郊嬉游，经行术径⑫，皆可指也。孔子少不知父葬处，有挽父之母知而告之⑬。予可以为挽父之母乎？

延实既能不忘其先人，依然水木之思⑭，肃然桑梓之怀⑮，怆然霜露之感矣⑯。自古大臣子孙，蚤孤而自树者⑰，史传中多其人。延实勉之而已！

注释：①见村楼是作者亡友李中丞之子李延实的居所，四周塘浦纵横，村墟映带，悠然而恬淡。作者睹物思人，从与楼主李延实的交往，忆及与其父往昔的友情。物换星移，故人已逝，不觉黯然神伤。"悲怅者久之。"然后又忆及当年与李中丞同造访方思曾的情景，又引出一层怅然与哀伤。作者扣住见村楼，以楼怀人，用语浅近而感情深挚。②昆山：今属江苏。治城：县治，县城。隍：无水的城壕。③娄江：又名下江，亦称刘河、浏河。在江苏吴江市。④湮：堵塞。⑤吴淞江：古名淞江，一名苏州河。太湖最大的支流。⑥李中丞：李宪卿，字廉甫，昆山人，官至都察院左副都御史。⑦江右：今江西省境内。官廨(xiè)：官署。⑧东兖(yǎn)：今山东沿海一带。⑨闉(yīn)：古代瓮城的门。⑩纪：古代纪年的单位，12年为一纪。⑪方思曾：名元儒，昆山人。⑫术：邑中的道路。⑬"孔子"句：据《史记·孔子世家》和《礼记·檀弓上》记载，孔子幼时不知道父亲葬在哪里，问了鄹(zōu)曼父的母亲后才知道。挽父：即鄹曼父。⑭水木之思：想到水有源、木有根。喻对先辈的思念。⑮桑梓：故乡的代称。⑯霜露之感：《礼记·祭义》中说：看到霜露下降，君子应有凄怆之心，不忘祭祀，悼念先人。⑰蚤：通"早"。自树：自立。

自　赞①

李　贽

其性褊急②，其色矜高，其词鄙俗，其心狂痴③，其行率易④，其交寡而面见亲热。其与人也⑤，好求其过，而不悦其所长；其恶人也，既绝其人，又终身欲害其人。志在温饱，而自谓伯夷、叔齐⑥；质本齐人，而自谓饱道饫德⑦。分明一介不与，而以有莘藉口⑧；分明毫毛不拔，而谓杨朱贼仁⑨。动与物迕⑩，口与心违。其人如此，乡人皆恶之矣。昔子贡问夫子曰："乡人皆恶之，何如？"子曰："未可也⑪。"若居士，其可乎哉⑫！

注释：①文章开始以夸张的手法，简练的笔触，形神毕备地勾勒出一个"离经叛道"的异端形象。末尾又以孔子之言作结，对人物做了全盘否定。"否定之否定"即为肯定。作者以漫画的方式、自嘲的态度，把自己贬到无以复加、难以见容的地步，是为了反衬出自己高标特立的气节，表现了对自由、个性解放的追求。②褊急：气量狭窄、性格暴躁。按此文全篇皆用反语。③狂痴：狂妄不通事理。④率易：简单、轻率。⑤与：接近，亲附。⑥伯夷、叔齐：商末孤竹君之长子及次子。二人因互让君位而投奔周。又因反对武王灭商而逃至首阳山不食周粟而死。⑦"质本"句：齐人，指卑鄙虚伪的人。详见《孟子·离娄下》"齐人有一妻一妾"章。饱道饫德：喻道德修养高尚。⑧以有莘藉口：指以伊尹乐尧舜之道为借口。莘：国名。事见《孟子·万章上》⑨"分明"句：杨朱，战国初哲学家。反对墨子的兼爱思想，主张贵生、重己。见《列子·杨朱篇》。贼仁：损害道德、仁道。⑩迕：逆、违背。⑪"昔子贡"句：见《论语·子路篇》。⑫"若居士"句：这样的居士，怎么行呢！居士：犹处士，指有才德而隐居有仕的人，此李贽自指。

惊　梦①

汤显祖

［绕池游］　（旦上）梦回莺啭，乱煞年光遍②。人立小庭深院。（贴）炷尽沉

烟③,抛残绣线,恁今春关情似去年?

[乌夜啼]（旦）晓来望断梅关④,宿妆残⑤。（贴）你侧着宜春髻子恰凭阑⑥。（旦）剪不断,理还乱⑦,闷无端。（贴）已分付催花莺燕借春看。（旦）春香,可曾叫人扫除花径?（贴）分付了。（旦）取镜台衣服来。（贴取镜台衣服上）"云髻罢梳还对镜,罗衣欲换更添香。"⑧镜台衣服在此。

[步步娇]（旦）袅晴丝吹来闲庭院⑨,摇漾春如线。停半晌、整花钿。没揣菱花⑩,偷人半面,迤逗的彩云偏⑪。（行介）步香闺怎便把全身现!（贴）今日穿插的好。

[醉扶归]（旦）你道翠生生出落的裙衫儿茜⑫,艳晶晶花簪八宝填⑬,可知我常一生儿爱好是天然⑭。恰三春好处无人见⑮。不隄防沉鱼落雁鸟惊喧⑯,则怕的羞花闭月花愁颤。（贴）早茶时了,请。（行介）你看:"画廊金粉半零星,池馆苍苔一片青。踏草怕泥新绣袜⑰,惜花疼煞小金铃⑱。"（旦）不到园林,怎知春色如许!

[皂罗袍]原来姹紫嫣红开遍⑲,似这般都付与断井颓垣。良辰美景奈何天,赏心乐事谁家院⑳!恁般景致,我老爷和奶奶再不提起。（合）朝飞暮卷㉑,云霞翠轩;雨丝风片,烟波画船——锦屏人忒看的这韶光贱㉒!（贴）是花都放了㉓,那牡丹还早。

[好姐姐]（旦）遍青山啼红了杜鹃㉔,荼蘼外烟丝醉软㉕。春香呵,牡丹虽好,他春归怎占的先㉖!（贴）成对儿莺燕呵。（合）闲凝眄,生生燕语明如翦㉗,呖呖莺歌溜的圆。（旦）云罢。（贴）这园子委是观之不足也㉗。（旦）提他怎的!（行介）

[隔尾]观之不足由他缱㉘,便赏遍了十二亭台是枉然。到不如兴尽回家闲过遣。（作到介）（贴）"开我西阁门,展我东阁床㉙。瓶插映山紫,炉添沉水香。"小姐,你歇息片时,俺瞧老夫人去也。（下）（旦叹介）"默地游春转,小试宜春面㉚。"春呵,得和你两留连,春去如何遣?咳,恁般天气,好困人也。春香哪里?（作左右瞧介）（又低自沉吟介）天呵,春色恼人,信有之乎!常观诗词乐府,古之女子,因春感情,遇秋成恨,诚不谬矣。吾今年已二八,未逢折桂之夫;忽慕春情,怎得蟾宫之客?昔日韩夫人得遇于郎㉛,张生偶逢崔氏㉜,曾有《题红记》《崔徽传》二书。此佳人才子,前似密约偷期㉝,后皆得成秦晋㉞。（长叹介）吾生于宦族,长于名门。年已及笄㉟,不得早成佳配,诚为虚度青春。光阴如过隙耳。（泪介）可惜妾身颜色如花,岂料命如一叶乎㊱!

177

〔山坡羊〕 没乱里春情难遣㊲，蓦地里怀人幽怨。则为俺生小婵娟，拣名门一例、一例里神仙眷。甚良缘，把青春抛的远！俺的睡情谁见？则索因循缅腼㊳。想幽梦谁边，和春光暗流转？迁延，这衷怀那言说！淹煎，泼残生㊴，除问天！身子困乏了，且自隐儿而眠㊵。（睡介）（梦生介）（生持柳枝上）"莺逢日暖歌声滑，人遇风情笑口开。一径落花流水入，今朝阮肇到天台㊶。"小生顺路儿跟着杜小姐回来，怎生不见？（回看介）呀，小姐，小姐！（旦作惊起介）（相见介）（生）小生那一处不寻访小姐来，却在这里！（旦作斜视不语介）（生）恰好花园内，折取垂柳半枝。姐姐，你既淹通书史，可作诗以赏此柳枝乎？（旦作惊喜，欲言又止介）（背想）这素昧平生，何因到此？（生笑介）小姐，咱爱杀你哩！

〔山桃红〕 则为你如花美眷，似水流年，是答儿闲寻遍㊷。在幽闺自怜。小姐，和你那答儿讲话去。（旦作含笑不行）（生作牵衣介）（旦低问）那边去？（生）转过这芍药栏前，紧靠着湖山石边。（旦低问）秀才，去怎的？（生低答）和你把领扣松，衣带宽，袖梢儿揾着牙儿苫也，则待你忍耐温存一晌㊸眠。（旦作羞）（生前抱）（旦推介）（合）是那处曾相见，相看俨然，早难道这好处相逢无一言㊹？（生强抱旦下）（末扮花神束发冠，红衣插花上）"催花御史惜花天㊺，检点春工又一年。蘸客伤心红雨下㊻，勾人悬梦彩云边。"吾乃掌管南安府后花园花神也。因杜知府小姐丽娘，与柳梦梅秀才，后日有姻缘之分。杜小姐游春感伤，致使刘秀才入梦。咱花神专掌惜玉怜香，竟来保护他，要他云雨十分欢幸也。

〔鲍老催〕 （末）单则是混阳烝变，看他似虫儿般蠢动把风情煽。一般儿娇凝翠绽魂儿颤㊼。这是景上缘㊽，想内成，因中见。呀，淫邪展污了花台殿㊾。咱待拈片落花儿惊醒他。（向鬼门丢花介）㊿他梦酣春透了怎留连？拈花闪碎的红如片。秀才才到的半梦儿；梦毕之时，好送杜小姐仍归香阁。吾神去也。（下）

〔山桃红〕 （生、旦携手上）（生）这一霎天留人便，草藉花眠。小姐可好？（旦低头介）（生）则把云鬟点，红松翠偏。小姐休忘了呵，见了你紧相偎，慢厮连，恨不得肉儿团成片也，逗的个日下胭脂雨上鲜。（旦）秀才，你可去呵？（生）姐姐，你身子乏了，将息，将息。（送旦依前作睡介）（轻拍旦介）姐姐，俺去了。（作回顾介）姐姐，你可十分将息，我再来瞧你那。"行来春色三分雨，睡去巫山一片云。"（下）（旦作惊醒，低叫介）秀才，秀才，你去了也？（又作痴

178

睡介)(老旦上)"夫婿坐黄堂,娇娃立绣窗。怪他裙衩上,花鸟绣双双。"孩儿,孩儿,你为甚睡在此!(旦作醒,叫秀旦介)咳也。(老旦)孩儿怎的来?(旦作惊起介)奶奶到此!(老旦)我儿,何不做些针指,或观玩书史,舒展情怀?因何昼寝于此?(旦)孩儿适花园中闲玩,忽值春暄恼人,故此回房。无可消遣,不觉困倦少息,有失迎接,望母亲恕儿之罪。(老旦)孩儿,这后花园中冷静,少去闲行。(旦)领母亲严命。(老旦)孩儿,学堂看书去。(旦)先生不在,且自消停㊳。(老旦叹介)女孩儿长成,自有许多情态,且自由他。正是:"宛转随女儿,辛勤做老娘。"(下)(旦长叹介)(看老旦下介)哎也,天那,今日杜丽娘有些侥幸也。偶到后花园中,百花开遍,睹景伤情。没兴而回,昼眠香阁。忽见一生,年可弱冠㊴,丰姿俊妍。于园中折得柳丝一枝,笑对奴家说:"姐姐既淹通书史,何不将柳枝题赏一篇?"那时待要应他一声,心中自忖,素昧平生,不知名姓,何得轻与交言。正如此想问,只见那生向前说了几句伤心话儿,将奴搂抱去牡丹亭畔,芍药阑边,共成云雨之欢。两情和合,真个是千般爱惜,万种温存。欢毕之时,又送我睡眠,几声"将息"。正待自送那生出门,忽值母亲到来,唤醒将来。我一身冷汗,乃是南柯一梦㊵。欠身参礼母亲,又被母亲絮了许多闲话。奴家口虽无言答应,心内思想梦中之事,何曾放怀。行坐不宁,自觉如有所失。娘呵,你教我学堂看书去,知他看那一种书消闷也。(作掩泪介)

[绵搭絮] 雨香云片㊶,才到梦儿边。无奈高堂,唤醒纱窗睡不便。泼新鲜冷汗粘煎,闪的俺心悠步嚲㊷,意软鬅偏。不争多费尽神情㊸,坐起谁忺㊹?则待去眠。(贴上)"晚妆销粉印,春润费香篝㊺。"小姐,薰了被窝睡罢。

[尾声] (旦)困春心游赏倦,也不索香薰绣被眠。天呵,有心情那梦儿还去不远。

春望逍遥出画堂,张　说　闲梅遮柳不胜芳。罗　隐
可知刘阮逢人处?许　浑　回首东风一段肠。韦　庄

注释:①《牡丹亭还魂记》共五十五出,《惊梦》为其中第十出,描述女主角杜丽娘在侍女春香的怂恿下偷游后花园,引起无限伤感后在牡丹亭小憩时入梦与书生柳梦梅相会的情景。是该剧的高潮之一。②乱煞年光遍:缭乱的春光到处都是。③沉烟:沉水香,熏用的香料。④梅关:即大庾岭,宋代在这里设有梅关。在本剧故事发生地点江西省南安府(大庾)的南面。⑤宿妆:隔夜

残妆。⑥宜春髻子：相传立春那天，妇女剪彩作燕子状，戴在髻上，上贴"宜春"二字。见《荆楚岁时记》。⑦剪不断，理还乱：南唐后主李煜词《相见欢》中的两句。⑧罗衣欲换更添香两句：薛逢诗《宫词》中的两句，见《全唐诗》卷二十。⑨晴丝：游丝、飞丝，也即后文所说的烟丝，虫类所吐的丝缕，常在空中飘游。在春天晴朗的日子最易看见。⑩没揣：不意，蓦然。菱花，镜子。古时用铜镜，背面所铸花纹一般为菱花，因此称菱花镜，或用菱花作镜子的代称。⑪迤逗的彩云偏：迤逗，引惹，挑逗；彩云，美丽的发卷的代称。全句，想不到镜子（拟人化）偷偷地照见了她。害得（迤逗的）她羞答答地把发卷也弄歪了。这几句写出一个少女的含情脉脉的微妙心理，她是连看见镜子里的自己影子也有些不好意思的。迤逗，元曲中或作拖逗。⑫翠生生出落的裙衫儿茜(qiàn)：翠生生，极言彩色鲜艳。苏轼诗："一朵妖红翠俗流。"用法正同。见（苏轼编注集成）卷十一《和述古冬日牡丹》四首。《老学庵笔记》卷八："翠鲜，犹言鲜明也。"出落的，显出，衬托出。茜，茜红色。⑬艳晶晶花簪八宝填：镶嵌着多种宝石的光灿灿的簪子。⑭天然：天性使然。上文爱好，犹言爱美。《紫箫记》十一《懒画眉》："道你绿鬓乌纱映画罗。"丫环赞李十郎词，下接十郎云："小生从来带一种爱好的性子。"用法正同。现在浙江还有这样的方言。⑮三春好处：比喻自己的青春美貌。⑯沉鱼落雁：小说戏曲中用来形容女人的美貌。意思说，鱼见到她的美色，自愧不如而下沉；雁则为贪看她的美色而停落下来。下文羞花闭月，同。⑰泥：沾污。这里作动词用。⑱惜花疼煞小金铃：《开元天宝遗事》："天宝初，宁王……于后园中纫红丝为绳，密缀金铃，系于花梢之上。每有鸟鹊翔集，则令园吏掣铃索以惊之。盖惜花之谷野。"疼，为惜花常常掣铃，连小金铃都被拉得疼煞了。这是夸大的拟人化描写。⑲姹(chà)紫嫣红：花色鲜艳貌。⑳谁家：哪一家。一说作"甚么"解，见张相《诗词曲语辞汇释·谁家》条。全句本谢灵运《拟魏太子邺中集诗序》："天下良辰美景赏心乐事，四处难并。"㉑朝飞暮卷：唐王勃《滕王阁诗》："画栋朝飞南浦云，朱帘暮卷西山雨。"㉒锦屏人：深闺中人，包括自己在游园前。㉓是：凡是，所有的。㉔啼红了杜鹃：开遍了红色的杜鹃花。从杜鹃(鸟)泣血联想起来的。㉕荼蘼：花名，晚春时开放。㉖牡丹虽好，他春归怎占的先：《诚斋乐府·牡丹品》第三折《喜迁莺》："花索让牡丹先。"㉗观之不足：看不厌。㉘缱：留恋、牵绾。㉙开我西阁门，展我东阁床：《木兰诗》："开我东阁门，坐我西阁床。"㉚映山紫：映山红(杜鹃花)的一种。㉛宜春面：指新妆。参看注⑤。

㉜韩夫人得遇于郎:唐人传奇故事:"唐僖宗时,宫女韩氏以红叶题诗,从御沟中流出,被于郎拾到。"于也以红叶题诗,投入沟水的上流,寄给韩氏。后来两人结为夫妇。见《青琐高议》前集卷五《流红记》,见王骥德《曲律·杂论》第三十九下。㉝张生偶逢崔氏:即张生和崔莺莺的爱情故事,见唐元稹《会真记》。后来《西厢记》演的就是这个故事。下文说的《崔徽传》是另外一个故事,见《丽情集》:妓女崔徽和裴敬中相爱,分别之后不再相见。崔徽请画工画了一幅像,托人带给敬中说:"崔徽一旦不及卷中人,徽且为郎死矣!"这里的《崔徽传》疑是《莺莺传》或《西厢记》的笔误。㉞偷期:幽会。㉟得成秦晋:得成夫妇。春秋时代,秦、晋两国世代联姻,后世称联姻为秦晋之好。㊱及笄(jī):古代女子十五岁开始以笄(簪)束发,叫及笄。见《礼记·内则》。及笄,意指女子已成年,到了婚配的年龄。㊲岂料命如一叶句:元好问《鹧鸪天·薄命妾》词:"颜色如花画不成,命如叶薄可怜生。"㊳没乱里:形容心绪很乱。㊴腼腆:害羞。则索:只得。索:要,须。㊵淹煎、泼残生:淹煎,受煎熬,遭磨折;泼残生,苦命儿。泼,表示厌恶,原来是骂人的话。㊶隐几:靠着几案。㊷阮肇到天台:见到爱人。用刘晨和阮肇在天台山桃源洞遇见仙女的故事。㊸是答儿:到处。是,凡。下文,那答儿,那边。㊹一晌:一会儿。㊺早难道——这里就是难道,但语气较强。㊻催花御史:《说郛》卷二十七《云仙散录》引《玉集》:唐"穆宗,每宫中花开,则以重顶蒙蔽栏槛,置惜花御史掌之。"㊼蘸:指红雨(落花)沾在人的身上。㊽单则是混阳烝变……魂儿颤:形容幽会。㊾景上缘:景,影;与下文的想、因都是佛家的说法。景上缘,想内成,喻姻缘短暂,是不真实的梦幻。因中见(现),佛家认为一切事物都由因缘凑合而成。㊿展污:沾污、弄脏。(51)鬼门:一作古门,戏台上演员的上、下场门。(52)消停:休息。(53)弱冠:二十岁。《礼·曲礼》上:"人生十年曰幼,学;二十曰弱,冠;三十曰壮,有室……"冠,男子到二十岁行冠礼,表示已经成人。(54)南柯一梦:唐人传奇故事:淳于棼梦见自己被大槐安国国王招为驸马,作南柯太守。历尽富贵荣华,人世浮沉。醒来,才发现槐安国不过是大槐树下的一个蚁穴,南柯郡则是南面树枝下的另一个蚁穴。见《太平广记》卷四七五引李公佐《淳于棼》。南柯,后来被用作梦的代称。(55)雨香云片:云雨,指梦中的幽会。(56)步蝉:脚步挪不动。上文闪得俺,弄得我,害得我。(57)不争多:差不多,几乎。(58)忺:惬意。(59)香篝:即熏笼,熏香用。

181

徐文长传^①

袁宏道

　　余少时过里肆中^②，见北杂剧有《四声猿》^③，意气豪达，与近时书生所演传奇绝异，题曰："天池生"^④，疑为元人作。后适越^⑤，见人家单幅上署"田水月"者^⑥，强心铁骨，与夫一种磊块不平之气^⑦，字画之中，宛宛可见^⑧，意甚骇之，而不知田水月为何人。

　　一夕，坐陶编修楼^⑨，随意抽架上书，得《阙编》诗一帙^⑩。恶楮毛书^⑪，烟煤败黑^⑫，微有字形，稍就灯间读之，读未数首，不觉惊跃，急呼石篑："《阙编》何人作者？今耶，古耶？"石篑曰："此余乡先辈徐天池先生书也。先生名渭，字文长，嘉、隆间人^⑬，前五六年方卒。今卷轴题额上有田水月者，即其人也。"余始悟前后所疑，皆即文长一人。又当诗道荒秽之时，获此奇秘，如魇得醒^⑭。两人跃起，灯影下，读复叫，叫复读，童仆睡者皆惊起。

　　余自是或向人，或作书^⑮，皆首称文长先生^⑯。有来看余者，即出诗与之读。一时名公巨匠^⑰，浸浸知向慕云^⑱。

　　文长为山阴秀才^⑲，大试辄不利^⑳，豪荡不羁。总督胡梅林公知之^㉑，聘为幕客。文长与胡公约："若欲客某者^㉒，当具宾礼，非时辄得出入^㉓。"胡公皆许之。文长乃葛衣乌巾，长揖就坐，纵谈天下事，旁若无人，胡公大喜。是时，公督数边兵^㉔，威振东南，介胄之士^㉕，膝语蛇行^㉖，不敢举头；而文长以部下一诸生傲之，信心而行^㉗，恣臆谈谑，了无忌惮。会得白鹿^㉘，属文长代作表。表上，永陵喜甚^㉙。公以是益重之，一切疏记^㉚，皆出其手。

　　文长自负才略，好奇计，谈兵多中^㉛。凡公所以饵汪、徐诸虏者^㉜，皆密相议，然后行。尝饮一酒楼，有数健儿亦饮其下，不肯留钱。文长密以数字驰公^㉝，公立命缚健儿至麾下^㉞，皆斩之，一军股栗^㉟。有沙门负资而秽^㊱，酒间偶言于公，公后以他事杖杀之。其信任多此类。

　　胡公既怜文长之才^㊲，哀其数困^㊳，时方省试，凡入帘者^㊴，公密属曰："徐子，天下才，若在本房^㊵，幸勿脱失。"皆曰："如命^㊶。"一知县以他羁后至^㊷，至期方谒公，偶忘属，卷适在其房，遂不偶^㊸。

　　文长既已不得志于有司^㊹，遂乃放浪曲糵^㊺，恣情山水，走齐鲁燕赵之地，穷览朔漠⑯。其所见山崩海立,沙起云行,风鸣树偃,幽谷大都,人物鱼鸟,一切可惊可愕之状,一一皆达之于诗。其胸中又有勃然不可磨灭之气,英雄失路,托足无门之悲⑰,故其为诗,如嗔如笑,如水鸣峡,如种出土,如寡妇之夜哭,羁人之寒起⑱。当其放意,平畴千里,偶尔幽峭,鬼语秋坟⑲。文长眼空千古,独立一时⑳。当时所谓达官贵人,骚士墨客,文长皆叱而奴之㉑,耻不与交,故其名不出于越。悲夫!

一日,饮其乡大夫家。乡大夫指筵上一小物求赋,阴令童仆续纸丈余进㉒,欲以苦之。文长援笔立成,竟满其纸,气韵遒逸,物无遁情㉓,一座大惊。

文长喜作书,笔意奔放如其诗,苍劲中姿媚跃出。余不能书,而谬谓文长书决当在王雅宜、文徵中之上㉔。不论书法,而论书神㉕,先生者,诚八法之散圣㉖,字林之侠客也。间以其余,旁溢为花草竹石,皆超逸有致㉗。

卒以疑,杀其继室,下狱论死。张阳和力解㉘,乃得出。既出,倔强如初。晚年愤益深,佯狂益甚。显者至门,皆拒不纳。当道官至,求一字不可得。时携钱至酒肆,呼下隶与饮。或自持斧击破其头,血流被面㉙,头骨皆折,揉之有声。或以利锥锥其两耳,深入寸余,竟不得死。

石篑言:"晚岁,诗文益奇,无刻本,集藏于家。"余同年有官越者,托以抄录,今未至。余所见者,《徐文长集》、《阙编》二种而已。然文长竟以不得志于时,抱愤而卒。

石公㉚曰:"先生数奇不已㉛,遂为狂疾;狂疾不已,遂为圄圉㉜。古今文人,牢骚困苦㉝,未有若先生者也。虽然㉞,胡公间世豪杰㉟,永陵英主,幕中礼数异等,是胡公知有先生矣;表上,人主悦,是人主知有先生矣。独身未贵耳㊱。先生诗文崛起,一扫近代芜秽之习,百世而下,自有定论,胡为不遇哉㊲!"

梅客生㊳尝寄余书曰:"文长,吾老友,病奇于人,人奇于诗,诗奇于字,字奇于文,文奇于画。"余谓:文长,无之而不奇者也。无之而不奇,斯无之而不奇也哉㊴!悲夫!

注释:①袁宏道(1568—1610),字中郎,号石公,公安(今属湖北)人。万历进士,是晚明文坛"公安派"的领袖。主张为文须"独抒性灵,不拘格套",在当时文坛产生了很大影响。与其兄宗道、弟中道并享盛名,世称"三袁"。作品编为《袁中郎集》。本文以简明的笔调对徐渭其人其事作了生动的描述,表

现出对徐渭才气的由衷钦佩，对徐渭遭际的深切同情和对徐渭率性任情、恣意表现的浪漫精神的赞颂，体现了作者“独抒性灵，不拘格套”的文学主张。②里肆：街头店铺。③北杂剧：即北曲。《四声猿》：徐渭创作的一组短剧，包括《狂鼓吏》、《玉禅师》、《雌木兰》和《女状元》。④天池生：徐渭别号。⑤适：往，到。越：今浙江绍兴一带的古称。⑥田水月：徐渭别号。三字合起来即为“渭”。⑦磊块：本意为石块，后常用来比喻胸中郁积的愤懑不平之气。⑧宛宛：宛如，仿佛。⑨陶编修：陶望龄，字周望，号石篑，会稽(今浙江绍兴)人，曾任翰林院编修。⑩帙(zhì)：书套。一帙：一函或一册。⑪恶楮毛书：纸质低劣，装订粗糙。楮：树名，其皮可作纸，故作纸的代称。⑫烟煤败黑：形容印刷质量很差。⑬嘉、隆：嘉靖、隆庆，明中叶的两个年号。⑭魇(yǎn)：恶梦。⑮作书：写信。⑯首称：首先赞扬。⑰名公巨匠：指有名声有成就的文人。⑱浸浸：渐渐。向慕：向往爱慕。⑲山阴：今浙江绍兴。⑳大试：指考取举人的乡试(省试)，与考取秀才的“小试”相对而言。㉑胡梅林：胡宗宪，字汝贞，号梅林，曾任浙江巡按御史，升兵部右侍郎总督军务，剿倭有功。㉒客某：使我受聘为幕僚。某：文长自指。㉓非时：不按规定的时间。㉔数边兵：明代边防设有九镇，称为九边，此指胡宗宪统帅了几镇的兵马平定倭寇。㉕介胄：盔甲。此指披甲戴盔。㉖膝语蛇行：跪着说话，像蛇一样匍伏而行。㉗信心：任意。㉘会：适逢。㉙永陵：指嘉靖皇帝。他的墓称永陵。㉚疏记：奏疏等公文。㉛谈兵多中(zhòng)：所论军事谋略大多切中关键。㉜饵：引诱。汪、徐：汪直、徐海，海盗首领，与倭寇勾结乱于浙江沿海，被胡宗宪设计诱降后诛杀。㉝数字驰公：写短简(差人)急送胡总督。㉞麾下：将帅部下，此代指军营。㉟股栗：大腿颤抖，形容恐惧的样子。㊱沙门：僧人。负资而秽：有钱财而行为肮脏。㊲怜：爱惜。㊳数困：多次参加乡试受挫。㊴入帘：担任考官。明代科举考官也叫帘官。㊵房：科举考试中，协助主考的官员阅卷时各占一房，故称房官。㊶如命：遵命。㊷以他羁：因其他事情被拖住。㊸不偶：不成功。偶：与奇(jī)相对，遇合。㊹有司：官吏，此指试官。㊺放浪曲糵：放纵酗酒。曲糵(qū niè)：酿酒发酵剂，代指酒。㊻穷览：尽览。朔漠：北方荒漠。㊼托足无门：无处安身。㊽羁人之寒起：羁旅之人冒寒早起。这两句既形容孤独、凄冷的意绪，又含有心声自然流露的意思。㊾平畴：原野。㊿鬼语秋坟：形容境界深幽清冷。(51)独立一时：当代杰出而不合群。(52)奴之：视为奴仆一般。(53)阴令：暗中指使。续纸丈余进：把纸连接成一丈多长后奉上。(54)物无遁情：物的情状没有一毫遗漏。㊙王雅宜：明代书法家王宠,号雅宜山人。文徵中：文徵明,字徵中,也是明中叶的书法家、文学家。㊙书法：写字的法度。书神：写字时透露出的神采韵味。㊼八法：书法理论中有"永字八法"之说,此代指书法艺术。散圣：放纵不羁而自成大家。㊽间：有时。其余：他的余力。㊾旁溢为花草竹石：指在书法之外又喜绘画。㉚超逸有致：高远飘逸,富于情致。㉛张阳和：张元汴,号阳和,徐渭之友,曾任翰林院编修等职。力解：尽力解救。㉜被面：满脸。被(pī)同"披"。㉝石公：作者之号,这里是自称。㉞数奇(jī)：命运不好。㉟囹圄(líng yǔ)：牢狱。㊱牢骚：忧愁。㊲虽然：即使这样。㊳间世：隔世,此指不常见。㊴未贵：指未曾做官。㊵遇：遇合,指施展抱负的机会。㊶梅客生：作者友人梅国桢。㊷本句第一个"奇"作"奇异"解,后一"奇"当读作"数奇"之"奇"。

西湖七月半①

张　岱

西湖七月半,一无可看,只可看看七月半之人。看七月半之人,以五类看之。其一,楼船箫鼓,峨冠盛筵,灯火优傒②,声光相乱,名为看月而实不见月者,看之;其一,亦船亦楼,名娃闺秀③,携及童娈④,笑啼杂之,环坐露台⑤,左右盼望,身在月下而实不看月者,看之;其一,亦船亦声歌,名妓闲僧,浅斟低唱,弱管轻丝⑥,竹肉相发⑦,亦在月下,亦看月而欲人看其看月者,看之;其一,不舟不车,不衫不帻⑧,酒醉饭饱,呼群三五,跻入人丛,昭庆、断桥⑨,嘄呼嘈杂⑩,装假醉,唱无腔曲,月亦看,看月者亦看,不看月者亦看,而实无一看者,看之;其一,小船轻幌,净几暖炉,茶铛旋煮⑪,素瓷静递,好友佳人,邀月同坐,或匿影树下,或逃嚣里湖⑫,看月而人不见其看月之态,亦不作意看月者⑬,看之。

杭人游湖,巳出酉归⑭,避月如仇⑮。是夕好名,逐队争出,多犒门军酒钱⑯,轿夫擎燎⑰,列俟岸上。一入舟,速舟子急放断桥⑱,赶入胜会。以故二鼓以前⑲,人声鼓吹,如沸如撼,如魇如呓,如聋如哑,大船小船,一齐凑岸,一无所见,止见篙击篙,舟触舟,肩摩肩,面看面而已。少刻兴尽,官府席散,皂隶喝道去。轿夫叫,船上人怖以关门⑳,灯笼火把如列星,一一簇拥而去。

185

岸上人亦逐队赶门,渐稀渐薄,顷刻散尽矣。

吾辈始舣舟近岸㉒。断桥石磴始凉,席其上,呼客纵饮。此时月如镜新磨,山复整妆,湖复颒面㉓,向之浅斟低唱者出㉔,匿影树下者亦出,吾辈往通声气,拉与同坐。韵友来,名妓至,杯箸安,竹肉发。月色苍凉,东方将白,客方散去。吾辈纵舟㉕酣睡于十里荷花之中,香气拘人,清梦甚惬。

注释: ①张岱(1597—1679),字宗子,又字石公,号陶庵,浙江山阴(今绍兴)人。文学创作以小品文见长。文笔清新生动,饶有情趣,风格独特。著有《陶庵梦忆》、《西湖梦寻》、《琅嬛文集》、《石匮书》等。本文选自《陶庵梦忆》,描述了明末杭州人七月半游西湖的盛况,以简练的文笔,重现了当时的西湖风光和世风民习,并通过对各类游客看月情态的描摹刻画,嘲讽了达官显贵附庸风雅的丑态和市井百姓比凑热闹的俗气,标举文人雅士清高拔俗的情趣。②优傒(xī):乐伎与奴仆。③名娃:美女。④童娈(luán):俊童。娈:美貌。⑤还:通"环",环绕。露台:露天的台榭。⑥管:箫笛之类管乐器。丝:阮筝之类弦乐器。⑦竹肉相发:器乐声伴着歌声。竹:本指竹制管乐器,此泛指器乐演奏。肉:歌喉。⑧衫:长衣。帻(zé):头巾。⑨昭庆:昭庆寺,与断桥同为西湖名胜。⑩嗥(xiāo):叫,呼喊。⑪茶铛(chēng):煮茶的小锅。⑫逃嚣:躲避喧嚣。里湖:西湖白堤以内的部分。⑬作意:刻意,特别用心。⑭巳:巳时,即上午九时至十一时。酉:酉时,即下午五时至七时。⑮避月如仇:讽刺语,指缺乏赏月这种雅兴。⑯门军:把守城门的兵士。⑰燎:火把。⑱速:催促。放:向……行船。⑲二鼓:二更。旧时夜间以鼓点声报时。⑳鼓吹:奏乐声。㉑怖以关门:用城门将闭来吓唬催促(游客)。㉒舣(yǐ):使船靠岸。㉓颒(huì):洗脸。㉔向:先前。㉕纵舟:任船漂流。

游天台山日记①

浙江台州府②

癸丑(万历四十一年,公元1613年)之三月晦③。自宁海④出西门⑤。云散日朗,人意山光,俱有喜态。三十里,至梁隍山。闻此地於菟⑥夹道,月伤

186

数十人,遂止宿。

四月初一日早雨。行十五里,路有歧,马首西向台山,天色渐霁。又十里,抵松门岭,山峻路滑,舍骑步行。自奉化⑦来,虽越岭数重,皆循山麓;至此迂回临陟,俱在山脊。而雨后新霁,泉声山色,往复创变,翠丛中山鹃映发,令人攀历忘苦。又十五里,饭于筋竹庵。山顶随处种麦。从筋竹岭南行,则向国清大路。适有国清僧云峰同饭,言此抵石梁,山险路长,行李不便,不若以轻装往,而重担向国清相待。余然之,令担夫随云峰往国清,余与莲舟上人⑧就石梁道。行五里,过筋竹岭。岭旁多短松,老干屈曲,根叶苍秀,俱吾阊门盆中物也。又三十余里,抵弥陀庵。上下高岭,深山荒寂,恐藏虎,故草木俱焚去。泉轰风动,路绝旅人。庵在万山坳中,路荒且长,适当其半,可饭可宿。

初二日饭后,雨始止。遂越潦攀岭,溪石渐幽。二十里,暮抵天封寺⑨。卧念晨上峰顶,以朗霁为缘,盖连日晚霁,并无晓晴。及五更梦中,闻明星满天,喜不成寐。

初三日晨起,果日光烨烨,决策向顶。上数里,至华顶庵;又三里,将近顶,为太白堂,俱无可观。闻堂左下有黄经洞,乃从小径。二里,俯见一突石,颇觉秀蔚。至则一发僧结庵于前,恐风自洞来,以石甃⑩塞其门,大为叹惋。复上至太白,循路登绝顶⑪。荒草靡靡,山高风冽,草上结霜高寸许,而四山回映,琪花玉树,玲珑弥望。岭角山花盛开,顶上反不吐色,盖为高寒所勒耳。

仍下华顶庵,过池边小桥,越三岭。溪回山合,木石森丽,一转一奇,殊惬所望⑫。二十里,过上方广,至石梁,礼佛昙花亭,不暇细观飞瀑。下至下方广,仰视石梁飞瀑,忽在天际。闻断桥、珠帘尤胜,僧言饭后行犹及往返,遂由仙筏桥向山后。越一岭,沿涧八九里,水瀑从石门泻下,旋转三曲。上层为断桥,两石斜合,水碎迸石间,汇转入潭;中层两石对峙如门,水为门束,势甚怒;下层潭口颇阔,泻处如阃⑬,水从坳中斜下。三级俱高数丈,各极神奇,但循级而下,宛转处为曲所遮,不能一望尽收。又里许,为珠帘水,水倾下处甚平阔,其势散缓,滔滔汨汨。余赤足跳草莽中,揉木缘崖,莲舟不能从。暝色⑭四下,始返。停足仙筏桥,观石梁卧虹,飞瀑喷雪,几不欲卧。

初四日天山一碧如黛。不暇晨餐,即循仙筏上昙花亭,石梁即在亭外⑮。梁阔尺余,长三丈,架两山坳间。两飞瀑从亭左来,至桥乃合流下坠,雷轰河隑,百丈不止。余从梁上行,下瞰深潭,毛骨俱悚。梁尽,即为大石所隔,不能

187

达前山，乃还。过昙花，入上方广寺。循寺前溪，复至隔山大石上，坐观石梁。为下寺僧促饭，乃去。饭后，十五里，抵万年寺，登藏经阁。阁两重，有南北经两藏。寺前后多古杉，悉三人围，鹤巢于上，传声嘹呖[16]，亦山中一清响也。是日，余欲向桐柏宫，觅琼台、双阙，路多迷津，遂谋向国清。国清去万年四十里，中过龙王堂[17]。每下一岭，余谓已在平地，及下数重，势犹未止，始悟华顶之高，去天非远！日暮，入国清[18]，与云峰相见，如遇故知，与商探奇次第。云峰言："名胜无如两岩，虽远，可以骑行。先两岩而后步至桃源，抵桐柏，则翠壁、赤城，可一览收矣。"

初五日有雨色，不顾，取寒、明两岩道，由寺向西门觅骑。骑至，雨亦至。五十里至步头，雨止，骑去。二里，入山，峰萦水映，木秀石奇，意甚乐之。一溪从东阳来，势甚急，大若曹娥[19]。四顾无筏，负奴背而涉。深过于膝，移渡一涧，几一时。三里，至明岩。明岩为寒山、拾得[20]隐身地，两山回曲，志所谓八寸关也。入关，则四围峭壁如城。最后，洞深数丈，广容数百人。洞外，左有两岩，皆在半壁；右有石笋突耸，上齐石壁，相去一线，青松紫蕊，蓊苁[21]于上，恰与左岩相对，可称奇绝。出八寸关，复上一岩，亦左向。来时仰望如一隙，及登其上，明敞容数百人。岩中一井，曰仙人井，浅而不可竭。岩外一突石，高数丈，上岐立如两人，僧指为寒山、拾得云。入寺。饭后云阴溃散，新月在天，人在回岩顶上，对之清光溢壁。

初六日凌晨出寺，六七里至寒岩。石壁直上如劈，仰视空中，洞穴甚多。岩半有一洞，阔八十步，深百余步，平展明朗。循岩右行，从石隘仰登。岩坳有两石对耸，下分上连，为鹊桥，亦可与方广石梁争奇，但少飞瀑直下耳。还饭僧舍，觅筏渡一溪。循溪行山下，一带峭壁巉崖，草木盘垂其上，内多海棠紫荆，映荫溪色，香风来处，玉兰芳草，处处不绝。已至一山嘴，石壁直竖涧底，涧深流驶，旁无余地。壁上凿孔以行，孔中仅容半趾，逼身而过，神魄为动。自寒岩十五里至步头，从小路向桃源。桃源在护国寺旁，寺已废，土人茫无知者。随云峰莽行曲路中，日已堕，竟无宿处，乃复问至坪头潭[22]。潭去坪头仅二十里，今从小路，反迂回三十余里宿，信桃源误人也！

初七日自坪头潭行曲路中三十余里，渡溪入山。又四五里，山口渐夹，有馆曰桃花坞。循深潭而行，潭水澄碧，飞泉自上来注，为鸣玉涧。涧随山转，人随涧行。两旁山皆石骨，攒峦夹翠，涉目成赏，大抵胜在寒、明两岩间。涧穷路绝，一瀑从山坳泻下，势甚纵横。出饭馆中，循坞[23]东南行，越两岭，寻所谓"琼台"、"双阙",竟无知者。去数里,访知在山顶。与云峰循路攀援,始达其巅。下视峭削环转,一如桃源,而翠壁万丈过之。峰头中断,即为双阙㉔;双阙所夹而环者,即为琼台。台三面绝壁,后转即连双阙。余在对阙,日暮不及复登,然胜已一目尽矣。遂下山,从赤城后还国清,凡三十里。

初八日离国清,从山后五里登赤城㉕。赤城山顶圆壁特起,望之如城,而石色微赤。岩穴为僧舍凌杂,尽掩天趣。所谓玉京洞、金钱池、洗肠井,俱无甚奇。

注释:①本文选自《徐霞客游记》。徐霞客(1587—1641),明地理学家、旅行探险家,名弘祖,字振之,号霞客,江苏江阴人,一生游遍大江南北,并将旅途观察所得按日记记载,死后由友人整理成《徐霞客游记》,是一部富有地理价值和文学价值的作品。天台山系佛教天台宗和道教南系的发祥地,故为霞客所重视,游而记之。②台州府:今浙江临海市。③晦(huì):农历每月末一天。④宁海:浙江宁海县,明属台州府。⑤出西门:指出宁海西门至天台山之线路。⑥於菟(wū tú):虎之别称。⑦奉化:浙江奉化市,位于宁海之北,明属宁波府。⑧莲舟上人:江阴迎福寺僧人,霞客之友。⑨天封寺位于天台县东北。⑩甃(zhòu):砌。⑪登绝顶:指天台山之顶华顶峰,高海拔1098米,峰下有华顶寺,相传当年李白曾在此读书。⑫慊(qiè):满足。⑬阈(yù):门槛。⑭暝色:夜色。⑮石梁:天台山中方广之山腰上有一天然石桥,长约7米,衔接两山,中央隆起,狭处仅半尺,此处有飞瀑直下,称石梁飞瀑。⑯嘹呖:声音响亮而清远。⑰龙王堂:在天台县北境。⑱国清:指位于天台山麓的国清寺,建于隋代,有隋塔、隋梅等古迹。⑲曹城:指曹娥江,发源于天台山,北经新昌、嵊州入杭州湾。⑳寒山、拾得:均为唐代高僧。寒山曾隐居天台山寒岩,往还于国清寺,与拾得友好,善作诗,有《寒山子集》两卷。拾得系孤儿,为国清寺僧人收养,故名,亦能诗,有《丰干拾得诗》一卷。后人将寒山、拾得尊为"和合二仙"。㉑蓊苁(wěng cóng):草木茂盛貌。㉒坪头潭:即今平镇,位于天台县西境。㉓坞(wù):四面高中间低的山洼。㉔双阙:此处形容峰崖天然相对,如同双阙。㉕赤城:在天台县西北,高138米,因山岩赭色层列如城而得名,有济公佛院等古迹。

长 相 思^①

纳兰性德

山一程,水一程。身后榆关那畔行^②,夜深千帐镫^③。风一更,雪一更。聒碎乡心梦不成^④,故园无此声。

注释: ①纳兰性德(1655—1685),满族词人,曾扈从康熙,少有文名,亦工书画,写有《饮水词》等。长相思:词牌名。词可能是康熙二十一年(1682)作者随康熙帝至关外时,途中所作。词直抒胸臆抒写了眼前的景物和由此引起的思乡之情。②榆关:即山海关(今河北省秦皇岛市东北)。那畔:那边,指关外。③镫:灯。④聒:喧扰。这里指风雪声。

游 雁 荡 记^①

方 苞

癸亥仲秋望前一日^②,入雁山^③,越二日而反^④。古迹多榛芜不可登探^⑤,而山容壁色^⑥,则前此目者所未有也^⑦。

鲍甥孔巡曰:"盍记之^⑧?"余曰:"兹山不可记也。永、柳诸山^⑨,乃荒陬中一丘一壑^⑩。子厚谪居^⑪,幽寻以送日月^⑫,故曲尽其形容^⑬。若兹山,则浙东西山海所蟠结^⑭,幽奇险峭,殊形诡状者^⑮,实大且多,欲雕绘而求其肖似^⑯,则山容壁色,乃号为名山者之所同,无以别其为兹山之岩壑也。"而余之独得于兹山者,则有二焉。

前此所见,如皖桐之浮山^⑰,金陵之摄山^⑱,临安之飞来峰^⑲,其崖洞非不秀美也,而愚僧多凿为仙佛之貌相,欲士自镂名字及其诗辞,如疮痏蹶然而入人目^⑳。而兹山独完其太古之容色,以至于今。盖壁立千仞,不可攀援;又所处僻远,富贵有力无因而至;即至,亦不能久留,构架鸠工^㉑,以自标揭^㉒;所以终不辱于愚僧俗士之剥凿也。

又凡山川之明媚者,能使游者欣然而乐。而兹山岩深壁削,仰而观,俯而视者,严恭静正之心不觉其自动^㉓。盖至此,则万感绝,百虑冥,而吾之本心乃与天地之精神一相接焉㉔。

察于此二者,则修士守身涉世之学㉕,圣贤成己成物之道㉖,俱可得而见矣。

注释:①本文名为游记,实为游后杂感。作者无心花费笔墨于描景状物。只在开头简要地交待一下浏览的时间,以及对雁荡山的总的印象。然后集中笔力,重点抓住雁荡山与其他风景名胜两个不同的特点,展开议论。指出雁荡山景"实大且多",不能雕绘外形而求其肖似,而应当着眼于它整体的内在精神。这就把人们游山的乐趣引向哲理探索。②癸亥:清高宗乾隆八年(1743)。仲秋:阴历八月。望前一日:阴历十四日。③雁山:即雁荡山,在浙江乐清县东北。④越:经过。反:同返。⑤榛(zhēn)芜:草木丛杂。⑥山容壁色:雁荡山奇姿异彩。⑦"则前此"句:是我在此以前所没有看见过的。⑧盍记之:何不把它记下来呢?⑨永:永州,治所在今湖南零陵。柳:柳州,治所在今广西柳州市。⑩荒陬(zōu):荒凉的边远地区。⑪子厚:即唐代大文学家柳宗元。⑫幽寻:谓搜访深山幽景。⑬曲尽其容:详尽描写永、柳诸山的形态情状,指柳宗元所作《永州八记》等作品。⑭"则浙"句:指雁荡山所处的位置。意思是说,雁荡山是浙江东部和西部山脉、海岸盘踞会集的中心点。⑮殊形诡状者:形状特殊怪异的。⑯"欲雕绘"句:意谓如果只求要把雁荡山的外形刻画描写得相似逼真。⑰皖桐:安徽桐城县。浮山:一名符度山,据刘大櫆《浮山记》:"浮山在桐城县治之东九十里,登山而望之,盖东西南北皆水汇,而山硐嵲镍(dié miè)空虚,几欲乘风而去,故名之曰浮山。"⑱摄山:即栖霞山,在今江苏省南京市东北,古迹极多,风景优美。旧说山上多草药,可以摄生(保养身体),故称摄山。⑲临安:今浙江杭州市。飞来峰:在杭州灵隐寺前。《清一统志》引《舆地志》说:"晋咸和中,僧慧理登此山,叹曰:'此为中天竺国灵鹫峰之小岭,不知何年飞来。'因名飞来峰,亦名灵鹫峰。"⑳疮痏(wěi):瘢痕,伤疤。蹶然:骤然吃惊的样子。㉑鸠工:聚集人工。鸠,鸠集,聚集。㉒标揭:标举,显示,表明。揭,举。㉓"严恭"句:意谓不知不觉地产生严肃、恭敬、清静、端正的意念。㉔本心:赤子之心,中国哲学术语,意指心的本然。㉕修士:注重操守的人。㉖成己:成就自己。成物:成就外物。语出《礼记·中庸》:"诚者非自成己而已也,所以成物也。成己,仁也。成物,知也。"唐孔颖达疏:"言人有致诚,非但自成就己身而已,又能成就外物,则知力广远,故云成物,知也。"

191

板桥题画①（三则）

余家有茅屋二间，南面种竹。夏日新篁②初放，绿阴照人，置一榻其中，甚凉适也。秋冬之际，取围屏骨子③，断去两头，横安以为窗棂；用匀薄洁白之纸糊之。风和日暖，冻蝇触窗纸上，冬冬作小鼓声。于时一片竹影零乱，岂非天然图画乎！凡吾画竹，无所师承，多得于纸窗粉壁日光月影中耳。

江馆清秋，晨起看竹，烟光日影露气，皆浮动于疏枝密叶之间。胸中勃勃遂有画意。其实胸中之竹，并不是眼中之竹也。因而磨墨展纸，落笔倏作变相④，手中之竹又不是胸中之竹也。总之，意在笔先者，定则也；趣在法外者，化机也⑤。独画云乎哉！

余种兰数十盆，三春告莫⑥，皆有憔悴思归之色⑦。因移植于太湖石黄石之间，山之阴，石之缝，既已避日，又就燥⑧，对吾堂亦不恶也。来年忽发箭数十，挺然直上，香味坚厚而远。又一年更茂。乃知物亦各有本性。赠以诗曰：兰花本是山中草，还向山中种此花。尘世纷纷植盆盎，不如留与伴烟霞。又云：山中兰草乱如蓬，叶暖花酣气候浓。山谷送香非不远，那能送到俗尘中？此假山耳，尚如此，况真山乎！余画此幅，花皆出叶上，极肥而劲，盖山中之兰，非盆中之兰也。

注释：①郑燮（1693—1765），字克柔，号板桥，江苏兴化人。乾隆元年（1736）进士，曾任山东范县、潍县知县，为"扬州八怪"之一，以画兰、竹见长。书法自成一格，号"六分半书"。本文所选第一则写极普通的生活经验，寥寥数笔，使人如置身其间。而由此生发出以造化为师的艺理，则十分深刻。第二则写创作体会，分剖胸中、眼中、手中的联系与差异，触及到文艺学源于生活、精于生活的根本问题。对晨起看竹的景象、感受的描写，堪称传神妙笔。第三则有象征意味，借种兰经验表达社会理想：摆脱强加于人性上的种种束缚，才能使个性得到充分发展。②新篁：当年生长出来的竹子。③围屏：可折

叠的屏风。骨子:屏风的骨架。④倏(shū):疾速,忽地。变相:原指佛教绘画,此泛指图画。⑤化机:古代称赞文艺创作巧夺天工的常用语,也作"化工",指天然巧妙、精熟老到的境界。⑥告莫:将尽。莫(mù):同"暮"。⑦憔悴思归之色:枯萎凋零的样子。这是拟人手法。⑧就燥:接近干爽之地。兰花性喜阴凉干爽。

黄生借书说①

袁　枚

黄生允修借书,随园主人授以书②,而告之曰:

书非借不能读也。子不闻藏书者乎?《七略》、四库③,天子之书,然天子读书者有几?汗牛塞屋④,富贵家之书,然富贵人读书者有几?其他祖父积、子孙弃者,无论焉。非读书为然,天下物皆然。非夫人之物而强假焉⑤,必虑人逼取,而惴惴焉摩玩之不已⑥,曰:今日存,明日去,吾不得而见之矣。若业为吾所有,必高束焉,庋藏焉⑦,曰:姑俟异日观云尔。

余幼好书,家贫难致。有张氏藏书甚富,往借不与,归而形诸梦。其切如是。故有所览,辄省记。通籍后⑧,俸去书来,落落大满⑨,素蟫灰丝⑩,时蒙卷轴。然后叹借者之用心专,而少时之岁月为可惜也⑪。

今黄生贫类予,其借书亦类予。惟予之公书与张氏之吝书若不相类⑫。然则予固不幸而遇张乎?生固幸而遇予乎?知幸与不幸,则其读书也必专,而其归书也必速。为一说,使与书俱。

注释:①此文是作者借书给黄生时送他的一篇文章,含劝勉其专心读书之意,可归属于"赠序"。开头直接提出论点"书非借不能读也"。新颖独特。全文任情而说,信笔直写,简而有味。②随园主人:作者有一别墅名随园,在今江苏南京市北小仓山,因自称"随园主人"。③七略:书名。汉成帝命刘向检校宫廷藏书,刘向死后,其子刘歆承刘向遗业续成。刘歆总括群篇,撮其指要,写成《辑略》、《六艺略》、《诸子略》、《诗赋略》《兵书略》、《术数略》、《方技略》七部,总名《七略》。四库:即经、史、子、集四部的代称,《四库全书》的简称。唐玄宗时收罗图书,在长安和洛阳聚书四部,以甲乙丙丁为次,列经史子集四库,后世相沿,称四部为四库。④汗牛塞屋:即"汗牛充栋",形容藏书

之多。⑤强(qiǎng)：勉强借到。⑥摩玩：抚弄玩赏。⑦庋(guǐ)藏：收藏。庋：搁放器物的木板和架子。⑧通籍：意谓开始做官。籍，特指门籍，一种书有当事人姓名的小牌子，凭此可以出入宫门。⑨落落：高的样子。⑩素蟫(tán)：蛀蚀书籍的蠹虫。灰丝：灰色的蛛丝。⑪惜：珍惜。⑫公书：肯把书借给别人，共同使用。公：公开。

阿　宝①

蒲松龄

　　粤西孙子楚②，名士也。生有枝指③。性迂讷，人诳之，辄信为真。或值座有歌妓，则必遥望却走。或知其然，诱之来，使妓狎逼之，则頳颜彻颈④，汗珠珠下滴。因共为笑。遂貌其呆状⑤，相邮传作丑语⑥，而名之"孙痴"。

　　邑大贾某翁，与王侯埒富⑦。姻戚皆贵胄。有女阿宝，绝色也。日择良匹，大家儿争委禽妆⑧，皆不当翁意。生时失俪⑨，有戏之者，劝其通媒。生殊不自揣，果从其教。翁素耳其名，而贫之。媒媪将出，适遇宝，问之，以告。女戏曰："渠去其枝指，余当归之⑩。"媪告生。生曰："不难。"媪去，生以斧自断其指，大痛彻心，血益倾注，滨死。过数日，始能起，往见媒而示之。媪惊，奔告女。女亦奇之，戏请再去其痴。生闻而哗辨，自谓不痴；然无由见而自剖。转念阿宝未必美如天人，何遂高自位置如此⑪？由是曩念顿冷。

　　会值清明，俗于是日，妇女出游，轻薄少年，亦结队随行，恣其月旦⑫。有同社数人，强邀生去。或嘲之曰："莫欲一观可人否⑬？"生亦知其戏己；然以受女揶揄故，亦思一见其人，忻然随众物色之。遥见有女子憩树下，恶少年环如墙堵。众曰："此必阿宝也。"趋之，果宝也。审谛之，娟丽无双。少顷，人益稠。女起，遽去。众情颠倒，品头题足，纷纷若狂。生独默然。及众他适⑭，回视，生犹痴立故所，呼之不应。群曳之曰："魂随阿宝去耶？"亦不答。众以其素讷，故不为怪，或推之、或挽之以归。至家，直上床卧，终日不起，冥如醉，唤之不醒。家人疑其失魂，招于旷野，莫能效，强拍问之，则朦胧应云："我在阿宝家。"及细诘之，又默不语。家人惶惑莫解。初，生见女去，意不忍舍，觉身已从之行，渐傍其衿带间，人无呵者。遂从女归，坐卧依之，夜辄与狎，甚相得；然觉腹中奇馁⑮，思欲一返家门，而迷不知路。女每梦与人交，问其名，

194

曰："我孙子楚也。"心异之，而不可以告人。生卧三日，气休休若将渐灭⑯。家人大恐，托人婉告翁，欲一招魂其家。翁笑曰："平昔不相往还，何由遗魂吾家?"家人固哀之，翁始允。巫执故服、草荐以往⑰。女诘得其故，骇极，不听他往⑱，直导入室，任招呼而去。巫归至门，生榻上已呻。既醒，女室之香奁什具，何色何名，历言不爽⑲。女闻之，益骇，阴感其情之深。

　　生既离床寝，坐立凝思，忽忽若忘。每伺察阿宝，希幸一再遭之。浴佛节⑳，闻将降香水月寺，遂早旦往候道左，目眩睛劳。日涉午，女始至，自车中窥见生，以掺手搴帘㉑，凝睇不转。生益动，尾从之。女忽命青衣来诘姓字。生殷勤自展㉒，魂益摇。车去，始归。归复病，冥然绝食，梦中辄呼宝名。每自恨魂不复灵。家旧养一鹦鹉，忽毙，小儿持弄于床。生自念：倘得身为鹦鹉，振翼可达女室。心方注想，身已翩然鹦鹉，遽飞而去，直达宝所。女喜而扑之，锁其肘，饲以麻子。大呼曰："姐姐勿锁！我孙子楚也!"女大骇，解其缚，亦不去。女祝曰："深情已篆中心㉓。今已人禽异类，姻好何可复圆?"鸟云："得近芳泽，于愿已足。"他人饲之，不食；女自饲之，则食。女坐，则集其膝；卧，则依其床。如是三日，女甚怜之，阴使人瞷生㉔，生则僵卧气绝已三日，但心头未冰耳。女又祝曰："君能复为人，当誓死相从。"鸟云："诳我!"女乃自矢。鸟侧目若有所思。少间，女束双弯㉕解履床下，鹦鹉骤下，衔履飞去。女急呼之，飞已远矣。女使妪往探，则生已寤。家人见鹦鹉衔绣履来，堕地死，方共异之。生既苏，即索履。众莫知故。适妪至，入视生，问履所在。生曰："是阿宝信誓物。借口相覆：小生不忘金诺也㉖。"妪反命。女益奇之，故使婢泄其情于母。母审之确，乃曰："此子才名亦不恶，但有相如之贫㉗。择数年得婿若此，恐将为显者笑㉘。"女以履故，矢不他。翁媪从之。驰报生。生喜，疾顿瘳。翁议赘诸家。女曰："婿不可久处岳家。况郎又贫，久益为人贱。儿既诺之，处蓬茅而甘藜藿㉙，不怨也，"生乃亲迎成礼，相逢如隔世欢。

　　自是家得奁妆，小阜，颇增物产。而生痴于书，不知理家人生业；女善居积，亦不以他事累生。居三年，家益富，生忽病消渴㉚，卒。女哭之痛，泪眼不晴，至绝眠食。劝之不纳，乘夜自经㉛。婢觉之，急救而醒，终亦不食。三日，集亲党，将以殓生。闻棺中呻以息，启之，已复活。自言："见冥王，以生平朴诚，命作部曹㉜。忽有人白：'孙部曹之妻将至。'王稽鬼录，言：'此未应便死。'又白：'不食三日矣。'王顾谓：'感汝妻节义，姑赐再生。'因使驭卒控马送余还。"由此体渐平㉝。值岁大比㉞，入闱之前，诸少年玩弄之，共拟隐僻之题七,引生僻处与语,言:"此某家关节⑯,敬秘相授。"生信之,昼夜揣摩,制成七艺㉜。众隐笑之。时典试者虑熟题有蹈袭弊,力反常经⑱。题纸下,七艺皆符。生以是抡魁㉚。明年,举进士,授词林⑩。上闻异,召问之。生具启奏。上大嘉悦。后召见阿宝,赏赉有加焉。

异史氏曰:"性痴则其志凝,故书痴者文必工,艺痴者技必良;世之落拓而无成者,皆自谓不痴者也。且如粉花荡产㊶,卢雉倾家㊷,顾痴人事哉㊸!以是知慧黠而过,乃是真痴,彼孙子何痴乎!"

注释:①蒲松龄(1640—1715),字留仙,一字剑臣,别号柳泉居士,山东淄川县(今淄博)人。其《聊斋志异》将近500篇,综合六朝志怪与唐传奇之长,借谈鬼说狐,曲折地批判社会,表达理想,是中国古代短篇文言小说的顶峰之作。本篇故事情节离奇,人物形象生动。是《聊斋志异》中名篇之一。②粤西:今广西一带。古粤地包括今广东广西。③枝(qí)指:歧指,俗称"六指儿"。④赪(chéng)颜彻颈:脸红到脖子。赪:红色。⑤貌:古"描"字,描述。⑥邮传:传播。⑦埒(liè)富:同样富有。埒:同等。⑧委禽妆:送聘礼。委:送。禽:雁。古代订婚的彩礼用雁,故以"禽妆"代指彩礼。⑨失俪:丧妻。⑩归之:嫁给他。古时女子出嫁称"归"。⑪高自位置:存心抬高自己的身份、地位。⑫恣其月旦:任意评论。《后汉书·许劭传》记动好评论人物,"每月辄更其品题,故当南俗称'月旦评'焉"。后世因此把评论人物称作"月旦评"或"月旦"。⑬可人:意中人。⑭他适:去别处,离开。⑮奇馁(něi):非常饥饿。馁:饿。⑯休休:同"咻咻",喘气声。⑰故服、草荐:平时穿用的旧衣与席垫,均属招魂的巫术用具。⑱不听他往:不让到别的处所。听:听凭。⑲历言不爽:一一说来,全无差错。爽:差失。⑳浴佛节:即释迦牟尼诞辰纪念日,在农历四月初八。届时,寺庙以香汤浴洗佛像,信徒则到寺礼拜。㉑掺(chān)手:女子纤美的手。语出《诗经·葛屦》。㉒展:一一说明。㉓篆:铭刻。㉔阴:暗地。眴(jiàn):看视。㉕束双弯:指缠足。㉖金诺:对他人诺言的敬称。㉗相如:即司马相如,西汉著名文学家,得富家女卓文君为妻,因贫穷而夫妇卖酒为生。㉘显者:有地位的人。㉙矢:通"誓",立誓。㉚蓬荜:茅屋。蔾藿:野菜,此指粗粝的食物。㉛消渴:糖尿病。㉜自经:上吊自杀。㉝部曹:属官。㉞平:平复,病愈。㉟大比:即明清时的乡试,考中者为"举人"。㊱关节:此指行贿所得的试题。㊲七艺:指明清时乡试所考的七个题目。均从"四书""五经"中命题。㊳常经：常规。㊴抡魁：选取第一名。㊵词林：翰林院别名。㊶粉花：嫖妓。㊷卢雉：赌博。㊸顾：反问词、难道。

贾宝玉神游太虚境①

曹雪芹

那宝玉才合上眼，便恍恍惚惚的睡去，犹似秦氏在前，遂悠悠荡荡，随了秦氏，至一所在。但见朱栏玉砌，绿树清溪，真是人迹希逢，飞尘罕到。宝玉在梦中欢喜，想道："这个去处有趣，我若能在这里过一生，纵然失了家也愿意，强如天天被父母师傅管束呢。"正胡思乱想，忽听山后有人作歌曰：

> 春梦随云散，飞花逐水流；
>
> 寄言众儿女，何必觅闲愁。

宝玉听了是女子的声气。歌音未息，早见那边走出一个美人来，蹁跹袅娜，端的与凡人大不相同。有赋为证：

> 方离柳坞②，乍出花房。但行处，鸟惊庭树③；将到时，影度回廊④。仙袂乍飘兮，闻麝兰⑤之馥郁；荷衣欲动兮⑥，听环佩之铿锵。靥笑春桃兮，云堆翠髻；唇绽樱颗兮⑦，榴齿含香⑧。盼纤腰之楚楚兮，风回雪舞⑨；耀珠翠之辉辉兮，满额鹅黄⑩。出没花间兮，宜嗔宜喜⑪；徘徊池上兮，若飞若扬。蛾眉颦笑兮，将言而未语；莲步乍移兮⑫，欲止而仍行。羡美人之良质兮，冰清玉润；慕美人之华服兮，闪灼文章⑬。爱彼之貌容兮，香培玉琢⑭；美彼之态度兮，凤翥龙翔⑮。其素若何，春梅绽雪。其洁若何，秋菊被霜。其静若何，松生空谷。其艳若何，霞映澄塘。其文若何，龙游曲沼。其神若何，月射寒江⑯。远惭西子，近愧王嫱。奇矣哉，生于孰地，来自何方；信矣乎，瑶池不二，紫府无双⑰。果何人哉？如斯之美也！

宝玉见是一个仙姑，喜的忙来作揖笑问道："神仙姐姐不知从那里来，如今要往那里去？我也不知这里是何处，望乞携带携带。"那仙姑道："吾居离恨天之上，灌愁海之中，乃放春山遣香洞太虚幻境警幻仙姑是也：司人间之风情月债，掌尘世之女怨男痴。因近来风流冤孽，缠绵于此处，是以前来访察机会，布散相思。今忽与尔相逢，亦非偶然。此离吾境不远，别无他物，仅有自采仙茗一盏，亲酿美酒几瓮，素练魔舞⑱歌姬数人，新填《红楼梦》仙曲十二

197

支,可试随吾一游否?"

宝玉听了,喜跃非常,便忘了秦氏在何处,竟随了仙姑至一所在,忽见前面有一座石牌横建,上书"太虚幻境"四个大字,两边一副对联,乃是:

假作真时真亦假,无为有处有还无。

转过牌坊,便是一座宫门,上面横书四个大字,道是:"孽海情天"。也有一副对联,大书云:

厚地高天,堪叹古今情不尽;

痴男怨女,可怜风月债难酬。

宝玉看了,心下自思道:"原来如此。但不知何为'古今之情',又何为'风月之债'? 从今倒要领略领略。"宝玉只顾如此一想,不料早把些邪魔招入膏肓了⑩。当下随了仙姑进入二层门内,至两边配殿,皆有匾额对联,一时看不尽许多,惟见有几处写的是:"痴情司"、"结怨司"、"朝啼司"、"暮哭司"、"春感司"、"秋悲司"。看了,因向仙姑道:"敢烦仙姑引我到那各司中游玩游玩,不知可使得么?"仙姑道:"此中各司贮存的是普天之下所有的女子过去未来的簿册,尔乃凡眼尘躯,未便先知的。"宝玉听了,那里肯依,复央之再四。警幻无奈,说:"也罢,就在此司内略随喜随喜罢了②。"宝玉喜不自胜,抬头看这司的匾上,乃是"薄命司"三字,两边对联写的是:

春恨秋悲皆自惹,花容月貌为谁妍。

宝玉看了,便知感叹。进入门来,只见有十数个大橱,皆用封条封着,看那封条上,皆是各省的地名。宝玉一心只拣自己的家乡封条看,遂无心看别省的了。只见那边橱上封条上大书七字云:"金陵十二钗正册"。宝玉问道:"何为'金陵十二钗正册'?"警幻道:"即尔省中十二冠首女子之册,故为'正册'。"宝玉道:"常听人说,金陵极大,怎么只十二个女子? 如今单我们家里,上上下下,就有几百个女孩子呢。"警幻微笑道:"贵省女子固多,不过择其紧要者录之。下边二橱则又次之。余者庸常之辈,则无册可录矣。"宝玉听说,再看下首二橱上,果然写着"金陵十二钗副册",又一个写着"金陵十二钗又副册"。宝玉便伸手先将"又副册"橱开了,拿出一本册来,揭开一看,只见这首页上画着一幅画,既非人物,亦非山水,不过是水墨滃染的满纸乌云浊雾而已,后有几行字迹,写道是:

霁月难逢,彩云易散。心比天高,身为下贱。风流灵巧招人怨。寿夭多因毁谤生,多情公子空牵念⑪。

198

宝玉看了不甚明白,又见后面画着一簇鲜花,一床破席,也有几句言词,写道是:

> 枉自温柔和顺,空云似桂如兰;
>
> 堪羡优伶有福,谁知公子无缘②。

宝玉看了益发不解。遂掷下这个,又去开了副册橱门,拿起一本册来,揭开看时,只见首页也是画,却画着一株桂花,下面有一方池沼,其中水涸泥干,莲枯藕败,后面书云:

> 根并荷花一茎香,平生遭际实堪伤;
>
> 自从两地生孤木,致使香魂返故乡③。

宝玉看了又不解。便又掷了,再去取"正册"看时,只见头一页上便画着两株枯木,木上悬着一围玉带;地下又有一堆雪,雪下一股金簪。也有四句言词,道是:

> 可叹停机德,堪怜咏絮才!
>
> 玉带林中挂,金簪雪里埋④。

宝玉看了仍不解。待要问时,情知他必不肯泄漏天机;待要丢下,又不舍,遂又往后看。只见画着一张弓,弓上挂着一个香橼。也有一首歌词云:

> 二十年来辨是非,榴花开处照宫闱;
>
> 三春争及初春景,虎兕相逢大梦归⑤。

后面又画着两个人放风筝,一片大海,一只大船,船中有一女子掩面泣涕之状。画后也有四句写着道:

> 才自精明志自高,生于末世运偏消;
>
> 清明涕泣江边望,千里东风一梦遥⑥。

后面又画着几缕飞云,一弯逝水。其词曰:

> 富贵又何为? 襁褓之间父母违;
>
> 展眼吊斜晖,湘江水逝楚云飞⑦。

后面又画着一块美玉,落在泥垢之中。其断语云:

> 欲洁何曾洁,云空未必空;
>
> 可怜金玉质,终陷淖泥中⑧。

后面忽画一恶狼,追扑一美女,欲啖之意。其下书云:

> 子系中山狼,得志便猖狂;
>
> 金闺花柳质,一载赴黄粱⑨。

后面便是一所古庙,里面有一美人,在内看经独坐。其判云:

> 勘破三春景不长,缁衣顿改昔年妆;
>
> 可怜绣户侯门女,独卧青灯古佛旁㉚。

后面便是一片冰山,上面有一只雌凤。也有判曰:

> 凡鸟偏从末世来,都知爱慕此生才;
>
> 一从二令三人木,哭向金陵事更哀㉛。

后面又是一座荒村野店,有一美人在那里纺绩。其判云:

> 势败休云贵,家亡莫论亲;
>
> 偶因济刘氏,巧得遇恩人㉜。

后面又画着一盆茂兰,旁有一位凤冠霞帔的美人。其判云:

> 桃李春风结子完,到头谁似一盆兰;
>
> 如冰水好空相妒,枉与他人作笑谈㉝。

后面又画着一座高楼,有一美人悬梁自缢。其判云:

> 情天情海幻情身,情既相逢必主淫。
>
> 漫言不肖皆荣出,造衅开端实在宁㉞。

宝玉还欲看时,那仙姑知他天分高明,性情颖慧,恐把仙机泄漏,遂掩了卷册,笑向宝玉道:"且随我去游玩奇景,何必在此打这闷葫芦!"

宝玉恍恍惚惚,不觉弃了卷册,又随着警幻来至后面。但见珠帘绣幕,画栋雕檐,说不尽那光摇朱户金铺地,雪照琼窗玉作宫。更见仙花馥郁,异香芬芳,真好个所在也。正是:

> 光摇朱户金铺地,雪照琼窗玉作宫。

又听警幻笑道:"你们快出来迎接贵客!"一语未了,只见房中又走出几个仙子来,皆是荷袂蹁跹,羽衣飘舞,姣若春花,媚如秋月。一见了宝玉,都怨谤警幻道:"我们不知系何'贵客',忙的接了出来!姐姐曾说今日今时必有绛珠妹子的生魂前来游玩,故我等久待。何故反引这浊物来污染这清净女儿之境?"

宝玉听如此说,便吓得欲退不能退,果觉自形污秽不堪。警幻忙携住宝玉的手,向众仙姬笑道:"你等不知原委:今日原欲往荣府去接绛珠,适从宁府经过,偶遇宁荣二公之灵,嘱吾云:'吾家自国朝定鼎以来㉟,功名奕世㊱,富贵流传,虽历百年,奈运终数尽,不可挽回!故遗之子孙虽多,竟无可以继业者。其中惟嫡孙宝玉一人,禀性乖张,性情怪谲,虽聪明灵慧,略可望成,无奈吾家运数合终,恐无人规引入正。幸仙姑偶来,万望先以情欲声色等事警其痴顽,

200

或能使彼跳出迷人圈子,然后入于正路,亦吾兄弟之幸矣。'如此嘱吾,故发慈心,引彼至此。先以彼家上中下三等女子之终身册籍,令彼熟玩,尚未觉悟;故引彼再至此处,令其再历饮馔声色之幻,或冀将来一悟,亦未可知也。"

　　说毕,携了宝玉入室。但闻一缕幽香,竟不知其所焚何物。宝玉遂不禁相问。警幻冷笑道:"此香尘世中既无,尔何能知! 此香乃系诸名山胜境内初生异卉之精,合各种宝林珠树之油所制,名为'群芳髓'。"宝玉听了,自是羡慕而已。于是大家入座,小丫鬟捧上茶来。宝玉自觉清香异味,纯美非常,因又问何名。警幻道:"此茶出在放春山遣香洞,又以仙花灵叶上所带之宿露而烹,此茶名曰'千红一窟'。"宝玉听了,点头称赏。因看房内,瑶琴、宝鼎、古画、新诗,无所不有;更喜窗下亦有唾绒㊲,奁间时渍粉污。壁上也见悬着一副对联,书云:

　　　　幽微灵秀地,无可奈何天。

宝玉看毕,无不羡慕。因又请问众仙姑姓名:一名痴梦仙姑,一名钟情大士㊳,一名引愁金女,一名度恨菩提㊴,各各道号不一。少刻,有小丫鬟 来调桌安椅,摆设酒馔。正是:

　　　　琼浆满泛玻璃盏,玉液浓斟琥珀杯。

宝玉因闻得此酒清香甘冽,异乎寻常,又不禁相问。警幻道:"此酒乃以百花之蕊,万木之汁,加以麟髓之醅、凤乳之麯㊵酿成,因名'万艳同杯'。"宝玉称赏不迭。

　　饮酒间,又有十二个舞女上来,请问演何词曲。警幻道:"就将新制《红楼梦》十二支演上来。"舞女们答应了,便轻敲檀板㊶,款按银筝㊷,听他歌道是:

　　开辟鸿蒙……

　　方歌了一句,警幻便说:"此曲不比尘世中所填传奇之曲㊸,必有生旦净末之则㊹,又有南北九宫之调㊺。此或咏叹一人,或感怀一事,偶成一曲,即可谱入管弦。若非个中人,不知其中之妙,料尔亦未必深明此调。若不先阅其稿,后听其歌,反成嚼蜡矣。"说毕,回头命小丫鬟取了《红楼梦》原稿来,递与宝玉。宝玉接过来,一面目视其文,一面耳聆其歌曰:

　　[红楼梦引子]开辟鸿蒙,谁为情种? 都只为风月情浓。趁着这奈何天,伤怀日,寂寥时,试遣愚衷。因此上,演出这悲金悼玉的《红楼梦》㊻。

　　[终身误]都道是金玉良缘,俺只念木石前盟。空对着,山中高士晶莹雪,终不忘,世处仙姝寂寞林。叹人间,美中不足今方信。纵然是齐眉举案,到底

201

意难平⑰。

[枉凝眉]一个是阆苑仙葩,一个是美玉无瑕。若说没奇缘,今生偏又遇着他;若说有奇缘,如何心事终虚化?一个枉自嗟呀,一个空劳牵挂。一个是水中月,一个是镜中花。想眼中能有多少泪珠儿,怎经得秋流到冬,春流到夏⑱!

却说宝玉听了此曲,散漫无稽,不见得好处;但其声韵凄惋,竟能销魂醉魄。因此也不察其原委,问其来历,就暂以此释闷而已。因又看下面道:

[恨无常]喜荣华正好,恨无常又到。眼睁睁,把万事全抛。荡悠悠,把芳魂消耗。望家乡,路远山高。故向爹娘梦里相寻告:儿命已入黄泉,天伦呵,须要退步抽身早⑲!

[分骨肉]一帆风雨路三千,把骨肉家园,齐来抛闪。恐哭损残年,告爹娘,休把儿悬念。自古穷通皆有定,离合岂无缘?从今分两地,各自保平安。奴去也,莫牵连⑳。

[乐中悲]襁褓中,父母叹双亡。纵居那绮罗丛,谁知娇养?幸生来,英豪阔大宽宏量,从未将儿女私情,略萦心上。好一似,霁月光风耀玉堂。厮配得才貌仙郎,博得个地久天长,准折得幼年时坎坷形状。终久是云散高唐,水涸湘江。这是尘寰中消长数应当,何必枉悲伤㉑!

[世难容]气质美如兰,才华馥比仙。天生成孤癖人皆罕。你道是啖肉食腥膻,视绮罗俗厌;却不知好高人愈妒,过洁世同嫌。可叹这,青灯古殿人将老;辜负了,红粉朱楼春色阑。到头来,依旧是风尘肮脏违心愿。好一似,无瑕白玉遭泥陷;又何须,王孙公子叹无缘。㉒?

[喜冤家]中山狼,无情兽,全不念当日根由。一味的,骄奢淫荡贪欢媾。觑着那,侯门艳质同蒲柳;作践的,公府千金似下流。叹芳魂艳魄,一载荡悠悠㉓。

[虚花悟]将那三春看破,桃红柳绿待如何?把这韶华打灭,觅那清淡天和。说什么,天上夭桃盛,云中杏蕊多。到头来,谁见把秋捱过?则看那,白杨村里人呜咽,青枫林下鬼吟哦。更兼着,连天衰草遮坟墓。这的是,昨贫今富人劳碌,春荣秋谢花折磨。似这般,生关死劫谁能躲?闻说道,西方宝树唤婆娑,上结着长生果㉔。

[聪明累]机关算尽太聪明,反算了卿卿性命。生前心已碎,死后性空灵。家富人宁,终有个,家亡人散各奔腾。枉费了,意悬悬半世心;好一似,荡悠悠三更梦。忽喇喇似大厦倾,昏惨惨似灯将尽。呀!一场欢喜忽悲辛。叹人

世,终难定⑳!

[留余庆]留余庆,留余庆,忽遇恩人;幸娘亲,幸娘亲,积得阴功。劝人生,济困扶穷,休似俺那爱银钱、忘骨肉的狠舅奸兄! 正是乘除加减,上有苍穹㉟。

[晚韶华]镜里恩情,更那堪梦里功名! 那美韶华去之何迅! 再休提绣帐鸳衾。只这戴珠冠,披凤袄,也抵不了无常性命。虽说是,人生莫受老来贫,也须要阴骘积儿孙。气昂昂,头戴簪缨,光灿灿,胸悬金印;威赫赫,爵禄高登,昏惨惨黄泉路近。问古来将相可还存? 也只是虚名儿与后人钦敬㊲。

[好事终]画梁春尽落香尘。擅风情,秉月貌,便是败家的根本,箕裘颓堕皆从敬,家事消亡首罪宁。宿孽总因情㊳!

[收尾·飞鸟各投林]为官的,家业凋零;富贵的,金银散尽;有恩的,死里逃生;无情的,分明报应。欠命的,命已还;欠泪的,泪已尽。冤冤相报自非轻,分离聚合皆前定。欲知命短问前生,老来富贵也真侥幸。看破的,遁入空门;痴迷的,枉送了性命。好一似食尽鸟投林,落了片白茫茫大地真干净㊴!

注释:①本文节选自《红楼梦》第五回。在此作者糅合了中国历朝诗人的想像、夸张与怪异手法,创造了一个超越人间的天外仙境。它既有世外仙山的琼瑶台阁、奇花异卉的缥缈仙境,又有各式意味深长的楹联点缀其间,更有一群仙女和神秘莫测的"痴情司"、"结怨司"等的群钗画册和寓兆运数的《红楼梦》乐曲的演奏,为读者呈现了一个阔大奇谲的意境,同时也为小说中各个人物的命运作了铺垫。②柳坞:植柳以为屏障。③鸟惊庭树:极言仙姑之美。④影度回廊:身影在回廊移动。⑤麝兰:麝香和兰草,古代贵族妇女常佩之香料。⑥荷衣:神仙的一种服饰。⑦唇绽樱颗:形容双唇似成熟的樱桃鲜红饱满。⑧榴齿:形容牙齿整齐如一排石榴子。⑨风回雪舞:形容仙子体态轻盈飘忽。⑩满额鹅黄:妇女在额上涂嫩黄色作妆饰。⑪宜嗔(chēn)宜喜:无论生气还是高兴,都使人感到美。⑫莲步:旧时对美女脚步的称谓。⑬闪灼文章:花纹灿烂。⑭香培玉琢:用香料造就,用美玉雕成。⑮凤翥(zhù)龙翔:即龙飞凤舞,形容仙子体态风度的飘逸。⑯王嫱:王昭君。⑰瑶池、紫府:均为古代传说中的仙境。⑱魔舞:即天魔舞,宫廷大型队舞,以宫女十六人,盛妆扮成菩萨相,有多种乐器伴奏,应节而舞。⑲膏肓(huāng):中医称心脏的横膈膜部位为膏肓。病重垂危谓之"病入膏肓"。⑳随喜:佛教术语,谓见人行

善而随之生欢喜心。后游览参观寺院,亦称随喜。㉑"霁月难逢"一首:晴雯判词。画面喻晴雯处境的污浊与险恶。霁月难逢,雨过天晴时的明月称"霁月",点"晴"字,喻晴雯人品高尚,然而遭遇艰难。彩云易散,隐指晴雯的横遭摧残而寿夭。"彩云",寓"雯"字(雯,即彩云)。身为下贱,指晴雯身为女奴。多情公子,指贾宝玉。㉒"枉自温柔和顺"一首:袭人判词。画面寓:"花气袭(谐音席)人"四字,隐花袭人姓名。优伶:旧时对歌舞戏剧艺人的称谓,这里指蒋玉菡。公子:指贾宝玉。根据脂批,袭人出嫁先于宝玉出家,故有末二句判词。续书写她在贾宝玉出家后才"不得已"嫁给蒋玉菡,似与曹雪芹原意不符。㉓"根并荷花一茎香"一首:香菱判词。画面"一枝桂花"暗指"夏金桂","莲枯藕败"隐指英莲及其结局。根并荷花:指菱根挨着莲根。隐寓香菱就是原来的英莲。遭际:遭遇。两地生孤木。拆字法,两个"土"(地)字,加一个"木"字,指"桂",寓夏金桂。照画面与后二句判词,香菱的结局当被夏金桂虐待致死。续书写香菱最后"扶正",似与曹雪芹的愿意相反。㉔"可叹停机德"一首:薛宝钗和林黛玉判词。停机德:指符合封建道德规范要求的一种妇德。这里指薛宝钗。咏絮才:指女子敏捷的才思,这里指林黛玉。玉带林中挂:前三字倒读谐谐:"林黛玉"三字,又暗示贾宝玉对林黛玉的牵挂。金簪雪里埋:金簪,喻"宝钗",雪,谐音"薛"。句意暗寓其结局之冷落与凄苦。㉕"二十年来辨是非"一首:元春判词。画面的"一张弓",谐音"宫围"的"宫"字;"弓"上悬着一个"香橼",谐元春的"元"字。三春:这里隐指迎春、探春、惜春。初春:指元春。争及:怎及。㉖"才自精明专自高"一首:探春判词。画面暗指探春远嫁海隅,犹如断线的风筝,一去不返。后二句诗与此意同。运偏消:命运偏偏愈来愈不济。续书对探春结束的描写似与曹雪芹原意不合。㉗"富贵又何为"一首:史湘云判词。前二句说史湘云自幼父母双亡,家庭的富贵并不能给她以温暖。襁褓之间:指婴儿时期。后二句说史湘云婚后好景不长,转眼之间夫妻离散。吊:凭吊,伤悼。湘江水逝楚云飞:藏"湘""云"二字,并暗用宋玉《高唐赋》中楚怀王梦会巫山神女事,喻夫妻生活的短暂,与该判词画面含意相同。㉘"欲洁何曾洁"一首:妙玉判词。画面"一块美玉"寓其名,"落在泥垢之中"喻其结局。后二句诗与此意同。洁:既指清洁,亦指佛教所说的净。佛教宣扬现实世界是污秽的,惟有天常佛国才算"净土",所以佛教又称净教。妙玉有"洁癖",又身在佛门,故云欲"洁"。金玉质:喻妙玉"出身不凡,心性高洁"。淖(nào):泥沼,烂泥。㉙"子系中山狼"一首:迎春判词。画面与判词均暗示迎春嫁了忘恩负义的凶恶丈夫,被折磨而死。子:旧时对男子的尊称。系:是。"子""系"又合而成"孙"字,指迎春的丈夫孙绍祖。赴黄粱喻死亡。㉚"勘破三春景不长"一首:惜春判词。画面与判词暗示惜春的结局是出家为尼。据脂批,惜春为尼后过着"缁衣乞食"的生活。续书所写与曹雪芹原意有出入。勘破:看破。缁衣:黑色的衣服,这里指僧尼服装。青灯:佛前海灯。㉛"凡鸟偏从末世来"一首:王熙凤判词。画面的"雌凤"象征王熙凤,"一片冰山"喻王熙凤倚作靠山的财势似冰山难以持久。"凡鸟"合而成"鳳(凤)"一字,点其名。一从二令三人木:难确知其含义。或谓指贾琏对王熙凤态度变化的三个阶段:始则听从,续则使令,最后休弃("人木"合成"休"字)。据脂批,贾府"事败",王熙凤曾落入"狱神庙",后短命而死,续书描写与此有很大出入。㉜"势败休云贵"一首:巧姐判词。画面暗指巧姐的结局是成为以纺织为生的乡村妇女。判词前二句写巧姐在贾府势败后被"狠舅奸兄"所卖。后二句写巧姐为刘姥姥所救。续书描写与曹雪芹不符。巧:语意双关,含巧姐之"巧"与凑巧之"巧"。恩人:指刘姥姥。㉝"桃李春风结子完"一首:李纨判词。画面暗示李纨晚年因子得贵、诰命加身。首句"桃李"、"完"寓李纨二字,全句寓李纨生子后就青春丧偶。次句寓贾兰的"兰"字,兼指将来贾府诸子孙中惟贾兰显贵。二句句意难以确定,或谓化用唐代僧人寒山《无题》诗"欲识生死譬,且将冰水比,水结即成冰,冰消反成水。"说李纨一生三从四德,晚年荣华方至,却随即死去,只留得一个诰封虚名,白白地给世人作谈资笑料。㉞"情天情海幻情身"一首:秦可卿判词。根据脂批,小说第十三回回目原为"秦可卿淫丧天香楼"。画上所画当指此。脂批又云:"老朽因(秦可卿)有魂托凤姐贾家后事二件……其言其意则令人悲切感服,姑赦之。因命芹溪(雪芹)删去。"但曹雪芹虽删去了这段情节,却在判词和画中仍保留了初稿里关于秦可卿结局的某些暗示。情天情海:与"太虚幻境"的匾额"孽海情天"义同,喻世间风月情多。幻情身:幻变的情的化身。后两句意谓别以为不长进的东西都出自荣国府,造祸开端的其实是宁国府里的人,指贾珍等伤风坏俗的秽行。㉟定鼎:传说夏禹收九州之金,铸造九鼎,夏、商、周三代都将它作为传国重器。后世因称新朝定都建国为定鼎。㊱奕世:一代接一代,世代绵延。奕:次序,在这里是连绵不断的意思。㊲唾绒:古代妇女刺绣,每当换线停针,用齿咬断绣红,口中常沾留线绒,随口吐出,俗谓唾绒。㊳大士:佛教称佛和菩萨为大士。㊴菩提:佛教名词。梵文音译,意译为觉悟、成佛。释迦在毕钵罗树下成佛,佛家遂称该场所为菩提场,树为菩提树。㊵"麟髓之醅"、"凤乳之麵":均极言酿造仙酒的原料之珍异。㊶檀板:乐器名,即拍板,亦名牙板。用檀木制成,故称。㊷款:动作缓慢、舒徐貌。按:弹筝的动作。筝:一种弦乐器。㊸传奇:明代以后通称南戏为传奇。曲:曲词。㊹生旦净末之则:传统戏曲中的角色类型。分生、旦、净、丑、末五类,总称为"行当"。演员扮演人物皆按"行当",各有自己的表演程式(即法则),不能随意混用。㊺南北九宫:指古代戏曲宫调。南:指南曲(传奇)。北:指此曲(杂剧)。九宫:指由正吕、中吕、南吕、仙吕、黄钟等五宫及大石调、双调、商调、越调等四调合为的九宫调。戏曲曲牌受宫调限制,不能混用。㊻《红楼梦引子》一首:《红楼梦》十二支曲与金陵十二钗册子判词互为补充,预示了书中主要人物的命运和结局。开辟鸿蒙:开天辟地以来。鸿蒙:旧指宇宙形成以前的原始浑沌状态。遣:排遣,抒发。愚:"我"的自谦词。衷:衷曲,情怀。悲金悼玉:以薛宝钗(金)和林黛玉(玉)代指金陵十二钗。㊼《终身误》一首:曲名意即误了终身。曲子从贾宝玉婚后仍念念不忘死去的林黛玉,写薛宝钗婚后境遇的冷落和难堪。金玉良缘:指贾宝玉与薛宝钗的姻缘,书中有金锁配玉的说法。木石前盟,指贾宝玉与林黛玉的爱情,书中有神瑛侍者以甘露灌溉绛珠仙草的神话描写。㊽《枉凝眉》一首:曲名意谓徒然悲愁。曲子从宝黛爱情遇变故而破灭,写林黛玉泪尽而死的悲惨命运。阆(làng)苑仙葩,指林黛玉。阆苑:神仙的园林;仙葩:仙花。美玉无瑕:指贾宝玉。瑕:玉的疵病。嗟呀:伤感叹息。㊾《恨无常》一首:曲名有不得寿终与荣辱无定双重意思。曲子从元妃的暴死,写贾府的即将大祸临头。无常:本是佛教用语,指世间一切事物忽生忽灭,变幻无定,后讹称勾命鬼。这里指元春的死亡,兼有风云变幻的意味。黄泉:旧时谓天玄地黄,称地下水为黄泉,后用以代指冥间。天伦:旧时的指父子、兄弟等天然的亲属关系,这里是父亲的代称。㊿《分骨肉》一首:曲名即骨肉分离的意思。曲子从探春远嫁海隅时对父母的强颜劝慰,写她与骨肉亲人分离时的悲苦心境。抛闪:抛开。残年:晚年,指老年人。穷通:人生遭遇的窘困和显达。定:指命中注定。缘:缘分,机缘。奴:旧时女子的自称。牵连:牵挂流连。[51]《乐中悲》一首:曲名谓史湘云虽生于富贵之家,但自幼父母双亡,虽嫁得"才貌仙郎",又中途离散。绮罗丛:代指富贵家庭。霁月光风:雨过天晴时明净景象,喻史湘云胸怀开朗,磊落光明。光风:《楚辞·招魂》:"光风转蕙。"王逸注,"光风,谓雨已(止)日出而风,草木有光也。"厮配:相配。才貌仙郎,据脂批,当指

206

卫若兰。准折:抵消;弥补。坎坷:道路不平,喻人生道路曲折多艰。"云散"两句喻史湘云的夫妻离散,晚景孤凄。水涸湘江:传说舜南巡死于苍梧,二妃随往,溺于湘江,俗呼湘君(见汉刘向《列女传》)。消长:《易·泰》:"君子道长,小人道消。"消:灭;长:生,这里指盛衰变化。数:气数,运数。⑤《世难容》一首:曲名意谓难为世俗所容。写妙玉的为人及其一生的不幸遭际。罕:罕见。啖:吃。膻:羊臊气。红粉:胭脂、香粉,本妇女的化妆品,这里代指年轻女子。朱楼:指富贵人家女人住的绣楼。春色阑:春色将尽,喻女子的青春将逝。风尘肮脏:一说"风尘"指扰攘的尘世,肮脏读如亢戚,又作抗脏,不屈不阿的意思。⑤《喜冤家》一首:曲名意谓喜庆婚嫁招来冤家对头。写迎春的婚后不幸遭际。贪欢媾:词意难确指,或谓迎春之夫孙绍祖的贪图男女交媾之欢。觑:看。侯门艳质:犹言侯门千金小姐。蒲柳:即水杨,易生易凋,旧时常用以比喻本性低贱或易于衰败的东西,此取前一义。⑤《虚花悟》一首:曲名意谓参悟到良辰美景皆虚幻,亦即"色空"的禅理。写惜春因看破贾府好景不长而决意皈依佛门。韶华:美好时光,喻青春年华。天和:自然的和气,亦即所谓元气。觅天和:犹言修道养性。天上天桃、云中杏蕊:喻荣华富贵。青枫林:用杜甫《梦李白》"魂来枫林青"之意。婆娑:似为梵文"婆颇娑"的省称,意即光明;或谓即"婆罗",一种常绿乔木,相传佛祖释迦牟尼在此树下涅槃(实即死亡)。长生果:虚拟的一种食之能长生不老的果实,或喻解脱人世一切痛苦而修成正果。⑤《聪明累》一首:曲名即聪明反被聪明误之意。写王熙凤的悲惨结局和贾府一败涂地时的情景。机关:心机,权术。卿卿:夫妻间的爱称。这里用"卿卿"有嘲弄之意。意悬悬:提心吊胆,时刻劳神。⑤《留余庆》一首:曲名意谓前辈留下的德泽。写贾府势败家亡时骨肉相残及巧姐由刘姥姥救出火坑事。余庆:与"阴功"义近,意为前辈的善行而使后辈获得善报。《易·坤》:"积善之家,必有余庆。"奸兄:似指曾得凤姐好处的贾蔷之流。续书指贾芸,恐非,脂批云:"醉金刚一回文字伏芸哥仗义探庵",可知贾芸后来对贾府有仗义行。乘除加减:意谓人生的荣枯消长,浮沉赏罚,皆有定数,丝毫不爽。苍穹:青天。⑤《晚韶华》一首:曲名寓"夕阳无限好,只是近黄昏"之意。写李纨一生的枯荣变化,说她青春丧偶,失去了生活的乐趣,晚年虽因子得贵,无奈死期已临,终是个不幸人物。镜里恩情:指李纨早寡。梦里功名:似指贾兰"爵禄高登"后她即死去。绣帐鸳衾:代指夫妻生活。珠冠、凤袄:旧时诰命夫人穿戴的服饰。阴骘(zhì):阴德。⑤《好事终》一首:曲名意谓情事终了,含

207

有嘲讽意味。曲子从秦可卿的悬梁自缢，写贾府纲常毁堕，道德败坏。画梁春尽落香尘：暗指秦可卿于天香楼悬梁自尽。箕裘：簸箕和皮袍，《礼记·学记》："良冶之子，必学为裘；良弓之子，必学为箕。"意思是善于冶补人家的子弟，必先学会补皮衣为冶接作准备；善于造弓人家的子弟，必定学会做簸箕为造弓准备。后人遂常用"箕裘"来比喻祖先的事业。箕裘颓堕：指贾府的儿孙不能继承祖业。敬：指贾敬，宁：宁国府。宿孽：犹言祸根。⑤《收尾·飞鸟各投林》一首：曲名喻家败人散各奔东西之意，总写贾宝玉和金陵十二钗等的不幸结局和贾府最终"树倒猢狲散"的衰败景象。据脂批透露，贾府"事败抄没"后，"子孙流散"，"一败涂地"。主要人物贾宝玉则"悬崖撒手"，"弃而为僧"，叛离了封建家庭。这与曲终所云"好一似食尽鸟投林，落了片白茫茫大地真干净"完全吻合。续书写宝玉中举，贾府"沐皇恩"，"延世泽"，"兰桂齐芳"，"家道复初"，违背了曹雪芹的原意。

己 亥 杂 诗①

龚自珍

九州生气恃风雷②，万马齐瘖究可哀③。
我劝天公重抖擞④，不拘一格降人才⑤。

注释：①己亥，清道光十九年(1839)。这年作者辞官南归，后又北上接取家属，于往返途中写了三百五十首短诗，题为《己亥杂诗》。本篇列于第一百二十五。诗末有自注："过镇江，见赛玉皇及风神、雷神者，祷祠万数，道士乞撰青词(道士斋醮用的一种文体，以朱笔写于青藤纸上，亦称'绿章')。"诗借祭神青词，用"万马齐瘖"比喻清王朝政治腐朽，扼杀人才，到处死气沉沉的情况，反映了作者要求改变现状的思想。②九州：相传中国古代分九州，后以之泛指全国。③瘖(yīn)：哑。万马齐瘖：语出苏轼《三马图赞引》："时西域贡马，首高八尺，龙颅而凤膺，虎脊而豹章，出东华门，入于驷监，振鬣长鸣，万马齐喑，父老纵观，以为未始见也。"此处借喻清王朝统治下一种令人窒息沉闷的局面。究：毕竟。④抖擞：振作精神。⑤不拘一格：不拘泥一定的规格，意即不必墨守成规。

中　编

中国现当代文学

第七章　现代文学的发端(1917—1927)

　　在 20 世纪中国社会痛苦焦虑、忧患不断的历史进程中,贯穿着一个"走向现代化"的总主题。1911 年 10 月 10 日爆发的辛亥革命,推翻了中国最后一个封建王朝的统治,历史进入了一个新的时期,文学也进入了一个新的时期。1919 年 5 月 4 日爆发的伟大的五四运动,不仅是中国现代史上的里程碑,也成了中国现代文学产生和发展的转折点。中国现代文学以近代的文学改良为先导,以 1917 年发轫的五四文学革命为标志,全面步入文学现代化历程。

　　五四文学革命的产生和发展　　五四文学革命的直接背景和动力是五四新文化运动。新文化运动是指以 1915 年 9 月 5 日创刊的《新青年》为阵地,以陈独秀(1879—1942)、李大钊(1889—1927)等为主要撰稿人而掀起的一场思想启蒙运动。1915 年,陈独秀在《新青年》创刊号上发表了《敬告青年》一文,提出六条纲领,树起了整个五四新文化运动的旗帜:民主与科学,向封建文化展开全面批判。1916 年 8 月 15 日,李大钊在《晨钟报》创刊号上发表《晨钟之使命》,声明要以"犯当世之不韪,发挥其理想,振其自我之权威,为自我觉醒之绝叫"的新文艺运动,来"惊破""当时民众之沉梦"。这一切表明,进行文学革命是新文化运动的必然趋势。于是启动白话文学实践,倡导文学革命精神,很快成为新文化运动的一个具体、坚实而又有效的部分。

　　最早倡导文学革命的是胡适和陈独秀。

　　1917 年 1 月,胡适(1891—1962)在《新青年》第 2 卷第 5 期上

发表了《文学改良刍议》,在新旧文学交替时刻带头发难,提出一整套反封建文学的主张,进而大力倡导白话文学。同年2月,陈独秀又发表了《文学革命论》(《新青年》第2卷第6册)一文,正式举起了"文学革命"的大旗,表明了更坚定的文学革命的立场。他说:"余甘冒全国学究之敌,高张'文学革命军'大旗,以为吾友之声援,旗上大书吾革命军三大主义:曰推倒雕琢的阿谀的贵族文学,建设平易的抒情的国民文学;曰推倒陈腐的铺张的古典文学,建设新鲜的立诚的写实文学;曰推倒迂晦的艰涩的山林文学,建设明了的通俗的社会文学。"陈独秀的主张充满了不妥协的反封建精神,将人的思想革命作为文学革命的指导,既重视文学形式的革新,又重视文学内容的革新,这一较为全面、深刻的主张,引导了文学革命走向深入。

胡适、陈独秀提出的文学革命主张,很快得到了钱玄同、刘半农等人的响应,他们猛烈抨击旧文学为"选学妖孽"、"桐城谬种",都主张用白话取代文言。

1918年至1920年间,新文化运动蓬勃展开,并由于马克思列宁主义的传播而发生了性质上的转变,作为新文化运动一个重要组成部分的文学革命也随之产生了性质上的转变。这两年间,《新青年》发表了一系列理论文章,对文学革命作了进一步的探索。胡适的《建设的文学革命论》以"国语的文学,文学的国语"来概括文学革命的宗旨,意在将文学革命与国语运动结合起来,扩大文学革命的影响。周作人(1885—1967)连续发表三篇很有影响的文章:《人的文学》、《思想革命》、《平民文学》,强烈地反叛了几千年封建专制及儒家思想束缚,提出将文学引向对于人或人生的描写,以严肃的写实主义创作态度去真实反映社会中存在的大量的"非人的生活"。与此同时,李大钊在1919年12月发表的《什么是新文学》一文中,主张新文学应该有"宏深的思想、学理,坚信的主义"做基础,惟在此基础上产生的新文学,才能健康成长。李大钊所说的

"思想"、"学理"、"主义"即无产阶级思想和马克思主义。

对封建守旧派的斗争和新文学统一战线的形成 五四文学革命在短短几年内就以前所未有的气势推倒了封建旧文学,废除了具有几千年历史的文言文。它的产生与发展,必然要遭到封建守旧派的反对与抵抗。

最早出来正面迎击文学革命的是林纾(字琴南,1852—1924)。这位古文家在晚清曾用古文翻译过大量外国小说,他极力反对以白话文取代文言文,狂呼要"拼我残年,竭力卫道",连续写了《论古文之不当废》、《论古文白话之相消长》等文章,竭力为文言文辩护。还创作了两篇影射谩骂新文学的倡导者陈、胡诸人的文言小说《荆生》和《妖梦》,并企图挑拨封建军阀用武力来制止新文化和白话文运动。与以林纾为代表的封建顽固派斗争最有力的是李大钊、陈独秀和鲁迅。鲁迅写了许多杂文批驳守旧派,其中以《现在的屠杀者》最为人称道。

新文学阵营击败以林纾为代表的封建复古派之后不久,以"学衡派"和"甲寅派"为代表的封建复古势力曾先后抬头,他们一南一北,不断地鼓吹复古,试图阻挠甚至腰斩文学革命。学衡派主要是南京东南大学的教授梅光迪、胡先骕、吴宓等人,他们以《学衡》杂志为主要阵地,以"学贯中西、博古通今"的幌子,鼓吹"昌明国粹,融化新知",攻击白话诗"仅为白话而非诗",站在封建保守势力的立场上,反对一切新学说,反对介绍和借鉴西方进步文化。鲁迅洞若观火地批驳说,他们不过是"学了外国的本领,保存中国旧习。本领要新,思想要旧"的不伦不类的人物。鲁迅还写了《估〈学衡〉》一文(1923),嘲笑他们将外来音译词"乌托邦"写成"乌托之邦",指出这些伪学者不过是"几个假古董所放的假毫光"。

稍后于"学衡派"出来阻挠新文学发展的是"甲寅派",代表人物是当时担任段祺瑞政府司法总长兼教育总长的章士钊,而《甲寅》周刊则是他在北京为军阀辩护的阵地。他不仅诬蔑爱国运动是受"野心家"的利用,支持军阀政府的镇压行动,还提出"读书乃真救国",与新文化运动反帝反封建的口号相对抗,他竭力鼓吹所谓"读经救国"、"废弃白话"、主张恢复科举制、使用文言文。鲁迅是狙击《甲寅》的猛将,他抓住章士钊把"两桃杀三士"解释为"两个桃子杀死了三个读书人"的谬误,运用"以子之矛,攻子之盾"的战法,宣布了"文言文的气绝"。

五四文学革命在经历了几次与复古主义思潮的斗争之后,新文学统一战线开始分化。随着马克思主义在中国广泛传播以及中国共产党的成立,中国革命突破了旧民主主义范畴,文学革命也远远超出语言工具变革的范畴。而此后,新文化运动的成员们,面临新的选择,出现了不可避免的政治分化。特别是曾是文学革命先驱的胡适,这时钻进了故纸堆,主张"整理国故",要求青年"多研究些问题,少谈些主义",于是新文学阵营又先后出现了"问题与主义"之争、"整理国故"之争等。1920年,《新青年》编辑部发生了分裂,胡适退出编辑部,另办《努力》周报,以对抗《新青年》对马克思主义的宣传,与新文学阵营分道扬镳,胡适的言行遭到了瞿秋白、邓中夏、鲁迅等的尖锐批判。新文学阵营虽然分化,"有人退伍,有人落荒,有人颓废,有人叛变,然而只要无碍于进行,则愈到后来,这队伍也就愈成为纯粹、精锐的队伍了。"(鲁迅《非革命的急进革命论者》)也正是这支纯粹、精锐的队伍,为马克思主义在中国更广泛的传播,为无产阶级革命文学的萌芽创造了条件。

新文学社团的涌起及其创作概观 文学革命的高潮虽于1921年回落,但由于文学革命的观念已深入人心,新文学创作队伍日益壮大,1921年以后新文学园地呈现出繁荣盛景,愈来愈多的文学社团不断涌现,文学创作也逐渐形成众多艺术流派,对五四新文学运动的深入和发展起了积极的促进作用。

在众多的新文学社团中,文学研究会和创造社成立最早,影响和贡献最大,也最具有代表性。

文学研究会于 1921 年 1 月在北京成立,发起人有周作人、郑振铎、沈雁冰、王统照、叶圣陶、许地山等 12 人,后来参加的有朱自清、谢冰心、王鲁彦、老舍等,会员最多时将近 200 人。文学研究会以"研究介绍世界文学,整理中国旧文学,创造新文学"为宗旨,倡导"写实主义"文学精神,强调文学关切社会和人生的必要。在这种被称为"为人生而艺术"的立场上,文学研究会作家达成了基本的一致。一批新作家和新作品以其不同创作风格体现了文学研究会的共同创作倾向。叶圣陶(1894—1988)早期的短篇小说真实地描绘了城镇小市民的灰色生活,对他们庸俗、无聊的生活习气和种种不良社会现象,给予无情揭露和辛辣讽刺,尤其是城镇小知识分子的形象,更是他笔下具有特色的人物。《潘先生在难中》是他这类作品的代表作。在描写人物、表现人生时,作者始终保持冷静、客观的态度,小说风格朴实,结构严谨,语言纯净洗练。冰心(1900—1999)最初在《晨报》上发表的作品多半是"问题小说"。《斯人独憔悴》、《两个家庭》、《去国》等作品显示出她以炽热的情感关注社会现实的勇气,以及对封建当权势力的强烈不满。五四高潮后创作的小说《超人》和诗集《繁星》、《春水》,渲染了母爱、童贞,也宣扬了"世界是爱"的空想。之后,散文《梦》、《往事(二)》、《寄小读者》、《山中杂记》等,洋溢着她对祖国、故乡、家庭的深切怀念。冰心的笔调柔婉灵活,文字清新隽丽,感情细腻澄澈;既发挥了白话文流利晓畅的特点,又吸收了文言文凝练简洁的长处。朱自清(1898—1948)在五四初期即写新诗,《送韩伯画往俄国》、《光明》等表达了他追求光明、改变现实的强烈愿望。1922 年写成的长诗《毁灭》,透露出寂寞空虚的情感,但仍策鞭自己继续向前追求,在意境与技巧上都超过当时一般诗歌的水平。代表朱自清文学最高成就的是他的散文创作,著名的有《背影》、《荷塘月色》、《给亡妇》、《桨声灯影里的秦淮河》等,通过平易、亲切的叙述,创造出各种充满诗情画意的艺术境界。此外,王统照(1897—1957)的《沉思》、

《微笑》、《湖畔儿语》，许地山（1893—1941）的《命命鸟》、《缀网劳蛛》、《春桃》，庐隐（1898—1934）的《海滨故人》，王鲁彦（1901—1944）的《柚子》、《黄金》、《童年的悲哀》等小说作品，也都各具风格，鲜明地显现了文学研究会关注人生和社会的文学立场。

创造社是继文学研究会之后又一个新文学团体，成立于1921年7月，主要发起人有郭沫若、郁达夫、张资平、田汉、成仿吾等。到1924年，成员陆续增至近30人。其成员思想倾向虽不一致，但在文学上有着大致相同的趋向，即崇"天才"，重"神会"，讲求文学的"全"与"美"，强调文学创作必须"本着内心的要求"，倾向于浪漫主义。在创作上，创作社作家侧重自我表现，无论诗歌、散文、小说、戏剧，都带有浓重的主观抒情色彩。他们对当时黑暗污浊社会所怀的不满，在其作品中往往直接表现为大胆的诅咒和强烈的抗议。创造社的浪漫主义倾向，在诗歌方面最为杰出的代表是郭沫若，小说、散文方面则为郁达夫。郁达夫（1896—1945）是文学上的自我表现论者，其自传体小说《沉沦》等篇，以不求故事性的散文化笔调、"露骨的真率"的自我暴露方式、忧郁感伤的抒情风格，刻画了身居异国、备受歧视的知识青年的苦闷愤懑和变态心理，这使他成为中国现代抒情小说的代表作家。他的《春风沉醉的晚上》、《薄奠》，突破了《沉沦》等早期作品的取材范围，在抒写知识分子个人情怀、苦闷的同时，有意识地表现了下层劳动人民的苦难生活和高贵品质，并且初步运用了阶级的观点来看待社会问题。郁达夫的散文，文笔优美，感情真挚。《给一个文学青年的公开状》愤世嫉俗，悲怆激越；《钓台的春昼》描山摹水，清丽婉约。在早期创造社作家中，张资平（1893—1959）以作品数量多而著名，其中《冲积期化石》为新文学的第一部长篇小说。此外，邓均吾、王独清、穆木天、冯乃超等都是创造社有成绩的诗人，后来成为优秀诗人的闻一多、冯至、柯仲平也都是在创造社的刊物上初露才华而受到重视的。

稍后于文学研究会和创造社出现于文坛的文学社团还有语丝社、新月社、莽原社、未名社、浅草社、狂飙社、民众戏剧社等,这些社团共同为五四新文学的繁荣和发展作出了贡献。

五四新诗的革新与发展 五四文学革命中,最早出现的文学创作是新诗。1917—1927 年间,中国经历了一场空前的"诗界革命",文言旧体诗歌主宰诗坛的霸主地位为白话新诗所取代,中国新诗创作由此从旧格律、旧思想的束缚中解脱出来,走上了一条自由发展之路。

五四新诗的革新创作是从诗体解放入手的,这方面影响最大的是白话自由体新诗的创作,自由体新诗是新文学领域中的先行者,是五四新文学和五四文学革命开端的标志。

早期尝试以自由体新诗冲击和取代文言古诗的是胡适、郭沫若、沈尹默、刘半农、周作人、俞平伯、康白情、刘大白等人,鲁迅、李大钊和陈独秀也偶尔为之,为新诗阵营播鼓助威。胡适是第一个"尝试"写新诗的人,1920 年 3 月他出版了我国现代最早用白话写作的一本新诗集《尝试集》,虽然该集思想内容比较复杂,艺术上也不够成熟,但其开拓之功不容忽视。在早期诗人中刘半农成就较大,他的《教我如何不想她》是一首语言明快、意境优美、形式整齐、音韵自然的抒情诗,后经赵元任谱曲广为流传。

在自由体诗歌领域,郭沫若开一代诗风,成就最为辉煌。他的诗集《女神》的出版,真正奠定了新诗在中国诗坛的地位,为新诗的发展开拓了道路。

在自由体诗之外,成立于 1923 年的新月社的成员所提倡的"新格律诗"的创作在诗坛影响也颇为深远。这一诗歌派别的主要倡导者是闻一多与徐志摩。1926 年闻一多在《诗的格律》一文中明确提出新诗创作的著名的"三美"主张:音乐的美(音节)、绘画的美(辞藻)、建筑的美(节的对称和句的均齐),对我国新诗格律的探索起了良好的指导作用。闻一多(1899—1946)是当时倡导新格律诗影响最大的诗人,也是五四以来极为杰出的爱国诗人,他曾先后出版诗集《红烛》(1923)与《死水》(1928),其诗以深沉的爱国情感、奇特丰富的想像及形式上的优美和谐为人称道,代表作有《发现》、《死水》等。徐志摩(1897—1931)是又一位杰出的诗人,先后曾出版诗集《志摩的诗》(1925)、《翡冷翠的一夜》(1928)、《猛虎集》(1931)等,他的诗以飘逸的风格、轻柔的诗情、舒缓的旋律及完美的形式为读者所肯定和喜爱,是二三十年代最为出色的抒情诗人之一,代表作有《再别康桥》、《沙扬娜拉》、《雪花的快乐》等。新月诗派阵容强大,除闻、徐之外,还有朱湘、陈梦家等,都为新诗艺术的发展作出过贡献。

在新诗发展的第一个十年,流派纷呈,新人辈出,诗作绚丽多姿,比较有代表性的还有"湖畔诗人"(应修人、潘漠华、冯雪峰、汪静之)的自由诗、冰心与宗白华的小诗、汪静之与冯至的爱情诗、以李金发为代表的早期象征派诗及蒋光赤的充满反帝爱国革命激情的诗歌等。

鲁迅及其《呐喊》《彷徨》 鲁迅(1881—1936),原名周树人,字豫才,出身于浙江绍兴一个没落的封建士大夫家庭。青少年时受过诗书经传的传统教育,爱好民间艺术,涉猎野史、笔记,对中国文学和历史有较深的了解。后祖父因科场案发系狱,父亲又长期患病,遂家道中落,在被侮辱、受歧视的环境中,真切体验到世态的炎凉、社会的黑暗。1898 年,鲁迅考入南京江南水师学堂,后又转入陆师学堂附设的矿务铁路学堂。他阅读了许多宣传西方资产阶级自由、民主的书籍,接受了达尔文的进化论学说,这对他的思想有过较长时期的影响。1902 年鲁迅考取官费留学日本,始学医,后为改变国民的精神,改治文艺。1909 年回国后,先后在杭州浙江两级师范学堂和绍兴府中学堂教书。1912 年 2 月赴南京临时政府教育部任金事,同年 5 月随部迁居北京。俄国十月革命的爆发带给鲁迅"新世纪的曙光",他开始以笔参加战斗。他还参与了

《新青年》杂志的编辑工作,积极投入五四新文化运动。

　　1918年,鲁迅发表白话小说《狂人日记》,同时开始写杂文,以后运用这一文体战斗了一生。1920年起,他先后在北京大学、北京女子师范大学等校任教。1921年《阿Q正传》的发表,使鲁迅成为世界闻名的现实主义大师之一。这一时期,鲁迅还写了《故事新编》中的部分作品,出版了散文诗集《野草》、散文集《朝花夕拾》,以及杂文集《热风》、《坟》、《华盖集》等。1926年8月鲁迅在北洋政府通缉的威胁下,南下任厦门大学文科教授。1927年1月应中山大学之聘,抵达广州,任文学系主任兼教务长。

　　1927年"四·一二"政变后,鲁迅的思想终于由进化论发展到阶级论,由革命民主主义者转变为共产主义战士。1927年10月起定居上海,专门从事文学创作。其后期除完成《故事新编》外,还写了大量杂文,出版了《三闲集》、《二心集》、《伪自由书》、《且介亭杂文》、《且介亭杂文末编》等杂文集。1930年参加了"中国左翼作家联盟"的领导工作和各种革命活动。1936年10月19日病逝于上海。鲁迅为民族生存与人民解放,奋斗终生,永不休战,历经险恶,鞠躬尽瘁。

　　《狂人日记》是鲁迅的第一篇白话小说,也是中国现代文学的开山之作。它以"表现的深切和格式的特别",猛烈地抨击了吃人的封建制度和封建礼教,受到青年读者的欢迎,显示了文学革命的实绩。《狂人日记》"意在暴露家族制度和礼教的弊害"(鲁迅:《中国新文学大系·小说二集序》),更充分体现出鲁迅对中华民族深层心理结构必须彻底重建的深刻认识和坚强决心。

　　《阿Q正传》是中国现代小说最杰出的作品之一,小说塑造了阿Q这个不朽的人物典型。以"精神胜利法"为突出特征的阿Q性格具有高度的概括性。"精神胜利法"的主要特征是妄自尊大,自轻自贱,自欺欺人,用"瞒和骗"来逃避现实,苟且偷生,在精神上常处于一种"优胜"的状态,愚昧麻木。小说艺术地、集中而又真实地揭示出在半殖民地半封建社会条件下,以广大小生产者的生产、生活方式为基础,由数千年宗法专制及其精神支柱的封建文化所孕育而成的国民精神的弱点,提醒人们去"反省",去摆脱自身的精神重负。小说不仅写了阿Q深受专制制度的政治压迫与经济掠夺,更重要的是,揭露了千百年宗法专制社会以"圣经贤传"为思想、行为准则的本质,将整个未庄,也将生活其中的阿Q的精神意识装在僵死的不合理的传统里。正是这传统形成了人们互相倾轧的人际关系和因循苟且的生活态度,正是这传统导致社会的冷酷无情和阿Q自身的精神弱点,再加上他卑下的社会地位,因而使阿Q必死无疑。

作品强烈地反映出不妥协地彻底反封建的思想意识。"阿Q"是一个尚未发"狂"之前的"狂人","狂人"则是鲁迅对现实中"阿Q"们未来的期待。鲁迅向人们展示了一个"阿Q"走向"狂人"的时代,开创了一个"改造国民性"的伟大灵魂工程。

1923年,鲁迅将1918至1922年间写的14篇小说《狂人日记》、《孔乙己》、《药》、《明天》、《一件小事》、《头发的故事》、《风波》、《故乡》、《阿Q正传》、《端午节》、《白光》、《兔和猫》、《鸭的喜剧》、《社戏》收编成集出版,题为《呐喊》(初版时共15篇,包括《不周山》,后将此篇改名《补天》,编入《故事新编》),意思是给革命者扬威助阵,使他们不惮于前驱。《彷徨》是鲁迅的第二部短篇小说集,共收小说11篇(《祝福》、《在酒楼上》、《幸福的家庭》、《肥皂》、《长明灯》、《示众》、《高老夫子》、《孤独者》、《伤逝》、《弟兄》、《离婚》),出版于1926年。对于此集,他自己说:"技术虽然比先前好一些,思想也似乎较无拘束,而战斗的意气却冷得不少。"比起《呐喊》来,《彷徨》更多地显示出作者对于社会忧郁、彷徨的情绪,作者将战斗的热情包蕴在对现实深刻而冷静的解剖之中,但批判是同样的清醒深刻,在艺术手法上则更为成熟。

《呐喊》、《彷徨》以其彻底反封建的思想高度和崭新的现代白话小说样式同中国古代、近代小说划下了界限。在中国现代小说刚刚进入发生、发展时期,《呐喊》《彷徨》不仅以成熟的面貌立于世界文学之林,而且代表着新文学第一个十年内短篇小说的最高水平。《呐喊》《彷徨》本身代表了中国现实生活对文学的要求,以及中国现代小说发展的自然趋势,它们以表现的深刻与形式的新颖激励了当时的青年并影响了当时的“问题小说”,也直接影响了后起的“乡土文学”,开创了中国现代小说史上的现实主义传统。

郭沫若的《女神》及其他诗作　　郭沫若(1892—1978),原名郭开贞,号尚武,出身于四川乐山一个商人家庭,后取家乡沫水、若水的名称,改名沫若。5岁发蒙,在家塾受教,中学时代即积极投身反清反帝爱国运动。1914年春,他抱着富国强兵思想赴日留学,初入东京第一高等学校预科,第二年升入冈山第六高等学校,1918年再入福冈九州帝国大学学医。在此期间,接触欧美文学作品,深受泰戈尔、海涅、惠特曼、莎士比亚等人的影响,并接受斯宾诺莎等人的泛神论思想。俄国十月革命的胜利和中国五四运动的爆发,使他接触到革命思想并怀着改造社会的朦胧思想和振兴民族的饱满热情,开始文学创作。

1919年下半年至1920年上半年,是郭沫若诗歌创作最旺盛的时期。1921年诗集《女神》的出版,不仅确立了郭沫若在我国现代文学史上卓越的地位,同时为中国诗歌开辟了一个崭新时代。1921年郭沫若在日本与成仿吾、郁达夫等组织“创造社”,积极从事新文学运动。1923年毕业于日本九州帝国大学。回国后他弃医从文,编辑《创造周报》,并写了大量诗作,后来陆续结集为《星空》《前茅》《恢复》出版。1928年到1937年,郭沫若被迫再次赴日,开始以马克思主义观点研究中国古代历史。“七七”事变后回国,积极参加抗战,创作了《屈原》等历史剧和《甲申三百年祭》《十批判书》《今昔蒲剑》《天地玄黄》以及《战声集》《蝌蚪集》等诗文。新中国成立后,在极其繁忙的工作和社会活动之余,继续进行文学创作,完成诗集《新华颂》、《百花齐放》、《长春集》等,并写有历史剧《蔡文姬》、《武则天》等。

《女神》以对封建藩篱的勇猛冲击,改造社会的强烈要求,追求和赞颂美好理想的热情,传达出五四时代精神的最强音。其中的《凤凰涅槃》和《女神之再生》是集中体现这种破旧立新精神的典型。凤凰自焚前的诅咒与倾诉,颛顼同共工决战的场面,都是诗人对旧中国的控诉和抨击,一场将旧世界烧毁的大火,则是诗人彻底反封建精神的象征。凤凰的再生、太阳的新造,包含着诗人向往光明、追求理想的炽烈的感情。五四激发起诗人的爱国热忱,在《女神》中得到充分的宣泄。《炉中煤》以独特的构思抒发对"年青的女郎"——祖国的眷恋情致。《晨安》中,诗人向"年青的祖国"、"新生的同胞",向革命的先驱、艺苑的巨擘,向扬子江、黄河、万里长城,向人间一切的美好事物,一气呼出 27 个"晨安",给人以希望和力量。《天狗》等篇中对"自我"的极度夸张,透露出强烈的个性解放的要求,是不断毁坏、不断创造、不断努力的一代中国青年的精神风貌写照。在那些歌颂自然的作品中,充满着清新的气息和使人愉悦、奋发的乐观主义色彩,《笔立山头展望》等诗表达了诗人对文明与科学的礼赞,这正是时代精神的反映。

浪漫主义,是《女神》的主旋律。无论是极度愤慨、狂暴呼喊,还是深情赞美、放怀高歌,都发自一个热血沸腾、狂放浪漫的中国青年知识者的内心,这一理想主义构成了郭沫若早期诗歌创作中浪漫主义的基本精神。《女神》中不少作品取材于古代神话、传说、故事,诗人通过艺术想像和夸张手法,用时代精神和主观理想加以酿造和丰富,使诗中的人、事都带着诗人理想化的色彩。《女神》中的诗篇,几乎都是直抒胸臆的"自我表现"抒情方式,诗人所要塑造的是"圆满人格"的"大我"的化身。"我"在浪漫主义诗歌中是习以为常的,而《女神》中的"我"以狂飙突进、山呼海啸的力量显示出不同凡响的特色。诗歌中奔腾的想像和大胆的夸张,宏伟的构思和浓烈的色彩,激昂的音调和急骤的旋律,形式上不拘一格的自由创造等,又都同诗人的"火山爆发式的内发情感"相适应,反映了具有革命色彩的浪漫主义艺术手法的特色。《女神》在艺术上"绝对的自主",彻底地打破了旧体诗词的羁绊,成功地创造和运用了崭新的自由诗体,成为白话诗真正取代历史悠久的文言旧诗的标志。它给我国的新诗运动带来了新的思想、新的题材、新的风格、新的形式,起到了开路先锋的作用,至今仍闪耀着不灭的艺术光辉。

1923 年出版的诗集《星空》是郭沫若继《女神》之后的又一部重要诗集。构成《星空》形象体系的是诗人心目中色彩化了的地球、大海、星辰与太阳:在黎明中奏着音乐的地球在"海水怀抱"中"死了";"惨黄的太阳照临"着"可怕的血海";"圆睁着他们的眼儿"的明星,"有的是鲜红的血痕,有的是净朗的泪晶,可怜的幽光中含蓄了多少深沉的苦闷";"偃卧在这莽莽的沙场"上的"带了箭的雁鹅"代替了在欢唱中更生的凤凰……《星空》表现了诗人在 20 年代旧中国黑暗中探索人生道路的彷徨心情。此后,郭沫若又连续发表诗集《瓶》(1925)、《前茅》(1928)和《恢复》(1928)。《瓶》是一部以爱情为主题的诗作,诗人把对人间男女之爱的理解升华为不死的精神,一种无法用其他东西替代的力量:"梅花在我的尸中,会结成五个梅子,梅子再迸成梅林,啊,我真是永远不死。"《前茅》的大部分诗作写于 1923 年,诗人在这里已经敏感地觉察到革命潮流必然到来的信息,提出与旧时代、旧情感的决裂,高呼"二十世纪的中华民族的大革命哟,快起! 起! 起!"预言了代表新时代工农革命斗争方向的伟大前程。《恢复》标志着诗人的创作已经进入了无产阶级革命文艺的领域,作品揭示了历史发展的前进方向,充满了无产阶级的斗争精神,开了 20 年代以后中国革命新诗创作的先河,但同时也由于诗人一再标榜文艺充当政治的"留声机器"的主张,为以后的诗歌创作带来了片面性的消极影响。

其他创作概览 在新文学的第一个十年中,诗歌与小说的发展惹人注目,戏剧与之相比,创作实绩较差,发展迟缓。中国的话剧萌芽于辛亥革命前夕,但由于艺术自身的局限性及其他一些原因,话剧艺术自诞生以来一直缺乏艺术生命力。五四新文化运动使一度衰落的话剧获得了新生,纵观五四话剧的整个创作流向,大致可分为现实主义、浪漫主义及现代派倾向这三种戏剧创作,代表作有胡适的《终身大事》、欧阳予倩的《泼妇》、郭沫若的《王昭君》、洪深的《赵阎王》、丁西林的《一只马蜂》等等。其中田汉(1898—1968)是当时最有影响的浪漫主义戏剧家,其代表作有《咖啡店的一夜》(1921)、《获虎之夜》(1924)、《名优之死》(1927)等等。田汉不仅是一位天才的剧作家和诗人,而且还是戏剧运动最重要的组织者之一,对中国话剧的发展起过不可磨灭的推动作用。

散文作为新文学提倡者向旧文学最初发难的文体,在这一期间也取得了突破性的进展。鲁迅在谈到五四时期的散文时曾说:"散文小品的成功,几乎在小说戏曲和诗歌之上。"(《小品文的危机》)最早出现的是议论性散文,又称"杂感",1918 年 4 月《新青年》设立《随感录》专栏后,大大推动了议论性散文的发展,各报纷纷仿效,杂文发展盛极一时。常在各报刊发表杂文的作者有鲁迅、陈独秀、李大钊、周作人、钱玄同、刘半农等人,鲁迅是这一时期的杂文数量最多、水平最高的作家。与之同时以朱自清、冰心、郁达夫为代表的叙事抒情散文也呈现异彩,打破了人们所谓"美文不能用白话"的迷信。另外,周作人(1885—1967)以趣味性、知识性为追求目的的小品文在散文领域也独标一格,形成了独具特色的散文风格,其代表作有《乌篷船》、《故乡的野菜》、《北京的茶食》等。

思 考 题

一、论述五四文学革命的过程及意义。

二、试述鲁迅在中国现代文学中的地位及影响。

三、分析《女神》的历史地位和杰出的艺术成就。

■作品选

伤　逝[①]
—— 涓生的手记

鲁　迅

　　如果我能够，我要写下我的悔恨和悲哀，为子君，为自己。

　　会馆[②]里的被遗忘在偏僻里的破屋是这样地寂静和空虚。时光过得真快，我爱子君，仗着她逃出这寂静和空虚，已经满一年了。事情又这么不凑巧，我重来时，偏偏空着的又只有这一间屋。依然是这样的破窗，这样的窗外的半枯的槐树和老紫藤，这样的窗前的方桌，这样的败壁，这样的靠壁的板床。深夜中独自躺在床上，就如我未曾和子君同居以前一般，过去一年中的时光全被消灭，全未有过，我并没有曾经从这破屋子搬出，在吉兆胡同创立了满怀希望的小小的家庭。

　　不但如此。在一年之前，这寂静和空虚是并不这样的，常常含着期待；期待子君的到来。在久待的焦躁中，一听到皮鞋的高底尖触着砖路的清响，是怎样地使我骤然生动起来呵！于是就看见带着笑涡的苍白的圆脸，苍白的瘦的臂膊，布的有条纹的衫子，玄色的裙。她又带了窗外的半枯的槐树的新叶来，使我看见，还有挂在铁似的老干上的一房一房的紫白的藤花。

　　然而现在呢，只有寂静和空虚依旧，子君却决不再来了，而且永远，永远地！……

　　子君不在我这破屋里时，我什么也看不见。在百无聊赖中，顺手抓过一本书来，科学也好，文学也好，横竖什么都一样；看下去，看下去，忽而自己觉得，已经翻了十多页了，但是毫不记得书上所说的事。只是耳朵却分外地灵，仿佛听到大门外一切往来的履声，从中便有子君的，而且囊囊地逐渐临

225

近，——但是，往往又逐渐渺茫，终于消失在别的步声的杂沓中了。我憎恶那不像子君鞋声的穿布底鞋的长班③的儿子，我憎恶那太像子君鞋声的常常穿着新皮鞋的邻院的搽雪花膏的小东西！

莫非她翻了车么？莫非她被电车撞伤了么？……

我便要取了帽子去看她，然而她的胞叔就曾经当面骂过我。

蓦然，她的鞋声近来了，一步响于一步，迎出去时，却已经走过紫藤棚下，脸上带着微笑的酒窝。她在她叔子的家里大约并未受气；我的心宁帖了，默默地相视片时之后，破屋里便渐渐充满了我的语声，谈家庭专制，谈打破旧习惯，谈男女平等，谈伊孛生，谈泰戈尔，谈雪莱④……她总是微笑点头，两眼里弥漫着稚气的好奇的光泽。壁上就钉着一张铜板的雪莱半身像，是从杂志上裁下来的，是他的最美的一张像。当我指给她看时，她却只草草一看，便低了头，似乎不好意思了。这些地方，子君大概还未脱尽旧思想的束缚，——我后来也想，倒不如换一张雪莱淹死在海里的纪念像或是伊孛生的罢；但也终于没有换，现在是连这一张也不知那里去了。

"我是我自己的，他们谁也没有干涉我的权利！"

这是我们交际了半年，又谈起她在这里的胞叔和在家的父亲时，她默想了一会之后，分明地，坚决地，沉静地说了出来的话。其时是我已经说尽了我的意见，我的身世，我的缺点，很少隐瞒；她也完全了解的了。这几句话很震动了我的灵魂，此后许多天还在耳中发响，而且说不出的狂喜，知道中国女性，并不如厌世家所说那样的无法可施，在不远的将来，便要看见辉煌的曙色的。

送她出门，照例是相离十多步远；照例是那鲇鱼须的老东西的脸又紧帖在脏的窗玻璃上了，连鼻尖都挤成一个小平面；到外院，照例又是明晃晃的玻璃窗里的那小东西的脸，加厚的雪花膏。她目不邪视地骄傲地走了，没有看见；我骄傲地回来。

"我是我自己的，他们谁也没有干涉我的权利！"这彻底的思想就在她的脑里，比我还透澈，坚强得多。半瓶雪花膏和鼻尖的小平面，于她能算什么东西呢？

我已经记不清那时怎样地将我的纯真热烈的爱表示给她。岂但现在，那

226

时的事后便已模胡,夜间回想,早只剩了一些断片了;同居以后一两月,便连这些断片也化作无可追踪的梦影。我只记得那时以前的十几天,曾经很仔细地研究过表示的态度,排列过措辞的先后,以及倘或遭了拒绝以后的情形。可是临时似乎都无用,在慌张中,身不由己地竟用了在电影上见过的方法了。后来一想到,就使我很愧恧,但在记忆上却偏只有这一点永远留遗,至今还如暗室的孤灯一般,照见我含泪握着她的手,一条腿跪了下去……。

不但我自己的,便是子君的言语举动,我那时就没有看得分明;仅知道她已经允许我了。但也还仿佛记得她脸色变成青白,后来又渐渐转作绯红,——没有见过,也没有再见的绯红;孩子似的眼里射出悲喜,但是夹着惊疑的光,虽然力避我的视线,张皇地似乎要破窗飞去。然而我知道她已经允许我了,没有知道她怎样说或是没有说。

她却是什么都记得:我的言辞,竟至于读熟了的一般,能够滔滔背诵;我的举动,就如有一张我所看不见的影片挂在眼下,叙述得如生,很细微,自然连那使我不愿再想的浅薄的电影的一闪。夜阑人静,是相对温习的时候了,我常是被质问,被考验,并且被命复述当时的言语,然而常须由她补足,由她纠正,像一个丁等的学生。

这温习后来也渐渐稀疏起来。但我只要看见她两眼注视空中,出神似的凝想着,于是神色越加柔和,笑窝也深下去,便知道她又在自修旧课了,只是我很怕她看到我那可笑的电影的一闪。但我又知道,她一定要看见,而且也非看不可的。

然而她并不觉得可笑。即使我自己以为可笑,甚而至于可鄙的,她也毫不以为可笑。这事我知道得很清楚,因为她爱我,是这样地热烈,这样地纯真。

去年的暮春是最为幸福,也是最为忙碌的时光。我的心平静下去了,但又有别一部分和身体一同忙碌起来。我们这时才在路上同行,也到过几回公园,最多的是寻住所。我觉得在路上时时遇到探索,讥笑,猥亵和轻蔑的眼光,一不小心,便使我的全身有些瑟缩,只得即刻提起我的骄傲和反抗来支持。她却是大无畏的,对于这些全不关心,只是镇静地缓缓前行,坦然如入无人之境。

寻住所实在不是容易事,大半是被托辞拒绝,小半是我们以为不相宜。

起先我们选择得很苛酷，——也非苛酷，因为看去大抵不像是我们的安身之所；后来，便只要他们能相容了。看了二十多处，这才得到可以暂且敷衍的处所，是吉兆胡同一所小屋里的两间南屋；主人是一个小官，然而倒是明白人，自住着正屋和厢房。他只有夫人和一个不到周岁的女孩子，雇一个乡下的女工，只要孩子不啼哭，是极其安闲幽静的。

我们的家具很简单，但已经用去了我的筹来的款子的大半；子君还卖掉了她唯一的金戒指和耳环。我拦阻她，还是定要卖，我也就不再坚持下去了；我知道不给她加入一点股分去，她是住不舒服的。

和她的叔子，她早经闹开，至于使他气愤到不再认她做侄女；我也陆续和几个自以为忠告，其实是替我胆怯，或者竟是嫉妒的朋友绝了交。然而这倒很清静。每日办公散后，虽然已近黄昏，车夫又一定走得这样慢，但究竟还有二人相对的时候。我们先是沉默的相视，接着是放怀而亲密的交谈，后来又是沉默。大家低头沉思着，却并未想着什么事。我也渐渐清醒地读遍了她的身体，她的灵魂，不过三星期，我似乎于她已经更加了解，揭去许多先前以为了解而现在看来却是隔膜，即所谓真的隔膜了。

子君也逐日活泼起来。但她并不爱花，我在庙会⑤时买来的两盆小草花，四天不浇，枯死在壁角了，我又没有照顾一切的闲暇。然而她爱动物，也许是从官太太那里传染的罢，不一月，我们的眷属便骤然加得很多，四只小油鸡，在小院子里和房主人的十多只在一同走。但她们却认识鸡的相貌，各知道那一只是自家的。还有一只花白的叭儿狗，从庙会买来，记得似乎原有名字，子君却给它另起了一个，叫作阿随。我就叫它阿随，但我不喜欢这名字。

这是真的，爱情必须时时更新，生长，创造。我和子君说起这，她也领会地点点头。

唉唉，那是怎样的宁静而幸福的夜呵！

安宁和幸福是要凝固的，永久是这样的安宁和幸福。我们在会馆里时，还偶有议论的冲突和意思的误会，自从到吉兆胡同以来，连这一点也没有了；我们只在灯下对坐的怀旧谭中，回味那时冲突以后的和解的重生一般的乐趣。

子君竟胖了起来，脸色也红活了；可惜的是忙。管了家务便连谈天的工夫也没有，何况读书和散步。我们常说，我们总还得雇一个女工。

这就使我也一样地不快活，傍晚回来，常见她包藏着不快活的颜色，尤其使我不乐的是她要装作勉强的笑容。幸而探听出来了，也还是和那小官太太的暗斗，导火线便是两家的小油鸡。但又何必硬不告诉我呢？人总该有一个独立的家庭。这样的处所，是不能居住的。

我的路也铸定了，每星期中的六天，是由家到局，又由局到家。在局里便坐在办公桌前钞，钞，钞些公文和信件；在家里是和她相对或帮她生白炉子，煮饭，蒸馒头。我的学会了煮饭，就在这时候。

但我的食品却比在会馆里时好得多了。做菜虽不是子君的特长，然而她于此却倾注着全力；对于她的日夜的操心，使我也不能不一同操心，来算作分甘共苦。况且她又这样地终日汗流满面，短发都粘在脑额上；两只手又只是这样地粗糙起来。

况且还要饲阿随，饲油鸡，……都是非她不可的工作。

我曾经忠告她：我不吃，倒也罢了；却万不可这样地操劳。她只看了我一眼，不开口，神色却似乎有点凄然；我也只好不开口。然而她还是这样地操劳。

我所豫期的打击果然来到。双十节的前一晚，我呆坐着，她在洗碗。听到打门声，我去开门时，是局里的信差，交给我一张油印的纸条。我就有些料到了，到灯下去一看，果然，印着的就是：

> 奉
> 局长谕史涓生着毋庸到局办事
> 秘书处启　十月九号

这在会馆里时，我就早已料到了；那雪花膏便是局长的儿子的赌友，一定要去添些谣言，设法报告的。到现在才发生效验，已经要算是很晚的了。其实这在我不能算一个打击，因为我早就决定，可以给别人去钞写，或者教读，或者虽然费力，也还可以译点书，况且《自由之友》的总编辑便是见过几次的熟人，两月前还通过信。但我的心却跳跃着。那么一个无畏的子君也变了色，尤其使我痛心；她近来似乎也较为怯弱了。

"那算什么。哼，我们干新的。我们……。"她说。

她的话没有说完;不知怎地,那声音在我听去却只是浮浮的;灯光也觉得格外黯淡。人们真是可笑的动物,一点极微末的小事情,便会受着很深的影响。我们先是默默地相视,逐渐商量起来,终于决定将现有的钱竭力节省,一面登"小广告"去寻求钞写和教读,一面写信给《自由之友》的总编辑,说明我目下的遭遇,请他收用我的译本,给我帮一点艰辛时候的忙。

"说做,就做罢!来开一条新的路!"

我立刻转身向了书案,推开盛香油的瓶子和醋碟,子君便送过那黯淡的灯来。我先拟广告;其次是选定可译的书,迁移以来未曾翻阅过,每本的头上都满漫着灰尘了;最后才写信。

我很费踌蹰,不知道怎样措辞好,当停笔凝思的时候,转眼去一瞥她的脸,在昏暗的灯光下,又很见得凄然。我真不料这样微细的小事情,竟会给坚决的,无畏的子君以这么显著的变化。她近来实在变得很怯弱了,但也并不是今夜才开始的。我的心因此更缭乱,忽然有安宁的生活的影像——会馆里的破屋的寂静,在眼前一闪,刚刚想定睛凝视,却又看见了昏暗的灯光。

许久之后,信也写成了,是一封颇长的信;很觉得疲劳,仿佛近来自己也较为怯弱了。于是我们决定,广告和发信,就在明日一同实行。大家不约而同地伸直了腰肢,在无言中,似乎又都感到彼此的坚忍崛强的精神,还看见从新萌芽起来的将来的希望。

外来的打击其实倒是振作了我们的新精神。局里的生活,原如鸟贩子手里的禽鸟一般,仅有一点小米维系残生,决不会肥胖;日子一久,只落得麻痹了翅子,即使放出笼外,早已不能奋飞。现在总算脱出这牢笼了,我从此要在新的开阔的天空中翱翔,趁我还未忘却了我的翅子的扇动。

小广告是一时自然不会发生效力的;但译书也不是容易事,先前看过,以为已经懂得的,一动手,却疑难百出了,进行得很慢。然而我决计努力地做,一本半新的字典,不到半月,边上便有了一大片乌黑的指痕,这就证明着我的工作的切实。《自由之友》的总编辑曾经说过,他的刊物是决不会埋没好稿子的。

可惜的是我没有一间静室,子君又没有先前那么幽静,善于体帖了,屋子里总是散乱着碗碟,弥漫着煤烟,使人不能安心做事,但是这自然还只能怨我自己无力置一间书斋。然而又加以阿随，加以油鸡们。加以油鸡们又大起来了，更容易成为两家争吵的引线。

加以每日的"川流不息"的吃饭；子君的功业，仿佛就完全建立在这吃饭中。吃了筹钱，筹来吃饭，还要喂阿随，饲油鸡；她似乎将先前所知道的全都忘掉了，也不想到我的构思就常常为了这催促吃饭而打断。即使在坐中给看一点怒色，她总是不改变，仍然毫无感触似的大嚼起来。

使她明白了我的工作不能受规定的吃饭的束缚，就费去五星期。她明白之后，大约很不高兴罢，可是没有说。我的工作果然从此较为迅速地进行，不久就共译了五万言，只要润色一回，便可以和做好的两篇小品，一同寄给《自由之友》去。只是吃饭却依然给我苦恼。菜冷，是无妨的，然而竟不够；有时连饭也不够，虽然我因为终日坐在家里用脑，饭量已经比先前要减少得多。这是先去喂了阿随了，有时还加那近来连自己也轻易不吃的羊肉。她说，阿随实在瘦得太可怜，房东太太还因此嗤笑我们了，她受不住这样的奚落。

于是吃我残饭的便只有油鸡们。这是我积久才看出来的，但同时也如赫胥黎⑥的论定"人类在宇宙间的位置"一般，自觉了我在这里的位置：不过是叭儿狗和油鸡之间。

后来，经多次的抗争和催逼，油鸡们也逐渐成为肴馔，我们和阿随都享用了十多日的鲜肥；可是其实都很瘦，因为它们早已每日只能得到几粒高粱了。从此便清静得多。只有子君很颓唐，似乎常觉得凄苦和无聊，至于不大愿意开口。我想，人是多么容易改变呵！

但是阿随也将留不住了。我们已经不能再希望从什么地方会有来信，子君也早没有一点食物可以引它打拱或直立起来。冬季又逼近得这么快，火炉就要成为很大的问题；它的食量，在我们其实早是一个极易觉得的很重的负担。于是连它也留不住了。

倘使插了草标⑦到庙市去出卖，也许能得几文钱罢，然而我们都不能，也不愿这样做。终于是用包袱蒙着头，由我带到西郊去放掉了，还要追上来，便推在一个并不很深的土坑里。

我一回寓，觉得又清静得多了；但子君的凄惨的神色，却使我很吃惊。那是没有见过的神色，自然是为阿随。但又何至于此呢？我还没有说起推在土坑里的事。

到夜间,在她的凄惨的神色中,加上冰冷的分子了。

"奇怪。——子君,你怎么今天这样儿了?"我忍不住问。

"什么?"她连看也不看我。

"你的脸色……。"

"没有什么,——什么也没有。"

我终于从她言动上看出,她大概已经认定我是一个忍心的人。其实,我一个人,是容易生活的,虽然因为骄傲,向来不与世交来往,迁居以后,也疏远了所有旧识的人,然而只要能远走高飞,生路还宽广得很。现在忍受着这生活压迫的苦痛,大半倒是为她,便是放掉阿随,也何尝不如此。但子君的识见却似乎只是浅薄起来,竟至于连这一点也想不到了。

我拣了一个机会,将这些道理暗示她;她领会似的点头。然而看她后来的情形,她是没有懂,或者是并不相信的。

天气的冷和神情的冷,逼迫我不能在家庭中安身。但是,往哪里去呢?大道上,公园里,虽然没有冰冷的神情,冷风究竟也刺得人皮肤欲裂。我终于在通俗图书馆里觅得了我的天堂。

那里无须买票;阅书室里又装着两个铁火炉。纵使不过是烧着不死不活的煤的火炉,但单是看见装着它,精神上也就总觉得有些温暖。书却无可看:旧的陈腐,新的是几乎没有的。

好在我到那里去也并非为看书。另外时常还有几个人,多则十余人,都是单薄衣裳,正如我,各人看各人的书,作为取暖的口实。这于我尤为合式。道路上容易遇见熟人,得到轻蔑的一瞥,但此地却决无那样的横祸,因为他们是永远围在别的铁炉旁,或者靠在自家的白炉边的。

那里虽然没有书给我看,却还有安闲容得我想。待到孤身枯坐,回忆从前,这才觉得大半年来,只为了爱,——盲目的爱,——而将别的人生的要义全盘疏忽了。第一,便是生活。人必生活着,爱才有所附丽。世界上并非没有为奋斗者而开的活路;我也还未忘却翅子的扇动,虽然比先前已经颓唐得多……。

屋子和读者渐渐消失了,我看见怒涛中的渔夫,战壕中的兵士,摩托车®中的贵人,洋场上的投机家,深山密林中的豪杰,讲台上的教授,昏夜的运动者和深夜的偷儿……。子君,——不在近旁。她的勇气都失掉了,只为着阿随悲愤,为着做饭出神;然而奇怪的是倒也并不怎样瘦损……。

冷了起来,火炉里的不死不活的几片硬煤,也终于烧尽了,已是闭馆的时候。又须回到吉兆胡同,领略冰冷的颜色去了。近来也间或遇到温暖的神情,但这却反而增加我的苦痛。记得有一夜,子君的眼里忽而又发出久已不见的稚气的光来,笑着和我谈还在会馆时候的情形,时时又很带些恐怖的神色。我知道我近来的超过她的冷漠,已经引起她的忧疑来,只得也勉力谈笑,想给她一点慰藉。然而我的笑貌一上脸,我的话一出口,却即刻变为空虚,这空虚又即刻发生反响,回向我的耳目里,给我一个难堪的恶毒的冷嘲。

子君似乎也觉得的,从此便失掉了她往常的麻木似的镇静,虽然竭力掩饰,总还是时时露出忧疑的神色来,但对我却温和得多了。

我要明告她,但我还没有敢,当决心要说的时候,看见她孩子一般的眼色,就使我只得暂且改作勉强的欢容。但是这又即刻来冷嘲我,并使我失却那冷漠的镇静。

她从此又开始了往事的温习和新的考验,逼我做出许多虚伪的温存的答案来,将温存示给她,虚伪的草稿便写在自己的心上。我的心渐被这些草稿填满了,常觉得难于呼吸。我在苦恼中常常想,说真实自然须有极大的勇气的;假如没有这勇气,而苟安于虚伪,那也便是不能开辟新的生路的人。不独不是这个,连这人也未尝有!

子君有怨色,在早晨,极冷的早晨,这是从未见过的,但也许是从我看来的怨色。我那时冷冷地气愤和暗笑了;她所磨练的思想和豁达无畏的言论,到底也还是一个空虚,而对于这空虚却并未自觉。她早已什么书也不看,已不知道人的生活的第一着是求生,向着这求生的道路,是必须携手同行,或奋身孤往的了,倘使只知道捶着一个人的衣角,那便是虽战士也难于战斗,只得一同灭亡。

我觉得新的希望就只在我们的分离;她应该决然舍去,——我也突然想到她的死,然而立刻自责,忏悔了。幸而是早晨,时间正多,我可以说我的真实。我们的新的道路的开辟,便在这一遭。

我和她闲谈,故意地引起我们的往事,提到文艺,于是涉及外国的文人,文人的作品:《诺拉》,《海的女人》⑨。称扬诺拉的果决……也还是去年在会馆的破屋里讲过的那些话,但现在已经变成空虚,从我的嘴传入自己的耳中,

233

时时疑心有一个隐形的坏孩子,在背后恶意地刻毒地学舌。

她还是点头答应着倾听,后来沉默了。我也就断续地说完了我的话,连余音都消失在虚空中了。

"是的。"她又沉默了一会,说,"但是,……涓生,我觉得你近来很两样了。可是的? 你,——你老实告诉我。"

我觉得这似乎给了我当头一击,但也立即定了神,说出我的意见和主张来:新的路的开辟,新的生活的再造,为的是免得一同灭亡。

临末,我用了十分的决心,加上这几句话:

"……况且你已经可以无须顾虑,勇往直前了。你要我老实说;是的,人是不该虚伪的。我老实说罢:因为,因为我已经不爱你了! 但这于你倒好得多,因为你更可以毫无挂念地做事……。"

我同时豫期着大的变故的到来,然而只有沉默。她脸色陡然变成灰黄,死了似的;瞬间便又苏生,眼里也发了稚气的闪闪的光泽。这眼光射向四处,正如孩子在饥渴中寻求着慈爱的母亲,但只在空中寻求,恐怖地回避着我的眼。

我不能看下去了,幸而是早晨,我冒着寒风径奔通俗图书馆。

在那里看见《自由之友》,我的小品文都登出了。这使我一惊,仿佛得了一点生气。我想,生活的路还很多,——但是,现在这样也还是不行的。

我开始去访问久已不相闻问的熟人,但这也不过一两次;他们的屋子自然是暖和的,我在骨髓中却觉得寒冽。夜间,便蜷伏在比冰还冷的冷屋中。

冰的针刺着我的灵魂,使我永远苦于麻木的疼痛。生活的路还很多,我也还没有忘却翅子的扇动,我想。——我突然想到她的死,然而立刻自责,忏悔了。

在通俗图书馆里往往瞥见一闪的光明,新的生路横在前面。她勇猛地觉悟了,毅然走出这冰冷的家,而且,——毫无怨恨的神色。我便轻如行云,漂浮空际,上有蔚蓝的天,下是深山大海,广厦高楼,战场,摩托车,洋场,公馆,晴明的闹市,黑暗的夜……。

而且,真的,我预感得这新生面便要来到了。

我们总算度过了极难忍受的冬天,这北京的冬天;就如蜻蜓落在恶作剧的坏孩子的手里一般,被系着细线,尽情玩弄,虐待,虽然幸而没有送掉性命,结果也还是躺在地上,只争着一个迟早之间。

写给《自由之友》的总编辑已经有三封信,这才得到回信,信封里只有两张书券⑩:两角的和三角的。我却单是催,就用了九分的邮票,一天的饥饿,又都白挨给于己一无所得的空虚了。

然而觉得要来的事,却终于来到了。

这是冬春之交的事,风已没有这么冷,我也更久地在外面徘徊;待到回家,大概已经昏黑。就在这样一个昏黑的晚上,我照常没精打采地回来,一看见寓所的门,也照常更加丧气,使脚步放得更缓。但终于走进自己的屋子里了,没有灯火;摸火柴点起来时,是异样的寂寞和空虚!

正在错愕中,官太太便到窗外来叫我出去。

"今天子君的父亲来到这里,将她接回去了。"她很简单地说。

这似乎又不是意料中的事,我便如脑后受了一击,无言地站着。

"她去了么?"过了些时,我只问出这样一句话。

"她去了。"

"她,——她可说什么?"

"没说什么。单是托我见你回来时告诉你,说她去了。"

我不信;但是屋子里是异样的寂寞和空虚。我遍看各处,寻觅子君;只见几件破旧而黯淡的家具,都显得极其清疏,在证明着它们毫无隐匿一人一物的能力。我转念寻信或她留下的字迹,也没有;只是盐和干辣椒,面粉,半株白菜,却聚集在一处了,旁边还有几十枚铜元。这是我们两人生活材料的全副,现在她就郑重地将这留给我一个人,在不言中,教我借此去维持较久的生活。

我似乎被周围所排挤,奔到院子中间,有昏黑在我的周围;正屋的纸窗上映出明亮的灯光,他们正在逗着孩子玩笑。我的心也沉静下来,觉得在沉重的迫压中,渐渐隐约地现出脱走的路径:深山大泽,洋场,电灯下的盛筵,壕沟,最黑最黑的深夜,利刃的一击,毫无声响的脚步……。

心地有些轻松,舒展了,想到旅费,并且嘘一口气。

躺着,在合着的眼前经过的预想的前途,不到半夜已经现尽;暗中忽然仿佛看见一堆食物,这之后,便浮出一个子君的灰黄的脸来,睁了孩子气的眼睛,恳托似的看着我。我一定神,什么也没有了。

但我的心却又觉得沉重。我为什么偏不忍耐几天,要这样急急地告诉她真话的呢?现在她知道,她以后所有的只是她父亲——儿女的债主——的烈日一般的严威和旁人的赛过冰霜的冷眼。此外便是虚空。负着虚空的重担,在严威和冷眼中走着所谓人生的路,这是怎么可怕的事呵!而况这路的尽头,又不过是——连墓碑也没有的坟墓。

我不应该将真实说给子君,我们相爱过,我应该永久奉献她我的说谎。如果真实可以宝贵,这在子君就不该是一个沉重的空虚。谎语当然也是一个空虚,然而临末,至多也不过这样地沉重。

我以为将真实说给子君,她便可以毫无顾虑,坚决地毅然前行,一如我们将要同居时那样。但这恐怕是我错误了。她当时的勇敢和无畏是因为爱。

我没有负着虚伪的重担的勇气,却将真实的重担卸给她了。她爱我之后,就要负了这重担,在严威和冷眼中走着所谓人生的路。

我想到她的死……。我看见我是一个卑怯者,应该被摈于强有力的人们,无论是真实者,虚伪者。然而她却自始至终,还希望我维持较久的生活……。

我要离开吉兆胡同,在这里是异样的空虚和寂寞。我想,只要离开这里,子君便如还在我的身边;至少,也如还在城中,有一天,将要出乎意表地访我,像住在会馆时候似的。

然而一切请托和书信,都是一无反响;我不得已,只好访问一个久不问候的世交去了。他是我伯父的幼年的同窗,以正经出名的拔贡①,寓京很久,交游也广阔的。

大概因为衣服的破旧罢,一登门便很遭门房的白眼。好容易才相见,也还相识,但是很冷落。我们的往事,他全都知道了。

"自然,你也不能在这里了,"他听了我托他在别处觅事之后,冷冷地说,"但那里去呢? 很难。——你那,什么呢,你的朋友罢,子君,你可知道,她死了。"

我惊得没有话。

"真的?"我终于不自觉地问。

"哈哈。自然真的。我家的王升的家,就和她家同村。"

"但是,——不知道是怎么死的?"

236

"谁知道呢。总之是死了就是了。"

我已经忘却了怎样辞别他,回到自己的寓所。我知道他是不说谎话的;子君总不会再来的了,像去年那样。她虽是想在严威和冷眼中负着虚空的重担来走所谓人生的路,也已经不能。她的命运,已经决定她在我所给与的真实——无爱的人间死灭了!

自然,我不能在这里了;但是,"那里去呢?"

四围是广大的空虚,还有死的寂静。死于无爱的人们的眼前的黑暗,我仿佛一一看见,还听得一切苦闷和绝望的挣扎的声音。

我还期待着新的东西到来,无名的,意外的。但一天一天,无非是死的寂静。

我比先前已经不大出门,只坐卧在广大的空虚里,一任这死的寂静侵蚀着我的灵魂。死的寂静有时也自己战栗,自己退藏,于是在这绝续之交,便闪出无名的,意外的,新的期待。

一天是阴沉的上午,太阳还不能从云里面挣扎出来;连空气都疲乏着。耳中听到细碎的步声和咻咻的鼻息,使我睁开眼。大致一看,屋子里还是空虚;但偶然看到地面,却盘旋着一匹小小的动物,瘦弱的,半死的,满身灰土的……。

我一细看,我的心就一停,接着便直跳起来。

那是阿随。它回来了。

我的离开吉兆胡同,也不单是为了房主人们和他家女工的冷眼,大半就为着这阿随。但是,"那里去呢?"新的生路自然还很多,我约略知道,也间或依稀看见,觉得就在我面前,然而我还没有知道跨进那里去的第一步的方法。

经过许多回的思量和比较,也只有会馆是还能相容的地方。依然是这样的破屋,这样的板床,这样的半枯的槐树和紫藤,但那时使我希望,欢欣,爱,生活的,却全都逝去了,只有一个虚空,我用真实去换来的虚空存在。

新的生路还很多,我必须跨进去,因为我还活着。但我还不知道怎样跨出那第一步。有时,仿佛看见那生路就像一条灰白的长蛇,自己蜿蜒地向我奔来,我等着,等着,看看临近,但忽然便消失在黑暗里了。

237

初春的夜,还是那么长。长久的枯坐中记起上午在街头所见的葬式,前面是纸人纸马,后面是唱歌一般的哭声。我现在已经知道他们的聪明了,这是多么轻松简截的事。

然而子君的葬式却又在我的眼前,是独自负着虚空的重担,在灰白的长路上前行,而又即刻消失在周围的严威和冷眼里了。

我愿意真有所谓鬼魂,真有所谓地狱,那么,即使在孽风怒吼之中,我也将寻觅子君,当面说出我的悔恨和悲哀,祈求她的饶恕;否则,地狱的毒焰将围绕我,猛烈地烧尽我的悔恨和悲哀。

我将在孽风和毒焰中拥抱子君,乞她宽恕,或者使她快意……。

但是,这却更虚空于新的生路;现在所有的只是初春的夜,竟还是那么长。我活着,我总得向着新的生路跨出去,那第一步,——却不过是写下我的悔恨和悲哀,为子君,为自己。

我仍然只有唱歌一般的哭声,给子君送葬,葬在遗忘中。

我要遗忘;我为自己,并且要不再想到这用了遗忘给子君送葬。

我要向着新的生路跨进第一步去,我要将真实深深地藏在心的创伤中,默默地前行,用遗忘和说谎做我的前导……。

1925 年 10 月 21 日毕

注释:①《伤逝》最早收集于 1926 年出版的《彷徨》,此前未在报刊上发表过。小说通过子君和涓生争取个性解放和婚姻自由而最终生死分离的爱情悲剧,揭示了五四时期青年知识分子的性格弱点和军阀统治时代的黑暗本质。《伤逝》是鲁迅所有小说中惟一一部描写青年男女爱情的作品。②会馆:亦称"公所",旧时都市中同乡会或同业公会设立的馆舍,供同乡或同业旅居、聚会之用。③长班:旧时官员的随身仆人,也用来称呼一般的"听差"。④伊孛生(H. Ibsen,1928—1906):通译易卜生,挪威剧作家。泰戈尔(R. Tagore,1861—1941):印度诗人。1924 年曾来过我国。当时他的诗作译成中文的有《新月集》《飞鸟集》等。雪莱(P. B. Shelley,1792—1822):英国诗人。曾参加爱尔兰民族独立运动,因传播革命思想和争取婚姻自由屡遭迫害。后在海里覆舟淹死。他的《西风颂》《云雀颂》等著名短诗,"五四"后被介绍到我国。⑤庙会:又称"庙市",旧时在节日或规定的日子,设在寺庙或其附近的集市。

⑥赫胥黎(T. Huxley,1825—1895):英国生物学家。他的《人类在宇宙间的位置》(今译《人类在自然界的位置》),是宣传达尔文的进化论的重要著作。⑦草标:旧时在被卖的人身或物品上插置的草秆,作为出卖的标志。⑧摩托车:当时对小汽车的称呼。⑨《诺拉》:通译《娜拉》(又译作《玩偶之家》);《海的女人》,通译《海的夫人》。都是易卜生的著名剧作。⑩书券:购书用的代价券,可按券面金额到指定书店选购。旧时有的报刊用它代替现金支付稿酬。⑪拔贡:清代科举考试制度。在规定的年限(原定6年,后改为12年)选拔所谓"文行兼优"的秀才,保送到京师,贡入国子监,称为"拔贡"。是贡生的一种。

春 末 闲 谈①

鲁　迅

北京正是春末,也许我过于性急之故罢,觉着夏意了,于是突然记起故乡的细腰蜂②。那时候大约是盛夏,青蝇密集在凉棚索子上,铁黑色的细腰蜂就在桑树间或墙角的株网左近往来飞行,有时衔着一支小青虫去了,有时拉一个蜘蛛。青虫或蜘蛛先是抵抗着不肯去,但终于乏力,被衔着腾空而去了,坐了飞机似的。

老前辈们开导我,那细腰蜂就是书上所说的果蠃,纯雌无雄,必须捉螟蛉③去做继子的。她将小青虫封在窠里,自己在外面日日夜夜敲打着,祝道"像我像我",经过若干日,——我记不清了,大约七七四十九日罢,——那青虫也就成了细腰蜂了,所以《诗经》里说:"螟蛉有子,果蠃负之。"螟蛉就是桑上小青虫。蜘蛛呢?他们没有提。我记得有几个考据家曾经立过异说,以为她其实自能生卵;其捉青虫,乃是填在窠里,给孵化出来的幼蜂做食料的。但我所遇见的前辈们都不采用此说,还道是拉去做女儿。我们为存留天地间的美谈起见,倒不如这样好。当长夏无事,遣暑林阴,瞥见二虫一拉一拒的时候,便如睹慈母教女,满怀好意,而青虫的宛转抗拒,则活像一个不识好歹的毛鸦头。

但究竟是夷人④可恶,偏要讲什么科学。科学虽然给我们许多惊奇,但也搅坏了我们许多好梦。自从法国的昆虫学大家发勃耳(Fabre)⑤仔细观察之后,给幼蜂做食料的事可就证实了,而且,这细腰蜂不但是普通的凶手,还

239

是一种很残忍的凶手,又是一个学识技术都极高明的解剖学家。她知道青虫的神经构造和作用,用了神奇的毒针,向那运动神经球上只一螫,它便麻痹为不死不活状态,这才在它身上生下蜂卵,封入窠中。青虫因为不死不活,所以不动,但也因为不活不死,所以不烂,直到她的子女孵化出来的时候,这食料还和被捕当日一样的新鲜。

三年前,我遇见神经过敏的俄国的 E 君⑥,有一天他忽然发愁道,不知道将来的科学家,是否不至于发明一种奇妙的药品,将这注射在谁的身上,则这人即甘心永远去做服役和战争的机器了?那时我也就颦眉叹息,装作一齐发愁的模样,以示"所见略同"之至意,殊不知我国的圣君,贤臣,圣贤,圣贤之徒,却早已有过这一种黄金世界的理想了。不是"唯辟作福,唯辟作威,唯辟玉食"⑦么?不是"君子劳心,小人劳力"么?不是"治于人者食(去声)人,治人者食于人"么?可惜理论虽已卓然,而终于没有发明十全的好方法。要服从作威就须不活,要贡献玉食就须不死;要被治就须不活,要供养治人者又须不死。人类升为万物之灵,自然是可贺的,但没有了细腰蜂的毒针,却很使圣君,贤臣,圣贤,圣贤之徒,以至现在的阔人,学者,教育家觉得棘手。将来未可知,若已往,则治人者虽然尽力施行过各种麻痹术,也还不能十分奏效,与果蠃并驱争先。即以皇帝一伦而言,便难免时常改姓易代,终没有"万年有道之长";"二十四史"而多至二十四,就是可悲的铁证。现在又似乎有些别开生面了,世上挺生了一种所谓"特殊知识阶级"的留学生,在研究室中研究之结果,说医学不发达是有益于人种改良的,中国妇女的境遇是极其平等的,一切道理都已不错,一切状态都已够好。E 君的发愁,或者也不为无因罢,然而俄国是不要紧的,因为他们不像我们中国,有所谓"特别国情",还有所谓"特殊知识阶级"。

但这种工作,也怕终于像古人那样,不能十分奏效的罢,因为这实在比细腰蜂所做的要难得多。她于青虫,只须不动,所以仅在运动神经球上一螫,即告成功。而我们的工作,却求其能运动,无知觉,该在知觉神经中枢,加以完全的麻醉的。但知觉一失,运动也就随之失却主宰,不能贡献玉食,恭请上自"极峰"下至"特殊知识阶级"的赏收享用了。就现在而言,窃以为除了遗老的圣经贤传法,学者的进研究室主义,文学家和茶摊老板的莫谈国事律,教育家的勿视勿听勿言勿动论之外,委实还没有更好,更完全,更无流弊的方法。便是留学生的特别发见,其实也并未轶出了前贤的范围。

240

那么，又要"礼失而求诸野"了。夷人，现在因为想去取法，姑且称之为外国，他那里，可有较好的法子么？可惜，也没有。所有者，仍不外乎不准集会，不许开口之类，和我们中华并没有什么很不同。然亦可见至道嘉猷，人同此心，心同此理，固无华夷之限也。猛兽是单独的，牛羊则结队；野牛的大队，就会排角成城以御强敌了，但拉开一匹，定只能牟牟地叫。人民与牛马同流，——此就中国而言，夷人别有分类法云，——治之之道，自然应该禁止集会：这方法是对的。其次要防说话。人能说话，已经是祸胎了，而况有时还要做文章。所以苍颉造字，夜有鬼哭⑧。鬼且反对，而况于官？猴子不会说话，猴界即向无风潮，——可是猴界中也没有官，但这又作别论，——确应该虚心取法，反朴归真，则口且不开，文章自灭：这方法也是对的。然而上文也不过就理论而言，至于实效，却依然是难说。最显著的例，是连那么专制的俄国，而尼古拉二世"龙御上宾"⑨之后，罗曼诺夫氏竟已"覆宗绝祀"了。要而言之，那大缺点就在虽有二大良法，而还缺其一，便是：无法禁止人们的思想。

　　于是我们的造物主——假如天空真有这样的一位"主子"——就可恨了：一恨其没有永远分清"治者"与"被治者"；二恨其不给治者生一枝细腰蜂那样的毒针；三恨其不将被治者造得即使砍去了藏着的思想中枢的脑袋而还能动作——服役。三者得一，阔人的地位即永久稳固，统御也永久省了气力，而天下于是乎太平。今也不然，所以即使单想高高在上，暂时维持阔气，也还得日施手段，夜费心机，实在不胜其委屈劳神之至……

　　假使没有了头颅，却还能做劳役和战争的机械，世上的情形就何等地醒目呵！这时再不必用什么制帽勋章来表明阔人和穷人了，只要一看头之有无，便知道主奴，官民，上下，贵贱的区别。并且也不至于再闹什么革命，共和，会议等等的乱子了，单是电报，就要省下许多许多来。古人毕竟聪明，仿佛早想到过这样的东西，《山海经》上就记载着一种名叫"刑天"的怪物。他没有了能想的头，却还活着，"以乳为目，以脐为口"，——这一点想得很周到，否则他怎么看，怎么吃呢，——实在是很值得奉为师法的。假使我们的国民都能这样，阔人又何等安全快乐？但他又"执干戚而舞"，则似乎还是死也不肯安分，和我那专为阔人图便利而设的理想底好国民又不同。陶潜先生又有诗道："刑天舞干戚，猛志固常在。"连这位貌似旷达的老隐士也这么说，可见无头也会仍有猛志，阔人的天下一时总怕难得太平的了。但有了太多的"特殊知识阶级"的国民，也许有特在例外的希望；况且精神文明太高了之后，精神

241

的头就会提前飞去,区区物质的头的有无也算不得什么难问题。

1925 年 4 月 22 日

注释:①《春末闲谈》选自鲁迅杂文集《坟》,是一篇寓意深刻的杂文。作者辛辣地嘲讽了统治阶级所施行的种种麻痹术,表现出了对人民力量的信心与乐观态度。本文将说理形象化,在丰富的知识性和生动的趣味性中阐发了深刻的思想。②细腰蜂:昆虫纲,膜翅目,泥蜂科。头部球形,触角肘状,复眼卵形,有单眼 3 个,腹部 7 节,腰细。成虫以花蜜或发酵物作食料;幼虫以各种昆虫的幼虫体内物质为养料。成虫在产卵前先捕获其他昆虫的幼虫并将其刺昏置于巢内,然后产卵,孵化的幼虫即以该虫为食料。③螟蛉(míng líng):稻螟蛉的幼虫,泛指稻螟蛉、棉蛉虫、茶粉蝶等多种鳞翅目昆虫的幼虫。《诗经·小雅·小宛》中曰“螟蛉有子,蜾蠃负之”,古人误认为蜾蠃不产子,喂养螟蛉为子,因此用“螟蛉”比喻义子。④夷:旧时泛指外国或外国人。⑤发勃耳:即法布尔(1823—1915),法国昆虫学家。自幼爱好自然,经常观察昆虫和贝类的生活情况,晚年详细观察栖息于未垦地中的各种昆虫和蜘蛛,于 1879 — 1907 年间将研究所得,陆续写出《昆虫记》十卷。⑥E 君:即爱罗先珂,俄国诗人、童话作家。童年时因病双目失明。⑦语见《尚书·洪范》,辟,即天子或诸侯。⑧《淮南子·本经训》载:“昔者苍颉作书而天雨粟,鬼夜哭。”⑨旧时指皇帝逝世,意即乘龙仙去。尼古拉二世为帝俄罗曼诺夫王朝最后的一个皇帝,1917 年 2 月革命时被推翻,次年被处死。

天　狗①

郭沫若

(一)

我是一条天狗呀!
我把月来吞了,
我把日来吞了,
我把一切的星球来吞了,

我把全宇宙来吞了。
我便是我了！

（二）

我是月底光，
我是日底光，
我是一切星球底光，
我是 X 光线底光，
我是全宇宙底 Energy 底总量！

（三）

我飞奔，
我狂叫，
我燃烧。
我如烈火一样地燃烧！
我如大海一样地狂叫！
我如电气一样地飞跑！
我飞跑，
我飞跑，
我飞跑，
我剥我的皮，
我食我的肉，
我吸我的血，
我啮我的心肝，
我在我神经上飞跑，
我在我脊髓上飞跑，
我在我脑筋上飞跑。

我便是我呀！
我的我要爆了！

1920 年 2 月初作

243

炉 中 煤①

——眷念祖国的情绪

郭沫若

啊，我年青的女郎！
我不辜负你的殷勤，
你也不要辜负了我的思量。
我为我心爱的人儿
燃到了这般模样！

啊，我年青的女郎！
你该知道了我的前身？
你该不嫌我黑奴卤莽？
在我这黑奴底胸中，
才有火一样的心肠。

啊，我年青的女郎！
我想我的前身
原本是有用的栋梁，
我活埋在地底多年，
到今朝才得重见天光。

啊，我年青的女郎！
我自从重见天光，
我常常思念我的故乡，
我为我心爱的人儿
燃到了这般模样！

1920年一二月间作

注释:①《炉中煤》最初发表于1920年2月3日上海《时事新报·学灯》。正如诗的副题"眷恋祖国的情绪"所表达的一样,这首诗蕴含着郭沫若满腔的爱国激情。全诗四节几乎一样,整齐而有节奏,在朴素平稳的语言中流动着火一样的激情。

春风沉醉的晚上①

郁达夫

一

在沪上闲居了半年,因为失业的结果,我的寓所迁移了三处。最初我住在静安寺路南的一间同鸟笼似的永也没有太阳晒着的自由的监房里。这些自由的监房的住民,除了几个同强盗小窃一样的凶恶裁缝之外,都是些可怜的无名文士,我当时所以送了那地方一个 Yellow Grub Street② 的称号。在这 Grub Street 里住了一个月,房租忽涨了价,我就不得不拖了几本破书,搬上跑马厅附近一家相识的栈房里去。后来在这栈房里又受了种种逼迫,不得不搬了,我便在外白渡桥北岸的邓脱路中间,日新里对面的贫民窟里,寻了一间小小的房间,迁移了过去。

邓脱路的这几排房子,从地上量到屋顶,只有一丈几尺高。我住的楼上的那间房间,更是矮小得不堪。若站在楼板上升一升懒腰,两只手就要把灰黑的屋顶穿通的。从前面的弄里踱进了那房子的门,便是房主的住房。在破布、洋铁罐、玻璃瓶、旧铁器堆满的中间,侧着身子走进两步,就有一张中间有几根横档跌落的梯子靠墙摆在那里。用了这张梯子往上面的黑黝黝的一个二尺宽的洞里一接,即能走上楼去。黑沉沉的这层楼上,本来只有猫额那样大,房主人却把它隔成了两间小房,外面一间是一个 N 烟公司的女工住在那里,我所租的是梯子口头的那间小房,因为外间的住者要从我的房里出入,所以我的每月的房租要比外间的便宜几角小洋。

我的房主,是一个五十来岁的弯腰老人。他的脸上的青黄色里,映射着一层暗黑的油光。两只眼睛是一只大一只小,颧骨很高,额上颊上的几条皱纹里满砌着煤灰,好像每天早晨洗也洗不掉的样子。他每日于八九点钟的时候起来,咳嗽一阵,便挑了一双竹篮出去,到午后的三四点钟总仍旧是挑了一双空篮回来的,有时挑了满担回来的时候,他的竹篮里便是那些破布,破铁器,玻璃瓶之类。像这样的晚上,他必要去买些酒来喝喝,一个人坐在床沿上瞎骂出许多不可捉摸的话来。

我与间壁的同寓者的第一次相遇,是在搬来的那天午后。春天的急景已经快晚了的五点钟的时候,我点了一枝蜡烛,在那里安放几本刚从栈房里搬过来的破书。先把它们叠成了两方堆,一堆小些,一堆大些,然后把两个二尺长的装画的画架覆在大一点的那堆书上。因为我的器具都卖完了,这一堆书和画架白天要当写字台,晚上可当床睡的。摆好了画架的板,我就朝着了这张由书叠成的桌子,坐在小一点的那堆书上吸烟,我的背系朝着梯子的接口的。我一边吸烟,一边在那里呆看放在桌上的蜡烛火,忽而听见梯子口上起了响动。回头一看,我只见了一个自家的扩大的投射影子,此外什么也辨不出来,但我的听觉分明告诉我说:"有人上来了。"我向暗中凝视了几秒钟,一个圆形灰白的面貌,半截纤细的女人的身体,方才映到我的眼帘上来。一见了她的容貌,我就知道她是我的间壁的同居者了。因为我来找房子的时候,那房主的老人便告诉我说,这屋里除了他一个人外,楼上只住着一个女工。我一则喜欢房价的便宜,二则喜欢这屋里没有别的女人小孩,所以立刻就租定了的。等她走上了梯子,我才站起来对她点了点头说:

"对不起,我是今朝才搬来的,以后要请你照应。"

她听了我这话,也并不回答,放了一双漆黑的大眼,对我深深的看了一眼,就走上她的门口去开了锁,进房去了。我与她不过这样的见了一面,不晓是什么原因,我只觉得她是一个可怜的女子。她的高高的鼻梁,灰白长圆的面貌,清瘦不高的身体,好像都是表明她是可怜的特征,但是当时正为了生活问题在那里操心的我,也无暇去怜惜这还未曾失业的女工,过了几分钟我又动也不动的坐在那一小堆书上看蜡烛光了。

在这贫民窟里过了一个多礼拜,她每天早晨七点钟去上工和午后六点多钟下工回来,总只见我呆呆的对着了蜡烛或油灯坐在那堆书上。大约她的好奇心被我那痴不痴呆不呆的态度挑动了罢。有一天她下了工走上楼来的时候,我依旧和第一天一样的站起来让她过去。她走到了我的身边忽而停住了

脚。看了我一眼,吞吞吐吐好像怕什么似的问我说:

"你天天在这里看的是什么书?"

(她操的是柔和的苏州音,听了这一种声音以后的感觉,是怎么也写不出来的,所以我只能把她的言语译成普通的白话。)

我听了她的话,反而脸上涨红了。因为我天天呆坐在那里,面前虽则有几本外国书摊着,其实我的脑筋昏乱得很,就是一行一句也看不进去。有时候我只用了想像在书的上一行与下一行中间的空白里,填些奇异的模型进去。有时候我只把书里边的插画翻开来看看,就了那些插画演绎些不近人情的幻想出来。我那时候的身体因为失眠与营养不良的结果,实际上已经成了病的状态了。况且又因为我的唯一的财产的一件棉袍子已经破得不堪,白天不能走出外面去散步和房里全没有光线进来,不论白天晚上,都要点着油灯或蜡烛的缘故,非但我的全部健康不如常人,就是我的眼睛和脚力,也局部的非常萎缩了。在这状态下的我,听了她这一问,如何能够不红起脸来呢?所以我只是含含糊糊的回答说:

"我并不在看书,不过什么也不做呆坐在这里,样子一定不好看,所以把这几本书摊放着的。"

她听了这话,又深深的看了我一眼,作了一种不了解的形容,依旧的走到她的房里去了。

那几天里,若说我完全什么事情也不去找,什么事情也不曾干。却是假的。有时候,我脑筋稍微清新一点下来,也曾译过几首英法的小诗,和几篇不满四千字的德国的短篇小说,于晚上大家睡熟的时候,不声不响的出去投邮,寄投给各新开的书局。因为当时我的各方面就职的希望,早已经完全断绝了,只有这一方面,还能靠了我的枯燥的脑筋,想想法子看。万一中了他们编辑先生的意,把译的东西登了出来,也不难得着几块钱的酬报。所以我自迁移到邓脱路以后,当她第一次同我讲话的时候,这样的译稿已经发出了三四次了。

二

在乱昏昏的上海租界里住着,四季的变迁和日子的过去是不容易觉得的。我搬到了邓脱路的贫民窟之后,只觉得身上穿在那里的那件破棉袍子一

天一天的重了起来,热了起来,所以我心里想:

"大约春光也已经老透了罢!"

但是囊中很羞涩的我,也不能上什么地方去旅行一次,日夜只是在那暗室的灯光下呆坐。有一天,大约是午后了,我也是这样的坐在那里,间壁的同住者忽而手里拿了两包用纸包好的物件走了上来,我站起来让她走的时候,她把手里的纸包放了一包在我的书桌上说:

"这一包是葡萄浆的面包,请你收藏着,明天好吃的。另外我还有一包香蕉买在这里,请你到我房里来一道吃罢!"

我替她拿住了纸包,她就开了门邀我进她的房里去,共住了这十几天,她好像已经信用我是一个忠厚的人的样子。我见她初见我的时候脸上流露出来的那一种疑惧的形容完全没有了。我进了她的房里,才知道天还未暗,因为她的房里有一扇朝南的窗,太阳返射的光线从这窗里投射进来,照见了小小的一间房,由二条板铺成的一张床,一张黑漆的半桌,一只板箱,和一条圆凳。床上虽则没有帐子,但堆着有二条洁净的青布被褥。半桌上有一只小洋铁箱摆在那里,大约是她的梳头器具,洋铁箱上已经有许多油污的点子了。她一边把堆在圆凳上的几件半旧的洋布棉袄,粗布裤等收在床上,一边就让我坐下。我看了她那殷勤待我的样子,心里倒不好意思起来,所以就对她说:

"我们本来住在一处,何必这样的客气。"

"我并不客气,但是你每天当我回来的时候,总站起来让我,我却觉得对不起得很。"

这样的说着,她就把一包香蕉打开来让我吃。她自家也拿了一只,在床上坐下,一边吃一边问我说:

"你何以只住在家里,不出去找点事情做做?"

"我原是这样的想,但是找来找去总找不着事情。"

"你有朋友么?"

"朋友是有的,但是到了这样的时候,他们都不和我来往了。"

"你进过学堂么?"

"我在外国的学堂里曾经念过几年书。"

"你家在什么地方? 何以不回家去?"

她问到了这里,我忽而感觉到我自己的现状了。因为自去年以来,我只是一日一日的萎靡下去,差不多把"我是什么人?""我现在所处的是怎么一种

248

境遇?""我的心里还是悲还是喜?"这些观念都忘掉了。经她这一问,我重新把半年来困苦的情形一层一层的想了出来。所以听她的问话以后,我只是呆呆的看她,半晌说不出话来。她看了我这个样子,以为我也是一个无家可归的流浪人,脸上就立时起了一种孤寂的表情,微微的叹着说:

"唉!你也是同我一样的么?"

微微的叹了一声之后,她就不说话了。我看她的眼圈上有些潮红起来,所以就想了一个另外的问题问她说:

"你在工厂里做的是什么工作?"

"是包纸烟的。"

"一天作几个钟头工?"

"早晨七点钟起,晚上六点钟止,中午休息一个钟头,每天一共要作十个钟头的工。少作一点钟就要扣钱的。"

"扣多少钱?"

"每月九块钱,所以是三块钱十天,三分大洋一个钟头。"

"饭钱多少?"

"四块钱一月。"

"这样算起来,每月一个钟点也不休息,除了饭钱,可省下五块钱来。够你付房钱买衣服的么?"

"哪里够呢!并且那管理人又……啊啊!……我……我所以非常恨工厂的。你吃烟的么?"

"吃的。"

"我劝你顶好还是不吃。就吃也不要去吃我们工厂的烟。我真恨死它在这里。"

我看看她那一种切齿怨恨的样子,就不愿意再说下去。把手里捏着的半个吃剩的香蕉咬了几口,向四边一看,觉得她的房里也有些灰黑了,我站起来道了谢,就走回到了我自己的房里。她大约作工倦了的缘故,每天回来大概是马上就入睡的,只有这一晚上,她在房里好像是直到半夜还没有就寝。从这一回之后,她每天回来,总和我说几句话。我从她自家的口里听得,知道她姓陈,名叫二妹,是苏州东乡人,从小系在上海乡下长大的,她父亲也是纸烟工厂的工人,但是去年秋天死了。她本来和她父亲同住在那间房里,每天同上工厂去的,现在却只剩了她一个人了。她父亲死后的一个多月,她早晨上工厂去也一路哭了去,晚上回来也一路哭了回来的。她今年十七岁,也无兄弟姊妹,也无近亲的亲戚。她父亲死后的葬殓等事,是他于未死之前把十五块钱交给楼下的老人,托这老人包办的。她说:

"楼下的老人倒是一个好人,对我从来没有起过坏心,所以我得同父亲在日一样的去作工,不过工厂的一个姓李的管理人却坏得很,知道我父亲死了,就天天的想戏弄我。"

她自家和她父亲的身世,我差不多全知道了,但她母亲是如何的一个人?死了呢还是活在哪里?假使还活着,住在什么地方?等等,她却从来还没有说及过。

三

天气好像变了。几日来我那独有的世界,黑暗的小房里的腐浊的空气,同蒸笼里的蒸气一样,蒸得人头昏欲晕,我每年在春夏之交要发的神经衰弱的重症,遇了这样的气候,就要使我变成半狂。所以我这几天来到了晚上,等马路上人静之后,也常常走出去散步去。一个人在马路上从狭隘的深蓝天空里看看群星,慢慢的向前走,一边作些漫无涯涘的空想,倒是于我的身体很有利益。当这样的无可奈何,春风沉醉的晚上,我每要在各处乱走,走到天将明的时候才回家里。我这样的走倦了回去就睡,一睡直可睡到第二天的日中,有几次竟要睡到二妹下工回来的前后方才起来,睡眠一足,我的健康状态也渐渐的回复起来了。平时只能消化半磅面包的我的胃部,自从我的深夜游行的练习开始之后,进步得几乎能容纳面包一磅了。这事在经济上虽则是一大打击,但我的脑筋,受了这些滋养,似乎比从前稍能统一。我于游行回来之后,就睡之前,却做成了几篇 Allan Poe⑥式的短篇小说,自家看看,也不很坏。我改了几次,抄了几次,一一投邮寄出之后,心里虽然起了些微细的希望,但是想想前几回的译稿的绝无消息,过了几天,也便把它们忘了。

邻住者的二妹,这几天来,当她早晨出去上工的时候,我总在那里酣睡,只有午后下工回来的时候,有几次有见面的机会,但是不晓是什么原因,我觉得她对我的态度,又回到从前初见面的时候的疑惧状态去了。有时候她深深的看我一眼,她的黑晶晶,水汪汪的眼睛里,似乎是满含着责备我、规劝我的意思。

我搬到这贫民窟里住后,约莫已经有二十多天的样子,一天午后我正点上蜡烛,在那里看一本从旧书铺里买来的小说的时候,二妹却急急忙忙的走上楼来对我说:

"楼下有一个送信的在那里,要你拿了印子去拿信。"

她对我讲这话的时候,她的疑惧我的态度更表示得明显,她好像在那里说:"呵呵!你的事件是发觉了啊!"我对她这种态度,心里非常痛恨,所以就气急了一点,回答她说:

"我有什么信?不是我的!"

她听了我这气愤愤的回答,更好像是得了胜利似的,脸上忽涌出了一种冷笑说:

"你自家去看罢!你的事情,只有你自家知道的!"

同时我听见楼低下门口果真有一个邮差似的人在催着说:

"挂号信!"

我把信取来一看,心里就突突的跳了几跳,原来我前回寄去的一篇德文短篇的译稿,已经在某杂志上发表了,信中寄来的是五圆钱的一张汇票。我囊里正是将空的时候,有这五圆钱,非但月底要预付的来月的房金可以无忧,并且付过房金以后,还可以维持几天食料,当时这五圆钱对我的效用的广大,是谁也不能推想得出来的。

第二天午后,我上邮局去取了钱,在太阳晒着的大街上走了一会,忽而觉得身上就淋出了许多汗来。我向我前后左右的行人一看,复向我自家的身上一看,就不知不觉的把头低俯了下去。我颈上头上的汗珠,更同盛雨似的,一颗一颗的钻出来了。因为当我在深夜游行的时候,天上并没有太阳,并且料峭的春寒,于东方微白的残夜,老在静寂的街巷中留着,所以我穿的那件破棉袍子,还觉得不十分与节季违异。如今到了阳和的春日晒着的这日中,我还不能自觉,依旧穿了这件夜游的敝袍,在大街上阔步,与前后左右的和节季同时进行的我的同类一比,我哪得不自惭形秽呢?我一时竟忘了几日后不得不付的房金,忘了囊中本来将尽的些微的积累,便慢慢的走上了闸路的估衣铺去。好久不在天日之下行走的我,看看街上来往的汽车人力车,车中坐着华美的少年男女,和马路两边的绸缎铺金银铺窗里的丰丽的陈设,听听四面的同蜂衙似的嘈杂的人声,脚步声,车铃声,一时倒也觉得是身到了大罗天上的样子。我忘记了我自家的存在,也想和我的同胞一样的欢歌欣舞起来,我的嘴里便不知不觉的唱起几句久忘了的京调来了。这一时的涅槃幻境,当我想横越过马路,转入闸路去的时候,忽而被一阵铃声惊破了。我抬起头来一看,我的面前正冲来了一乘无轨电车,车头上站着的那肥胖的机器手,伏出了半身,怒目的大声骂我说:

"猪头三！侬(你)艾(眼)睛勿散(生)咯！跌杀时,叫旺(黄)够(狗)来抵侬(你)命噢！"

我呆呆的站住了脚,目送那无轨电车尾后卷起了一道灰尘,向北过去之后,不知是从何处发出来的感情,忽而竟禁不住哈哈哈哈的笑了几声。等得四面的人注视我的时候,我才红了脸慢慢的走向了闸路里去。

我在几家估衣铺里,问了些夹衫的价线,还了他们一个我所能出的数目,几个估衣铺的店员,好像是一个师父教出的样子,都摆下了脸面,嘲弄着说:

"侬(你)寻萨咯(什么)凯(开心)！马(买)勿起好勿要马(买)咯！"

一直问到五马路上的一家小铺子里,我看着夹衫是怎么也买不成了,才买定了一件竹布单衫,马上就把它换上。手里拿了一包换下的棉袍子,默默的走回家来。一边我心里却在打算:

"横竖是不够用了,我索性来痛快的用它一下罢。"同时我又想起了那天二妹送我的面包香蕉等物。不等第二次的回想我就寻着了一家卖糖食的店,进去买了一块钱巧格力香蕉糖鸡蛋糕等杂食。站在那店里,等店员在那里替我包好来的时候,我忽而想起我有一月多不洗澡了,今天不如顺便也去洗一个澡罢。

洗好了澡,拿了一包棉袍子和一包糖食,回到邓脱路的时候,马路两旁的店家,已经上电灯了。街上来往的行人也很稀少,一阵从黄浦江上吹来的日暮的凉风,吹得我打了几个冷痉。我回到了我的房里,把蜡烛点上。向二妹的房门一照,知道她还没有回来。那时候我腹中虽则饥饿得很,但我刚买来的那包糖食怎么也不愿意打开来。因为我想等二妹回来同她一道吃。我一边拿出书来看,一边口里尽在咽唾液下去。等了许多时候,二妹终不回来,我的疲倦不知什么时候出来战胜了我,就靠在书堆上睡着了。

四

二妹回来的响动把我惊醒的时候,我见我面前的一枝十二盎司一包的洋

蜡烛已经点去了二寸的样子,我问她是什么时候了?她说:

"十点的汽管刚刚放过。"

"你何以今天回来得这样迟?"

"厂里因为销路大了,要我们作夜工。工钱是增加的,不过人太累了。"

"那你可以不去做的。"

"但是工人不够,不做是不行的。"

她讲到这里,忽而滚了两粒眼泪出来,我以为她是工作得倦了,故而动了伤感,一边心里虽在可怜她,但一边看了她这同小孩似的脾气,却也感着了些儿快乐。把糖食包打开,请她吃了几颗之后,我就劝她说:

"初作夜工的时候不惯,所以觉得困倦,作惯了以后,也没有什么的。"

她默默的坐在我的半高的由书叠成的桌上,吃了几颗巧格力,对我看了几眼,好像是有话说不出来的样子。我就催她说:

"你有什么话说?"

她又沉默了一会,便断断续续的问我说:

"我……我……早想问你了,这几天晚上,你每晚在外边,可在与坏人作伙友么?"

我听了她这话,倒吃了一惊,她好像在疑我天天晚上在外面与小窃恶棍混在一块。她看我呆了不答,便以为我的行为真的被她看破了,所以就柔柔和和的连续着说:

"你何苦要吃这样好的东西,要穿这样好的衣服。你可知道这事情是靠不住的。万一被人家捉了去,你还有什么面目做人。过去的事情不必去说它,以后我请你改过了罢。……"

我尽是张大了眼睛张大了嘴呆呆的在看她,因为她的思想太奇怪了,使我无从辩解起。她沉默了数秒钟,又接着说:

"就以你吸的烟而论,每天若戒绝了不吸,岂不可省几个铜子。我早就劝你不要吸烟,尤其是不要吸那我所痛恨的N工厂的烟,你总是不听。"

她讲到了这里,又忽而落了几滴眼泪。我知道这是她为怨恨N工厂而滴的眼泪,但我的心里,怎么也不许我这样的想,我总要把它们当作因规劝我而洒的。我静静儿的在想了一会,等她的神经镇静下去之后,就把昨天的那封挂号信的来由说给她听,又把今天的取钱买物的事情说一遍。最后更将我的神经衰弱症和每晚何以必要出去散步的原因说了。她听了我这一番辩解,

253

就信用了我,等我说完之后,她颊上忽而起了两点红晕,把眼睛低下去看看桌上,好像是怕羞似的说:

"噢,我错怪你了,我错怪你了。请你不要多心,我本来是没有歹意的。因为你的行为太奇怪了,所以我想到了邪路里去。你若能好好儿的用功,岂不是很好么?你刚才说的那——叫什么的——东西,能够卖五块钱,要是每天能做一个,多么好呢?"

我看了她这种单纯的态度,心里忽而起了一种不可思议的感情,我想把两只手伸出去拥抱她一回,但是我的理性却命令说:

"你莫再作孽了!你可知道你现在处的是什么境遇,你想把这纯洁的处女毒杀了么?恶魔,恶魔,你现在是没有爱人的资格的呀!"

我当那种感情起来的时候,曾把眼睛闭上了几秒钟,等听了理性的命令以后,我的眼睛又开了开来,我觉得我的周围,忽而比前几秒钟更光明了。对她微微的笑了一笑,我就催她说:

"夜也深了,你该去睡了吧!明天你还要上工去的呢!我从今天起,就答应你把纸烟戒下来吧。"

她听了我这话,就站了起来,很喜欢的回到她的房里去睡了。

她去之后,我又换上一枝洋蜡烛,静静儿的想了许多事情:

"我的劳动的结果,第一次得来的这五块钱已经用去了三块了。连我原有的一块多钱合起来,付房钱之后,只能省下二三角小洋来,如何是好呢!

"就把这破棉袍子去当吧!但是当铺里恐怕不要。

"这女孩子真是可怜,但我现在的境遇,可是还赶她不上,她是不想做工而工作要强迫她做,我是想找一点工作,终于找不到。

"就去作筋肉的劳动吧!啊啊,但是我这一双弱腕,怕吃不下一部黄包车的重力。

"自杀!我有勇气,早就干了。现在还能想到这两个字,足证我的志气还没有完全消磨尽哩!

"哈哈哈哈!今天的那无轨电车的机器手!他骂我什么来?

"黄狗,黄狗倒是一个好名词,……

"………"

我想了许多零乱断续的思想,终究没有一个好法子,可以救我出目下的穷状来。听见工厂的汽笛,好像在报十二点钟了,我就站了起来,换上了白天脱下的那件破棉袍子,仍复吹熄了蜡烛,走出外面去散步去。

贫民窟里的人已经睡眠静了。对面日新里的一排临邓脱路的洋楼里,还有几家点着了红绿的电灯,在那里弹罢拉拉衣加。一声二声清脆的歌音,带着哀调,从静寂的深夜的冷空气里传到我的耳膜上来,这大约是俄国的飘泊的少女,在那里卖钱的歌唱。天上罩满了灰白的薄云,同腐烂的尸体似的沉沉的盖在那里。云层破处也能看得出一点两点星来,但星的近处,黝黝看得出来的天色,好像有无限的哀愁蕴藏着的样子。

1923 年 7 月 15 日

注释:①《春风沉醉的晚上》是郁达夫的代表作之一,它以一个穷愁潦倒的知识分子与一个孤苦无援的女工之间的交往为线索,展示了劳动者的善良、正直、诚恳的心灵,写出穷人之间相互扶持、相互激励的美好情操,作品带有较大的自传色彩。②黄种人的寒士街。寒士街系伦敦以往的一条街名。③即爱伦·坡(1809—1849),美国小说家。

死　水①

闻一多

这是一沟绝望的死水,
清风吹不起半点漪沦②。
不如多仍些破铜烂铁,
爽性泼你的剩菜残羹。

也许铜的要绿成翡翠,
铁罐上绣出几瓣桃花。
再让油腻织一层罗绮③,
霉菌给他蒸出些云霞。

让死水酵成一沟绿酒,
飘满了珍珠似的白沫;

小珠们笑声变成大珠，
又被偷酒的花蚊咬破。

那么一沟绝望的死水，
也就夸得上几分鲜明。
如果青蛙耐不住寂寞，
又算死水叫出了歌声。

这是一沟绝望的死水，
这里断不是美的所在，
不如让给丑恶来开垦，
看他造出个什么世界。

1925 年 4 月

注释：①《死水》是闻一多诗歌的代表作，写于 1925 年 4 月，后收于诗集
《死水》(1928)。诗篇采取以美写丑的手法，表现了诗人对军阀统治下旧中国
黑暗现实的绝望和愤激心情。全诗以新格律诗的形式，每行由四个音步（三
个"二字尺"和一个"三字尺"）构成，使作品富有节奏感，体现了闻一多倡导的
新格律诗必须具有"音乐的美"（音节）、"绘画的美"（词藻）和"建筑的美"（节
的匀称和句的均齐）的主张。②漪沦(yī lún)：水上的波纹。③罗绮：有纹彩
的丝织品，此处则指形状、色彩。

再 别 康 桥①

徐志摩

轻轻的我走了，
　　正如我轻轻的来；
我轻轻的招手，
　　作别西天的云彩。

那河畔的金柳

　是夕阳中的新娘；

波光里的艳影，

　在我的心头荡漾。

软泥上的青荇，

　油油的在水底招摇；

在康河的柔波里，

　我甘心做一条水草！

那榆荫下的一潭，

　不是清泉，是天上虹；

揉碎在浮藻间，

　沉淀着彩虹似的梦。

寻梦？撑一支长篙，

　向青草更青处漫溯；

满载一船星辉，

　在星辉斑斓里放歌。

但我不能放歌，

　悄悄是别离的笙箫；

夏虫也为我沉默，

　沉默是今晚的康桥！

悄悄的我走了，

　正如我悄悄的来；

我挥一挥衣袖，

　不带走一片云彩。

　　　　　　　　11 月 6 日中国海上

注释:①《再别康桥》是徐志摩的抒情诗名篇,最初发表于 1928 年 12 月《新月》第 1 卷第 10 号,后收入《猛虎集》(1931)。康桥,即剑桥。1928 年秋,徐志摩再度赴英,至剑桥大学讲学,在归国的海轮上写下《再别康桥》一诗,以缠绵凄婉的笔调抒发了对康桥的惜别之情,表示了诗人在对心目中的"康桥理想"幻灭后的哀伤和惆怅的情怀,也显示了他与康桥之间的特殊关系。

泰山日出①

徐志摩

振铎②来信要我在《小说月报》的泰戈尔号上说几句话。我也曾答应了,但这一时游济南游泰山游孔陵,太乐了,一时竟拉不拢心思来做整篇的文字,一直埃到现在期限快到,只得勉强坐下来,把我想得到的话不整齐的写出。

我们在泰山顶上看出太阳。在航过海的人,看太阳从地平线下爬上来,本不是奇事;而且我个人是曾饱饫过江海与印度洋无比的日彩的。但在高山顶上看日出,尤其在泰山顶上,我们无餍的好奇心,当然盼望一种特异的境界,与平原或海上不同的。果然,我们初起时,天还暗沉沉的,西方是一片的铁青,东方些微有些白意,宇宙只是——如用旧词形容——一体莽莽苍苍的。但这是我一面感觉劲烈的晓寒,一面睡眼不曾十分醒豁时约略的印象。等到留心回览时,我不由得大声的狂叫——因为眼前只是一个见所未见的境界。原来昨夜整夜暴风的工程,却砌成一座普遍的云海。除了日观峰与我们所在的玉皇顶以外,东西南北只是平铺着弥漫的云气,在朝旭未露前,宛似无量数厚毳长绒的绵羊,交颈接背的眠着,卷耳与弯角都依稀辨认得出。那时候在这茫茫的云海中,我独自站在雾霭溟蒙的小岛上,发生了奇异的幻想——我躯体无限的长大,脚下的山峦比例我的身量,只是一块拳石;这巨人披着散发,长发在风里像一面墨色的大旗,飒飒的在飘荡。这巨人竖立在大地的顶尖上,仰面向着东方,平拓着一双长臂,在盼望,在迎接,在催促,在默默的叫唤;在崇拜,在祈祷,在流泪——在流久慕未见而将见悲喜交互的热泪……

这泪不是空流的,这默祷不是不生显应的。巨人的手,指向着东方——

258

东方有的,在展露的,是什么?

东方有的是瑰丽荣华的色彩,东方有的是伟大普照的光明出现了,到了,在这里了……

玫瑰汁、葡萄浆、紫荆液、玛瑙精、霜枫叶——大量的染工,在层累的云底工作;无数蜿蜒的鱼龙,爬进了苍白色的云堆。

一方的异彩,揭去了满天的睡意,唤醒了四隅的明霞——

光明的神驹,在热奋地驰骋……

云海也活了;眠熟了兽形的涛澜,又回复了伟大的呼啸,昂头摇尾的向着我们朝露染青馒形的小岛冲洗,激起了四岸的水沫浪花,震荡着这生命的浮礁,似在报告光明与欢欣之临莅……

再看东方——海句力士已经扫荡了他的阻碍,雀屏似的金霞,从无垠的肩上产生,展开在大地的边沿。起……起……用力,用力。纯焰的圆颅,一探再探的跃出了地平,翻登了云背,临照在天空……

歌唱呀,赞美呀,这是东方之复活,这是光明的胜利……

散发祷祝的巨人,他的身彩横亘在无边的云海上,已经渐渐的消翳在普遍的欢欣里;现在他雄浑的颂美的歌声,也已在霞采变幻中,普彻了四方八隅……

听呀,这普彻的欢声;看呀,这普照的光明!

这是我此时回忆泰山日出时的幻想,亦是我想望泰戈尔来华的颂词。

(原刊 1923 年 9 月《小说月报》第十四卷第九号)

注释:①1924 年泰戈尔访华前夕,徐志摩应《小说月报》主编郑振铎之请,为《小说月报》的"泰戈尔专号"所写的应命之作。原刊 1923 年 9 月《小说月报》第十四卷第九号。②振铎,即郑振铎(1898—1958),作家、编辑、文学活动家。他是文学研究会发起人之一,当时正主编《小说月报》。

第八章　现代文学的繁荣(1928—1937.6)

　　中国新文学在大革命失败以后,走完了"五四阶段",进入了又一个全新的时期。这是由社会革命的深入推动社会思潮和文学思潮发生整体性演化的结果。1927年"四一二"政变以后,第一次国内革命战争失败,中国革命出现了历史性的转折,进入了无产阶级单独领导革命的时期。与这种政治情势相对应,文学也发生了深刻的变化:五四文学提出的"人的解放"要求已不能适应"阶级解放"使命,于是规模空前的无产阶级文学运动的倡导就成了历史的必然,此后自觉服从于中国革命历史要求的左翼文艺运动持续发展近十年之久,展示了中国新文学的新的历史篇章。与此同时,现代文学也在多元化的态势中日趋繁荣和成熟。

　　"左联"的成立与左翼文学运动　　1927年以后,中国文学界出现了一个令人注目的现象,这就是无产阶级革命文学运动(或称左翼文学运动)的蓬勃兴起。最初是创造社、太阳社在1928年初对无产阶级革命文学的倡导,接着是这两个社团同鲁迅、茅盾等人的论争,此后是1930年3月2日中国左翼作家联盟(简称"左联")在上海的成立,左翼文学形成浩大之势。这一运动至1936年因组织抗日统一战线而告一段落,"左联"自动解散。

　　"左联"的成立,在白色恐怖包围的环境里树起了一杆鲜红的旗帜。成立大会上通过了"左联"的理论纲领。这个纲领宣告"站在无产阶级的解放斗争的战线上","援助而且从事无产阶级艺术的产生"。同时,会议决定在"我们文学运动的目的在求新兴阶级的解放"的总行动纲领下,把吸引外国新兴文学经验,扩大我们的运动,建立各种研究会,提携工农作家,出版机关刊物,从事新兴文学的创作等作为"左联"的主要工作方针。鲁迅在成立大会上作了《对于左翼作家联盟的意见》的重要讲话,针对当时的现实,就建设革命文学的许多关键问题,提出了精辟的见解。

在中国共产党的领导下,左翼文学运动形成了以鲁迅为首的创作、评论队伍,在十分艰险的环境下,击退了国民党的反革命文化"围剿",陆续出版了《拓荒者》《萌芽月刊》《北斗》《文学月报》等刊物,还改组或接办了《大众文艺》、《现代小说》、《文艺新闻》等期刊,占领了大部分文化阵地。"左联"还展开了文艺思想战线的论争(如同"新月派"、"第三种人"、"自由人"展开了关于"文学基于普遍人性"、"文艺自由"等文艺思想的论争),批评了"论语派"关于"自我表现"的文艺观,对国民党的御用文化如"民族主义文学"等予以揭露和批判。马克思主义文艺理论的一些基本原理、基本论著,都由"左联"译介、传播开来。"左联"还创办了《文艺讲座》、《文化斗争》等理论刊物,冯雪峰、瞿秋白等编译了马克思、恩格斯、列宁、普列汉诺夫等人的大量论著,为中国无产阶级文艺理论的建设作出了可贵的贡献。

在此期间,瞿秋白是最有贡献的无产阶级文艺理论家。瞿秋白(1899—1935),出身于江苏常州一个没落官宦家庭,1922年加入中国共产党,此后旅苏两年,1927年任中共临时中央局成员,1931年来上海与鲁迅一起领导左翼文艺运动。1933年,瞿秋白编选《鲁迅杂感选集》并写了长篇序言,深刻地分析了鲁迅思想的发展过程,指出鲁迅思想发展的道路是"从进化论进到阶级论,从绅士阶级的逆子贰臣进到无产阶级和劳动群众的真正的友人以至于战士",并对鲁迅杂文的产生以及它的社会价值与特点,作了科学的分析和评价。瞿秋白牺牲后,鲁迅将他的论著编为《海上述林》两卷出版,以为纪念。

"左联"时期的文艺理论家还有冯雪峰（1903—1976）、夏衍（1900—1995）、周扬（1908—1990）等人,他们先后担任"左联"的实际领导工作,在左翼文艺理论的建设上都作出了重大的贡献。

　　左翼作家群的创作　无产阶级文学经历了从早期倡导无产阶级文学运动发展到其后开展声势浩大的左翼文学运动两个阶段。早期无产阶级文学创作,在小说、诗歌、戏剧等多种形式上作过尝试,其中普罗小说的创作最为热门。蒋光慈（1901—1931）是中国现代小说史上第一个直接选取革命斗争题材的作家,他的作品所反映的早期无产阶级文学的特点也最显著,被视为是我国普罗文学的最典型的代表。他的《少年漂泊者》与《咆哮了的土地》形象地反映了第一次国内革命战争时期动荡不安的社会现实和党领导下的工人、农民起义的过程。以创作普罗小说著称的还有洪灵菲和华汉（阳翰笙）。

　　早期普罗小说作为"革命文学"的一次预演,它的成就与不足并存;而标志着我国的革命文学在小说领域里朝着坚实的现实主义方向发展的,则是稍后"左联"作家群的涌现。"左联"的成立,标志着以无产阶级文学的倡导为发端的左翼文艺运动走上了健全发展的道路。在"左联"的培养下,新的作家不断涌现,形成一个强大的左翼作家群体,这些年轻的作家大多曾受到五四新思潮的激励,是在无产阶级革命文学运动兴起后正式开始文学创作的,他们给文坛带来了许多生机勃勃的作品。

　　小说创作:《莎菲女士的日记》（1928）,以一个"心灵上负着时代苦闷和创伤的青年女性的叛逆的绝叫者"（茅盾:《女作家丁玲》）的艺术典型,使丁玲（1904—1986）在30年代初的中国文坛上引人注目。加入"左联"后,她主编了左联机关刊物《北斗》,并创作和出版了《一个人的诞生》、《水》、《夜会》、《母亲》等作品,深受读者欢迎。作为"左联"五烈士之一的柔石（1902—1931）的创作也是与革命有着共同的生命的,代表作有《二月》（1929）和《为奴隶的母亲》

（1930）。另有胡也频（1903—1931）的作品也始终洋溢着革命乐观主义精神。此外，代表性的作家作品还有：叶紫（1912—1939）的《丰收》（1933），以1927年大革命失败后的湖南农村为背景，反映了农民群众不堪地主残酷剥削，组织起来进行抗租斗争的情景。艾芜（1904—1992）的《南行记》（1935），以一个流浪者的辛酸经历，记录了南亚部分地区和南中国边远省区的生活情景，给中国现代文学带来一股富于魅力的南国气息。1931年"九·一八"事变后，流亡到关内的东北作家中，以萧军（又名田军，1907—1988）、萧红（1911—1942）影响最大。萧军的《八月的乡村》（1935）与萧红的《生死场》（1935）"显示着中国的一份和全部，现在和未来，死路与活路"（鲁迅《田军作〈八月的乡村〉序》），备受瞩目。

诗歌创作：殷夫（又名白莽，1909—1931）是杰出代表，他的诗歌被称为"红色鼓动诗"，自觉反映了无产阶级的斗争生活和思想情绪，以此来激励人民群众的革命斗志，代表作有《血字》《在死神来到之前》等。1931年9月成立的"中国诗歌会"，是"左联"领导下一些进步诗人组成的群众文艺团体，其中最具代表性的是青年诗人蒲风（1911—1942），他先后写有诗集《茫茫夜》、《生活》、《抗战三部曲》以及长诗《六月流火》（1935）等，他的诗歌思想健康，感情充沛，在诗歌大众化方面，进行了有益的探索。臧克家（1905—2004）是这个时期进入诗坛的具有较大影响的诗人。1933年他出版了诗集《烙印》，翌年又出版《罪恶的黑手》。他善于从看似平淡无奇的材料里开掘出丰富的诗意，构成一种新颖、形象的艺术效果。艾青（1910—1996）的诗歌创作也始于30年代，长诗《大堰河——我的保姆》（1933）就是他这一时期诗歌创作的重要收获。

戏剧创作："左联"时期的戏剧文学，大量出现以工人斗争、农民反抗、抗日救国为题材的作品。有写工人呻吟、挣扎和初步觉醒的（欧阳予倩的《车夫之家》、《同住的三家人》，宋之的的《罪犯》等），和他们在党领导下的自觉斗争的（田汉的《梅雨》《月光曲》，左明的《到明天》、《夜之颤动》等），也有反映农村阶级斗争、农村各阶层的情绪和变迁以及农村经济破产的根源，显示他们必将觉悟和奋斗的趋势的（洪深的《农村三部曲》、田汉的《洪水》、曹禺的《原野》等）。在田汉的《回春之曲》、楼适夷的《S.O.S》中，都回荡着强烈的爱国之情，表现了民族的愤怒和不可战胜的意志。田汉的《回春之曲》（1933）把浓郁的浪漫色彩和抒情诗意带进了戏剧文学；夏衍的《上海屋檐下》（1937）成功地扩大了话剧在一定舞台空间内所能表现的生活容量。这些作品为中国话剧文学的成熟提供了各具风味的范例。

两个口号的论争和文艺界抗日民族统一战线的形成　从1931年"九·一八"事变后，日本帝国主义加紧了对中国的侵略，民族危机日甚一日，面对如此严峻的形势，抗日救亡、求生存、求解放愈来愈成为文学表现的重要任务，不同阶层、不同思想倾向的文艺工作者纷纷表示要在抗日的旗帜下联合起来，特别是在1935年华北事变后，民族危机空前严重，这种文学的新趋势愈发突出。这年8月1日，中共中央发布《为抗日救国告全体同胞书》（即《八一宣言》），号召全民族进行抗战，12月又通过《关于目前政治形势与党的任务的决议》，规定党的任务就是要建立极广泛的抗日民族统一战线，这一号召很快得到全国上下的热烈响应。1936年春，"左联"自动解散，宣告左翼文艺运动时代已经结束，文学将进入一个新的历史时期，将在一个更广大的文艺阵线内完成其历史使命。

但在如何建立广泛的抗日民族统一战线问题上，革命文艺阵营内部也一度出现过分歧，这主要表现在两个口号的论争上，即发生于1935年、1936年间的周扬、郭沫若等倡导的"国防文学"与鲁迅、冯雪峰、胡风等提倡的"民族革命战争的大众文学"这两个口号之争。

"国防文学"是配合抗日救亡而被提出和被接受的，它"号召一切站在民族战线上的作家，不问他们所属的阶层，他们的思想和流派，都来创造抗敌救国的艺术作品，把文学上反帝反封建的运动集中到抗敌反汉奸的总流"（周扬《现阶段的文学》）。这一主张具有积极意义，但同时这一口号在宣传和解释上也存在着不足，它极易排斥文艺的多元化创作倾向，把文艺创作简单化、教条化。为弥补其不足，鲁迅等提出了"民族革命战争的大众文学"的口号。由于双方缺乏细致的了解而使认识上不一致，再加上存在着宗派主义倾向，终于爆发了两个口号的论争。

在论争过程中，鲁迅先后发表了《论现在我们的文学运动》和《答徐懋庸并关于抗日统一战线问题》两篇文章，对两个口号的性质、关系和区别，以及文艺界统一战线的原则等进行了正确的分析论述。鲁迅认为："民族革命战争的大众文学，是无产阶级革命文学的发展，是无产阶级革命文学现在时候的真实的更广大的内容。"他特别强调：文艺界的统一战线只能以政治上是否抗日为联合的条件，而不是能以创作上是否写国防题材为标准。

经过两个口号的论争，作家们提高了对建立抗日民族统一战线的认识，促成了新的团结与统一。1936 年 10 月初，鲁迅、郭沫若、茅盾、巴金、洪深、叶圣陶、谢冰心、林语堂、周瘦鹃、包天笑等文艺界各方面代表人物 21 人，联名发表了《文艺界同人为团结御侮与言论自由宣言》，明确要求"文艺界同人应不分新旧派别为抗日救国而联合"，这就标志着论争的结束和文艺界抗日民族统一战线的初步形成。

茅盾及其小说创作　茅盾（1896—1981），原名沈德鸿，字雁冰，出身于浙江桐乡乌镇一个知识分子家庭。他是"左联"时期创作上获得重大成就并产生巨大影响的作家。茅盾从小受到比较开明的家庭教育，1913 年考入北京大学预科第一类，攻读文科。1916 年完成预科学习后因家境窘迫无力升学遂进入上海商务印书馆编译所工作，开始其文学活动。

五四时期茅盾主要从事文学理论批评和翻译介绍外国文学的工作，是文学革命的积极参加者和倡导者。从 1927 年大革命失败

265

后,茅盾开始了他早期的文学创作。"茅盾"这一笔名,就是他在1927年9月发表第一篇小说《幻灭》时开始使用的。从1927年9月至1928年6月,茅盾先后完成了《幻灭》、《动摇》、《追求》三个连续性的中篇小说(总名为《蚀》),以及短篇小说《创作》、《自杀》(后收入短篇集《野蔷薇》中)和散文《严霜下的梦》等。《蚀》三部曲是这一时期茅盾创作的代表作。1929年的长篇小说《虹》(未完成)反映了作者不再悲观、苦闷、颓唐,力图振作的转变趋势。茅盾于1930年参加"左联",一度任"左联"的执行书记。

1932年前后,在总结了前五年小说创作的经验教训基础上,经过较长时间的酝酿、构思,茅盾开始着手实现"大规模地描写中国社会现象"的计划,先后完成了短篇小说《林家铺子》和《春蚕》、《秋收》、《残冬》,长篇小说《子夜》等,从而确立了茅盾在中国现代文学史上作为一个杰出的革命现实主义作家的地位。抗战时期,他辗转于广州、香港、延安、重庆、桂林等地,创作了《腐蚀》、《霜叶红似二月花》、《清明前后》等作品。1946年春回上海,1947年末又赴香港,写了《锻炼》。解放后在全国政协、全国文联、全国作协以及政府部门担任领导职务。1981年病逝。

茅盾的《子夜》(1933)是中国现代文学史上第一部成功的革命现实主义的长篇小说。"子夜"一词,原指深夜11时至凌晨1时,即最黑暗的时刻。作者以此为书名,十分形象地概括了30年代初期旧中国社会的主要特点。小说以当时的上海为背景,以民族工业资本家吴荪甫同买办金融资本家赵伯韬相抗衡而最终失败为情节主线,展现了城市(包括股票市场、工厂)、乡村(包括农村、小镇)广阔的社会面貌,揭示了中国社会的主要矛盾,有力地证明了中国没有也不可能走上发展资本主义的道路,而是更加殖民地化了的社会现实,以此痛斥西方资产阶级学者的谬论。

《子夜》反映了三方面的内容:一是金融买办资本家以美国财团势力和国民党政权为靠山,企图控制民族工业的活动;二是民族

266

资本家力图摆脱帝国主义和买办资本家的控制,走独立发展资本主义的道路而终于破产的悲剧;三是工人的政治经济斗争加深了民族资本家的危机。《子夜》中的吴荪甫是中国现代文学史上第一个成功的民族资产阶级的典型形象,进步和反动、魄力和狡诈、刚愎和软弱等一组组截然对立的性格原素,在他身上融合成一个鲜明的矛盾统一体。

《子夜》的结构宏伟而严谨,把繁杂错综的人物事件、矛盾冲突有机地安置在开阔而精密的整体结构之中。在上海典型的大都市环境里,作者以吴荪甫为中心,选择了吴公馆、交易所、纱厂三个主要场所,汇集了各色庞杂的人物,开展频繁的活动,展示了庞大的社会关系和广阔的历史背景。《子夜》的心理描写既借鉴外来手法,以细腻的剖白揭示人物的潜意识活动,又继承民族传统,在情节推进和人物活动中展现人物的内心世界,显示了茅盾叙事艺术的独创性。《子夜》的叙述语言简洁、细腻、生动,它没有过多的欧化语言,偶尔运用古代成语,也是恰到好处,趣味盎然。

茅盾的短篇小说代表作品是《林家铺子》和《春蚕》。他们都是描写1932年"一·二八"上海战争前后的动乱生活。《林家铺子》中的林先生是一个小市镇的商人,他兢兢业业地经营自己的店铺,但在阶级矛盾、民族矛盾的尖锐对立中,仍然逃脱不了破产的命运,比较深刻地揭示了30年代中期中国小资产阶级的不幸遭遇。《春蚕》写于1932年11月,与翌年发表的《秋收》、《残冬》构成了著名的《农村三部曲》。《春蚕》中的老通宝是江南水乡的一个农民,他以辛勤的劳动换来多年未有的蚕茧大丰收。然而,帝国主义对中国的经济侵略,使外货倾销、白银外流,造成农村经济的破产、城镇工商业的萧条。作者十分注意将他们个人的命运溶化到整个时代的潮流之中,使小说扩充了丰富的思想生活容量。

老舍的小说创作 老舍(1899—1966),原名舒庆春,字舍予,满族,出身于北京一个贫民家庭。1912年进北京师范学校学习,毕业后在天津南开中学教国文。在五四浪潮影响下，开始创作白话文学。1924年应邀去英国伦敦东方学院教中国语文。在伦敦的六年间，先后创作了《老张的哲学》、《赵子曰》、《二马》三部长篇，显示出幽默、讽刺的才华。1929年在新加坡一所中学任教半年，写了童话《小坡的生日》。1930年回国后，先后在济南齐鲁大学、青岛大学教书。写了短篇集《赶集》、《樱海集》、《蛤藻集》，长篇小说《猫城记》、《离婚》、《牛天赐传》、《骆驼祥子》和《老舍幽默诗文集》等。抗战爆发后，老舍怀着极大的爱国热情从事抗战文学活动。他在武汉、重庆先后主持了中华全国文艺界抗敌协会，为团结和组织广大文艺工作者参加抗日宣传工作，作出了贡献。这时期他的创作有：剧本《残雾》、《国家至上》（与宋之的合著）、《面子问题》、《桃李春风》（与赵清阁合著）等，长篇小说《火葬》、《四世同堂》等，短篇集《火车集》、《贫血集》、《东海巴山集》，长诗《剑北篇》等。1946年春去美国讲学，1949年底应召回国。以后，他历任政府、人大、政协、文联、作协等要职，又写出二十几个剧本（如享誉中外的《茶馆》等）、多篇报告文学和文艺短评，荣获"人民艺术家"的称号。1966年8月24日被迫害致死。

　　《骆驼祥子》写于1936年，是老舍小说创作中的优秀代表作。它的问世标志着老舍的创作进入了一个新的阶段。小说真实地描绘了北京一个人力车夫的悲惨命运。来自农村的车夫祥子，立志买一辆属于自己的人力车，做一个独立的劳动者。他年轻力壮，吃苦耐劳。然而这微小的、正当的生活愿望，却一次次被吃人的社会无情击碎。第一次是军阀的乱兵抢走了他3年血汗换来的车；第二次他刚积蓄起的辛苦钱又被孙侦探敲诈而去；第三次他用虎妞的积蓄买下一辆车，但旋即为办理虎妞丧事被迫卖掉。经过多次挫折后，尤其是虎妞的死和小福子的自杀，毁灭了他最后一点生活的希望，丧失了对生活的任何企求和信心，终于成了一具空虚麻木、没有灵魂的活尸。祥子的悲剧既揭示了社会的不合理，也表明如果不改变这个不合理的社会,劳动人民就无法改变自己卑下的社会地位。祥子从具有劳动者的美德而最终堕落的性格历史,生动地反映出走个人奋斗道路必然失败的社会实际,从而引发出对劳动人民出路的深入思考。这就比一般暴露黑暗现实的作品具有更深一层的社会意义。

巴金的小说创作 巴金(1904—2005),原名李尧棠,字芾甘,出身于四川成都一个官僚地主家庭。早年在五四运动进步思潮影响下,他形成了初步的民主主义思想,对旧制度和腐败的封建家庭表示了强烈不满,同时也受到一些无政府主义思想的影响。1925年到上海、南京学习。1927年至1928年旅居巴黎期间,完成其小说处女作《灭亡》。以后又陆续出版了长篇小说《爱情三部曲》(1930—1933,包括《雾》、《雨》、《电》)、《激流三部曲》(1931—1940,包括《家》、《春》、《秋》)、《火》(1938—1943),中篇小说《第四病室》、《寒夜》、《憩园》,还有不少短篇小说、童话、杂文等,成为现代文学史上具有很大影响的一位优秀作家。

《激流三部曲》所描写的是五四运动后20年代初期的社会生活,主要写"一个正在崩溃的封建大家庭的全部悲欢离合的历史"。《激流三部曲》的3部作品,其主题思想是共同的,故事线索是前后衔接的。作品不仅揭示了维系大家庭制度的专制主义原则,而且表明了它的特征、弊端、罪恶,以及必然崩溃的趋势。作品主要通过年轻一代惨遭戕害的情节来揭露封建宗法制度的罪恶,梅、瑞珏、蕙的悲剧入木三分地揭示出封建宗法制度及封建礼教的违理性和残酷性,鸣凤、婉儿的命运揭示了地主阶级对劳动人民的残酷压迫。作品写出了封建专制主义必然制造出腐朽的长辈(高老太爷、克安、克定等)和堕落的后代(觉英、觉群等)。作品又写出了这股旧势力的对立面——家庭的叛逆者的斗争和反抗,觉民、觉慧、琴、淑英等都是这种革命的力量,其中觉慧斗争最坚决,旗帜最鲜明,体现了作者的希望和理想所在。高觉新是《激流三部曲》中塑造得最有个性的艺术形象之一,他的软弱动摇的性格完全是专制主义对人性的扭曲的结果,他内心的矛盾性产生于新旧两种思想的激烈冲突。在他的身上可以看到,一种深重的民族积淀心理在现代民主、科学思想冲击下的痛苦变化。这一切显示出巴金超越了同时期一般作家的思想层面。

曹禺的戏剧创作 曹禺(1910—1996),原名万家宝,出生于天津一个没落的官僚家庭,原籍湖北潜江。1929 年入南开大学求学,1930 年转入清华大学西洋文学系。1933 年,曹禺在大学即将毕业前夕,写出了他的处女作《雷雨》,1934 年在《文学季刊》发表,最初并没有引起人们的重视,后被搬上舞台后,轰动了当时的文艺界。一个 23 岁的大学生能够写出《雷雨》,确实令人惊讶。1934年曹禺从清华大学毕业后,进入清华大学研究所,专门从事戏剧研究。不久又改为从事教育工作,先后在保定中学、天津河北女子师范大学、上海复旦大学及南京国立戏剧学校等校任教。1935 年,写出了他的第二个剧本《日出》,翌年在《文学月刊》上发表后,未经上演就已引起普遍注意。这两个剧本使曹禺蜚声文坛,奠定了曹禺著名剧作家的地位。1936 年又创作了反映农民反抗和复仇的作品《原野》,在题材上由城市转向农村,是一个新的探索与超越。抗战期间,他先后在长沙、重庆等地任教和从事抗战戏剧活动,主要剧作有《蜕变》、《北京人》、《家》等,并翻译了莎士比亚的《罗密欧与朱丽叶》。抗战胜利后,发表了剧本《桥》(未完稿)和电影剧《艳阳天》。解放后,他在承担繁忙的社会工作之外,还先后创作了剧本《明朗的天》、《胆剑篇》(与于是之、梅阡合著)、《王昭君》,并出版了散文集《迎春集》。

四幕剧《雷雨》在一天的时间(上午到午夜两点钟)、两个舞台背景(周家客厅,鲁家住房)内集中地表现出两个家庭和他们的成员之间前后 30 年的错综复杂的纠葛,写出了那种不合理的关系所造成的罪恶的悲剧。在艺术技巧上,《雷雨》明显地受到古希腊悲剧的影响,把各类人物归入复杂而统一的情节结构之中,在强烈的多层次矛盾冲突中显示出不可抗拒的命运,达到戏剧效果的高潮。

和《雷雨》的"回顾式"的戏剧结构不同,《日出》采用了"横断面"的方式,它以陈白露的内心悲剧冲突构成全剧的内在框架,以其命运悲剧为主旋律,在不断穿插、转接、交锋中完成了一出惊心动魄的社会悲剧。外表上玩世不恭、傲慢自负的陈白露,内心却仍保持一个真正的人的精神追求。对社会、对生活、对自己的绝望是她自杀的根本原因。"我是一辈子卖给这个地方的",陈白露的悲剧实质上就是人的精神追求被金钱化了的半封建、半殖民地社会残酷毁灭的悲剧。

1936年创作的三幕话剧《原野》写的是北洋军阀混战初期一个农民仇虎复仇的故事,作者用浪漫主义、象征主义的手法来表现这个传奇故事,探索人物心理活动与演变,注重人物性格复杂性的刻画。他不但写出了仇虎惊心动魄的复仇经过,同时也写出了农民的朦胧的觉醒意识。

曹禺的戏剧作品强烈而集中地表达了反封建和个性解放的主题,呼唤出被压迫者的心声,有力地冲击了封建主义和黑暗社会。曹禺的戏剧以来自现实生活的悲剧形象,富有深刻社会意义的悲剧性因素,扩展和开掘了我国悲剧艺术表现领域的广度和深度。他以丰满的性格化的人物形象、强烈的矛盾冲突、丰富复杂而又严谨精巧的戏剧结构、生动而独具个性的话剧语言,对我国话剧文学样式的成熟起到了决定性的作用,在中国现代文学史上树起了一座丰碑。

流派作家群的创作　30年代文坛,在左翼作家的创作之外,也涌现了众多以各自风格著称的流派作家的创作。

京派小说。京派指的是20年代末到30年代文学中心南移上海之后,继续留在北京或其他北方城市的作家群。京派没有正式结社,成员主要有语丝社、新月社的部分成员及清华、北京、燕京大学的一些文学新人组合而成。这派作家大多追求"纯正的文学趣味",以"和蔼"、"节制"与"恰当"为基本的审美原则,文学独立意识强。此派人才济济,理论和批评方面以朱光潜、李健吾为代表;诗歌以卞之琳、何其芳为代表;小说方面以沈从文、废名、师陀(芦焚)、萧乾等为代表,其中沈从文(1902—1988)是最有影响的一位。他的最有特色的作品是反映湖南西部少数民族地区的风土人情的小说和散文。沈从文的作品展现了湘西的"人生形式"。那里的人情风俗、道德形态,都同都市和靠近都市的农村有着很大的差异。沈从文笔下的水手、厨子、农民、士兵、船夫、土娼等下层人民都是那么纯洁、善良、真诚、美好,这与沈从文勾画的都市绅士阶级及一些知识分子的自私、虚伪、怯弱、卑鄙的肮脏灵魂形成强烈的对照。作者要以不悖于自然人性的生命形式,"为人类'爱'字作一度恰如其分的说明"。1934 年创作的中篇小说《边城》,集中显示出沈从文的艺术功力,在近乎写实的境界中渗透着一股抒情的浪漫主义色调。在那优美、动听、凄婉、忧怨的山歌节奏中,烘托着"美,总是愁人的"主旋律。《边城》的语言朴实明净、生动流畅,同样散发着泥土的芳香,这一切显示出作者那淳朴的真、善、美的美学追求。沈从文的湘西小说从一个特定的角度开拓了中国现代小说的题材范畴和表现领域。

新感觉派小说。在 30 年代的上海文坛,青年作家刘呐鸥、穆时英、施蛰存等受欧美现代派文学和日本新感觉派的影响,创办了《无轨列车》、《新文艺》、《现代》等杂志,积极介绍这些外国文学思潮,同时大量发表作品,这些作品中表现出一些共同的创作倾向和特色,从而形成一个完整的小说新感觉派。刘呐鸥(1900—1939)是新感觉派小说创作的最早尝试者,其《都市风景线》是中国第一本较多地采用现代派手法创作的小说集。这个流派最有影响的作家是施蛰存(1905—2003),其代表作有《上元灯》(1929)、《梅雨之夕》(1933)等,而被称为"新感觉派圣手"的还是略晚于他的另一个作家穆时英(1912—1940),穆时英在新感觉派小说的创作成绩上超过了刘呐鸥,代表作为《上海的狐步舞》、《白金的女体塑像》(1934)、《圣处女的感情》(1935)等。新感觉派小说是中国都市文学的重要组成部分,他们展现出的细腻深刻的现代人在现代社会中的思想、情绪及生活图景,以及心理分析等创作手法上的革新,对中国小说现代化作出了一定的贡献。1932年《现代》杂志出版,标志新感觉派小说进入全盛期,1935年,施蛰存退出《现代》杂志编辑部,意味着这个流派的解体。

现代诗派。随着20年代末以徐志摩为代表的新月派与以李金发为代表的象征派的衰落,代之而起的是以戴望舒为代表的现代诗派。这个诗派得名于施蛰存主编的《现代》文学月刊,围绕这个刊物并创作相似风格诗歌的一群诗人,被称为现代诗派。30年代中期是这个诗派的鼎盛时期。施蛰存说:"《现代》中的诗是诗,而且是纯然的现代诗,它们是现代人在现代生活中所感受的现代的情绪,用现代的词藻排列成的现代诗形。"这段话被人们视为现代派诗的定义。现代诗派的诗人们大多植根于中国传统诗歌的土壤与中国社会现实之中,借鉴与吸收了法国象征派诗歌、美国意象派诗歌运动和以T.S.艾略特为代表的现代主义诗潮的影响,从而使中国的现代诗逐步走向成熟,使得新诗具有堪称朦胧美的审美魅力。其代表诗人有戴望舒、卞之琳、何其芳、李广田、施蛰存等。戴望舒(1905—1950)是30年代现代派中成就最高、影响最大的诗人,其作品的景物大多是表现作者内心情绪的"客观对应物",它们是诗人传情达意的符号,是其诗歌创作中主观精神的暗示与象征。成名作《雨巷》(1928)以一种回荡的旋律和流畅的节奏被誉为开辟了诗歌音乐的新纪元。然而在《雨巷》之后,戴望舒在其诗歌创作中放弃了"字的抑扬顿挫"的刻意追求,完全以"诗的情绪的抑扬顿挫"来构成其内在的韵律。在诗集《我的记忆》(1929)等作品中才真正体现出戴望舒作为现代派诗歌先行者的整体主张。

其他创作综览　新文学第二个十年的散文创作同样取得了新的进展。这时期鲁迅致力于杂文写作，著有《而已集》、《三闲集》、《二心集》、《南腔北调集》、《伪自由书》、《准风月谈》、《花边文学》、《且介亭杂文》、《且介亭杂文二集》、《且介亭杂文末编》等10部杂文集，此外还有《集外集》、《集外集拾遗》中的一部分。鲁迅的杂文多概括生活现象或面对论敌，抓住其本质、要害直接抒发议论，并对自己的论点展开充分而又严密的逻辑论证，立场鲜明、观点强烈，具有无可辩驳的逻辑力量和理论说服力。鲁迅的杂文体裁广泛，如政论、时评、讲演、通讯、书评、序、跋等，时而洋洋千言，时而寥寥数语。鲁迅充分运用杂文这一文体的灵活多样性，寓深刻的见解于周密的论述之中，发挥出鲜明的战斗作用。精练、犀利、生动、幽默的语言特色是构成鲁迅杂文个人风格的重要因素。鲁迅那部自称为"神话、传说及史实的演义"(《〈自选集〉自序》)的小说集《故事新编》，也是他此时期文学样式上的一种创新。全书共有故事八则。作者在不违背历史真实性的同时，结合艺术虚构，融入一些现代生活的切实感受及情节和语言，形成了熔古今为一炉的创作特色。这一时期杂文创作领域还出现了徐懋庸和唐弢这一师法鲁迅杂文的"双璧"。

此外，30年代初期在上海形成的"论语派"也以写作小品杂文为主，其代表作家为林语堂。30年代是被称为"幽默大师"的林语堂(1895—1976)散文创作的高峰期，他的散文题材非常广泛，再加上其厚实的国学与西学的功底，以及幽默的风味等，使他的作品在30年代拥有相当的读者，他的出现标志着中国现代散文多元化发展的深入。30年代的小品散文创作还涌现了如丰子恺、梁遇春、何其芳、李广田、陆蠡、丽尼等人，其中丰子恺(1899—1975)的散文比较引人注目。丰子恺20年代中期开始散文创作，30年代进入创作丰收期，相继出版《缘缘堂随笔》、《车厢社会》、《缘缘堂再笔》等散文集，他的散文感情真挚，挥洒自如，风格恬淡，自成一家。

除了小品散文的发展,30 年代的文坛上中国报告文学的创作也渐次兴起,构成了散文发展的一个重要内容,其中夏衍的《包身工》被公认为是早期报告文学的杰作,堪称现代报告文学的奠基性作品。此外,代表作家还有宋之的、范长江等。

在新文学发展的第二个十年中,还有以张恨水(1895—1967)的《啼笑因缘》为代表的通俗小说,以李劼人(1891—1962)的《死水微澜》为代表的乡土小说,都呈现出不同的特色与风格,它们与左翼无产阶级文学等其他文学一起共同活跃在 30 年代文坛,展示了文学发展的多元色彩。

思 考 题

一、试述"左联"的成立及其对中国新文学发展的影响。

二、分析"30 年代文学"的基本主题及文学的多元发展格局。

三、谈谈茅盾、巴金、老舍、曹禺的出现对 30 年代文坛的意义。

■作品选

断 魂 枪①

老 舍

"生命是闹着玩,事事显出如此;从前我这么想过,现在我懂得了。"

沙子龙的镖局已改成客栈。

东方的大梦没法子不醒了。炮声压下去马来与印度野林中的虎啸。半醒的人们,揉着眼,祷告着祖先与神灵;不大会儿,失去了国土、自由与主权。门外立着不同面色的人,枪口还热着。他们的长矛毒弩,花蛇斑彩的厚盾,都有什么用呢;连祖先与祖先所信的神明全不灵了啊!龙旗的中国也不再神秘,有了火车呀,穿坟过墓破坏着风水。枣红色多穗的镖旗,绿鲨皮鞘的钢刀,响着串铃的口马②,江湖上的智慧与黑话,义气与声名,连沙子龙,他的武艺、事业,都梦似的变成昨夜的。今天是火车、快枪,通商与恐怖。听说,有人还要杀下皇帝的头呢!

这是走镖已没有饭吃,而国术还没被革命党与教育家提倡起来的时候。

谁不晓得沙子龙是短瘦、利落、硬棒,两眼明得像霜夜的大星?可是,现在他身上放了肉。镖局改了客栈,他自己在后小院占着三间北房,大枪立在墙角,院子里有几只楼鸽。只是在夜间,他把小院的门关好,熟习熟习他的"五虎断魂枪"。这条枪与这套枪,二十年的工夫,在西北一带,给他创出来:"神枪沙子龙"五个字,没遇见过敌手。现在,这条枪与这套枪不会再替他增光显胜了;只是摸摸这凉、滑、硬而发颤的杆子,使他心中少难过一些而已。只有在夜间独自拿起枪来,才能相信自己还是"神枪沙"。在白天,他不大谈武艺与往事;他的世界已被狂风吹了走。

在他手下创练起来的少年们还时常来找他。他们大多数是没落子③的,

276

都有点武艺,可是没地方去用。有的在庙会上去卖艺:踢两趟腿,练套家伙,翻几个跟头,附带着卖点大力丸,混个三吊两吊的。有的实在闲不起了,去弄筐果子,或挑些毛豆角,赶早儿在街上论斤吃喝出去。那时候,米贱肉贱,肯卖膀子力气本来可以混个肚儿圆;他们可是不成:肚量既大,而且得吃口管事儿的①;干饹馇辣饼子咽不下去。况且他们还时常去走会:五虎棍,开路,太狮少狮……虽然算不了什么——比起走镖来——可是到底有个机会活动活动,露露脸。是的,走会捧场是买脸的事,他们打扮的得像个样儿,至少得有条青洋绉裤子,新漂白细市布的小褂,和一双鱼鳞洒鞋——顶好是青缎子抓地虎靴子。他们是神枪沙子龙的徒弟——虽然沙子龙并不承认——得到处露脸,走会得赔上俩钱,说不定还得打场架。没钱,上沙老师那里去求。沙老师不含糊,多少不拘,不让他们空着手儿走。可是,为打架或献技去讨教一个招数,或是请给说个"对子"——什么空手夺刀,或虎头钩进枪——沙老师有时说句笑话,马虎过去:"教什么? 拿开水浇吧!"有时直接把他们赶出去。他们不大明白沙老师是怎么了,心中也有点不乐意。

可是,他们到处为沙老师吹腾,一来是愿意使人知道他们的武艺有真传授,受过高人的指教;二来是为激动沙老师:万一有人不服气而找上老师来,老师难道还不露一两手真的么? 所以沙老师一拳就砸倒了个牛! 沙老师一脚把人踢到房上去,并没使多大的劲! 他们谁也没见过这种事,但是说着说着,他们相信这是真的了,有年月,有地方,千真万确,敢起誓!

王三胜——沙子龙的大伙计——在土地庙拉开了场子,摆好了家伙。抹了一鼻子茶叶末色的鼻烟,他抡了几下竹节钢鞭,把场子打大一些。放下鞭,没向四围作揖,又着腰念了两句:"脚踢天下好汉,拳打五路英雄!"向四围扫了一眼:"乡亲们,王三胜不是卖艺的;玩艺儿会几套,西北路上走过镖,会过绿林中的朋友。现在闲着没事,拉个场子陪诸位玩玩。有爱练的尽管下来,王三胜以武会友,有赏脸的,我陪。神枪沙子龙是我的师傅;玩艺地道! 诸位,有愿下来的没有?"他看着,准知道没人敢下来,他的话硬,可是那条钢鞭更硬,十八斤重。

王三胜,大个子,一脸横肉,努着对大黑眼珠,看着四围。大家不出声。他脱了小褂,紧了紧深月白色的"腰里硬",把肚子杀进去。给手心一口唾沫,抄起大刀来:"诸位,王三胜先练趟瞧瞧。不白练,练完了,带着的扔几个;没钱,给喊个好,助助威。这儿没生意口。好,上眼!"大刀靠了身,眼珠努出多

277

高,脸上绷紧,胸脯子鼓出,像两块老桦木根子。一跺脚,刀横起,大红缨子在肩前摆动。削砍劈拨,蹲越闪转,手起风生,忽忽直响。忽然刀在右手心上旋转,身弯下去,四围鸦雀无声,只有缨铃轻叫。刀顺过来,猛的一个"踩泥",身子直挺,比众人高着一头,黑塔似的。收了势:"诸位!"一手持刀,一手叉腰.看着四围。稀稀的扔下几个铜钱,他点点头。"诸位!"他等着,等着,地上依旧是那几个亮而削薄的铜钱,外层的人偷偷散去。他咽了口气:"没人懂!"他低声的说,可是大家全听见了。

"有功夫!"西北角上一个黄胡子老头儿答了话。

"啊?"王三胜好似没听明白。

"我说:你——有——功——夫!"老头子的语气很不得人心。

放下大刀,王三胜随着大家的头往西北看。谁也没看起这个老人:小干巴个儿,披着件粗蓝布大衫,脸上窝窝瘪瘪,眼陷进去很深,嘴上几根细黄胡,肩上扎着条小黄草辫子,有筷子那么细,而绝对不像筷子那么直顺。王三胜可是看出这老家伙有功夫,脑门亮,眼睛亮——眼眶虽深,眼珠可黑得像两口小井,深深的闪着黑光。王三胜不怕:他看得出别人有功夫没有,可更相信自己的本事,他是沙子龙手下的大将。

"下来玩玩,大叔!"王三胜说得很得体。

点点头,老头儿往里走。这一走,四外全笑了。他的胳臂不大动;左脚往前迈,右脚随着拉上来,一步步的往前拉扯,身子整着,像是患过瘫痪病。蹭到场中,把大衫扔在地上,一点没理会四围怎样笑他。

"神枪沙子龙的徒弟,你说? 好,让你使枪吧;我呢?"老头子非常的干脆,很像久想动手。

人们全回来了,邻场要狗熊的无论怎么敲锣也不中用了。

"三截棍进枪吧?"王三胜要看老头子一手,三截棍不是随便就拿得起来的家伙。

老头子又点点头,拾起家伙来。

王三胜努着眼,抖着枪,脸上十分难看。

老头子的黑眼珠更深更小了,像两个香火头,随着面前的枪尖儿转,王三胜忽然觉得不舒服,那俩黑眼珠似乎要把枪尖吸进去! 四外已围得风雨不透,大家都觉出老头子确是有威。为躲那对眼睛,王三胜耍了个枪花。老头子的黄胡子一动:"请!"王三胜一扣枪,向前躬步,枪尖奔了老头子的喉头去,

278

枪缨打了一个红旋。老人的身子忽然活展了，将身微偏，让过枪尖，前把一挂，后把撩王三胜的手。拍，拍，两响，王三胜的枪撒了手。场外叫了好。王三胜连脸带胸口全紫了；抄起枪来，一个花子，连枪带人滚了过来，枪尖奔了老人的中部。老头子的眼亮得发着黑光，腿轻轻一屈，下把掩裆，上把打着刚要抽回的枪杆；拍，枪又落在地上。

　　场外又是一片彩声。王三胜流了汗，不再去拾枪，努着眼，木在那里。老头子扔下家伙，拾起大衫，还是拉拉着腿，可是走得很快了。大衫搭在臂上，他过来拍了王三胜一下：

　　"还得练哪，伙计！"

　　"别走！"王三胜擦着汗："你不离，姓王的服了！可有一样，你敢会会沙老师？"

　　"就是为会他才来的！"老头子的干巴脸上皱起点来，似乎是笑呢。"走；收了吧；晚饭我请！"

　　王三胜把兵器拢在一处，寄放在变戏法二麻子那里，陪着老头子往庙外走。后面跟着不少人，他把他们骂散了。

　　"你老贵姓？"他问。

　　"姓孙哪，"老头子的话与人一样，都那么干巴。"爱练；久想会会沙子龙。"

　　沙子龙不把你打扁了！王三胜心里说。他脚底下加了劲，可是没把孙老头落下。他看出来，老头子的腿是老走着查拳门中的连跳步；交起手来，必定很快。但是，无论他怎么快，沙子龙是没对手的。准知道孙老头要吃亏，他心中痛快了些，放慢了些脚步。

　　"孙大叔贵处？"

　　"河间的，小地方。"孙老者也和气了些，"月棍年刀一辈子枪，不容易见功夫！说真的，你那两手就不坏！"

　　王三胜头上的汗又回来了，没言语。

　　到了客栈，他心中直跳，惟恐沙老师不在家，他急于报仇。他知道老师不爱管这种事，师弟们已碰过不少回钉子，可是他相信这回必定行，他是大伙计，不比那些毛孩子；再说，人家在庙会上点名叫阵，沙老师还能丢这个脸么？

　　"三胜，"沙子龙正在床上看着本《封神榜》，"有事吗？"

　　三胜的脸又紫了，嘴唇动着，说不出话来。

沙子龙坐起来，"怎么了，三胜？"

"栽了跟头！"

只打了个不甚长的哈欠，沙老师没别的表示。

王三胜心中不平，但是不敢发作；他得激动老师："姓孙的一个老头儿，门外等着老师呢；把我的枪，枪，打掉了两次！"他知道"枪"字在老师心中有多大分量。没等吩咐，他慌忙跑出去。

客人进来，沙子龙在外间屋等着呢。彼此拱手坐下，他叫三胜去泡茶。三胜希望两个老人立刻交了手，可是不能不沏茶去。孙老者没话讲，用深藏着的眼睛打量沙子龙。沙很客气：

"要是三胜得罪了你，不用理他，年纪还轻。"

孙老者有些失望，可也看出沙子龙的精明。他不知怎样好了，不能拿一个人的精明断定他的武艺。"我来领教领教枪法！"他不由地说出来。

沙子龙没接碴儿。王三胜提着茶壶走进来——急于看二人动手，他没管水开了没有，就沏在壶中。

"三胜，"沙子龙拿起个茶碗来，"去找小顺们去，天汇见，陪孙老者吃饭。"

"什么！"王三胜的眼珠几乎掉出来。看了看沙老师的脸，他敢怒而不敢言地说了声"是啦！"走出去，撅着大嘴。

"教徒弟不易！"孙老者说。

"我没收过徒弟。走吧，这个水不开！茶馆去喝，喝饿了就吃。"沙子龙从桌子上拿起缎子褡裢，一头装着鼻烟壶，一头装着点钱，挂在腰带上。

"不，我还不饿！"孙老者很坚决，两个"不"字把小辫从肩上抢到后边去。

"说会子话儿。"

"我来为领教领教枪法。"

"功夫早搁下了，"沙子龙指着身上，"已经放了肉！"

"这么办也行，"孙老者深深的看了沙老师一眼："不比武，教给我那趟五虎断魂枪。"

"五虎断魂枪？"沙子龙笑了，"早忘干净了！早忘干净了！告诉你，在我这儿住几天，咱们各处逛逛，临走，多少送点盘缠。"

"我不逛，也用不着钱，我来学艺！"孙老者立起来，"我练趟给你看看，看够得上学艺不够！"一屈腰已到了院中，把楼鸽都吓飞起来。拉开架子，他打了趟查拳：腿快，手飘洒，一个飞脚起去，小辫儿飘在空中，像从天上落下来一

280

个风筝;快之中,每个架子都摆得稳、准、利落;来回六趟,把院子满都打到,走得圆,接得紧,身子在一处,而精神贯串到四面八方。抱拳收势,身儿缩紧,好似满院乱飞的燕子忽然归了巢。

"好! 好!"沙子龙在台阶上点着头喊。

"教给我那趟枪!"孙老者抱了抱拳。

沙子龙下了台阶,也抱着拳:"孙老者,说真的吧;那条枪和那套枪都跟我入棺材,一齐入棺材!"

"不传?"

"不传!"

孙老者的胡子嘴动了半天,没说出什么来。到屋里抄起蓝布大衫,拉拉着腿:"打搅了,再会!"

"吃过饭走!"沙子龙说。

孙老者没言语。

沙子龙把客人送到小门,然后回到屋中,对着墙角立着的大枪点了点头。

他独自上了天汇,怕是王三胜们在那里等着。他们都没有去。

王三胜和小顺们都不敢再到土地庙去卖艺,大家谁也不再为沙子龙吹腾;反之,他们说沙子龙栽了跟头,不敢和个老头儿动手;那个老头子一脚能踢死个牛。不要说王三胜输给他,沙子龙也不是他的对手。不过呢,王三胜到底和老头子见了个高低,而沙子龙连句硬话也没敢说。"神枪沙子龙"慢慢似乎被人们忘了。

夜静人稀,沙子龙关好了小门,一气把六十四枪刺下来;而后,拄着枪,望着天上的群星,想起当年在野店荒林的威风。叹一口气,用手指慢慢摸着凉滑的枪身,又微微一笑,"不传! 不传!"

(原载 1935 年 9 月 22 日《大公报》文艺副刊第 13 期)

注释:①《断魂枪》选自老舍短篇小说集《蛤藻集》,是老舍短篇小说的代表作。描绘了在不可逆转的时代变革中,神枪沙子龙武林事业的衰退和内心的悲凉。在小说中,断魂枪是传统文化之魂的象征。作者借小说意象、人物命运形象地思考着中华文化之魂的辉煌历史、现实命运和历史出路。小说语言极富特色,采用北京方言和口语,具浓郁的京味儿。②口马:口北出的马。口北,长城以北的地方,指张家口以北的河北省北部和内蒙古自治区中部。也叫口外。③没落子:方言,生活没有着落;穷困。④管事儿:管用。

日　　出①

曹　禺

第四幕

与第三幕在同一个夜晚。

半夜后，大约有四点钟的光景，在××大旅馆陈白露的客厅里。屋内灯光暗淡，帘幕都深深垂下来。

左面的屋子里面还在唏哩哗啦地打着牌，时而听见一两下清脆的牌声和说话的声音。

开幕时，白露一个人站在窗前，背向观众，正撩开帷幕向下望。她穿着黑丝绒的旗袍，周围沿镶洒满小黑点的深黄花边，态度严肃。

她独自立在窗前，屋内没有一丝动静。

半晌。

左面的门大开，立刻传出人们打牌喧笑的声音。

里面的男女的声音　露露！露露！

白露没有理他们，还是站在那里不动。

张乔治的声音　露露！露露！

张乔治　（一面走出，一面向里面的人说）不，不，我就来。（自负地）你看我来请她。

　　　　张乔治走出来，穿着最讲究的西服，领带散着，背心的扣子没有扣好。兴高采烈地向白露走过来。

张乔治　（一步三摇地走近白露，灵感忽然附了体）哦！我的小露露。（上下打量着白露，指手画脚，仿佛吟诗一样）So beautiful! So charming! And so melancholic!②

　　　　白露看着窗外，不动。

张乔治　（走到她侧面）你真美，你今天晚上简直是美！（摇头摆尾，闭目吟味）美！美极了！你真会穿衣服，你穿得这么忧郁，穿得这么诱惑！并且你真会用香水，闻起来（连连嗅着，一声长长的"嗯"!）这么清淡,而又这么幽远!啊!我一闻着那香水的香味,oh,no③,你的美丽的身体所发出的那种清香,就叫我想到当初我在巴黎的时候,(飘飘然神往)哦,那巴黎的夜晚!那夜晚的巴黎!(赞美地)嗯!beautiful!

陈白露　(依然没有回头)你喝醉了吧。

张乔治　喝醉了?今天我太高兴了!你刚才瞧见刘小姐么?她说她要嫁给我,她一定要嫁给我,可是我跟她说了,(趾高气扬的样子)我说:"你!(藐视)你要嫁给我!你居然想嫁给我!你?(一甩手)这世界上只有陈白露才配嫁给 George Chang④ 呢!"(等白露的笑,但是——)咦,露露,你为什么不笑?

陈白露　(态度依然)这有什么可笑的?给我一杯酒。

张乔治　(奇怪)你还想喝?

陈白露　嗯。

张乔治　你看我多么会伺候你,这儿早就预备好了。(倒酒的时候,由右屋传来顾八奶奶叫白露的声音。把酒倒好,递给白露。)

　　　　白露一口灌下,看也不看,就把酒杯交给张乔治。

　　　　顾八奶奶由右门出,她穿戴仍然鲜艳夺目,气势汹汹地走进来。

顾八奶奶　(在门口)白露,究竟你的安眠药在哪儿?(忽然看见张乔治)哟!博士,原来是你们俩偷偷躲在这屋子说话呢。

陈白露　在我床边那个小柜子里。

张乔治　怎么啦,八奶奶?

顾八奶奶　(摸心)我心痛,我难过。

张乔治　又为什么?

顾八奶奶　还不是那个没良心的东西气的我。你看这一气,三天我也睡不着。我非得拿点安眠药回家吃不可。得了,你们俩好好谈话吧。

张乔治　你看,你在这里吃不一样?

顾八奶奶　不,不,不,我心痛得厉害,(捧着自己的心,痛苦的样子)我得进去躺躺。

　　　　顾八奶奶由左门下

刘小姐的声音　Georgy!

张乔治　(向左门的刘小姐,以手抵唇)嘘!(指白露,做势叫刘小姐进来)

刘小姐的声音　(严厉地)Georgy!(更严厉地)你来不来!

283

张乔治　我来,我来,我就来。(慌慌张张地笑着走进左门)

半晌。

陈白露　(缓缓回过身来,神色忧伤,酒喝多了,轻轻捶着胸,捶了两下,仿佛绝了望似的把手又甩下来。叹一口气)嗯!(仰起头,泪水由眼角流下来,把手帕铺在脸上)

福升进。他早已回到旅馆,穿起他的号衣。

王福升　小姐。

陈白露　你来干什么?

王福升　哦,您没有叫我?

陈白露　没有。

王福升　(望着白露)小姐,您今天晚上喝多了。

陈白露　嗯。

王福升　(四面望望)方先生不在这儿?

陈白露　他还没有回来,有事么?

王福升　没有什么要紧的事,刚才又来了一个电报,是给方先生的。

陈白露　电报呢?

王福升　(由口袋取出来)您要么?

陈白露　回头我自己交给他吧。

福升把电报交回白露。

陈白露　还早吧?

王福升　早?已经四点来钟了!

陈白露　(失神地)那些人还没有走?

王福升　(望左面的房门)在这儿又是吃,又是喝,有的是玩的,谁肯走?

陈白露　(苦笑)哦,我这儿是他们玩的地方。

王福升　那可不是!

陈白露　他们玩够了呢?

王福升　您瞧,那回家去呀。各人有各人的家,谁还能一辈子住旅馆?

陈白露　(低声,自语)是啊,谁还能一辈子住旅馆?(摇摇头)我大概是真玩够了,(坐下)够了!(沉思)我也想回家去了。

王福升　(惊奇)小姐,您……有家?

陈白露　嗯,玩够了,该回家了。

284

王福升　小姐,您真有这个意思?

陈白露　嗯。

王福升　(赶紧)小姐,您要是真想回老家,那你在这儿欠的那些账,你得——

陈白露　对了,我还欠了许多债。不过这些年难道我还没有还清?

王福升　小姐,您刚还了八百,您又欠了两千,您这样花法,一辈子也是还不清的。今天下午他们又来了,您看,这些账单,(从口袋往外拿)这一共是——

陈白露　不用拿,不用拿,我不要看。

王福升　可是他们说您明天下午是非还清不可的,我一个劲跟他们说好话,——

陈白露　谁叫你跟他们说好话?冤有头,债有主,我自己没求过他们,要你去求?

王福升　可是小姐,——

陈白露　(烦躁地)我知道,我知道了。你不要再提了,钱! 钱! 钱! 为什么你老这样来逼我。

　　　　电话铃响。

王福升　(拿起耳机)喂,……你哪儿! 哦……我这儿是五十二号陈小姐的房间。

陈白露　谁?

王福升　(掩住喇叭)李太太,(又对耳机)哦,是是。李先生他不在这儿。他今天下午来过,可是早走了。……是……是……老先生刚才给这儿潘四爷打过电话,说请他老人家候候,说一会儿还要来这儿的。要不,您一会儿再来个电话吧。(放下耳机)

陈白露　什么事?

王福升　李先生的少爷病得很重,李太太催他先生赶快回去。

　　　　潘月亭喜形于色,由中门走进来。

　　　　福升让进潘月亭,由中门下。

潘月亭　露露,露露,客人没有走吧。

陈白露　没有。

潘月亭　好极了。都别让走,今天大家得玩个痛快。

陈白露　干什么。

285

潘月亭　我现在大概才是真正走了好运,我得着喜信了。

陈白露　什么喜信? 是金八答应你提款缓一星期了?

潘月亭　不,不,不是,这个金八前两天就答应我了。我告诉你,公债到底还要涨,涨,大涨特涨。这一下子真把我救了! 你知道,我今天早上忽然听说公债涨是金八在市面故意放空气,闹玄虚,故意造出谣言说他买了不少,叫大家也好买。其实他是自己在向外抛,造出好行市向外甩。那时候我真急了! 我眼看上了他的当,我买的公债眼看着要大落特落,我整个的钱都叫他这一下子弄得简直没有法子周转,你看我这一大堆事业,我一大家子的人,你看我这么大年纪,我要破产,我怎么不急? 我告诉你,露露,我连手枪都预备好了,我——(咳嗽。)

陈白露　(无动于衷)可怜!

潘月亭　(兴高采烈)我现在一点也不可怜,我跟你说,人不能没有钱,没有钱就不要活着。可是,露露,我现在真真有钱了,再过些天,说不定我还要有更多更多的钱。(忽然慷慨地)哦,我从此以后要做点慈善事业,积积德,弥补弥补。……

陈白露　不过,你们轻轻把小东西又送回到金八手里,这件事是很难弥补的。

潘月亭　(忽然想起来)哦,小东西怎么了? 你难道还没有把她找回来?

陈白露　找回来? 她等于掉在海里了。我找,达生找,都没有一点影子。

潘月亭　不要紧,有钱,我有钱。我一定可以把小东西还是活蹦乱跳地找回来,叫你高兴高兴。

顾八奶奶由左门上。

顾八奶奶　露露! 露露! ——哟,潘四爷,这一晚上你上哪儿去了? (撒娇地)真是的,把我们甩在这儿,不理我们,你们男人们,真是的! ——对了,四爷,您看胡四进了电影公司正经多了吧。还是四爷对,四爷出了主意,荐的事总是没有错儿的。(拿出小镜子照)露露,你看我现在气色怎么样,不难看吧?

潘月亭　(无可如何)露露,你陪八奶奶谈吧,我去到那屋看看客人去。(由左门下)

顾八奶奶　四爷,您走了。(对白露,突然)露露,你说他还来不来? 这个没有良心的东西,他叫我在你这儿等着他,他要跟我说戏,说《坐楼杀

286

惜》,你看快天亮了,他的魂也没有见一个。唉,我……我,你看我的心又痛起来了,进了电影公司两天,越学越不正经干。我非死了不可!露露!你的安眠药我都拿去了。

陈白露　怎么,你要……

顾八奶奶　嗯,我非吃了不可。

陈白露　那你又何必呢?你还给我。(伸手)

顾八奶奶　不,我非吃了不可,我得回家睡觉去。我睡一场好觉,气就消了。杜大夫说睡一点钟好觉,就象多吃两碗饭。我要多吃两碗饭,气气他。

陈白露　你可要小心点,这个安眠药是很厉害的。你要吃了十几片,第二天就会回老家的。

顾八奶奶　(拿着安眠药看)哦!吃十片就会死,我就……我就吃半片。

陈白露　我以为——

顾八奶奶　你以为我寻死?我才不呢。我不傻,我还得乐两年呢!哼,我刚刚懂一点事,我为他……哼,胡四有一天要跟我散了,我们就散。我再找一个,我……我非气死他不可!

陈白露　(冷冷地望着她)你不累么?

顾八奶奶　可不是,我是有点累了。我得打几副牌休息休息我的脑筋,你跟我一块来吧。

陈白露　不,你先去吧!我想一个人坐一坐。

　　　　顾八奶奶由左门下。

　　　　中门敲门声。

陈白露　谁?

　　　　方达生由中门进。

陈白露　你刚回来?

方达生　回来一会了,我听见有人,没进来。

陈白露　(望着他)怎么样?小东西找着了么?

方达生　(摇头)没有。那种地方我都一个一个去看了。但是,没有她。

陈白露　这是我早料到的。(半晌,扶他坐下)你累了么?

方达生　有一点,不过我很兴奋,我很兴奋。我在想,这两天我不断地想着个问题。(忽然)我问你,人与人之间为什么要这么残忍呢?

287

陈白露　（笑）这就是你所想的问题么？

方达生　我奇怪，为什么允许金八他们这么一群禽兽活着？

陈白露　你这傻孩子，我告诉你，不是我们允许不允许金八他们活着的问题，而是金八他们允许我们活着不允许我们活着的问题。

方达生　（沉思）你对我说的话是对的。我应该多观察观察这一帮东西。现在我看清楚他们了，不过我还没有看清楚你，我不明白你为什么要跟他们混？你难道看不出他们是鬼，是一群禽兽，竹均，我看得出你也厌恶他们，而你故意装出满不在意的样子，天天自己骗着自己。

陈白露　（忽然——倔强地嘲讽着）你很相信你自己的聪明。

方达生　竹均，你又来了。不，我不聪明。但是我相信你的聪明。你不要瞒我，你心里痛苦。请你看在老朋友的份上，我求你不要再跟我倔强。我知道你嘴头上硬，故意说着谎，叫人相信你快乐；可是你的眼瞒不住你的恐慌，你的犹疑，不满。竹均，一个人可以欺骗别人，但欺骗不了自己，这样会把你闷死的。

陈白露　（叹一口气）不过你叫我干什么好呢？

方达生　竹均，你应该结婚。我要替你找个丈夫，一个真正的男人，你应该立刻离开这儿。

陈白露　（思虑地）离开，是的。不过，结婚？（嘘出一口气）我试过。但是（叹一口气）——平淡无聊，并且想起来很可笑。

方达生　这个人是谁？

陈白露　这个人有点像你。

方达生　像我？

陈白露　嗯，像！——他是个傻子。

方达生　哦。

陈白露　因为他是个诗人。（追想）这个人哪。……这个人思想起来很聪明，做起事就很冲动，让他一个人说话他最可爱，多一个谈天他简直别扭得叫人头痛。他是个最忠心的朋友，可是个最不体贴的情人。他骂过我，而且他还打过我。

方达生　但是，你爱他？

陈白露　（肯定）嗯，我爱他！他要我跟他结婚，我就跟他结婚。他要我到乡下去，我就陪他到乡下去。他说："你应该生个小孩！"我就为他生个

288

小孩。结婚以后几个月,我们过的是天堂似的日子。他最喜欢看日
出,每天早上他一天亮就爬起来,叫我陪他看太阳。他真象个小孩
子,那么天真! 那么高兴! 有时乐得在我面前直翻跟头,他总是说:
"太阳出来了,黑暗就会过去的。"他永远是那么乐观,他写一本小说
也叫《日出》,因为他相信一切是有希望的。

方达生　以后呢?

陈白露　(望着前面)以后他就一个人追他的希望去了。

方达生　怎么讲?

陈白露　你不懂。后来,新鲜的渐渐不新鲜了。两个人处久了,渐渐就觉得
平淡,无聊。我告诉你结婚后最可怕的事情不是穷,不是嫉妒,不
是打架,而是平淡,无聊,厌烦。两个人互相觉得是个累赘,懒得再
吵嘴打架,直盼望哪一天天塌了,等死。于是我们先是皱眉头,拉长
脸,不说话,最后他怎么想法子叫我头痛,我也怎么想法子叫他头
痛。他要走一步,我不让他走;我要动一动,他也不让我动。两个人
仿佛捆在一起扔到水里,向下沉,……沉,……沉……

方达生　是不是因为你们的想法根本不一样?

陈白露　也许是吧,反正后来那根绳子断了。

方达生　什么?

陈白露　孩子死了。

方达生　你们就分开了?

陈白露　嗯,他也去追他的希望去了。

方达生　现在他在哪里?

陈白露　不知道。

方达生　他有一天也许回来看你。

陈白露　不,他决不会回来的。他现在一定工作很高兴。(低头)他会认为我
现在简直已经堕落到没有法子挽救的地步。(悲痛地)他早把我忘
记了。

方达生　你似乎还没有忘记他?

陈白露　嗯,我忘不了他。我到死也忘不了他。喂,你喜欢这两句话么?"太
阳升起来了,黑暗留在后面。但是太阳不是我们的,我们要睡了。"
你喜欢么?

方达生　我不大懂。

陈白露　这是他的小说里一个快死的老人说的。

方达生　我看你现在还爱他。

陈白露　（低头）嗯。

方达生　谢谢你，竹均，你是个爽快人。（立起来）竹均，我要去收拾东西
　　　　去了。

陈白露　你就要走？这里还有你一封电报。（拿出来交给他）是催你回去么？

方达生　嗯，是的。（停顿）再见吧！竹均！（伸出手来）

陈白露　为什么这么忙呢？

方达生　我想天亮就离开旅馆。

陈白露　你坐哪一趟车？

方达生　不，不，我不回去，我只是想搬开。不过我也许不能常来看你了。

陈白露　（奇怪）为什么？这句话很神秘。

方达生　我在这里要多住些天，也许我在这里要做一点事情。

陈白露　做事？

方达生　是的，我也许要跟金八打打交道，也许要为着小东西跑跑，也许为那
　　　　小录事那一类人作点事，都难说。我只想有许多事可做的。

陈白露　这么说，你跟他要走一条路了。

方达生　谁？

陈白露　他，——我那个诗人。

方达生　不，我不会成诗人。但是也许在你的眼里我是一个傻子。

陈白露　（叹一口气）去吧！你们去吧！我知道我会被你们都忘记的。

方达生　（忽然）不过，竹均，你为什么不跟我走？（拉起她的手，热烈地）你跟
　　　　我走！还是跟我走吧。

陈白露　我告诉过你，我是卖给这个地方的。

方达生　（放下手，怜恤地望着她）好吧。——唉，你这个人太骄傲、太倔强。
　　　　敲门声。

陈白露　请进来。

　　　　李石清由中门进。李石清忽然气派不同了，有些趾高气扬，马褂换
　　　　了坎肩，头发也贼亮贼亮的梳成了好几绺，他不像以前那样对白露
　　　　低声下气，他有些故为傲慢。

陈白露　哦,李先生。

　　　　福升随进。

李石清　(看看方达生和白露)陈小姐,(回头对门前的福升)福升,你下去叫我的汽车等着我,我也许一会儿跟潘经理谈完话就回公馆的。

王福升　是,李先——(忽然)是,襄理。你太太方才打电话,说——

李石清　(厌烦地)我知道了。你去吧。

陈白露　李先生,你的少爷好一点了么?

李石清　好,好,还好。月亭在屋里么?

陈白露　大概在吧。

李石清　我要跟他谈一点机密的事。

陈白露　(不愉快)是要我们出去躲躲么?

李石清　(知道自己有点过分)不,不,那倒不必。我进去找他谈也是可以的。少陪!少陪!(扬长地走入左门)

陈白露　(看他走进去,嗤笑)唉!

方达生　这个人忽然——是怎么回事?

陈白露　你不知道,他当了襄理了。

方达生　(怅然)哦!

　　　　胡四由中门进。他又换了一套衣服,更"标致"了,他一边拿着大衣,一边挟着烟卷,嘴里哼着流行调,开了中门。

胡　四　(仿佛到了自己的家,把帽子和大氅扔在沙发上,口里不住地吹着哨,他仿佛一个人也没有看见,径直走到穿衣镜前照照自己,打着呵欠对白露说话)她呢?

陈白露　谁?

胡　四　(还是那一副不动情感的嘴脸)老妖精!

陈白露　不知道。

胡　四　哦,方——方先生。您刚回来?我们总算投缘,今天晚上见了两面。

方达生　(不理他)白露,你愿意到我屋里坐一下么?

陈白露　嗯,好。

　　　　两个由中门下。

胡　四　(望着他们走出去)妈的加料货!刺儿头带半疯!(整整自己的衣服,又向那穿衣镜回回头,理两下鬓角,正预备进左门——)

291

左门开了,由里走出潘月亭和李石清。

李石清　(对潘月亭)里面人太多,还是在这儿谈方便些。

潘月亭　好,也好。

胡　　四　石清,你怎么现在还在这儿,还不回家去?

李石清　嗯,嗯。

胡　　四　潘经理。

潘月亭　胡四,你快进去吧。八奶奶到处找你呢。

胡　　四　我就去。石清,你过来,我跟你先说一句话。

李石清　什么?

胡　　四　(嘻嘻地)我昨儿个在马路上又瞧见你的媳妇了,(低声对着他的耳朵)你的媳妇长得真不错。

李石清　(一向与胡四这样惯了的,现在无法和他正颜厉色,尴尬地)岂有此理! 岂有此理。

胡　　四　没有什么说的,石清,回头见。(很伶俐地由左门下)

潘月亭　请坐吧,有什么事么?

李石清　月亭——(仿佛不大顺口)经理知道了市面上怎么回事么?

潘月亭　(故意地)不大清楚,你说说看。

李石清　(低声密语)我这是从一个极秘密的地方打听出来的。现在你可以放心,我们这一次的公债算买对了,金八这次真是向里收,谣言说他故意造空气,好向外甩,完全是神经过敏,假的。这一次我们算拿准了,我刚才一算,我们现在一共是四百五十万,这一"倒腾"说不定有三十万的赚头。

潘月亭　(唯唯否否地)是……是……是。我听福升说你太太——

李石清　(不屑于这些琐碎的事)那我知道,我知道。——我跟你说,我们说不定有三十万的赚头。这还是说行市就照这样涨。要是一两天这个看涨的消息越看越真,空户们再忍痛补进,跟着一抢,凑个热闹,我跟你说,不出十天,再多赚个十万二十万,随随便便地就是一说。

潘月亭　是的,是的,是你的太太催你回去么?

李石清　不要管她,先不管她。我提议,月亭,这次行里这点公债,现在我们是绝对不卖了。我告诉你,这个行市还要大涨特涨,不会涨到这一点就完事。并且(非常兴奋地)我现在劝你,月亭,我们最好明天看情形再补进,明天的行市还可以买,还是吃不了亏。

潘月亭　石清,你知道你的儿子病了么?

李石清　不要紧,不要紧。——(更紧张)我看我们还是买。对!我们就这么决定了。月亭,这是千载一时的好机会。这一次买成功了,我主张,以后行里再也不冒这样的险。说什么我们也不必拆这个烂污,以后留点信用吧。不过,这一次我们破釜沉舟干一次,明天,一大清早,我们看看行市,还是买进。

潘月亭　石清! 你还是先回家看看吧,你知道你的儿子病得很重么?

李石清　你何必老提这个?

潘月亭　我看你太高兴了。

李石清　不错,这次事我帮您做得相当漂亮。我的确高兴!

潘月亭　(冷冷一笑)对不起,我忘了你这两天做了襄理了。

李石清　经理,您这句话是什么意思?

潘月亭　(不答他)李襄理,现在我手里这点公债是一笔钱了?

李石清　自然。

潘月亭　这一点赚头已经足够还金八的款子了吧。

李石清　我计算着还有富余。

潘月亭　好极了。有这点富余再加我潘四这点活动劲儿,你想我还怕不怕人跟我捣乱?

李石清　我不大明白经理的话。

潘月亭　也许有人说不定要宣传我银行的准备金不够——

李石清　哦?

潘月亭　或者说我把银行房产都抵押出去。

李石清　(诣笑)经理,何必提这个,这不——

潘月亭　我不愿意提。不过说不定有人偏要提。

李石清　经理,这话说得太远了。

潘月亭　(冷冷地看着他)就在前六七天,李襄理,你还跟我当面说过。

李石清　经理,您这是何苦呢? 圣人说过:“小不忍则乱大谋。”

潘月亭　我想我这两天很忍了一阵。不过,我要跟你说一句实在话:我很讨厌一个自作聪明的人在我的面前多插嘴,我也不大愿意叫旁人看我好欺负,以为我甘心叫人要挟。最可恶是行里的同人背后骂我是个

293

老胡涂,瞎了眼,叫一个不学无术的三等货来做我的襄理。

李石清　（极力压制自己）我希望经理说话无妨客气一点,字眼上可以略微斟酌斟酌再用。

潘月亭　我很斟酌,很留神。

李石清　（狞笑)好了,这些名词字眼都无关紧要:头等货,三等货,都是这么一说,差别倒是很有限。不过,经理,我们都是多年在外做事的人,我想,大事小事,人最低应该讲点信用的。

潘月亭　信用?（大笑)你要谈信用?信用我不是不讲,可是要看对谁,我想我活了这么大年纪,我该明白跟哪一类人才可以讲信用,跟哪一类人就根本用不着讲信用的。

李石清　那么,经理仿佛是不预备跟我讲信用了。

潘月亭　（尖酸地)这句话真不像你这么聪明的人说的。

李石清　经理自然是比我们聪明。

潘月亭　那倒也不见得。不过我也许明白一个很要紧的小道理。就是对那种太自作聪明的坏蛋,我有时可以绝对不讲信用的。你知道你的太太跟你打电话么?

李石清　（眩惑地)我知道,我知道。

潘月亭　你的少爷病得快要死了,李太太催你快回家。

李石清　（怒目向潘月亭)我就要回去。

潘月亭　那好极了。你的汽车在门口等着你。（刻薄地)坐汽车回家是很快的,回家之后,你无妨在家里多多练习自己的聪明,有机会你还可以常常开开人家的抽屉,譬如说看看人家的房产是不是已经抵押出去了,调查人家的存款究竟有多少。……不过我可以顺便声明一下,省得你替我再多操心,我那抽屉里的文件现在都存在保险库去了。

李石清　（目瞪口呆)嗯!

潘月亭　（由身上取出一个封套)李先生,这是你的薪水清单。我跟你算一算。襄理的薪水一月一共是二百七十元。你做了三天,会计告诉我你已经预支了二百五十元。不过我想我们还是客气点好,我支给你一个月的全薪。现在剩下的二十块钱,请你收下,不过你今天坐的汽车帐,行里是不能再替你付的。

李石清　可是,潘经理——（忽然他不再多说了,狠狠地盯了潘月亭一眼,伸

294

出手)好,拿来吧。(接下钱)

潘月亭　(点起雪茄)好,我不陪了,你以后没事可以常到这儿来玩玩,以后你爱称呼我什么就称呼我什么,你叫我月亭也可以;称兄道弟,跟我"你呀我呀"地说话也可以;现在我们是平等了!再见。(由左门下。)

李石清　(愤怒使得他麻木了)好!好!(手中紧握着钞票,恨恨地低声)二十块!(更低声)二十块钱。(咬牙切齿)我要宰了你呀!我为着你这点公债,我连家都忘了,孩子的病我都没有理,我花费自己的薪水来做排场,打听消息。现在你成了功赚了钱,忽然地不要我了。(狞笑)不要我了。你把我当成贼看,你当面骂了我,侮辱我,瞧不起我!(刺着他的痛处,高声)啊,你瞧不起我!(捶着自己的胸)瞧不起我李石清,你这一招简直把我当作混蛋耍了。(嘲弄自己,尖锐地笑起来)我是"自作聪明"!我是"不学无术"!我是"坏蛋"!我是"三等货"!(怪笑)可是你以为我就这样跟你了啦!你以为我怕你,——哼,(眼睛闪着愤恨的火)今天我要宰了你,宰了你们这帮东西,我一个也不饶,一个也不饶你们的。

李太太慌张走进,颜色更憔悴,衣服满是皱纹,眼中含泪。

李太太　石清,你这一天是到哪儿去了,小五儿快不成了,舌头都凉了,石清。我现在同妈叫了个车送到医院,走了三个医院,三个医院都不肯收。

李石清　不收?是治不了啦?

李太太　医院要钱。他们要现款,都要现钱,最低的都要五十块押款。现在家里只有十五块钱,我都拿出来也不够。(抽咽)石清,你得想法救救我们的孩子。

李石清　(摸摸自己的身上,掏出几张零碎票子)都拿去吧。

李太太　(忙数)只有十七块多钱。

李石清　那有什么法子。

李太太　可是小五这孩子——

李石清　(悲愤)为什么我们要生这么一大堆孩子呢?(然而不由己地拿起方才的钞票,紧紧握着,咽下愤恨交给李太太,辛酸地)拿去!拿去,这是二十块"卖脸钱"。

李太太　(连忙接下,急切地)你呢?

李石清　你先去,我一会来。

李太太　那怎么成,你不去怎么成?

李石清　(咆哮起来)叫你先走,你就先走。你还吵什么! 快走! 快走! 你不要惹我!

　　　　李太太走到中间,打开门,黄省三象一架骷髅立在门口,目光灼灼。李太太惊异地望了他一眼,匆忙走出。

　　　　黄省三幽然进,像吹来了阵阴风。他此时的形象叫人联想到半夜从坟墓里爬出来的僵尸。他的长袍已经没有了。上身只是一件藏青破棉袄,领口敞着,露出棱棱几根颈骨,底下只穿一条单裤。他头发非常散乱,人也更佝偻了,但他不像以前那样畏怯,他没有表情,呆滞地望着李石清,如同中了邪魔一样。

黄省三　经理!

李石清　什么经理? 谁叫你叫我经理?

黄省三　(依然呆板地,背书一样)经理,我是银行的小录事。我姓黄,我叫黄省三,我一个月赚十块二毛五,我有三个孩子,经理,我有三个孩子……我一个月赚十块二毛五!

李石清　(厌烦地)你为什么又找上我了?

黄省三　(还是呆滞地)他们不叫我死! 他们不答应叫我死。

李石清　你死就死吧,死去吧。

黄省三　可是,那些官儿们,老爷们,他们偏要放我,他们偏说我神经失常,硬说我没有罪。(诚恳地)我求求您,潘经理,您行行好,你再重重给我一拳,(指着自己的肺部)这儿,给我一拳,你行行好,潘经理。

李石清　(高声)我不姓潘,你看清楚一点,我不姓潘,我姓李,我叫李石清。半晌。

黄省三　(忽然嘤嘤地像一个女人哭起来)我的孩子,我的可怜的孩子们,我把你们害死了,爸爸逼你们死了。

李石清　怎么,你的孩子——

黄省三　(忽然)你们为什么不让我死? (神经错乱,以为仍在法庭)我没有犯神经病! 我跟您说,法官! 我实在没有犯神经病! 我很清楚,我自己买的鸦片烟。那钱是潘经理给我的三块钱,两块钱还了房钱,我拿一块钱买的鸦片烟。法官,我自己买的红糖搀上的,叫孩子们喝的,我亲手把他们毒死的。我没有钱再买鸦片,你们难道就不许我跳河?你们为什么不让我死?我没有犯神经病。国家有法律,你们不能放我。(抓住李石清的手)法官,我亲手毒死了人,毒死了我的孩子,(拉着李石清)我的法官,您杀死我呀!

李石清　(用力挣脱)躲开我,你放下手。你这个混账东西!滚,滚,你再不滚开,这就要叫警察抓你了。(要按电铃)

黄省三　你别叫他们。(沉痛辛酸地)潘经理,人不能这么待人呀!前些日子我孩子们在,我要活着,我求你们叫我活着,可是你偏不让我活。现在,(涕泣)他们死了,我要死,我,我求你们叫我死,你们又偏不要我死。潘经理,人不能这么待人呀!(绝望地)不能这么待人呀!

李石清　真!……你简直把我的心搅乱了。你走吧,你!(向门)福升!福升!

　　　　福升由中门进。

李石清　把他拉出去。这个人疯了。

王福升　(一把抱住黄省三的腰)你又来了。

　　　　福升生拉活扯地将黄省三向外拖,黄省三徒然挣扎着。

黄省三　我没有疯!我没有疯啊!

　　　　黄省三为福升拉下去。

李石清　(愤愤地)这个傻王八蛋,为什么疯了?为什么疯?你太便宜他了!

　　　　电话铃又急响。

李石清　(拿起耳机)喂,哪儿?报馆张先生么?哦,我是石清,什么事?哦……哦……你已经派人送一封信来了。哦!……什么?消息不好?谁说的?……怎么,还是金八的人露出来的。不会吧!这两天,不是听说金八也在收么?……啊?他一点也没有买!……啊,那么这一星期看涨完全是他在造谣言!……啊?他从昨天起已经把早存的货向外甩了,……这是真的?(面露喜色)什么?这个消息已经传出去了。……哦,哦,那么明天行市开盘就要大落。哦,你想可以落多少?……(拍着桌子)啊?第二盘就会停拍。(坐在桌子上)哦……哦……你说……大丰这次做的公债简直叫金八坑了。……是……是,我也是这么想,我怕金八说不定就要提款。……好极了,——哦,糟极了。好……好,信已经送来了,好,回头见,回头见,

	我就交给四爷。（放下耳机,急忙走到门口）
李石清	福升! 福升!
	福升上。
李石清	刚才报馆张先生派人给四爷送来一封信,你看见了没有?
王福升	刚送来一会儿。
李石清	在哪儿?
王福升	这儿。（由身上掏出来）
李石清	拿来! 拿来! 怎么早不说?（由福升手里抢来,连忙看）
王福升	（在旁边插嘴）我瞅见四爷正在打牌,手气好,连着"和"三番,我就没送上去。
李石清	去,赶快把四爷请到这儿来,就说有人送来一封信,有很重要的事,等他商量。
王福升	可是……
李石清	叫你去,你就去!
王福升	是襄理。（下）
李石清	（兴高采烈地）你来的好! 来的真是时候。哦……哦……我怎么反而稳不住了。（来回地走）
	潘月亭由左门进。福升随上,又由中门下。
潘月亭	哦,你还没有回家?
李石清	是,经理,我心里老惦念您行里的公事,所以总是不想回去。
潘月亭	你找我做什么?
李石清	（低声下气）您的牌打得怎么样?
潘月亭	（看看他）还顺遂!
李石清	我听说您现在手气很好。
潘月亭	是不坏。信呢?
李石清	信?
潘月亭	（急躁地）那封信呢?
李石清	哪封信?
潘月亭	福升说我有一封信在你手里。
李石清	哦,是,是,报馆张先生派人送来的。

潘月亭　拿来。（自语）可能是公债——（向李石清）给我。

李石清　自然是公债的事。

潘月亭　你怎么知道的？

李石清　经理，我又先拆开看了。

潘月亭　（强压下愤怒）你怎么能把我的信拆开？把信给我。

李石清　（笑嘻嘻地）不拆开，我怎么能知道是喜信，好给您报喜呢？（慢慢
　　　　掏出信）您不会生气吧。您不会说我自作聪明，故意多事吧？请您
　　　　慢慢地看吧。

　　　　潘月亭仿佛觉出来里面很蹊跷。他不信任地望着李石清，急忙拿
　　　　起信。

李石清　（慢吞吞地）这件事我简直是没想到，不会这么巧，不会来得这么合
　　　　适。我想这一定是谣言。

潘月亭　（看完信，脸色大变）我……我不相信，这是假的。（又看信）这个消
　　　　息一定是不可靠的。（连忙打电话）喂喂，是新报馆么？我姓潘，我
　　　　是潘四爷呀！……我找总编辑张先生说话。快点！快点！……什
　　　　么？出去了？他刚才？……哦，他刚出去。……你知道他上哪儿去
　　　　了？……不知道？……混蛋！你怎么不问一声？……（放下耳机，
　　　　稍停，又拨电话）喂，你是会贤俱乐部么？我找丁先生说话。……就
　　　　是金八爷的私人秘书，丁牧之，丁先生。……什么？他回家了！他
　　　　怎么会这时候回家？现在不过（看自己的手表）才——

李石清　现在不过才五点多钟，快天亮了。

潘月亭　（望了李石清一眼）那么他家里的电话号码呢？……四三五四三，好
　　　　……好。（放下耳机）这帮东西，求着他们，他们都不知跑到哪儿去
　　　　了！（又拨电话）喂……喂，你是丁宅么？喂……喂……喂。（自语）
　　　　怎么会没有人接？

李石清　大概是底下人都睡觉了。

潘月亭　（重重放下耳机）都睡死了！（颓然坐下）荒唐，荒唐！这个消息一定
　　　　是不可靠的。不会的，不会的。

　　　　李石清目光眈眈，不转眼地望着他。

　　　　白露由左门进，望望他们两人。

潘月亭　劳驾，你给我倒一杯开水。

陈白露　怎么啦？

潘月亭　（自语）开玩笑，这简直是开玩笑。

　　　　白露去倒水。

李石清　我也想这消息是不可靠的。（似乎很诚恳地）您早上不是还没听说什么么？

陈白露　（把水递给潘月亭）月亭，什么事？

潘月亭　（指信）你看！（坐在那里发痴）

李石清　经理，其实这件事没有什么大不了的关系。公债要是落一毛两毛的，也没有什么大损失。您忘了细看看，经理，那信上提了要落多少？

潘月亭　（霍地立起来）哦，露露，把信给我。（一把抢过来，忙忙地看）

李石清　（在潘月亭后面，指指点点），不，不，在这一张，在这一张。

潘月亭　（低声读信）"……此消息已传布市面，明日行市定当一落千丈，决无疑义。……"

李石清　这封信以后，张先生又来了电话。

潘月亭　（又燃起希望）又来了电话，哦，他说什么？

李石清　他说没有办法。金八在后面操纵，没有一点法子。

潘月亭　这个混账东西！

　　　　福升推中门进。

王福升　报馆张先生来了。在三十四号等您。

　　　　潘月亭立刻向门走，电话铃响。

李石清　（接电话）喂，你哪儿？……我是五十二号。哦……我是石清，哦……哦，您找潘四爷？他就在这儿。（向潘月亭）金八爷的秘书丁先生要找你说话。

潘月亭　（忙接电话）喂，丁先生么？我月亭。刚才我找了你半天，……是……是……是……不要紧！没什么。……什么？他要提……什么，明天早上他就完全要提……喂，喂，不过我跟金八爷明明说好再缓一个星期……那他这……这简直故意地开玩笑！（暴躁地）喂，丁先生。他不能这么不讲信用……"信用"！你告诉他。他说好了再缓一星期，他现在忽然……喂……喂……我要请金八爷谈一下，什么？他现在不见人？……喂，我问你，牧之，八爷这两天买什么公债没

300

有？……啊？……他卖都卖不完？……哦……喂,喂……(乱敲半天,没有回应。放下耳机)这个混蛋,到了这么晚他才把这件事告诉我。(颓然倒在椅上。)

王福升　四爷,报馆张先生……

潘月亭　去,去,去! 你们别再来搅我。

　　　　福升下。

陈白露　月亭,你——

潘月亭　(摇摇手)让我歇歇,你先去看看客人,他们大概都要走了。

　　　　白露走出左门。

李石清　经理,现在该我们两个人谈谈了。

潘月亭　你还要谈什么?

李石清　不谈什么,三等货要看看头等货现在怎么样了。

潘月亭　(跳起来)混蛋!

李石清　(竖起眉)你混蛋!

潘月亭　给我滚!

李石清　(也厉声)你先给我滚! (冷笑)你忘了现在我们是平等了。

潘月亭　(按下气,坐下)你小心,你这样说话,你得小心。

李石清　我不用小心,我家没有一个大钱,我口袋里尽是当票,我用不着小心。

潘月亭　小心有人请你吃官司,你这穷光蛋。

李石清　穷光蛋,对了。不过你先看看你自己吧! 我的潘经理。我没有债,我没有成千成万的债。我没人逼着我要钱,我没有眼看着钱到了手,又叫人家抢了走。潘经理,你可怜可怜你自己吧。你还不及一个穷光蛋呢,我叫一个流氓耍了,我只是穷,你叫一个更大的流氓耍了,他要你的命。(尖酸地)哦,你是不跟一个自作聪明的坏蛋讲信用的。可是人家跟你讲信用? 你不讲信用,人家比你还不讲信用,你以为你聪明,人家比你还要聪明。你骂了我,你挖苦我! 你侮辱我,哦,你还瞧不起我! (大声)现在我快活极了! 我高兴极了! 明天早上我要亲眼看着你的行里要挤兑,我亲眼看着你付不出款来,看着那些十块八块的穷户头,骂你,咒你,他们要宰了你,吃了你,你害了他们! 你害了他们! 他们要剥你的皮,要挖你的心! 你现在只

301

有死,只有死你才对得起他们!只有死,你才逃得了!

潘月亭　(暴躁地敲着桌子)不要说了!不要说了。

李石清　我要说,我要痛痛快快地说,——你这老混蛋,你这天生的狗食,你瞎了眼,昏了头——

潘月亭　(跳了起来)我……我先宰了你再说。(要与李石清拼命,一把抓着李石清的头颈正要——)

　　　　白露跑出。

陈白露　月亭,月亭,你们这像什么样子!

李石清　(头颈为潘月亭掐住,挣扎)你杀了我吧!你宰了我吧。可是金八不会饶了你,在门口,……门口,……

潘月亭　(甩开李石清,高声)在门口,怎么样?

李石清　怎么样?门口黑三在等着你。

潘月亭　啊?

李石清　金八叫他来伺候你,他怕你跑了。

　　　　半晌,潘月亭垂头。

　　　　电话铃急响。

潘月亭　白露,你先替我接一下。

李石清　让我接。

陈白露　不,不,我接。(拿起耳机。李石清与潘月亭各据左右,二人都紧张地望着她)喂,你哪里?我是五十二号!陈白露!啊?李太太。……是的……你找李先生,他就在这儿。(回首向李石清)李太太由医院打来的电话。

李石清　(拿起耳机)我石清!你们到了医院了。哦,哦……小五怎么?(焦急地,和方才不关心的心情恰恰相反)什么?你再说一遍,……我听不清楚……什么?小五断……断……断了气了?那……那你找医生啊!(痛苦地拍着桌子)找医生啊!不是已经带了钱么?给他们钱!你给他钱哪!……什么?他……他在路上死……死的,……(眼泪流下来)叫着爸爸……就……(呜咽起来)哦,小五啊!……小五啊。我就来!我就来!

　　　　李石清一边抓起帽子,一边揩着眼泪望了潘月亭一眼,潘月亭也呆呆望了他一眼,李石清便由中门走出去。

302

远处鸡叫。

潘月亭　白露,客人走了么?

陈白露　走了,只有胡四、顾八奶奶他们还在这儿。

潘月亭　我难道会有这一天么? 白露,我想跟报馆张先生再商量商量。

陈白露　月亭,你好一点了么?

潘月亭　还好,还好,我去一下,我回头再来。

陈白露　你就走了么?

潘月亭　不,回头就来。

陈白露　好,你去吧!

　　　　潘月亭由中门下。

　　　　远处鸡鸣声。

陈白露　(低声,忧郁地)天又要亮了。

　　　　由左门走进了胡四和顾八奶奶。胡四烟容满面,一脸油光。他用手
　　　　在脸上抹了一把,一面继续地说。顾八奶奶崇拜英雄一般地跟在
　　　　后面。

胡　四　(满意地嘘一口气,接说)底下紧接着鼓点。大锣,小锣,一块儿来:
　　　　八拉达长,八拉达长,八拉达长,长长令长,八拉达,达,达,……

顾八奶奶　(得意地)露露,胡四跟我说《坐楼刹惜》呢。

胡　四　你听这家伙点。(重说)八拉达长,八拉达长,八拉达长,长长令长,
　　　　八拉达,(突停,有声有色,右手向下敲了三下,当作鼓板)达! 达!
　　　　达!(手向下敲锣)长!(满身做工,满脸的戏,说得飞快)你瞧着,随
　　　　着家伙点,那"胡子"一甩"髯口",一皱眉,一瞪眼,全身乱哆嗦。那
　　　　"胡子"咬住了银牙,一手指着叫!(手几乎指到顾八奶奶的鼻端)
　　　　"贱人哪?……"

顾八奶奶　什么"贱人贱人"的! 我不爱听"胡子",我学的是花旦。

胡　四　(藐视)你学花旦?(愣一下)可你也得告诉我是哪一段呀?

顾八奶奶　(仿佛在寻思)就是那句什么"忽听得……"前面是谁唱的来着:
　　　　"叫声大姐快开门。"

胡　四　那容易,那容易。胡琴拉四平调:已格弄格里格弄格弄格弄,唱,(摇
　　　　头摆尾)"叫声大姐快开门!"白口:"大姐,开门来!"

顾八奶奶　我要花旦。

303

胡　四　别着急!紧接着,掀帘子,上花旦,(自己便扭扭捏捏地拿起手绢扮演起来)台步要轻俏,眼神儿要活翻,出台口一亮相,吃的是劲儿足!就这样!(非常妖媚而诱惑的样子)已格弄格里格弄格弄格弄,(用逼尖了喉咙)"忽听得",弄格里格弄格弄格弄格弄,(浑身做工)"门外有人唤",弄格弄里格弄格格个弄格……

　　　　　远处鸡叫。

陈白露　你们听。

胡　四　(还摆着姿势)什么?

陈白露　鸡叫了!

　　　　　远处鸡再鸣。

顾八奶奶　可不是鸡叫了!(忽然望到窗外)哟,天都快亮了。(对胡四)走吧!走吧!快回去睡吧。今天可在这儿玩晚了。

胡　四　(满不在乎的样子)不过我那五百块钱的帐怎么办呢?

顾八奶奶　回家就开一张支票叫大丰银行给你。可是你——

胡　四　(伶俐地)听你的话,下一次我再也不到那个坏女人那里去了。

顾八奶奶　好啦,别在露露面前现眼啦。你快穿大衣,走吧,你明天,哦,你今天不还得到电影厂拍戏去么?

胡　四　(应声虫,一嘴的谎)中啊,导演说今天我不来,片子不能拍了。

顾八奶奶　(一回转身,向白露,极自满地)露露,我告诉你,胡四要成大明星了,眼瞅着要红起来了。(忽然低声)我想,我现在还是答应他好。我们后天就结婚。露露,你给我当伴娘,一定,一定。

陈白露　我问你,你的钱是不是现在是存在大丰银行里?

顾八奶奶　可不是存那儿。你问这个干嘛?

陈白露　随便问问。

顾八奶奶　(找开皮包拿出药瓶)露露,还给你这安眠药吧,我不用了。

陈白露　(接过来)我正想跟你要回来呢。

胡　四　(穿好衣服)走吧,走吧!

顾八奶奶　别忙呢,让我还得擦点粉呀。

胡　四　(一把拉住她)得了吧,天快亮了,谁还看你?走吧,走吧!(拉着顾八奶奶向中门走。)

顾八奶奶　(得意地,对白露)你看我这个活祖宗(被胡四拉了两步)再见啊!

304

胡　四	白露,再见。

胡四戴上帽子,与顾八奶奶一起由中门走出。

白露走到窗前,打开窗户,外面静悄悄的,对面房屋的轮廓逐渐由黑暗中显露出来,很幽静又很凄凉。远远隐隐听见工厂的汽笛声,夹杂着自市场传来一两声鸡鸣,是太阳还未升出以前的黎明时光。

中门敲门声。

陈白露	(未回头)进来。

福升由中门进。

王福升	小姐。四爷叫我过来说,他不来了。
陈白露	哦。
王福升	他说怕这一两天都不能来了。
陈白露	我知道,他不能再来了。
王福升	我的陈小姐,您为什么偏要得罪潘四爷这么有钱的人呢?……您得罪一个金八还不够,您还要——
陈白露	(摇头)你不明白,我没有得罪他。
王福升	那么,我刚才把您欠的账条顺手交给他老人家,四爷只是摇头,叹口气,一句话也没有说就走了。
陈白露	你为什么又把帐单给他看呢?
王福升	可是,小姐,今天的帐是非还不可的,他们说闹到天也得还!一共两千五百元,少一个也不行!您自己又好个面子,不愿跟人家吵吵闹闹的。你说这钱现在不从四爷身上想法子,难道会从天上掉下来?
陈白露	总有办法吧。
王福升	那就看您这几个钟头的本事吧。我福升实在不能再替您挡这门帐了。
陈白露	(拿起安眠瓶,紧紧地握着)好,你去吧。

福升由中门下,左门有人乱敲门,嚷着:“开门,快开门。”白露走去推门,张乔治满脸的汗跑出来。

张乔治	(心神恍惚地)怎么,你们把门锁上做什么?
陈白露	谁锁了,你还没走?
张乔治	(摸着心)白露,我做了一个可怕的梦。哦,可怕,可怕极啊,Terrible! Terrible⑥!啊,我梦见这一楼满是鬼,乱跳乱蹦,楼梯,饭厅,

床,沙发底下,桌子上面,一个个啃着活人的脑袋,活人的胳臂,活人的大腿,又笑又闹,拿着人的脑袋壳丢过来,扔过去,戛戛地乱叫。忽然哄地一声,大楼塌了,你压在底下,我压在底下,许多许多人都压在底下。……

陈白露　你又喝了不少的酒。

张乔治　对了,我喝了不少,睡着了,(打了一个呵欠)我要回家啦。

陈白露　乔治,我想求你一件事。

张乔治　说吧。你说的话没有不成的。

陈白露　有一个人,要跟我借三千块钱。

张乔治　哦,哦。

陈白露　我现在手下没有这些钱借给他。

张乔治　哦,哦。

陈白露　Georgy,你能不能设法替我弄三千块钱借给这个人?

张乔治　那……那……就当要……另作别论了。我这个人向来是大方的。不过也要看谁,你的朋友我不能借。不过要是你借这么几个钱花花,那自然是不成问题的。

陈白露　(勉强地)好!好!你就当是我向你借的吧。

张乔治　露露要跟我借钱?跟张乔治借钱?

陈白露　嗯,为什么不呢?

张乔治　得了,这我绝对不相信的。No no!这我是绝不相信的。(大笑)你真会开玩笑,露露会跟我借钱,而且借这么一点点钱。啊,小露露,你真聪明,真会说笑话,世界上没有像你这么聪明的人。好了,再见了。(拿起帽子)

陈白露　好,再见。(微笑)你真是再聪明不过了。

张乔治　谢谢!谢谢!Good night!⑦哦,Good morning!⑧我的小露露。(挥手由中门走出)

　　　　晨光渐渐由窗户透进。白露把门关好,走到沙发边小几旁,拿起酒杯倒酒,尽量地喝了几口,她立在沙发前发愣。

　　　　中门呀地开了,福升进。

陈白露　(低哑地声音)你来干什么?

王福升　(由身上取出一卷帐条)小姐!这是今天要还的那些帐条,我搁在这

306

里,您先合计合计。(把帐条放在中间的桌子上。)

陈白露　搁在那儿吧。

　　　　福升由中门走出。

　　　　白露把酒喝尽,放下酒杯。走到中桌前慢慢翻着帐条。

陈白露　(嘘出一口气)嗯。

　　　　她由桌上拿起安眠药瓶,一片一片地倒出来。无意中,她在沙发左
　　　　边的衣镜望见了自己,立起来,走到镜子前。

陈白露　(端详着镜子里一个美丽的妇人,摇摇头,凄然地)生得不算太难看
　　　　吧。人不算太老吧。(她不忍再看了,慢慢又踱到中桌前,倒出药
　　　　片,将空瓶丢在地下。望着前面,哀伤地)这——么——年——轻,
　　　　这——么——美。(眼泪悄然流下来,拿起茶杯,背过脸,把药很爽
　　　　快地咽下去)

　　　　这时外面打地基的小工们早聚集在一起,迎着晨光由远处"哼哼唷,
　　　　哼哼唷"地以整齐严肃的步伐迈到楼前。木夯一排一排地砸在土
　　　　里,沉重的石硪落下来。

陈白露　(凝听外面的木夯声,走到窗前,拉开帘幕,她望着外面,低声地)"太
　　　　阳升起来了,黑暗留在后面,但是太阳不是我们的,我们要睡了。"她
　　　　忽然关上灯把窗帘都拉扰,屋内陡然暗下来,只帘幕隙缝间透出一
　　　　两道阳光颤动着。她捶着胸,仿佛胸际有些痛苦窒塞。她拿起那一
　　　　本《日出》,睡在沙发上。

　　　　很远、很远小工们隐约唱起了夯歌——唱的是"轴号"。

外面方达生的声音　竹均! 竹均! (声音渐近。)

　　　　外面麻雀吱吱地唱着。

　　　　方达生推门进。

方达生　(走到窗前把幕帷又拉开,阳光射满了一屋子)真奇怪,为什么不让
　　　　太阳进来。

　　　　这时小工们渐唱渐进,他们唱着:日出东来,满天的火红! ……

方达生　你听! 你听(望窗外,兴奋地)太阳就在外面,太阳就在他们身上。
　　　　竹均,我一定要做点事情,我一定要跟金八他们拼一拼! (回过头)
　　　　竹均,你为什么不理我? (走近沙发)哦,睡着了。(为她盖上大衣)
　　　　我走了,竹均,再见吧。

达生迎着阳光由中门昂首走出去。

由外面射进来满屋的大阳，窗外一切都亮得耀眼。

砸夯的工人们高亢而洪壮地合唱着"轴号"：

日出东来，满天的大红！要想吃饭，可得做工！……

沉重的石硪一下一下落在土里，那声音传到观众的耳里是一个大生命浩浩荡荡地向前推，向前进，洋洋溢溢地充塞了宇宙。

屋内渐渐暗淡，窗外更光明起来。

——幕徐落

1935年

注释：①《日出》是曹禺戏剧代表作之一，它以陈白露寄居的豪华大旅馆和小东西陷身的下等妓院为活动场景，通过众多生动的艺术形象，将一幅幅鲜血淋淋的社会形态，呈现在观众面前。对那个"损不足以奉有余"的不公平社会制度，作者喊出了"你们的末日到了！"的愤怒吼声，并号召一切有正义感的人们起来反抗这不合理的社会，去追求光明的未来。这里所选的是《日出》的最后一幕。②英语，意为："这么美！这么娇媚！又这么忧郁！"③英语，意为："哦，不。"。④"张乔治"的英文拼法。⑤"掉换"的意思。⑥英语，意为："可怕！"⑦英语，意为："晚安！"⑧英语，意为："早安！"

萧　　萧^①

沈从文

乡下人吹唢呐接媳妇，到了十二月是成天会有的事情。

唢呐后面一顶花轿，两个夫子平平稳稳的抬着。轿中人被铜锁锁在里面，虽穿了平时没上过身的体面红绿衣裳，也仍然得荷荷大哭。在这些小女人心中，做新娘子，从母亲身边离开，且准备做他人的母亲，从此必然有许多新事情等待发生。象做梦一样，将同一个陌生男子汉在一个床上睡觉，作这承宗接祖的事情。这些事想起来，当然有些害怕，所以照例觉得要哭哭，于是就哭了。

也有做媳妇不哭的人，萧萧作媳妇就不哭。这小女子没有母亲，从小寄

308

养到伯父种田的庄子上,终日提着个小竹兜箩,在路旁田坎捡狗屎挑野菜。出嫁只是从这家转到那家。因此到那一天,这女人还只是笑。她又不害羞,又不怕。她是什么事也不知道,就做了人家的新媳妇了。

萧萧作媳妇时年纪十二岁,有一个小丈夫,年纪还不到三岁。丈夫比她年少九岁,断奶还不多久。按地方规矩,过了门,她喊他作弟弟。她每天应做的事是抱弟弟到村前柳树下去玩,到溪边去玩,饿了,喂东西吃,哭了,就哄他,摘南瓜花或狗尾草戴到小丈夫头上,或者亲嘴,一面说:"弟弟,哪,啵再来,啵。"在那肮脏的小脸上亲了又亲,孩子于是便笑了。孩子一欢喜兴奋,行动粗野起来,会用短短的小手乱抓萧萧的头发。那是平时不太能收拾蓬蓬松松在头上的黄发。有时候,垂到脑后那条小辫儿被拉得太久,把红绒线结也弄松了,生了气,就打那弟弟几下,弟弟自然哇的哭出声来。萧萧于是也装成要哭的样子,用手指这弟弟的哭脸,说:"哪,人不讲理,可不行!哪能这样动手动脚,长大了不是要杀人放火!"

天晴落雨日子混下去,每日抱抱丈夫,也帮家中做点杂事,能动手就动手,又时常到溪沟里去洗衣,搓尿片,一面还捡拾有花纹的田螺给坐在身边的小丈夫玩。到了夜里睡觉,便常常做这种年龄的人做的梦,梦到后门角落或别的什么地方捡得大把大把铜钱,吃好东西,爬树,自己变成鱼到水中各处溜。或 时仿佛身了很轻,飞到天上众星中,没有一个人,只是一片白,一片金光,于是大喊"妈!"人就吓醒了。醒来心还只是跳。吵了隔壁的人,不免骂着,"疯子,你想什么!白天玩得兴,晚上就做梦!"萧萧听着不作声,只是咕咕的笑。也有很好很爽快的梦,为丈夫哭醒的事情。那丈夫本来晚上在自己母亲身边睡,有时吃多了,或因另外情形,半夜大哭,起来放水拉稀是常有的事。丈夫哭得婆婆无可奈何,于是萧萧轻手轻脚爬起床来,睡眼蒙眬走到床边,把人抱起,给他看月亮,看星光;或者互相觑着,孩子气的"嗨,嗨,看猫呵"那样喊着哄着,于是丈夫笑了。玩一会会,困倦起来,慢慢的合上眼。人睡定后,放上床,站在床边看着,听远处一传一递的鸡叫,知道天快到什么时候了,于是仍蜷到小床上睡去。天亮后,虽不做梦,却可以无意中闭眼开眼,看一阵在面前空中变幻无端的黄边紫心葵花,那是一种真正的享受。

萧萧嫁过了门,做了拳头大丈夫的小媳妇,一切并不比先前受苦,这只看她半年来身体的发育就可明白。风里雨里过日子,象一株长在园角落不为人注意的蓖麻,大叶大枝,日增茂盛。这小女人简直是全不为丈夫设想那么似的,一天比一天长大起来了。

夏夜光景说来如做梦。大家饭后坐到院中心歇凉,挥摇蒲扇,看天上的星同屋角的萤,听南瓜棚上纺织娘咯咯咯拖长声音纺车,远近声音繁密如落雨。禾花风悠悠吹到脸上,正是让人在各种方便中说笑话的时候。

萧萧好高,一个人常常爬到草料堆上去,抱了已经熟睡的丈夫在怀里,轻轻的轻轻的随意唱着自编的山歌。唱来唱去却把自己也催眠起来,快要睡去了。

在院坝中,公公婆婆,祖父祖母,另外还有帮工汉子两个,散乱的坐在小板凳上,摆龙门阵学古,轮流下去打发上半夜。

祖父身边有个烟包,在黑暗中放光。这用艾蒿做成的烟包,是驱逐长脚蚊的得力东西,蜷在祖父脚边,就如一条乌梢蛇。间或又拿起来晃那么几下。

想起白天场上的事情,祖父开口说话:

"我听三金说,前天又有女学生过身。"

大家就哄然大笑了。

这笑的意义何在? 只因为大家印象中,都知道女学生没有辫子,留个鹌鹑尾巴,像个尼姑,又不完全像。穿的衣服像洋人,又不像洋人。吃的,用的……总而言之事事不同,一想起来就觉得怪可笑!

萧萧不大明白,她不笑。所以老祖父又说话了。他说:

"萧萧,你长大了,将来也会做女学生!"

大家于是更哄然大笑起来。

萧萧为人并不愚蠢,觉得这一定是不利于己的一件事情,所以接口便说:

"爷爷,我不做女学生。"

"你像个女学生,不做可不行。"

"我不做。"

众人有意取笑,异口同声说:"萧萧,爷爷说得对,你非做女学生不行!"

萧萧急得无可如何,"做就做,我不怕。"其实做女学生有什么不好,萧萧全不知道。

女学生这东西,在本乡的确永远是奇闻。每年一到六月天,据说放"水假"日子一到,照例便有三三五五女学生,由一个荒谬不经的热闹地方来,到另一个远地方去,取道从本地过身。从乡下人眼中看来,这些人都近于另一

310

世界中活下的人,装扮奇奇怪怪,行为更不可思议。这种女学生过身时,使一村人都可以说一整天的笑话。

祖父是当地一个人物,因为想起所知道的女学生在大城中的生活情形,所以说笑话要萧萧去作女学生。一面听到这话就感觉一种打哈哈趣味,一面还有那被说的萧萧感觉一种惶恐,说这话的不为无意了。

女学生由祖父方面所知道的是这样的一种人:她们穿衣服不管天气冷热,吃东西不问饥饱,晚上交到子时才睡觉,白天正经事全不作,只知唱歌打球,读洋书。她们都会花钱,一年用的钱可以买十六只水牛。她们在省里京里想往什么地方去时,不必走路,只要钻进一个大匣子中,那匣子就可以带她到地。她们在学校,男女一处上课,人熟了,就随意同那男子睡觉,也不要媒人,也不要财礼,名叫"自由"。她们也做州县官,带家眷上任,男子仍喊作"老爷",小孩子叫"少爷"。她们自己不喂牛,却吃牛奶羊奶,如小牛小羊;买那奶时是用铁罐子盛的。她们无事时到一个唱戏地方去,那地方完全像是个大庙,从衣袋中取出一块洋钱来(那洋钱在乡下可买五只母鸡),买了一小方纸儿,拿了那纸片到里面去,就可以坐下看洋人扮演影子戏。她们被冤了,不赌咒,不哭。她们年纪有老到二十四岁还不肯嫁人的,有老到三十四十还好意思嫁人的。她们不怕男子,男子不能使她们受委屈,一受委屈就上衙门打官司,要官罚男子的款,这笔钱她有时独占自己花用,有时同官平分。她们不洗衣煮饭,也不养猪喂鸡;有了小孩,也只花五块钱、十块钱一月,雇个人专管小孩,自己仍然整天看戏打牌,或者读那些没有用处的闲书……

总而言之,说来事事都希奇古怪,和庄稼人不同,有的简直可以说岂有此理。这时经祖父一为说明,听过这话的萧萧,心中却忽然有了一种模模糊糊的愿望,以为倘若她也是个女学生,她是不是照祖父说的女学生一个样子去做那些事情?不管好歹,女学生并不可怕,因此一来却已为这乡下姑娘初次体念到了。

因为听祖父说起女学生是怎样的人物,到后萧萧独自笑得特别久。笑够了时,她说:

"爷爷,明天有女学生过路,你喊我,我要看看。"

"你看,她们捉你去做丫头。"

"我不怕她们。"

"她们读洋书念经你也不怕?"

"念观音菩萨消灾经,念紧箍咒,我都不怕。"

"她们咬人,和做官的一样,专吃乡下人,吃人骨头渣渣也不吐,你不怕?"

萧萧肯定的回答说:"也不怕。"

可是这时节萧萧手上所抱的丈夫,不知为甚么,在睡梦中哭了,媳妇于是用做母亲的声势,半哄半吓的说:

"弟弟,弟弟,不许哭,不许哭,女学生咬人来了。"

丈夫还仍然哭着,得抱起各处走走。萧萧抱着丈夫离开了祖父,祖父同人说另外一样古话去了。

萧萧从此以后心中有个"女学生"。做梦也便常常梦到女学生,且梦到同这些人并排走路。仿佛也坐过那种自己会走路的匣子,她又觉得这匣子并不比自己跑路更快。在梦中那匣子的形体同谷仓差不多,里面有小小灰色老鼠,眼珠子红红的,各处乱跑,有时钻到门缝里去,把个尾巴露在外边。

因为有这样一段经过,祖父从此喊萧萧不喊"小丫头",不喊"萧萧",却唤作"女学生"。在不经意中萧萧答应得很好。

乡下的日子也如世界上一般日子,时时不同。世界上的人把日子糟蹋,和萧萧一类人家把日子吝惜是同样的,各有所得,各属分定。许多城市中文明人,把一个夏天全消磨到软绸衣服、精美饮料以及种种好事情上面。萧萧的一家,因为一个夏天的劳作,却得了十多斤细麻,二三十担瓜。

做小媳妇的萧萧,一个夏天中,一面照料丈夫,一面还绩了细麻四斤。到秋八月工人摘瓜,在瓜间玩,看硕大如盆上面满是灰粉的大南瓜,成排成堆摆到地上,很有趣味。时间到摘瓜,秋天真的已来了,院子中各处有从屋后林子里树上吹来的大红大黄木叶。萧萧在瓜旁站定,手拿木叶一束,为丈夫编小小笠帽玩。

工人中有个名叫花狗,年纪二十三岁,抱了萧萧的丈夫到枣树下去打枣子。小小竹竿打在枣树上,落枣满地。

"花狗大,莫打了,太多了吃不完。"

虽听到这样喊,还不歇手。到后,仿佛完全因为丈夫要枣子,花狗才不听话。萧萧于是又喊她那小丈夫:

"弟弟,弟弟,来,不许捡了。吃多了生东西肚子痛!"

丈夫听话,兜了一堆枣子向萧萧身边走来,请萧萧吃枣子。

"姐姐吃,这是大的。"

"我不吃。"

"要吃一颗!"

她两手哪里有空! 木叶帽正在制边,工夫要紧,还正要个人帮忙!

"弟弟,把枣子喂我口里。"

丈夫照她的命令做事,作完了觉得有趣,哈哈大笑。

她要他放下枣子帮忙捏紧帽边,便于添新木叶。

丈夫照她吩咐作事,但老是顽皮地摇动,口中唱歌。这孩子原来象一只猫,欢喜时就得捣乱。

"弟弟,你唱的是什么?"

"我唱花狗大告我的山歌。"

"好好的唱一个给我听。"

丈夫于是帮忙拉着帽边,一面就唱下去,照所记到的歌唱:

> 天上起云云起花,
>
> 包谷林里种豆荚,
>
> 豆荚缠坏包谷树,
>
> 娇妹缠坏后生家。
>
>
> 天上起云云重云,
>
> 地下埋坟坟重坟,
>
> 娇妹洗碗碗重碗,
>
> 娇妹床上人重人。

歌中意义丈夫全不明白,唱完了就问萧萧好不好。萧萧说好,并且问跟谁学来的。她知道是花狗教的,却故意盘问他。

"花狗大告我,他说还有好歌,长大了再教我唱。"

听说花狗会唱歌,萧萧说:

"花狗大,花狗大,你唱一个好听的歌我听听。"

那花狗,面如其心,生长得不很正气,知道萧萧要听歌,人也快到听歌的年龄了,就给她唱"十岁娘子一岁夫"。那故事说的是妻年大,可以随便到外面做一点不规矩的事,夫年小,只知道吃奶,让他吃奶。这歌丈夫完全不懂,

懂到一点儿的是萧萧。把歌听过后,萧萧装成"我全明白"那种神气,她用生气的样子,对花狗说:

"花狗大,这个不行,这是骂人的歌!"

花狗分辩说:"不是骂人的歌。"

"我明白,是骂人的歌。"

花狗难得说多话,歌已经唱过了,错了赔礼,只有不再唱。他看她已经有点懂事了,怕她回头告祖父,会挨一顿臭骂,就把话支开,扯到"女学生"上头去。他问萧萧,看没看女学生习体操唱洋歌的事情。

若不是花狗提起,萧萧几乎忘却了这事情。这时又提到女学生,她问花狗近来有没有女学生过路,她想看看。

花狗一面把南瓜从棚架边抱到墙角去,告她女学生唱歌的事,这些事的来源还是萧萧的那个祖父。他在萧萧面前说了点大话,说他曾经到官路上见到四个女学生,她们都拿得有旗子,走长路流汗喘气之中仍然唱歌,同军人所唱的一模一样。不消说,这自然完全是胡诌的笑话。可是那故事把萧萧可乐坏了。因为花狗说这个就叫作"自由"。

花狗是"起眼动眉毛,一打两头翘"会说会笑的一人。听萧萧带着歆羡口气说,"花狗大,你膀子真大。"他就说,"我不止膀子大。"

"你身个子也大。"

"我全身无处不大。"

萧萧还不大懂得这个话的意思,只觉得憨而好笑。

到萧萧抱了她丈夫走去以后,同花狗一起摘瓜,取名字叫哑巴的,开了平时不常开的口,他说:

"花狗,你少坏点。人家是十三岁黄花女,还要等十年才圆房!"

花狗不作声,打了那伙计一巴掌,走到枣树下捡落地枣去。

到摘瓜的秋天,日子计算起来,萧萧过丈夫家有一年了。

几次降雪落雪,几次清明谷雨,一家中人都说萧萧是大人了。天保佑,喝冷水,吃粗粝饭,四季无疾病,倒发育得这样快。婆婆虽生来像一把剪子,把凡是给萧萧暴长的机会都剪去了,但乡下的日头同空气都帮助人长大,却不是折磨可以阻拦得住。

萧萧十五岁时已高如成人,心却还是糊糊涂涂的心。

人大了一点,家中做的事也多了一点。织麻、纺车、洗衣、照料丈夫以外,打猪草推磨一些事情也要作,还有浆纱织布。凡事都学,学学就会了。乡下习惯凡是行有余力的都可从劳作中攒点私房,两三年来仅仅萧萧个人份上所聚集的粗细麻和纺就的棉纱,已够萧萧坐在土机上抛三个月的梭子了。

丈夫早断了奶。婆婆有了新儿子,这五岁的儿子就像归萧萧独有了。不论做什么,走到什么地方去,丈夫总跟到身边。丈夫有些方面很怕她,当她如母亲,不敢多事。他们俩"感情不坏"。

地方稍有进步,祖父的笑话转到"萧萧你也把辫子剪去好自由"那一类事上去了。听着这话的萧萧,某个夏天也看过一次女学生,虽不把祖父笑话认真,可是每一次在祖父说过这个笑话以后,她到水边去,必不自觉的用手捏着辫子末梢,设想着没有辫子的人的那种神气,那点趣味。

打猪草,带丈夫上螺蛳山的山阴是常有的事。

小孩子不知事,听别人唱歌也唱歌。一唱歌,就把花狗引来了。

花狗对萧萧生了另外一种心,萧萧有点明白了,常常觉得惶恐不安。但花狗是男子,凡是男子的美德恶德都不缺少,劳动力强,手脚勤快,又会玩会说,所以一面使萧萧的丈夫非常喜欢同他玩,一面一有机会即缠在萧萧身边,且总是想方设法把萧萧那点惶恐减去。

山大人小,到处是树林蒙茸,平时不知道萧萧所在,花狗就站在高处唱歌逗萧萧身边的丈夫;丈夫小口　开,花狗穿山越岭就来到萧萧面前了。

见了花狗,小孩子只有欢喜,不知其他。他原要花狗为他编草虫玩,做竹箫哨子玩,花狗想方法支使他到一个远处去找材料,便坐到萧萧身边来,要萧萧听他唱那使人开心红脸的歌。她有时觉得害怕,不许丈夫走开;有时又像有了花狗在身边,打发丈夫走去反倒好一点。终于有一天,萧萧就这样给花狗把心窍子唱开,变成妇人了。

那时节,丈夫走到山下采刺莓去了,花狗唱了许多歌,到后却向萧萧唱:

娇家门前一冲坡,

别人走少郎走多,

铁打草鞋穿烂了,

不是为你为那个?

末了却向萧萧说:"我为你睡不着觉。"他又说他赌咒不把这事情告给人。听了这些话仍然不懂什么的萧萧,眼睛只注意到他那一对粗粗的手膀子,耳朵只注意到他最后一句话。末了花狗大便又唱歌给她听。她心里乱了。她要他当真对天赌咒,赌过了咒,一切好象有了保障,她就一切尽他了。到丈夫返身时,手被毛毛虫螫伤了,肿了一片,走到萧萧身边。萧萧捏紧这一只小手,且用口去呵它,吮它,想到刚才的糊涂,才仿佛明白自己做了一点不大好的糊涂事。

花狗诱她做坏事是麦黄四月,到六月,李子熟了,她欢喜吃生李子。她觉得身体有点特别,在山上碰到花狗,就将这事情告给他,问他怎么办。

讨论了多久,花狗全无主意。虽以前自己当天赌得有咒,也仍然无主意。原来这家伙个子大,胆量小。个子大容易做错事,胆量小做错了事就想不出办法。

到后,萧萧捏着自己那条乌梢蛇似的大辫子,想起城里了,她说:

"花狗大,我们到城里去自由,帮帮人过日子,不好么?"

"那怎么行? 到城里去做什么?"

"我肚子大了。"

"我们找药去。场上有郎中卖药。"

"你赶快找药来,我想……"

"你想逃到城里去自由,不成的。人生面不熟,讨饭也有规矩,不能随便!"

"你这没有良心的,你害了我,我想死!"

"我赌咒不辜负你。"

"负不负我有什么用,帮我个忙,赶快拿去肚子里这块肉吧。我害怕!"

花狗不再作声,过了一会,便走开了。不久丈夫从他处回来,见萧萧一个人坐在草地上哭,眼睛红红的。丈夫心中纳罕。看了一会,问萧萧:

"姐姐,为甚么哭?"

"不为甚么,灰尘落到眼睛里,痛。"

"我吹吹吧。"

"不要吹。"

"你瞧我,得这些这些。"

他把从溪中捡来的小蚌小石头陈列在萧萧面前,萧萧泪眼婆娑看了一会,勉强笑着说:"弟弟,我们要好,我哭你莫告家中。告我可要生气!"到后这事情家中当真就无人知道。

过了半个月,花狗不辞而行,把自己所有的衣裤都拿去了。祖父问同住

316

的哑巴知不知道他为什么走路,走哪儿去。哑巴只是摇头,说花狗还欠了他两百钱,临走时话都不留一句,为人少良心。哑巴说他自己的话,并没有把花狗走的理由说明。因此这一家希奇一整天,谈论一整天。不过这工人既不偷走物件,又不拐带别的,这事过后不久,自然也就把他忘掉了。

萧萧仍然是往日的萧萧。她能够忘记花狗就好了。但是肚子真有些不同了,肚中东西总在动,使她常常一个人干着急,尽做怪梦。

她脾气坏了一点,这坏处只有丈夫知道,因为她对丈夫似乎严厉苛刻了好些。

仍然每天同丈夫在一处,她的心,想到的事自己也不十分明白。她常想,我现在死了,什么都好了。可是为什么要死? 她还很高兴活下去,愿意活下去。

家中不拘谁在无意中提起关于丈夫弟弟的话,提起小孩子,提起花狗,都像使这话如拳头,在萧萧胸口上重重一击。

到八月,她担心人知道更多了,引丈夫庙里去玩,就私自许愿,吃了一大把香灰。吃香灰被她丈夫看见了,丈夫问这是做甚,萧萧就说肚子痛,应当吃这个。虽说求菩萨保佑,菩萨当然没有如她的希望,肚子中的长大的东西仍在慢慢地长大。

她又常常往溪里去喝冷水,给丈夫见到了,丈夫问她她就说口渴。

一切她所想到的方法都没有能够使她同自己不喜欢的东西分开。大肚子只有丈夫一人知道,他却不敢告这件事给父母晓得。因为时间长久,年龄不同,丈夫有些时候对于萧萧的怕同爱,比对于父母还深切。

她还记得花狗赌咒那一天里的事情,如同记着其他事情一样。到秋天,屋前屋后毛毛虫都结茧,成了各种好看蝶蛾。丈夫像故意折磨她一样,常常提起几个月前被毛毛虫所螫的旧话,使萧萧心里难过。她因此极恨毛毛虫,见了那小虫就用脚去踹。

有一天,又听人说有好些女学生过路,听过这话的萧萧,睁了眼做过一阵梦,愣愣的对日头出处痴了半天。

萧萧步花狗后尘,也想逃走,收拾一点东西预备跟了女学生走的那条路上城。但没有动身,就被家里人发觉了。这种打算照乡下人来说是一件大事,于是把她两手捆了起来,丢在灶屋边,饿了一天。

317

家中追究这逃走的根源，才明白这个十年后预备给小丈夫生儿子继香火的萧萧肚子，已经被另一个人抢先下了种。这在一家人生活中真是了不得的一件大事！一家人的平静生活，为这一件事全弄乱了。生气的生气，流泪的流泪，骂人的骂人，各按本分乱下去。悬梁、投水、吃毒药，被禁困的萧萧，诸事漫无边际的全想到了，究竟是年纪太小，舍不得死，却不曾做。于是祖父从现实出发，想出了个聪明主意，把萧萧关在房里，派人好好看守着，请萧萧本族的人来说话，看是"沉潭"还是"发卖"？萧萧家中人要面子，就沉潭淹死她；舍不得就发卖。萧萧只有一个伯父，在近处庄子里为人种田，去请他时先还以为是吃酒，到了才知是这样丢脸的事，弄得这老实忠厚的家长手足无措。

　　大肚子作证，什么也没有可说。照习惯，沉潭多是读过"子曰"的族长爱面子才做出的蠢事。伯父不读"子曰"，不忍把萧萧沉潭，萧萧当然应当嫁人做二路亲了。

　　这处罚好像也极其自然，照习惯受损失的是丈夫家里，然而却可以在改嫁上收回一笔钱，作为赔偿损失的数目。那伯父把这事情告给了萧萧，就要走路。萧萧拉着伯父衣角不放，只是幽幽的哭。伯父摇了一会头，一句话不说，仍然走了。

　　一时没有相当的人家来要萧萧，送到远处自然也得有人，因此暂时就仍然在丈夫家中住下。这件事情既经说明白，照乡下规矩倒又像不甚么要紧，只等待处分，大家反而释然了。先是小丈夫不能再同萧萧在一处，到后又仍然如月前情形，姐弟一般有说有笑的过日子了。

　　丈夫知道了萧萧肚子中有儿子的事情，又知道因为这样萧萧才应当嫁到远处去。但是丈夫并不愿意萧萧去，萧萧自己也不愿意去。大家莫名其妙，只是照规矩像逼到要这样做，不得不做。究竟是谁定的规矩，是周公还是周婆，也没有人说得清楚。

　　在等候主顾来看人，等到十二月，还没有人来，萧萧只好在这人家过年。

　　萧萧次年二月间，十月满足坐草生了一个儿子，团头大眼，声响洪壮。大家把母子二人照料得好好的，照规矩吃蒸鸡蛋同江米酒补血，烧纸谢神。一家人都喜欢那儿子。

　　生下的既是儿子，萧萧就不嫁别处了。

　　到萧萧正式同丈夫拜堂圆房时，儿子已经年纪十岁，有了半劳动力，能看牛割草，成为家中生产者的一员了。平时喊萧萧丈夫作大叔，大叔也答应，从不生气。

这儿子名叫牛儿,牛儿十二岁时也接了亲,媳妇年长六岁。媳妇年纪大,才能诸事做帮手,对家中有帮助。唢呐吹到门前时,新娘在轿中呜呜的哭着,忙坏了那个祖父曾祖父。

这一天,萧萧刚坐月子不久,孩子才满三月,抱了自己新生的毛毛,却在屋前榆蜡树篱笆看热闹,同十年前抱丈夫一个样子。小毛毛哭了,唱歌一般地哄着他:

"哪,毛毛,看,花轿来了。看,新娘子穿花衣,好体面! 不许闹,不讲道理不成的! 不讲理我要生气的! 看看,女学生也来了! 明天长大了,我们也讨个女学生媳妇!"

作于 1929 年冬

注释:①《萧萧》是沈从文优秀的短篇小说之一,发表于 1930 年 1 月 10 日出版的《小说月报》第 21 卷第 1 号。作品描写了乡下一个童养媳的遭遇与悲剧性命运。一生都自命为"乡下人"的沈从文在这篇小说里保留了一贯的作风,而那就是竭力表现乡下人物"更有人性、更近人情"的品质。沈从文用《萧萧》谱出了一曲牧歌,虽然调子中也有沉痛与疑问,但总体却是明朗的、优美的,在湘西那方自然的土地上回响。

雨　　巷[①]

戴望舒

撑着油纸伞,独自
彷徨在悠长,悠长
又寂寥的雨巷,
我希望逢着
一个丁香一样的
结着愁怨的姑娘。

她是有

丁香一样的颜色，
丁香一样的芬芳，
丁香一样的忧愁，
在雨中哀怨，
哀怨又彷徨。

她彷徨在这寂寥的雨巷，
撑着油纸伞
像我一样，
像我一样地，
默默彳亍②着，
冷漠，凄清，又惆怅。

她静默地走近，
走近，又投出
太息一般的眼光，
她飘过
像梦一般地，
像梦一般地凄婉迷茫。

像梦中飘过
一支丁香地，
我身旁飘过这女郎；
她静默地远了，远了，
到了颓圮③了的篱墙，
走尽这雨巷。

在雨的哀曲里，
消了她的颜色，
散了她的芬芳，
消散了，甚至她的

太息般的眼光，

丁香般的惆怅。

撑着油纸伞，独自

彷徨在悠长，悠长

又寂寥的雨巷，

我希望飘过

一个丁香一样地

结着愁怨的姑娘。

注释：①《雨巷》是戴望舒诗歌的代表作，写于 1928 年初，最初发表于 1928 年 8 月《小说月报》第 19 卷第 8 号，收入《我的记忆》。诗篇创造了一个"梦一般地凄婉迷茫"的意境，表现了哀怨、惆怅的复杂微妙的感情，这是在 20 年代后期的旧中国，没有找到正确人生道路的部分小资产阶级知识分子思想心理的诗意写照。②彳亍(chì chù)：慢慢走，时走时停。(3)颓圮(pǐ)：毁坏，倒塌。

断　　章①

卞之琳

你站在桥上看风景，

看风景的人在楼上看你。

明月装饰了你的窗子，

你装饰了别人的梦。

注释：①卞之琳(1910—2000)，祖籍江苏溧水。现代诗派著名诗人，与何其芳、李广田一起被合称为汉园三诗人。《断章》是卞之琳的代表作。作者通过四句诗句表达了对宇宙人生的哲理思考：宇宙万物都是息息相生，互为联系的。小景物里写出了大哲学。

老　马^①

臧克家

总得叫大车装个够，
它横竖不说一句话，
背上的压力往肉里扣，
它把头沉重的垂下！

这刻不知道下刻的命，
它有泪只往心里咽，
眼里飘来一道鞭影，
它抬起头望望前面。

1932.4

注释: ①《老马》是臧克家的代表作。选自他的第一部诗集《烙印》。在这首诗里,作者通过装车时的老马不胜重轭,不堪鞭挞,寄托了他对中国农民的深切同情,对不平的社会提出了强烈的控诉。在此,老马形象既是中国农民的象征,也可以说是当时苦难深重的中华民族的象征。

给我的孩子们^①

丰子恺

我的孩子们！我憧憬于你们的生活,每天不止一次！我想委曲地说出来,使你们自己晓得。可惜到你们懂得我的话的意思的时候,你们将不复是可以使我憧憬的人了。这是何等可悲哀的事啊！

瞻瞻！你尤其可佩服。你是身心全部公开的真人。你甚么事体都像拼命地用全副精力去对付。小小的失意,像花生米翻落地了,自己嚼了舌头了,小猫不肯吃糕了,你都要哭得嘴唇翻白,昏去一两分钟。外婆普陀去烧香买回来给你的泥人,你何等鞠躬尽瘁地抱他,喂他;有一天你自己失手把他打破

322

了,你的号哭的悲哀,比大人们的破产、失恋、brokenheart②、丧考妣③、全军覆没的悲哀都要真切。两把芭蕉扇做的脚踏车,麻雀牌堆成的火车、汽车,你何等认真地看待,挺直了嗓子叫"汪——","咕咕咕……",来代替汽笛。宝姊姊讲故事给你听,说到"月亮姊姊挂下一只篮来,宝姊姊坐在篮里吊了上去,瞻瞻在下面看"的时候,你何等激昂地同她争,说"瞻瞻要上去,宝姊姊在下面看!"甚至哭到漫姑④面前去求审判。我每次剃了头,你真心地疑我变了和尚,好几时不要我抱。最是今年夏天,你坐在我膝上发见了我腋下的长毛,当作黄鼠狼的时候,你何等伤心,你立刻从我身上爬下去,起初眼瞪瞪地对我端相,继而大失所望地号哭,看看,哭哭,如同对被判定了死罪的亲友一样。你要我抱你到车站里去,多多益善地要买香蕉,满满地擒了两手回来,回到门口时你已经熟睡在我的肩上,手里的香蕉不知落在哪里去了。这是何等可佩服的真率、自然与热情! 大人间的所谓"沉默"、"含蓄"、"深刻"的美德,比起你来,全是不自然的、病的、伪的!

你们每天做火车,做汽车,办酒,请菩萨,堆六面画,唱歌,全是自动的,创造创作的生活。大人们的呼号"归自然!""生活的艺术化!""劳动的艺术化!"在你们面前真是出丑得很了! 依样画几笔画,写几篇文的人称为艺术家、创作家,对你们更要愧死!

你们的创作力,比大人真是强盛得多哩:瞻瞻! 你的身体不及椅子的一半,却常常要搬动它,与它一同翻倒在地上;你又要把一杯茶横转来藏在抽斗里,要皮球停在壁上,要拉住火车的尾巴,要月亮出来,要天停止下雨。在这等小小的事件中,明明表示着你们的弱小的体力与智力不足以应付强盛的创作欲、表现欲的驱使,因而遭逢失败。然而你们是不受大自然的支配,不受人类社会的束缚的创造者,所以你的遭逢失败,例如火车尾巴拉不住,月亮呼不出来的时候,你们决不承认是事实的不可能,总以为是爹爹妈妈不肯帮你们办到,同不许你们弄自鸣钟同例,所以愤愤地哭了,你们的世界何等广大!

你们一定想:终天无聊地伏在案上弄笔的爸爸,终天闷闷地坐在窗下弄针引线的妈妈,是何等无气性的奇怪的动物! 你们所视为奇怪动物的我与你们的母亲,有时确实难为了你们,摧残了你们,回想起来,真是不安心得很!

阿宝! 有一晚你拿软软的新鞋子,和自己脚上脱下来的鞋子,给凳子的脚穿了,划袜立在地上,得意地叫"阿宝两只脚,凳子四只脚"的时候,你母亲喊着"龌龊了袜子!"立刻擒你到藤榻上,动手毁坏你的创作。当你蹲在榻上注视你母亲动手毁坏的时候,你的小心里一定感到"母亲这种人,何等杀风景而野蛮"罢!

瞻瞻! 有一天开明书店送了几册新出版的毛边的《音乐入门》来。我用小刀把书页一张一张地裁开来,你侧着头,站在桌边默默地看。后来我从学校回来,你已经在我的书架上拿了一本连史纸印的中国装的《楚辞》,把它裁破了十几页,得意地对我说:"爸爸! 瞻瞻也会裁了!"瞻瞻! 这在你原是何等成功的欢喜,何等得意的作品! 却被我一个惊骇的"哼!"字喊得你哭了。那时候你也一定抱怨"爸爸何等不明"罢!

软软! 你常常要弄我的长锋羊毫,我看见了总是无情地夺脱你。现在你一定轻视我,想道:"你终于要我画你的画集的封面!"⑤

最不安心的,是有时我还要拉一个你们所最怕的陆露沙医生来,教他用他的大手来摸你们的肚子,甚至用刀来在你们臂上割几下,还要教妈妈和漫姑擒住了你们的手脚,捏住了你们的鼻子,把很苦的水灌到你们的嘴里去。这在你们一定认为是太无人道的野蛮举动罢!

孩子们! 你们果真抱怨我,我倒欢喜;到你们的抱怨变为感激的时候,我的悲哀来了!

我在世间,永没有逢到像你们这样出肺肝相示的人。世间的人群结合,永没有像你们样的彻底地真实而纯洁。最是我到上海去干了无聊的所谓"事"回来,或者去同不相干的人们做了叫做"上课"的一种把戏回来,你们在门口或车站旁等我的时候,我心中何等惭愧又欢喜! 惭愧我为甚么去做这等无聊的事,欢喜我又得暂时放怀一切地加入你们的真生活的团体。

但是,你们的黄金时代有限,现实终于要暴露的。这是我经验过来的情形,也是大人们谁也经验过的情形。我眼看见儿时的伴侣中的英雄、好汉,一个个退缩,顺从,妥协,屈服起来,到像绵羊的地步。我自己也是如此。"后之视今,亦犹今之视昔",你们不久也要走这条路呢!

我的孩子们! 憧憬于你们的生活的我,痴心要为你们永远挽留这黄金时代在这册子里。然这真不过像"蜘蛛网落花",略微保留一点春的痕迹而已。且到你们懂得我这片心情的时候,你们早已不是这样的人,我的画在世间已无可印证了! 这是何等可悲哀的事啊!

《子恺画集》代序,1926 年圣诞节

注释：①《给我的孩子们》是《子恺画集》的代序。丰子恺(1898—1975)，浙江省桐乡市人，散文家，画家。本文以朴素自然的形式和明白如话的文字，由衷盛赞孩子们天真活泼的本性与创造力，以此来表达自己对当时现实社会的不满及无奈的悲哀，文笔细腻生动，又富哲理性，从中也可看出佛学思想对他的影响。②英语，意为心碎，极度伤心。③考：(死去的)父亲；妣(bǐ)：已故的母亲。丧考妣：死了父母。④漫姑：即作者的三姐丰满。⑤这篇文章是《子恺画集》的代序，《子恺画集》的封面画即软软所作。

第九章　现代文学的再发展
（1937.7—1949.7）

　　1937 年 7 月 7 日"卢沟桥事变"的爆发,使中国进入了全面抗战的新时期。1945 年抗战胜利后,接着又进行了三年的解放战争,直至 1949 年中华人民共和国成立。在这动荡的十几年中,中国现代作家经历了血与火的考验,尽管这一时期文学有不同于前两个十年的一些特点,特别是解放区、国统区和沦陷区所显示的不同的文学风貌,但就总体来说,这一时期文学的主流仍继承和发展着五四文学传统,并且影响和连接着新中国成立以后的文学。应当说,这是中国现当代文学发展中承上启下的重要时期。

　　抗战文艺的兴起　从 30 年代初期开始,伴随着"九一八"事变、东北沦陷、华北事变等一系列事件的发生,抗战文学就已产生。萧红、萧军等"东北作家"的作品以及左翼作家提倡的"国防文学",应当是最早的抗战文学。"七七"事变后,广大作家更是积极、迅速地投入抗日救亡的文学运动之中。

　　戏剧创作首先起到了先锋作用。1937 年 7 月夏衍等人集体编写了抗战时期第一部以抗日为题材的三幕剧《保卫卢沟桥》,在"七七"事变一周月时便在上海公演,盛况空前。在抗日宣传中,独幕剧、街头剧、报告剧等应运而生。这些控诉日寇暴行、歌颂人民英勇抗敌的小型戏剧,具有强大的宣传鼓动力,其中《放下你的鞭子》影响最大,它与《三江好》、《最后一记》被合称为"好一记鞭子",是抗战初期最有代表性的小型戏剧。

报告文学因其形式轻便并兼具新闻性与文学性的特点而再度繁荣。迅速报道前线战况，记叙日军罪行和难民惨状，反映抗日根据地的发展等，成为这一时期报告文学的主要内容。其中，丘东平的《第七连》、曹白的《呼吸》、碧野的《北方的原野》、沙汀的《随军散记》(即《记贺龙》)、周立波的《晋察冀边区印象记》等，都是有影响的作品。

在抗日救亡的旗帜下，文艺界形成了新的统一战线。1938年3月27日在汉口成立了中华全国文艺界抗敌协会(简称"文协")，有文艺界各方人士500多人出席成立大会，选举老舍、郭沫若等45人为理事，周恩来、陈立夫、于右任等任名誉理事，文艺界呈现空前团结的局面。"文协"提出"文章入伍"、"文章下乡"的口号，帮助和组织作家深入前线、民间。"文协"创办了会刊《抗战文艺》，是抗战时期坚持得最久的刊物之一。抗战胜利后，"文协"更名为中华全国文艺界协会。

抗战初期的诗歌与小说创作 抗战爆发后，除小型戏剧、报告文学的兴盛外，诗歌也是一种十分活跃的文学样式。短诗、朗诵诗、街头诗一度盛行，自由体诗在这民心振奋、群情高涨的背景下得以大的发展，进入继五四以后的又一次高潮期。

田间(1916—1985)曾是"左联"时期中国诗歌会的成员之一。他受中国诗歌会的诗人和裴多菲、马雅可夫斯基等欧洲诗人的影响，注意诗歌的战斗性。抗战爆发后，他的诗表现出鲜明的时代特点。1937年底他在武汉完成的长诗《给战斗者》，洋溢着炽热的爱国激情，充满对侵略者的深仇大恨。诗人号召人们在民族危亡的紧急关头，同仇敌忾，抗击侵略者。《给战斗者》诗句短促，节拍急切，音调铿锵，文字朴素而有力，歌声沉重而响亮，如同全民抗战的鼓点，因而田间被誉为"时代的鼓手"。1938年，田间在赴延安途中，完成了叙事长诗《她也要杀人》，通过叙述一个儿子被侵略者杀死、自身又遭到污辱的农村妇女投身抗战的故事，来表现中华民族的反抗意志,以及宁死不屈、坚持抗战到底的决心。田间还创作了《坚壁》、《假使我们不去打仗》、《义勇军》等脍炙人口的街头诗。

抗战爆发后,不少作家迅速反映抗战初期的社会生活变动。如茅盾的《第一阶段的故事》,以民族资本家何耀先为主要人物,描写从"七七事变"到上海沦陷上海各阶层的思想状态。然而,体现抗战初期小说创作成就的,主要是那些暴露社会中的消极面,表现阻碍、破坏抗战的行为的作品。如张天翼(1906—1985)的《华威先生》(1938),以漫画手法塑造了一个虚伪、腐败的抗战官僚的形象;沙汀(1904—1992)的《在其香居茶馆里》(1940),抨击了国民党基层政权和兵役制度的腐败,都是讽刺小说的名篇。

另外一些反映抗战前期生活的小说,也具有较强的艺术感染力。巴金在这一时期完成了他的《激流三部曲》的后两部《春》(1938)、《秋》(1940)。女作家萧红的《呼兰河传》(1942),取材于作家的童年生活,以细致的笔触、感伤的情怀,描写了北国小城愚昧而沉闷的生活以及普通人物的不幸生涯,蕴含着对封建制度的揭露与否定。

艾青的诗歌创作　艾青(1910—1996),原名蒋海澄,出身于浙江金华一个地主家庭。幼年由大叶荷村一贫苦农妇抚养,这个农妇溺毙了自己的女孩,将奶水喂养了他。5 岁以后他回到自己的家,但受到父母的歧视。1925 年进省立第七中学堂,3 年后考入杭州国立西湖艺术院绘画系。1929 年春赴法国巴黎学绘画。由于家庭断绝对他经济上的供应,过着半流浪的生活。1932 年回国后不久,因参加左翼美术家联盟而入狱,在狱中创作了《大堰河——我的保姆》这首著名的诗歌。

从 1937 年到 1940 年,是艾青诗歌创作最丰富的时期。抗战初期,诗人写出了歌颂光明、迎接光明的组诗,如《太阳》、《春》等。抗战爆发后,诗人满怀热情从中国东部到中部,从中部到北部,从北部到南部到西北部——延安,这一段经历,使他写出一组以北方生活为题材的诗篇,如《雪落在中国的土地上》、《北方》、《乞丐》、《手推车》、《补衣妇》等。在诗中,他写我们民族的苦难,写苦难中挣扎的人民,也写吃苦耐劳坚韧奋斗的民族精神。这些诗充满着诗人深沉的爱国主义和忧国忧民的感伤情怀。

艾青主张"诗的散文美",他的诗大多数不押韵,然而却非常重视感情的真挚饱满。他的感情抒发又建立在对意象的具体描绘上,一组组情景交融的画面,造成了极强的艺术感染力。

艾青的诗作,代表了自由体诗创作的新高峰。

七月派与 40 年代现代派诗人　　1937 年 10 月,由胡风(1902—1985)主编的《七月》杂志创刊,杂志取名"七月"是为纪念"七七"事变和抗战的开始。《七月》发表各种体裁的作品,其中以诗歌的影响最大。《七月》的诗歌作者除艾青、田间外,还有亦门(即阿垅,S.M)、鲁藜、邹荻帆、冀汸、孙钿、天蓝、庄涌、彭燕郊、杜谷、绿原、曾卓等一大批青年诗人,他们出版有编入《七月诗丛》和《七月文丛》的许多诗集,在诗风上较多地受艾青、田间的影响,形成了抗战后诗坛上最重要的诗歌流派,史称"七月派"。

七月派诞生于民族解放战争的高潮中,历经抗日战争和解放战争两个伟大时期。诗与现实斗争的紧密结合,是这一诗派诗歌思想内容总的特点,他们的诗具有强烈的政治色彩,政治抒情诗占有很大比重,他们控诉敌人的入侵和血腥屠杀,抒写人民的愤怒与反抗,他们满怀深情地歌唱故乡的一草一木,歌唱生活在故乡的父母和他们的劳动。他们的诗既表达了对国统区的黑暗现实的不满,也表现了对解放区的向往。

七月派诗人虽各有自己的艺术个性,但总的看来都比较质朴、粗犷、奔放而有气势,他们不大讲究文字的雕饰、格式的规范,而重视从生活中获得情感,自由地任凭感情奔涌。

在 40 年代初期的西南联大,曾形成一个自觉创作现代诗的诗人群体,教师如冯至(有《十四行集》)、卞之琳(有《慰劳信集》)、李广田,学生则有穆旦、郑敏、杜运燮、王佐良等。发展到 40 年代后半期,又有被后来称为"中国新诗"派或新现代派的一些诗人出现,成员有辛笛、陈敬容、杜运燮、杭约赫(曹辛之)、郑敏、唐祈、唐湜、袁可嘉、穆旦等。1981 年出版了包括这 9 名诗人 40 年代创作的 144 首诗歌作品集,书名为《九叶集》,此后也称这些诗人为九叶诗人。这些诗人在诗歌的表现内容上强调反映现实与挖掘内心的统一,因而尽管他们也注重个人的内心情感,却能与外在的时代情绪相融合。在艺术表现上,他们接受了西方现代派诗歌的影响,同时也积极追求现实主义、浪漫主义与现代派的结合。

正是这种"综合性",显示了 40 年代现代派诗人与李金发、戴望舒等现代派诗人不同的特点以及中国现代派诗歌的新发展。

"孤岛文学"与沦陷区文学　　1937 年 11 月日军占领上海。上海的外国租界处于日本侵略军的包围之中,形同孤岛,直到 1941 年 12 月太平洋战争爆发,日军占领租界为止,这一时期长达四年零一个月之久,这一阶段的上海文学史称"孤岛文学"。此外,国内先后成为沦陷区的主要有东北、华北、华中,华东等地区。

上海孤岛文学的成就,首先表现在出版方面,第一套 20 卷本的《鲁迅全集》就是在孤岛出版的,还有斯诺的《西行漫记》,黄镇的《西行漫画》(即《长征画集》)等。各种文艺期刊,在 4 年中出版达 100 多种。影响较大的如《文艺》、《文艺新潮》、《鲁迅风》等,通过文艺刊物大力宣传抗日救国思想,批判汉奸文人,报道解放区的生活,也发表了不少优秀的作品。

戏剧运动是当时抗日救亡宣传的一种有效方式,在孤岛十分活跃。阿英的 3 部南明史剧《碧血花》、《海国英雄》、《杨娥传》(1938—1939),借南明的历史,表现战与降两条路线的斗争,反映了抗战初期上海社会各种人物的面貌,颇具现实性。

杂文创作也十分活跃,1938 年展开的"如何继承鲁迅风"的争论,进一步推动了杂文的创作和对鲁迅杂文的研究。

1941年12月珍珠港事件后,日军占领租界,孤岛文学纳入沦陷区文学。上海沦陷区的主要作家有张爱玲、苏青等。张爱玲(1921—1995)以描写上海、香港两地洋场生活的小说集《传奇》(1944)而成名,她的代表作是中篇小说《金锁记》(1943)。作品写一麻油店老板的女儿曹七巧,嫁给了患了"骨痨"的姜家二少爷。在姜公馆中,她因出身低贱、丈夫残废,受尽各房的欺辱。在她终于熬到有了家产、自立门户之后,却又变态地毁灭了自己儿女的婚姻。小说对人物心理的描写深入和细腻,既有传统小说的表现手法,又有西方现代派的影响和借鉴。张爱玲通过小说向人们展示了在都市洋化环境中旧式家庭里存留着的中国式的封建心灵。张爱玲的散文也极有特色,同样表现了现代和传统的双重品格。

　　此外,华北沦陷区的梅娘、袁犀,上海新浪漫派作家徐讦、无名氏,也在40年代一度成名。

　　国统区文艺和郭沫若、茅盾、巴金等人的创作　皖南事变后,国统区的政治环境恶化,进步文艺处境艰难,于是历史剧兴起,以古论今,发挥了打击敌人、鼓舞人民斗志的重要作用。除郭沫若取材战国史实的历史剧外,阳翰笙(1902—1993)、欧阳予倩(1889—1962)、陈白尘(1908—1994)等分别创作了一批以太平天国史实为题材的作品,造成了40年代历史剧繁荣的局面。

　　郭沫若的《屈原》(1942)是抗战中影响最大的一部历史剧,作品以战国时代楚国主张"连横"还是"合纵"的路线斗争为背景,塑造了伟大的爱国者屈原的形象,愤怒地鞭笞了卖国求荣、陷害忠良的一批奸佞小人。《屈原》在重庆初次上演时,曾经轰动了整个山城。生活在抗战最艰苦年代的人们,目睹反动派卖国求荣、陷害抗日进步力量的行径,自然从《屈原》中产生强烈的共鸣。正如作家本人所说的那样:"……全中国进步的人们都感受着愤怒,因而我把这时代的愤怒复活在屈原的时代里去了。"(《序俄文本历史剧〈屈原〉》)像五四时期的《女神》一样,作家又一次喊出了激昂的声音,成为时代情绪的代言人。

《屈原》在艺术上表现出鲜明的浪漫主义特征。全剧诗意浓烈,抒情优美,剧中不少对白和独白,本身就是优美的散文诗,如第五幕中的《雷电颂》。全剧结构紧凑,五幕剧写的只是主人公一天的生活,却概括了他的一生。在这一天当中,剧情起伏高潮迭起。在对史实的处理上,显示了大胆而丰富的想像力。

以现实为题材的话剧,有曹禺的《北京人》(1940)等。吴祖光(1917—2003)的话剧《风雪夜归人》(1942),是一部描写民间艺人的力作。

这一时期,国统区的中长篇小说创作获得丰收。茅盾、巴金、老舍等都有重要作品问世。

抗战后,巴金在颠沛流离中坚持创作,收获颇丰。继《春》和《秋》之后,他又创作了两个三部曲:被称为"抗战三部曲"的《火》三部曲和被称为"生活三部曲"的《憩园》、《第四病室》、《寒夜》3部中篇小说。他的小说的主题,一是继续反映封建家族的崩溃历史,二是反映抗战后的现实生活。在第二个主题方面,《寒夜》(1946)是一部力作。作品通过对一个小人物——某书局校对员汪文宣的日常生活的细腻、客观的叙述,以及他在抗战胜利的鞭炮声中绝望地死去等描写,来反映抗战胜利前后国统区的时代面貌。

老舍的长篇《四世同堂》(1946),包括《惶惑》、《偷生》、《饥荒》三部分。这部长篇是抗战时期描写沦陷区人民生活的最重要的作品,也是作家本人继《骆驼祥子》之后又一部描写北京市民生活的杰作。《四世同堂》虽是一部反映抗战的历史长篇,却从北平一个偏僻的小羊圈胡同着眼,描写了这里普通居民在北平沦陷后的生活情景,反映出作家构思的独特。

茅盾的《腐蚀》写于1941年夏天。小说以1940年9月至1941年2月的重庆为背景,通过一个开始走向自新之路的女特务赵惠明的日记,着重暴露皖南事变前后国民党反动派的法西斯特务统治以及他们假抗日真反共的罪恶行径。小说以其把握时代脉搏、迅速反映现实的特点而具有重大意义。

钱钟书(1910—1998),是一位学者型讽刺作家,他创作的《围城》连载于上海《文艺复兴》1946年第2期至1947年第6期。《围城》以海外归来的留学生方鸿渐为中心人物,围绕他的恋爱婚姻、求职谋生,辗转迁徙,描写了抗战时期一些知识分子的生活和心态。小说的讽刺艺术颇具特色,精巧、新奇的比喻,比比皆是,对人物内心卑琐、可笑之处,又揭示得淋漓尽致,堪称新《儒林外史》。

四川作家沙汀在这一时期完成了3部长篇小说《淘金记》(1943)、《困兽记》(1944)、《还乡记》(1946);同是四川作家的艾芜也写有3部长篇小说(《丰饶的原野》、《故乡》、《山野》)。

40年代后期,国统区的诗歌、小说、戏剧领域都出现了一批讽刺性的作品,形成了一股潮流。最著名的讽刺剧是陈白尘的《升官图》。该剧借鉴果戈理的《钦差大臣》和中国传统戏曲的讽刺手法,暴露国民党官场的腐败和黑暗,把五四以来的讽刺喜剧推向新的高度。袁水拍(1907—1983)在40年代中期开始以"马凡陀"为笔名写讽刺诗,后结集为《马凡驼的山歌》及其《续集》。这是当时国统区最有影响的政治讽刺诗集。这些诗以城市市民所关心的时事、生活为题材,以接近民谣、小调的通俗形式描绘了旧势力崩溃前的景象,诙谐、幽默,同时又犀利、泼辣。

国统区的散文质量较高的有梁实秋的《雅舍小品》,王了一的《龙虫并雕斋琐语》、钱钟书的《写在人生边上》、冯至的《山水》、冰心的《关于女人》、吴伯箫的《羽书》等。聂绀弩的杂文集《历史的奥秘》、《蛇与塔》、《血书》也有影响。

《在延安文艺座谈会上的讲话》和解放区文艺的繁荣 抗战爆发后,大量知识分子和进步文学家奔赴延安解放区,形成了一个规模巨大的作家群体。1936年在延安成立了中国文艺协会,丁玲被选为主席,毛泽东亲临大会并讲话。1937年成立陕甘宁地区文化界救亡协会,后改为"文协"延安分会。1938年由毛泽东、周恩来倡议,在延安成立鲁迅艺术学院。各种文艺刊物也创办起来。

来到解放区的作家,在新的环境中写下了一批反映新生活的作品。在诗歌创作方面,有田间精短有力的街头诗《假使我们不去打仗》,何其芳真挚感人的抒情诗《我为少男少女们歌唱》、《生活是多么广阔》,柯仲平反映工农斗争的叙事诗《边区自卫队》、《平汉路工人破坏大队》等。在小说创作方面,丁玲的短篇小说《我在霞村的时候》和《在医院中》是两部重要的作品。

1942 年 5 月,中国共产党中央邀请在延安的部分文艺工作者座谈,这就是著名的延安文艺座谈会。座谈会先后举行全体会议3 次。毛泽东在 5 月 2 日第一次全体会上作了"引言"讲话,后又在 5 月 23 日最后一次全体会上作了"结论"讲话。这两部分合题为《在延安文艺座谈会上的讲话》,于 1943 年 10 月 19 日在延安《解放日报》上发表。

《讲话》的中心是解决文艺为什么人和如何为的问题。《讲话》要求文艺工作者"站在无产阶级立场上""为人民大众"并"首先为工农兵"服务,从而规定了革命文艺的创作方向。《讲话》同时指出:"在现在世界上,一切文化或文学艺术都是属于一定的阶级,属于一定的政治路线的。"因此,在文艺与政治的关系上,《讲话》强调,文艺应该服从于政治。

《讲话》产生在我国民族斗争、阶级斗争极为尖锐、激烈的年代,中国共产党肩负着领导民族解放战争的重任,必须保持政治上和思想上的高度统一。《讲话》明确了文艺与政治的关系,强调文艺要为政治服务;要以政治标准第一、艺术标准第二的原则来衡量文艺作品。这在当时的形势下是必要的。但是也应该看到《讲话》对文艺本身的规律重视不够,对文艺本身的特点有所忽视。这也直接影响了当时和以后中国现代文学的发展。

延安文艺座谈会之后,解放区的文艺创作出现了新的面貌。赵树理的短篇小说创作取得了重要成就。孙犁(1913—2002)的

《荷花淀》融叙事、抒情于一体,语言优美,充满诗情画意。刘白羽(1916—2005)创作了不少军事题材的小说,如《无敌三勇士》。康濯(1929—1991)多通过对农民家庭生活的描写,来反映解放区的变革与进步,如《我的两家房东》。在长篇小说创作方面,除《太阳照在桑干河上》和《暴风骤雨》外,还有袁静、孔厥的《新儿女英雄传》(1948)等。欧阳山(1908—1995)、柳青(1916—1978)也分别创作了以解放区发展生产为题材的长篇小说《高干大》和《种谷记》。

民歌体叙事诗也获得大的发展,代表性作品是李季的《王贵与李香香》(1946)和阮章竞的《漳河水》(1949)。

《白毛女》 新歌剧《白毛女》(1945)是以河北某地有关"白毛仙姑"的传说为素材创作的,是解放区文艺工作者深入生活的重大收获。该剧由延安"鲁艺"集体创作,贺敬之、丁毅执笔,马可等作曲。作品对白毛仙姑的传说进行了提炼,清除了过分渲染的神怪色彩,突出表现的是"旧社会把人逼成鬼,新社会把鬼变成人"这样一个深刻反映新旧社会对比以及农民与封建势力的尖锐矛盾的主题。

1945年4月,《白毛女》在中国共产党第七次全国代表大会上演出,受到高度评价。毛泽东和其他中央负责同志观看演出后作过重要指示,认为这个戏是非常适合时宜的,艺术上是成功的,戏中的恶霸地主黄世仁应该枪毙。

《白毛女》作为一种新歌剧,是在秧歌剧的基础上发展起来的,它那种为人民群众所喜闻乐见的具有中国作风和中国气派的艺术特色,为我国新歌剧的诞生奠下了一块坚定的基石。这种新歌剧既不同于古典戏曲、西洋歌剧和现代话剧,但又吸取了以上各个剧种的某些成分,创造出了一种崭新的民族艺术新品种。

《白毛女》的创作成功,使新歌剧如雨后春笋般地出现,如阮章竞的《赤叶河》、傅铎的《王秀鸾》、魏风等的《刘胡兰》等几部表现妇女形象的新歌剧,都受到了广大群众的热烈欢迎。

《太阳照在桑干河上》和《暴风骤雨》 丁玲的《太阳照在桑干河上》(1948年)和周立波(1908—1979)的《暴风骤雨》(1949)都是反映土改运动的长篇小说,1951年分别获得斯大林文学奖金二等奖、三等奖。《太阳照在桑干河上》以河北北部桑干河畔暖水屯为背景,描写了从中共中央1946年5月4日发布《关于土地问题的指示》(即《五四指示》)到1947年《中国土地法大纲》公布这一段时间里土改运动的情况。小说写出了土改运动在农村引起的巨大反响以及土改斗争中错综复杂的矛盾。《暴风骤雨》的第一部,反映的是《五四指示》下达后的情况;第二部写了《中国土地法大纲》发布后运动的深入发展,比较完整地概括了土改运动的全过程。小说以东北松花江畔一个名叫元茂屯的小村为背景,描写了土改斗争的艰巨性。在严酷的斗争中,贫苦农民首先觉醒,作品着力塑造了一批觉醒了的农民形象如赵玉林、郭全海等。作品展示了他们的斗争精神和优秀品质,充满浓厚的生活气息。

赵树理及其《小二黑结婚》 在解放区文艺创作中,赵树理(1906—1970)是一位具有新颖独创的大众风格的小说家。他出身于农村,对农村生活十分熟悉,对民间艺术也有特殊的爱好和专长。其成名作《小二黑结婚》(1943)通过年轻一代农民的恋爱故事,反映了农民与封建势力的斗争,歌颂了农村的新生人物,也批判了落后的习惯势力。

小说中的小二黑、小芹是翻身后新一代农民的代表,他们年轻、热情、向往新生活,体现了我国劳动人民勤劳、勇敢、纯朴、忠厚的优良品质。这是赵树理第一个在文学上成功地塑造出的中国新农民的形象,是继鲁迅之后在农村题材上的又一大贡献。

小说还塑造了两个落后的家长形象——二诸葛和三仙姑,写出了他们的迷信、落后和可笑,给予善意的批评,借以启发群众的民主主义觉悟,这在当时是一项迫切的任务。

小说最后写到政府惩治了横行霸道、迫害青年的金旺弟兄,使小二黑和小芹得到幸福的结合,既有利于鼓舞青年反封建斗争的勇气,也反映了在新政权下人民胜利的必然性。

赵树理从创作《小二黑结婚》开始,先后发表了《李有才板话》(1943)、《李家庄的变迁》(1945)等小说,逐渐创造了一种评书体的小说形式,推进了五四白话小说的民族化。赵树理的艺术风格影响很大,到了 50 年代,在山西作家群中还形成了以赵树理为代表的、俗称"山药蛋"派的小说创作艺术流派。

思 考 题

一、试分析抗日战争以后中国现代文学发展的主要成就。

二、为什么说艾青的诗体现了第三个十年当中自由诗体的最高成就?简述艾青诗歌的艺术风格。

三、分析赵树理小说中的人物形象,简述赵树理对现代小说民族化、群众化所作的贡献。

■作品选

华　威　先　生[①]

张天翼

转弯抹角算起来——他算是我的一个亲戚。我叫他"华威先生"。他觉得这种称呼不大好。

"嗳,你真是!"他说。"为什么一定要个'先生'呢。你应当叫我'威弟'。再不然叫'阿威'。"

把这件事交涉过了之后,他立刻戴上了帽子:

"我们改日再谈好不好? 我总想畅畅快快跟你谈一次——唉,可总是没有时间。今天刘主任起草了一个县长公余工作方案,硬叫我参加意见,叫我替他修改。三点钟又还有一个集会。"

这时他摇摇头,没奈何地苦笑了一下。他声明他并不怕吃苦:在抗战时期大家都应当苦一点。不过——时间总要够支配呀。

"王委员又打三个电报来,硬要请我到汉口去一趟。这里全省文化界抗敌总会又成立了,一切抗战工作都要领导起来才行。我怎么跑得开呢,我的天!"

于是匆匆忙忙跟我握了握手,跨上他的包车。

他永远挟着他的公文皮包。并且永远带着他那根老粗老粗的黑油油的手杖。左手无名指上带着他的结婚戒指。拿着雪茄的时候就叫这根无名指微微地弯着,而小指翘得高高的,构成一朵兰花的图样。

这个城市里的黄包车谁都不作兴跑,一脚一脚挺踏实地踱着,好像饭后千步走似的。可是包车例外:叮当,叮当,叮当,——一下子就抢到了前面。黄包车立刻就得往左边躲开。小推车马上打斜。担子很快地就让到路边。行人赶紧就避到两旁的店铺里去。

包车踏铃不断地响着,钢丝在闪着亮。还来不及看清楚——它就跑得老

338

远老远的了,像闪电一样快。

而——据这里有几位抗战工作者的上层分子的统计——跑得顶快的是那位华威先生的包车。

他的时间很要紧。他说过——

"我恨不得取消晚上睡觉的制度。我还希望一天不止二十四小时。抗战工作实在太多了。"

接着掏出表来看一看,他那一脸丰满的肌肉立刻紧张了起来,眉毛皱着,嘴唇使劲撮着,好像他在把全身的精力都要收敛到脸上似的。他立刻就走:他要到难民救济会去开会。

照例——会场里的人全到齐了坐在那里等着他。他在门口下车的时候总得顺便把踏铃踏它一下:叮!

同志们彼此看着:唔,华威先生到会了。有几位透了一口气。有几位可就拉长了脸瞧着会场门口。有一个甚至于要准备决斗似的——抓着拳头瞪着眼。

华威先生的态度很庄严,用种从容的步子走进去,他先前那副忙劲儿好像被他自己的庄严态度消解掉了。他在门口稍为停了一会儿,让大家好把他看个清楚,仿佛要唤起同志们的一种信任心,仿佛要给同志们一种担保——什么困难的大事也都可以放下心来。他并且还点点头。他眼睛并不对着谁,只看着天花板。他是在对整个集体打招呼。

会场里很静。会议就要开始,有谁在那里翻着什么纸张,窸窸窣窣的。

华威先生很客气地坐到一个冷角落里,离主席位子顶远的一角。他不大肯当主席。

"我不能当主席。"他拿着一支雪茄烟打手势。"工人抗战工作协会的指导部今天开常会。通俗文艺研究会的会议也是今天。伤兵工作团也要去的,等一下。你们知道我的时间不够支配,只容许我在这里讨论十分钟。我不能当主席,我想推举刘同志当主席。"

说了就在嘴角上闪起一丝微笑,轻轻地拍几下手板。

主席报告的时候,华威先生不断地在那里括洋火点他的烟。把表放在面前,时不时像计算什么似地看着它。

"我提议!"他大声说。"我们的时间是很宝贵的:我希望主席尽可能报告得简单一点。我希望主席能够在两分钟之内报告完。"

他括了两分钟洋火之后,猛的站了起来。对那正在哇啦哇啦的主席摆摆手:

"好了,好了。虽然主席没有报告完,我已经明白了。我现在还要赴别的会,让我先发表一点意见。"

停了一停。抽两口雪茄,扫了大家一眼。

"我的意见很简单,只有两点,"他舔舔嘴唇。"第一点,就是——每个工作人员不能够怠工。而是相反,要加紧工作。这一点不必多说,我们都是很努力的青年,你们都能热心工作。我很感谢你们。但是还有一点——你们时时刻刻不能忘记,那就是我要说的第二点。"

他又抽了两口烟,嘴里吐出来的只是热气。这就又括了一根洋火。

"这第二点呢就是:青年工作人员要认定一个领导中心。你们只有在这一个领导中心的领导之下,抗战工作才能够展开。青年是努力的,是热心的,但是因为理解不够,工作经验不够,常常容易犯错误。要是上面没有一个领导中心,往往要弄得不可收拾。"

瞧瞧所有的脸色,他脸上的肌肉耸动了一下——表示一种微笑。他往下说:

"你们都是青年同志,所以我说得很坦白,很不客气。大家都要做抗战工作,没有什么客气可讲。我想你们诸位青年同志一定会接受我的意见。我很感激你们。好了,抱歉得很,我要先走一步。"

把帽子一戴,把皮包一挟,瞧着天花板点点头,挺着肚子走了出去。

到门口可又想起了一件什么事。他把当主席的同志搂开,小声儿谈了几句。

"你们工作——有什么困难没有?"他问。

"我刚才的报告提到了这一点,我们……"

华威先生伸出个食指顶着主席的胸脯:

"唔,唔,唔。我知道我知道,我没有多余的时间来谈这件事。以后——你们凡是想到的工作计划,你们可以到我家里去找我商量。"

坐在主席旁边那个长发青年注意地看着他们,现在可忍不住插嘴了:"星期三我们到华先生家里去过三次,华先生不在家……"

那位华先生冷冷地瞅他一眼,带着鼻音哼一句——"唔,我有别的事,"又对主席低声说下去:

"要是我不在家,你们跟密司黄接头也可以。密司黄知道我的意见,她可以告诉你们。"

密司黄就是他的太太。他对第三者说起她来,总是这么称呼她的。

他交代过了这才真的走开。这就到了通俗文艺研究会的会场。他发现别人已经在那里开会,正有一个人在那里发表意见。他坐了下来,点着了雪茄,不高兴地拍了三下手板。

"主席!"他叫。"我因为今天另外还有一个集会,我不能等到终席。我现在有点意见,想要先提出来。"

于是他发表了两点意见:第一,他告诉大家——在座的人都是当地的文化人,文化人的工作是很重要的,应当加紧地做去。第二,文化人应当认清一个领导中心,文化人在文抗会的领导中心的领导之下团结起来,统一起来。

五点三刻他到了文化界抗敌总会的会议室。

这回他脸上堆上了笑容,并且对每一个人点头。

"对不住得很,对不住得很:迟到了三刻钟。"

主席对他微笑一下,他还笑着伸了伸舌头,好像闯了祸怕挨骂似的。他四面瞧瞧形势,就拣在一个小胡子的旁边坐下来。

他带着很机密很严重的脸色——小声儿问那个小胡子:

"昨晚你喝醉了没有?"

"还好,不过头有点儿晕。你呢?"

"我啊——我不该喝了那三杯猛酒,"他严肃地说。"尤其是汾酒,我不能猛喝。刘主任硬要我干掉——嗨,一回家就睡倒了。密司黄说要跟刘主任去算账呢:要质问他为什么要把我灌醉。你看!"

一谈了这些,他赶紧打开皮包,拿出一张纸条——写几个字递给了主席。

"请你稍为等一等,"主席打断了一个正在发言的人的话。"华威先生还有别的事情要走。现在他有点意见:要求先让他发表。"

华威先生点点头站了起来。

"主席!"腰板微微地一弯。"各位先生!"腰板微微地一弯。"兄弟首先要请求各位原谅:我到会迟了点,而又要提前退席。……"

随后他说出了他的意见。他声明——这文化界抗敌总会的常务理事会,是一切救亡工作的领导机关,应该时时刻刻起领导中心作用。

"群众是复杂的。工作又很多。我们要是不能起领导作用,那就很危险,很危险。事实上，此地各方面的工作也非有个领导中心不可。我们的担子真是太重了，但是我们不怕怎样的艰苦，也要把这担子担起来。"

他反复地说明了领导中心作用的重要，这就戴起帽子去赴一个宴会。他每天都这么忙着。要到刘主任那里去联络。要到各学校去演讲。要到各团体去开会。而且每天——不是别人请他吃饭，就是他请人吃饭。

华威太太每次遇到我，总是代替华威先生诉苦。

"唉，他真苦死了！工作这么多，连吃饭的工夫都没有。"

"他不可以少管一点，专门去做某一种工作么？"我问。

"怎么行呢？许多工作都要他去领导呀。"

可是有一次，华威先生简直吃了一大惊。妇女界有些人组织了一个战时保婴会，竟没有去找他！

他开始打听，调查。他设法把一个负责人找来。

"我知道你们委员会已经选出来了。我想还可以多添加几个。由我们文化界抗敌总会派人来参加。"

他看见对方在那里踌躇，他把下巴挂了下来：

"问题是在这一点：你们委员是不是能够真正领导这工作？你能不能够对我担保——你们会内没有汉奸，没有不良分子？你能不能担保——你们以后工作不至于错误，不至于怠工？你能不能担保，你能不能？你能够担保的话，那我要请你写个书面的东西，给我们文抗会常务理事会。以后万一——如果你们的工作出了毛病，那你就要负责。"

接着他又声明：这并不是他自己的意思。他不过是一个执行者。这时他食指点点对方胸脯：

"如果我刚才说的那些你们办不到，那不是就成了非法团体了么？"

这么谈判了两次，华威先生当了战时保婴会的委员。于是在委员会开会的时候，华威先生挟着皮包去坐这么五分钟，发表了一两点意见就跨上了包车。

有一天他请我吃晚饭。他说因为家乡带来了一块腊肉。

我到他家里的时候，他正在那里对两个学生样的人发脾气。他们都挂着文化界抗敌总会的徽章。

"你昨天为什么不去。为什么不去？"他吼着。"我叫你拖几个人去的。但是我在台上一开始演讲，一看——连你都没有去听！我真不懂你们干了些什么?"

"昨天——我去出席日本问题座谈会的。"

华威先生猛地跳起来了:

"什么!什么!日本问题座谈会?怎么我不知道?怎么不告诉我?"

"我们那天部务会议决议了的。我来找过华先生,华先生又是不在家——"

"好啊,你们秘密行动!"他瞪着眼。"你老实告诉我——这个座谈会到底是什么背景,你老实告诉我!"

对方似乎也动了火:

"什么背景呢,都是中华民族!部务会议议决的,怎么是秘密行动呢?……华先生又不到会,开会也不终席,来找又找不到……我们总不能把部里的工作停顿起来。"

"混蛋!"他咬着牙,嘴唇在颤抖着。"你们小心!你们,哼,你们!你们!——"他倒到了沙发上,嘴巴痛苦地抽得歪着。"妈的!这个这个——你们青年!……"

五分钟之后他抬起头来,害怕地四面看一看。那两个客人已经走了。他叹一口长气,对我说:

"唉,你看你看!现在的青年怎么办,现在的青年!"

这晚他没命地喝了许多酒,嘴里嘶嘶地骂着那些小伙子。他打碎了一只茶杯。密司黄扶着他上了床,他忽然打个寒噤说:

"明天十点钟有个集会……"

_____

注释:①《华威先生》是张天翼的短篇小说代表作,发表于 1938 年。作品以尖锐明快的语言,描写了国民党官僚的丑恶嘴脸,揭露了国民党假抗战的真面目。作者在人物塑造上采用白描与夸张相结合的手法,使华威先生的形象更为鲜明突出,是现代文学中的出色典型。

雪落在中国的土地上①

艾　青

雪落在中国的土地上，
寒冷在封锁着中国呀……

风,像一个太悲哀了的农妇,
紧紧地跟随着
伸出寒冷的指爪
拉扯着行人的衣襟,
用着像土地一样古老的话
一刻也不停地絮聒着……

那丛林间出现的,
赶着马车的
你中国的农夫
戴着皮帽
冒着大雪
你要到哪儿去呢?

告诉你
我也是农人的后裔——
由于你们的
刻满了痛苦的皱纹的脸
我能如此深深地
知道了
生活在草原上的人们的
岁月的艰辛。

而我
也并不比你们快乐啊

——躺在时间的河流上
苦难的浪涛
曾经几次把我吞没而又卷起——
流浪与监禁
已失去了我的青春的
最可贵的日子，
我的生命
也像你们的生命
一样的憔悴呀

雪落在中国的土地上，
寒冷在封锁着中国呀……

沿着雪夜的河流，
一盏小油灯在徐缓地移行，
那破烂的乌篷船里
映着灯光，垂着头
坐着的是谁呀？
——啊，你
蓬发垢面的少妇，
是不是
你的家
——那幸福与温暖的巢穴——
已被暴戾的敌人
烧毁了么？
是不是
也像这样的夜间，
失去了男人的保护，
在死亡的恐怖里
你已经受尽敌人刺刀的戏弄？

咳,就在如此寒冷的今夜,
无数的
我们的年老的母亲,
都蜷伏在不是自己的家里,
就像异邦人
不知明天的车轮
要滚上怎样的路程……
——而且
中国的路
是如此的崎岖
是如此的泥泞呀。

雪落在中国的土地上,
寒冷在封锁着中国呀……

透过雪夜的草原
那些被烽火所啮啃着的地域,
无数的,土地的垦殖者
失去了他们所饲养的家畜
失去了他们肥沃的田地
拥挤在
生活的绝望的污巷里:
饥馑的大地
朝向阴暗的天
伸出乞援的
颤抖着的两臂。

中国的苦痛与灾难
像这雪夜一样广阔而又漫长呀!

雪落在中国的土地上,
寒冷在封锁着中国呀……

中国，

我的在没有灯光的晚上

所写的无力的诗句

能给你些许的温暖么？

1937年12月28日，夜间

注释：①《雪落在中国的土地上》选自艾青1939年出版的诗集《北方》。这是继《大堰河——我的保姆》之后艾青早期诗歌中有代表性的一首。诗人以悲哀而忧郁的笔触描写了祖国的贫穷，以及侵略者入侵给人民带来的灾难与痛苦，表现了诗人对祖国人民真挚而深沉的爱。

孤　岛①

阿　垅

在掀腾的海波之中，我是小小的孤岛，如同其他的孤岛

在晴丽的天气，我能够清楚地望见大陆边岸底远景

似乎隐隐约约传来了人声，虽然远，但是传来了，人声传来

有的时候，也有一叶小舟渡海而来，在我底岸边小泊

而在雾和冬的季节，在深夜无星之时，我

不能看到你了，我只在我底恋慕和向往的心情中看见你为我留下的影子

我，是小小的孤岛，然而和大陆一样

我有乔木和灌木，你底乔木和灌木

我有小小的麦田和疏疏的村落，你底麦田和村落

我有飞来的候鸟和鸣鸟，从你那儿带着消息飞来

我有如珠的繁星的夜，和你共同在里面睡眠的繁星的夜

我有如桥的七色的虹霓，横跨你我之间的虹霓

我，似乎是一个弃儿然而不是

似乎是一个浪子然而不是

海面的波涛嚣然地隔断了我们，为了隔断我们

迷惘的海雾黯澹地隔了我们,想使你以为丧失了我而我以为丧失了你
然而在海流最深之处,我和你永远联结而属一体,连断层地震也无力使你我
　　分离
如同其他的孤岛,我是小小的孤岛,你底儿子,你底兄弟

1946 年于成都

注释:①《孤岛》是七月派诗人阿垅(1907—1967,原名陈守梅,亦名陈亦门)的诗作,写于 1946 年。作品采用暗喻的手法,以深情的笔触反复抒写"我"对于"大陆"的恋慕和认同,对企图隔断他们的波涛和海雾发出鄙夷的笑声,从侧面写出"孤岛"与"大陆"在海流深处"永远联结而属一体"的题旨,表达诗人与正义力量不可分隔的血肉联系。

春①

穆 旦

　　绿色的火焰在草上摇曳,
　　他渴求着拥抱你,花朵。
　　反抗着土地,花朵伸出来,
　　当暖风吹来烦恼,或者欢乐。
　　如果你是醒了,推开窗子,
　　看这满园的欲望多么美丽。

　　蓝天下,为永远的谜迷惑着的
　　是我们二十岁的紧闭的肉体,
　　一如那泥土做成的鸟的歌,
　　你们被点燃,却无处归依。
　　呵,光,影,声,色,都已经赤裸,
　　痛苦着,等待伸入新的组合。

1942 年 2 月

注释:①穆旦(1918—1977),本名查良铮,祖籍浙江海宁,生于天津。现

348

代诗人,诗歌翻译家。著有诗集《探险队》、《穆旦诗集》(1935—1945)、《旗》、《穆旦诗全集》等。这首诗写于1942年2月,时作者留校任西南联大外文系教师不久。诗人以"春"为题,但与传统的千篇一律的"伤春咏怀"之作不同,而以新的思辨、新的形象表现现代人青春的冲动、焦灼与无奈,具有极其强烈的感性化效果。

公寓生活记趣①

张爱玲

读到"我欲乘风归去,又恐琼楼玉宇,高处不胜寒"的两句词,公寓房子上层的居民多半要感到毛骨悚然。屋子越高越冷。自从煤贵了之后,热水汀早成了纯粹的装饰品。构成浴室的图案美,热水龙头上的 H 字样自然是不可少的一部分;实际上呢,如果你放冷水而开错了热水龙头,立刻便有一种空洞而凄怆的轰隆轰隆之声从九泉之下发出来,那是公寓里特别复杂,特别多心的热水管系统在那里发脾气了。即使你不去太岁头上动土,那雷神也随时地要显灵。无缘无故,只听见不怀好意的"嗡……"拉长了半响之后接着"訇訇"两声,活像飞机在顶上盘旋了一会,掷了两枚炸弹。在战时香港吓细了胆子的我,初回上海的时候,每每为之魂飞魄散。若是当初它认真工作的时候,艰辛地将热水运到六层楼上来,便是咕噜两声,也还情有可原。现在可是雷声大,雨点小,难得滴下两滴生锈的黄浆……然而也说不得了,失业的人向来是肝火旺的。

梅雨时节,高房子因为压力过重,地基陷落的原故,门前积水最深。街道上完全干了,我们还得花钱雇黄包车渡过那白茫茫的护城河。雨下得太大的时候,屋子里便闹了水灾。我们轮流抢救,把旧毛巾、麻袋、褥单堵住了窗户缝;障碍物湿濡了,绞干,换上,污水接在脸盆里,脸盆里的水倒在抽水马桶里。忙了两昼夜,手心磨去了一层皮,墙根还是汪着水,糊墙的花纸还是染了斑斑点点的水痕与霉迹子。

风如果不朝这边吹的话,高楼上的雨倒是可爱的。有一天,下了一黄昏的雨,出去的时候忘了关窗户,回来一开门,一房的风声雨味,放眼望出去,是碧蓝的潇潇的夜,远处略有淡灯摇曳,多数的人家还没点灯。

常常觉得不可解，街道上的喧声，六楼上听得分外清楚，仿佛就在耳根底下，正如一个人年纪越高，距离童年渐渐远了，小时的琐屑的回忆反而渐渐亲切明晰起来。

我喜欢听市声。比我较有诗意的人在枕上听松涛，听海啸，我是非得听见电车响才睡得着觉的。在香港山上，只有冬季里，北风彻夜吹着常青树，还有一点电车的韵味。长年住在闹市里的人大约非得出了城之后才知道他离不了一些什么。城里人的思想，背景是条纹布的幔子，淡淡的白条子便是行驰着的电车——平行的，匀净的，声响的河流，汩汩流入下意识里去。

我们的公寓近电车厂邻，可是我始终没弄清楚电车是几点钟回家。"电车回家"这句子仿佛不很合适——大家公认电车为没有灵魂的机械，而"回家"两个字有着无数的情感洋溢的联系。但是你没看见过电车进厂的特殊情形吧？一辆衔接一辆，像排了队的小孩，嘈杂，叫嚣，愉快地打着哑嗓子的铃："克林，克赖，克赖，克赖！"吵闹之中又带着一点由疲乏而生的驯服，是快上床的孩子，等着母亲来刷洗他们。车里的灯点得雪亮。专做下班的售票员的生意的小贩们曼声兜售着面包。有时候，电车全进了厂了，单剩下一辆，神秘地，像被遗弃了似的，停在街心。从上面望下去，只见它在半夜的月光中袒露着白肚皮。

这里的小贩所卖的吃食没有多少典雅的名色。我们也从来没缒下篮子去买过东西。（想起《依本痴情》里的顾兰君了。她用丝袜结了绳子，缚住了纸盒，吊下窗去买汤面。袜子如果不破，也不是丝袜了！在节省物资的现在，这是使人心惊肉跳的奢侈。）也许我们也该拭着吊下篮子去。无论如何，听见门口卖臭豆腐干的过来了，便抓起一只碗来，蹬蹬奔下六层楼梯，跟踪前往，在远远的一条街上访到了臭豆腐干担子的下落，买到了之后，再乘电梯上来，似乎总有点可笑。

我们的开电梯的是个人物，知书达理，有涵养，对于公寓里每一家的起居他都是一本清账。他不赞成他儿子去做电车售票员——嫌那职业不很上等。再热的天，任凭人家将铃撤得震天响，他也得在汗衫背心上加上一件熨得溜平的绸绸小褂，方肯出现。他拒绝替不修边幅的客人开电梯。他的思想也许缙绅气太重，然而他究竟是个有思想的人。可是他离了自己那间小屋，就踏进了电梯的小屋——只怕这一辈子是跑不出这两间小屋了。电梯上升，人字图案的铜栅栏外面，一重重的黑暗往下移，棕色的黑暗，红棕色的黑暗，黑色的黑暗……衬着交替的黑暗,你看见司机人的花白的头。

没事的时候他在后天井烧个小风炉炒菜烙饼吃。他教我们怎样煮红米饭:烧开了,熄了火,停个十分钟再煮,又松,又透,又不塌皮烂骨,没有筋道。

托他买豆腐浆,交给他一只旧的牛奶瓶。陆续买了两个礼拜,他很简单地报告道:"瓶没有了。"是砸了还是失窃了,也不得而知。再隔了些时,他拿了一只小一号的牛奶瓶装了豆腐浆来,我们问道:"咦?瓶又有了?"他答道:"有了。"新的瓶是赔给我们的呢还是借给我们的,也不得而知。这一类的举动是颇有点社会主义风的。

我们的《新闻报》每天早上他要循例过目一下方才给我们送来。小报他读得更为仔细些,因此要到十一二点钟才轮得到我们看。英文、日文、德文、俄文的报他是不看的,因此大清早便卷成一卷插在人家弯曲的门钮里。

报纸没有人偷,电铃上的钢板却被撬去了。看门的巡警倒有两个,虽不是双生子,一样都是翻领里面竖起了木渣渣的黄脸,短裤与长统袜之间露出木渣渣的黄膝盖;上班的时候,一般都是横在一张藤椅上睡觉,挡住了信箱。每次你去看看信箱的时候总是殷勤地凑到他面颊前面,仿佛要询问:"酒刺好了些吧?"

恐怕只有女人能够充分了解公寓生活的特殊优点:用人问题不那么严重。生活程度这么高,即使雇得起人,也得准备着受气。在公寓里"居家过日子"是比较简单的事。找个清洁公司每隔两星期来大扫除一下,也就用不着打杂的了。没有用人,也是人生一快。抛开一切平等的原则不讲,吃饭的时候如果有个还没吃过饭的人立在一边眼睁睁望着,等着为你添饭,虽不至于使人食不下咽,多少有些讨厌。许多身边杂事自有它们的愉快性质。看不到田园里的茄子,到菜场上去看看也好——那么复杂的,油润的紫色;新绿的豌豆,熟艳的辣椒,金黄的面筋,像太阳里的肥皂泡。把菠菜洗过了,倒在油锅里,每每有一两片碎叶子粘在篾篓底上,抖也抖不下来;迎着亮,翠生生的枝叶在竹片编成的方格子上招展着,使人联想到篱上的扁豆花。其实又何必"联想"呢?篾篓子的本身的美不就够了么?我这并不是效忠于国社党②,劝诱女人回到厨房里去。不劝便罢,若是劝,一样的得劝男人到厨房里去走一遭。当然,家里有厨子而主人不时的下厨房,是会引起厨子最强烈的反感的。这些地方我们得寸步留心,不能太不识眉眼高低。

有时候也感到没有用人的苦处。米缸里出虫,所以掺了些胡椒在米

351

里——据说米虫不大喜欢那刺激性的气味,淘米之前先得把胡椒拣出来。我捏了一只肥白的肉虫的头当做胡椒,发现了这错误之后,不禁大叫起来,丢下饭锅便走。在香港遇见了蛇,也不过如此罢了。那条蛇我只见到它的上半截,它钻出洞来矗立着,约有二尺来长,我抱了一叠书匆匆忙忙下山来。正和它打了个照面。它静静地望着我,我也静静地望着它,望了半晌,方才哇呀呀叫出声来,翻身便跑。

提起虫豸之类,六楼上苍蝇几乎绝迹,蚊子少许有两个。如果它们富于想像力的话,飞到窗口往下一看,便会晕倒了罢?不幸它们是像英国人一般地淡漠与自足——英国人住在非洲的森林里也照常穿上了燕尾服进晚餐。

公寓是最合理想的逃世的地方,厌倦了大都会的人们往往记挂着和平幽静的乡村,心心念念盼望着有一天能够告老归里,养蜂种菜,享点清福。殊不知在乡下多买半斤腊肉便要引起许多闲言闲语,而在公寓房子的最上层你就是站在窗前换衣服也不妨事!

然而一年一度,日常生活的秘密总得公布一下。夏天家家户户都大敞着门,搬一把藤椅坐在风口里。这边的人在打电话,对过一家的仆欧一面熨衣裳,一面便将电话上的对白译成了德文说给他的小主人听。楼底下有个俄国人在那里响亮地教日文。二楼的那位女太太和贝多芬有着不共戴天的仇恨,一捶十八敲,咬牙切齿打了他一上午;钢琴上倚着一辆脚踏车。不知道哪一家在煨牛肉汤,又有哪一家泡了焦三仙。

人类天生的是爱管闲事。为什么我们不向彼此的私生活里偷偷的看一眼呢。既然被看者没有多大损失而看的人显然得到了片刻的愉悦?凡事牵涉到快乐的授受上,就犯不着斤斤计较了。较量些什么呢?——长的是磨难,短的是人生。

屋顶花园里常常有孩子们溜冰,兴致高的时候,从早到晚在我们头上咕滋咕滋锉过来又锉过去,像瓷器的摩擦,又像睡熟的人在那里磨牙,听得我们一粒粒牙齿在牙龈里发酸如同青石榴的子,剔一剔便会掉下来。隔壁一个异国绅士声势汹汹上楼去干涉。他的太太提醒他道:"人家不懂你的话,去也是白去。"他揎拳撸袖道:"不要紧,我会使他们懂得的!"隔了几分钟他偃旗息鼓踏然下来了。上面的孩子年纪都不小了,而且是女性,而且是美丽的。

谈到公德心,我们也不见得比人强。阳台上的灰尘我们直截了当地扫到

352

楼下的阳台上去。"啊,人家栏干上晾着地毯呢——怪不过意的,等他们把地毯收了进去再扫吧!"一念之慈,顶上生出了灿烂圆光。这就是我们的不甚彻底的道德观念。

我们准备着深深地领受①

冯　至

我们准备着深深地领受
那些意想不到的奇迹,
在漫长的岁月里忽然有
彗星的出现,狂风乍起;

我们的生命在这一瞬间,
仿佛在第一次的拥抱里
过去的悲欢忽然在眼前
凝结成屹然不动的形体。

我们赞颂那些小昆虫,
它们经过了一次交媾
或是抵御了一次危险,

便结束它们美妙的一生。
我们整个的生命在承受
狂风乍起,彗星的出现。

353

语言,平静中含有浪漫、坚忍的调子,表达了一个健康、正派的现代人面对人生奇幻、浪漫与灾难的境遇所能有的态度。具有丰富的存在主义内涵。

雅　舍^①

梁实秋

　　到四川来,觉得此地人建造房屋最为经济。火烧过的砖,常常用来做柱子,孤零零地砌起四根砖柱,上面盖上一个木头架子,看上去瘦骨嶙嶙,单薄得可怜;但是顶上铺了瓦,四面编了竹篾墙,墙上敷了泥灰,远远的看过去,没有人能说不像是座房子。我现在住的"雅舍"正是这样一座典型的房子。不消说,这房子有砖柱,有竹篾墙,一切特点都应有尽有。讲到住房,我的经验不算少,什么"上支下摘","前廊后厦","一楼一底","三上三下","亭子间","茅草棚","琼楼玉宇"和"摩天大厦",各式各样,我都尝试过。我不论住在哪里,只要住得稍久,对那房子便发生感情,非不得已我还舍不得搬。这"雅舍",我初来时仅求其能蔽风雨,并不敢存奢望,现在住了两个多月,我的好感油然而生。虽然我已渐渐感觉它是并不能蔽风雨,因为有窗而无玻璃,风来则洞若凉亭,有瓦而空隙不少,雨来则渗如滴漏。纵然不能蔽风雨,"雅舍"还是自有它的个性。有个性就可爱。

　　"雅舍"的位置在半山腰,下距马路约有七八十层的土阶。前面是阡陌螺旋的稻田。再远望过去是几抹葱翠的远山,旁边有高粱地,有竹林,有水池,有粪坑,后面是荒僻的榛莽未除的土山坡。若说地点荒凉,则月明之夕,或风雨之日,亦常有客到,大抵好友不嫌路远,路远乃见情谊。客来则先爬几十级的土阶,进得屋来仍须上坡,因为屋内地板乃依山势而铺,一面高,一面低,坡度甚大,客来无不惊叹,我则久而安之,每日由书房走到饭厅是上坡,饭后鼓腹而出是下坡,亦不觉有大不便处。

　　"雅舍"共是六间,我居其二。篾墙不固,门窗不严,故我与邻人彼此均可互通声息。邻人轰饮作乐,咿唔诗章,喁喁细语,以及鼾声、喷嚏声、吮汤声、撕纸声、脱皮鞋声,均随时由门窗户壁的隙处荡漾而来,破我岑寂。入夜则鼠子瞰灯,才一合眼,鼠子便自由行动,或搬核桃在地板上顺坡而下,或吸灯油而推翻烛台,或攀援而上帐顶,或在门框棹脚上磨牙,使得人不得安枕。但是

354

对于鼠子，我很惭愧地承认，我"没有法子"。"没有法子"一语是被外国人常常引用着的，以为这话最足以代表中国人的懒惰隐忍的态度。其实我的对付鼠子并不懒惰。窗上糊纸，纸一戳就破；门户关紧，而相鼠有牙，一阵咬便是一个洞洞。试问还有什么法子？洋鬼子住到"雅舍"里，不也是"没有法子"？比鼠子更骚扰的是蚊子。"雅舍"的蚊风之盛，是我前所未见的。"聚蚊成雷"真有其事！每当黄昏时候，满屋里磕头碰脑的全是蚊子，又黑又大，骨骼都像是硬的。在别处蚊子早已肃清的时候，在"雅舍"则格外猖獗，来客偶不留心，则两腿伤处累累隆起如玉蜀黍，但是我仍安之。冬天一到，蚊子自然绝迹，明年夏天——谁知道我还是住在"雅舍"！

"雅舍"最宜月夜——地势较高，得月较先。看山头吐月，红盘乍涌，一霎间，清光四射，天空皎洁，四野无声，微闻犬吠，坐客无不悄然！舍前有两株梨树，等到月升中天，清光从树间筛洒而下，地上阴影斑斓，此时尤为幽绝。直到夜阑人散，归房就寝，月光仍然逼进窗来，助我凄凉。细雨濛濛之际，"雅舍"亦复有趣。推窗展望，俨然米氏章法，若云若雾，一片弥漫。但若大雨滂沱，我就又惶悚不安了，屋顶湿印到处都有，起初如碗大，俄而扩大如盆，继则滴水乃不绝，终乃屋顶灰泥突然崩裂，如奇葩初绽，砉然一声而泥水下注，此刻满室狼藉，抢救无及。此种经验，已数见不鲜。

"雅舍"之陈设，只当得简朴二字，但洒扫拂拭，不使有纤尘。我非显要，故名公巨卿之照片不得入我室；我非牙医，故无博士文凭张挂壁间；我不业理发，故丝织西湖十景以及电影明星之照片亦均不能张我四壁。我有一几一椅一榻，酣睡写读，均已有着，我亦不复他求。但是陈设虽简，我却喜欢翻新布置。西人常常讥笑妇人喜欢变更桌椅位置，以为这是妇人天性喜变之一征。诬否且不论，我是喜欢改变的。中国旧式家庭，陈设千篇一律，正厅上是一条案，前面一张八仙桌，一边一把靠椅，两旁是两把靠椅夹一只茶几。我以为陈设宜求疏落参差之致，最忌排偶。"雅舍"所有，毫无新奇，但一物一事之安排布置俱不从俗。人人我室，即知是我室。笠翁《闲情偶寄》之所论，正合我意。

"雅舍"非我所有，我仅是房客之一。但思"天地者万物之逆旅"，人生本来如寄，我住"雅舍"一日，"雅舍"即一日为我所有。即使此一日亦不能算是我有，至少此一日"雅舍"所能给予之苦辣酸甜我实躬受亲尝。刘克庄词："客里似家家似寄。"我此时此刻卜居"雅舍"，"雅舍"即似我家。其实似家似寄，

355

我亦分辨不清。

　　长日无俚，写作自遣，随想随写，不拘篇章，冠以"雅舍小品"四字，以示写作所在，且志因缘。

<hr />

　　注释：①《雅舍》是梁实秋(1903—1987)著名小品散文集《雅舍小品》的首篇，有明物言志的作用。作品多方面写"雅舍"之简陋，写其所处环境之恶劣，但不减作者现代人古典的高洁情怀、脱俗雅趣。迎接苦难而能以轻松、脱落、幽默情怀出之，实是人生大见解、大胸次的表现。有古代《陋室铭》"此室不陋"之流风遗韵。现代口语经过古典文趣浸润，入俗而脱俗，自有活泼、动人之处，特别是无古人"方巾气"。

第十章　当代文学（上）
（1949—1979）

很长一段时期，人们习惯于把中华人民共和国成立后的中国文学称为"当代文学"，而"当代文学"伴随着中国当代社会的变动与变革，也历经波折与坎坷。从 40 年代末到 90 年代末，按其发展脉络可简单地划分为三个历史时段，即：

1949 年到 1966 年之间的"十七年"文学；

1966 年到 1976 年之间的"文革"文学；

1976 年以后的"新时期"文学。

为了表述方便，也为了更贴近文学自身的发展脉络，这里把"当代文学"切分为两个相对完整的时期，即从 1949 年 7 月第一次全国文代会召开到 1979 年 10 月第四次全国文代会召开前夕为第一个阶段，第四次全国文代会之后的新时期文学为第二个阶段。

50—60 年代的文学界　中国当代文学始于第一次全国文代会的召开。这次会议全称为"中华全国文学艺术工作者代表大会"，1949 年 7 月 2 日至 19 日在北平（即北京）举行。会议的主要内容包括：听取郭沫若《为建设新中国的人民文艺而奋斗》的总报告，听取茅盾对 40 年代国统区文艺运动的总结报告《在反动派压迫下斗争和发展的革命文艺》和周扬对 40 年代解放区文艺运动的总结报告《新的人民的文艺》，总结五四以来文艺工作的成绩与经验，确定以毛泽东 40 年代所作的《在延安文艺座谈会上的讲话》为新中国文艺工作的总方针，同时确定文艺必须为人民服务、首先为工农兵服务的总方向,提出社会主义时期文艺的新任务。会议最后成立了以郭沫若为主席,茅盾、周扬为副主席的全国文艺界组织——中华全国文学艺术界联合会。随后,中华全国文学工作者协会作为其下属协会也建立起来,茅盾为主席,丁玲、柯仲平为副主席。

1953年9月23日至10月6日,第二次全国文代会在北京召开。这次会议围绕繁荣创作的中心议题,总结了新中国成立四年来的文艺情况,指出了文艺创作中的公式化、概念化倾向和文艺批评中的简单化、庸俗化倾向。会议将社会主义现实主义确定为文艺创作的方法和文艺批评的标准。这次会议将"文联"定名为"中华全国文学艺术界联合会",将"文协"改名为"中国作家协会"。

1960年7月22日至8月13日,第三次全国文代会在北京举行,听取了周扬作的《我国社会主义文学艺术的道路》的报告,选出了文联和各协会的领导机构。

在50—60年代,文学界的重要文艺运动和思潮有:一、1951年关于电影《武训传》的讨论。这是新中国成立后对"资产阶级唯心主义"展开的第一次大规模的文艺思想斗争。这次斗争开启了以行政领导方式、简单粗暴态度和群众运动形式进行文艺批评的先河。二、1954年对《红楼梦》研究中主观唯心论的批判。这场运动从对"新红学派"学者俞平伯的批判深入到对五四以来整个哲学社会科学中胡适思想及其影响的批判,具有强烈的政治斗争和思想斗争色彩。三、1952—1955年对胡风文艺思想的批判。这次批判运动,将文艺思想论争逐步升级为残酷的政治斗争,人为地造成新中国成立后文艺界最大的冤假错案,助长了极左文艺思潮的恶性膨胀,对当代文学的健康发展产生了严重影响。四、1956年"双百方针"的提出。这是毛泽东在1956年最高国务会议上提出,时任中共中央宣传部部长的陆定一随后向文艺界、科技界进行阐释的旨在以马克思主义为指导,在人民内部提倡和鼓励各种不同意见的发表与争论,发扬学术民主与艺术民主,繁荣发展社会主义科学文化事业的方针。伴随这一方针的提出,文艺界在 1956 年下半年和 1957 年上半年一度出现思想解放、创作繁荣的局面。五、1957 年下半年开始的文艺界"反右"斗争。这次斗争,将一大批老、中、青作家打成所谓"右派分子",严重践踏了"百花齐放、百家争鸣"的方针,断送了贯彻"双百方针"的成果,挫伤了广大文艺工作者的创作热情,对当代文学造成了极大的消极影响。六、1961 年"文艺八条"的制订和文艺政策的调整。从 1960 年冬开始,文艺界实行文艺政策调整,1961 年 6 月,"新侨会议"(即中宣部全国文艺工作会议)、全国故事片创作座谈会召开,不久,中央根据周恩来《在文艺工作座谈会和故事片创作会议上的讲话》制订了《关于当前文学艺术工作的意见》("文艺八条")。1962 年的"广州会议"(话剧、歌剧、儿童剧创作座谈会)、"大连会议"(农村题材短篇小说创作座谈会)分别对"知识分子问题"、文艺反映人民内部矛盾问题进行了讨论。七、60 年代"左"倾思潮的泛滥和对文艺作品的政治批判。随着 1962 年"千万不要忘记阶级斗争"口号的提出,先后对小说《刘志丹》、电影《红河激浪》、《北国江南》、《早春二月》、《不夜城》、《林家铺子》、《舞台姐妹》、昆曲《李慧娘》、京剧《谢瑶环》、新编历史剧《海瑞罢官》(1965)以及"现实主义深化论"、"时代精神汇合论"、"写中间人物论"进行严酷的政治"大批判",制造了越来越多、越来越严重的政治冤案。

50—60 年代的小说创作　从 50 年代到 60 年代,除了 50 年代初期的抗美援朝战争,国内总的局面是和平建设。在这段时间内,小说创作的主要倾向是:

创作方法以革命现实主义为主潮,其他创作方法特别是现代主义的创作倾向受到限制,一些在 30—40 年代具有现代主义倾向的小说家或受到冷落,或做出自我调整。

题材方面以"革命历史题材"和社会主义"农村题材"为主要表现内容,知识分子题材和干预生活题材成为十分敏感的区域。

创作主题以表现民族革命战争、阶级斗争和工农兵劳动生活为主,个人性主题受到质疑。正如周扬对 40 年代解放区文艺的总结所说:"民族的、阶级的斗争与劳动生产成为了作品中压倒一切的主题,工农兵群众在作品中如在社会中一样取得了真正主人公的地位。知识分子一般地是作为整个人民事业中各方面的工作干部、作为与体力劳动者相结合的脑力劳动者被描写着。知识分子离开人民的斗争,沉溺于自己小圈子内的生活及个人情感的世界,这样的主题就显得渺小与没有意义了。"(周扬《新的人民的文艺》)。

在小说体裁方面,长篇小说和短篇小说都受到重视,中篇小说数量较少,其中孙犁的《铁木前传》、杜鹏程的《在和平的日子里》、康濯的《水滴石穿》较为优秀。

小说的风格和形态趋于单一化,追求宏大叙事和高亢热烈成为风气,个性化风格一般不被鼓励,通俗小说、讽刺小说、幽默小说、诗化小说、心理小说极少见到。

"革命历史题材"的小说在具体内容上各有不同。表现抗日战争时期中国共产党领导人民进行敌后游击斗争的有《风云初记》(孙犁)、《铁道游击队》(刘知侠)、《苦菜花》(冯德英)、《敌后武工队》(冯志)、《野火春风斗古城》(李英儒)。表现 20—30 年代革命斗争的有《小城春秋》(高云览)、《青春之歌》(杨沫)、《三家巷》(欧阳山)、《红旗谱》(梁斌)以及某些短篇小说如《山地回忆》(孙犁)、《党费》和《七根火柴》(王愿坚)。表现 40 年代解放战争时期的长篇小说以《铜墙铁壁》(柳青)、《保卫延安》(杜鹏程)、《红日》(吴强)、《林海雪原》(曲波)和《红岩》(罗广斌、杨益言)为代表,短篇小说则有峻青的《黎明的河边》和茹志鹃的《百合花》等。表现抗美援朝战争的小说有杨朔的长篇《三千里江山》,陆柱国的长篇《上甘岭》和路翎的短篇《初雪》、《洼地上的"战役"》等。表现古代革命历史的小说则有姚雪垠的长篇《李自成》(第一卷)。

"农村题材"的小说以表现社会主义时期中国农村的政治运动和重大事件如农业合作化运动、"大跃进"、"人民公社"运动、阶级斗争为重心。表现农业合作化运动的长篇小说以赵树理的《三里湾》、周立波的《山乡巨变》和柳青的《创业史》为代表,短篇小说有李準的《不能走那条路》、秦兆阳的《农村散记》、康濯的《春种秋收》、马烽的《三年早知道》、西戎的《宋老大进城》。表现"大跃进"的有王汶石的《新结识的伙伴》、李準的《李双双小传》、马烽的《我的第一个上级》、茹志鹃的《静静的产院》等。表现农村阶级斗争题材的长篇小说可以60年代浩然的《艳阳天》、陈登科的《风雷》为代表。

写农村题材的作家以艺术倾向的不同形成了两个较大的创作群体。山西作家群以赵树理、马烽、西戎、束为、孙谦等人为核心,陕西作家群以柳青、王汶石为核心。

工业题材的小说数量不多,影响不大。周而复的长篇《上海的早晨》将建国后的上海工商业纳入表现视野,但着眼点落在了政治性的"社会主义改造"方面,留下了图解政治的痕迹。

50年代中期,在提倡"双百方针"的背景下,小说创作曾一度呈现活跃局面,产生了一批以正视现实矛盾、揭露阴暗面、干预生活、表现情感生活为特征的短篇小说作品。干预生活的作品如王蒙的《组织部新来的青年人》、刘绍棠的《田野落霞》、李国文的《改选》、秦兆阳的《沉默》、李易的《办公厅主任》,表现情感生活的如邓友梅的《在悬崖上》、宗璞的《红豆》、丰村的《美丽》、陆文夫的《小巷深处》。这些作品在发表后不久即在"反右"斗争中受到严厉批判,可谓昙花一现。

60年代初期,还有一些历史小说,较为曲折地寄托了作家的某种情怀,如陈翔鹤的《陶渊明写〈挽歌〉》、《广陵散》,黄秋耘的《杜子美还乡》,冯至的《白发生黑丝》等。

50—60年代的诗歌创作　由于共同的社会背景,50—60年代的诗歌创作面临的是与小说、戏剧大体相同的处境。比如对诗歌政治功能的高度强化，以及这种强化所导致的抒情内容、抒情风格的趋同性，又比如50年代中期因"双百方针"的提倡而出现的活跃局面，随之而来的"反右"斗争给诗歌发展造成的重创，等等。

同时，诗和小说文体形式的差异，以及一些其他因素，也使诗歌的发展状况有着自己的特点。总的来说，50—60年代的诗歌创作界较为明显的现象和发展脉络表现在以下诸方面。

30年代发展起来的"左翼"抒情诗歌和40年代延安形成的革命叙事诗成为新中国诗歌最重要的传统。由这个传统的导引，出现了50—60年代势头最为强劲的三股创作主流：

一是以"颂歌"为主体的政治抒情诗创作。1950年前后，有何其芳的《我们最伟大的节日》，郭沫若的《新华颂》，胡风的《时间开始了》，王莘的《歌唱祖国》，臧克家的《有的人》，石方禹的《和平的最强音》；50年代中期邵燕祥的《我爱我们的土地》，郭小川的《致青年公民》组诗，贺敬之的《放声歌唱》。60年代贺敬之的《雷锋之歌》，郭小川的《祝酒歌》、《甘蔗林——青纱帐》、《厦门风姿》等。可以说，郭小川、贺敬之是最能体现本时期政治抒情诗创作面貌的代表性诗人。

二是从《王贵与李香香》、《漳河水》发展过来的叙事诗创作。从事叙事诗创作的诗人大都来自解放区，如李季建国后创作的《报信姑娘》、《菊花石》，特别是《杨高传》、《向昆仑》等长篇叙事诗，田间的《长诗三首》、《赶车传》，闻捷的《复仇的火焰》。在叙事诗创作方面，取得较大成就的应当首推郭小川（1919—1976），他先后创作了《白雪的赞歌》、《深深的山谷》、《一个和八个》、《严厉的爱》、《将军三部曲》，这些作品以战争年代为背景，对革命者的精神世界作了富有深度的思考。此外，对各民族民间叙事诗的整理也取得了成就，蒙古族的《嘎达梅林》、彝族撒尼人的《阿诗玛》、傣族的《召树屯》先后被整理出版。

三是备受鼓励的民歌体诗歌创作。毛泽东作为政治领袖，同时又是一位古典文学修养极高、长于创作旧体诗词的诗人,他对当代诗歌创作予以特别关注,事实上也对诗坛产生了巨大影响。1958 年为配合"大跃进"而出现的"新民歌运动"与毛泽东的提倡是分不开的。毛泽东认为,在民歌和古典诗歌基础上发展新诗,是中国诗歌发展的出路。但是遗憾的是,新民歌运动并没有产生出优秀的作品,反而丧失了民歌的真实和淳朴的本质。另外,毛泽东的旧体诗词在当代产生了巨大和持久的影响,也因此兴起了一个新的诗词创作高潮,朱德、陈毅、董必武以及一些新文学作家的旧体诗也盛极一时。

伴随着对"左翼"诗歌和延安诗歌传统的尊崇,30—40 年代的现实主义诗歌传统和现代主义诗歌传统受到冷落,"七月派"诗人群和 40 年代西南联大诗人群、"中国新诗"诗人群均因为政治原因先后退出公开的诗坛,延安诗人群成为诗歌创作的主体,上述政治抒情诗的作者何其芳、郭小川、贺敬之和叙事诗的作者田间、李季、阮章竞、张志民、闻捷都来自延安。在来自延安的诗人中,艾青因其在新的时代不能充分放弃个人风格曾受到严厉批评,本时期他较为重要的作品有《礁石》、《珠贝》、《在智利的海岬上》等抒情短诗。另一位来自延安的诗人蔡其矫也力图坚持个人的创作风格,他的《瀑布》、《榕树》、《红豆》、《雾中汉水》、《川江号子》写得婉丽沉雄,但却遭到粗暴的否定。

在 50 年代中期,特别是 1957 年年初《诗刊》、《星星》创刊前后的几年中,诗坛十分活跃。郭沫若、冰心、冯至等第一代新诗人尚在努力,30—40 年代成名的艾青、田间、林庚、徐迟、公木、吕剑、蔡其矫、穆旦仍然活跃,一批青年诗人才情卓越,逐渐成为诗坛的劲旅,邵燕祥、流沙河、白桦、公刘、孙静轩、闻捷、郭小川、贺敬之、李瑛等人的作品,似乎更充分地体现了这个时代的主流精神。在"反右"斗争中,多数诗人以诗获咎,但邵燕祥的《贾桂香》、流沙河的《草木篇》却为那个时代留下了更为真实的写照。

50—60 年代的戏剧创作 50—60 年代虽然出现了不少年轻的戏剧家如胡可、陈其通、沈西蒙等,但由于戏剧、特别是话剧更多地承担了政治宣传的任务,这些青年剧作家的大量作品除 50 年代初期"革命历史题材"的《战斗里成长》、《万水千山》和 60 年代初期的"社会主义教育剧"《霓虹灯下的哨兵》之外,大多流于概念化。在 50 年代中期"双百方针"的背景下,出现了一些在题材和风格上有所开拓的剧作,它们被称为"第四种剧本"(指对所谓"工人剧本"、"农民剧本"、"部队剧本"及其创作模式的突破)。这些剧本突破了"人性"的禁区,较深入地表现道德、情操、爱情等心灵世界,同时敢于干预生活,暴露现实生活的矛盾和冲突。这些作品包括海默的《洞箫横吹》、杨履方的《布谷鸟又叫了》、岳野的《同甘共苦》、赵寻的《还乡记》、何求的《新局长到来之前》等。但是,正如小说、诗歌的遭遇一样,在随后的"反右"斗争中,创作这些剧本的作者也无法逃脱政治性的审判。

少数优秀的话剧剧本仍然出自老一代剧作家之手,而这些剧本的共同点是:都取材于历史。

老舍一直以一个小说家的身份为人们熟知,但早在 40 年代他就对戏剧创作流露出热情。到了 50 年代,他的话剧创作热情达于鼎盛,十几年中有 23 部剧本发表。其中,1951 年上演的《龙须沟》因表现了"新政府的真正人民的性质"主题为他赢得了"人民艺术家"的称号。1957 年的三幕话剧《茶馆》在最初演出时既有掌声也有政治性的质疑,直到 80 年代才被公认为中国话剧的经典之作。

《茶馆》的主题也是政治性的,但它的构思和表现十分巧妙含蓄,以对旧时代的"否定"表达对新时代的"肯定",没有"说教"。老舍从"侧面"入手、从"小人物"入手,又采用了"图卷戏"或"三组风俗画"(李健吾语)的方式,暗示了人物的命运和历史的脉搏。浓郁的北京地方文化气息如生活环境、人物性格和心理、语言使《茶馆》充满特殊的魅力。

364

田汉的《关汉卿》创作于 1958 年,几年后又曾对结尾部分作了修改,从喜剧性结局改为悲剧性结局。但是整部剧作的主题仍然把重心放置在伟大戏剧家关汉卿"为民请命"、"威武不能屈"的人格塑造上。与《茶馆》的写实风格不同,《关汉卿》有浓烈的浪漫主义色彩。在塑造关汉卿艺术家人格的同时,还重点表现了关汉卿与演员朱帘秀的坚贞爱情,以及元朝统治者的专制、暴虐,一般文人的明哲保身和变节投靠心理。和田汉大多数作品一样,《关汉卿》具有强烈的抒情性。

老一代戏剧家的历史剧作品还有郭沫若的《蔡文姬》、《武则天》,曹禺等人集体创作的《胆剑篇》。

除话剧外,50—60 年代的戏曲和歌剧创作也显得活跃。戏曲创作主要表现为出于文艺为政治服务的目的而对传统戏曲的"现代性"改编、对传统戏曲剧目的筛选和推陈出新、对京剧现代戏的探索诸方面。

50 年代末,产生了一批歌剧作品,如《红霞》、《洪湖赤卫队》、《刘三姐》、《红珊瑚》、《江姐》,产生了较持久的影响。

50—60 年代的散文创作 五四以来形成的现代散文传统体现于内容,有表现个人性情和反映社会现实之分,体现于文体,则有小品散文(或称艺术散文、美文)、随笔、杂文、报告(或称报告文学)诸品种。50—60 年代的文艺方针决定了散文的发展方向,以社会主义时代的文学观念从事散文创作乃成为作家的必然选择。50 年代,文艺性通讯、特写和报告文学的繁荣,50 年代中期和 60 年代初期以小品散文表现社会风貌,个人性情与个人风格的缺失,鲁迅式杂文受到的批评,都是特定历史时期文艺潮流的反映。

50—60 年代的纪实性散文(通讯、报告、特写)备受关注,成为最显要的散文文体。在 50 年代初期,记录"社会主义建设"和表现"抗美援朝"英雄的两类时代颂歌特别引人注目,前一类如柳青的《王家斌》、秦兆阳的《王永淮》,华山的《童话的时代》、臧克家的《毛主席向着黄河笑》、李若冰的《在柴达木盆地》等，后一类如魏巍的《谁是最可爱的人》等志愿军系列，巴金、刘白羽、杨朔的这类作品。50年代后期和60年代初期的《红桃是怎么开的》、《为了六十一个阶级弟兄》、《向秀丽》、《县委书记的好榜样——焦裕禄》、《小丫扛大旗》，都是表现新的"时代精神"的范本。

小品散文直到50年代中期才出现了"复兴"的迹象。老舍、丰子恺、许钦文、方令孺、姚雪垠、叶圣陶都写出一些轻松的小品，杨朔、秦牧也趋于活跃。60年代初期，《人民日报》、《文艺报》、《文汇报》等报刊发了不少提倡散文的文章，同时散文小品的创作也显得热闹起来，杨朔、秦牧、刘白羽成为当时最负盛名的散文作家，老一代的巴金、冰心、吴伯箫、曹靖华、李健吾，较为年轻的碧野、菡子、柯蓝、郭风、何为、陈残云、魏钢焰、袁鹰、方纪、峻青，各自从不同角度，尽量保持个人风格，为那个时代留下了带着几许浮夸和虚假的记录。

杂文也是在50年代中期始有发展的。夏衍、巴人、吴祖光，徐懋庸等，在1956年都有一些好作品问世。1961—1962年间，《北京晚报》的"燕山夜话"专栏（邓拓），《前线》杂志的"三家村札记"（邓拓、吴晗、廖沫沙）和《人民日报》的"长短录"杂文专栏（夏衍、吴晗、廖沫沙、孟超、唐弢）以及其他报刊的同类专栏，刊载了许多针砭时弊、尖锐泼辣的杂文，和当时专唱赞歌的小品散文形成了对照。邓拓的《燕山夜话》熔知识、思想、美感于一炉，以其平易、朴素的风格赢得赞誉。

在50—60年代，回忆录和史传文学也被重视，吴运铎的《把一切献给党》、高玉宝的《高玉宝》、陶承的《我的一家》、末代皇帝溥仪的《我的前半生》，都是受当时读者欢迎的作品。

"文革"十年中的"主流文学"与"个体性写作" 在1966年5月至1976年10月的"文化大革命"期间，两种文学创作现象并存。一种是公开的、以毛泽东《讲话》精神为宗旨但又不同于江青反革命集团的政治阴谋文艺的"主流文学"创作,小说《万山红遍》、《春潮急》、《沸腾的群山》、《昨天的战争》、《闪闪的红星》、《万年青》、《大刀记》,诗歌《理想之歌》,电影《创业》、《海霞》属于这类创作。

另一种是处在隐秘状态的"个体性写作"。早在胡风案件中退出"文坛"的"七月派"诗人绿原、牛汉、曾卓在"牛棚"、"干校"中秘密写作,绿原有《重读〈圣经〉》、《信仰》,牛汉有《悼念一棵枫树》、《华南虎》、《半棵树》,曾卓有《悬崖边的树》,他们作品中的"受难者"、"伤残者"形象是对"文革"时期生活的写真。蔡其矫在故乡福建农场劳动期间,始终没有停止写作,他的长诗《玉华洞》、《木排上》,短诗《思念》、《也许》、《劝》、《悲伤》、《祈求》表达了对生活的深入思考和对独立人格的坚持。唐湜在温州从事长篇叙事诗《海陵王》、《桐琴歌》、《春江花月夜》的创作,流沙河在四川写的《故园九咏》和《情诗六首》,穆旦在"文革"后期创作的《智慧之歌》、《友谊》、《秋》、《冬》等,中青年诗人陈明远、苏阿芒的一些诗作,都表明了这种"个体性写作"的实力。"知青"是另一支独立写作的力量,食指(郭路生)的抒情诗《这是四点零八分的北京》、《相信未来》在"知青"中被广泛传抄,后来被称为"白洋淀诗群"的一些诗人芒克、多多、根子,北京的赵振开(北岛),随父亲在山东海滨劳动的顾城,福建的舒婷等人,一方面各自写诗,一方面与周围的诗友互相交流。赵振开除了诗,又有手抄本小说《波动》。其他作者的手抄本小说还有张扬的《第二次握手》、靳凡的《公开的情书》、礼平的《晚霞消失的时候》。

思 考 题

一、简述 50—60 年代小说创作的概况和特点。

二、谈谈话剧《茶馆》和《关汉卿》不同的艺术风格。

三、你怎样认识"文革"时期的文学创作?

■作品选

小 巷 深 处 ①

陆文夫

一

　　苏州,这古老的城市,现在是熟睡了。她安静地躺在运河的怀抱里,像银色河床中的一朵睡莲。那不太明亮的街灯,照着秋风中的白杨,婆娑的树影在石子马路上舞动,使街道也布满了朦胧的睡意。

　　城市的东北角,在深邃而铺着石板的小巷里,有间屋子里的灯还亮着。灯光下有个姑娘坐在书桌旁,手托着下巴在凝思。她的鼻梁高高的,眼睛乌黑发光,长睫毛;两条发辫,从太阳穴上面垂下来,拢到后颈处又并为一条,直拖到腰际,在两条辫子合并的地方,随便结着一条花手帕。

　　在这条巷子里,很少有人知道这姑娘是做什么的,邻居们只知道她每天读书到深夜。只有邮递员知道她叫徐文霞,是某纱厂的工人,因为邮递员常送些写得漂亮的信件给她,而她每接到这种信件时便要皱起眉头,甚至当着邮递员的面便撕得粉碎。

　　徐文霞看着桌上的小代数,怎样也看不下去,感到一阵阵的烦恼。这些日子,心中常常涌起少女特有的烦恼,每当这种烦恼泛起时,便带来了恐惧和怨恨,那一段使她羞耻、屈辱和流泪的回忆就在眼前升起。

　　是秋雨连绵的黄昏,是寒风凛冽的冬夜吧,阊门外那些旅馆旁的马路上、屋角边、阴暗的弄堂口,闲荡着一些打扮得十分妖艳的姑娘。她们有的蜷缩着坐在石头上;有的依在墙壁上,两手交叉在胸前,故意把那假乳房压得高高的,嘴角上随便叼着烟卷,眯着眼睛看着旅馆的大门和路上的行人。每当一

个人走过时,她们便娇声娇气地喊起来:

"去吧,屋里去吧。"

"不要脸,婊子,臭货!"传来了行人的漫骂。

这骂声立即引起她们一阵哄笑,于是回敬对方一连串下流的咒骂:

"寿头,猪罗,赤老……"

在这一群姑娘中,也混杂着徐文霞,那时她被老鸨叫做阿四妹。她还是十六岁的孩子,瘦削而敷满白粉的脸,映着灯光更显得惨白。这些都是七八年前的事了,徐文霞一想起心就颤抖。

一九五二年,政府把所有的妓女都收进了妇女生产教养院。徐文霞度过了终身难忘的一年,治病、诉苦、学习生产技能。她记不清母亲是什么样子,也不知道母爱的滋味,人间的幸福就莫过如此吧,最大的幸福就是在阳光下抬着头做个正直的人!

那一年以后,徐文霞便进了勤大纱厂。厂长见她年轻,又生着一副伶俐相,说:"别织布吧,学电气去,那里需要灵巧的手。"

生活在徐文霞面前放出绮丽的光彩。尊敬、荣誉、爱抚的眼光,一起向她投过来。她什么时候体验过做人的尊严呢?她深藏着自己的经历,好在几次调动工作之后,已无人知道这点了,党总支书记虽然知道的,也不愿提起这些,使她感到屈辱。没人提,那就让它过去吧,像恶梦般地消逝吧。

爱情呢?家庭的幸福呢?徐文霞不敢想。她也怕人夸耀自己的爱人。怕人提起从前的苦难,更怕小姊妹翻准备出嫁的衣箱。她渐渐地孤独起来,在寂静无声的夜晚,常蒙着被头流泪,无事时不愿有人在身边。于是,她便在这条古老的巷子里住下来,这里没人打扰她,只是偶然门外有鞋敲打着石板,发出空洞的回响。她拼命地读书,伴着书度过长夜,忘掉一切。只是那些曾玩弄过她的臭男人不肯放过她,常写信来求婚,徐文霞接到这些信时便引起一阵怅惘,后来索性不看便撕掉:"谁能和做过妓女的人有真正的爱情,别尝这杯苦酒吧!"

徐文霞站起来,在房间里走动,把所有的杂念都赶掉,翻开小代数,叹了口气,自语道:

"把工作让给我,把爱情让给别人吧!"

徐文霞重新埋进书本,努力探索难解的方程式。一会儿,字母便在眼前舞动,扭曲着,糊成一片黑。她拉拉眼皮,想唤回注意力。可能是天气燥热吧,她伸手推开玻璃窗。窗外起着小风,树叶儿沙沙地响着,夜气和秋声那样催人入眠,徐文霞更加烦躁了。

徐文霞为啥烦躁,只有她自己知道,那个大学毕业的技术员张俊的影子,如今还在眼前晃动。他年轻,方方的脸放着红光,老是带着笑容和她谈话,跑到她身边来找点什么,却又涨红着脸无声地走开了。徐文霞知道为着这件事烦恼,却故意不肯承认,用这种办法,她击退好几次爱情的干扰。今天怎么搞的呢?说不想又偏去想:"他今天为什么到我这里来呢?光是轻轻地敲了一下门,隔半天又敲了一次,想进来,又不想进来的样子。他的脸那么红干吗,别那样红吧,同志!难道我这个人还能讥讽人吗?唉,他为什么不讲话,他挺会说话的,今天倒结结巴巴的,尽翻我的书看,还看得很有趣呢!这些书他不是都读过吗?他要帮我补习代数,还要教我物理。昏啦,我竟答应了他,要是他怀着什么心思,我可怎得了啊!"徐文霞平静的心被搅乱了,全部"防线"都崩溃了,她不理睬那许多对她含着深情的眼光,撕掉好些向她吐露爱情的信件,却无法逃避张俊那纯真的孩子般的眼睛。她收不住奔驰起来的思想,一会儿充满了幸福,幸福得心向外膨胀,一会儿充满了恐惧,感到这事是那么可怕。各种矛盾的心情,痛苦地绞缠着她,悲惨的往事又显明起来,她伏在桌上抽泣着,肩膀在柔和的灯光下抖动。

窗外下起雨来,檐漏水滴在石板上,像倾诉着说不完的闲话。

二

时间从秋天到了冬天,徐文霞心里却像开满了春花。

一下班,张俊便到徐文霞的房间里来了。他坐在徐文霞的对面,眼不转睛地看着她。看得徐文霞脸红心跳起来,忙说:

"来吧,抓紧时间。"

张俊笑着,打开课本。他不仅讲,还表演,不知又从哪里找来许多生动的譬喻。这一点,张俊自己也不明白,在徐文霞面前,他的智慧像流不完的河水。

徐文霞开始做习题时,张俊便坐到另一张桌上做自己的功课。这时候,房间里静极了,只有笔在纸上唰唰地响。张俊一伏到书桌上,就两三小时不动身。徐文霞深怕他过度疲劳,便走过去拉拉他的耳朵,搔搔他的后脑。张俊嚷起来：

"好，你又破坏学习。"

徐文霞咯咯地笑着，便坐下来。不一会，她又向张俊手里塞进一只苹果。张俊把苹果放在桌子上，先不去动，过了一会，拿起来看看，然后便到徐文霞的口袋里摸小刀。

"好，这次是你破坏学习。"

"苹果是你送给我的！"

这一骚动，两个人都学不下去了，便收起书本，海阔天空地谈起来。张俊老是爱谈将来，一开口便是"五年以后"的理想：

"到那时候我是工程师，你是技术员……"

"我也能做技术员吗？"

"只要你学习时不调皮。"张俊调皮的眼光望着她："那时我们还在一起工作，机器出了毛病，我和你一起修，我满脸都是机器油，嘿，你会不认识我哩！"

"你掉在染缸里我也认识。"

"要是世界上有这么一对，他们一起工作，一道回家，星期天一起上街买东西，该多好啊！"

徐文霞被说得心直跳，脸上绯红，故意装做不明白的说："那是人家的事情，你谈它做啥。"

徐文霞好像浸在一缸温水里，她第一次感到爱情给人幸福和激动。

实在没话谈了，他们便挽着手到街头散步，苏州街上的夜晚，空气是很清新的，行人又那么稀少。他们尽拣没人的地方走，踩得法国梧桐的落叶，沙沙的怪舒服。徐文霞老爱把那些枯叶踢得四处飞扬。到底走多少路，他们并不计较，总是看到北寺塔，看到那高大巍峨的黑影便回头。

张俊每天到徐文霞这里来，实在忙了，睡觉之前也一定来说一声："睡吧！文霞，明天见。"徐文霞也习惯了，等到十点半张俊还不来，她便睡下等他。果然听着门上的钥匙响，张俊走进来，用手在她的被头上拍两下："睡吧！文霞……"然后她才能真的安详地熟睡了。

在爱情的海洋里，徐文霞本来已经绝望了，却忽然碰着救命圈，她拼命地抓着，深怕滑掉。夜里，她常常梦见张俊铁青着脸，指着她的鼻子骂："我把你当块白璧，原来你做过妓女，不要脸的东西，从此一刀两断！"徐文霞哭着，拉着张俊："不能怪我呀，旧社会逼的……"张俊理也不理，手一摔，走出门去。

徐文霞猛扑过去,扑了个空。醒来却睡在床上,浑身出着冷汗,索性痛哭起来,泪水湿了枕头,人还在抽泣。

徐文霞再也睡不着了,多少苦痛都来折磨她,寻思道:"怎么办哩,老是这样下去吗?万一我的过去给张俊知道呢!告诉他吧。不,他不会原谅我,像他这样的人,多少纯洁的姑娘会爱上他,怎能要做过妓女的人呢?不能讲,千万不能讲啊!"徐文霞用力绞着胸前的衬衣,打开床头的电灯,她恐惧,她怕。她不能失去张俊,不能没有张俊的爱情。

三

初冬晴朗的早晨,天暖和得出奇。苏州人都溜进了那些古老的花园去度过他们的假日。

徐文霞穿着鹅黄色闪着白花的绸棉袄,这棉袄似乎有点短窄,可是却把她束得更苗条而伶俐。辫子好像更长了,齐到棉袄的下摆,给人一种修长而又秀丽的感觉。她左手拎一黄草提包,和张俊慢慢地走进了留园,在幽静曲折的小道上,徐文霞的硬底皮鞋,咯咯地叩着鹅卵石。小道的两旁,是堆得奇巧的假山石,瘦削的太湖石到处耸立着,安排得均匀适中。晚开的菊花还是那么挺秀,不时从太湖石的洞眼中冒出一枝来。徐文霞的眼睛像清水里的一点墨油,的溜溜地转动着,心旷神怡。

他们在清澈的小石潭中看了金鱼,又转过耸峙的石峰,前面出现了一座小楼。

"上楼去吧。"徐文霞眼睛柔和发亮地望着他。

张俊拉着她的手却向假山上爬。

"咦,上楼多好!"徐文霞跌跌跄跄地,爬到山顶直喘气:"我叫你上楼,你偏要上山!"

"已经上楼啦,还怪人。"

徐文霞向前一看,真的上了楼,原来假山又当楼梯,使人在欣赏山景中不知不觉地登了楼,免去爬楼梯那枯燥的步行。徐文霞忍不住笑起来,停会儿又叹气说:

"俊,你看造花园的人多灵巧啊,人总是费尽心机,想把生活弄得美一些。"

"走吧,说这些空话做啥。"

他们穿着曲折的回廊,徐文霞心中有些忧伤,说:"唉,生活,要是明白了造园人的苦心,你就会同情他,同情他那美好的愿望。"

张俊心一悸动,看着徐文霞忧伤的眼色,忙说:

"你怎么啦,文霞,想起什么了吧?"

"不,没有什么。"

"那你为什么不高兴呢?"

"高兴哩,能和你在一起,总是高兴的。"徐文霞强笑了一下:"走吧,你看前面又是什么地方?"

他们走进了一个满月形的洞门,眼前出现了一片乡村景色。豆棚瓜架竖立着,翻开的黑土散发着芬芳。他们在牵满了葫芦藤的画架下散步,看那繁星一样缀在枯藤上的小葫芦。

张俊沉默着,忽然一副庄重的神色说:

"文霞,你说心里话,你觉得我这人怎样。"

"怎么说呢,我这一世,要找第二个人,恐怕……再也……"

张俊兴奋极了,满脸放着光彩,快活地说:

"这么说,文霞,我们结婚……"

徐文霞陡然一震动,喜悦夹杂着恐怖向她奔袭过来。她脸色有些苍白,嘴唇边微微抖动,半晌才说:

"走吧,我们向前。"

张俊兴奋的话说个不完:

"文霞,人生的道路是漫长的,在这条路上,两个人携着手,齐奔自己的理想;一个疲乏,另一个扶着她;一个胜利了,另一个祝贺他。你说,还有爬不过的高山,渡不过的大河吗!"

徐文霞感动得几乎掉下泪来,有这样的一个人,伴着一生,不正是自己的梦想吗!可是,她却怀疑地望着张俊,想到:"要是你知道我的过去,你还能说这些话吗?"她痛苦地低下头,忙说:"走吧。"

在那边,出现了一座土山,山上长满了枫树,早霜把枫叶染红了,红得像清晨的朝霞。在半山腰的石凳上,坐着个人。这人背朝着徐文霞,拉起大衣领子晒太阳。徐文霞咯咯的皮鞋声,引起了他的注意,便回过头来,露出一张扁平的脸,像一张绷紧了的鼓皮,在鼓皮的两条裂缝中间,滴溜溜的眼睛盯着徐文

霞。等徐文霞发现这人时,已到了跟前,这人也跟着站起来,恭恭敬敬地说:

"你好呀四妹,你还在苏州吗?"

"你!你……也在这里玩吗。再见,俊,到山顶上去看看吧。"徐文霞拉着张俊的手,一溜烟奔上了山峰。她神色慌张,喘着气,腿肚在抖,眼皮在跳,浑身直打寒噤。

张俊望着那个人,见他已懒洋洋地下了山,就说:

"那人是谁,怎么叫你四妹?"

徐文霞哆嗦着:"没有什么,一个熟人,四妹是我的小名。"她呆了一下:"回去吧,这里很冷,没啥玩头。"

张俊看着徐文霞奇怪的神色,心里疑惑着,忐忑不安地走出了园门。

四

门上,轻轻地敲了一下。半晌,又轻轻地敲了一下。

徐文霞的脸色从惊疑变成喜悦,她敏捷地从床上跳起来:"冒失鬼,又忘了带钥匙了!"

徐文霞慢慢地拉开门,想猛地冲出去吓张俊一下。忽然,有个扁平的脸在眼前出现了。徐文霞一惊,一阵凉气从脚下传遍全身,暗自吃惊道:"朱国魂!就是那天在留园碰到的朱国魂。"徐文霞愣住了,不知道把门关上呢还是放他进来。

朱国魂微笑着,向巷子的两端看了一眼,不等什么邀请,很快地折进门来,跟着把门关上,恭恭敬敬地叫了声徐小姐。

听到喊徐小姐,徐文霞更加惊惶的想:"都知道啦,这个鬼。"她强力使自己镇静,不露出一点张惶的神色,冷冷地问:

"这几年在哪里得意呀,朱经理?"

"嘿嘿,没有什么。前几年政府说我破坏了市场,把我劳动改造了两年。徐小姐,听说你这两年很抖呀。"朱国魂努力想说点儿新腔,不小心又露出了这句老话。

"现在谈不到抖不抖。"徐文霞感到一阵恶心。

朱国魂向房间里打量着,一时不讲话。徐文霞也戒备着,不知道他下一步会耍出什么花腔。她看着这张扁平脸,眼睛里藏着屈辱和愤怒。就是这个

374

投机商,解放前她还是一个十六岁纯洁的少女的时候,他是第一次曾那样残酷地侮辱过她,把她的身子尽力地摧残。现在他想干什么呢?他不讲话,伸长着脖子挨过来,咧着那个圆圈圈似的嘴直喘气。徐文霞向后让着,真想伸手给这张扁平脸一记耳光,可是她忍耐着。从碰到他的那天起,她就怕这个人,总觉得有把柄落在这人手里。

朱国魂突然用解放前的那副流氓腔调说:

"嘻嘻,阿四妹,你真有两手,竟给你搭上张俊那小子。一表人才呀!咳,又苗条。不过当心噢,过去的那段事得瞒得紧点,露了风可就炸啦!"朱国魂眯着他那小眼睛,又意味深长地说:"你放心,我不会公开我们解放前那段交情,你们的好事我总得要成全,对不对?"

徐文霞手足发凉,极力保持着的镇静消失干净,脱口说出心里话:

"你怎么晓得这样清楚!"

"唉,买卖人嘛,打探消息的本事还有点哩!"

徐文霞满脸煞白,一瞬转了很多念头:痛骂他一顿,轰他出去,拉他到派出所。这些都容易办到,可是要给张俊知道呢,要是这恶棍加油添醋地告诉张俊呢……她不敢想,头昏旋起来。她狠狠地望着对方,那张扁平脸在眼前无限制地伸长、扩大,成了极其可怕的怪相。

"你要怎么样呢,朱经理,大家都是明白人,有什么里子翻出来看看。"

"咳,谈不上怎么样,这又不是解放前。不过,我现在摆的个小摊,短点本。想问你借一点,大家心里有数嘛,互相帮忙。"

徐文霞下意识地伸出微抖的手,摸出一叠钞票放在桌子上。

朱国魂站起来,一叠声地说谢谢。他把大拇指放在唇边上擦了点唾沫,熟练地一数,又笑嘻嘻地放在桌子上,说:

"徐小姐,这二十块钱不能派什么用场。要是你身边不便,我改日再来拜访。"

徐文霞咬紧着牙,脸涨得发紫。她把半个月的工资狠命地摔在地板上,转身扑到枕头上,哽咽不成声地哭着。

五

冬天渐渐摆出冷酷的面貌,连日刮着西北风,雪花飞飞扬扬地飘落下来。

徐文霞呆坐着，面容消瘦了，眼睛也无光了。她看雪花扑打到玻璃窗上，化成水珠，像眼泪似的流下来。透过这挂满眼泪的玻璃窗，看到外面大团的雪花飞舞着，使天空变成白蒙蒙的一片。

窗头闹钟滴答滴答地响，永远那样平稳。徐文霞又向钟看了一眼：

"咦，他怎么还不来！"

"朱国魂大概把我一切告诉他啦！"徐文霞的心像悬在蛛丝上，快掉下来，却又悬荡着：他爱的人原来做过妓女啊！他还有脸见人吗？他哪里还能来呢。

"滴铃铃铃！"闹钟突然响起来。徐文霞一惊，以为是门铃响，她手捺着那跳得别别的胸脯。她怕朱国魂又来纠缠，又怕张俊来撞上朱国魂。她想："朱国魂不会轻易地放我，这条毒蛇，不把血吸干了是不会吃肉的。"

张俊进来了，跺着脚，抖掉雨衣上的雪，脸冻得通红，嘴里喷出白气。他满脸是笑地说：

"文霞，多大的雪，你出去看看哩，好几年不下这样大的雪啦！"

徐文霞飞奔过去吻着他："怎么现在才来，最近怎么常来得这样迟呀？"

"是你心理作用，我还不是和过去一样，下班就来看你！文霞，别乱猜，无论怎样，我总不会离开你。"

徐文霞紧紧地搂着他："别离开我，俊，别丢掉我呀！不，就是丢掉我，我也不会怨你。"

张俊扬起了眉毛，不明白的望着徐文霞，心想到："她近来消瘦了，眼眶里含着泪水，心中埋藏着什么痛苦呢，不肯说，又不准问。唉，亲爱的姑娘！"他的唇变动了两下，想问什么又忍住了，只说："结婚吧！文霞，结了婚我们会天天在一起的。"

徐文霞低头沉默着。突然，她又无声地哭了起来，伏在张俊的怀里揩眼泪。

张俊抚摸着她的头发，又怜惜又着急："别难过，文霞，我是用真诚的心待你的，为什么你对我忽然又不信任了呢？"张俊拍拍徐文霞，安慰她一会儿，才说："还有个会等我去，你先看看复习题，晚上我再来讲新课。"

徐文霞恍恍惚惚地想："走啦，又走啦！最近他总是这样匆匆忙忙的，好吧，结局快到了，到了，总有一天会到的，不如早些吧！"她哪有心思复习小代数呀。不知不觉又去打开箱子，把新大衣穿起来，新皮鞋穿上，围好那红色的

376

围巾,对着镜子旋转了几下,然后叹了口气,又一件件脱下来。她自己也不相信,这些东西竟是他买来的,准备结婚的。她幻想着这一天,却又不相信会有这一天。近几天张俊不在时,她便独自翻弄这些衣服,玩赏着,作出各种美妙的想像,交织成光彩夺目的生活图画。越是痛苦失望的时候,她越是爱想这些。

蓦的,朱国魂撞了进来,皮笑肉不笑地说:

"你好呀,徐小姐,准备结婚啦,我讨杯喜酒吃。"

徐文霞一看见他,所有的幻想都破灭了,她发怒地把衣裳都塞进箱子里。全是这个人,一切幸福与欢笑都被这个人砸得粉碎,她怒睁着眼睛问:"你又来做什么?"

"上次承你借了点小本钱,可是……又光啦。"

"怎么,我是你的债户?"徐文霞立起来,眼睛都气红了,恨不得燃起一场火,把这个人烧成灰烬。

"何必这样动火呢,徐小姐,有美酒大家尝尝,一个人吃光了是要醉的。"

徐文霞所有的怒火都升起了:"跟这个畜生拼了吧。"可是回头看看那乱七八糟的衣箱,心又软下来,手颤抖地摸出二十块钱。

朱国魂没料到第二次勒索竟这么容易,不禁向她看了一眼,发现她近几年竟长得如此苗条而又多姿,高高的胸脯,滚圆的肩膀,浑身发散着青春诱人的气息。他的心动起来了,升起一种邪恶的念头,扁平的脸上充满了血,打个哈哈说:

"今晚我睡在这里。"

"叭叭!"两下清脆的耳光声。

朱国魂猛地向后一跳,手捂着面颊。他仍微笑着说:

"咳,装什么正经呀,你和我又不是第一次!"

徐文霞猛扑过去,像一头发怒了的狮子。所有的痛苦屈辱和愤怒一齐迸发出来了,她用力捶打着朱国魂。朱国魂还是嘻嘻地笑着说:"看哪欺侮人呀,但是我原谅你,打是亲来骂是爱!"徐文霞更气得脸都白了,什么也不顾,一口咬住朱国魂的膀子。朱国魂真的痛得跳起来了,随手拎起一张方凳子,想了一下,又轻轻地放下来,放下脸来说:

"别这么神气,我只要写封信给张俊,告诉他你是干什么的,过去和我曾有过那么……"

徐文霞夺过方凳猛力掷过去。朱国魂知道再闹下去不好,转身溜出门去。方凳子"轰隆"一声撞在板壁上,把四邻都惊动了。

六

徐文霞站在张俊的宿舍门口,头发蓬乱着,脸色发青,眼睛里充满绝望的光芒:"去,告诉他,出丑让我一个人,痛苦由我承当。"心里虽这么想,脚下却不肯移动,仿佛门槛里面有条深渊,跨进一步就无法挽救。

张俊洗完脸,端了满满的一盆肥皂水,正要用力向门外一泼,忽见门外有人,连忙收住,水在地板上泼了一大摊。

"是你! 文霞。张俊惊叫起来,看见徐文霞这副样子,更是惊慌。他忙拉着她的手坐到床上:"发生什么事啦文霞,快告诉我,快!"

徐文霞痴呆着,眼睛直愣愣地看着张俊,眼泪一滴追一滴地落在地上。

"什么事,文霞?"张俊摇着她的肩膀:"快说吧! 看你气成这个样子,唉,急死人啦!"

徐文霞还是僵坐着,突然一转身,扑到张俊床上,只是泣不成声的哭着。张俊心乱极了:"别哭,有话说呀,别哭啦,给人家听见了笑话。"

徐文霞不停地哭着,让眼泪来诉说她的身世,痛苦和屈辱。一直哭了十多分钟,才觉得塞在心头的东西疏通了,慢慢地平静下来,深深地吸了口气,坦率地诉说着自身的遭遇。曾经有多少个夜晚啊,她把这些话在胸中深深地埋藏着,让自己独自忍受着这痛苦。

张俊开始被徐文霞的叙述弄得不知所措,只吃惊的张着眼睛,但是后来他像听到一个不平的故事一样,怒不可遏地从床上跳起来:"那个坏蛋在哪里,岂有此理,现在竟敢做这种事,我去找他!"

"别去吧,俊,派出所会找他的,不要为我的事情再闹得你也没脸见人。我对不起你,你一片真心待我,我却把我的身世对你瞒了这么长时间。别骂我,俊,我是怕你……"

"别哭吧,文霞。"

"我知道你不会再爱一个曾经做过妓女的女孩子,我为什么要拖住你呢,拖住你来分担我的羞耻和痛苦! 我要离开苏州,请求组织调我到上海去工作。今后希望你和我仍做个知己的朋友吧……"徐文霞说不下去了,又伏倒在床上哭起来。

378

张俊沉默着，混乱得说不出一句话来。心里打翻了五味瓶，说不出是什滋味。

徐文霞揩干了眼泪，渐渐平静下来，想站起来走了，却没有一点力气。又过了一会儿，她像一个出征的战士，一切想好之后，带着一副毅然的神色离开张俊的屋子，走上了她的征途。

张俊仍一人在屋子里呆立着，不知怎样处理这件事才好，脑膜什么也不能思索。……

夜深了，冷得要命，大半个月亮架在屋檐上，像冰做的，露水在寂静中凝成了浓霜。

在那条深邃而铺着石板的小巷里，张俊在徘徊。他远远望着徐文霞那个亮着灯的窗户，每次要到窗户跟前又退回来，"怎么说呢，向她说些什么呢？"他想得出，那盏灯下坐着个少女，这少女是善良的化身，她无论怎样也不能和妓女这名词联系起来。他知道她在痛苦中，由于她屈辱的过去而无法生活下去，他的心又软下来："不能怪她呀，在那个黑暗的时代里，一个软弱的孤儿，能作得了什么主呢！"

要是作为一个普通女孩的不幸，毫无疑问，张俊是会同情的，而且马上就能谅解。可是，这是徐文霞，是个要伴着自己一生的姑娘。他踌躇着，在巷子里一趟又一趟地走着，似乎下决心要数出地上的石头。许多事情在眼前起伏，他想起和徐文霞相处的那些充满了幸福和幻想的日子，在这些日子里，人就变得聪明，而且对一切事情充满了信心。这些都是一个姑娘带来的，这姑娘挣扎出了苦海，向自己献出了一颗纯洁的心。她忍受着那许多痛苦来爱自己，又那么向往着美好的未来而不断地努力。张俊突然一转，奔跑着到徐文霞的门前，一摸口袋，又忘了带钥匙，便捏起拳头拼命地敲门。

那性急的擂门声，在空寂的小巷子里，引起了不平凡的回响。

注释：①《小巷深处》是苏州作家陆文夫的早期作品，发表于 1956 年 10 月号《萌芽》月刊。这篇小说表现在旧社会被迫沦为妓女的姑娘徐文霞为新社会挽救并获得了美满幸福的爱情，其中也写了这个爱情遇到的波折和两个主人公的爱情心理。小说发表后因题材的别致受到广泛瞩目，但作者却因为"探求者"一案而获罪，该作品也受到批判。1979 年被收入《重放的鲜花》一书，同时作者又有《美食家》、《围墙》、《井》等新作问世。

这是四点零八分的北京①

食　指

这是四点零八分的北京，
一片手的海浪翻动；
这是四点零八分的北京，
一声雄伟的汽笛长鸣。

北京车站高大的建筑，
突然一阵剧烈地抖动。
我双眼吃惊地望着窗外，
不知发生了什么事情。

我的心骤然一阵疼痛，一定是
妈妈缀扣子的针线穿透了心胸。
这时，我的心变成了一只风筝，
风筝的线绳就在母亲的手中。

线绳绷得太紧了，就要扯断了，
我不得不把头探出车厢的窗棂。
直到这时，直到这时候，
我才明白发生了什么事情。

——一阵阵告别的声浪，
就要卷走车站；
北京在我的脚下，
已经缓缓地移动。

我再次向北京挥动手臂，
想一把抓住她的衣领。
然后对她大声地叫喊：
永远记着我,妈妈啊北京!

终于抓住了什么东西，
管他是谁的手,不能松，
因为这是我的北京，
这是我的最后的北京。

1968 年 12 月 20 日

注释:①食指,原名郭路生,1948 年生于北京,"文革"期间的写作集中于 1966 年到 1969 年,作品主要有《四点零八分的北京》、《相信未来》、《海洋三部曲》、《命运》及"文革"后创作的《疯狗》、《热爱生命》等。《四点零八分的北京》写出了知青离开北京上山下乡,火车开动时的那种"强烈晃动"的心理反应,于迷茫和伤感之中却又不失温柔敦厚的赤子之心。

也　　许①

蔡其矫

在生活的艰险道路上
我们有如太空中的两颗星
沿着各自的轨迹运行
却也迎面相逢几回,无言握别几回。
没有人知道我们今后的命运如何
没有人知道我们是否会互相发现
时间的积雪,并不能冻坏
新生命的嫩芽,
绿色的梦,在每一个生冷的地方
都唤起青春。

在我们脚下，也许藏有长流的泉水，
在我们心中，也许点亮不朽的灯，
众树都未曾感到
众鸟也茫无所知。
在生活中，我永远和你隔离，
在灵魂里，我时时喊着你的名字。

1974 年

注释：①蔡其矫(1918—2007)，福建晋江人，幼年侨居印尼。抗战期间赴延安，有《肉搏》《乡土》等诗作。50 年代在北京，"反右"运动中诗作《川江号子》、《雾中汉水》等受到错误批评，60—70 年代在家乡福建，创作了大量抒情诗。著有诗集《回声集》、《回声续集》、《涛声集》、《祈求》、《双虹》、《迎风》、《福建集》、《生活的歌》、《蔡其矫诗选》等。《也许》写于 70 年代中期，这首诗以典雅、柔韧的语言，从容、飘逸的风格，自由、舒展的诗体，表达了在严酷的时代诗人对人与人美好情谊的呼唤以及对生活的信念。

第十一章　当代文学（下）
（1979—90 年代）

80 年代起，人们已习惯于将"文化大革命"后的时代，笼统地称为"新时期"。这一时期，由于长期遭受压抑与斫伤的知识分子精英意识和五四传统开始得到恢复，中国文学终于又一次获得了解放的感觉。白桦的剧本《曙光》、刘心武的短篇小说《班主任》、徐迟的报告文学《哥德巴赫猜想》作为"三只报春的燕子"，预示了中国文学新的精神走向。而 1979 年 10 月 30 日至 11 月 16 日在北京召开的第四次全国文代会则真正标志着中国新时期文学繁荣的到来。这一年我国有《收获》、《当代》、《花城》、《十月》等多种大型文学刊物复刊和创刊；各式各样的学会、研究会宣告成立；文学艺术类的出版物则层出不穷，如小说报告文学集《重放的鲜花》、话剧《救救她》、电影剧本《苦恋》、社会特写《人妖之间》等的出版与发表，都曾轰动一时，并引起社会上旷日持久的反响。

可以说，正是以 1979 年的政治事件和文学事件为历史前提，中国文学开始了热烈而艰难的"新时期"发展和繁荣。思想的解放与开放，为新时期的文学带来了新鲜的气息：内容与题材不断得到扩展与突破，创作观念与表现手法更加趋于丰富与现代。

新时期的小说创作

（一）80 年代初期：现实主义的复归和深化

新时期小说的发展，从一开始就以震撼人心的力度和势头，给人以一种生机勃勃的印象。老作家茅盾对此也禁不住发出"建国三十年来，未曾有此盛事"的赞叹。而其间，小说审美意识的第一次大的转向是由"伤痕文学"引起，以"反思文学"和"改革文学"为继的。

1977年底，刘心武发表的短篇小说《班主任》，成为新时期文学的开路之作。小说以中学生的愚昧无知为警钟，写出了"文革"十年盛行的反知识和反文化的政治风尚所造成的现实危害。随后，卢新华的《伤痕》把"伤痕文学"推向了一个高潮，并终于发展到更为成熟的"大墙文学"与"反思文学"阶段。小说掀起了一股强有力的揭露与反思"文革"伤害的势头，探讨"文革"期间人的思想、道德、品质与生命意义。文学重新发现了人、人性，人情和人道主义在文学中又渐渐地复苏了。其中，竹林的《生活的路》、叶辛的《蹉跎岁月》、周克芹的《许茂和他的女儿们》、张洁的《从森林里来的孩子》与《爱，是不能忘记的》、丛维熙的《大墙下的红玉兰》、谌容的《人到中年》与《减去十岁》、王蒙的《布礼》与《蝴蝶》、张贤亮的《灵与肉》与《绿化树》、鲁彦周的《天云山传奇》、茹志鹃的《剪辑错了的故事》、张一弓的《犯人李铜钟的故事》、王安忆的《本次列车终点》、史铁生的《我的遥远的清平湾》、路遥的《人生》、张承志的《黑骏马》与《北方的河》，古华的《芙蓉镇》以及陆文夫的《美食家》等都是这个时期出现的优秀作品。

长篇小说《许茂和他的女儿们》发表于1979年，影响极大，获首届"茅盾文学奖"。小说通过对十年浩劫期间中国农村的一角所作的描写，深刻地反映了那个特殊年代中变幻起伏的时势。从老许茂一家的生活动荡中，小说写出了两代人的悲欢离合。许茂和四女儿是其中最为突出的人物形象：一个属于吃苦耐劳、倔强固执、有些私心却又能明辨是非的老式农民；另一个是贤良、敦厚、含蓄、深沉，受尽迫害却不甘沉没，坚持奋力抗争，最终成为命运主人的新时代农村妇女。作品主题深邃、形象鲜明。在小说中，作者表达了自己对农民命运的反思，行文中洋溢着感人肺腑的乐观精神。

古华的《芙蓉镇》(1979)也获得首届"茅盾文学奖"，是一部反思中国当代历史的优秀长篇。小说以"芙蓉姐"胡玉音与"摘帽右派"秦书田为主要人物,通过对偏僻小镇——芙蓉镇上各色人物在不同历史时期的命运观照,真实地反映了芙蓉镇社会近二十年的生活变迁,深刻地揭露了"左"倾路线给农村带来的巨大灾难。此后电影导演谢晋将它拍成电影,影响极大。

在新时期崛起的女作家群中,谌容和张洁以女性的细腻感受和理性思考作出了对时代的独特回应。谌容的《人到中年》(1980)是一部影响较大的作品。这部小说在艺术表现上采取了新的探索与尝试,通过对优秀的中年知识分子、眼科医生陆文婷悲剧性命运和生活的描写,对知识分子的生存状态进行了犀利的反思。陆文婷的形象蕴涵着巨大的思想内涵和深厚的社会内容,具有很高的文学与美学价值。

同时,本时期的小说创作及时地反映生活现实,出现了一批以社会改革与现实生活为题材的作品,凸现了历史交替时期的欢欣和阵痛。1979 年 7 月蒋子龙的《乔厂长上任记》问世,标志着"改革文学"开始了它的发轫期。这部作品成功地塑造了在四化建设中,一位勇于挑重担、献身事业的领导干部乔光朴的典型形象。小说不仅最先描写了惊心动魄的改革,而且使工业题材的文学创作出现了新的审美意趣。高晓声的《陈奂生上城》系列成为农村改革小说的代表作,小说极其形象地塑造了陈奂生这一当代文学史中的重要人物。贾平凹的《小月前本》、《鸡窝洼人家》、《腊月·正月》以及《浮躁》,带着浓浓的乡土气息,表现了农村社会的改革与道德伦理观念上的变化。张炜的《古船》则从民族文化与现代意识的高度上描写与思考着农民的命运与生活。此外,张洁的《沉重的翅膀》、李国文的《花园街五号》、张贤亮的《男人的风格》等小说则生动地描写了城市工业体制改革下人们的生活现实,大大丰富了这一题材的内容。其中,《沉重的翅膀》获第二届茅盾文学奖。

另一方面,徐怀中的《西线轶事》(1980)、李存葆的《高山下的花环》(1980)、朱苏进的《射天狼》(1982)、刘亚洲的《两代风流》(1984)等作品则在内容与表现手法上拓展了军事题材类的小说创作。

新时期的第一次小说热潮以"真实"美学为核心,实现了现实主义品格的回归和深化,从而为80年代中后期流派小说的繁荣与90年代的新成就打下了一个坚实的基础。

(二)80年代中后期:多元流派的探索与发展

进入80年代中期以后,中国的小说创作进入流派纷呈、积极探索的活跃时期。一批与传统的现实主义审美形态完全不同的小说相继出现,促成了新时期小说审美意识的又一次大的解放。

一方面,西方现代文艺思潮和表现手法的引进与借鉴,深刻影响着我国小说创作的文体与风格。其滥觞则为1979年王蒙、茹志鹃等人对意识流手法的运用。王蒙的《布礼》、《春之声》、《夜的眼》,茹志鹃的《剪辑错了的故事》,宗璞的《我是谁》等,都属于早期对小说形式较为强化的作品。这种影响的潮流在1985年变得异常突出。这一年,一批被称为"先锋派"的青年作家群,掀起了新潮小说的创作高潮。他们从哲学观念、审美意识到创作技巧等全方位地接受了西方现代主义的影响,对西方现代主义进行了不同层次的实验,写出了一大批中国的现代派作品。其中,刘索拉的《你别无选择》、徐星的《无主题变奏》、马原的《冈底斯的诱惑》、残雪的《山上的小屋》等都是影响力很大的作品;而稍后的先锋小说家如格非、孙甘露、苏童、余华等的创作则呈现出一定的后现代文本的色彩。代表作品有格非的《迷舟》、孙甘露的《信使之函》、苏童的《妻妾成群》、余华的《现实一种》等。

另一方面,一批作家则侧重以现代意识观照中国的现实与历史,但在表现内容、形式与方法上则更接近中国文学传统。产生较大影响的小说思潮主要有80年代中期的"寻根文学"和80年代末的"新写实"小说。前者以韩少功的《爸爸爸》、阿城的《棋王》、王安忆的《小鲍庄》、莫言的《红高粱》等为代表,他们或张扬,或批判,以

386

现代意识反观传统文化,探询现代中国文化重建的可能;后者以刘恒的《狗日的粮食》、刘震云的《塔铺》与《一地鸡毛》、池莉的《烦恼人生》以及方方的《风景》为代表,在对现实生活原生态的冷静还原中,思索人的生存本相,其写实的表象下包裹着现代的内涵。而80年代末90年代初王朔的以调侃、解构为主要特点的小说创作及流行也构成了当代的一个重要文化现象。本时期,现实主义的小说也在发展,路遥的长篇力作《平凡的世界》和陈忠实的《白鹿原》在社会上引起极大反响,并先后获得"茅盾文学奖"。

(三)90年代以来:文化转型期的个人化写作

从90年代开始,与社会的文化转型相对应,文学创作处于一个越来越商业化的多元化社会背景中,个人化风格更加明显。像80年代那样的"文学运动"和"宏大叙事"已经渐渐风流云散,作家们开始以各自不同的立场进行自己的创作:有的仍然坚持传统的知识分子的精英意识,有的则介入到商业文化的通俗倾向,也有的返身回到自己私人的世界……从而使文坛呈现出众声喧哗的无名状态。一批年轻作家如韩东、朱文等执著于个人生活和精神状态的独特话语表达,而一批80年代过来的中年作家也以个性化的方式,尝试着新的叙事策略,开始成熟并写出优秀之作。如王安忆的《叔叔的故事》、《长恨歌》,张承志的《心灵史》,张炜的《九月寓言》,余华的《活着》、《许三观卖血记》等都是90年代留下的艺术珍品。

90年代另一个值得注意的文学现象是女性写作空间的拓展。陈染的长篇小说《私人生活》与中篇小说《与往事干杯》,林白的长篇小说《一个人的战争》与《说吧,房间》等,从执著的性别立场写出了各自隐微的女性体验,对以后的女性写作产生观念和手法上的多重冲击。

新时期的诗歌创作

(一)现实主义诗歌的勃兴

新时期的诗歌以1976年4月的"天安门诗歌运动"为源头,逐渐恢复与发扬了现实主义的精神传统。随着在"文革"中饱经沧桑的老诗人艾青、邹荻帆、吕剑、绿原、牛汉、曾卓、蔡其矫、邵燕祥、公刘、白桦、流沙河等的陆续复出,随着社会生活趋于正常后诗坛新人雷抒雁、李发模、杨牧等的迅速崛起,新时期的诗歌创作又开始焕发春天的活力。白桦的《阳光,谁也不能垄断》最早为一个新时代呐喊。艾青在被禁锢了歌喉达二十多年后迅即"投入火的队伍,光的队伍",其歌声如熔岩喷涌而出。在其数量可观的诗作里,《光的赞歌》(1979)是一部可贵的力作。作品采用象征的手法,形象地表现了人们为追求光明而进行的艰难斗争。

另外,李发模的《呼声》,公刘的《哦,大森林》,雷抒雁的《小草在歌唱》,张志民的《祖国,你听我说》,骆耕野的《不满》,杨牧的《我是青年》,昌耀的《慈航》等大量的优秀诗歌纷纷发表,形成很大的影响。其中,《小草在歌唱》以独特巧妙的艺术构思成为同类诗作中的佼佼者。诗人从"小草"出发,抒写了对烈士张志新的怀念和颂扬,对荒谬的时代给予强烈的抗议。全诗激情饱满,深沉真挚,具有思想和情感的双重魅力。

现实主义诗歌带来了诗与时代、诗与生活之间的结合,同时也为以舒婷、北岛、顾城为代表的朦胧诗以及新诗潮的崛起作好了准备。

(二)朦胧诗的崛起

朦胧诗渊源于"文革"期间的民间刊物和地下诗人群体,1979年开始在《诗刊》等公开杂志上亮相,北岛的《回答》、舒婷的《致橡树》、顾城的《无名的小花》等开始引起评论界的关注与讨论。至1980年,朦胧诗在各种争议声中蔚然成风,并产生了北岛的《墓志铭》,顾城的《远与近》,舒婷的《祖国啊,我亲爱的祖国》、《双桅船》,江河的《纪念碑》,杨炼的《大雁塔》,梁小斌的《祖国,我的钥匙丢了》等一大批显示探索印记的作品。

朦胧诗一开始就显示了和传统新诗不同的表现内容、美学意蕴和创作手法。出于对十年"文革"的创伤记忆和强烈悲愤,出于对未来的满腔热望和茫然苦闷,诗人们往往用不确的意象和语言,曲折地传达内心的体验,形成了诗歌的朦胧和晦涩的特点。他们以一代年轻的思想者和叛逆者的视角,审视现实,张扬自我,创造了一个以人道主义和英雄主义为核心的诗歌世界。就表现手法而言,他们更强调诗人的个人直觉和心理体验,常常采用象征的、隐喻的、暗示的手法,注重诗歌的主观真实,从而给诗坛带来新的冲击。

朦胧诗的出现在当时引起了广泛的争议。1980年谢冕发表的《在新的崛起面前》和1981年孙绍振的《新的美学原则在崛起》以及1983年徐敬亚的《崛起的诗群》,因从不同角度肯定了朦胧诗的艺术地位,被理论界称为"三个崛起"论。

(三)朦胧诗后新诗潮的涌现

继朦胧诗之后,诗坛出现了更为年轻的一代,他们被称为"第三代诗人"、"后崛起诗潮"、"新生代"、"朦胧诗后"等。这是一个庞大纷杂的诗歌运动,其中各种流派团体旗号林立,都有着各自的理论主张与艺术追求,显示出当时诗坛的极度活跃和丰富。诗人们大多是读朦胧诗成长起来的一代,但他们的生活更多地和权威消解、个人化氛围浓重的语境相联,因此表现在诗歌中,他们又是朦胧诗崇高美和英雄意识的叛逆者,他们不再以沉重的思想者形象出现,而以漫不经心的调侃和嘲讽,以语言表现的"叙述流"与"生活流",展示他们对生存本相的理解。其主要代表人物有廖亦武、欧阳江河、韩东、于坚、翟永明、伊蕾等人。作为一场诗歌运动,新生代诗歌至1986年达到高潮。

80年代后期至90年代,一些独立写作的诗人如海子、骆一禾、戈麦、西川、王家新等人不断对现代诗的发展作出新的探索并取得为人瞩目的成绩。

新时期的戏剧创作

(一)写实倾向的再现戏剧的复苏和拓展

随着拨乱反正和思想大解放这一中国社会政治生活的转机,

戏剧这一具有广泛群众性的艺术形式也获得了再生。新时期的戏剧继承并发扬了现实主义传统,在主题开掘、题材深化、艺术形式的借鉴创新、风格追求的多样化方面,都有着明显的提高。

曾经为中国现代戏剧运动作出过巨大贡献的老作家,又一次创作出了优秀作品,如曹禺的《王昭君》、陈白尘的《大风歌》、吴祖光的《闯江湖》等。同时,白桦的《曙光》、宗福先的《于无声处》、苏叔阳的《丹心谱》、崔得志的《报春花》、沙叶新的《陈毅市长》等作品以严肃的态度审视与反思过去的时代,揭示重大的社会问题,塑造理想的文学形象,形成了戏剧的复苏期。其中《于无声处》(1977)是用文艺形式反映"四五"运动的最早一部作品,发表后轰动全国,演出盛况空前。

1981年,李龙云的《小井胡同》和苏叔阳的《左邻右舍》的出现,标志着戏剧进入了新的拓展阶段。剧作家们开始意识到对戏剧本体和人的主体精神的探索。剧作从历史与文化的角度对逝去的十年和今天的现实进行观照,努力探寻人物的深层生存状态。此后,郝国忱的《榆树屯风情》、《昨天,今天与明天》,李杰的《田野又是青纱帐》、魏敏等人的《红白喜事》等把目光投射到农村社会,对现实与历史进行深沉的思索。1985年前后,在带有表现倾向的"探索戏剧"风行的氛围中,刘锦云的《狗儿爷涅槃》以现代意识审视传统,反思历史,以一个痴迷于土地的农民狗儿爷的独特心态,揭示出中国一代农民的命运,标志着中国当代再现主义戏剧的拓展和深入。1988年,青年女剧作家何冀平的《天下第一楼》继承《茶馆》式的美学风格并加以发挥,获得了成功,再次证明了传统的再现戏剧的开放性和生命活力。

(二)写意倾向的表现主义戏剧的探索和发展

同流派小说的发达相一致,80年代中期以来,为寻求更具现代意识和艺术品格的戏剧表现,剧坛上兴起一股强有力的以表现主义为基本创作方法的探索热潮。同时,在商品化的社会环境下,戏剧跟观众的关系更为紧密,当代戏剧在认真探索新的发展可能性。事实上,这股探索热潮的先声始于80年代初的《绝对信号》、《屋外有热流》、《路》、《红房间·白房间·黑房间》等剧。自此,当代戏剧开始关注戏剧的另类表现形式和戏剧中人的"内宇宙"探索。开放式的舞台时空、人物心理的外化表现,体现了对传统的突破和创新的开始。

之后,80年代中期的《魔方》、《野人》、《一个生者对死者的访问》等剧的出现,将"探索性戏剧"引向深入。这一时期的戏剧更加强调在破除生活幻觉的假定性中走向艺术真实,在认同"戏剧是综合性艺术"的前提下展开大胆想象,整合众多的艺术要素以走向戏剧的自由表现。如1985年的以陶骏、陈亮等人为主创的实验戏剧《魔方》由"黑洞"、"流行色"、"女大学生圆舞曲"等9个片段自由组合而成,整个戏剧综合了哑剧、音乐、舞蹈、诗歌等多种艺术形式,充满了对传统舞台观念的突破。同样,刘树纲的现代音乐剧《一个生者对死者的访问》像是一个多声部的作品,深入了剧中人物的内心世界。而1985年舞台剧《搭错车》获得的令人惊奇的轰动与成功,迫使人们开始思考戏剧的"商品化"问题。

以戏剧形式的创新为主要内核的写意戏剧的探索热潮至1988年左右面临着突破和整合的趋势。其间,朱晓平的《桑树坪纪事》与李龙云的《洒满月光的荒原》为融合写实与写意、再现与表现而进行了努力,并获得了较大的成功。这也体现了当代戏剧美学对传统和现代的兼容意识。可以说,探索戏剧始终在艺术与商业的两难之境中探索着自己的命运。

新时期的散文创作

(一)历史、时代反思与老作家的新时期散文

与其他文学样式一样,新时期的散文创作从一开始就呈现出去除伪饰,抒写自我,追求真实,拓展表现领域和表现手法的发展态势。

粉碎"四人帮"后较早出现的是一批带有回忆性、悼念性、揭露性的散文，如巴金的《怀念萧珊》(1979)、丁玲的《"牛棚"小品》(1979)、杨绛的《干校六记》(1981)等，作家们以勃发的自我，深挚的情感，在散文领域率先冲破"文革"期间充斥文坛的矫饰之风，而对过去的时代加以反思。

　　其中，老作家巴金与孙犁被称为"当代散文界空中的双星"。前者以他的敢于讲真话，充满自审意识的《随想录》享誉文坛，作品呈现出质朴冷峻的风格；后者将深沉的思想寄寓于"生活琐事"和"往日回忆"中，形成了淡泊、古朴的散文风格。其中，《随想录》自1977年开始创作，到1986年结集，共五集，按时间顺序分别为《随想录》、《探索集》、《真话集》、《病中集》、《无题集》，凡150篇随笔散文。作家在文中或反思"文革"历史，或追忆亲人故友，或解剖自我内心，或评论文学、社会，被文艺界推崇为"一部代表当代文学最高成就的散文作品"；而孙犁在新时期结集出版的散文集主要有《晚华集》、《秀露集》、《澹定集》、《尺泽集》等。另外，汪曾祺、萧乾、柯灵、金克木、张中行等作家也以各自不同的散文美学风格活跃于文坛。

　　(二)文化、哲学观照与中青年作家的散文创作

　　在新时期庞杂的散文创作者序列中，中青年作家无疑是最具生命活力的。他们往往视野开阔，崇尚个性，表现自我，形成了各自的创作风格。其中，较有影响的散文作家主要有贾平凹、王英琦、李天芳、赵丽宏、曹明华等。贾平凹的散文作品结集出版的有《月迹》、《爱的踪迹》、《商州三录》、《平凹游记选》、《贾平凹散文自选集》等。其散文往往在平淡生活的叙述中感悟文化，渗入哲理，自成一格。而在兴起的女性作家群中，王英琦是引人注目的一个，已出版散文集有《热土》、《戈壁梦》、《漫漫旅途上的独行客》等。其散文以情见长，并注重对自我心灵的感受和探求，创作出大量富有个性的散文作品。

　　进入90年代以来，散文创作保持了多元发展的态势，并形成

了引人关注的热点。其中以余秋雨的《文化苦旅》为代表的文化散文(或学者散文)影响最大。其散文超越了传统散文托物言志的单一表达程式,以一种多角度的透视凸现对象的丰富内涵,并融入作家主体的精神建构,在感性和理性的自由切换中渗透对中国文化的顿悟和思考,使散文创作走向开阔和大气。其他的像张承志、张炜的散文更执著于对理想主义的坚守,代表散文集分别是《荒芜英雄路》和《纯美的注视》等。而史铁生的《我与地坛》以一个残疾人的切身体验,书写个人对生命的沉思,其对人生的苦苦探询与超越成就了散文本色、深沉之境界。

(三)新时期的报告文学与杂文创作

除了文艺性散文,新时期的报告文学也获得了充分的发展,代表作品有徐迟的《哥德巴赫猜想》、黄宗英的《大雁情》、穆青的《为了周总理的嘱托》、陈祖芬的《祖国高于一切》等。稍后,鲁光的《中国姑娘》报告了中国女排姑娘艰难的奋斗过程;钱钢的《唐山大地震》、徐刚的《伐木者,醒来》、胡平的《中国的眸子》等作品则显示出了强烈的历史意蕴和深邃的思辨色彩。

此外,新时期的杂文虽无小说、戏剧的轰动效应,但也以对时代基调的把握和批判锋芒的显示呈现出鲜明的创作特色。取得较高成就的杂文作家主要有林放、黄裳、冯英子、邵燕祥等。

思　考　题

一、联系相关的文学史背景,结合自己的个性,分析你所喜欢的一首朦胧诗。

二、从新时期的文学作品中,选择一部你最喜爱的中长篇小说,阐明喜爱的理由,并进一步加以评论。

三、结合具体作品,谈谈你对余秋雨的"文化散文"的理解和评价。

■作品选

回　答①

北　岛

卑鄙是卑鄙者的通行证，
高尚是高尚者的墓志铭。
看吧，在那镀金的天空中，
飘满了死者弯曲的倒影。

冰川纪过去了，
为什么到处都是冰凌？
好望角发现了，
为什么死海里千帆相竞？

我来到这个世界上，
只带着纸、绳索和身影，
为了在审判之前，
宣读那些被判决的声音：

告诉你吧，世界，
我——不——相——信！
纵使你脚下有一千名挑战者，
那就把我算做第一千零一名。

我不相信天是蓝的；
我不相信雷的回声；
我不相信梦是假的；
我不相信死无报应。

如果海洋注定要决堤，

让所有的苦水注入我心中；

如果陆地注定要上升，

就让人类重新选择生存的峰顶。

新的转机和闪闪的星斗，

正在缀满没有遮拦的天空，

那是五千年的象形文字，

那是未来人们凝视的眼睛。

注释：①北岛，原名赵振开，当代诗人，有《北岛诗选》(1986)等。北岛早期诗作深受浪漫诗歌影响，特别注重具有明确象征指向的意象群的锤炼，虽有时会减弱诗歌的感性魅力，但在他最好的诗歌中，会由于想像的丰富独特，情感的真挚庄严而产生更好的效果。《回答》是北岛早期代表作，发表于《诗刊》1979年第3期。

棋　　王(节选)①

阿　城

一

车站是乱得不能再乱，成千上万的人都在说话。谁也不去注意那条临时挂起来的大红布标语。这标语大约挂了不少次，字纸都折得有些坏。喇叭里放着一首又一首的语录歌儿，唱得大家心更慌。

我的几个朋友，都已被我送走插队，现在轮到我了，竟没有人来送，我虽无父无母，孤身一人，却算不得独子，不在留城政策之内。父母生前颇有些污点，运动一开始即被打翻死去。家具上都有机关的铝牌编号，于是统统收走，倒也名正言顺。我野狼似的转悠一年多，终于还是决定要走。此去的地方按月有二十几元工资，我便很向往，争了要去，居然就批了。因为所去之地与别国相邻，斗争之中除了阶级，尚有国际，出身孬一些，组织上不太放心。我争得这个信任和权利，欢喜是不用说的，更重要的是，每月二十几元，一个人如

395

何用得完？只是没人来送，就有些不耐烦，于是先钻进车厢，想找个地方坐下，任凭站台上千万人话别。

车厢里靠站台一面的窗子已经挤满各校的知青，都探出身去说笑哭泣。另一面的窗子朝南，冬日的阳光斜射进来，冷清清地照在北边儿众多的屁股上。两边儿行李架上塞满了东西，令人担心，我走动着找我的座位号，却发现还有一个精瘦的学生孤坐着，手拢在袖管儿里，隔窗望着车站南边儿的空车皮。

我的座位恰与他在一个格儿里，是斜对面儿，于是就坐下了，也把手拢在袖里。那个学生瞄了我一下，眼里突然放出光来，问："下棋吗?"倒吓了我一跳，急忙摆手说："不会!"他不相信地看着我说："这么细长的手指头，就是个捏棋子儿的，你肯定会，来一盘吧，我带着家伙呢。"说着就抬身从窗钩上取下书包，往里掏着。我说："我只会马走日，象走田。你没人送吗?"他已把棋盒拿出来，放在茶几上。塑料棋盘却搁不下，他想了想，就横摆了，说："不碍事，一样下。来来来，你先走。要不，让你车、马、炮?"我笑起来，说："你没人送吗? 这么乱，下什么棋?"他一边码好最后一个棋子，一边说："我他妈要谁送?去的是有饭吃的地方，闹得这么哭哭啼啼的，来，你先走。"我奇怪了，可还是拈起炮，往当头上一移。我的棋还没移到，他的马却"啪"地一声跳好，比我还快。我就故意将炮移过当前的地方停下。他很快地看了一眼我的下巴，说："你还说不会? 这炮二平六的开局，我在郑州遇见一个高人，就是这么走，险些输给他。炮二平五当头炮，是老开局，可有气势，而且是最稳的。嗯? 你走。"我倒不知怎么走了，手在棋盘上游移着。他不动声色地看着整个棋盘，又把手袖起来。

就在这时，车厢乱了起来。好多人拥进来，隔着玻璃往外招手。我就站起身，也隔着玻璃往北看月台上。站上的人都拥到车厢前，都在叫，乱成一片。车身忽地一动，人群"嗡"地一下，哭声四起，我的背被谁捅了一下，回头一看，他一手护着棋盘，说："没你这么下棋的，走哇!"我实在没心思下棋，而且心里有些酸，就硬硬地说："我不下，这是什么时候!"他很惊愕地看着我，忽然像明白了，身子软下去，不再说话。

车开了一会儿，车厢开始平静下来。有水送过来，大家就掏出缸子要水。我旁边的人打了水说："谁的棋? 收了放缸子。"他很可怜的样子，问："下棋吗?"要放缸子的人说："反正没意思，来一盘吧。"他就很高兴，连忙码好棋子。

对手说:"这横着算怎么回事儿? 没法儿看。"他搓着手说:"凑合了。平常看棋的时候,棋盘不等于是横着的? 你先走。"对手很老练地拿起棋子儿,嘴里叫着:"当头炮。"他跟着跳上马,对手马上把他的卒吃了,他也立刻用马吃了对方的炮。我看这种简单的开局没有大意思,又实在对象棋不感兴趣,就转了头。

这时一个同学走过来,像在找什么人,一眼望到我,就说:"来来来,四缺一,就差你了。"我知道他们是在打牌,就摇摇头。同学走到我们这一格,正待伸手拉我,忽然大叫:"棋呆子,你怎么在这儿? 你妹妹刚才把你找苦了,我说没见啊。没想到你在我们学校这节车厢里,气儿都不吭一声儿。你瞧你瞧,又下上了。"

棋呆子红了脸,没好气儿地说:"你管天管地,还管我下棋? 走,该你走了。"就又催促我身边的对手。我这时听出点音儿来,就问同学:"他就是王一生?"同学睁了眼,说:"你不认识他? 唉呀,你白活了。你不知道棋呆子?"我说:"我知道棋呆子就是王一生,可不知道王一生就是他。"说着,就仔细看着这个精瘦的学生。王一生勉强笑一笑,只看着棋盘。

王一生简直大名鼎鼎。我们学校与旁边几个中学常常有学生之间的象棋厮杀,后来拼出几个高手。几个高手之间常摆擂台,渐渐地,几乎每次冠军就都是王一生了。我因为不喜欢象棋,也就不去关心什么象棋冠军,但王一生的大名,却常被班上几个棋篓子供在嘴上,我也就对其事迹略闻一二,知道王一生外号棋呆子,棋下得很神不用说,而且在他们学校那一年级里数理成绩总是前数名。我想棋下得好而有个数学脑子,这很合情理,可我又不信人们说的那些王一生的呆事,觉得不过是大家"寻逸闻鄙事,以快言论"罢了。后来运动起来,忽然有一天大家传说棋呆子在串联时犯了事儿,被人押回学校了,我对棋呆子能出去串联表示怀疑,因为以前大家对他的描述说明他不可能解决串联时的吃喝问题,可大家说呆子确实去串联了,因为老下棋,被人瞄中,就同他各处走,常常送他一点儿钱,他也不问,只是收下,后来才知道,每到一处,呆子必然挤地头看下棋,看上一盘,必然把输家挤开,与赢家杀一盘,初时大家看他其貌不扬,不与他下。他执意要杀,于是就杀,几步下来,对方出了小汗。嘴却不软。呆子也不说话,只是出手极快,像是连想都不想,待到对方终于闭了嘴,连一圈儿观棋的人也要慢慢思索棋路而不再支招儿的时候,与呆子同行的人就开始摸包儿,大家正看得紧张,哪里想到钱包已经易主?待三盘下来,众人都摸头,这时呆子倒成了棋主,连问可有谁还要杀?有哪位不服,就坐下来杀,最后仍是无一盘得利。后来常常是众人齐做一方,七嘴八舌与呆子对手,呆子也不忙,反倒促促众人快走,因为师傅多了,常为一步棋如何走自家争吵起来。就这样,在一处呆子可以连杀上一天,后来有那观棋的人发觉钱包丢了,闹嚷起来,慢慢有几个有心计的人暗中观察,看见有人掏包,也不响,之后见那人晚上来邀呆子走,就发一声喊,将扒手与呆子齐绑了,由造反队审。呆子糊糊涂涂,只说别人常给他钱,大约是可怜他,也不知钱如何来,自己只是喜欢下棋。审主看他呆相,就命人押了回来,一时各校传为轶事,后来听说呆子认为外省马路棋手高手不多,不能长进。就托人找城里名手近战。有个同学就带他去见自己的父亲,据说是国内名手,名手见了呆子,也不多说,只摆一副据说是宋时留下的残局,要呆子走。呆子看了半晌,一五一十道来,替古人赢了。名手很惊奇,要收呆子为徒,不料呆子却问:"这残局你可走通了?"名手没反应过来,就说:"还未通"。呆子说:"那我为什么要做你的徒弟?"名手只好请呆子开路,事后对自己的儿子说:"你这个同学桀骜不驯,棋品连着人品,照这样下去,棋品必劣。"又举了一些最新指示,说若能好好学习,棋锋必健。后来呆子认识了一个捡烂纸的老头儿,被老头儿连杀三天而仅赢一盘。呆子就执意要替老头儿去撕大字报纸,不要老头儿劳动。不料有一天撕了某造反团刚贴的"檄文",被人拿获,又被这造反团裁诬于对立派,说对方"施阴谋,弄诡计",必讨之,而且是可忍,孰不可忍!对立派又阴使人偷出呆子,用了呆子的名义,对先前的造反团反戈一击。一时呆子的大名"王一生"贴得满街都是,许多外省来取经的革命战士许久才明白王一生原来是个棋呆子,就有人请了去外省会一些江湖名手。交手之后,各有胜负,不过呆子的棋据说是越下越精了。只可惜全国忙于革命,否则呆子不知会有什么造就。

这时我旁边的人也明白对手是王一生,连说不下了。王一生便很沮丧。我说:"你妹妹来送你,你也不知和家里人说说话儿,倒拉着我下棋!"王一生看着我说:"你哪儿知道我们这些人是怎么回事儿?你们这些人好日子过惯了,世上不明白的事儿多着呢!你家父母大约是舍不得你走了?"我怔了怔,看着手说:"哪儿来父母,都死毬了。"我的同学就添油加醋地叙了我一番,我有些不耐烦,说:"我家死人,你倒有了故事了。"王一生想了想,对我说:"那你这两年靠什么活着?"我说:"混一天算一天。"王一生就看定了我:"怎么

398

混?"我不答。呆了一会,王一生叹一声,说:"混可不易。一天不吃饭,棋路都乱,不管怎么说,你父母在时,你家日子还好过。"我不服气,说:"你父母在,当然要说风凉话。"我的同学见话不投机,就岔开说:"呆子,这里没有你的对手,走,和我们打牌去吧。"呆子笑一笑,说:"牌算什么,瞌睡着也能赢你们。"我旁边儿的人说:"据说你下棋可以不吃饭?"我说:"人一迷上什么,吃饭倒是不重要的事。大约能干出什么事儿的人,总免不了有这种傻事。"王一生想一想,又摇摇头,说:"我可不是这样。"说完就去看窗外。

一路下去,慢慢我发觉我和王一生之间,既开始有互相的信任和基于经验的同情,又有各自的疑问。他总是问我与他认识之前是怎么生活的,尤其是父母死后的两年是怎么混的。我大略地告诉了他,可他又特别在一些细节上详细地打听,主要是关于吃。例如讲到有一次我一天没有吃到东西,他就问:"一点儿也没吃到吗?"我说:"一点儿也没有。"他又问:"那你后来吃到东西是在什么时候?"我说:"后来碰到一个同学,他要用书包装很多东西,就把书包翻倒过来腾干净,里面有一个干馒头,掉在地上就碎了。我一边儿和他说话,一边儿就把这些碎馒头吃下去。不过,说老实话,干烧饼比干馒头解饱得多,而且顶时候儿。"他同意我关于干烧饼的见解,可马上又问:"我是说,你吃到这个干馒头的时候是几点?过了当天夜里十二点吗?"我说:"噢,不。是晚上十点吧。"他又问:"那第二天你吃了什么?"我有点儿不耐烦。讲老实话,我不太愿意复述这些事情,尤其是细节。我觉得这些事情总在腐蚀我,它们与我以前对生活的认识太不合辙,总好像是在嘲笑我的理想。我说:"当天晚上我睡在那个同学家。第二天早上,同学买了两个油饼,我吃了一个。上午我随他去跑一些事,中午他请我在街上吃。晚上嘛,我不好意思再在他那儿吃,可另一个同学来了,知道我没什么着落,硬拉了我去他家,当然吃得还可以。怎么样?还有什么不清楚?"他笑了,说:"你才不是你刚才说的什么'一天没吃东西',你十二点以前吃了一个馒头,没有超过二十四小时。更何况第二天你的伙食水平不低,平均下来,你两天的热量还是可以的。"我说:"你恐怕还是有些呆!要知道,人吃饭,不但是肚子的需要,而且是一种精神需要。不知道下一顿在什么地方,人就特别想到吃,而且,饿得快。"他说:"你家道尚好的时候,有这种精神压力吗?恐怕没有什么精神需求?有,也只不过是想好上再好,那是馋。馋是你们这些人的特点。"我承认他说得有些道理,禁不住问他:"你总在说你们、你们,可你是什么人?"他迅速看着其他地方,只是

399

不看我，说："我当然不同了。我主要是对吃要求得比较实在。唉，不说这些了，你真的不喜欢下棋？'何以解忧？唯有象棋'。"我瞧着他说："你有什么忧？"他仍然不看我，"没有什么忧，没有。'忧'这玩意儿，是他妈文人的佐料儿。我们这种人，没有什么忧，顶多有些不痛快。何以解不痛快？惟有象棋。"

　　我看他对吃很感兴趣，就注意他吃的时候。列车上给我们这几节知青车厢送饭时，他若心思不在下棋上，就稍稍有些不安。听见前面大家拿饭时铝盒的碰撞声，他常常闭上眼，嘴巴紧紧收着，倒好像有些恶心。拿到饭后，马上就开始吃，吃得很快，喉节一缩一缩的，脸上绷满了筋。常常突然停下来，很小心地将嘴边或下巴上的饭粒儿和汤水油花儿用整个儿食指抹进嘴里。若饭粒儿落在衣服上，就马上一按，拈进嘴里。若一个没按住，饭粒儿由衣服上掉下地，他也立刻双脚不再移动，转了上身找。这时候他若碰上我的目光，就放慢速度。吃完以后，他把两只筷子吮净，拿水把饭盒冲满，先将上面一层油花吸净，然后就带着安全到达彼岸的神色小口小口地呷。有一次，他在下棋，左手轻轻地叩茶几。一粒干缩了的饭粒儿也轻轻地小声跳着。他一下注意到了，就迅速将那个干饭粒儿放进嘴里，腮上立刻显出筋络。我知道这种干饭粒儿很容易嵌到槽牙里，巴在那儿，舌头是赶它不出来的。果然，呆了一会儿，他就伸手去嘴里去抠。终于嚼完，和着一大股口水，"咕"地一声儿咽下去，喉节慢慢移下来，眼睛里有了泪花。他对吃是虔诚的，而且很精细。有时你会可怜那些饭被他吃得一个渣儿都不剩，真有点儿惨无人道。我在火车上一直看他下棋，发现他同样是精细的，但就有气度得多。他常常在我们还根本看不出已是败局时就开始重码棋子，说："再来一盘吧。"有的人不服输，非要下完，总觉得被他那样暗示死刑存些侥幸。他也奉陪，用四五步棋逼死对方，略带嘲讽地说："给你棋脸，非要听'将'，有瘾？"

　　我每看到他吃饭，就回想起杰克·伦敦的《热爱生命》，终于在一次饭后他小口呷汤时讲了这个故事，我因为有过饥饿的经验，所以特别渲染了故事中的饥饿感觉，他不再喝汤，只是把饭盒端在嘴边儿，一动不动地听我讲。我讲完了，他呆了许久，凝视着饭盒里的水，轻轻吸了一口，才很严肃地看着我说："这个人是对的。他当然要把饼干藏在褥子底下。照你讲，他是对失去食物发生精神上的恐惧，是精神病？不，他有道理，太有道理了。写书的人怎么可以这么理解这个人呢？杰……杰什么？嗯，杰克·伦敦，这个小子他妈真是饱汉子不知饿汉子饥。"我马上指出杰克·伦敦是一个如何如何的人。他说:"是呀,不管怎么样,像你说的,杰克·伦敦后来出了名,肯定不愁吃的,他当然会叼着根烟,写些嘲笑饥饿的故事。"我说:"杰克·伦敦丝毫也没有嘲笑饥饿,他是……"他不耐烦地打断我说:"怎么不是嘲笑?把一个特别清楚饥饿是怎么回事儿的人写成发了神经,我不喜欢。"我只好苦笑,不再说什么,可是一没人和他下棋了,他就又问我:"嗯?再讲个吃的故事?其实,杰克·伦敦那个故事挺好。"我有些不高兴地说:"那根本不是个吃的故事,那是一个讲生命的故事,你不愧为棋呆子。"大约是我脸上有种表情,他于是不知怎么办才好。我心里有一种东西升上来,我还是喜欢他的,就说:"好吧,巴尔扎克的《邦斯舅舅》听过吗?"他摇摇头。我就又好好儿描述了一下邦斯这个老饕,不料他听完,马上就说:"这个故事不好,这是一个馋的故事,不是吃的故事。邦斯这个老头儿若只是吃而不馋,不会死。我不喜欢这个故事。"他马上意识到这最后一句话,就急忙说:"倒也不是不喜欢。不过洋人总和咱们不一样,隔着一层。我给你讲个故事吧。"我马上感了兴趣:棋呆子居然也有故事!他把身体靠得舒服一些,说:"从前哪,"笑了笑,又说:"老是他妈从前,可这个故事是我们院儿的五奶奶讲的。嗯——老辈子的时候,有这么一家子,吃喝不愁。粮食一囤一囤的,顿顿想吃多少吃多少,嘿,可美气了。后来呢,娶了个儿媳妇。那真能干,就没说把饭做糊过,不干不稀,特解饱。可这媳妇,每做一顿饭,必抓一把米藏好……"听到这儿,我忍不住插嘴:"老掉牙的故事了,还不是后来遇了荒年,大家没饭吃,媳妇把每日攒下的米拿出来,不但自家有了,还分给穷人?"他很惊奇地坐直了,看着我说:"你知道这个故事?可那米没有分给别人,五奶奶没有说分给别人。"我笑了,说:"这是教育小孩儿要节约的故事,你还拿来有滋有味地讲,你真是呆子。这不是一个吃的故事。"他摇摇头,说:"这太是吃的故事了。首先得有饭,才能吃,这家子有一囤一囤的粮食。可光穷吃不行,得记着断顿儿的时候,每顿都要欠一点儿,老话儿说'半饥半饱日子长'嘛。"我想笑但没笑出来,似乎明白一些什么,为了打消这种异样的感触,就说:"呆子,我跟你下棋吧。"他一下高兴起来,紧一紧手脸,啪啪啪就把棋码好,说:"对,说什么吃的故事,还是下棋,下棋最好,何以解不痛快?惟有下象棋。啊?哈哈哈!你先走。"我又是当头炮,他随后把马跳好。我随便动了一个子儿,他很快地把兵移前一格儿。我并不真心下棋,心想他念到中学,大约是读过不少书的,就问:"你读过曹操的《短歌行》?"他说:"什么《短歌行》?"我说:"那你怎么知道'何以解忧,唯有杜康'?"他愣了,问:"杜康是什么?"我说:"杜康是一个造酒的人,后来也就代表酒,你把杜康换成象棋,倒也风趣。"他摆了一下头,说:"啊,不是。这句话是一个老头儿说的,我每回和他下棋,他总说这句。"我想起了传闻中的捡烂纸的老头儿,就问:"是捡烂纸的老头儿吗?"他看了我一眼,说:"不是,不过,捡烂纸的老头儿棋下得好,我在他那儿学到不少东西。"我很感兴趣地问:"这老头是个什么人?怎么下得一手儿好棋还捡烂纸?"他很轻地笑了一下,说:"下棋不当饭。老头儿要吃饭,还得捡烂纸,可不知他以前是什么人。有一回,我抄的几张棋谱不知怎么找不到了,以为当垃圾倒出去了,就到垃圾站去翻,正翻着,这个老头儿推着筐过来了,指着我说:'你个大小伙子,怎么抢我的买卖?'我说不是,是找丢了的东西,他问什么东西,我没搭理他。可他问个不停,'钱?存折儿?结婚帖子?'我只好说是棋谱,正说着,就找着了。他说叫他看看,他在路灯底下挺快就看完了,说'这棋没根哪。'我说这是以前市里的象棋比赛。可他说,'哪儿的比赛也没用,你瞧这。这叫棋路?狗脑子!'我心想怕是遇上异人了,就问他当怎么走。老头儿哗哗说了一通谱儿,我一听,真的不凡,就提出要跟他下一盘。老头让我先说,我们俩就在垃圾站下盲棋,我是连输五盘。老头儿棋路猛听头几步,没什么,可着子真阴真狠,打闪一般,网得开,收得又紧又快。后来我们见天儿在垃圾站下盲棋,每天回去我就琢磨他的棋路,以后居然跟他平过一盘,还赢过一盘。其实赢的那盘我们一共才走了十几步。老头儿用铅丝扒子敲了半天地面,叹一声,'你赢了。'我高兴了,直说要到他那儿去看看。老头儿白了我一眼,说,'撑的?!'告诉我明天晚上再在这儿等他。第二天我去了,见他推着筐远远来了。到了眼前,从筐里取出一个小布包,递到我手上,说这也是谱儿,让我拿回去,看瞧得懂不。又说哪天有走不动的棋,让我到这儿来说给他听听,兴许他就走动了。我赶紧回到家里,打开一看,还真他妈看不懂。这是本异书,也不知是哪朝哪代的,手抄,边边角角儿,补了又补。上面写的东西,不像是说象棋,好像是说另外的什么事儿。我第二天又去找老头儿,说我看不懂,他哈哈一笑,说他先给我说一段儿,提个醒儿。他一开说,把我吓了一跳。原来开宗明义,是讲男女的事儿。我说这是四旧。老头儿叹了,说什么是旧?我这每天捡烂纸是不是在捡旧?可我回去把他们分门别类,卖了钱,养活自己,不是新?又说咱们中国道家讲阴阳,这开篇是借男女讲阴阳之气。阴阳之气相游相交,初不可太盛,太盛则折,折就是

'折断'的'折'。我点点头，'太盛则折，太弱则泻'。老头儿说我的毛病是太盛。又说，若对手盛，则以柔化之。可要在化的同时，造成克势。柔不是弱，是容，是收，是含。含而化之，让对手入你的势。这势要你造，需无为而无不为。无为即是道，也就是棋运之大不可变，你想变，就不是象棋，输不用说了，连棋边儿都沾不上。棋运不可悖，但每局的势要自己造。棋运和势既有，那可就无所不为了。玄是真玄，可细琢磨，是那么个理儿。我说，这么讲是真提气，可这下棋，千变万化，怎么才能准赢呢？老头儿说这就是造势的学问了。造势妙在契机，谁也不走子儿，这棋没法儿下，可只要对方一支，势就可入，就可导。高手你入他很难，这就要损。损他一个子儿，损自己一个子儿，先导开，或找眼钉下，止住他的入势，铺排下自己的入势。这时你万不可死损，势式要相机而变。势式有相因之气，势套势，小势导开，大势含而化之，根连根，别人就奈何不得。老头儿说我只有套，势不太明。套可以算出百步之远，但无势，不成气候。又说我脑子好，有琢磨劲儿，后来输我的那一盘，就是大势已破，再下，就是玩了。老头儿说他日子不多了，无儿无女，遇见我，就传给我吧。我说你老人家棋道这么好，怎么还干这种营生呢？老头儿叹了一口气，说这棋是祖上传下来的，但有训——'为棋不为生'，为棋是养性，生会坏性。所以生不可太盛。又说他从小没学过什么谋生本事，现在想来，倒是训坏了他。"我似乎听明白了一些棋道，可很奇怪，就问："棋道与生道难道有什么不同？"王一生："我是这么说，而且魔症起来，问他天下大势。老头儿说，棋就是这么几个子儿，棋盘就这么大，无非是道同势不同，可这子儿你全能看在眼底。天下的事，不知道的太多。这每天的大字报，张张都新鲜，虽看出点道儿，可不能究底。子儿不全摆上，这棋就没法儿下。"

我就又问那本棋谱。王一生很沮丧地说："我每天带在身上，反复地看。后来你知道，我撕大字报被造反团捉住，书就被他们搜了去，说是四旧，给毁了，而且是当着我的面儿毁的。好在书已在我脑子里，不怕他们。"我就又和王一生感叹了许久。

火车终于到了，所有的知识青年都又被用卡车运到农场，在总场，各分场的人上来领我们，我找到王一生，说："呆子，要分手了，别忘了交情，有事儿没事儿，互相走动。"他说当然。

四

第二天一早儿，大家满身是土地起来，找水擦了擦，又约画家到街上去

403

吃。画家执意不肯,正说着,脚卵来了,很高兴的样子。王一生对他说:"我不参加这个比赛。"大家呆了,脚卵问:"蛮好的,怎么不赛了呢?省里还下来人视察呢!"王一生说:"不赛就不赛了。"我说了说,脚卵叹道:"书记是个文化人,蛮喜欢这些的,棋虽然是家里传下的,可我实在受不了农场这个罪,我只想有个干净的地方住一住,不要每天脏兮兮的。棋不能当饭吃的,用它通一些关节,还是值的。家里也不很景气,不会怪我。"画家把双臂抱在胸前,抬起一只手摸了摸脸,看着天说:"理想没有了,只剩下目的。倪斌,不能怪你。你没有什么不得了的要求。我这两年,也常常犯糊涂,生活太具体了,幸亏我还会画画儿。何以解忧?惟有——唉。"王一生很惊奇地看着画家,慢慢转了脸对脚卵说:"倪斌,谢谢你。这次比赛决出高手,我登门去与他们下。我不参加这次比赛了。"脚卵忽然很兴奋,攥起大手一顿,说:"这样,这样!我呢,去跟书记说一下,组织一个友谊赛。你要是赢了这次的冠军,无疑是真正的冠军。输了呢,也不太失身份。"王一生呆了呆:"千万不要跟什么书记说,我自己找他们下,要下,就与前三名都下。"

大家也不好再说什么,就去看各种比赛,倒也热闹。王一生只站在棋类场地外面,看各局的明棋。第三天,决出前三名。之后是发奖,又是演出,会场乱哄哄的。也听不清谁得的是什么奖。

脚卵让我们在会场等着,过了不久,就领来两个人,都是制服打扮。脚卵作了介绍,原来是象棋比赛的第二、三名。脚卵说:"这位是王一生,棋蛮厉害的,想与你们两位高手下一下,大家也是一个互相学习的机会。"两个人看了看王一生,问:"那怎么不参加比赛呢?我们在这里呆了许多天,要回去了。"王一生说:"我不耽误你们,与你们两人同时下。"两人互相看了看,忽然悟到,说:"盲棋?"王一生点一点头。两人立刻变了态度,笑着说:"我们没下过盲棋。"王一生说:"不要紧,你们看着明棋下。来,咱们找个地方儿。"话不知怎么就传了出去,立刻嚷动了,会场上各县的人都说有一个农场的小子没有赛着,不服气,要同时与亚、季军比试。百十个人把我们围了起来,挤来挤去地看,大家觉得有了责任,便站在王一生身边儿。王一生倒低了头,对两个人说:"走吧,走吧,太扎眼。"有一个人挤了进来,说:"哪个要下棋?就是你吗?我们大爷这次是冠军,听说你不服气,叫我来请你。"王一生慢慢地说:"不必。你大爷要是肯下,我和你们三人同下。"众人都轰动了,拥着往棋场走去。到了街上,百十人走成一片。行人见了,纷纷问怎么回事,可是知青打架?待明白了,就都跟着走。走过半条街,竟有上千人跟着跑来跑去。商店里的店员和顾客也都站出来张望。长途车路过这里开不过,乘客纷纷探出头来,只见一街人头攒动,尘土飞起多高,轰轰的,乱纸踏得噼噼响。一个傻子呆呆地在街中心,咿咿呀呀地唱,有人发了善心,把他拖开,傻子就依了墙根儿唱。五四条狗窜来窜去,觉得是它们在引路打狼,汪汪叫着。

到了棋场,竟有数千人围住,土扬在半空,许久落不下来。棋场的标语标志早已摘除,出来一个人,见这么多人,脸都白了。脚卵上去与他交涉,他很快地看着众人,连连点头儿,半天才明白是借场子用,急忙打开门,连说"可以可以",见众人都要进去,就急了。我们几个,马上到门口守住,放进脚卵、王一生和两个得了荣誉的人,这时有一个人走出来,对我们说:"高手既然和三个人下,多我一个不怕,我也算一个。"众人又嚷动了,又有人报名,我不知怎么办好,只得进去告诉王一生。王一生咬一咬嘴说:"你们两个怎么样?"那两个人赶紧站起来,连说可以。我出去统计了,连冠军在内,对手共是十人,脚卵说:"十人是满数,不吉利的,九个人好了。"于是就九个人。冠军总不见来,有人来报,既是下盲棋,冠军只在家里,命人传棋。王一生想了想,说好吧,九个人关在在场里,墙外一副明棋不够用,于是有人拿来八张整开白纸,很快地画了格儿,又有人用硬纸剪了几十个方棋子儿,用红黑颜色写了,背后粘上细绳,挂在棋格儿钉子上,风一吹,轻轻地晃成一片,街上人们也嚷成一片。

人是越来越多,后来的人拼命往前挤,挤不进去。就抓住人打听,以为是杀人的告示。妇女们也抱着孩子们,远远围成一片。又有许多人支了自行车,站在后架上伸脖子看,人群一挤,连着倒,喊成一团,半大的孩子们钻来钻去,被大人们用腿拱出去。数千人闹闹嚷嚷,街上像半空响着闷雷。

王一生坐在场当中一个靠背椅上,把手放在两条腿上,眼睛虚望着,一头一脸都是土,像是被传讯的歹人。我不禁笑起来,过去给他拍一拍土。他按住我的手,我觉出他有些抖。王一生低低地说:"事情闹大了。你们几个朋友看好,一有动静,一起跑。"我说:"不会,只要你赢了,什么都好办。争口气,怎么样?有把握吗?九个人哪!头三名都在这里!"王一生沉吟了一下,说:"怕江湖的不怕朝廷的,参加过比赛的人的棋路我都看了,就不知道其他六个会不会冒出冤家。书包你拿着,不管怎么样,书包不能丢。书包里有……"王一生看了看我,"我妈的无字棋。"他的瘦脸上又干又脏,鼻沟儿也黑了,头发立着,喉咙一动一动的,两眼黑得吓人。我知道他拼了,心里有些酸,只说:"保重!"就离了他。他一个人空空地在场中央,谁也不看,静静的像一块铁。

棋开始了。上千人不再出声儿,只有自愿服务的人一会儿紧一会儿慢地用话传出棋步,外边儿自愿服务的人就变动着棋子儿。风吹得八张大纸哗哗地响,棋子儿荡来荡去。太阳斜斜地照在一切上,烧得耀眼。前几十排的人都坐下了,仰起头看,后面的人也挤得紧紧的,一个个土眉土眼,头发长长短短吹得飘,再没人动一下,似乎都把命放在棋里搏。

我心里忽然有一种很古的东西涌上来,喉咙紧紧地往上走,读过的书,有的近了,有的远了,模糊了,平时十分佩服的项羽、刘邦都在目瞪口呆,倒是尸横遍野的那些黑脸士兵,从地下爬起来,哑了喉咙,慢慢移动。一个樵夫,提了斧在野唱。忽然又仿佛见了棋呆子的母亲,用一双弱手一页一页地折书页。

我不由伸手到王一生的书包里去掏摸,捏到一个小布包儿,拽出来一看,是个旧蓝斜纹布的小口袋,上面用线绣着一只蝙蝠,布的四边儿都用线做了圈口,针脚很是细密。取出一个棋子,确实很小,在太阳底下竟是半透明的,像是一只眼睛,正柔和地瞧着。我把它攥在手里。

太阳终于落下去,立刻爽快了。人们仍在看着,但议论起来。里边儿传出一句王一生的棋步,外边儿的人就嚷动一下。专有几个人骑车为在家的冠军传送着棋步,大家就不太客气,笑话起来。

我又进去,看见脚卵很高兴的样子,心里就松开一些,问:"怎么样?我不懂棋。"脚卵抹一抹头发,说:"蛮好,蛮好。这种阵势,我从来也没见过,你想想看,九个人与他一个人下,九局连环!车轮大战!我要写信给我的父母,把这次的棋谱都寄给他。"这时有两个人从各自的棋盘前站起来,朝着王一生一鞠躬,说:"甘拜下风。"就捏着手出去了。王一生点点头儿.看了他们的位置一眼。

王一生的姿势没有变,仍旧是双手扶膝,眼平视着,像是望着极远极远的远处,又像是盯着极近极近的近处,瘦瘦的肩挑着宽大的衣服,土没拍干净,东一块儿,西一块儿。喉节许久才动一下,我第一次承认象棋也是运动,而且是马拉松,是多一倍的马拉松!我在学校时,参加过长跑,开始后的五百米,确实极累,但过了一个限度,就像不是在用脑子跑,而像一架无人驾驶的飞机,又像是一架到了高度的滑翔机,只管滑翔下去。可这象棋,始终是处在一种机敏的运动之中。兜捕对手,逼向死角,不能疏忽。我忽然担心起王一生的身体来。这几天,大家因为钱紧,不敢怎么吃,晚上睡得又晚,谁也没想到会有这么一个场面。看着王一生稳稳地坐在那里,我又替他赌一口气:死顶吧!我们在山上扛木料,两个人一根,不管路不是路,沟不是沟,也得咬牙,死活不能放手,谁若是顶不住软了,自己伤了不说,另一个也得被木头震得吐血。可这回是王一生一个人过沟过坎儿,我们帮不上忙。我找了点儿凉水来,悄悄走近他,在他眼前一挡,他抖一下,眼睛刀子似的看了我一下,一会儿才认出是我,就干干地笑了一下。我指指水碗,他接过去,正要喝,一个局号报了棋步。他把碗高高地平端着,水纹丝儿不动。他看着碗边儿,回报了棋步,就把碗缓缓凑到嘴边儿。这时下一个局号又报了棋步,他把嘴定在碗边儿,半晌,回报了棋步,才咽一口水下去,"咕"的一声儿,声音大得可怕,眼里有了泪花。他把碗递过来,眼睛望望我,有一种说不出的东西在里面游动,苦甜苦甜的。嘴角儿缓缓流下一滴水,把下巴和脖子上的土冲开一道沟儿。我又把碗递过去,他竖起手掌止住我.回到他的世界里去了。

我出来,天已黑了。有山民打着松枝火把。有人用手电照着,黄乎乎的,一团明亮。大约是地区的各种单位下班了,人更多了。狗也在人前蹲着,看人挂动棋子,不知是懂不懂,只是眼神凄凄的,像是在担忧。几个同来的队上知青,各被人围了打听。不一会,"王一生"、"棋呆子"、"是个知青"、"棋是道家的棋",就在人们嘴上传,我有些发噱,本想到人群里说说,但又止住了,随人们传吧,我开始高兴起来,这时墙上只有三局在下了。

忽然人群发一声喊,我回头一看,原来只剩了一盘,恰是与冠军的那一盘。盘上只有不多几个子儿。王一生的黑子儿远远近近地峙在对方棋营格里,后方老帅稳稳地呆着,尚有一"士"伴着,好像帝王与近侍在聊天儿,等着前方将士得胜回朝;又似乎隐隐看见有人在伺候酒宴,点起尺把长的红蜡烛,有人在悄悄地调整管弦,单等有人跪奏捷报,鼓乐齐鸣,我的肚子拖长了音儿在响,脚下觉得软了,就拣个地方坐下,仰头看最后的围猎,生怕有什么差池。

红子儿半天不动,大家不耐烦了,纷纷看骑车的人来没来,嗡嗡地响成一片。忽然人群乱起来,纷纷闪开。只见一老者,精光头皮,由旁人搀着,慢慢走出来,嘴嚼动着,上上下下看着八张定局残子。众人纷纷传着,这就是本届地区冠军,是这个山区的一个世家后人,这次"出山"玩玩儿棋,不想就夺了头把交椅,评了这次比赛的大奖,直叹棋道不兴。老者看完了棋,轻轻抻一抻衣衫,跺一跺土,昂了头,由人搀进棋场。众人都一拥而起。我急忙抢进了大门,跟在后面。只见老者进了大门,立定,往前看去。

王一生孤身一人坐在大屋子中央,瞪眼看着我们,双手支在膝上,铁铸一个细树桩,似无所见,似无所闻。高高的一盏电灯,暗暗地照在他脸上,眼睛深陷进去,黑黑的似俯视大千世界,茫茫宇宙。那生命像聚在一头乱发中,久久不散,又慢慢弥漫开来,灼得人脸热。

众人都呆了,都不说话。外面传了半天,眼前却是一个瘦小黑魂,静静地坐着,众人都不禁吸了一口凉气。

半晌,老者咳嗽一下,底气很足,十分洪亮,在屋里荡来荡去。王一生忽然目光短了,发觉了众人,轻轻地挣了一下,却动不了。老者推开搀的人,向前迈了几步,立定,双手合在腹前摩挲了一下,朗声叫道:"后生,老朽身有不便,不能亲赴沙场。命人传棋,实出无奈。你小小年纪,就有这般棋道,我看了,汇道禅于一炉,神机妙算,先声有势,后发制人,遣龙治水,气贯阴阳,古今儒将,不过如此。老朽有幸与你接手,感触不少,中华棋道,毕竟不颓,愿与你做个忘年之交。老朽这盘棋下到这里,权做赏玩,不知你可愿意平手言和,给老朽一点面子?"

王一生再挣了一下,仍起不来。我和脚卵急忙过去,托住他的腋下,提他起来。他的腿仍然是坐着的样子。直不了,半空悬着,我感到手里好像只有几斤的分量,就示意脚卵把王一生放下,用手去揉他的双腿。大家都拥过来,老者摇头叹息着。脚卵用大手在王一生身上,脸上,脖子上缓缓地用力揉。半晌,王一生的身子软下来,靠在我们手上,喉咙嘶嘶地响着,慢慢把嘴张开,又合上,再张开,"啊啊"着。很久,才呜呜地说:"和了吧。"

老者很感动的样子,说:"今晚你是不是就在我那儿歇了? 养息两天,我们谈谈棋?"王一生摇摇头,轻轻地说:"不了,我还有朋友,大家一起出来的,还是大家在一起吧。我们到、到文化馆去,那里有个朋友。"画家就在人群里喊:"走吧,到我那里去,我已经买好了吃的,你们几个一起去。真不容易啊。"大家慢慢拥了我们出来,火把一圈儿照着。山民和地区的人层层围了,争睹棋王风采,又都点头儿叹息。

我搀了王一生慢慢走,光亮一直随着。幼时曾见过荷兰画家伦勃朗名作《夜巡》,恍惚觉得就是这般情景。进了文化馆,到了画家的屋子,虽然有人帮着劝散,窗上还是挤满了人,慌得画家急忙把一些画儿藏了。

人渐渐散了,王一生还有些木。我忽然觉出左手还攥着那个棋子,就张了手给王一生看。王一生呆呆地盯着,似乎不认得,可喉咙里就有了响声,猛然"哇"地一声儿吐出一些黏液,眼泪就流了下来,呜呜地哭着说:"妈,儿今天明白事儿了,人还要有点儿东西,才叫活着。妈——"大家都有些酸,扫了地下,打来水,劝了。王一生哭过,滞气调理过来,有了精神,就一起吃饭。画家竟喝得大醉,也不管大家,一个人倒在木床上睡去。电工领了我们,脚卵也跟着,一齐到礼堂台上去睡。

夜黑黑的,伸手不见五指。王一生已经睡死。我却还似乎耳边人声嚷动,眼前火把通明,山民们铁了脸,掮着柴禾在林中走,咿咿呀呀地唱。我笑起来,想:不做俗人,哪儿会知道这般乐趣?家破人亡,平了头每日荷锄,却自有真人生在里面,识到了,即是幸,即是福。衣食是本,自有人类,就是每日在忙这个。可囿在其中,终于还不太像人。倦意渐渐上来,就拥了幕布,沉沉睡去。

注释:①《棋王》发表于《上海文学》1984年第7期,获优秀短篇小说奖。阿城(1949—),原名钟阿城,北京人。1968年起,先后到山西、内蒙古农村插队,后去云南农场当林业工人,80年代起发表《树王》、《孩儿王》等作品。《棋王》故事单纯,只写了王一生的吃和下棋,在他身上,物质和精神的统一象征着整个人生。在艰难动荡的生活中,他痴迷于棋,他"为棋不为生",既不"把命放在棋里搏",也不为中华棋道之不颓,只是为了排忧解难,为了内心的宁静与自由。人们往往从庄禅哲学的角度去理解《棋王》的内涵。作者以一种练达的口气叙述故事,语言新颖,用词奇特,在艺术手法上别具一格。

五月的麦地①

海 子

全世界的兄弟们
要在麦地里拥抱
东方,南方,北方和西方
麦地里的四兄弟,好兄弟
回顾往昔

背诵各自的诗歌

要在麦地里拥抱

有时我孤独一人坐下

在五月的麦地　梦想众兄弟

看到家乡的卵石滚满了河滩

黄昏常存弧形的天空

让大地上布满哀伤的村庄

有时我孤独一人坐在麦地为众兄弟背诵中国诗歌

没有了眼睛也没有了嘴唇

1987 年 5 月

　　注释：①当代诗人海子(1964—1989)对养育东方民族数千年的"麦地"的钟情,显示了他作为一个最具先锋意义的乡土诗人的敏锐和深厚。在海子之前,或许已有不少诗人写过麦地,但却没有一首关于麦地的诗歌会像海子的诗给人留下刻骨铭心的印痕。诗人曾经这样回答麦地的询问:"麦地/别人看见你/觉得你温暖,美丽/我则站在你痛苦质问的中心/被你灼伤/我站在太阳痛苦的芒上//麦地/神秘的质问者呵/当我痛苦地站在你面前/你不能说我一无所有/你不能说我两手空空//麦地呵,人类的痛苦/是他放射的诗歌和光芒!"而站在麦地中的海子,又决不是一个目光短浅、心胸狭窄的人,他把麦地升华为人类温馨的家园,他梦想的是"四海之内皆兄弟"的浪漫之境。这首《五月的麦地》所表现的就是这样一个伟大的梦境。

<h1 align="center">我与地坛(节选)</h1>

史铁生

<h2 align="center">一</h2>

　　我在好几篇小说中都提到过一座废弃的古园,实际就是地坛。许多年前旅游业还没有开展,园子荒芜冷落得如同一片野地,很少被人记起。

地坛离我家很近,或者说我家离地坛很近。总之,只好认为这是缘分。地坛在我出生前四百多年就座落在那儿了,而自从我的祖母年轻时带着我父亲来到北京,就一直住在离它不远的地方——五十多年间搬过几次家,可搬来搬去总是在它周围,而且是越搬离它越近了。我常觉得这中间有着宿命的味道:仿佛这古园就是为了等我,而历尽沧桑在那儿等待了四百多年。

它等待我出生,然后又等待我活到最狂妄的年龄上忽地残废了双腿。四百多年里,它一面剥蚀了古殿檐头浮夸的琉璃,淡褪了门壁上炫耀的朱红,坍圮了一段段高墙又散落了玉砌雕栏,祭坛四周的老柏树愈见苍幽,到处的野草荒藤也都茂盛得自在坦荡。这时候想必我是该来了。十五年前的一个下午,我摇着轮椅进入园中,它为一个失魂落魄的人把一切都准备好了。那时,太阳循着亘古不变的路途正越来越大,也越红。在满园弥漫的沉静光芒中,一个人更容易看到时间,并看见自己的身影。

自从那个下午我无意中进了这园子,就再没长久地离开过它。我一下子就理解了它的意图。正如我在一篇小说中所说的:"在人口密聚的城市里,有这样一个宁静的去处,像是上帝的苦心安排。"

两条腿残废后的最初几年,我找不到工作,找不到去路,忽然间几乎什么都找不到了,我就摇了轮椅总是到它那儿去,仅为着那儿是可以逃避一个世界的另一个世界。我在那篇小说中写道:"没处可去我便一天到晚耗在这园子里。跟上班下班一样,别人去上班我就摇了轮椅到这儿来。""园子无人看管,上下班时间有些抄近路的人们从园中穿过,园子里活跃一阵,过后便沉寂下来。""园墙在金晃晃的空气中斜切下一溜阴凉,我把轮椅开进去,把椅背放倒,坐着或是躺着,看书或者想事,撅一枝树枝左右拍打,驱赶那些和我一样不明白为什么要来这世上的小昆虫。""蜂儿如一朵小雾稳稳地停在半空;蚂蚁摇头晃脑捋着触须,猛然间想透了什么,转身疾行而去;瓢虫爬得不耐烦了,累了祈祷一回便支开翅膀,忽悠一下升空了;树干上留着一只蝉蜕,寂寞如一间空屋;露水在草叶上滚动,聚集,压弯了草叶轰然坠地摔开万道金光。""满园子都是草木竞相生长弄出的响动,窸窸窣窣窸窸窣窣片刻不息。"这都是真实的记录,园子荒芜但并不衰败。

除去几座殿堂我无法进去,除去那座祭坛我不能上去而只能从各个角度张望它,地坛的每一棵树下我都去过,差不多它的每一米草地上都有过我的车轮印。无论是什么季节,什么天气,什么时间,我都在这园子里呆过。有时候呆一会儿就回家,有时候就呆到满地上都亮起月光。记不清都是在它的哪些角落里了,我一连几小时专心致志地想关于死的事,也以同样的耐心和方式想过我为什么要出生。这样想了好几年,最后事情终于弄明白了:一个人,出生了,这就不再是一个可以辩论的问题,而只是上帝交给他的一个事实;上帝在交给我们这件事实的时候,已经顺便保证了它的结果,所以死是一件不必急于求成的事,死是一个必然会降临的节日。这样想过之后我安心多了,眼前的一切不再那么可怕。比如你起早熬夜准备考试的时候,忽然想起有一个长长的假期在前面等待你,你会不会觉得轻松一点?并且庆幸并且感激这样的安排?

剩下的就是怎样活的问题了。这却不是在某一个瞬间就能完全想透的,不是能够一次性解决的事,怕是活多久就要想它多久了,就像是伴你终生的魔鬼或恋人。所以,十五年了,我还是总得到那古园里去,去它的老树下或荒草边,或颓墙旁,去默坐,去呆想,去推开耳边的嘈杂理一理纷乱的思绪,去窥看自己的心魂。十五年中,这古园的形体被不能理解它的人肆意雕琢,幸好有些东西是任谁也不能改变它的,譬如祭坛石门中的落日,寂静的光辉平铺的一刻,地上的每一个坎坷都被映照得灿烂;譬如在园中最为落寞的时间,一群雨燕便出来高歌,把天地都叫喊得苍凉;譬如冬天雪地上孩子的脚印,总让人猜想他们是谁,曾在哪儿做过些什么,然后又都到哪儿去了;譬如那些苍黑的古柏,你忧郁的时候它们镇静地站在那儿,你欣喜的时候它们依然镇静地站在那儿,它们日没夜地站在那儿从你没有出生一直站到这个世界上又没了你的时候;譬如暴雨骤临园中,激起一阵阵灼烈而青纯的草木和泥土的气味.让人想起无数个夏天的事件;譬如秋风忽至,再有一场早霜,落叶或飘摇歌舞或坦然安卧,满园中播散着熨帖而微苦的味道。味道是最说不清楚的,味道不能写只能闻,要你身临其境去闻才能明了。味道甚至是难于记忆的,只有你又闻到它你才能记起它的全部情感和意蕴。所以我常常要到那园子里去。

二

现在我才想到,当年我总是独自跑到地坛去,曾经给母亲出了一个怎样的难题。

412

她不是那种光会疼爱儿子而不懂得理解儿子的母亲。她知道我心里的苦闷，知道不该阻止我出去走走，知道我要是老呆在家里结果会更糟，但她又担心我一个人在那荒僻的园子里整天都想些什么。我那时脾气坏到极点，经常是发了疯一样地离开家，从那园子里回来又中了魔似的什么话都不说。母亲知道有些事不宜问，便犹犹豫豫地想问而终于不敢问，因为她自己心里也没有答案。她料想我不会愿意她跟我一同去，所以她从未这样要求过，她知道得给我一点独处的时间，得有这样一段过程。她只是不知道这过程要多久，和这过程的尽头究竟是什么。每次我要动身时，她便无言地帮我准备，帮助我上了轮椅车，看着我摇车拐出小院；这以后她会怎样，当年我不曾想过。

　　有一回我摇车出了小院，想起一件什么事又返身回来，看见母亲仍站在原地，还是送我走时的姿势，望着我拐出小院去的那处墙角，对我的回来竟一时没有反应。待她再次送我出门的时候，她说："出去活动活动，去地坛看看书，我说这挺好。"许多年以后我才渐渐听出，母亲这话实际上是自我安慰，是暗自的祷告，是给我的提示，是恳求与嘱咐。只是在她猝然去世之后，我才有余暇设想。当我不在家里的那些漫长的时间，她是怎样心神不定坐卧难宁，兼着痛苦与惊恐与一个母亲最低限度的祈求。现在我可以断定，以她的聪慧和坚忍，在那些空落的白天后的黑夜，在那不眠的黑夜后的白天，她思来想去最后准是对自己说："反正我不能不让他出去，未来的日子是他自己的.如果他真的要在那园子里出了什么事，这苦难也只好我来承担。"在那段日子里——那是好几年长的一段日子，我想我一定使母亲作过了最坏的准备了，但她从来没有对我说过"你为我想想"。事实上我也真的没为她想过。那时她的儿子还太年轻，还来不及为母亲想，他被命运击昏了头，一心以为自己是世上最不幸的一个，不知道儿子的不幸在母亲那儿总是要加倍的。她有一个长到二十岁上忽然截瘫了的儿子，这是她唯一的儿子；她情愿截瘫的是自己而不是儿子，可这事无法代替；她想，只要儿子能活下去哪怕自己去死呢也行，可她又确信一个人不能仅仅是活着，儿子得有一条路走向自己的幸福；而这条路呢，没有谁能保证她的儿子终于能找到。——这样一个母亲，注定是活得最苦的母亲。

　　有一次与一个作家朋友聊天，我问他学写作的最初动机是什么？他想了一会说："为我母亲。为了让她骄傲。"我心里一惊，良久无言。回想自己最初写小说的动机，虽不似这位朋友的那般单纯，但如他一样的愿望我也有，且一

413

经细想,发现这愿望也在全部动机中占了很大比重。这位朋友说:"我的动机太低俗了吧?"我光是摇头,心想低俗并不见得低俗,只怕是这愿望过于天真了。他又说:"我那时真就是想出名,出了名让别人羡慕我母亲。"我想,他比我坦率。我想,他又比我幸福,因为他的母亲还活着。而且我想,他的母亲也比我的母亲运气好,他的母亲没有一个双腿残废的儿子,否则事情就不这么简单。

在我的头一篇小说发表的时候,在我的小说第一次获奖的那些日子里,我真是多么希望我的母亲还活着。我便又不能在家里呆了,又整天整天独自跑到地坛去.心里是没头没尾的沉郁和哀怨,走遍整个园子却怎么也想不通:母亲为什么就不能再多活两年?为什么在她儿子就快要碰撞开一条路的时候,她却忽然熬不住了?莫非她来此世上只是为了替儿子担忧,却不该分享我的一点点快乐?她匆匆离开去时才只有四十九呀!有那么一会,我甚至对世界对上帝充满了仇恨和厌恶。后来我在一篇题为"合欢树"的文章中写道:"我坐在小公园安静的树林里,闭上眼睛,想,上帝为什么早早地召母亲回去呢?很久很久,迷迷糊糊的我听见了回答:'她心里太苦了,上帝看她受不住了,就召她回去。'我似乎得了一点安慰,睁开眼睛,看见风正从树林里穿过。"小公园,指的也是地坛。

只是到了这时候,纷纭的往事才在我眼前幻现得清晰,母亲的苦难与伟大才在我心中渗透得深彻。上帝的考虑,也许是对的。

摇着轮椅在园中慢慢走,又是雾罩的清晨,又是骄阳高悬的白昼,我只想着一件事:母亲已经不在了。在老柏树旁停下,在草地上在颓墙边停下,又是处处虫鸣的午后,又是鸟儿归巢的傍晚,我心里只默念着一句话:可是母亲已经不在了。把椅背放倒,躺下,似睡非睡挨到日没,坐起来,心神恍惚,呆呆地直坐到古祭坛上落满黑暗然后再渐渐浮起月光,心里才有点明白,母亲不能再来这园中找我了。

曾有过好多回,我在这园子里呆得太久了,母亲就来找我。她来找我又不想让我发觉,只要见我还好好地在这园子里,她就悄悄转身回去,我看见过几次她的背影。我也看见过几回她四处张望的情景,她视力不好,端着眼镜像在寻找海上的一条船,她没看见我时我已经看见她了,待我看见她也看见我了我就不去看她,过一会我再抬头看她就又看见她缓缓离去的背影。我单是无法知道有多少回她没有找到我。有一回我坐在矮树丛中,树丛很密,我

414

看见她没有找到我;她一个人在园子里走,走过我的身旁,走过我经常呆的一些地方,步履茫然又急迫。我不知道她已经找了多久还要找多久,我不知道为什么我决意不喊她——但这绝不是小时候的捉迷藏,这也许是出于长大了的男孩子的倔强或羞涩?但这偏只留给我痛悔,丝毫也没有骄傲。我真想告诫所有长大了的男孩子,千万不要跟母亲来这套倔强,羞涩就更不必,我已经懂了可我已经来不及了。

儿子想使母亲骄傲,这心情毕竟是太真实了,以致使"想出名"这一声名狼藉的念头也多少改变了一点形象。这是个复杂的问题,且不去管它了罢。随着小说获奖的激动逐日暗淡,我开始相信,至少有一点我是想错了:我用纸笔在报刊上碰撞开的一条路,并不就是母亲盼望我找到的那条路。年年月月我都到这园子里来,年年月月我都要想,母亲盼望我找到的那条路到底是什么。母亲生前没给我留下过什么隽永的哲言,或要我恪守的教诲,只是在她去世之后,她艰难的命运,坚忍的意志和毫不张扬的爱,随光阴流转,在我的印象中愈加鲜明深刻。

有一年,十月的风又翻动起安详的落叶,我在园中读书,听见两个散步的老人说:"没想到这园子有这么大。"我放下书,想,这么大一座园子,要在其中找到她的儿子;母亲走过了多少焦灼的路。多年来我头一次意识到,这园中不单是处处都有过我的车辙,有过我的车辙的地方也都有过母亲的脚印。

六

设若有一位园神,他一定早已注意到了,这么多年我在这园里坐着,有时候是轻松快乐的,有时候是沉郁苦闷的,有时候优哉游哉,有时候栖惶落寞,有时候平静而且自信,有时候又软弱,又迷茫。其实总共只有三个问题交替着来骚扰我,来陪伴我。第一个是要不要去死?第二个是为什么活?第三个,我干嘛要写作?

现在让我看看,它们迄今都是怎样编织在一起的吧。

你说,你看穿了死是一件无需乎着急去做的事,是一件无论怎样耽搁也不会错过的事,便决定活下去试试?是的,至少这是很关键的因素。为什么要活下去试试呢?好像仅仅是因为不甘心,机会难得,不试白不试,腿反正是完了,一切仿佛都要完了,但死神很守信用,试一试不会额外再有什么损失。

说不定倒有额外的好处呢是不是？我说过，这一来我轻松多了，自由多了。为什么要写作呢？作家是两个被人看重的字，这谁都知道。为了让那个躲在园子深处坐轮椅的人，有朝一日在别人眼里也稍微有点光彩，在众人眼里也能有个位置，哪怕那时再去死呢也就多少说得过去了。开始的时候就是这样想，这不用保密，这些现在不用保密了。

我带着本子和笔，到园中找一个最不为人打扰的角落，偷偷地写。那个爱唱歌的小伙子在不远的地方一直唱。要是有人走过来，我就把本子合上把笔叼在嘴里。我怕写不成反落得尴尬。我很要面子，可是你写成了，而且发表了。人家说我写的还不坏，他们甚至说：真没想到你写得这么好。我心说你们没想到的事还多着呢？我确实有整整一宿高兴得没合眼，我很想让那个唱歌的小伙子知道，因为他的歌也毕竟是唱得不错。我告诉我的长跑家朋友的时候，那个中年女工程师正优雅地在园中穿行；长跑家很激动，他说好吧，我玩命跑，你玩命写。这一来你中了魔了，整天都在想哪一件事可以写，哪一个人可以让你写成小说。是中了魔，我走到哪儿想到哪儿，在人山人海里只寻找小说，要是有一种小说试剂就好了，见人就滴两滴看他是不是一篇小说。要是有一种小说显影液就好了，把它泼满全世界看看都是哪儿有小说，中了魔，那时我完全是为了写作活着。结果你又发表了几篇，并且出了一点小名，可这时你越来越感到恐慌。我忽然觉得自己活得像个人质，刚刚有点像个人了却又过了头，像个人质，被一个什么阴谋抓了来当人质，不定哪天被处决，不定哪天就完蛋。你担心要不了多久你就会文思枯竭，那样你就又完了。凭什么我总能写出小说来呢？凭什么那些适合作小说的生活素材就总能送到一个截瘫者跟前来呢？人家满世界跑都有枯竭的危险，而我坐在这园子里凭什么可以一篇接一篇地写呢？你又想到了死。我想见好就收吧，当一名人质实在是太累了太紧张了，太朝不保夕了。我为写作而活下来，要是写作到底不是我应该干的事，我想我再活下去是不是太冒傻气了？你这么想着你却还在绞尽脑汁地想写。我好歹又拧出点水来，从一条快要晒干的毛巾上，恐慌日甚一日，随时可能完蛋的感觉比完蛋本身可怕多了，所谓不怕贼偷就怕贼惦记。我想人不如死了好，不如不出生的好，不如压根儿没有这个世界的好，可你并没有去死。我又想到那是一件不必着急的事，可是不必着急的事并不证明是一件必要拖延的事呀？你总是决定活下来，这说明什么？是的，我还是想活。人为什么活着？因为人想活着，说到底是这么回事，人真正

416

的名字叫做:欲望。可我不怕死,有时候我真的不怕死。有时候,——说对了。不怕死和想去死是两回事,有时候不怕死的人是有的,一生下来就不怕死的人是没有的。我有时候倒是怕活,可是怕活不等于不想活呀?可我为什么还想活呢?因为你还想得到点什么,你觉得你还是可以得到点什么的,比如说爱情,比如说,价值感之类,人真正的名字叫欲望。这不对吗?我不该得到点什么吗?没说不该。可我为什么活得恐慌,就像个人质?后来你明白了,你明白你错了,活着不是为了写作,而写作是为了活着。你明白了这一点是在一个挺滑稽的时刻。那天你又说你不如死了好,你的一个朋友劝你:你不能死,你还得写呢,还有好多好作品等着你去写呢。这时候你忽然明白了,你说:只是因为我活着,我才不得不写作。或者说只是因为你还想活下去,你才不得不写作。是的,这样说过之后我竟然不那么恐慌了。就像你看穿了死之后所得的那份轻松?一个人质报复一场阴谋的最有效的办法是把自己杀死。我看出我得先把我杀死在市场上,那样我就不用参加抢购题材的风潮了。你还写吗?还写。你真的不得不写吗?人都忍不住要为生存找一些牢靠的理由。你不担心你会枯竭了?我不知道,不过我想,活着的问题在死前是完不了的。

这下好了,您不再恐慌了不再是个人质了,您自由了。算了吧你,我怎么可能自由呢?别忘了人真正的名字叫:欲望。所以您得知道,消灭恐慌的最有效的办法就是消灭欲望。可是我还知道,消灭人性的最有效的办法也是消灭欲望。那么,是消灭欲望同时也消灭恐慌呢?还是保留欲望同时也保留人生?

我在这园子里坐着,我听见园神告诉我:每一个有激情的演员都难免是一个人质。每一个懂得欣赏的观众都巧妙地粉碎了一场阴谋。每一个乏味的演员都是因为他老以为这戏剧与自己无关。每一个倒霉的观众都是因为他总是坐得离舞台太近了。

我在这园子里坐着,园神成年累月地对我说:孩子,这不是别的,这是你的罪孽和福祉。

七

要是有些事我没说,地坛,你别以为是我忘了,我什么也没忘,但是有些事只适合收藏。不能说，也不能想，却又不能忘。它们不能变成语言，它们无法变成语言，一旦变成语言就不再是它们了。它们是一片朦胧的温馨与寂寥，是一片成熟的希望与绝望，它们的领地只有两处：心与坟墓。比如说邮票，有些是用于寄信的，有些仅仅是为了收藏。

如今我摇着车在这园子里慢慢走，常常有一种感觉，觉得我一个人跑出来已经玩得太久了。有一天我整理我的旧相册，看见一张十几年前我在这园子里照的照片——那个年轻人坐在轮椅上，背后是一棵老柏树，再远处就是那座古祭坛。我便到园子里去找那棵树。我按着照片上的背景找很快就找到了它，按着照片上它枝干的形状找，肯定那就是它。但是它已经死了，而且在它身上缠绕着一条碗口粗的藤萝。有一天我在这园子里碰见一个老太太．她说："哟，你还在这儿哪？"她问我："你母亲还好吗？""您是谁？""你不记得我，我可记得你。有一回你母亲来这儿找你，她问我您看没看见一个摇轮椅的孩子？……"我忽然觉得，我一个人跑到这世界上来玩真是玩得太久了。有一天夜晚，我独自坐在祭坛边的路灯下看书，忽然从那漆黑的祭坛里传出一阵阵唢呐声；四周都是参天古树，方形祭坛占地几百平方米空旷坦荡独对苍天，我看不见那个吹唢呐的人，唯唢呐声在星光寥寥的夜空里低吟高唱，时而悲怆时而欢快，时而缠绵时而苍凉，或许这几个词都不足以形容它，我清清醒醒地听出它响在过去，响在现在，响在未来，回旋飘转亘古不散。

必有一天，我会听见喊我回去。

那时您可以想像一个孩子，他玩累了可他还没玩够呢，心里好些新奇的念头甚至等不及到明天。也可以想像是一个老人，无可质疑地走向他的安息地，走得任劳任怨。还可以想像一对热恋中的情人，互相一次次说"我一刻也不想离开你"，又互相一次次说"时间已经不早了"，时间不早了可我一刻也不想离开你，一刻也不想离开你可时间毕竟是不早了。

我说不好我想不想回去，我说不好是想还是不想，还是无所谓。我说不好我是像那个孩子，还是像那个老人，还是像一个热恋中的情人。很可能是这样：我同时是他们三个。我来的时候是个孩子，他有那么多孩子气的念头所以才哭着喊着闹着要来，他一来一见到这个世界便立刻成了不要命的情人，而对一个情人来说，不管多么漫长的时光也是稍纵即逝，那时他便明白．每一步每一步，其实一步步都是走在回去的路上。当牵牛花初开的时节．葬礼的号角就已吹响。

418

但是太阳,他每时每刻都是夕阳也都是旭日,当他熄灭着走下山去收尽苍凉残照之际,正是他在另一面燃烧着爬上山巅布散烈烈朝辉之时。那一天,我也将沉静着走下山去,扶着我的拐杖。有一天,在某一处山洼里,势必会跑上来一个欢蹦的孩子,抱着他的玩具。

当然,那不是我。

但是,那不是我吗?

宇宙以其不息的欲望将一个歌舞炼为永恒。这欲望有怎样一个人间的姓名,大可忽略不计。

1989 年 5 月 11 日
1990 年 1 月 7 日改

注释:①史铁生(1951—2010)年生于北京,初中毕业后于 1969 年到陕北延安地区插队,三年后因腿瘫痪回到北京。1983 年发表成名作《我的遥远的清平湾》,其后重要作品还有《命若琴弦》、《务虚笔记》、《我与地坛》等。《我与地坛》发表于《上海文学》1991 年第 1 期,作者以肉体残疾的切身体验,使他的创作经常关注到伤残者的生活困境和精神困境,这种对于"残疾人"(在史铁生看来,所有的人都是有残疾的)生存的持续关注,因而更具哲理意味,却又始终贯穿一种温情和感伤的情绪。

三　　峡①

余秋雨

在国外,曾有一个外国朋友问我:"中国有意思的地方很多,你能告诉我最值得去的一个地方吗?一个,请只说一个。"

这样的提问我遇到过许多次了,常常随口吐出的回答是:"三峡!"

一

顺长江而下,三峡的起点是白帝城。这个头开得真漂亮。

对稍有文化的中国人来说,知道三峡也大多以白帝城开头的。李白那首名诗,在小学课本里就能读到。

我读此诗不到十岁,上来第一句就误解。"朝辞白帝彩云间","白帝"当然是一个人,李白一大清早与他告别。这位帝王着一身缟白的银袍,高高地站立在山石之上。他既然穿着白衣,年龄就不会很大,高个、瘦削、神情忧郁而安详,清晨的寒风舞弄着他的飘飘衣带,绚丽的朝霞烧红了天际,与他的银袍互相辉映,让人满眼都是光色流荡。他没有随从和侍卫,独个儿起了一个大早,诗人远行的小船即将解缆,他还在握着手细细叮咛。他的声音也像纯银一般,在这寂静的山河间飘荡回响。但他的话语很难听得清楚,好像来自另一个世界。他就住在山头的小城里,管辖着这里的崇山和碧江。

多少年后,我早已知道童年的误解是多么可笑,但当我真的坐船经过白帝城的时候,依然虔诚地抬着头,寻找着银袍与彩霞。船上的广播员正在吟诵着这首诗,口气激动地介绍几句,又放出了《白帝托孤》的乐曲。猛地,山水、历史、童年的幻想、生命的潜藏,全都涌成一团,把人震傻。

《白帝托孤》是京剧,说的是战败的刘备退到白帝城郁闷而死,把儿子和政事全都托付给诸葛亮。抑扬有致的声腔飘浮在回旋的江面上,撞在湿漉漉的山岩间,悲忿而苍凉。纯银般的声音找不到了,一时也忘却了李白的轻捷与潇洒。

我想,白帝城本来就熔铸着两种声音、两番神貌:李白与刘备,诗情与战火,豪迈与沉郁,对自然美的朝觐与对山河主宰权的争逐。它高高地矗立在群山之上,它脚下,是为这两个主题日夜争辩着的滔滔江流。

华夏河山,可以是尸横遍野的疆场,也可以是车来船往的乐土;可以一任封建权势者们把生命之火燃亮和熄灭,也可以庇佑诗人们的生命伟力纵横驰骋。可怜的白帝城多么劳累,清晨,刚刚送走了李白们的轻舟,夜晚,还得迎接刘备们的马蹄。只是,时间一长,这片山河对诗人们的庇佑力日渐减弱,他们的船楫时时搁浅,他们的衣带经常熏焦,他们由高迈走向苦吟,由苦吟走向无声。中国,还留下几个诗人?

幸好还留存了一些诗句,留存了一些记忆。幸好有那么多中国人还记得,有那么一个早晨,有那么一位诗人,在白帝城下悄然登舟。也说不清有多大的事由,也没有举行过欢送仪式,却终于被记住千年,而且还要被记下去,直至地老天荒。这里透露了一个民族的饥渴:他们本来应该拥有更多这样平静的早晨。

在李白的时代,中华民族还不太沉闷,这么些诗人在这块土地上来来去去,并不像今天那样觉得是件怪事。他们的身上并不带有政务和商情,只带着一双锐眼、一腔诗情,在山水间周旋,与大地结亲。写出了一排排毫无实用价值的诗句,在朋友间传观吟唱,已是心满意足。他们很把这种行端当作一件正事,为之而不怕风餐露宿,长途苦旅。结果,站在盛唐的中心地位的,不是帝王,不是贵妃,不是将军,而是这些诗人。余光中《寻李白》诗云:

> 酒入豪肠,七分酿成了月光
>
> 剩下的三分啸成剑气
>
> 绣口一吐就半个盛唐

李白时代的诗人,既挚恋着四川的风土文物,又向往着下江的开阔文明,长江于是就成了他们生命的便道,不必下太大的决心就解缆问桨。脚在何处,故乡就在何处,水在哪里,道路就在哪里。他们知道,长江行途的最险处无疑是三峡,但更知道,那里又是最湍急的诗的河床。他们的船太小:不能不时行时歇,一到白帝城,便振一振精神,准备着一次生命对自然的强大冲撞。只能请那些在黄卷青灯间搔首苦吟的人们不要写诗了,那模样本不属于诗人。诗人在三峡的小木船上,刚刚告别白帝城。

二

告别白帝城,便进入了长约二百公里的三峡。在水路上,二百公里可不算一个短距离。但是,你绝不会觉得造物主在作过于冗长的文章。这里所汇聚的力度和美色,铺排开去二千公里,也不会让人厌倦。

瞿塘峡、巫峡、西陵峡,每一个峡谷都浓缩得密密层层,再缓慢的行速也无法将它们化解开来。连临照万里的太阳和月亮,在这里也挤捱不上。对此,一千五百年前的郦道元说得最好:

> 两岸连山,略无阙处。重岩叠嶂,隐天蔽日,自非亭午夜分,
>
> 不见曦月。

(《水经注》)

他还用最省俭的字句刻画过三峡春冬之时的"清荣峻茂",晴初霜旦的"林寒涧肃",使后人再难调动描述的词章。

这三峡本是寻找不得词汇的。只能老老实实,让飕飕阴风吹着,让滔滔江流溅着,让谜乱的眼睛呆着,让一再要狂呼的嗓子哑着。什么也甭想,什么

也甭说,让生命重重实实地受一次惊吓。千万别从惊吓中醒过神来,清醒的人都消受不住这三峡。

僵寂的身边突然响起了一些"依哦"声,那是巫山的神女峰到了,神女在连峰间侧身而立,给惊吓住了的人类带来了一点宽慰。好像上天在铺排这个仪式时突然想要补上一个代表,让蠕动于山川间的渺小生灵占据一角观礼。被选上的当然是女性,正当妙龄,风姿绰约,人类的真正杰作只能是她们。

人们在她身上倾注了最瑰丽的传说,好像下决心让她汲足世间的至美,好与自然精灵们争胜。说她帮助大禹治过水,说她夜夜与楚襄王幽会,说她在行走时有环珮鸣响,说她云雨归来时浑身异香。但是,传说归传说,她毕竟只是巨石一柱,险峰一座,只是自然力对人类的一个幽默安慰。

当李白们早已顺江而下,留下的人们只能把萎弱的生命企求交付给她。温热的肌体,无羁的畅笑,情爱的芳香,全部雕塑成一座远古的造型,留在这群山之间。一个人口亿众的民族,长久享用着几个残缺的神话。

又是诗人首先看破。几年前,江船上仰望神女峰的无数旅客中,有一位女子突然掉泪。她悲哀,是因为她不经意地成了李白们的后裔。她终于走回船舱,写下了这些诗行:

在向你挥舞的各色花帕巾

是谁的手突然收回

紧紧捂住自己的眼睛

当人们四散离去,谁

还站在船尾

衣裙漫飞,如翻涌不息的云

江涛

　　高一声

　　　　低一声

美丽的梦留下美丽的忧伤

人间天上,代代相传

但是,心

真能变成石头吗

沿着江岸

金光菊和女贞子的洪流

正煽动新的背叛

与其在悬崖上展览千年

不如在爱人肩头痛哭一晚

（舒婷：《神女峰》）

三

终于，人们看累了，回舱休息。

舱内聚集着一群早有先见之明的人，从一开始就没有出过舱门，宁静端坐，自足而又安详。让山川在外面张牙舞爪吧，这儿有四壁，有舱顶，有卧床。据说三峡要造水库，最好，省得满耳喧闹。把广播关掉，别又让李白来烦吵。

历史在这儿终结，山川在这儿避退，诗人在这儿萎谢。不久，船舷上只剩下一些外国游客还在声声惊叫。

船外，王昭君的家乡过去了。也许是这里的激流把这位女子的心扉冲开了，顾盼生风，绝世艳丽，却放着宫女不做，甘心远嫁给草原匈奴，终逝他乡。她的惊人行动，使中国历史也疏通了一条三峡般的险峻通道。

船外，屈原故里过去了。也许是这里的奇峰交给他一副傲骨，这位比李白老得多的疯诗人长剑佩腰，满脑奇想，纵横中原，问天索地，最终投身汨罗江，一时把那里的江水，也搅起了三峡的波涛。

看来，从三峡出发的人，无论是男是女，都是怪异的。都会卷起一点旋涡，发起一些冲撞。他们都有点叛逆性，而且都叛逆得瑰丽而惊人。他们都不以家乡为终点，就像三峡的水拼着全力流注四方。

三峡，注定是一个不安宁的渊薮。凭它的力度，谁知道还会把承载它的土地奔泻成什么模样？

在船舷上惊叫的外国游客，以及向我探询中国第一名胜的外国朋友，你们终究不会真正了解三峡。

我们了解吗？我们的船在安安稳稳地行驶，客舱内谈笑从容，烟雾缭绕。

明早，它会抵达一个码头的，然后再缓缓启航。没有告别，没有激动，没有吟唱。

留下一个宁静给三峡,李白去远了。

还好,还有一位女诗人留下了金光菊和女贞子的许诺,让你在没有月光的夜晚,静静地做一个梦,殷殷地企盼着。

注释:①余秋雨,1946 年生于浙江余姚,现任上海戏剧学院教授,业余从事散文创作,有《文化苦旅》、《文明的碎片》、《霜冷长河》等散文集。《三峡》选自《文化苦旅》。余秋雨的散文有自觉、强烈的文化反省意味,或在历史回溯中感叹文化兴衰的命运,或在文化踪迹的探询中思考知识分子的使命与命运。但有时情感的表达显得过于夸张和表演,创作过于频繁,已有捉襟见肘的困窘和模式化的危机。

下 编

外 国 文 学

第十二章　外国古代中世纪文学

外国古代中世纪文学包括从公元前 10 世纪前后产生的古希腊文学至中世纪的欧洲文学和公元前至 18 世纪的亚非文学

欧洲古代文学　是指从欧洲产生文学作品以来至公元 476 年西罗马帝国灭亡这一时期的文学,主要是古希腊文学和古罗马文学。古希腊文学是欧洲文学的源头,它的主要成就是神话、史诗和戏剧。

神话是希腊文学的土壤,此后的诗歌、悲剧等都以神话为题材,它对于后世作家也产生了重要的影响。希腊神话包括神的故事和英雄传说两大部分。神的故事主要有关于开天辟地、神的产生、神的谱系、天上的改朝换代、人类的起源和神的日常活动等。英雄传说起源于对祖先的崇拜,是氏族社会兴起后的产物。英雄被当作神和人所生的后代,他们半神半人,个个力大无比,勇敢机智,为民除害。实际上在这些英雄形象中概括了全氏族的力量、智慧和理想。此外,神话中还包括了一部分关于生产知识的传说。希腊神话的特点是:人神同形、同性,想像丰富而且优美,形象生动,故事性强,所以具有较高的文学价值。

荷马史诗包括《伊利亚特》(又译《伊利昂纪》)和《奥德赛》(又译《奥德修纪》)两大史诗,相传是生活于公元前 9 世纪至公元前 8 世纪之间的希腊盲诗人荷马根据小亚细亚口头流传的歌谣改编而成,故称"荷马史诗"。荷马史诗描述的是特洛亚战争。《伊利亚特》意即"伊利昂的故事"(因特洛亚又名伊利昂),分 24 卷,15692

行,写战争最后一年五十几天间发生的事情。希腊主将阿喀琉斯与主帅阿伽门农为争夺一女俘而发生内讧。阿喀琉斯一怒之下退出战场,致使希腊军连连失利。阿伽门农派人求和,阿喀琉斯仍未息怒,后因朋友帕特洛克罗斯牺牲而重上战场,杀死特洛亚的主将赫克托耳。特洛亚老王普里阿姆斯赎回赫克托耳的尸体,并为他举行了葬礼。《奥德赛》意即"奥德修斯的故事",也分24卷,共12110行,写伊大卡国王奥德修斯在特洛亚战争结束后回国途中于海上漂流10年的故事。在他漂流期间,他妻子被一批贵族求婚者纠缠,儿子去各处寻父。史诗开头就描述了奥德修斯在斯赫里岛受到国王阿吉诺的款待。他向国王讲述了10年漂流中遭受的种种磨难,最后孤身一人到了卡吕普索神女岛,被留住7年。由于宙斯的命令,神女才放他回家,途经斯赫里岛。回国后,他与儿子相认,共同杀死了那些觊觎王位的求婚者,最后夫妻团圆。

荷马史诗具有很高的史学和美学价值,它全面生动地反映了从氏族社会向奴隶制社会过渡时期古希腊的社会生活;通过塑造一系列雄伟高大的英雄形象,反映了古希腊人民英雄主义、集体主义的崇高理想;表现了他们热爱生活、肯定人的力量的积极乐观的思想。史诗结构精巧完整,人物形象生动、个性鲜明,诗句优美动听、想像丰富瑰丽,对后世具有深远的影响。

希腊悲剧起源于祭祀酒神的原始歌舞。从公元前6世纪起,在统治者的倡导下每年举行一次戏剧比赛,从而诞生了著名的三大悲剧诗人。第一位是埃斯库罗斯(前525?—前456),被后人称为"悲剧之父"。他出身贵族,相传共创作了90部悲剧和笑剧,流传至今完整的仅7部,最著名的是"普罗米修斯三部曲"之一《被缚的普罗米修斯》(前465)。剧本取材于普罗米修斯盗取天火造福人间的神话故事,塑造了一个不畏强暴、坚持正义的英雄形象。作者从奴隶主贵族民主制政治立场出发,使作品充满高昂的斗争精神,以普罗米修斯敢于同神王宙斯斗争到底的决心体现了崇高的

428

主题。继埃斯库罗斯之后的悲剧诗人是索福克勒斯(前496?—前406),悲剧艺术在他的创作中发展到了成熟阶段。他出身富商家庭,传说一生写过120多部作品,现存7部,曾得过24次头奖或次奖。代表作《俄狄浦斯王》(前431)写忒拜王子俄狄浦斯反抗杀父娶母的预言,然而又逃不出命运支配的故事。剧本结构复杂,完整严密,情节曲折而又有波澜;人物性格鲜明,注重于以人物的动作来刻画性格,历来被认为是古希腊悲剧的优秀范例。第三位悲剧诗人欧里庇得斯(约前465—前406),出身于贵族,被誉为"剧场里的哲学家",一生共写了92部悲剧和笑剧,现存18部,代表作为《美狄亚》(前431)。《美狄亚》以科尔喀斯公主美狄亚与偷取金羊毛的英雄伊阿宋的爱情纠葛为基本情节,提出了当时社会的妇女命运问题。剧本开始时,伊阿宋喜新厌旧,欲另娶科任托斯国的公主为妻,美狄亚在痛苦和愤怒中害死了新娘,又杀死了她与伊阿宋生的两个儿子,自己则乘龙车腾空飞往雅典。剧本赞美了美狄亚的坚强意志和复仇精神,同情妇女在社会中的不幸遭遇,谴责了大男子主义的丑恶行径,显示了作者敢于正视社会现实的勇气。欧里庇得斯的创作对近代欧洲戏剧的发展具有重大影响。

希腊喜剧也是从酒神的祭祀中演变而成的一种民间原始歌舞。阿里斯托芬(约前446—前385)是古希腊著名的喜剧诗人,古希腊"喜剧之父"。相传他一共创作了44部喜剧,保存下来的有11部。其中《阿卡奈人》(前425)以现实主义的喜剧手法表达了诗人反对内战,呼唤和平的严肃主题。《鸟》(前414)通过神话幻想的题材,描绘了一个没有剥削,没有压迫,人人平等的世界,成为欧洲文学史上最早描写理想社会的作品。

罗马文学由古希腊文学发展而成,但也不是后者的翻版,罗马文学的繁荣时期,产生了杰出的诗人维吉尔(前70—前19)、贺拉斯(前65—前8)、奥维德(前43—公元18)。维吉尔的长篇史诗《伊尼德》(前30—前19)共12卷,长达1万行,它以荷马史诗为模仿榜样,描写了特维亚王子伊尼亚斯的冒险经历,赞颂了罗马帝国的光荣历史,成为罗马文学的典范。

亚非古代文学　是指公元前 20 世纪至公元 4—5 世纪之间在东方世界所产生的文学。亚非古代文学除了中国文学十分丰富以外,取得较高成就的是埃及文学、巴比伦文学、希伯来文学和印度文学。古代埃及文学是世界上最古老的文学,它大约产生在公元前三千多年到公元后的几百年,也就是说,有近四千年的历史。在文学中,影响较大的是古埃及诗歌和故事。诗歌中最著名的是《亡灵书》,这是一部庞大的宗教性的诗歌总集,反映了第一王朝以来人们的宗教观念和统治者的思想倾向。古代巴比伦文学也是世界上较为古老的文学,有不少优秀的文学作品。其中《吉尔伽美什》是巴比伦文学的最高成就,是目前已知的世界文学中最早的史诗。它以其丰富的思想内容和较高的艺术技巧著称于世,不仅影响了西亚地区民族的文学,也辗转地影响和充实了欧洲文学的创作。古代印度文学是比较丰富多彩的,它包括从公元前二千年到公元后六百年间的大约二千五六百年的作品,其中成就较高、影响较大的有诗歌总集、史诗、寓言故事和戏剧等。《吠陀》是古印度诗歌总集,其中收录了大量的劳动歌谣、民间的情歌、诵神诗和咒语诗等等。这些诗歌虽然带有浓厚的宗教色彩,却比较多方面地反映了古代印度人民的生活理想和愿望。它是印度文学的源头,对后世的文学产生了很深的影响。古代印度文学还保留了不少内容丰富、爱憎鲜明并具有教诲意义的寓言故事集,其中影响最大、流传最广的是《五卷书》,这部故事集被翻译成许多国家的文字,对欧洲一些国家的文学产生了深刻的影响。古代印度的两大史诗《摩诃婆罗多》和《罗摩衍那》,在印度文学中占有重要地位。这两部史诗大约形成于公元前三四世纪至公元四世纪之间,即印度原始社会末期至奴隶社会的初期。由于它们歌颂了奴隶制形成期的社会进步势力,寄托了人民的美好的生活理想和愿望,因而,它们不仅成为古代印度人民的艺术珍品,也是世界史诗文学的巨大收获,它们对印度人民的日常生活和文学产生了极为深远的影响。

欧洲中世纪文学　是指公元476年至14世纪中期文艺复兴前这一时期的文学。中世纪早期文学的主要产物是教会文学。教会文学是随着基督教在欧洲的传播、流行以至成为封建阶级的统治力量的背景下出现的,代表作品是《圣经》。《圣经》由《旧约》和《新约》组成,《旧约》是希伯来人古代典籍作品的汇编,后成为犹太教的经典,《新约》是基督教的经典。

中世纪中期文学的主要产物是英雄史诗、骑士文学和城市文学。这一时期是欧洲封建社会强盛的年代,自8世纪末查理大帝在欧洲大陆建立了强大的法兰克王国后,至11世纪,除北欧边陲地区之外,整个欧洲已经完成了封建化的过程。英雄史诗的早期作品以反映半人半神的部落英雄与自然灾害和妖魔鬼怪的斗争为主,如日耳曼人的《希尔德布兰特之歌》和盎格鲁·撒克逊人的《贝奥武甫》;后来发展到以歌颂爱国爱民的民族英雄除暴安良、抵御外敌的崇高形象为主,最著名的有法国的《罗兰之歌》(1080—1100)、德国的《尼伯龙根之歌》(1198—1204)和俄罗斯的《伊戈尔远征记》(1185—1187)。

骑士文学是欧洲封建社会的产物,繁荣于12—13世纪。它以骑士阶层的生活情操和爱情理想为主要内容。流行于法国南方的骑士抒情诗《破晓歌》——描述了骑士与贵妇人在破晓时分离的别情,是这一类作品的代表。城市文学首先出现于12世纪前后的西欧,它是当时经济发达、城市兴起和市民阶层形成的产物。著名的作品有法国韵文传奇《列那狐的故事》,长达3万余行,以动物比喻人类,采用讽刺笔法来揭露封建统治阶级的丑恶行径,表现出法国市民阶级的思想立场。城市文学已经显示出早期资产阶级的思想萌芽,可以看成是文艺复兴时期文学的前奏。这一现象更多地表现在法国和意大利。法国流浪诗人维庸(1431—1463)、英国诗人乔叟(约 1343—1400)、意大利诗人但丁(1265—1321)都是在这一历史交替时期产生的,尤其是后者,以杰出的诗体小说《神曲》流传于世,被认为是文艺复兴运动的伟大先驱。

《神曲》(1310—1321)是一部诗体故事集,分"地狱"、"净界"和"天堂"3 部,共 100 歌、14233 行,以诗人梦游三界的经历为主线,展示了一幅多姿多彩的画面。全诗从诗人在人生中途 35 岁那一年的一次惊险遭遇写起,正当他迷失在黑暗的森林时,眼前突然出现了三头野兽:狮、豹、狼,挡住了他的去路。在危急之中,他的老师维吉尔前来搭救,维吉尔对但丁说,他受贝雅德丽采的托付,引导但丁游历地狱和净界,尔后又由贝雅德丽采本人接替维吉尔作向导,引导但丁游历了天堂,并见到了天神的本体,了解到基督教"三位一体"的神秘。但这种情景也只是一瞬即逝,但丁随即醒来,原来刚才的一切都是南柯一梦。《神曲》是但丁从政治上、道德上探索意大利民族出路的寓言性的总结。但丁的创作目的是:"要使生活在这一世界的人们摆脱悲惨的遭遇,把他们引到幸福的境地。"全诗的构思是一篇象征性的寓言,强调了人在理性(以维吉尔为象征)和信仰(以贝雅德丽采为象征)的引导下,从迷惘和错误中醒悟过来,经过道德净化的途径,最后达到理想的境界。作为一部承上启下的作品,《神曲》既是中世纪文学的总结,又是新思想新文学的萌芽,这充分反映了但丁世界观的矛盾。具体表现在:但丁把批判矛头指向教会和教皇;肯定了人的现实活动,赞美人的才能和智慧;肯定世俗爱情,反对禁欲主义;表达了要求统一意大利的愿望和理想。在艺术上,诗中的材料取于现实,注意刻画人物的个性,第一个使用意大利民族语言来写文学作品,这些都是近代资产阶级文学的重要特点。但是,《神曲》也明显地带有旧时代的烙印,但丁在设想民族出路的时候,强调了节欲、苦修和道德净化,这是基督教观点的烙印;诗中象征、寓意、梦幻手法的运用和按照基督教的教义来形成关于天堂、地狱的构思带有明显的宗教文学痕迹;

把国家统一与和平的希望寄托在代表中世纪封建势力的神圣罗马皇帝身上。由此可见,《神曲》在许多方面存在着新旧两个方面的矛盾倾向。但不管如何,《神曲》是中世纪文学中最早写出的广泛反映时代的社会生活,表现新的人文主义理想萌芽的伟大诗篇,在欧洲文学史上具有划时代的意义。正如恩格斯在《〈共产党宣言〉意大利文版序言》中所指出的:"意大利是第一个资本主义民族。封建的中世纪的终结和现代资本主义纪元的开端,是以一位大人物为标志的。这位人物就是意大利人但丁,他是中世纪的最后一位诗人,同时又是新时代的最初一位诗人。"(《马克思恩格斯选集》第 1 卷,第 249 页)

亚非中世纪文学　　中世纪时期的亚非文学基本上是与封建社会的发展相适应的。欧洲的中世纪绝大多数国家是从公元 5 世纪到 15 世纪,而亚非的多数国家在公元二三世纪就进入了封建社会,它的下限一般到 19 世纪的初、中叶。亚非国家的封建社会不但时间长,发展不平衡,而且封建经济的发展也非常缓慢。因此,直到封建社会的末期,在亚非国家中也没能产生像欧洲文艺复兴时期那样的早期资产阶级文学。

　　尽管如此,中世纪亚非文学还是取得了辉煌的成就,它的初、中期文学达到了世界文学的高峰。日本在 8 世纪形成了 20 卷的民间诗歌总集《万叶集》,这一时期日本文学中女作家紫式部成书于 1001—1008 年间的长篇小说《源氏物语》,是日本古典文学的光辉代表。小说通过贵族光源氏的官场经历和婚姻生活的描写,真实而典型地描绘了平安时代贵族社会多层次的生活场景,并以作者所可能达到的高度加以分析和评判,向读者呈现出丰富多彩的历史画卷,在日本文学和世界文学史上都具有划时代的意义。

　　中世纪波斯文学的成就也较突出,可以说是群星灿烂,当时出现了鲁达吉、菲尔多西、莪默、萨迪等一系列有世界影响的大作家、大诗人。菲尔多西的长篇叙事诗《列王记》是中世纪波斯文学的名著之一。由于书中塑造了卓越的民族英雄形象,表现了作者的政治理想,反映了人民的愿望,并且在艺术上取得了较高的成就,因而成为史诗性的光辉巨著。萨迪(约 1208—1292)是 13 世纪波斯最著名的诗人,他的代表作《蔷薇园》(1257)是一部用散文和韵律文体写成的训海性故事集。这部作品以强烈的讽刺精神和独特的艺术表现著称于世,目前已被翻译成许多国家的文字,影响比较广泛。

中世纪阿拉伯文学也是比较发达的,其中著名的民间故事集《一千零一夜》是具有世界影响的民间故事集,也是阿拉伯各族人民集体智慧和幻想的艺术结晶,它的形成经历了漫长的过程,至16 世纪才由文人编订成书。作品内容包罗万象,有童话、寓言、谚语、爱情故事、冒险故事、名人轶事等等,几乎包括了中古时代中东各国的政治演变和社会面貌。《一千零一夜》的最大艺术特点是运用浪漫主义的想像梦幻手法来反映社会现实生活,在当时认为许多不可思议的幻想却富有科学依据,如飞毯、望远镜、能治百病的苹果等,在人类以后的历史上一一得到了实现。美好愿望的幻想性与艺术描写的真实性奇妙地融和在一起,从而使现实主义精神与浪漫主义表现共放异彩,相互辉映,产生了意想不到的艺术效果。

思　考　题

一、试述希腊神话的特点。
二、试述《荷马史诗》的美学价值。
三、试述《神曲》的主题思想。

■作品选

普罗米修斯①

[德国]施瓦布

天和地被创造出来,大海波浪起伏,拍击海岸。鱼儿在水里嬉戏,鸟儿在空中歌唱。大地上动物成群,但还没有一个具有灵魂的、能够主宰周围世界的高级生物。这时普罗米修斯降生了,他是被宙斯放逐的古老的神祇族的后裔,是地母该亚与乌拉诺斯所生的伊阿佩托斯的儿子。他聪慧而睿智,知道天神的种子蕴藏在泥土中,于是他捧起泥土,用河水把它沾湿调和起来,按照世界的主宰,即天神的模样,捏成人形。为了给这泥人以生命,他从动物的灵魂中摄取了善与恶两种性格,将它们封进人的胸膛里。在天神中,他有一个女友,即智慧女神雅典娜;她惊叹这提坦神之子的创造物,于是便朝具有一半灵魂的泥人吹起了神气,使它获得了灵性。

这样,第一批人在世上出现了,他们繁衍生息,不久形成了一大群,遍布各处。但有很长一段时间,他们不知道该怎样使用他们的四肢,也不知道该怎样使用神赐的灵魂。他们视而不见,听而不闻,如同梦中的人形,漫无目的地走来走去,却不知道去探自身的作用。他们不知道采石,烧砖,砍伐林木制成椽梁,然后再用这些材料建造房屋。他们如同蚂蚁一样,蛰居在没有阳光的土洞里,觉察不了冬去春来夏至;他们做样样事情都毫无计划。

于是,普罗米修斯便来帮助他的创造物。他教会他们观察日月星辰的升起和降落;给他们发明了数字和文字,让他们懂得计算和用文字交换思想;他还教他们驾驭牲口,来分担他们的劳动,使他们懂得给马套上缰绳拉车或作为坐骑。他发明了船和帆,让他们在海上航行。他关心人类生活中其他的一切活动。从前,生病的人不知道用药物治病,不知道涂药膏或服药来减轻痛苦,许多病人因缺医少药而悲惨地死去。现在,普罗米修斯教会他们调制药剂来防治各种疾病。另外,他教会他们占卜,圆梦,解释鸟的飞翔和祭祀显示

435

的各种征兆。他引导他们勘探地下的矿产,让他们发现矿石,开采铁和金银。他教会他们农耕技艺,使他们生活得更舒适。

不久前,宙斯放逐了他的父亲克洛诺斯,推翻了古老的神祇族,普罗米修斯也出身于这个神祇族。现在,宙斯和他的儿子们是天上新的主宰,他们开始注意到刚刚形成的人类了。他们要求人类敬重他们,并以此作为保护人类的条件。有一天,在希腊的墨科涅,神祇们集会商谈,确定人类的权利和义务。普罗米修斯作为人类的维护者出席了会议。在会上,他设法使诸神不要因为答应保护人类而提出苛刻的献祭条件。这位提坦神的儿子决意运用他的智慧来蒙骗神祇,他代表他的创造物宰了一头大公牛,请神祇选择他们喜欢的那部分。他把献祭的公牛切成碎块,分为两堆,一堆放上肉、内脏和脂肪,用牛皮遮盖起来,上面放着牛肚子;另一堆放的全是牛骨头,巧妙地用牛的板油包裹起来。这一堆比另一堆大一些。全知全能的神祇之父宙斯看穿了他在玩弄伎俩,便说:"伊阿佩托斯的儿子,尊贵的王,我的好朋友,你把祭品分得多不公平啊!"这时,普罗米修斯越发相信他骗过了宙斯,于是暗自笑着说:"尊贵的宙斯,永恒的众神之祖,你就按自己的心愿挑选一堆吧!"宙斯心里很气恼,却故意伸出双手去拿雪白的板油。当他剥掉板油,看清这全是剔光的骨头时,装着直到现在才发觉上当似的,气愤地说:"我看到了,伊阿佩托斯的儿子,你还没有忘掉你欺骗的伎俩!"

宙斯受了欺骗,决定报复普罗米修斯。他拒绝向人类提供生活必需的最后一样东西:火。可是伊阿佩托斯的儿子非常机敏,马上想出了巧妙的办法。他拿来一根又粗又长的茴香秆,扛着它走近驰来的太阳车,将茴香秆伸到它的火焰里点燃,然后带着闪烁的火种回到地上,很快第一堆木柴燃烧起来,火越烧越旺,烈焰冲天。宙斯见人间升起了火焰,大发雷霆,他眼看已无法把火从人类那儿夺走了,便很快想出了新的灾难来惩罚人类,以便抵消火带给人类的福祉。他命令以工艺著名的火神赫淮斯托斯造了一尊美女石像。雅典娜由于渐渐妒忌普罗米修斯,也对他失去了好意,她亲自给石像披上了闪亮的白衣裳,蒙上了面纱,头上戴上了花环,束上了金发带。这金发带也是出自赫淮斯托斯之手。他为了取悦他父亲,细心制作,金发带造型精巧,带上饰有神态各异的动物形象。众神的使者赫耳墨斯给这妖媚迷人的形体传授语言的技能;爱神阿佛洛狄忒赋予她种种诱人的魅力。于是宙斯给这美丽的形象注入了恶毒的祸水,他给她取名为潘多拉,意为"具有一切天赋的女人",因为众神都馈赠给她一件危害人类的礼物。他们把这个年轻的女人送到人间,正在地上自在取乐游荡的众神见了这美得无法比拟的女人都惊羡不已。她径自来到普罗米修斯的弟弟埃庇米修斯的面前,请他收下宙斯给他的赠礼。埃庇米修斯心地善良,毫无猜疑。

普罗米修斯曾经警告过他的弟弟,不要接受奥林匹斯山上的宙斯的任何赠礼,而要立即把它退回去。可是,埃庇米修斯忘记了这个警告,很高兴地接纳了这个年轻美貌的女人。直到后来,他吃了苦头,才意识到他招来了灾祸。在此之前,人类遵照普罗米修斯的警告,因此没有灾祸,没有艰辛的劳动,也没有折磨人的疾病。现在,这个姑娘双手捧上礼物,这是一只紧闭的大盒子。她一走到埃庇米修斯的面前,就突然打开了盒盖,里面的灾害像股黑烟似地飞了出来,迅速地扩散到地上。盒子底上还深藏着惟一美好的东西:希望,但潘多拉依照万神之父的告诫,趁它还没有飞出来的时候,赶紧关上了盖子,因此希望就永远关在盒内了。从此,各种各样的灾难充满了大地、天空和海洋。疾病日日夜夜在人类中蔓延、肆虐,而又悄无声息,因为宙斯不让它们发出声响。各种热病在大地上猖獗,死神步履如飞地在人间狂奔。接着,宙斯向普罗米修斯本人报复了。他把这名仇敌交到赫淮斯托斯和两名仆人的手里,这两名仆人外号叫做克拉托斯和皮亚,即强力和暴力。他们把普罗米修斯拖到斯库提亚的荒山野岭。在这里,他被牢固的铁链锁在高加索山的悬岩上,下临可怕的深渊。赫淮斯托斯不太情愿执行父亲的命令,因为他很喜欢这位提坦神的儿子,他是他的亲戚、同辈,是他的曾祖父乌拉诺斯的子孙,也是神祇的后裔。可是,执行残酷命令的两个粗暴的仆人,因他说了许多同情的话,把他痛斥了一顿。普罗米修斯被迫锁在悬岩绝壁上,他给直挺挺地吊着,无法入睡,无法弯曲一下疲惫的双膝。"不管你发出多少哀诉和悲叹,都是无济于事的,"赫淮斯托斯对他说,"因为宙斯的意志是不可动摇的,这些最近才从别人手里夺得权力的神祇们都是非常狠心的。"这位囚徒被判受折磨是永久的,至少也得三万年。尽管他大声悲叫,并且呼唤风儿、河川、大海和万物之母大地,以及注视万物的太阳来为他的苦痛作证,但是他的精神却是坚不可摧的。"无论谁,只要他学会承认定数的不可制服的威力,"他说,"就必须承受命中注定的痛苦。"宙斯再三威逼他,要他说明他的不吉祥的预言,即"一种新的婚姻将使诸神之王面临毁灭",但他始终没有开口。宙斯言出必行,每天派一只恶鹰去啄食被缚的普罗米修斯的肝脏。肝脏被吃掉多少,很快又恢复原状。

这种痛苦的折磨他不得不忍受,直到将来有人自愿为他献身为止。

　　为不幸的普罗米修斯解除苦难的一天终于来到了。在他被吊在悬岩上,度过了漫长的悲惨岁月以后,有一天,赫拉克勒斯为寻找赫斯珀里得斯来到这里。他看到恶鹰在啄食可怜的普罗米修斯的肝脏,这时,便取出弓箭,把那只残忍的恶鹰从这位苦难者的肝脏旁一箭射落。然后他松开锁链,解放了普罗米修斯,带他离开了山崖。但为了满足宙斯的条件,赫拉克勒斯把半人半马的肯陶洛斯族的喀戎作为替身留在悬崖上。喀戎虽然可以要求永生,但为了解救普罗米修斯,他甘愿献出自己的生命。为了彻底执行宙斯的判决,普罗米修斯必须永远戴一只铁环,环上镶上一块高加索山上的石子。这样,宙斯可以自豪地宣称,他的仇敌仍然被锁在高加索山的悬崖上。

(刘超之　艾　英译)

　　注释:①《普罗米修斯》是《希腊神话故事》的第一篇。作品以普罗米修斯为中心,讲述了创造天地的故事、造人的故事、普罗米修斯反抗宙斯的故事以及潘多拉的盒子等故事,情节曲折,语言流畅,个性鲜明,通俗易懂,是希腊神话的经典之作。

伊 利 亚 特①

〔古希腊〕荷　马

第二十二卷
——赫克托尔被阿基琉斯杀死遭凌辱

　　特洛亚人像一群惊鹿逃进城里,
　　他们抹去汗污,饮水解除了燥渴,
　　依靠着坚固的雉堞喘息。阿开奥斯人
　　继续向城墙冲来,把盾牌靠在肩头。
　　恶毒的命运却把赫克托尔束缚在原地,
　　把他阻留在伊利昂城外斯开埃门前。
　　福波斯·阿波罗这时对佩琉斯之子这样说:

"佩琉斯之子，你为何这样快腿追赶我，
一个有死的凡人追赶不朽的神明？
显然你没认出我是神，才这样追赶。
你放弃同那些逃跑的特洛亚人作战，
他们已经逃进城，可你却跑来这里。
你杀不了我，因为命运注定我不死。"

　　捷足的阿基琉斯无比愤怒地回答说：
"射神，最最恶毒的神明，你欺骗了我，
把我从城墙引来这里，要不还会有
许多人没逃进伊利昂便先趴下啃泥土。
你夺走了我的巨大荣誉，轻易地挽救了
那些特洛亚人，因为你不用担心受惩处。
倘若有可能，这笔账我定要跟你清算。"

　　他这样说，重新勇猛地奔向城市，
如同竞赛中得胜的骏马拖着战车，
奔跑得那样轻快，敏捷地奔过平原，
阿基琉斯也这样快捷地迈动两腿和双膝。

　　老王普里阿摩斯第一个看见他奔来，
如同星辰浑身光闪地奔过平原。
那星辰秋季出现，光芒无比明亮，
在昏暗的夜空超过所有其他星星，
就是人称猎户星座中狗星的那一颗。
它在群星中最明亮，却把凶兆预告，
把无数难熬的热病送来可怜的人间，
阿基琉斯奔跑时胸前的铜装也这样闪亮。
老王长叹一声，不由得举起双手
捶打自己的脑门，连连沉重长叹，
恳求儿子回城；赫克托尔站在城外，
心情热切地要同阿基琉斯打一场恶战。
老王把手伸向赫克托尔，可怜地哀求：
"赫克托尔，儿子啊，不要独自在那里

439

等那家伙,你这是想让他打倒寻死,
因为他远比你强大,又很凶残。
如果他令神明也像令我这样讨厌,
那他早就该躺在地上死于非命,
被猎狗鹰鹫撕碎,消释我心头的痛隐。
他夺走了我的许多高贵的儿子,
卖往遥远的海岛或把他们杀死。
在逃进城里的特洛亚人中我没有看见
吕卡昂和波吕多罗斯,我的两个儿子,
拉奥托埃——一个杰出的女子生了他们。
如果他们活在敌营,我们便用
青铜和黄金去赎他们:家里有贮存,
高贵的老人阿尔特斯给女儿丰厚的馈赠。
如果他们已被杀死前往哈得斯,
便又给我和他们的母亲增添了哀楚。
特洛亚人不会为他们痛心太长久,
除非你也一起被阿基琉斯杀死。
我的孩子,进城来吧,为了拯救
特洛亚男女,也为了不让阿基琉斯赢得
巨大的荣誉,你不至于失去宝贵的生命。
可怜可怜不幸的我吧,我还活着,
已进入老迈,天父宙斯却要让我
度过可怕的残年,看见许多不幸:
看见我的儿子们一个个惨遭屠戮,
女儿们被掳丧失自由卧室遭洗劫,
幼儿被敌人无情地杀害抛到地上,
儿媳们一个个落入阿开奥斯人的魔掌。
当有人用锐利的铜刃把我刺中或砍伤,
灵魂离开身体,我最后死去的时候,
贪婪的狗群将会在门槛边把我撕碎,
它们本是我在餐桌边喂养的看门狗,
却将吮吸我的血,餍足地躺在大门口。

年轻人在战斗中被锐利的铜器杀死，
他虽已倒地，一切仍会显得很得体，
他虽已死去，全身仍会显得很美丽，
但一个老人若被人杀死倒在地上，
白发银须，甚至腹下被狗群玷污，
那形象对于可怜的凡人最为悲惨。"

　　老王说完，伸手乱扯他那头白发，
但仍不能动摇赫克托尔既定的决心。
他的母亲这时也伤心得痛哭流涕，
她一手拉开衣襟，一手托起乳部，
含泪对他说出有翼飞翔的话语：
"儿啊，赫克托尔，可怜我，看在这份上，
我曾经用它里面的汁水平抚你哭泣！
想想这些，亲爱的孩儿，退进城来，
回击敌人，不要单独和那人对抗。
阿基琉斯性情凶残，如果你被他杀死，
亲爱的儿啊，你便不可能安卧停尸床，
被我和妻子哭泣，你会远离我们，
在阿尔戈斯船舶边被敏捷的狗群饱餐。"

　　……

　　捷足的阿基琉斯继续疯狂追赶赫克托尔，
有如猎狗在山间把小鹿逐出窝穴，
在后面紧紧追赶，赶过溪谷和沟壑，
即使小鹿转身窜进树丛藏躲，
也要寻踪觅迹地追赶把猎物逮住。
赫克托尔也这样摆脱不了捷足的阿基琉斯，
每当他偏向达尔达尼亚城门方向，
企图挨着建造坚固的城墙奔跑，
城上的人们朝下放箭保护他的时候；
每次阿基琉斯都抢先把他挡向平原，
自己始终占着靠近城墙的道路。

有如人们在梦中始终追不上逃跑者,
一个怎么也逃不脱,另一个怎么也追不上,
阿基琉斯也这样怎么也抓不着逃跑的赫克托尔。
赫克托尔怎么能这样躲过残忍的死神?
只因为阿波罗最后一次来到他身边,
向他灌输力量,给他敏捷的脚步。
神样的阿基琉斯向他的部队摇头示意,
不许他们向赫克托尔投掷锐利的枪矢,
免得有人击中得头奖,他屈居次等。
当他们一逃一追第四次来到泉边,
天父取出他的那杆黄金天秤,
把两个悲惨的死亡判决放进秤盘,
一个属阿基琉斯,一个属驯马的赫克托尔,
他提起秤杆中央,赫克托尔一侧下倾,
滑向哈得斯,阿波罗立即把他抛弃。
目光炯炯的女神雅典娜迅速来到
佩琉斯之子身边,说出有翼飞翔的话语:
"宙斯的宠儿阿基琉斯,我们可望
今天让阿开奥斯人带着全胜回船,
难以制胜的赫克托尔将我们杀死。
现在他已不可能逃脱我们的手掌,
不管射神阿波罗怎样费心帮助他,
甚至匍伏着哀求提大盾的天父宙斯。
你且停住脚步喘喘气,我这就去
上前找他,劝他和你一决胜负。"

……

　　头盔闪亮的赫克托尔声音虚弱地回答说:
"我求你,以你的心灵、双膝和双亲的名义,
不要把我丢给阿开奥斯船边的狗群,
你会得到许多黄金、铜块作赎金,
我的父王和母后会给你送来厚礼,

让我的身体运回去吧,好让特洛亚人
和他们的妻子给我的遗体火葬行祭礼。"

捷足的阿基琉斯怒目而视回答说:
"你这条狗,不要提膝盖和我的父母,
凭你的作为在我的心中激起的怒火,
恨不得把你活活剁碎一块块吞下肚。
绝不会有人从你的脑袋旁把狗赶走,
即使特洛亚人为你把十倍二十倍的
赎礼送来,甚至许诺还可以增添。
即使普里阿摩斯吩咐用你的身体
秤量赎身的黄金,你的生身母亲
也不可能把你放上停尸床哭泣,
狗群和飞禽会把你全部吞噬干净。"

头盔闪亮的赫克托尔临死这样回答说:
"我这下看清了你的本性,我曾预感
不可能说服你,因为你有一颗铁样的心。
不过不管你如何勇敢,也请你当心,
我不要成为神明迁怒于你的根源,
当帕里斯和阿波罗把你杀死在斯开埃城门前。"

他这样说,死亡降临把他罩住,
灵魂离开肢体前往哈得斯的居所,
留下青春和壮勇,哭泣命运的悲苦。
捷足的阿基琉斯对死去的赫克托尔这样说:
"你就死吧,我的死亡我会接受,
无论宙斯和众神何时让它实现。"

阿基琉斯这样说,从尸体上拔出铜枪,
搁置一旁,再剥取肩上血污的铠甲。
其他阿开奥斯人拥过来四面围上,
惊异赫克托尔身材魁梧相貌俊美,
没有人不使他再增加一点新的伤迹。

人们都对自己近旁的同伴开言这样说：
"啊呀呀，这位赫克托尔现在确实显得
比他把熊熊火把抛向船舶时要温和。"

　　大家一面说，一面戳击不动的尸体，
捷足的阿基琉斯剥下赫克托尔身上的铠甲，
开始对阿开奥斯人把带翼的话这样说：
"朋友们，阿尔戈斯各位首领和君王们，
既然不朽的神明让我打倒了他，
他给我们造成的灾害超过其他人，
现在让我们全副武装绕城行进，
看看特洛亚人怎样想，有什么打算，
他们是见赫克托尔被杀死放弃高城，
还是没有赫克托尔也仍要继续作战。
可我这颗心为什么考虑这些事情？
帕特罗克洛斯还躺在船里，没有被埋葬，
没有受哀礼。只要我还活在人世间，
还能行走，我便绝不会把他忘记；
即使在哈得斯的处所死人把死人忘却，
我仍会把我那亲爱的同伴牢牢铭记。
阿开奥斯战士们，现在让我们高唱凯歌，
返回空心船，带上这具躺着的尸体。
我们赢得了巨大的光荣，杀死了赫克托尔，
城里的特洛亚人把他夸耀得如同神明。"

　　……

（罗念生　王焕生 译）

　　注释：①这里节选的是《伊利亚特》第二十二卷精彩的一段，是史诗的高潮部分，描写了阿基琉斯与赫克托尔的决战过程，气氛悲壮、豪迈，体现了史诗的精神。

第十三章　外国近代文学(上)

　　欧美近代文学是指 14 世纪至 19 世纪末产生于欧洲以及美国的文学,它的主流是产生于欧洲的资产阶级的各种文学思潮,包括:人文主义、古典主义、启蒙主义、浪漫主义和批判现实主义。本章介绍前三种思潮的文学。

　　文艺复兴时期的文学　　文艺复兴是 14 世纪至 16 世纪出现在西欧几个主要国家的,以复兴古代希腊、罗马的文化为旗号的资产阶级思想文化运动。这是在封建制度开始解体,资本主义经济出现萌芽的历史条件下形成的一场资产阶级反封建、反教会的斗争。它的思想核心是人文主义。人文主义主张以人为本,反对神的绝对权威;以人权反对神权;以个性解放、个人幸福反对禁欲主义;以理性反对蒙昧主义;在政治上拥护中央集权,反对封建割据。人文主义在当时具有反封建的革命意义,但它所谓的人是指资产阶级自身和资产者个人,人文主义的思想基础是个人主义和人性论,表现出新兴剥削阶级的思想特色。文艺复兴时期的文学萌芽出现在 14 世纪中期的意大利,诞生于这一时期的弗朗西斯科·彼得拉克(1304—1374)和乔凡尼·薄伽丘(1313—1375)是人文主义的先驱人物。彼得拉克的《歌集》集中了他一生的最优秀诗作,献给情人劳拉的 375 首十四行诗表达了诗人对爱情的忠诚,为奠定这一欧洲"温柔的新体"的诗歌规范形式作出了贡献。薄伽丘的短篇小说集《十日谈》(1348—1353)以意大利的社会现实为背景,宣扬了人生快乐和个性解放,揭露了宗教的虚伪和丑恶,歌颂了青年男女之间的爱情,是一部充满人文主义思想色彩的优秀作品,也奠定了欧洲短篇小说的创作模式。

文艺复兴时期文学的发展阶段出现于 16 世纪前期王权已经十分强大的法国,最杰出的作家是被后人称为"巨人时代的巨人"的弗朗索瓦·拉伯雷(1493 或 1494—1553)。拉伯雷毕其一生精力创作了长篇小说《巨人传》5 卷集(1532—1553),作品通过民间传说中的巨人国王格朗古杰、卡冈都亚和庞大固埃祖孙三代故事的描写,赞扬了巨人国王热爱人民和乐观通达的优良品德,同时严厉抨击了教会腐败和黑暗的本质,对宗教迷信进行了讽刺和嘲笑,体现了作者的人文主义理想境界。

文艺复兴时期文学的高潮出现于 16 世纪后期的西班牙和英国。西班牙在 16 世纪初曾一度称霸欧洲,但文学上起步稍迟,主要成就是小说与戏剧。最早的小说是无名氏所作的流浪汉小说《小癞子》(1553),对欧洲早期小说的发展有着深远的影响。戏剧创作以洛卜·德·维加(1562—1635)为代表,他的剧本《羊泉村》(1609—1613)歌颂了西班牙农民反抗封建压迫的斗争精神。

作家米盖尔·德·塞万提斯·萨阿维德拉(1547—1616)以其杰出的《堂吉诃德》(2 卷集,1605—1615)闻名于世。小说以中世纪的西班牙为背景,模拟骑士传奇的笔法,描写了一个迷恋于骑士冒险精神的穷乡绅的可笑经历。小说以夸张、讽刺、幽默的笔法塑造了不朽的典型堂·吉诃德,以众多的人物群像和多层次的生活画面,展示出 16 世纪至 17 世纪初期西班牙的广阔社会生活,成为文艺复兴时期的杰作。

英国文艺复兴时期的文学,最早可以追溯到 14 世纪末期。以著名的人文主义作家杰弗利·乔叟(约 1343—1400)创作的《坎特伯雷故事集》(1387—1400)为先导。此后的人文主义作家还有托马斯·莫尔(1478—1535)、弗兰西斯·培根(1561—1626)、诗人埃德门·斯宾塞(1552? —1599)等。至 16 世纪后半期,出现了戏剧创作的高潮,以克里斯托弗·马洛(1564—1593)为首的"大学才子"派为这一时期的戏剧创作出了重要贡献,代表整个文艺复兴人文主义文学最高成就的莎士比亚的戏剧作品,也正是在此基础上创作成功的。

莎士比亚及其戏剧创作 威廉·莎士比亚(1564—1616),出身于英国中部斯特拉特福镇一个商人家庭,少年时代求学于家乡的文法学校,父亲破产后独立谋生,18岁结婚,21岁来到伦敦为剧场打杂,1590年起参加剧团演出,并开始从事剧本创作,1610年离开剧团回到故乡,1616年去世。

莎士比亚在20余年的创作生涯中,大体经历了:(1)1590—1600年的历史剧、喜剧时期,此时期共写了9部历史剧、10部喜剧和1部悲剧,著名的历史剧《亨利四世》、《亨利五世》,喜剧《威尼斯商人》、《第十二夜》和悲剧《罗密欧与朱丽叶》是该时期的代表作。此外,在这一时期他还写了154首十四行诗和2部长诗;(2)1600—1607年的悲剧时期,这是莎士比亚创作最辉煌的时期,共写了7部悲剧、4部喜剧,著名的"四大悲剧"《哈姆莱特》、《奥赛罗》、《李尔王》和《麦克白》就创作于这一时期;(3)1608—1613年的传奇剧时期,写有《暴风雨》等3部传奇剧和历史剧《亨利八世》。

"四大悲剧"是莎士比亚的戏剧精品,其中《哈姆莱特》是作者的代表作。《哈姆莱特》取材于12世纪丹麦史中描写丹麦王子为父复仇的故事。经莎士比亚的再创造,把一个中世纪的流血复仇故事,写成一部深刻反映英国现实社会矛盾的杰作。剧本主人公丹麦王子哈姆莱特原在德国威登堡大学读书,因父亲暴死回国,回国后发现叔父克劳狄斯篡位并娶了母亲,这些突变的事故使他心情郁闷。正在这时,父王鬼魂出现,告诉哈姆莱特自己是被克劳狄斯所害。哈姆莱特决心为父复仇,他先以装疯试探,再以"戏中戏"证实了父王鬼魂所言,但他对复仇还是一拖再拖,最后错杀了大臣波洛涅斯。克劳狄斯已知哈姆莱特的复仇决心,于是设计命他出使英国,意欲借刀杀人。哈姆莱特将计就计,处决了同行的使臣,脱险返回了丹麦。克劳狄斯为实现阴谋又借雷欧提斯为其父波洛涅斯报仇的机会,怂恿他利用比武杀害哈姆莱特,在两人击剑过程中,哈姆莱特与设计暗害他的敌人同归于尽。

莎士比亚在剧本中成功地塑造了哈姆莱特这一典型形象,使他成为世界文学中杰出的文学典型。哈姆莱特是文艺复兴时期人文主义者的形象,他接受了当时的人文主义思想,对人类、世界都有新的看法,他认为:"人是多么了不起的一件作品!""宇宙的精华,万物的灵长。"他没有等级观念,向往和谐美好的爱情与友谊、相信人与人之间关系是相互尊重的。但一系列意外的变故,打破了他的幻想,使他对现实改变了看法,变得忧郁厌世。但忧郁不是他的天性,而是理想与现实产生矛盾,理想破灭后所引起的一种精神状态。面对现实,他开始新的思考与探索。他对人的价值、生存与毁灭、生命的意义等进行了哲理性的探索,因而使这一形象具有思想家的特色。他的思考是深刻而有力的,但他的责任是复仇,现实要求他行动,可他对行动却一拖再拖。这个问题一方面反映了客观上反动势力过于强大,另一方面也反映了当时人文主义者的弱点:强调个人力量孤军作战,摆脱不了旧思想残余和宿命论观点。哈姆莱特和当时的人文主义者一样,他的力量在于提出了现实世界不合理和必然改革这样一个根本问题,而不在于去解决这个问题。哈姆莱特这一形象的典型性在于真实地概括了文艺复兴时期人文主义者的特征,反映了他们的斗争,也写出了他们的悲剧命运。剧本通过哈姆莱特与以克劳狄斯为首的宫廷集团的尖锐斗争,反映了文艺复兴时期人文主义理想与英国现实之间的深刻矛盾。

莎士比亚的戏剧是欧洲戏剧发展史上的一个高峰。它继承了古代希腊罗马戏剧、文艺复兴时期意大利戏剧的传统,又继承了英国民族戏剧的传统,并在这个基础上加以创新,才达到了前所未有的成就。莎士比亚在创作上基本遵循了现实主义的原则,他非常注意展现人物活动的"福斯塔夫式背景"(即广阔的社会背景)以加强作品的深度和广度;注意情节的生动性和丰富性;塑造一系列个性鲜明的典型人物形象;戏剧语言丰富多彩,而且达到了高度个性化的水平。因此,他对于世界戏剧艺术的发展作出了重要的贡献。

古典主义文学 17世纪文学的主要成就是法国古典主义戏剧。古典主义是特定历史时期的产物,它在政治上拥护王权,思想上崇尚唯理主义,艺术上以古代希腊、罗马为典范,强调一部剧本中地点、情节、时间同一的"三一律"。古典主义在当时历史条件下有其进步意义,加强了法兰西民族的整体观念,强调文学对社会的责任感,使法国语言更加规范。法国古典主义悲剧的代表作家是彼埃尔·高乃依(1606—1684)和若望·拉辛(1639—1699),他们各自的代表作是《熙德》(1636)和《安德洛马克》(1667)。而代表这一时期最高成就的则是喜剧作家莫里哀(1622—1673),他一生热爱戏剧艺术,共写了37部喜剧和笑剧,最著名的是《伪君子》(1664—1669),剧本通过宗教骗子达尔丢夫这一典型形象的塑造,对教会的虚伪、狡诈、凶残的本质作了淋漓痛快的揭露,使剧本具有很强的战斗力,对近代欧洲喜剧创作产生了重大的影响。

启蒙主义文学 产生于18世纪的启蒙主义运动是以法国为中心的,是继文艺复兴之后的又一场全欧洲的资产阶级思想文化运动,是在资产阶级进一步强大、封建阶级与人民的矛盾日益尖锐的背景下产生的,直接为资产阶级革命进行了思想舆论准备。它的主要口号是:自由、平等、博爱。这一时期的主要文学成就是启蒙主义文学。在法国涌现了查理·路易·孟德斯鸠(1689—1755)、伏尔泰(1694—1778)、丹尼·狄德罗(1713—1784)和让·雅克·卢梭(1712—1778)"四大启蒙作家",他们的哲学和文学著作不仅对欧洲而且对全世界都具有深远的影响。小说创作的主要成就在英国,丹尼尔·笛福(1660—1731)的《鲁宾孙飘流记》

（1719）反映了资本主义原始积累时期新兴资产阶级的本质特征，是第一部完整地描写资产阶级的小说。此外，约拿旦·斯威夫特（1667—1745）的《格列弗游记》（1726）、撒缪尔·理查生（1689—1761）的《克莱丽莎·哈娄》（1748）、亨利·菲尔丁（1707—1754）的《汤姆·琼斯》（1749）都是这一时期的小说名作。德国的启蒙主义文学是在法国影响下发展起来的，作家高特荷德·埃夫拉姆·莱辛（1729—1781）的戏剧评论集《汉堡剧评》（1767—1769）成为德国启蒙主义理想的奠基作品；剧作家约翰·弗里德里希·席勒（1759—1805）以他的优秀剧作《强盗》（1780）、《阴谋与爱情》（1784），成为德国后期启蒙主义——"狂飚突进"运动的杰出代表。在德国以至整个欧洲启蒙主义文学中，歌德以其伟大的诗体悲剧《浮士德》的创作而成为最具影响的作家，歌德的诞生使 18 世纪末期的德国文学一跃居为欧洲文学的顶峰。

歌德及其悲剧《浮士德》　约翰·沃尔夫冈·歌德（1749—1832），出身于德国法兰克福市一个有地位的资产阶级家庭，从小受家庭的良好教育，从大学时代起开始文学创作并成为狂飚突进运动的骨干。除 1775 至 1785 年曾任魏玛公国枢密顾问以外，一生以文学写作为主，作品体裁涉及小说、诗歌、戏剧、散文等，是18、19 世纪之交欧洲最有影响的作家。他的代表作是《浮士德》（1772—1831）。

诗体悲剧《浮士德》是歌德以自己毕生的心血完成的一部杰作，在世界文学史上享有崇高的地位，它和《荷马史诗》、《神曲》、《哈姆莱特》齐名，被称为欧洲文学的四大名著。

《浮士德》共两部，第一部不分幕，25 场，第二部分 5 幕，也是 25 场。第一部之前还有"献诗"、"舞台上序幕"和"天上序幕"，介绍了全剧所要解决的基本矛盾，也概括了全剧的主题。这就是：人类的前途如何？他是否能不断向前发展，还是日趋灭亡？于是魔鬼靡非斯特与上帝打赌，他们把赌注压在浮士德身上。靡非斯特决心下界来引诱浮士德堕落,以证明人类日趋灭亡的观点。

浮士德的一生可归纳为五个阶段:(1)知识悲剧阶段。年迈的浮士德过着中世纪学者的生活,几十年孜孜不倦地追求知识,而得到的却是一无用处的东西,他在绝望之中企图自杀。然而复活节的钟声给了他生的希望,于是他走出书斋,来到现实生活之中。浮士德重返书斋后领悟到实践的重要,决心重新开始生活。此时,魔鬼靡非斯特趁虚而入,与浮士德订约:魔鬼让浮士德尽情享受人生,只要浮士德表示满足的一瞬间,浮士德的生命就结束了,灵魂归魔鬼所有,而浮士德则认为他永远不会满足。(2)爱情悲剧阶段。魔鬼使浮士德返老还童,并与少女玛甘泪恋爱,但玛甘泪因恋爱,失误毒死母亲,浮士德又因幽会被阻而杀死玛甘泪的哥哥,少女在发狂中溺死了自己的婴儿,终被入狱处死。浮士德悲痛万分。第一部到此结束。(3)政治悲剧阶段。在大自然的环抱里,浮士德从痛苦中解脱出来。魔鬼带他到了神圣罗马帝国皇帝的宫廷,浮士德建议发行纸币,暂时解决了帝国的经济困难。皇帝又异想天开,要浮士德招来古代美人海伦供他玩耍。美人一出现,浮士德为之倾倒,结果因嫉妒引起爆炸。(4)古典美悲剧阶段。浮士德让魔鬼设法找到了海伦,并与她结婚,生了个儿子,取名欧福良。欧福良精力过人、无拘无束、妄想飞翔,结果坠地而亡。海伦随之消逝,留下一件长袍托着浮士德返回北方。(5)事业悲剧阶段。浮士德决心创造事业,造福于民,率领人民改造自然,填海造田。此时,浮士德已 100 岁了,且双目失明,但他想到自己正在从事的伟大事业,不由地感到满足,说出了:"你真美啊,请停留一下!"按照契约,他倒地死去,灵魂要归魔鬼所有,但此时天使把灵魂接到了天堂。

浮士德的形象实质上是一个资产阶级先进的知识分子的形象,他那种永不满足、不断追求的性格,体现了上升时期资产阶级进步知识分子追求崇高理想和努力进取的精神。浮士德对于人生理想探索的每个阶段也都是有现实根据的,都是反映了欧洲资产阶级思想家精神发展的某一个重要时期,而整个过程又是总结了自文艺复兴、宗教改革时代,一直到19世纪初期德国和欧洲资产阶级先进知识分子思想探索的全部历程。在总结的同时,又贯穿着批判精神,一方面批判了现实当中的丑恶的画面;另一方面也否定了资产阶级自己的错误道路和不切实际的幻想。《浮士德》同时还贯穿着辩证精神,在诗剧中浮士德体现了一种肯定的精神,而魔鬼靡非斯特则是否定精神的代表,两者不是对立的,而是相互依靠,相互转化。从他们的辩证关系当中,歌德力图告诉人们,人类前进的道路是曲折的,是充满着矛盾、斗争的;但是只要人类一心向善,他就不会堕落,反对的力量不但不能够阻碍人类前进,反而会从反面来促进人类前进。同时也提醒人们,在前进的道路上,由于客观上恶势力作祟和自身内部矛盾的作用,人类可能犯错误,甚至酿成悲剧。但是人类总能够化解矛盾,不断前进,而且也只有在矛盾斗争中才能前进。

思 考 题

一、什么是文艺复兴?它对整个西方文学的发展具有什么重大影响?

二、从哈姆莱特的形象理解莎士比亚戏剧创作中的人文主义理想。

三、试述《浮士德》的主题以及浮士德形象的时代意义。

■作品选

哈 姆 莱 特①

[英国]莎士比亚

第 五 幕

第二场　城堡中的厅堂

〔哈姆莱特及霍拉旭上。

哈姆莱特　这个题目已经讲完,现在我可以让你知道另外一段事情。你还记得当初的一切经过情形吗?

霍拉旭　记得,殿下!

哈姆莱特　当时在我的心里有一种战争,使我不能睡眠;我觉得我的处境比锁在脚镣里的叛变的水手还要难堪。我就卤莽行事。——结果倒卤莽对了,我们应该承认,有时候一时孟浪,往往反而可以做出一些为我们的深谋密虑所做不成功的事;从这一点上,我们可以看出来,无论我们怎样辛苦图谋,我们的结果却早已有一种冥冥中的力量把它布置好了。

霍拉旭　这是无可置疑的。

哈姆莱特　我从舱里起来,把一件航海的宽衣罩在我的身上,在黑暗之中摸索着找寻那封公文,果然给我达到目的,摸到了他们的包裹;我拿着它回到我自己的地方,疑心使我忘记了礼貌,我大胆地拆开了他们的公文,在那里面,霍拉旭——啊! 堂皇的诡计! ——我发现一道严厉的命令,借了许多好听的理由为名,说是为了丹麦和英国双方的利益,决不能让我这个险恶的人物逃脱,接到公文之后,必须不等磨好利斧,立即枭下我的首级。

霍拉旭　有这等事？

哈姆莱特　这一封就是原来的国书；你有空的时候可以仔细读一下。可是你愿意听我告诉你后来我怎么办吗？

霍拉旭　请您告诉我。

哈姆莱特　在这样重重诡计的包围之中，我的脑筋不等我定下心来思索，就开始活动起来了；我坐下来另外写了一通国书，字迹清清楚楚。从前我曾经抱着跟我们那些政治家们同样的意见，认为字体端正是一件有失体面的事，总是想竭力忘记这一种技能，可是现在它却对我有了大大的用处。你知道我写些什么话吗？

霍拉旭　嗯，殿下。

哈姆莱特　我用国王的名义，向英王提出恳切的要求，因为英国是他忠心的藩属，因为两国之间的友谊，必须让它像棕榈树一样发荣繁茂，因为和平的女神必须永远戴着她的荣冠，沟通彼此的情感，以及许许多多诸如此类的重要理由，请他在读完这一封信以后，不要有任何迟延，立刻把那两个传书的来使处死，不让他们有从容忏悔的时间。

霍拉旭　可是国书上没有盖印，那怎么办呢？

哈姆莱特　啊，就在这件事上，也可以看出一切都是上天预先注定。我的衣袋里恰巧藏着我父亲的私印，他跟丹麦的国玺是一个式样的；我把伪造的国书照着原来的样子折好，签上名字，盖上印玺，把它小心封好，归还原处，一点没有露出破绽。下一天就遇见了海盗，那以后的情形，你早已知道了。

霍拉旭　这样说来，吉尔登斯吞和罗森格兰兹是去送死的了。

哈姆莱特　哎，朋友，他们本来是自己钻求这件差使的；我在良心上没有对不起他们的地方，是他们自己的阿谀献媚断送了他们的生命。两个强敌猛烈争斗的时候，不自量力的微弱之辈，却去插身在他们的刀剑中间，这样的事情是最危险不过的。

霍拉旭　想不到竟是这样一个国王。

哈姆莱特　你想，我是不是应该——他杀死了我的父王，奸污了我的母亲，篡夺了我的嗣位的权利，用这种诡计谋害我的生命，凭良心说我是不是应该亲手向他复仇雪恨？如果我不去剪除这一个戕害天性的蟊贼，让他继续为非作恶,岂不是该受天谴吗?

霍拉旭　他不久就会从英国得到消息,知道这一回事情产生了怎样的结果。

哈姆莱特　时间虽然很局促,可是我已经抓住眼前这一刻工夫;一个人的生命可以在说一个"一"字的一刹那之间了结。可是我很后悔,好霍拉旭,不该在雷欧提斯之前失去了自制;因为他所遭遇的惨痛,正是我自己的怨愤的影子。我要取得他的好感。可他倘不是那样夸大他的悲哀,我也决不会动起那么大的火性来的。

……

〔国王、王后、雷欧提斯、众贵族、奥斯里克及侍从等持钝剑等上。

国王　来,哈姆莱特,来,让我替你们两人和解和解。(牵雷欧提斯、哈姆莱特二人手使相握。)

哈姆莱特　原谅我,雷欧提斯;我得罪了你,可是你是个堂堂男子,请你原谅我吧。这儿在场的众人都知道,你也一定听见人家说起,我是怎样被疯狂害苦了。凡是我的所作所为,足以伤害你的感情和荣誉、激起你的愤怒来的,我现在声明都是我在疯狂中犯下的过失。难道哈姆莱特会做对不起雷欧提斯的事吗? 哈姆莱特决不会做这种事。要是哈姆莱特在丧失他自己的心神的时候,做了对不起雷欧提斯的事,那样的事不是哈姆莱特做的,哈姆莱特不能承认。那么是谁做的呢? 是他的疯狂。既然是这样,那么哈姆莱特也是属于受害的一方,他的疯狂是可怜的哈姆莱特的敌人。当着在座众人之前,我承认我在无心中射出的箭,误伤了我的兄弟;我现在要向他请求大度包涵,宽恕我的不是出于故意的罪恶。

雷欧提斯　按理讲,对这件事情,我的感情应该是激动我复仇的主要力量,现在我在感情上总算满意了;但是另外还有荣誉这一关,除非有什么为众人所敬仰的长者,告诉我可以跟你捐除宿怨,指出这样的事是有前例可援的,不至于损害我的名誉,那时我才可以跟你言归于好。目前我且先接受你友好的表示,并且保证决不会辜负你的盛情。

哈姆莱特　我绝对信任你的诚意,愿意奉陪你举行这一次友谊的比赛。把钝剑给我们。来。

雷欧提斯　来,给我一柄。

哈姆莱特　雷欧提斯,我的剑术荒疏已久,只能给你帮场;正像最黑暗的夜里一颗吐耀的明星一般,彼此相形之下,一定更显得你的本领的高强。

雷欧提斯　殿下不要取笑。

哈姆莱特　不,我可以举手起誓,这不是取笑。

国王　奥斯里克,把钝剑分给他们。哈姆莱特侄儿,你知道我们怎样打赌吗?

哈姆莱特　我知道,陛下;您把赌注下在实力较弱的一方了。

国王　我想我的判断不会有错。你们两人的技术我都领教过;但是后来他又有了进步,所以才规定他必须多赢几着。

雷欧提斯　这一柄太重了;换一柄给我。

哈姆莱特　这一柄我很满意。这些钝剑都是同样长短的吗?

奥斯里克　是,殿下。(二人准备比剑。)

国王　替我在那桌子上斟下几杯酒。要是哈姆莱特击中了第一剑或是第二剑,或者在第三次交锋的时候争得上风,让所有的碉堡上一齐鸣起炮来;国王将要饮酒慰劳哈姆莱特,他还要拿一颗比丹麦四代国王戴在王冠上的更贵重的珍珠丢在酒杯里。把杯子给我,鼓声一起,喇叭就接着吹响,通知外面的炮手,让炮声震彻天地,报告这一个消息,"现在国王为哈姆莱特祝饮了!"来,开始比赛吧;你们在场裁判的都要留心看着。

哈姆莱特　请了。

雷欧提斯　请了,殿下。(二人比剑。)

哈姆莱特　一剑。

雷欧提斯　不,没有击中。

哈姆莱特　请裁判员公断。

奥斯里克　中了,很明显的一剑。

雷欧提斯　好,再来。

国王　且慢;拿酒来。哈姆莱特,这一颗珍珠是你的;祝你健康!(投毒药于杯中)把这一杯酒给他。(喇叭齐奏。内鸣炮。)

哈姆莱特　让我先赛完这一局;暂时把它放在一旁。来。(二人比剑)又是一剑;你怎么说?

雷欧提斯　我承认给你碰着了。

国王　我们的孩子一定会胜利。

王后　他身体太胖,有些喘不过气来。来,哈姆莱特,把我的手巾拿去,揩干

456

你额上的汗。王后为你饮下这一杯酒,祝你的胜利了,哈姆莱特。

哈姆莱特　好妈妈!

国王　乔特鲁德,不要喝。

王后　我要喝的,陛下;请您原谅我。

国王　(旁白)这一杯酒里有毒;太迟了!

哈姆莱特　母亲,我现在还不敢喝酒;等一等再喝吧。

王后　来,让我擦干你的脸。

雷欧提斯　陛下,现在我一定要击中他了。

国王　我怕你击不中他。

雷欧提斯　(旁白)可是我的良心却不赞成我干这件事。

哈姆莱特　来,该第三个回合了,雷欧提斯。你怎么一点不起劲?请你使出
　　　你全身的本领来吧;我怕你在开我的玩笑哩。

雷欧提斯　你这样说吗?来。(二人比剑)

奥斯里克　两边都没有中。

雷欧提斯　受我这一剑!(雷欧提斯挺剑刺伤哈姆莱特;二人在争夺中彼此
　　　手中之剑各为对方夺去,哈姆莱特以夺来之剑刺雷欧提斯,雷欧提斯
　　　亦受伤。)

国王　分开他们!他们动起火来了。

哈姆莱特　来,再试一下。(王后倒地。)

奥斯里克　嗳哟,瞧王后怎么啦!

霍拉旭　他们两人都在流血。您怎么啦,殿下?

奥斯里克　您怎么啦,雷欧提斯?

雷欧提斯　唉,奥斯里克,正像一只自投罗网的山鹬,我用诡计害人,反而害
　　　了自己,这也是我应得的报应。

哈姆莱特　王后怎么啦?

国王　她看他们流血,昏了过去了。

王后　不,不,那杯酒,那杯酒——啊,我的亲爱的哈姆莱特!那杯酒,那杯
　　　酒,我中毒了。(死。)

哈姆莱特　啊,奸恶的阴谋!喂!把门锁上!阴谋!查出来是哪一个人干
　　　的。(雷欧提斯倒地。)

雷欧提斯　凶手就在这儿,哈姆莱特。哈姆莱特,你已经不能活命了;世上没

457

有一种药可以救治你，不到半小时，你就要死去。那杀人的凶器就在你的手里，它的锋利的刃上还涂着毒药。这奸恶的诡计已经回转来害了我自己；瞧！我躺在这儿，再也不会站起来了。你的母亲也中了毒。我说不下去了。国王——国王——都是他一个人的罪恶。

哈姆莱特　锋利的刃上还涂着毒药！——好，毒药，发挥你的力量吧！（刺国王。）

众人　反了！反了！

国王　啊！帮帮我，朋友们；我不过受了点伤。

哈姆莱特　好，你这败坏伦常、嗜杀贪淫、万恶不赦的丹麦奸王！喝干了这杯毒药——你那颗珍珠是在这儿吗？——跟我的母亲一道去吧！（国王死。）

雷欧提斯　他死得应该；这毒药是他亲手调下的。尊贵的哈姆莱特，让我们互相宽恕；我不怪你杀死我和我的父亲，你也不要怪我杀死你！（死。）

哈姆莱特　愿上天赦免你的错误！我也跟着你来了。我死了，霍拉旭。不幸的王后，别了！你们这些看见这一幕意外的惨变而战栗失色的无言的观众，倘不是因为死神的拘捕不给人片刻的停留，啊！我可以告诉你们——可是随它去吧。霍拉旭，我死了，你还活在世上；请你把我的行事的始末根由昭告世人，解除他们的疑惑。

霍拉旭　不，我虽然是个丹麦人，可是在精神上我却更是个古代的罗马人；这儿还留剩着一些毒药。

哈姆莱特　你是个汉子，把那杯子给我；放手，凭着上天起誓，你必须把它给我。啊，上帝！霍拉旭，我一死之后，要是世人不明白这一切事情的真相，我的名誉将要永远蒙着怎样的损伤！你倘然爱我，请你暂时牺牲一下天堂上的幸福，留在这一个冷酷的人间，替我传述我的故事吧。（内军队自远处行进及鸣炮声）这是哪儿来的战场上的声音？

奥斯里克　年轻的福丁布拉斯从波兰奏凯班师，这是他对英国来的钦使所发的礼炮。

哈姆莱特　啊！我死了，霍拉旭；猛烈的毒药已经克服了我的精神，我不能活着听见英国来的消息。可是我可以预言福丁布拉斯将被推戴为王，他已经得到我这临死之人的同意；你可以把这儿所发生的一切事实告诉他。此外仅余沉默而已。（死。）

霍拉旭　一颗高贵的心现在碎裂了！晚安，亲爱的王子，愿成群的天使们用歌唱抚慰你安息！——为什么鼓声越来越近了？（内军队行进声。）

　　〔福丁布拉斯、英国使臣及余人等上。

福丁布拉斯　这一场比赛在什么地方举行？

霍拉旭　你们要看些什么？要是你们想知道一些惊人的惨事，那么不用再到别处去找了。

福丁布拉斯　好一场惊心动魄的屠杀！啊，骄傲的死神，你用这样残忍的手腕，一下子杀死这许多王裔贵胄！在你的永久的幽窟里，将要有一席多么丰美的盛筵！

使臣甲　这一景象太惨了。我们从英国奉命来此，本来是要回复这儿的王上，告诉他我们已经遵从他的命令，把罗森格兰兹和吉尔登斯吞两人处死；不幸我们来迟了一步，那应该听我们说话的耳朵已经没有知觉了，我们还希望从谁的嘴里得到一声感谢呢？

霍拉旭　即使他能够向你们开口说话，他也不会感谢你们；他从来不曾命令你们把他们处死。可是既然你们都来得这样凑巧，有的刚从波兰回来，有的刚从英国到来，恰好看见这一幕流血的惨剧，那么请你们叫人把这几个尸体抬起来放在高台上面，让大家可以看见，让我向那懵无所知的世人报告这些事情的发生经过；你们可以听到奸淫残杀、反常悖理的行为、冥冥中的判决、意外的屠戮、借手杀人的狡计，以及陷入自害的结局；这一切我都可以确确实实地告诉你们。

福丁布拉斯　让我们赶快听你说；所有最尊贵的人，都叫他们一起来吧。我在这一个国内本来也有继承王位的权利，现在国中无主，正是我要求这一个权利的机会；可是我虽然准备接受我的幸运，我的心里却充满了悲哀。

霍拉旭　关于那一点，我受死者的嘱托，也有一句话要说，他的意见是可以影响许多人的；可是在这人心惶惶的时候，让我还是先把这一切解释明白了，免得引起更多的不幸、阴谋和错误来。

福丁布拉斯　让四个将士把哈姆莱特像一个军人似的抬到台上，因为要是他能够践登王位，一定会成为一个贤明的君主的，为了表示对他的悲悼，我们要用军乐和战地的仪式，向他致敬，把这些尸体一起抬起来。这一种情形在战场上是不足为奇的，可是在宫廷之内，却是非常的变故。

459

去,叫兵士放起炮来。(奏丧礼进行曲;众舁尸②同下。内鸣炮。)

(朱生豪 译)

注释:①这里所选的是《哈姆莱特》最后一幕的最后一场(有删节),是全剧矛盾冲突的最高潮,正义与邪恶、进步与反动、光明与黑暗在这里进行了较量,最后是同归于尽,但哈姆莱特的正义事业必定会由他的继承者来完成,未来是光明的。②舁(yú)尸:共同抬起尸体。

第十四章　外国近代文学(下)

外国近代文学的后期是指欧美 18 世纪末期产生的浪漫主义文学和 19 世纪 30 年代产生的批判现实主义文学以及 19 世纪中叶至 20 世纪初日本、印度、阿拉伯、非洲等几个主要国家和地区所产生的文学。

欧美浪漫主义文学　浪漫主义是一场全欧性的资产阶级文艺思潮,代表了上升时期的资产阶级对个性解放的要求。浪漫主义文学着重表现作家的主观理想,在作品中抒发内心的思想感情;歌颂大自然,并把它与资本主义的文明对立起来;艺术上注重夸张与对比的手法,重视民间文学传统的吸收;主要体裁是诗歌,在戏剧和小说领域也取得了不小的成就。

浪漫主义作为一个有纲领、有理论、有大量创作成就的文艺思潮,相继在 18 世纪的德国、英国和法国兴起,并以这三国文学成就最高、影响最大。

德国早期浪漫主义的代表作家是奥古斯特·史雷格尔(1767—1845)和弗里德里·史雷格尔(1772—1829)兄弟等人。史雷格尔兄弟是浪漫主义文学理论的创始人,他们最早提出了浪漫主义的口号,但他们的作品中唯心主义、宗教色彩和悲观情调比较浓厚。德国后期浪漫主义作家主要是霍夫曼(1776—1822)和亨利希·海涅(1797—1856)。霍夫曼的小说对现实有深刻的揭露,但有神秘主义倾向。海涅是德国最具世界影响的浪漫主义诗人。他的文艺理论著作《论浪漫派》,对德国的浪漫派思想倾向进行了严肃的批评,但对其艺术成就则加以肯定。他的诗歌代表作是长诗《德国——一个冬天的童话》(1843)。这部作品是根据他在1843年年底,从巴黎回柏林沿途的见闻感想写成的,鲜明地表现出他的革命民主主义思想;在创作方法上是浪漫主义和现实主义的结合,对德国文学和欧洲文学有过积极的影响,恩格斯称他为"德国当代最杰出的诗人"。

英国早期浪漫主义的代表作家是"湖畔派"诗人威廉·华兹华斯(1770—1850)、撒缪尔·柯勒律治(1772—1834)和罗伯特·骚塞(1774—1843)。他们憎恶资本主义城市文明和冷酷的金钱关系,远离城市,隐居到英格兰的昆布兰湖区,寄情于山水,故称为"湖畔派"。他们的代表作是《抒情歌谣集》(1798),所写诗作语言朴素,表现出一种清新、明朗、恬静、深邃的风格。后期浪漫主义代表作家是乔治·拜伦(1788 1824)和波西·比希·雪莱(1792—1822)。他们在政治上坚持启蒙思想,同情法国大革命,支持工人运动和民族解放斗争,谴责反动势力。在艺术上,他们完成了由"湖畔派"诗人开始的诗歌改革,丰富了诗的形式和格律,塑造出了反抗社会的叛逆者形象。拜伦在其短暂的一生中,以丰富多彩的浪漫主义诗作而闻名,他的长诗《恰尔德·哈洛尔德游记》(1812—1818)通过贵族青年哈洛尔德在欧洲各国的游历过程的描述,反映了19世纪初期欧洲各国的民族矛盾和社会矛盾,表现了诗人对资产阶级革命和民族解放事业的热忱。雪莱是拜伦的挚友,他的长诗《麦布女王》(1813)因强烈的政治观点而遭到统治者的忌恨,诗剧《解放了的普罗米修斯》(1819)表达了诗人斗争的决心。雪莱在政治抒情诗《西风颂》(1819)中以"如果冬天来了,春天还会远吗?"结尾,因而被恩格斯誉为"天才的预言家"。

法国早期浪漫主义的代表作家是瑞奈·德·夏多布里昂(1768—1848)和史达尔夫人(1766—1817)。夏多布里昂的代表作《基督教真谛》(1801),是一部把宗教和文学融为一体的著作;史达尔夫人的文学思想比较进步,她的文学理论著作《论文学》(1800)、《论德意志》(1810)奠定了法国浪漫主义文学的理论基础,对19世纪欧洲文艺理论的发展起了重要作用。法国浪漫主义的杰出代表是雨果。

维克多·雨果(1802—1885)是一位具有多方面成就的浪漫主义作家,他的抒情诗集《东方集》(1829)以革命的激情赞扬了希腊人民的斗争精神和高尚品德,是法国19世纪20年代杰出的诗篇;他的文艺理论著作《克伦威尔·序言》(1827),对法国浪漫主义运动具有很大的影响;他的浪漫悲剧《欧那尼》(1830)的上演曾引起一场浪漫主义和古典主义的决战;雨果浪漫主义小说的代表作是《巴黎圣母院》(1831)。

《巴黎圣母院》以15世纪法国巴黎圣母院为背景,它的中心情节是副主教克洛德迫害吉卜赛女郎爱斯梅哈达的故事。小说场景宏伟、奇幻多变,情节紧张离奇,戏剧性很强。作者在叙述中掺杂着抒情和议论,表达非常自由,表现出典型的浪漫主义特点。特别是雨果在这部小说中广泛运用了对照的手法,把封建国王的残忍和乞丐国王的仗义、教会的伪善和人民的善良、高贵与卑贱、美与丑、外形与内心等等,都一一作了对照。小说还描写了副主教克洛德外表道貌岸然,但是内心却非常阴险狠毒;队长弗比斯外表潇洒风流,内心却是卑鄙自私;敲钟人加西莫多虽然长得奇丑无比,但是他的心地善良,品德高尚。雨果通过相互对照,造成强烈的艺术效果。雨果后期创作转向现实主义,他的长篇小说《悲惨世界》(1862)、《笑面人》(1869)、《海上劳工》(1866)、《九三年》(1874)等都具有世界影响。

普希金(1799—1837)是为俄国文学赢得世界声誉的第一位诗人,诗体小说《叶甫盖尼·奥涅金》(1823—1830)塑造了俄国文学中第一个"多余人"的形象,作品通过奥涅金的所作所为集中表现了19世纪20年代俄国贵族社会的本质;长篇小说《上尉的女儿》

（1837）反映了诗人进步的历史观点；短篇小说集《别尔金小说集》（1832）反映了诗人人道主义立场。普希金的创作显示了俄国贵族革命知识分子对资产阶级自由、平等、博爱的强烈追求。

此外，意大利的亚历山德罗·罗佐尼（1785—1873）、波兰的亚当·密茨凯维奇（1798—1855）和匈牙利的裴多菲·山陀尔（1823—1849）等，也是19世纪前50年中欧、东南欧浪漫主义文学的重要代表。

1776年独立的美国，其浪漫主义文学是在欧洲浪漫主义的影响下形成的。早期的作家有华盛顿·欧文（1783—1859）、詹姆斯·库珀（1789—1851）、埃德加·爱伦·坡（1809—1849）等。纳撒尼尔·霍桑（1804—1864）的《红字》（1850），赫尔曼·麦尔维尔（1819—1891）的《白鲸》（1856）是美国浪漫主义小说的杰出代表。诗歌创作最著名的是瓦尔特·惠特曼（1819—1892），他的《草叶集》（1850—1891）集中了其一生的优秀诗作，成为反映19世纪中期美国时代的最强音。亨利·朗费罗（1807—1882）是公认的美国浪漫主义大诗人，写有《海华沙之歌》（1855）、《路畔旅舍的故事》（1863）等长诗。拉尔夫·爱默生（1803—1882）则是浪漫主义理论上的代表。

欧美批判现实主义文学　产生于19世纪30年代的批判现实主义是继浪漫主义之后出现在欧美的又一次资产阶级文学思潮，它是1830年法国七月革命之后，西欧的资本主义制度确立、资产阶级剥削压迫的本质日益暴露、社会矛盾不断激化的产物。当时一批以人道主义为主导思想的进步作家，敢于正视现实，鞭挞社会的丑恶，为劳动大众的苦难而呼喊，因而被后人称之为"批判的"现实主义，它是"19世纪一个最壮阔的，而且也是最有益的文学流派"（高尔基语）。批判现实主义文学的特点首先是强调文学作品的真实性，要再现社会的本来面目；其次是批判性，对社会的批判和揭露构成了它的基调；再次是典型性，即在描写技巧上注重于塑造典型环境中的典型性格。

欧洲批判现实主义文学是整个资产阶级文学发展的高峰。从19世纪30年代至20世纪初期,在80余年的历史进程中,涌现了一大批优秀的作家,产生了一大批杰出的作品,尤其在小说、戏剧和文艺理论上的成就更为光彩夺目。

法国批判现实主义文学 法国是批判现实主义文学的发源地,司汤达(1783—1843)是法国批判现实主义文学的奠基人之一,他的长篇小说《红与黑》(1830)出色地塑造了小资产阶级个人奋斗者于连·索黑尔的形象,并通过于连的悲剧命运揭示了当时法国封建阶级与资产阶级之间的殊死搏斗的历史现实。

与司汤达同时代的巴尔扎克(1799—1850)是法国批判现实主义文学的又一奠基人,他的文学大厦《人间喜剧》(1829—1850)是欧洲批判现实主义文学的丰碑。普罗斯贝尔·梅里美(1803—1870)以传奇色彩的中篇小说《高龙巴》(1840)和《卡门》(1845)等而闻名。居斯塔夫·福楼拜(1821—1880)是继巴尔扎克之后承上启下的作家,他以长篇小说《包法利夫人》(1857)而成名,作品通过对女主人公爱玛·包法利的堕落过程的描绘,对法国贵族阶级和资产阶级市侩的丑恶嘴脸作了深刻的揭露。稍后的爱弥尔·左拉(1840—1902)是自然主义文学理论的创始人,他的文学大厦《卢贡-马卡尔家族》(1868—1892)包括20部长篇小说,真实地再现了法兰西第二帝国时代的社会历史。基·德·莫泊桑(1850—1893)是杰出的短篇小说家,以《羊脂球》(1880)而成名,此外,他还写有《人生》(1883)和《漂亮朋友》(1885)等6部长篇小说。罗曼·罗兰(1866—1944)是法国两个世纪交替时期的重要作家,10卷集长篇小说《约翰·克利斯朵夫》(1904—1912)表现了作家心目中的资产阶级战斗的人道主义精神的力量。

巴尔扎克及其《人间喜剧》 奥诺雷·德·巴尔扎克,出身于法国杜尔城的官僚家庭,1814年随父母迁居巴黎,1829年,长篇小说《朱安党人》出版,标志着巴尔扎克的创作进入了成熟时期。随后他便开始了文学大厦《人间喜剧》的构思和创作。《人间喜剧》包括"风俗研究"、"哲学研究"、"分析研究"3部分共96部作品。其中"风俗研究"是主体，又分为"私人生活场景"、"巴黎生活场景"、"外省生活场景"、"乡村生活场景"、"政治生活场景"和"军事生活场景"共6个场景。

《人间喜剧》规模宏大、人物众多，在不同的作品中人物再现和情节交叉构成了它完整的网络结构，使全部小说组成生动形象的19世纪上半叶法国社会的历史画卷。正如恩格斯所言，巴尔扎克"在《人间喜剧》里给我们提供了一部法国'社会'特别是巴黎'上流社会'的卓越的现实主义历史"(《致玛·哈克奈斯》)。

《高老头》(1834)是《人间喜剧》中地位十分重要的一部小说，《人间喜剧》中不少人物都是在这部小说中开始登场的，因此也可以把它视为整个《人间喜剧》的序幕。

故事发生在19世纪20年代的巴黎，人物活动的主要场所是寒酸的伏盖公寓和鲍赛昂夫人的沙龙。情节线索有4条，两条主线：高老头父爱的故事和拉斯蒂涅堕落的故事；两条副线：逃犯伏脱冷被捕的故事和鲍赛昂夫人被弃的故事。小说开始时，在大革命时代靠投机发财的高里奥老头带着大量财产住进了伏盖公寓，想到巴黎来读书的破落贵族青年拉斯蒂涅也住了进来，加上神秘莫测的议论家伏脱冷，构成了伏盖公寓众房客的核心。高老头有两个女儿，都嫁给了贵族资产阶级，但他们仍不断来父亲那里搜刮钱财。被称为"父爱的基督"的高老头尽量满足女儿们的欲望，甚至主动为小女儿但菲纳与拉斯蒂涅之间的偷情而牵线搭桥。但女儿们并不报答他所作的一切，最后高老头的财产都被女儿们挥霍殆尽，孤零零地病死在伏盖公寓。与此同时，初出茅庐的拉斯蒂涅在巴黎上流社会的熏陶下，成了利欲熏心的野心家，他从高老头的悲惨结局和远亲鲍赛昂夫人的失败中吸取教训，从逃犯伏脱冷的吃人哲学中得到教益，决心不择手段跻身上流社会，他的堕落是社会的必然产物。在《纽沁根银行》中重新出现时,他已经成了金融家,在《不自知的喜剧演员》中,他已成了公爵和部长。

《高老头》的意义在于人物悲剧性与喜剧性的强烈反差。高老头的"父爱"与他的悲惨死去是作者着力描述的事件,它的核心是资本主义社会中人与人之间的金钱关系,有钱就有"感情",没有钱就没有"感情"。高老头临死前的长篇独白,代表了巴尔扎克对社会的抗议。小说对资本主义社会拜金主义的揭露达到了前所未有的深度。

英国批判现实主义文学 英国的批判现实主义文学从 19 世纪 30 年代开始发展,到 50 年代达到繁荣,产生了一批优秀的作家。查理·狄更斯(1812—1870)、威廉·萨克雷(1811—1863)、夏绿蒂·勃朗特(1816—1855)、盖斯凯尔夫人(1810—1865)等人被马克思称为"一派出色的小说家",认为他们的创作"向全世界揭示了政治和社会的真理,比起政治家、政论家、道德家合起来所作的还多"(1854 年 8 月 1 日《纽约论坛》上的论文)。

英国批判现实主义最杰出的代表是狄更斯,他一生写了 14 部长篇小说,重要的有《大卫·科波菲尔》(1850)、《双城记》(1859)和《远大前程》(1861)等。他创作的题材非常广泛,深刻揭露了英国的经济、法律、道德、教育等问题,显示了 19 世纪上半叶英国社会广阔的图景。狄更斯特别注意描写小人物,对穷苦人民充满着同情,赞扬他们的优秀品质。他的作品往往是善有善报,恶有恶报,偏重道德说教,表现出温和的人道主义,这显示出狄更斯式的创作特点。狄更斯的创作风格,是幽默的讽刺,被人们称为"含笑的眼泪"。

19 世纪 70 年代以后,英国进入帝国主义阶段,这一时期的主要代表作家为萧伯纳(1856—1950)、高尔斯华绥(1867—1937)、托马斯·哈代(1840—1928)。哈代是后期批判现实主义文学中横跨两个世纪最重要的诗人、作家,早期和中期的创作以小说为主,晚年以出色的诗歌创作开拓了 20 世纪的英国文学。哈代的小说,最有成就的是"威塞克斯小说"。威塞克斯是他家乡道赛特郡附近地区的古称,他以自己的家乡为背景,描写了 19 世纪 70 年代到 90 年代的英国,包括长篇小说《还乡》(1878)、《卡斯特桥市长》(1886)、《德伯家的苔丝》(1891)和《无名的裘德》(1896)等。其中以《德伯家的苔丝》最为著名。作品描写了一个淳朴、善良、美丽的农村姑娘苔丝为生活所迫,在一家富有的、名义上的"亲戚"家做工,被主人家的儿子奸污,生了一个私生子。社会认为她是失身的女人,犯了奸淫罪。她忍受着社会的歧视,孩子死后她就到另一个农场去帮工挤奶,和牧师的儿子克莱相爱。在新婚之夜,她向克莱讲了自己的过去,克莱却对她不谅解,离开她到巴西去了。这样苔丝的名声更坏,她的处境更惨,但是她仍宽恕克莱的无情,等待他的归来。有一天,她去听牧师讲道,不料牧师就是当初使她失身的少爷亚雷。从此,亚雷经常来纠缠她,苔丝因生活所迫,嫁给了亚雷。后来克莱回心转意,来找苔丝。苔丝知道自己和亚雷的结合又铸成不可挽回的大错,一气之下杀了亚雷,与克莱一起出逃,但最后被捕,判了死刑。苔丝的遭遇反映了资本主义走向帝国主义时代普通女子的不幸,她的死是对资本主义社会强有力的控诉。小说结构严密、情节曲折,对英国农村的自然景色、风俗习惯和农民生活有精细的描写。但作品中还是流露出作者浓厚的悲观主义情绪,他把作品中主人公的悲剧和遭遇,都归之于命运对人的捉弄,在命运面前完全软弱无力。

俄国批判现实主义文学　尼古拉·果戈理(1809—1852)以长篇小说《死魂灵》(1842)而成为俄国 19 世纪批判现实主义(自然派)的奠基作家,小说揭示了俄国贵族地主阶级的寄生性与腐朽性。伊凡·屠格涅夫(1818—1883)是俄国贵族民主派的杰出代表,他的现实主义杰作《猎人笔记》(1847—1852)、长篇小说《罗亭》(1856)、《前夜》(1860)和《父与子》(1862),都是 19 世纪中期俄国文学的珍品。费奥尔多·陀思妥耶夫斯基(1821—1881)以其丰富而深邃的创作成为俄国文学的著名作家,《罪与罚》(1866)、《白痴》(1869)和《卡拉马卓夫兄弟》(1880)等小说都显示了他不同凡响的创作力。亚历山大·奥斯特洛夫斯基(1823—1886)是19世纪俄国戏剧创作的代表,以悲剧《大雷雨》(1860)而著名。俄国19世纪文学理论的繁荣为当时的世界文学作出了特殊的贡献。维萨利昂·别林斯基(1811—1848)、尼古拉·车尔尼雪夫斯基(1828—1889)和尼克拉·杜勃罗留波夫(1836—1861)的论著,系统地阐述了批判现实主义文学的创作规律,为俄罗斯文学增添了光辉。列夫·托尔斯泰(1828—1910)的创作使俄国的批判现实主义文学达到了顶峰。安东·契诃夫(1860—1904)继承了俄国文学的现实主义传统,他的短篇小说《变色龙》(1884)、《第六病室》(1892)和剧本《樱桃园》(1903)等,都是19世纪末期俄国贵族阶级行将灭亡的真实写照。

托尔斯泰及其《复活》　列夫·托尔斯泰自1852年起开始以小说为主的写作,先后长达50余年。他的创作包括:(1)早期,1852—1863年。他站在开明贵族的立场上观察社会、描绘生活,主要作品有自传体三部曲《幼年·少年·青年》(1852—1857)、中篇小说《一个地主的早晨》(1856)、《琉森》(1857)和《哥萨克》(1852—1863)等。(2)中期,1863—1880年。在这一时期,他对贵族社会给以严厉的批判但仍寄予希望,主要作品有长篇小说《战争与和平》(1863—1869)和《安娜·卡列尼娜》(1873—1877)。(3)晚期,1880—1910年。这期间,托尔斯泰的思想发生了重大变化,以"勿以暴力抗恶"和"道德自我完善"为核心的托尔斯泰主义最后形成,主要作品有长篇小说《复活》(1889—1899)、哲学著作《忏悔录》(1881—1882)、文艺论著《艺术论》(1898)以及《回忆录》(1903—1906)等。

《战争与和平》是一部规模庞大的战争小说,它从1805年俄国与法国的矛盾对峙写起,以1812年的俄法战争为核心,一直到1820年俄国的阶级矛盾加剧和十二月党人酝酿起义为止,集中地反映了19世纪初期俄国社会广阔的历史画面。作品的主要意义在于对俄国宫廷贵族的腐败现象的揭露和抨击,对俄法战争中广大人民的爱国热忱和士兵们英勇作战精神的赞美和肯定。小说以场面宏大、人物众多、情节复杂而成为世界战争小说的典范。

《安娜·卡列尼娜》是一部以现实生活为题材的长篇小说。小说是由两条平行而又互相联系的线索构成的。一条线索写贵族妇女安娜因不爱她的丈夫卡列宁,对贵族青年军官渥伦斯基产生爱情而离开了家庭,为此她遭到上流社会的遗弃,后来又受到渥伦斯基的冷遇,终于因绝望而卧轨自杀。另一条线索写外省地主列文和贵族小姐吉提的恋爱,经过波折结成了幸福家庭。小说通过这两条线索整体上反映了农奴制改革后"一切都翻了一个身,一切都刚刚安排"的那个时期在政治、经济、道德、心理等方面的矛盾,反映了贵族社会的危机及资本主义代替封建秩序的必然趋势。主人公安娜是个追求资产阶级个性解放的贵族妇女形象,她是世界文学史上最优美丰满的女性形象之一。托尔斯泰通过安娜的爱情和家庭悲剧寄托了他对当时动荡的俄国社会中人的命运和伦理道德准则的思考。作家歌颂人的生命力,赞扬人性的合理要求;但同时,他又坚决否定一切政治、社会活动对改善人们命运的作用,强调女性的天性应安分守己,所以小说扉页写着"申冤在我,我必报应",充分说明托尔斯泰世界观的矛盾。

《复活》历经10年才得以完成,体现了托尔斯泰的最高艺术成就。小说描写了青年贵族聂赫留朵夫出席法庭陪审时,发现被诬告杀人并被错判罪名的妓女,正是10年前因被他诱奸而堕落成妓女的玛丝洛娃。于是他良心觉醒,开始悔罪,极力要为她申冤。上诉失败后,他陪她去西伯利亚。但是苦难的社会经验,使玛丝洛娃认识到他们之间不可能有真正的幸福,因此拒绝了他的求婚。后来她和政治犯西蒙松结合,精神上得到了"复活"。聂赫留朵夫通过忏悔,特别是在奔走过程中接触了法庭、监狱、流放地的黑暗现实,开始走上了另一条道路,他把土地分给农民,财产送给姐姐,割断了与上流社会的联系,虔诚地皈依了宗教,也同样得到了"复活"。

小说是托尔斯泰思想探索和艺术探索的总结,体现了他在世界观转变后创作的主要特色,反映了作家世界观的矛盾。但小说同时又赤裸裸地进行了"托尔斯泰主义"的说教。"托尔斯泰主义"是托尔斯泰晚期提出的所谓拯救俄国和人类的政治和道德主张。它的基本内容是"不以暴力抵抗邪恶"、"道德上的自我完善"和"人类爱",它的产生与形成是俄国宗法制农民政治上不成熟、消极和软弱的表现。

北欧及欧洲其他国家的批判现实主义文学　19世纪中期兴起的北欧文学,产生了丹麦的童话作家汉斯·安徒生(1805—1875)、理论家盖奥尔格·勃兰兑斯(1842—1927)、存在主义哲学家梭伦·克尔恺郭尔(1813—1855),瑞典的戏剧家奥古斯特·斯特林堡(1849—1912),挪威的戏剧家亨利克·易卜生(1828—1906)和比昂斯腾·比昂逊(1832—1910)等著名人物。易卜生的《玩偶之家》(1879)提出了妇女的社会地位问题,在欧洲以至全世界产生了巨大影响,成为他的"社会问题剧"的代表作。这一时期的中欧和南欧各国也产生了不少优秀的现实主义作家,其中意大利的拉法埃洛·乔万尼奥里(1838—1915)、乔祖埃·卡尔杜齐(1835—1907)、乔万尼·维尔加(1840—1922),波兰的亨利克·显克微支(1846—1916)、符瓦迪斯瓦夫·莱蒙特(1867—1925),保加利亚的伊凡·伐佐夫(1850—1921)等人的创作都具有世界性的影响。19世纪后半期的德国文学以戏剧和小说为主,盖尔哈特·霍普特曼(1862—1946)以剧本《织工》(1892)而闻名,小说的代表作家则是亨利希·曼(1871—1950)和托马斯·曼(1875—1955)兄弟。

美国批判现实主义文学　美国19世纪现实主义文学在欧洲的影响下开始形成于70年代,它的高潮出现在80年代至20世纪初,以著名作家威廉·豪威尔斯(1837—1920)和马克·吐温(1835—

1910)为代表,一般认为前者倾向温和,后者倾向批判。马克·吐温的小说以深刻的主题、绝妙的讽刺而著称,代表作有《汤姆·索亚历险记》(1876)、《王子与贫儿》(1881)、《哈克贝利·费恩历险记》(1884)等。《哈克贝利·费思历险记》以丰富的社会场景的描写和典型的人物形象成为美国文学中的珍品。与马克·吐温同时代或稍后的美国著名作家还有哈里叶特·比彻·斯陀夫人(1811—1896)、亨利·詹姆斯(1843—1916)、欧·亨利(1862—1910)等。这一时期的美国文学以起步晚、发展快而举世瞩目,至第一次世界大战前夕,无论在作家作品数量上,还是创作技巧与表现力上,都已经可以与欧洲几个主要国家的文学相媲美了。

近代日本文学　1868 年日本爆发明治维新,结束了德川幕府三百余年的统治,开始进入资本主义阶段,日本的资产阶级文学也随之产生。19 世纪末期的日本批判现实主义文学是在欧洲文学的影响下发展起来的,二叶亭四迷(1864—1909)是它的奠基人。二叶亭四谜所写的《浮云》(1887)、《面影》(1906)等小说开创了日本近代资产阶级现实主义文学的先河。森鸥外(1862—1922)被认为是日本资产阶级现实主义文学的代表,他的小说《舞姬》(1890)成为日本抒情小说的最早典范。此外,有影响的作家还有武者小路实笃(1885—1976)、志贺直哉(1883—1971)、菊池宽(1888—1948)、芥川龙之介(1892—1927)等。其中最有成就的杰出作家当推夏目漱石(1867—1916)。夏目漱石以小说《我是猫》(1905)成名。《我是猫》以一只猫的见闻和感受为主线,描绘了他的主人、中学英文教员苦沙弥的悲剧命运,揭示了明治时代深刻的社会矛盾。主题的深邃和艺术技巧的独创性,使这部作品产生了巨大的社会影响。

近代印度文学和泰戈尔　印度自 1849 年沦为英国殖民地,至1946 年才摆脱殖民统治完全独立。近代印度文学的发展与印度人民反封建、反殖民统治的斗争是紧密地联系在一起的。孟加拉语文学是印度地区发展得最快的文学。杰出的作家泰戈尔是孟加拉语文学的伟大代表。萨拉特·钱德拉·查特吉(1876—1938)是仅次于泰戈尔的孟加拉语大作家,代表作有《斯利甘特》(1917—1933)、《道路的开拓者》(1923)等。

罗宾德拉纳特·泰戈尔(1861—1941)出身于加尔各答的一个贵族地主家庭,7岁时开始写诗,14岁发表诗作,15岁发表小说,1878年赴英国学习法律,两年后辍学回家,翌年出版诗集《暮歌》,成为印度诗坛上的新星。

1880年至1900年为泰戈尔创作的第一时期,出版了抒情诗集《晨歌》(1883)、《金帆船》(1894)。这一时期泰戈尔还写有大量的短篇小说。1900至1920年是泰戈尔创作上的第二时期,著名的诗集《吉檀迦利》(1912)、《新月集》(1913)、《园丁集》(1913)、《飞鸟集》(1914),著名的长篇小说《小沙子》(1903)、《沉船》(1906)、《戈拉》(1910)等都产生于此时。1913年,泰戈尔因诗集《吉檀迦利》而获得诺贝尔文学奖,成为亚洲第一位获得该奖的作家。

《吉檀迦利》共收集诗103首,由作者从《吉檀迦利》、《奉献集》、《渡船集》中选出后译成英文。"吉檀迦利"在印度语中意谓"献歌",即献给神的诗。但泰戈尔仅以此为作品的外在形式,其实际内容则是反映当时印度社会的现实,以理想与真实相结合的方式表达诗人的追求与探索精神,因此它是一部抒情性的哲理诗。在诗集中,诗人以神秘的神为歌颂对象,并以他与神之间的密切关系揭示出人生和社会的哲理,"在那里,心是无畏的,头也抬得高昂/在那里,知识是自由的"(第35首),这种理想境界,正是诗人梦寐以求之所在。他试图以人神合一的宗教观念来促进这一梦想的实现。诗集充满哲理,又深含情感;朴实无华,又优美动人,因而成为印度文学中的瑰宝。

泰戈尔一生共创作了12部中长篇小说、100余篇短篇小说、50多部诗集、30余种散文集、30多部剧本以及多达2000首的歌曲。他以深邃的思想观念和卓越的创作手法,写出了近代印度历史上最有意义的时刻。1913年诺贝尔文学奖的获得使他成为具有世界性影响的作家,他的作品被翻译成多种文字在各国出版,使他的名字成为东方文明的象征。

近代阿拉伯文学 包括西亚和北非在内的阿拉伯各国,自18世纪以来大多受英、俄、德、法等资本主义列强的侵略,因此近代的阿拉伯文学的产生和发展也是与当地人民反封建反殖民统治的斗争联系在一起的,这一现象在19世纪后期至20世纪初期达到了高潮。伊朗的作家阿伯丁·麦拉盖(1837—1910)、诗人阿里·麦马列克(1861—1917),土耳其的著名小说家纳墨克·凯马尔(1840—1888)、诗人陶菲格·费克雷特(1867—1915),埃及作家穆罕默德·阿卜杜(1845—1905)、小说家穆罕默德·台木尔(1892—1921)和迈哈穆德·台木尔(1894—1973)兄弟,阿尔及利亚的诗人阿卜杜拉·卡德尔(1808—1888)等都是这一时期的代表人物。其中尤以哈利勒·纪伯伦(1883—1931)、艾朋·雷哈尼(1879—1940)等人组成的"旅美派"成就最大。

"旅美派"(又称"叙美派")是指19世纪末期以后由旅居美国的黎巴嫩和叙利亚的诗人和作家所组成的文学流派,于20世纪20年代达到高潮。它的领导者纪伯伦出身于黎巴嫩北部山区,少年时在美求学,青年时代创办《真理》杂志,1908年因出版小说《叛逆的灵魂》而触怒当局,1911年赴美定居,直至客死他乡。纪伯伦才华横溢,作品众多,代表作有小说《被折断的翅膀》(1911)、散文诗集《暴风雨》(1902)、《先知》(1923)等。由于纪伯伦的影响,使"旅美派"成为阿拉伯文学的核心,并在世界文学中赢得一席地位。

思　考　题

一、简要分析雪莱的诗歌《西风颂》的思想内涵。

二、试分析托尔斯泰主义的时代特征和思想意义。

三、什么是批判现实主义?它有哪些成就和局限?

■作品选

西风颂^①

[英国]雪　莱

一

你是秋的呼吸，啊，奔放的西风；
　你无形地莅临时，残叶们逃亡，
它们像回避巫师的成群鬼魂：

　黑的、惨红的、铅灰的、或者蜡黄，
患瘟疫而死掉的一大群。啊，你，
　送飞翔的种籽到它们的冬床，

它们躺在那儿，又暗、又冷、又低，
　一个个都像尸体埋葬于墓中，
直到明春你青空的妹妹^②吹起

　她的号角，唤醒了大地的迷梦，
驱羊群似地驱使蓓蕾儿吐馨，
　使漫山遍野铺上了姹紫嫣红；

你周流上下四方，奔放的精灵，
　是破坏者，又是保护者；听呀，听

二

你在动乱的太空中掀起激流，

那上面漂浮着落叶似的云块，
　　掉落自天与海的错综的枝头③；

　　它们是传送雨和闪电的神差。
你那气流之浪涛的碧蓝海面，
　　从朦胧的地平线到天的顶盖。

飘荡着快来的暴风雨的发辫，
　　像美娜德①头上金黄色的乱发，
随风飘动；你为这将逝的残年

　　唱起挽歌；待到夜的帷幕落下，
将成为这一年的巨冢的圆顶，
　　你用凝聚的云雾为它作支架。

从这浓云密雾之中，将会涌进：
电火、冰雹和黑的雨水；啊，快听！

三

你也把青青的地中海水唤醒，
　　他原在贝宜湾⑤的一个浮岛边，
沉醉于他夏日幻梦里的美景，

　　被一圈圈晶莹的涟漪所催眠，
他梦见了古老的宫殿和楼阁
　　荡漾于更明朗皎洁的水天中，

满披着翡翠似的苔藓和花朵，
　　花朵多芬芳，那气息使人醉迷；
　　浩瀚的大西洋本来平静无波，

476

随着你的脚步而裂开;在海底,
那些枝叶没有浆汁的湿树林,

　　还有海花,听到你来临的声息,

便突然地变色,它们大吃一惊,
瑟瑟地发抖,纷纷凋谢。啊,听,听!

四

如果我是任你吹的落叶一片;

　　如果我是随着你飞翔的云块;
如果是波浪,在你威力下急湍,

　　享受你神力的推动,自由自在,
几乎与你一样,啊,你难制的力!

　　再不然,如果能回返童年时代,

常陪伴着你在太空任意飘飞⑥

　　以为要比你更神速也非幻想;
那我就不致处此窘迫的境地,

　　向你苦苦求告:啊,快使我高扬,
像一片树叶、一朵云、一阵浪涛!

　　我碰上人生的荆棘,鲜血直淌!

时光的重负困住我,把我压倒,
我太像你了:难驯、迅速而骄傲。

五

把我当作你的琴,当作那树丛⑦,

　　纵使我的叶子凋落又有何妨?

你怒吼咆哮的雄浑交响乐中，

　　将有树林和我的深沉的歌唱，
我们将唱出秋声，婉转而忧愁。
　　精灵呀，让我变成你，猛烈、刚强！

把我僵死的思想驱散在宇宙，
　　像一片片的枯叶，以鼓舞新生；
请听从我这个诗篇中的符咒，

　　把我的话传播全世界的人，
犹如从不灭的炉中吹出火花！
　　请向未醒的大地，借我的嘴唇，

像号角般吹出一声声预言吧！
如果冬天来了，春天还会远吗？

（杨熙龄 译）

注释：①《西风颂》写于 1819 年，是雪莱后期最著名的抒情诗，他以描绘自然界景物为契机，表达了诗人豪迈、奔放的战斗热忱，对摧毁一切但又播送新生种子的西风作了歌颂和赞美。②指春天的东风。③诗人把天与海比作巨树，云比作落叶。④美娜德（Naenad）：疯女郎，希腊神话中酒神的侍女。⑤贝宜湾（Baiae）：意大利那不勒斯湾西部名称。⑥意谓童年时代幻想能够随风遨游太空。⑦意谓西风以树丛当作弦琴，奏出音乐。

达吉雅娜给奥涅金的信①

［俄国］普希金

我在给您写信——还要怎样呢？

我还能说什么？

478

现在,我知道,您可随意的
用轻蔑来处罚我。
可是您,对我的不幸的命运,
哪怕存着一点点怜悯,
请您不要舍弃我吧。
起初我想沉默来着;
相信吧:我的害羞
您是无论如何不知道的,
如果我有什么希望,
那就是尽管稀少,尽管一个星期一回,
在我们的乡村里能够看见您,
为的只是听听您的谈话,
对您说上一个字,以后就
老是想着,日夜的想着这桩事,
直到重新会面的时候。
可是听人说,您厌烦别人;
在偏僻的地方,在乡村里什么您都气闷,
而我们……实在没有什么出色的地方,
可是我们是真心诚意的喜欢您。

为什么您来访问我们呢?

在偏僻的没有人来的乡村里
我决不会知道您,
决不会知道剧烈的痛苦。
没有经验的灵魂的激动
将来平定之后(谁知道呢?),
我会找一个合意的朋友,
做一个忠实的妻子
和一个贤德的母亲。

别人啊！……不,在世界上无论是谁

我的心也不交给他了!

这是神明注定的……

这是上天的意思:我是你的;

我的一生原来就保证了

和你必定相会;

我知道,你是上帝派到我这里来的,

你是我的终身的保护者……

你在我的梦里出现过,

虽然看不见,你在我已经是亲爱的,

你的奇异的目光使我苦恼,

你的声音在我的心灵里

早已就响着了……不,这不是梦!

你一进来,我立刻就知道了,

完全昏乱了,羞红了,

就在心里说:这是他!

不是真的吗? 我听见过你的:

当我帮助穷人

或是做祈祷来安慰

烦恼的灵魂的痛苦的时候

你不是悄悄地和我说过话吗?

并且就在这一会儿,

不是你吗,亲爱的幻影,

在透明的黑暗里一闪,

轻轻地向枕边弯下身子?

不是你吗? 带着安慰和爱,

低低的对我说了希望的话?

你是谁,我的天使和保护者,

还是奸诈的诱惑的人:

解答我的疑惑吧。

或许,这一切都是空想,
都是没有经验的灵魂的幻梦!
而且注定了完全是另外一个样子……
可是随它怎样吧! 我的命运
从现在起我交给你了,
在你面前我流着泪,
恳求你的保护……
想像一下吧:我在这里是一个人,
谁也不了解我,
我的理智昏乱了,
我应当默默地死掉的。
我等待着你:看我一眼,
复活心的希望吧,
或者打断我的苦痛的梦,
啊,用份所应得的责备!

结束了! 重读一遍都害怕……

我害羞和恐惧得不得了……
可是你的名誉是我的保障,
我大胆地把自己信托给它……

(吕　荧译)

注释:①《达吉雅娜给奥涅金的信》选自俄国诗人普希金的诗体小说《叶甫盖尼·奥涅金》的第三章。贵族少女达吉雅娜爱上了贵族青年奥涅金,便不顾一切,大胆地向心上人表白爱情。这封清澄明净,洁白如水的情书,把一个少女初恋的隐秘心态和炽热的感情直言不讳地袒露出来,表现了她的勇敢、真挚和对生活的渴望。

父亲之死①

[法国]巴尔扎克

……

"克利斯朵夫,是不是我两个女儿告诉你就要来了?你再去一次,我给你五法郎。对她们说我觉得不好,我临死之前还想拥抱她们,再看她们一次。你这样去说吧,可是别过分吓了她们。"

克利斯朵夫看见欧也纳对他递了个眼色,便动身了。

"她们要来了,"老人说。"我知道她们的脾气。好但斐纳,我死了,她要怎样的伤心呀!还有娜齐也是的。我不愿意死,因为不愿让她们哭。我的好欧也纳,死,死就再也看不见她们。在那个世界里,我要闷得发慌哩。看不见孩子,做父亲的等于入了地狱;自从她们结了婚,我就尝着这个味道。我的天堂是瑞西安纳街。嗳!喂,倘使我进了天堂,我的灵魂还能回到她们身边吗?听说有这种事情,可是真的?我现在清清楚楚看见她们在瑞西安纳街的模样。她们一早下楼,说:爸爸,你早。我把她们抱在膝上,用种种花样逗她们玩儿,跟她们淘气。她们也跟我亲热一阵。我们天天一块儿吃中饭,一块儿吃晚饭,总之那时我是父亲,看着孩子直乐。在瑞西安纳街,她们不跟我讲嘴,一点不懂人事。她们很爱我。天哪!干吗她们要长大呢?(哎唷!我痛啊:头里在抽。)啊!啊!对不起!孩子们!我痛死了,要不是真痛,我不会叫的,你们早已把我训练得不怕痛苦了。上帝呀!只消我能握着她们的手,我就不觉得痛啦。你想她们会来吗?克利斯朵夫蠢极了!我该自己去的。他倒有福气看到她们。你昨天去了跳舞会,你告诉我呀,她们怎么样?她们一点不知道我病了,可不是?要不她们不肯去跳舞了,可怜的孩子们!噢!我再也不愿意害病了。她们还少不了我呢。她们的财产遭了危险,又是落在怎样的丈夫手里!把我治好呀,治好呀!(噢!我多难过!哟!哟!哟!)你瞧,非把我医好不行,她们需要钱,我知道到哪儿去挣。我要上敖德萨去做淀粉。我才精明呢,会赚他几百万。(哦呀!我痛死了!)"

高里奥不出声了,仿佛集中全身的精力熬着痛苦。

"她们在这儿,我不会叫苦了,干吗还要叫苦呢?"

482

他迷迷糊糊昏沉了好久。克利斯朵夫回来,拉斯蒂涅以为高老头睡熟了,让佣人高声回报他出差的情形。

"先生,我先上伯爵夫人家,可没法跟她说话,她和丈夫有要紧事儿。我再三央求,德·雷斯托先生亲自出来对我说:高里奥先生快死了是不是?哎,再好没有。我有事,要太太待在家里。事情完了,她会去的。——他似乎很生气,这位先生,我正要出来,太太从一扇我看不见门里走到穿堂,告诉我:克利斯朵夫,你对我父亲说,我同丈夫正在商量事情,不能来。那是有关我孩子们生死的问题。但等事情一完,我就去看他。——说到男爵夫人吧,又是另外一桩事儿!我没有见到她,不能跟她说话。老妈子说:啊!太太今儿早上五点一刻才从跳舞会回来;中午以前叫醒她,一定要挨骂的。等会她打铃叫我,我会告诉她,说她父亲的病更重了。报告一件坏消息,不会嫌太晚的。——我再三央求也没用。哎,是呀,我也要求见男爵,他不在家。"

"一个也不来,"拉斯蒂涅嚷道,"让我写信给她们。"

"一个也不来,"老人坐起来接着说。"她们有事,她们在睡觉,她们不会来的。我早知道了。直要临死才知道女儿是什么东西!唉!朋友,你别结婚,别生孩子!你给他们生命,他们给你死。你带他们到世界上来,他们把你从世界上赶出来。她们不会来的!我已经知道了十年。有时我心里这么想,只是不敢相信。"

他每只眼中冒出一颗眼泪,滚在鲜红的眼皮边上,不掉下来。

"唉!倘若我有钱,倘若我留着家私,没有把财产给她们,她们就会来,会用她们的亲吻来舐我的脸!我可以住在一所公馆里,有漂亮的屋子,有我的仆人,生着火;她们都要哭做一团,还有她们的丈夫,她们的孩子。这一切我都可以到手。现在可什么都没有。钱能买到一切,买到女儿。啊!我的钱到哪儿去了?倘若我还有财产留下,她们会来伺候我,招呼我;我可以听到她们,看到她们。啊!欧也纳,亲爱的孩子,我唯一的孩子,我宁可给人家遗弃,宁可做个倒霉鬼!倒霉鬼有人爱,至少那是真正的爱!啊,不,我要有钱,那我可以看到她们了。唉,谁知道?她们两个的心都像石头一样,我把所有的爱在她们身上用尽了,她们对我不能再有爱了。做父亲的应该永远有钱,应该拉紧儿女的缰绳,像对付狡猾的马一样。我却向她们下跪。该死的东西!她们十年来对我的行为,现在到了顶点。你不知道她们刚结婚的时候对我怎样的奉承体贴!(噢!我痛得像受毒刑一样!)我才给她们每人八十万,她们和她们的丈夫都不敢怠慢我。我受到好款待：好爸爸，上这儿来；好爸爸，往那儿去。她们家永远有我的一份刀叉。我同她们的丈夫一块儿吃饭，他们对我很恭敬，看我手头还有一些呢。为什么？因为我生意的底细，我一句没提。一个给了女儿八十万的人是应该奉承的。他们对我那么周到，体贴，那是为我的钱啊。世界并不美。我看到了，我！她们陪我坐着车子上戏院，我在她们的晚会里爱待多久就待多久。她们承认是我的女儿，承认我是她们的父亲。我还有我的聪明呢，嗨，什么都没逃过我的眼睛。我什么都感觉到，我的心碎了。我明明看到那是假情假意；可是没有办法。在她们家，我就不像在这儿饭桌上那么自在。我什么话都不会说。有些漂亮人物咬着我女婿的耳朵问：

——那位先生是谁啊？

——他是财神，他有钱。

——啊，原来如此！

"人家这么说着，恭恭敬敬瞧着我，就像恭恭敬敬瞧着钱一样。即使我有时叫他们发窘，我也补赎了我的过失。再说，谁又是十全的呢？（哎唷！我的脑袋简直是块烂疮！）我这时的痛苦是临死以前的痛苦，亲爱的欧也纳先生，可是比起当年娜齐第一次瞪着我给我的难受，眼前的痛苦算不了什么。那时她瞪我一眼，因为我说错了话，丢了她的脸；唉，她那一眼把我全身的血管都割破了。我很想懂得交际场中的规矩；可是我只懂得一样：我在世界上是多余的。第二天我上但斐纳家去找安慰，不料又闹了笑话，惹她冒火。我为此急疯了。八天功夫我不知道怎么办。我不敢去看她们，怕受埋怨。这样，我便进不了女儿的大门。哦！我的上帝！既然我吃的苦，受的难，你全知道，既然我受的千刀万剐，使我头发变白，身子磨坏的伤，你都记在账上，干吗今日还要我受这个罪？就算太爱她们是我的罪过，我受的刑罚也足够补赎了。我对她们的慈爱，她们都狠狠的报复了，像刽子手一般把我上过毒刑了。唉！做老子的多蠢！我太爱她们了，每次都回头去迁就她们，好像赌棍离不开赌场。我的嗜好，我的情妇，我的一切，便是两个女儿，她们俩想要一点儿装饰品什么的，女佣人告诉了我，我就去买来送给她们，巴望得到些好款待！可是她们看了我在人前的态度，照样来一番教训。而且等不到第二天！喝，她们为着我脸红了。这是给儿女受好教育的报应。我活了这把年纪，可不能再上学校啦。（我痛死了，天哪！医生呀！医生呀！把我脑袋劈开来，也许会好

484

些。)我的女儿呀,我的女儿呀,娜齐,但斐纳!我要看她们,叫警察去找她们来,抓她们来!法律应该帮我的,天性,民法,都应该帮我。我要抗议。把父亲踩在脚下。国家不要亡了吗?这是很明白的。社会,世界,都是靠父道做轴心的;儿女不孝父亲,不要天翻地覆吗?哦!看到她们,听到她们,不管她们说些什么,只要听见她们的声音,尤其但斐纳,我就不觉得痛苦。等她们来了,你叫她们别那么冷冷的瞧我。啊!我的好朋友,欧也纳先生,看到她们眼中的金光变得像铅一样不灰不白,你真不知道是什么味儿。自从她们的眼睛对我不放光辉之后,我老在这儿过冬天;只有苦水给我吞,我也就吞下了!我活着就是为受委屈,受侮辱。她们给我一点儿可怜的,小小的,可耻的快乐,代价是叫我受种种羞辱,我都受了,因为我太爱她们了。老子偷偷摸摸的看女儿!听见过没有?我把一辈子的生命给了她们,她们今天连一小时都不给我!我又饥又渴,心在发烧,她们不来苏解一下我的临终苦难。我觉得我要死了。什么叫做践踏父亲的尸首,难道她们不知道吗?天上还有一个上帝,他可不管我们做老子的愿不愿意,要替我们报仇的。噢!她们会来的!来啊,我的小心肝,你们来亲我呀;最后一个亲吻就是你们父亲的临终圣餐了,他会代你们求上帝,说你们一向孝顺,替你们辩护!归根结蒂,你们没有罪,朋友,她们是没有罪的!请你对大家都这么说,别为了我难为她们。一切都是我的错,是我纵容她们把我踩在脚下的。我就喜欢那样。这跟谁都不相干,人间的裁判,神明的裁判,都不相干。上帝要是为了我责罚她们,就不公平了。我不会做人,是我糊涂,自己放弃了权利。为她们我甚至堕落也心甘情愿!有什么办法!最美的天性,最优秀的灵魂,都免不了溺爱儿女。我是一个糊涂蛋,遭了报应,女儿七颠八倒的生活是我一手造成的,是我惯了她们。现在她们要寻欢作乐,正像她们从前要吃糖果。我一向对她们百依百顺。小姑娘想入非非的欲望,都给她们满足。十五岁就有了车!要什么有什么。罪过都在我一个人身上,为了爱她们而犯的罪。唉,她们的声音能够打开我的心房,我听见她们,她们在来啦。哦!一定的,她们要来的。法律也要人给父亲送终的,法律是支持我的。只要叫人跑一趟就行。我给车钱。你写信去告诉她们,说我还有几百万家私留给她们!我敢起誓。我可以上敖德萨去做高等面食。我有办法。计划中还有几百万好赚。哼,谁也没有想到。那不会像麦子和面粉一样在路上变坏的。嗳,嗳,淀粉哪,有几百万好赚啊!你告诉她们有几百万决不是扯谎。她们为了贪心还是肯来的;我宁愿受骗,我也要看到她们。我要我的女儿！是我把她们生下来的！她们是我的！"他一边说一边在床上挺起身子,给欧也纳看到一张白发凌乱的脸,竭力装做威吓的神气。

欧也纳说:"嗳,嗳,你睡下吧。我来写信给她们。等毕安训来了,她们要再不来,我就自个儿去。"

"她们再不来,"老人一边大哭一边接一句,"我要死了,要气疯了,气死了！气已经上来了！现在我把我这一辈子都看清楚了。我上了当！她们不爱我,从来没有爱过我！这是摆明的了。她们这时不来是不会来的了。她们越拖,越不肯给我这个快乐。我知道她们。我的悲伤,我的痛苦,我的需要,她们从来没有体会到一星半点,连我的死也没有想到;我的爱,我的温情,她们完全不了解。是的,她们把我糟蹋惯了,在她们眼里我所有的牺牲都一文不值。哪怕她们要挖掉我眼睛,我也会说:挖吧！我太傻了。她们以为天下的老子都像她们的一样。想不到你待人好一定要人知道！将来她们的孩子会替我报仇的。唉,来看我还是为她们自己啊。你去告诉她们,说她们临死要受到报应的。犯了这桩罪,等于犯了世界上所有的罪。去啊,去对她们说,不来送我的终是忤逆！不加上这一桩,她们的罪过已经数不清啦。你得像我一样的去叫:哎！娜齐！哎！但斐纳！父亲待你们多好,他在受难,你们来吧！——唉！一个都不来。难道我就像野狗一样的死吗？爱了一辈子的女儿,到头来反给女儿遗弃！简直是些下流东西,流氓婆;我恨她们,咒她们;我半夜里还要从棺材里爬起来咒她们。嗳,朋友,难道这能派我的不是吗？她们做人这样恶劣,是不是！我说什么？你不是告诉我但斐纳在这儿吗？还是她好。你是我的儿子,欧也纳。你,你得爱她,像她父亲一样的爱她。还有一个是遭了难。她们的财产呀！哦！上帝！我要死了,我太苦了！把我的脑袋割掉吧,留给我一颗心就行了。"

"克利斯朵夫,去找毕安训来,顺便替我雇辆车。"欧也纳嚷着。他被老人这些呼天抢地的哭诉吓坏了。

"老伯,我到你女儿家去把她们带来。"

"把她们抓来,抓来！叫警卫队,叫军队！"老人说着,对欧也纳瞪了一眼,闪出最后一道理性的光。"去告诉政府,告诉检察官,叫人替我带来！"

"你刚才咒过她们了。"

老人愣了一愣,说:"谁说的？你知道我是爱她们的,疼她们的！我看到她们,病就好啦……去吧,我的好邻居,好孩子,去吧,你是慈悲的;我要重重的谢你;可是我什么都没有了,只能给你一个祝福,一个临死的人的祝福。啊!至少我要看到但斐纳,吩咐她代我报答你。那个不能来,就带这个来吧。告诉她,她要不来,你不爱她了。她多爱你,一定会来的。哟,我渴死了,五脏六腑都在烧!替我在头上放点儿什么吧。最好是女儿的手,那我就得救了,我觉得的……天哪!我死了,谁替她们挣钱呢?我要为她们上敖德萨去,上敖德萨做面条生意。"

欧也纳搀起病人,用左臂扶着,另一只手端给他一杯满满的药茶,说道:"你喝这个。"

"你一定要爱你的父母,"老人说着,有气无力的握着欧也纳的手。"你懂得吗,我要死了,不见她们一面就死了。永远口渴而没有水喝,这便是我十年来的生活……两个女婿断送了我的女儿。是的,从她们出嫁以后,我就没有女儿了。做老子的听着!你们得要求国会定一条结婚的法律!要是你们爱女儿,就不能把她们嫁人。女婿是毁坏女儿的坏蛋,他把一切都污辱了。再不要有结婚这回事!结婚抢走我们的女儿,叫我们临死看不见女儿。为了父亲的死,应该订一条法律。真是可怕!报仇呀!报仇呀!是我女婿不准她们来的呀。杀死他们!杀雷斯托!杀纽沁根!他们是我的杀手!不还我女儿,就要他们的命!唉!完啦,我见不到她们了!她们!娜齐,但斐纳,喂,来呀,爸爸出门啦……"②

"老伯,你静静吧,别生气,别多想。"

"看不见她们,这才是我的临终苦难!"

"你会看见的。"

"真的!"老人迷迷惘惘的叫起来。"噢!看到她们!我还会看到她们,听到她们的声音。那我死也死得快乐了。唉,是啊,我不想活了,我不希罕活了,我痛得越来越厉害了。可是看到她们,碰到她们的衣衫,唉!只要她们的衣衫,衣衫,就这么一点儿要求!只消让我摸到她们的一点儿什么!让我抓一把她们头发,……头发……"

他仿佛挨一棍,脑袋望枕上倒下,双手在被单上乱抓,好像要抓女儿们的头发。

他又挣扎着说:"我祝福她们,祝福她们。"

然后他昏过去了。毕安训进来说:

"我碰到了克利斯朵夫,他替你雇车去了。"

他瞧了瞧病人,用力揭开他的眼皮,两个大学生只看到一只没有颜色的灰暗的眼睛。

"完啦,"毕安训说,"我看他不会醒的了。"

他按了按脉,摸索了一会,把手放在老头儿心口。

"机器没有停,像他这样反而受罪,还是早点去的好!"

"对,我也这么想,"拉斯蒂涅回答。

"你怎么啦? 脸色发白像死人一样。"

"朋友,你听他又哭又叫,说了一大堆。真有一个上帝! 哦,是的,上帝是有的,他替我们预备着另外一个世界,一个好一点儿的世界。咱们这个太混帐了。刚才的情形要不那么悲壮,我早哭死啦,我的心跟胃都给揪紧了。"

"喂,还得办好多事,哪儿来的钱呢?"

拉斯蒂涅掏出表来:

"你送当铺去。我路上不能耽搁,只怕赶不及。现在我等着克利斯朵夫,我身上一个钱都没有了。回来还得付车钱。"

拉斯蒂涅奔下楼梯,上海尔特街德·雷斯托太太家去了。刚才那幕可怕的景象使他动了感情,一路义愤填膺。他走进穿堂求见德·雷斯托太太,人家回报说她不能见客。

他对当差说:"我是为了她马上要死的父亲来的。"

"先生,伯爵再三吩咐我们……"

"既然伯爵在家,那么告诉他,说他岳父快死了。我要立刻和他说话。"

欧也纳等了好久。

"说不定他就在这个时候死了。"他心里想。

当差带他走进第一客室,德·雷斯托先生站在没有生火的壁炉前面,见了客人也不请坐。

"伯爵,"拉斯蒂涅说,"令岳在破烂的阁楼上就要断气了,连买木柴的钱也没有;他马上要死了,但等见一面女儿……"

"先生,"伯爵冷冷的回答,"你大概可以看出,我对高里奥先生没有什么好感。他教坏了我太太,造成我家庭的不幸。我把他当做扰乱我安宁的敌人。他死也好,活也好,我全不在意。你瞧,这是我对他的情分。社会尽可以责备我,我才不在乎呢。我现在要处理的事,比顾虑那些傻瓜的闲言闲语紧要得多,至于我太太,她现在那个模样没法出门,我也不让她出门。请你告诉她父亲,只消她对我,对我的孩子,尽完了她的责任,她会去看他的。要是她爱她的父亲,几分钟内她就可以自由……"

"伯爵,我没有权利批评你的行为,你是你太太的主人。可是至少我能相信你是讲信义的吧?请你答应我一件事。就是告诉她,说她父亲没有一天好活了,因为她不去送终,已经在咒她了!"

雷斯托注意到欧也纳愤愤不平的语气,回答道:"你自己去说吧。"

拉斯蒂涅跟着伯爵走进伯爵夫人平时起坐的客厅。她泪人儿似的埋在沙发里,那副痛不欲生的模样叫他看了可怜。她不敢望拉斯蒂涅,先怯生生的瞧了瞧丈夫,眼睛的神气表示她精神肉体都被专横的丈夫压倒了。伯爵侧了侧脑袋,她才开口:

"先生,我都听到了。告诉我父亲,他要知道我现在的处境,一定会原谅我,我想不到要受这种刑罚,简直受不了。可是我要反抗到底,"她对她的丈夫说。"我也有儿女。请你对父亲说,不管表面上怎么样,在父亲面前我并没有错,"她无可奈何的对欧也纳说。

那女的经历的苦难,欧也纳不难想像,便呆呆地走了出来。听到德·雷斯托先生的口吻,他知道自己白跑了一趟,阿娜斯塔齐已经失去自由。

接着他赶到德·纽沁根太太家,发觉她还在床上。

"我不舒服呀,朋友,"她说,"从跳舞会出来受了凉,我怕要害肺炎呢,我等医生来……"

欧也纳打断了她的话,说道:"哪怕死神已经到了你身边,爬也得爬到你父亲跟前去。他在叫你!你要听到他一声,马上不觉得你自己害病了。"

"欧也纳,父亲的病也许不像你说的那么严重;可是我要在你眼里有什么不是,我才难过死呢;所以我一定听你的吩咐。我知道,倘若我这一回出去闹出一场大病来,父亲要伤心死的。我等医生来过了就走。"她一眼看不见欧也纳身上的表链,便叫道:"哟!怎么你的表没有啦?"

欧也纳脸上红了一块。

"欧也纳!欧也纳!倘使你已经把它卖了,丢了,……哦!那太岂有此理了。"

大学生伏在但斐纳床上,凑着她耳朵说:

"你要知道么?哼!好,告诉你吧!你父亲一个钱没有了,今晚上要把他入殓的尸衣③都没法买。你送我的表在当铺里，我钱都光了。”

....

（傅　雷　译）

注释：①《父亲之死》选自巴尔扎克的长篇小说《高老头》第六章。《高老头》是巴尔扎克《人间喜剧》中的代表作，小说通过高里奥老头财尽人亡的悲剧，揭露了资本主义社会中金钱至上主义的罪恶。此处节选了小说的尾声部分，高老头临死时却见不到多年来搜刮他钱财的女儿，只有来自乡村的青年野心家拉斯蒂涅伴他到最后时刻。②“来呀，爸爸出门啦”，为女儿幼年时父亲出门前呼唤她们的亲切语；此处“出门”二字有双关意味。③西俗入殓时将尸体用布包裹，称为尸衣。

玩 偶 之 家①

［挪威］易卜生

第三幕（片段）

娜　拉　咱们的问题就在这儿！你从来就没了解过我。我受尽了委屈，先在我父亲手里，后来又在你手里。

海尔茂　这是什么话！你父亲和我这么爱你，你还说受了我们的委屈！

娜　拉　（摇头）你们何尝真爱过我，你们爱我只是拿我当消遣。

海尔茂　娜拉，这是什么话！

娜　拉　托伐，这是老实话。我在家跟父亲过日子的时候，他把他的意见告诉我，我就跟着他的意见走。要是我的意见跟他不一样，我也不让他知道，因为他知道了会不高兴。他叫我“泥娃娃孩子”，把我当作一件玩意儿，就像我小时候玩儿我的泥娃娃一样。后来我到你家来住着——

海尔茂　用这种字眼形容咱们的夫妻生活简直不像话！

娜　拉　（满不在乎）我是说，我从父亲手里转移到了你手里。跟你在一块

490

儿,事情都归你安排。你爱什么我也爱什么,或者假装爱什么——
我不知道是真还是假——也许有时候真,有时候假。现在我回头想
一想,这些年我在这儿简直像个要饭的叫花子,要一口,吃一口。托
伐,我靠着给你要把戏过日子。可是你喜欢我这么做。你和我父亲
把我害苦了。我现在这么没出息都要怪你们。

海尔茂　娜拉,你真不讲理,真不知好歹! 你在这儿过的日子难道不快活?

娜　拉　不快活。过去我以为快活,其实不快活。

海尔茂　什么! 不快活!

娜　拉　说不上快活,不过说说笑笑凑个热闹罢了。你一向待我很好。可是
咱们的家只是一个玩儿的地方,从来不谈正经事。在这儿我是你的
"泥娃娃老婆",正像我在家里是我父亲的"泥娃娃女儿"一样。我的
孩子又是我的泥娃娃。你逗着我玩儿,我觉得有意思。正像我逗孩
子们,孩子们也觉得有意思。托伐,这就是咱们的夫妻生活。

海尔茂　你这段话虽然说得太过火,倒也有点儿道理。可是以后的情形就不
一样了。玩儿的时候过去了,现在是受教育的时候了。

娜　拉　谁的教育? 我的教育还是孩子们的教育?

海尔茂　两方面的,我的好娜拉。

娜　拉　托伐,你不配教育我怎样做个好老婆。

海尔茂　你怎么说这句话?

娜　拉　我配教育我的孩子吗?

海尔茂　娜拉!

娜　拉　刚才你不是说不敢再把孩子交给我吗?

海尔茂　那是气头儿上的话,你老提它干什么?

娜　拉　其实你的话没说错。我不配教育孩子。要想教育孩子,先得教育我自
己。你没资格帮我的忙.我一定得自己干。所以现在我要离开你。

海尔茂　(跳起来)你说什么?

娜　拉　要想了解我自己和我的环境,我得一个人过日子,所以我不能再跟
你待下去。

海尔茂　娜拉! 娜拉!

娜　拉　我马上就走。克立斯替纳一定会留我过夜。

海尔茂　你疯了! 我不让你走! 你不许走!

491

娜　拉	你不许我走也没用。我只带自己的东西。你的东西我一件都不要，现在不要，以后也不要。
海尔茂	你怎么疯到这步田地！
娜　拉	明天我要回家去——回到从前的老家去。在那儿找点事情做也许不太难。
海尔茂	喔，像你这么没经验——
娜　拉	我会努力去吸取。
海尔茂	丢了你的家，丢了你丈夫，丢了你儿女！不怕人家说什么话！
娜　拉	人家说什么不在我心上。我只知道我应该这么做。
海尔茂	这话真荒唐！你就这么把你最神圣的责任扔下不管了？
娜　拉	你说什么是我最神圣的责任？
海尔茂	那还用我说？你最神圣的责任是你对丈夫和儿女的责任。
娜　拉	我还有别的同样神圣的责任。
海尔茂	没有的事！你说的是什么责任？
娜　拉	我说的是我对自己的责任。
海尔茂	别的不用说，首先你是一个老婆，一个母亲。
娜　拉	这些话现在我都不信了。现在我只信，首先我是一个人，跟你一样的一个人——至少我要学做一个人。托伐，我知道大多数人赞成你的话，并且书本儿里也是这么说。可是从今以后我不能一味相信大多数人说的话，也不能一味相信书本儿里说的话。什么事情我都要用自己脑子想一想，把事情的道理弄明白。
海尔茂	难道你不明白你在自己家庭的地位？难道你在这些问题上没有颠扑不破的道理指导你？难道你不信仰宗教？
娜　拉	托伐，不瞒你说，我真不知道宗教是什么。
海尔茂	你这话怎么讲？
娜　拉	除了行坚信礼的时候牧师对我说的那套话，我什么都不知道。牧师告诉过我，宗教是这个，宗教是那个。等我离开这儿一个人过日子的时候我也要把宗教问题仔细想一想。我要仔细想一想牧师告诉我的话究竟对不对，对我合用不合用。
海尔茂	喔，从来没听说过这种话！并且还是从这么个年轻女人嘴里说出来的！要是宗教不能带你走正路，让我唤醒你的良心来帮助你——你

492

大概还有点道德观念吧？要是没有，你就干脆说没有。

娜　拉　托伐，这个问题不容易回答。我实在不明白。这些事情我摸不清。
　　　　我只知道我的想法跟你的想法完全不一样。我也听说，国家的法律
　　　　跟我心里想的不一样，可是我不信那些法律是正确的。父亲病得快
　　　　死了，法律不许女儿给他省烦恼。丈夫病得快死了，法律不许老婆
　　　　想法子救他的性命！我不信世界上有这种不讲理的法律。

海尔茂　你说这些话像个小孩子。你不了解咱们的社会。

娜　拉　我真不了解。现在我要去学习。我一定要弄清楚，究竟是社会正
　　　　确，还是我正确。

海尔茂　娜拉，你病了。你在发烧说胡话。我看你像精神错乱了。

娜　拉　我的脑子从来没像今天晚上这么清醒、这么有把握。

海尔茂　你清醒得有把握得要丢掉丈夫和儿女？

娜　拉　一点不错。

海尔茂　这么说，只有一句话讲得通。

娜　拉　什么话？

海尔茂　那就是你不爱我了。

娜　拉　不错，我不爱你了。

海尔茂　娜拉！你忍心说这话！

娜　拉　托伐，我说这话心里也难受，因为你一向待我很不错。可是我不能
　　　　不说这句话。现在我不爱你了。

海尔茂　（勉强管住自己）这也是你清醒的有把握的话？

娜　拉　一点不错。所以我不能再在这儿待下去。

海尔茂　你能不能说明白我究竟做了什么事使你不爱我？

娜　拉　能。就因为今天晚上奇迹没出现，我才知道你不是我理想中的那等
　　　　人。

海尔茂　这话我不懂，你再说清楚点。

娜　拉　我耐着性子整整等了八年，我当然知道奇迹不会天天有。后来大祸
　　　　临头的时候，我曾经满怀信心地跟自己说，"奇迹来了！"柯洛克斯泰
　　　　把信扔在信箱里以后，我决没想到你会接受他的条件。我满心以为
　　　　你一定会对他说，"尽管宣布吧"，而且你说了这句话之后，还一定
　　　　会——

493

海尔茂　一定会怎么样？叫我自己的老婆出丑丢脸，让人家笑骂？

娜　拉　我满心以为你说了那句话之后，还一定会挺身出来，把全部责任担在自己肩膀上，对大家说，"事情都是我干的"。

海尔茂　娜拉——

娜　拉　你以为我会让你替我担当罪名吗？不，当然不会。可是我的话怎么比得上你的话那么容易叫人家信？这正是我盼望它发生又怕它发生的奇迹。为了不让奇迹发生，我已经准备自杀。

海尔茂　娜拉，我愿意为你日夜工作，我愿意为你受穷受苦。可是男人不能为他爱的女人牺牲自己的名誉。

娜　拉　千千万万的女人都为男人牺牲过名誉。

海尔茂　喔，你心里想的嘴里说的都像个傻孩子。

娜　拉　也许是吧。可是想的和说的也不像我可以跟他过日子的男人。后来危险过去了——你不是怕我有危险，是怕你自己有危险——不用害怕了，你又装作没事人儿了。你又叫我跟从前一样乖乖地做你的小鸟儿，做你的泥娃娃，说什么以后要格外小心保护我，因为我那么脆弱不中用。（站起来）托伐，就在那当口，我好像忽然从梦里醒过来，我简直跟一个生人同居了八年，给他生了三个孩子。喔，想起来真难受！我恨透了自己没出息！

海尔茂　（伤心）我明白了，我明白了，在咱们中间出现了一道深沟。可是，娜拉，难道咱们不能把它填平吗？

娜　拉　照我现在这样子，我不能跟你做夫妻。

海尔茂　我有勇气重新再做人。

娜　拉　在你的泥娃娃离开你之后——也许有。

海尔茂　要我跟你分手！不，娜拉，不行！这是不能设想的事情。

娜　拉　（走进右边屋子）要是你不能设想，咱们更应该分开。（拿着外套、帽子和旅行小提包又走出来，把东西搁在桌子旁边椅子上。）

海尔茂　娜拉，娜拉，现在别走。明天再走。

娜　拉　（穿外套）我不能在生人家里过夜。

海尔茂　难道咱们不能像哥哥妹妹那么过日子？

娜　拉　（戴帽子）你知道那种日子长不了。（围披肩）托伐，再见。我不去看孩子了。我知道现在照管他们的人比我强得多。照我现在这样子，

	我对他们一点儿用处都没有。
海尔茂	可是,娜拉,将来总有一天——
娜　拉	那就难说了。我不知道我以后会怎么样。
海尔茂	无论怎么样,你还是我的老婆。
娜　拉	托伐,我告诉你。我听人说,要是一个女人像我这样从她丈夫家里走出去,按法律说,她就解除了丈夫对她的一切义务。不管法律是不是这样,我现在把你对我的义务全部解除。你不受我拘束,我也不受你拘束。双方都有绝对的自由。拿去,这是你的戒指。把我的也还我
海尔茂	连戒指都要还?
娜　拉	要还。
海尔茂	拿去。
娜　拉	好。现在事情完了。我把钥匙都搁在这儿。家里的事佣人都知道——她们比我更熟悉。明天我动身之后,克立斯替纳会来给我收拾我从家里带来的东西。我会叫她把东西寄给我。
海尔茂	完了!完了!娜拉,你永远不会再想我了吧?
娜　拉	喔,我会时常想到你,想到孩子们,想到这个家。
海尔茂	我可以给你写信吗?
娜　拉	不,千万别写信。
海尔茂	可是我总得给你寄点儿——
娜　拉	什么都不用寄。
海尔茂	你手头不方便的时候我得帮点忙。
娜　拉	不必,我不接受生人的帮助。
海尔茂	娜拉,难道我永远只是个生人?
娜　拉	(拿起手提包)托伐,那就要等奇迹中的奇迹发生了。
海尔茂	什么叫奇迹中的奇迹?
娜　拉	那就是说,咱们俩都得改变到——喔,托伐,我现在不信世界上有奇迹了。
海尔茂	可是我信。你说下去!咱们俩都得改变到什么样子——?
娜　拉	改变到咱们在一块儿过日子真正像夫妻。再见。(她从门厅走出去)
海尔茂	(倒在靠门的一张椅子里,双手蒙着脸)娜拉!娜拉!(四面望望,站

起身来)屋子空了。她走了。(心里闪出一个新希望)啊！奇迹中的
奇迹——

(楼下砰的一响传来关大门的声音)。

（潘家洵 译）

注释：①这里所选的是《玩偶之家》第三幕的后半段,也是全剧的高潮所
在。在这场戏中,不但女主人公娜拉的独立性格和叛逆精神得到了充分的体
现,而且作为易卜生戏剧艺术的一种重要手法——"讨论"也表现得十分突
出。因为剧情的发展和人物性格的刻画都是在讨论中完成的。经过一番激
烈的论战之后,娜拉毅然决然地离家出走了。那砰的一响关大门的声音在欧
洲舞台上留下了具有震撼意义的回响。

安娜之死①

［俄国］列夫·托尔斯泰

三十

"哦,又是那个姑娘！我什么都明白了,"马车刚走动,安娜就自言自语。
马车在石子路上摇摇晃晃,发出辘辘的响声,一个个印象又接二连三地涌上
她的脑海。

"嗯,我刚才想到一件什么有趣的事啦?"她竭力回想。"是理发大师邱金
吗? 不,不是那个。噢,有了,就是雅希文说的:生存竞争和互相仇恨是人与
人之间的唯一关系……哼,你们出去兜风也没意思,"她在心里对一群乘驷马
车到城外游玩的人说。"你们带着狗出去也没用。你们逃避不了自己的良
心。"她随着彼得转身的方向望去,看见一个喝得烂醉的工人,摇晃着脑袋,正
被一个警察带走。"哦,他这倒是个办法,"她想。"我同渥伦斯基伯爵就没有
这样开心过,尽管我们很想过种开心的日子。"安娜这是第一次明白她同他的
关系,这一点她以前总是避免去想的。"他在我身上追求的是什么呀? 与其
说爱情,不如说是满足他的虚荣心。"她回想起他们结合初期他说过的话和他
那副很像驯顺的猎狗似的神态。现在一切都证实了她的看法。"是的,他流

496

露出虚荣心得到满足的自豪。当然也有爱情,但多半是取得胜利时的得意。他原以得到我为荣。如今都已过去了。没有什么值得得意的了。没有得意,只有羞耻。他从我身上得到了一切能得到的东西,如今再也不需要我了。他把我看作包袱,但又竭力装作没有忘恩负义。昨天他说溜了嘴,要我先离婚再结婚。他这是破釜沉舟,不让自己有别的出路。他爱我,但爱得怎么样?热情冷却了②……那个人想出风头,那么得意洋洋的,"她望着那个骑一匹赛马的面色红润的店员想。"唉,我已没有迷住他的风韵了。我要是离开他,他会打从心眼里高兴的。"

这倒不是推测,她看清了人生的意义和人与人之间的关系。

"我在爱情上越来越热烈,越来越自私,他却越来越冷淡,这就是我们分手的原因,"她继续想。"真是无可奈何。我把一切都寄托在他身上,我要求他也更多地为我献身,他却越来越疏远我。我们结合前心心相印,难舍难分;结合后却分道扬镳,各奔西东。这种局面又无法改变。他说我无缘无故吃醋,我自己也说我无缘无故吃醋,但这不是事实。我不是吃醋,而是感到不满足。可是……"突然一个念头涌上心来,她激动得张开了嘴,在马车上挪动了一下身子。"我真不该那么死心塌地做他的情妇,可我又没有办法,我克制不了自己。我对他的热情使他反感,他却弄得我生气,但是又毫无办法。难道我不知道他不会欺骗我,他对索罗金娜没有意思,他不爱吉提,他不会对我变心吗?这一切我全知道,但并不因此觉得轻松。要是他并不爱我,只是出于责任心才对我曲意温存,却没有我所渴望的爱情,那就比仇恨更坏一千倍!这简直是地狱!事情就是这样。他早就不爱我了。爱情一结束,仇恨就开始……这些街道我全不认识了。还有一座座小山,到处是房子,房子……房子里全是人,数不清的人,个个都是冤家……嗳,让我想想,怎样才能幸福?好,只要准许离婚,卡列宁把谢辽沙让给我,我就同渥伦斯基结婚。"一想到卡列宁,她的眼前立刻鲜明地浮现出他的形象,他那双毫无生气的驯顺而迟钝的眼睛,他那皮肤白净、青筋毕露的手,他说话的腔调,他扳手指的声音。她又想到了他们之间也被称为爱情的感情,不禁嫌恶得打了个寒噤。"好吧,就算准许离婚,正式成了渥伦斯基的妻子。那么,吉提就不会像今天这样看我吗?不。谢辽沙就不会再问到或者想到我有两个丈夫吗?在我和渥伦斯基之间又会出现什么感情呢?我不要什么幸福,只要能摆脱痛苦就行了。有没有这样的可能呢?不,不!"她毫不迟疑地回答自己。"绝对不可能!生活迫使我们分手,我使他不幸,他使我不幸;他不能改变,我也不能改变。一切办法都试过了,螺丝坏了,拧不紧……啊,那个抱着婴儿的女叫花子,她以为人家会可怜她。殊不知道我们投身尘世就是为了相互仇恨、折磨自己、折磨别人吗? 有几个中学生走来,他们在笑。那么谢辽沙呢?"她想了起来。"我也以为我很爱他,并且被自己对他的爱所感动。可我没有他还是照样生活,我拿他去换取别人的爱,在爱情得到满足的时候,我对这样的交换并不感到后悔。"她嫌恶地回顾那种所谓爱情。如今她把自己的生活和别人的生活看得一清二楚,她感到高兴。"我也罢,彼得也罢,车夫菲多尔也罢,那个商人也罢,凡是受广告吸引到伏尔加河两岸旅行的人,到处都是这样,永远都是这样,"当她的马车驶近下城车站的低矮建筑物,几个挑夫跑来迎接时,她这样想。

"票买到奥比拉洛夫卡吗?"彼得问。

她完全不记得她要到哪里去,去做什么,费了好大劲才听懂他这个问题。

"是的,"她把钱包交给他说,手里拿了一个红色小提包,下了马车。

她穿过人群往头等车候车室走去,渐渐地想起了她处境的细节和她犹豫不决的计划。于是,忽而希望,忽而绝望,又交替刺痛她那颗受尽折磨卜卜乱跳的心。她坐在星形沙发上等待火车,嫌恶地望着进进出出的人(她觉得他们都很讨厌),忽而幻想她到了那个车站以后给他写一封信,信里写些什么,忽而幻想他不了解她的痛苦,反而向母亲诉说她处境的苦恼,就在这当儿她走进屋子里,对他说些什么话。忽而她想,生活还是会幸福的,她是多么爱他,又多么恨他呀,还有,她的心跳得好厉害呀。

三十一

铃声响了。有几个年轻人匆匆走过。他们相貌难看,态度蛮横,却装出一副煞有介事的样子。彼得穿着制服和半统皮靴,他那张畜生般的脸现出呆笨的神情,也穿过候车室,来送她上车。她走过站台,旁边几个大声说笑的男人安静下来,其中一个低声议论着她,说着下流话。她登上火车高高的踏级,独自坐到车厢里套有肮脏白套子的软座上。手提包在弹簧座上晃了晃,不动了。彼得露出一脸傻笑,在车窗外掀了镶金线的制帽,向她告别。一个态度粗暴的列车员砰的一声关上车门,上了闩。一位穿特大撑裙的畸形女人(安娜想像着她不穿裙子的残废身子的模样,不禁毛骨悚然)和一个装出笑脸的女孩子,跑下车去。

"卡吉琳娜·安德列夫娜什么都有了,她什么都有了,姨妈!"那女孩子大声说。

"连这样的孩子都装腔作势,变得不自然了,"安娜想。为了避免看见人,她迅速地站起来,坐到面对空车厢的窗口旁边。一个肮脏难看、帽子下露出蓬乱头发的乡下人在窗外走过,俯下身去察看火车轮子。"这个难看的乡下人好面熟,"安娜想。她忽然记起那个恶梦,吓得浑身发抖,连忙向对面门口走去。列车员打开车门,放一对夫妇进来。

"您要出去吗,夫人?"

安娜没有回答。列车员和上来的夫妇没有发觉她面纱下惊惶的神色。她回到原来的角落坐下来。那对夫妇从对面偷偷地仔细打量她的衣着。安娜觉得这对夫妻都很讨厌。那个男的问她可不可以吸烟,显然不是真正为了要吸烟,而是找机会同她攀谈。他取得了她的许可,就同妻子说起法国话来,他谈的事显然比吸烟更乏味。他们装腔作势地谈着一些蠢话,存心要让她听见。安娜看得很清楚,他们彼此厌恶,彼此憎恨。是的,像这样一对丑恶的可怜虫不能不叫人嫌恶。

铃响第二遍了,紧接着传来搬运行李的声音、喧闹、叫喊和笑声。安娜明白谁也没有什么值得高兴的事,因此这笑声使她恶心,她真想堵住耳朵。最后,铃响第三遍,传来了汽笛声、机车放汽的尖叫声,挂钩链子猛地一牵动,做丈夫的慌忙画了个十字。"倒想问问他为什么要这样做,"安娜恶狠狠地盯了他一眼,想。她越过女人的头部从窗口望出去,看见站台上送行的人仿佛都在往后滑。安娜坐的那节车厢,遇到铁轨接合处有节奏地震动着,在站台、石墙、信号塔和其他车厢旁边开过;车轮在铁轨上越滚越平稳,越滚越流畅;车窗上映着灿烂的夕阳,窗帘被微风轻轻吹拂着。安娜忘记了同车的旅客,在列车的轻微晃动中吸着新鲜空气,又想起心事来。

"啊,我刚才想到哪儿了?对了,在生活中我想不出哪种处境没有痛苦,人人生下来都免不了吃苦受难,这一层大家都知道,可大家都千方百计哄骗自己。不过,一旦看清真相又怎么办?"

"天赋人类理智就是为了摆脱烦恼嘛,"那个女人装腔作势地用法语说,对这句话显然很得意。

这句话仿佛解答了安娜心头的问题。

"为了摆脱烦恼",安娜摹仿那个女人说。她瞟了一眼面孔红红的丈夫和身子消瘦的妻子,明白这个病恹恹的妻子自以为是个谜样的女人,丈夫对她不忠实,使她起了这种念头。安娜打量着他们,仿佛看穿了他们的关系和他们内心的全部秘密。不过这种事太无聊,她继续想她的心事。

"是的,我很烦恼,但天赋理智就是为了摆脱烦恼,因此一定要摆脱。既然再没有什么可看,既然什么都叫人讨厌,为什么不把蜡烛灭掉呢?可是怎么灭掉呢?列车员沿着栏杆跑去做什么?后面那节车厢里的青年为什么嚷嚷啊?他们为什么又说又笑哇?一切都是虚假,一切都是谎言,一切都是欺骗,一切都是罪恶!……"

火车进站了,安娜夹在一群旅客中间下车,又像躲避麻风病人一样躲开他们。她站在站台上,竭力思索她为什么到这里来,打算做什么。以前她认为很容易办的事,如今却觉得很难应付,尤其是处在这群不让她安宁的喧闹讨厌的人中间。一会儿,挑夫们奔过来抢着为她效劳;一会儿,几个年轻人在站台上把靴子后跟踩得咯咯直响,一面高声说话,一面回头向她张望;一会儿,对面过来的人笨拙地给她让路。她想起要是没有回信,准备再乘车往前走,她就拦住一个挑夫,向他打听有没有一个从渥伦斯基伯爵那里带信来的车夫。

"渥伦斯基伯爵吗?刚刚有人从他那里来。他们是接索罗金娜伯爵夫人和女儿来的。那个车夫长得怎么样?"

她正同挑夫说话的时候,那个脸色红润、喜气洋洋的车夫米哈伊尔,穿着一件腰部打折的漂亮外套,上面挂着一条表链,显然因为那么出色地完成使命而十分得意,走到她面前,交给她一封信。她拆开信,还没有看,她的心就揪紧了。

"真遗憾,我没有接到那封信。我十点钟回来,"渥伦斯基潦草地写道。

"哼!不出所料!"她带着恶意的微笑自言自语。

"好,你回家去吧,"她对米哈伊尔低声说。她说话的声音很低,因为剧烈的心跳使她喘不过气来。"不,我不再让你折磨我了,"她心里想,既不是威胁他,也不是威胁自己,而是威胁那个使她受罪的人。她沿着站台,经过车站向前走去。

站台上走着的两个侍女,回过头来打量她,评论她的服装,"真正是上等货,"——她们在说她身上的花边。几个年轻人不让她安宁。他们又盯住她的脸,怪声怪气地又笑又叫,在她旁边走过。站长走过来,问她乘车不乘车。一个卖汽水的男孩目不转睛地望着她。"天哪,我这是到哪里去呀?"她一面想,一面沿着站台越走越远。她在站台尽头站住了。几个女人和孩子来接一个戴眼镜的绅士,他们高声地有说有笑。当她在他们旁边走过时,他们住了口,回过头来打量她。她加快脚步,离开他们,走到站台边上。一辆货车开近了,站台被震得摇晃起来,她觉得她仿佛又在车上了。

她突然想起她同渥伦斯基初次相逢那天被火车辗死的人,她明白了她应该怎么办。她敏捷地从水塔那里沿着台阶走到铁轨边,在擦身而过的火车旁站住了。她察看着车厢的底部、螺旋推进器、链条和慢慢滚过来的第一节车厢的巨大铁轮,竭力用肉眼测出前后轮之间的中心点,估计中心对住她的时间。

"那里!"她自言自语,望望车厢的阴影,望望撒在枕木上的沙土和煤灰,"那里,倒在正中心,我要惩罚他,摆脱一切人,也摆脱我自己!"

她想倒在开到她身边的第一节车厢的中心。可是她从臂上取下红色手提包时耽搁了一下,来不及了,车厢中心过去了。只好等下一节车厢。一种仿佛投身到河里游泳的感觉攫住了她,她画了十字。这种画十字的习惯动作,在她心里唤起了一系列少女时代和童年时代的回忆,周围笼罩着的一片黑暗突然打破了,生命带着它种种灿烂欢乐的往事刹那间又呈现在她面前,但她的目光没有离开第二节车厢滚近拢来的车轮。就在前后车轮之间的中心对准她的一瞬间,她丢下红色手提包,头缩在肩膀里,两手着地扑到车厢下面,微微动了动,仿佛立刻想站起来,但又扑通一声跪了下去。就在这一刹那,她对自己的行动大吃一惊。"我这是在哪里?我这是在做什么?为了什么呀?"她想站起来,闪开身子,可是一个冷酷无情的庞然大物撞到她的脑袋上,从她背上辗过。"上帝呀,饶恕我的一切吧!"她说,觉得无力挣扎。一个矮小的乡下人嘴里嘟嚷着什么,在铁轨上干活。那支曾经用来照看阅读那本充满忧虑、欺诈、悲哀和罪恶之书的蜡烛,闪出空前未有的光辉,把原来笼罩在黑暗中的一切都给她照个透亮,接着烛光发出轻微的哗喇声,昏暗下去,终于永远熄灭了。

注释:①本文选自列夫·托尔斯泰的长篇小说《安娜·卡列尼娜》第三十章、三十一章,题目系选编者所加。这是一段描写安娜在自杀前的激烈思想活动,充满了"蒙太奇"式的意识流,把一个绝望者自杀前的心态作了细腻的描绘。②原文为英语。

吉檀迦利①(节选)

[印度]泰戈尔

41

在哪儿哟,我的爱人,您站在他们大家背后,隐藏在暗影之中? 他们推开您,在满是尘土的路上走过,把您视作尘芥。我在此地摆开我的礼品等您,等了多少难耐的时辰了呵,过路人一朵一朵地取走我的花,我的篮子快要空了。

上午过去了,中午过去了。在暮影中我的双眼已睡意矇眬。晚归的人们用眼角瞥着我笑,使我满怀羞惭。我坐着像一名丐女,拉起裙子来遮脸。他们问我要的是什么,我垂下双眼,不回答他们。

哦,真的,我怎能告诉他们说我等的是您,说您曾经答应过要来? 我怎么好意思说出:我留着一摊子贫困,是作为我的嫁妆? 啊,我紧紧抱着这一骄傲,在我隐秘的心底。

我坐在草地上仰望天空,梦想您来临时突然出现的壮丽景象——灯火通明,一片辉煌,您的车驾金旗飞扬,而他们站在路旁目瞪口呆地瞧着您从车座上下来,把我从尘埃中扶起,让我坐在您的身边——这个衣衫褴褛的丐女,因羞惭和骄傲而浑身颤抖,宛如夏日和风中的藤蔓。

但时间在继续悄悄流逝,而仍没有您车辇的辘辘轮声。许多喧嚣呼喝威仪赫赫的队伍走过去了。难道唯有您,要默默地留在暗影之中,站在他们背后吗?难道唯有我,要哭泣等待,在徒然的盼望中把我的心销蚀至尽吗?

69

就是日夜穿过我血管而奔涌的这同一股生命之流,也穿过世界而奔涌,

502

并有节奏有韵律地舞蹈着。

就是这同一个生命,穿透大地的尘土欢乐地萌发出无数草叶,并迸发成为叶和花的喧哗吵嚷的浪涛。

就是这同一个生命,在生与死的海洋摇篮中,在潮水涨落中轻摇入梦。

我感到,我的肢体因这生的世界的触摸而生辉增荣。我的骄傲啊,来自此刻在我血液中舞蹈着的无数世纪的生之搏动。

(飞　白　译)

注释:①《吉檀迦利》是泰戈尔诗歌经典之作,写于 1910—1912 年,"吉檀迦利"意谓"献给神灵的诗",共 103 首,反映了诗人泛神论的哲理思想,这里所选第 41 首、第 69 首即为其代表,前者以少女对爱人的期待比喻人神关系,后者表现了人神合一、梵我合一所蕴含的生命力。

第十五章　外国现代文学

　　外国现代文学是指第一次世界大战以来产生于欧美以及亚非等国家的文学。

　　欧美现代文学的分化　第一次世界大战之后,世界的政治局势产生了重大的变化。首先是 1917 年俄国十月革命的胜利打破了资本主义一统天下的局面;其次是美、英、法、德以及日本这些西方主要国家已明确地进入了"垄断的"资本主义即帝国主义阶段,第一次世界大战的爆发便是两个帝国主义集团之间争夺势力范围的产物。随之而来的第二次世界大战更使欧亚两洲的政局出现大的变革,社会主义国家骤然增加。二次大战结束前夕的 1945 年 2 月,美、英、苏三国首脑罗斯福、丘吉尔和斯大林在克里米亚的雅尔塔举行会议,商定战后世界政治格局问题,并签订了《雅尔塔协定》,构成了东西方对峙的"雅尔塔格局"。因此,20 世纪的文学与 19 世纪文学相比较,也随着政局的发展而发展、演变而演变。简言之:20 世纪的文学已从 19 世纪后期单一的批判现实主义文学发展成为传统的现实主义文学、无产阶级文学和现代主义文学三足鼎立的多层次、多方位的繁荣局面。

　　传统的西方现实主义文学　20 世纪传统的西方现实主义文学,是资本主义社会的高度发展与 19 世纪批判的传统文学手法相结合的产物,它以人道主义为思想武器,继续着力于对社会的丑恶现象的揭露和抨击。与 19 世纪文学手法相比较,更注重于描写和刻画人物的精神世界,同时也吸收各流派的艺术技巧,在情节表现和人物塑造上出现了更为丰富多彩的局面。传统文学的中心仍然在西欧和美国。代表作家有法国的阿纳托尔·法朗士（1844—1924）、马丁·杜·加尔（1881—1958）、弗朗索瓦·莫里亚克（1885—1970）、安德烈·马尔罗（1901—1976）；英国的罗德雅德·吉卜林（1865—1936）、戴维·赫伯特·劳伦斯（1885—1930）、萨姆塞特·毛姆（1874—1965）；德国的盖哈特·霍普特曼（1862—1946）、亨利希·曼（1871—1950）、托马斯·曼（1875—1955）等。其中马丁·杜·加尔、莫里亚克、吉卜林、霍普特曼、托马斯·曼都获得过诺贝尔文学奖。莫里亚克是20世纪法国成就最大的小说家，风格简练、擅长描写，大多以资产阶级家庭内部的变故为题材，注重于人物内心世界的刻画，著名的小说有《给麻风病人的吻》（1922）、《黛莱丝·台斯盖鲁》（1927）、《蝮蛇结》（1932）等。劳伦斯的小说以社会批判和心理探索而闻名世界，《儿子与情人》（1913）、《虹》（1915）、《恋爱中的妇女》（1920）、《恰特莱夫人的情人》（1928）都是这方面的杰作。托马斯·曼是20世纪德国最杰出的小说家，他的长篇小说《布登勃洛克一家》（1901）描绘了德国资产阶级的兴衰历史，《魔山》（1924）揭露了垄断资产阶级的腐朽性。

第二次世界大战后，西欧的传统文学出现了新的发展，以德国的亨利希·伯尔（1907—1988）为代表的"废墟文学派"，以英国的杰克·林赛（1900—？）为代表的"左翼文学"，都是在发扬传统的批判现实主义文学的基础上产生的进步文学。

这一时期美国文学的繁荣更是令人瞩目，绚丽多彩的美国现代文学是在继承和发扬了19世纪浪漫主义和现实主义光荣传统的基础上产生的。从1900年开始，以马克·吐温为代表的批判现实主义作家，直接培养出他们出色的继承者杰克·伦敦（1876—1916）和西奥多·德莱塞（1871—1945）。杰克·伦敦出身贫寒，文才出众，在短短的16年创作生涯中写了19部长中篇小说、150余篇短篇小说以及大量的报告文学、随笔和政论文。《马丁·伊登》

(1909)是杰克·伦敦艺术上最成熟的小说,带有半自传成分,通过自学成才的工人作家马丁·伊登的不幸命运,控诉了美国资产阶级社会对于青年人思想和灵魂的毒害。德莱塞的长篇小说《美国的悲剧》(1925)以一名美国青年沦为杀人犯的悲剧描写,揭露了美国社会的金钱至上主义对青年的毒害,指出这不仅是主人公克莱特·格里菲斯的个人悲剧,而且是"整个美国的悲剧"。

30 年代的美国文坛人才辈出,其中有第一位为美国赢得诺贝尔文学奖的辛克莱·刘易斯(1885—1951)、大器晚成的小说家舍伍德·安德森(1876—1941)、才华横溢的女作家维拉·凯瑟(1873—1947)、具有社会主义进步立场的"黑幕揭发运动"的代表作家厄普顿·辛克莱(1878—1968)等。值得一提的是,尤金·奥尼尔(1888—1953)的崛起使美国的戏剧创作进入了史无前例的"黄金时代",他以数十部传世之作使纽约"百老汇"戏剧名垂史册,他本人也成为继刘易斯之后第二位获得诺贝尔文学奖(1936)的美国作家。在诗歌创作上最有成就的是 1948 年诺贝尔文学奖获得者 T·S·艾略特(1888—1965)和另一位诗人依兹拉·庞德(1885—1975),他们虽然后期移居欧洲,但对美国诗坛的影响却经久不衰。

30 至 50 年代美国文学的发展更为迅速,以约翰·斯坦贝克(1902—1968)和霍华德·法斯特(1914—2003)为代表的左翼进步文学作家,继续创作以揭露美国社会矛盾为主题的小说。前者的《愤怒的葡萄》(1929)是美国 20 年代出版的优秀小说之一,并因此获得了 1962 年的诺贝尔文学奖。威廉·福克纳(1897—1962)和欧内斯特·海明威(1899—1961)以他们无与伦比的小说创作,把本世纪的美国文学推向世界文学的高峰,因而被誉为"美国 20 世纪天才小说家",并分别于 1949 年和 1954 年获得诺贝尔文学奖。在这一时期还应该一提的作家有与海明威同属"迷惘的一代"的小说家斯格特·菲茨杰拉德(1896—1940)、左翼小说家艾特·马尔兹(1908—1985)、小说家厄斯金·考德威尔(1902—1987)、1936 年诺贝尔文学奖得者帕尔·巴克(中文笔名赛珍珠,1892—1973)和以小说《飘》(1936)而成名的女作家玛革丽特·米切尔(1900—1949)等。

50年代以后的美国当代文学的代表是索尔·贝娄(1915—2005)和艾萨克·辛格(1904—1995)。前者出生于加拿大,成长于美国,作品以刻画美国犹太人的内心世界见长,著名的小说有《洪堡的礼物》(1975)等;后者中年自波兰迁居美国,作品以描绘欧洲传统的犹太人社会场景为主,著名的小说有《卢布林的魔术师》(1960)等。"心理现实主义"的小说家有约翰·契弗(1912—1982)、杜鲁门·卡波特(1924—1984)、约翰·厄普代克(1932—2008)、乔伊斯·奥茨(1938—　)等,其中奥茨以作品数量多而闻名,契弗和厄普代克的小说则以主题的深邃而受好评。奥茨的《奇境》(1971)、厄普代克的"兔子四部曲"(《兔子,跑吧》,1960;《兔子,回来》,1971;《兔子,富了》,1981;《兔子休息了》,1991)都是当代有世界性影响的小说。

欧洲无产阶级文学与苏联的"社会主义现实主义文学" 欧洲无产阶级文学的萌芽可以追溯到19世纪30年代,英国的"宪章派文学"是它的发端。尔后在70年代法国产生的"巴黎公社"文学作了进一步的发展,在恩格斯创建的"第二国际"时期涌现了像丹麦的尼克索(1869—1954)、德国的弗朗茨·梅林(1846—1919)和安娜·西格斯(1900—1992)、法国的亨利·巴比塞(1873—1935)和路易·阿拉贡(1897—1982)等著名的无产阶级作家。俄国十月革命的胜利使欧洲的无产阶级文学有了一个巩固的根据地,以高尔基为首的俄国无产阶级文学家在此后的数十年内发展和开拓了这一文学领域,形成了以"社会主义现实主义"为基本纲领的无产阶级的文学体系。这一文学体系在20世纪30年代达到高潮,出现了无产阶级文学和左翼资产阶级文学共同繁荣的"红色的三十年代"。

苏联文学是在十月革命的炮火中诞生的。在十月革命后的最初几年里,首先发挥无产阶级文学战斗作用的是诗歌创作,当时涌现了勃洛克(1880—1921)、叶赛宁(1895—1925)等有成就的诗人,在这中间最著名的是符拉基米·马雅可夫斯基(1893—1930)。马雅可夫斯基在革命前已是未来派的重要诗人,写了著名的长诗《穿裤子的云》(1914—1915),革命爆发时起义大军就是唱着他所写的歌曲"你吃着凤梨,你嚼着松鸡,你的末日到了,资产阶级!"去攻打冬宫。革命后,创作了《向左进行曲》(1918)、《革命颂》(1918)等战斗诗篇。20年代,马雅可夫斯基的不朽杰作是长诗《列宁》(1924)、《好!》(1927),前者是对苏联人民的伟大领袖列宁的赞颂,后者是对十月革命胜利10周年的伟大成就的庆贺。

这一时期优秀的小说作品是在内战结束后产生出来的,老作家绥拉菲摩维奇(1863—1949)的《铁流》(1924)、战士作家富尔曼诺夫(1891—1926)的《恰巴耶夫》(1923)和青年作家法捷耶夫(1901—1956)的《毁灭》(1927)构成了以歌颂和塑造内战中的共产党员的英勇形象为主题的"革命史诗三部曲"。第二类小说作品是以社会主义建设为题材的,著名的有革拉特珂夫(1883—1958)的《水泥》(1925)、卡达耶夫(1887—1986)的《时间呀,前进!》(1932)和列昂诺夫(1899—1994)的《索契河》(1930)。第三类小说作品是以整个俄国在20世纪初期的伟大变革为题材的大型系列长篇小说:阿·托尔斯泰(1882—1945)的《苦难的历程》三部曲(《两姐妹》,1922;《一九一八年》,1928;《阴暗的早晨》,1941),萧洛霍夫(1905—1984)的《静静的顿河》(1928—1940)和《被开垦的处女地》(第一部,1932)。这些小说都以全景式的笔调记录了俄罗斯命运的翻天覆地的变化,并塑造出具有典型意义的人物形象。

30年代最引人注目的小说作品是尼古拉·奥斯特洛夫斯基(1904—1936)的《钢铁是怎样炼成的》(1934),主人公保尔·柯察金成了共产主义战士的典范。此外,马卡连柯(1888—1939)的《教育诗》(1933—1935)和马雷什金(1892—1938)的《来自穷乡僻壤的人们》(1938)都是有影响的小说。包歌廷(1900—1962)的剧本《带枪的人》(1937)在舞台上再现了列宁的形象,与后来完成的《克里姆林宫的钟声》(1941)、《悲壮的颂歌》(1958)构成了"列宁三部曲"。

在1941年至1945年的卫国战争期间,许多优秀作品都是诗人和作家在战火中写出来的,其中有特瓦尔多夫斯基(1910—1971)的长诗《瓦西里·焦尔金》(1941—1945)、西蒙诺夫(1915—1980)的小说《日日夜夜》(1943—1944)、柯涅楚克(1905—1972)的剧本《前线》(1942)等。这些作品艺术地描绘了苏联人民和红军指战员在反侵略战争中的英勇业绩,对世界文学具有重大影响。战后的苏联文学,更多出现的是以工农业建设为题材的小说作品,著名的有巴甫连柯(1899—1951)的《幸福》(1947)、尼古拉耶娃(1911—1963)的《收获》(1950)等。这类作品大都塑造了过于完美的英雄人物。

1953年斯大林病故,苏联政局出现了重大变化,1954年全苏作协第二次代表大会召开和爱伦堡(1891—1967)发表小说《解冻》(第一部)(1954)被认为是文学上的转折,因而这一时期也被称为"解冻文学"。50年代中期,苏联文坛在批判"无冲突论"之后提出"积极干预生活"的口号,出现了揭露社会矛盾和以描写人的内心世界为主题的作品,著名的有尼古拉耶娃的《拖拉机站站长和总农艺师》(1954)、柯切托夫的《叶尔绍夫兄弟》(1958)和《州委书记》(1961)、萧洛霍夫的《一个人的遭遇》(1956)等小说。以尤里·邦达列夫(1924—)为首的"战壕真实派"先后发表了《最后的炮轰》(1959)、《一寸土》(1959)、《第三颗信号弹》(1962)、《这里的黎明静悄悄》(1969)等小说,真实地再现了卫国战争的情景,成为60年代出现的以恰科夫斯基(1913—1994)的长篇巨著《围困》(1968—1975)和西蒙诺夫的《生者与死者》三部曲(1959—1971)为代表的"全景小说"的先声。此外,在"尊重人"、"信任人"的口号下出现了道德题材的作品,突出的例子是帕斯契尔纳克(1890—1960)的长篇小说《日瓦戈医生》(1957)。后来又出现以道德探索为主题的小说,如特里丰诺夫(1925—1981)的《滨河街公寓》(1976)和拉斯普京

509

（1937——　）的《活着,但要记住》(1974)都显示了苏联文学在70年代的新倾向。

高尔基及其《母亲》　在苏联无产阶级文学发展过程中,最具影响的是杰出的革命作家高尔基。马克西姆·高尔基(1868—1936),原名阿列克塞·马克西姆维奇·彼什可夫,出身于俄国中部下诺夫哥罗德(今高尔基市)一个木匠家庭,幼年丧父,少年时代即自立谋生,当过码头工人、守门人等,1892年开始文学创作并从事革命活动,是1905年和1917年两次武装斗争的直接参加者,十月革命后长期担任苏联文学界的领导,直至病逝。

高尔基的创作大致可分为四个时期:(1)早期(1891—1900),主要作品有,短篇小说《马卡尔·楚德拉》(1892)、《伊则吉尔老婆子》(1895)和散文诗《鹰之歌》(1895);(2)1905年前后的革命时期(1900—1907),主要作品有长篇小说《福马·高尔杰耶夫》(1901)、《母亲》(1905),剧本《小市民》(1901)、《底层》(1902),散文诗《海燕》(1905);(3)两次革命之间时期(1907—1917),主要作品有中篇小说《夏天》(1907),故事集《意大利童话》(1911—1913),自传体长篇小说三部曲之一《童年》(1913)、之二《在人间》(1914);(4)十月革命以后时期(1917—1936),主要作品有自传体三部曲之三《我的大学》(1922)、长篇小说《阿尔达莫诺夫家的事业》(1925)、《克理姆·萨姆金的一生》(1925—1936)和回忆录《列宁》(1924—1930)。

小说《母亲》取材于1902年俄国工人运动高涨时期作者的家乡举行的"五一"示威游行,并以工人领袖扎洛莫夫和他的母亲为原型塑造了新一代革命者巴威尔与他的母亲尼洛芙娜从一个普通劳动妇女锻炼成为坚强的革命战士的光辉形象。《母亲》以深刻的主题和高度的艺术概括力及时地反映了20世纪初期俄国的革命斗争形势,为共产党员树立了典型,因此无论在政治上还是在文学上都具有重大意义,对十月革命前的俄国工人运动产生了巨大的推动力,正如列宁所评价的,这是一本"非常及时的书"。

现代主义文学 现代主义文学又称"现代派文学"、"先锋派文学"，是与传统的西方现实主义文学相对立的各种非现实主义文学流派的总称，它是 20 世纪资本主义经济的高度繁荣与西方社会人的精神与道德的蜕变与沦丧的矛盾产物，也是两次大战给西方社会造成的后果之一。现代主义文学最早可以追溯到 19 世纪 50 年代，当时在法国出现了诗人波特莱尔(1821—1867)为代表的象征主义诗派，在本世纪初又相继出现了以意大利为中心的未来主义、以法国为中心的超现实主义、以英国为中心的意识流文学，成为现代文学的不同流派表现。意大利的马利内蒂(1876—1944)；法国的艾吕雅(1895—1952)、英国的詹姆斯·乔依斯(1882—1941)是他们中间的代表人物。两次世界大战之间，以法国的让-保罗·萨特(1905—1980)为代表的存在主义文学、以奥地利的弗朗兹·卡夫卡(1883—1924)为代表的表现主义文学和以比利时的梅特林克(1862—1949)为代表的后期象征主义文学的兴起，使现代主义的发展达到了高潮。50 年代在法国崛起的"荒诞派戏剧"和此后出现的"新小说派"、在美国风行一时的"黑色幽默"和在拉丁美洲出现的以加西亚·马尔克斯(1928—　)为代表的"魔幻现实主义"都成为"后现代主义"的中坚力量。

"现代主义"文学是当代资本主义社会经济高度发达与精神沦丧的矛盾产物，这类作品一反传统的现实主义手法，企图以超现实的、荒诞的艺术技巧来表现人际关系中的冷漠、自私，个人的本能欲望以及反社会倾向。在这些作品中，人的命运成了捉摸不定的幻想，人是社会的局外人，周围的一切都是荒诞可笑的世界。撒缪尔·贝克特(1906—1989)的荒诞戏剧《等待戈多》(1952)、阿尔贝特·加缪(1913—1960)的小说《局外人》(1942)是其中的代表作品。

"现代主义"在 60 年代的高潮是产生于美国的"黑色幽默"。"黑色幽默"一词来源于 1965 年美国作家弗里德曼编选的当代美国作家小说选集的标题，意谓痛苦的、绝望的、荒诞的幽默。"黑色幽默"也并非一个文学流派,这些作家大抵由于对社会现实的不满和反感形成了他们的荒诞、讽喻的艺术特色,他们的反常的性格来源于社会的精神压抑和两次大战以来人类道德沦丧的消极影响。

一般把俄裔美籍作家弗拉基米尔·纳博科夫(1899—1977)看作"黑色幽默"的奠基作家,此后产生的"黑色幽默"小说家有库特·冯尼格特(1922—1981)、约瑟夫·海勒(1923—1998)、唐纳德·巴士尔姆(1931—)、托马斯·品钦(1937—)等人,其中冯尼格特的《第五号屠场》(1969)、海勒的《第二十二条军规》(1961)公认是"黑色幽默"的扛鼎之作。这两部作品都属于政治寓言小说,前者着重于揭露战争的荒谬和不人道,后者抨击了资本主义社会统治者的专横与残暴,"这里面只有一个圈套——它就是第二十二条军规",这便是作者对整个社会的概括。

现代印度文学 现代印度文学是在民族独立斗争的过程中发展起来的。30 年代是印度文学的又一次大的繁荣,它是在 20 年代民族解放运动高涨的基础上形成的,产生了萨拉特·昌德拉·查特吉(1876—1938)、普列姆昌德(1880—1936)等一批杰出的左翼民族作家。

普列姆昌德的第一部小说《神庙的奥秘》出版于 1902 年,1909年出版的短篇小说集《世界上的无价之宝》闻名于全国。他的最杰出的作品《戈丹》出版在他去世前不久。小说描绘了贫苦农民何利的悲惨命运,揭示了印度农村尖锐的阶级矛盾,批判了反动的教权统治势力,成为现代印度农村真实的艺术历史画卷。作为印地语的杰出作家,普列姆昌德继承了泰戈尔的现实主义传统,为整个印度文学的发展与繁荣作出了重大贡献。

1947 年印度独立后,随着社会的分化,文学创作也呈现出派别繁多、风格各异的局面,但占主导地位的仍是左翼的批判现实主义作家,其中最有影响的有乌尔都语小说家克里山·钱达尔(1914—1977)、孟加拉语小说家达拉辛格尔·班纳吉(1898—1971)。

前者被誉为"印度短篇小说之王",后者的长篇小说《医疗所》(1953)曾获得泰戈尔奖(1954)和德里文学院奖(1955)。

现代日本文学和川端康成 现代日本文学是伴随着两次世界大战和日本军阀发动的侵华战争而发展的。20年代出现的"新感觉派"一反传统创作手法,追求作品的新感觉,反映了年轻一代资产阶级作家的复杂情绪,代表人物是横光利一(1899—1947)和川端康成。此后出现的"日本浪漫派"等只是表示对社会的微弱反抗,影响不大。在两次大战之间的20余年中,在日本形成强大潮流并产生出许多优秀作家和作品的是无产阶级文学。

日本的无产阶级文学是在俄国十月革命影响下产生的,小牧近江(1894—1978)、叶山嘉树(1894—1945)是公认的奠基作家。小牧创建的《播种人》杂志对日本无产阶级文学的形成起到重大作用;叶山的小说《在海上生活的人们》(1926)是日本第一部无产阶级小说。1928年在日本共产党领导下成立了"全日本无产者艺术同盟"(简称"纳普"),在此后几年时间里,涌现了小林多喜二(1903—1933)、德永直(1899—1958)等一批杰出的无产阶级作家。

小林多喜二出身贫苦,早年步入社会即从事政治活动并开始创作,20年代发表了《杀人的狗》(1926)、《1928年3月15日》(1928)等优秀的中短篇小说。长篇小说《蟹工船》(1929)的出版使小林一跃成为日本无产阶级文学中的领袖人物,作品描写了渔业工人的悲惨生活和反抗意识,具有强烈时代意义。1933年2月20日,小林多喜二被捕并遭杀害。死后发表的中篇小说《为党生活的人》(1933)代表了小林多喜二创作的最高水平。作品真实地描绘了日本无产阶级革命者的崇高形象,写出了以佐佐木安治为代表的新一代革命家在尖锐复杂的斗争中不屈的战斗精神。

现代日本文学的主要代表是川端康成(1899—1972),他出身于日本大阪一个医生家庭,父母早亡,由祖父扶养成人,从中学时代起即醉心于文学创作,1924年毕业于帝国大学国文系,1926年以中篇小说《伊豆的舞女》成名,不久与横光利一共同创办《文艺时代》杂志,成为"新感觉派"的代表作家。30年代以及二次大战期间,川端埋头创作,受战争影响较少,1968年获诺贝尔文学奖。进入晚年后,川端康成在虚无主义的艺术桎梏中无力自拔,加上政治上的怀古保守思想在现实面前所遭到的苦闷,创作能力日渐枯竭,于1972年4月16日以煤气自杀。

川端一生的创作以小说为主,前期作品有《伊豆的舞女》(1926)、《浅草红团》(1929)、《水晶幻想》(1931)和《禽兽》(1933)等;中期以《雪国》(1935—1947)最为著名;后期作品甚多,《舞姬》(1950)、《千羽鹤》(1952)、《山音》(1954)、《古都》(1962)、《睡美人》(1961—1972)都是其中最有影响的小说。

战后的日本文坛以"近代文学派"为主,野间宏(1915—1991)、梅崎春生(1915—1965)、椎名鳞三(1911—1973)是其中的代表。志贺直哉(1883—1971)、井上靖(1907—1990)等老作家重登文坛,写出了现实主义的力作。以三岛由纪夫(1925—1970)为代表的颓废文学反映了日本社会精神和观念的沦丧。推理小说家松本清张(1909—1992)、森村诚一(1933—)的作品着重揭露了社会的内幕,具有一定的积极意义。

现代非洲文学　由于非洲大陆长期受到西方帝国主义的侵略和奴役,古老的文明传统遭到了严重摧残,随着20世纪民族解放运动的兴起,非洲文学也出现了兴旺发达的局面。

撒哈拉沙漠以北的北非洲在传统上是与西亚的阿拉伯国家联系在一起的,现代埃及文学在20世纪初期"旅美派"作家的影响下产生了著名的"埃及现代主义派",在诗歌创作中涌现了艾哈迈德·邵基(1868—1932)、哈菲德·易卜拉欣(1871—1932)等著名诗人,在小说创作上涌现了塔哈·侯赛因(1889—1973)、迈哈姆德·台木尔(1894—1973)等著名作家,成为埃及文学的复兴时期,塔哈·侯赛因被称为"阿拉伯文学泰斗",以自传体三部曲《日子》

(1929—1962)而闻名。小说描写了他从一个盲童成长为学者的过程,勾画出 20 世纪前半期埃及社会的面貌。

二次大战后,埃及在民族独立和政治革命的影响下,文学上有了较大的发展,产生了以纳吉布·迈哈福兹(1911—2007)为代表的现实主义作家群体,创作出《宫间街》三部曲(1956—1957)等具有深刻社会现实意义的长篇小说,形成了北非文学的新高潮,迈哈福兹也因此于 1988 年获得诺贝尔文学奖。

撒哈拉沙漠以南属黑非洲,现代黑非洲的主要文学形式是诗歌,同时,小说和戏剧也有一定发展。塞内加尔的诗人列奥彼德·塞达·桑戈尔(1906—1993)是其中的杰出代表。他所倡导"黑人性运动"为非洲文化传统的繁荣作出了重大贡献。塞内加尔的小说家桑贝尔·乌斯曼(1923—)是当代黑非洲文学的著名小说家,《祖国,我可爱的人民!》(1957)显示了作者强烈的爱国主义精神和卓越的现实主义艺术才华。60 年代后,随着民族解放独立运动的不断掀起,黑非洲文学迅速崛起,涌现出尼日利亚的沃雷·索因卡(1935—)、南非的内丁·戈迪默(1923—)等优秀作家和诗人,他们以反殖民主义和非洲民族解放为主题的作品,成为当代非洲文学的精华,分别于 1986 年和 1991 年获得诺贝尔文学奖。

思 考 题

一、无产阶级文学是怎样产生的? 它的基本特点是什么?

二、以小说《局外人》为例,浅析西方现代主义文学的艺术风格。

三、谈谈你对 20 世纪世界文学的总体印象。

乡 村 医 生 ^①

［奥地利］卡夫卡

　　我感到非常窘迫；我必须赶紧上路去看急诊；一个患重病的人在十英里外的村子里等我；可是从我这儿到他那里是广阔的原野，现在正狂风呼啸，大雪纷飞；我有一辆双轮马车，大轮子，很轻便，非常适合在我们乡村道路上行驶；我穿上皮大衣，手里拿着放医疗用具的提包，站在院子里准备上路；但是找不到马，根本没有马。我自己的马就在头天晚上，在这冰雪的冬天里因劳累过度而死了；我的女用人现在正在村子里到处奔忙，想借一匹马来，但是我知道，这是不会有什么结果的，我白白地站着，雪愈下愈厚，愈等愈走不了了。那姑娘在门口出现了，只有她一个人，摇晃着灯笼；当然，谁会在现在这样的时刻把马借给你走这一程路呢？我又在院子里走来走去，可是想不出一点办法；我感到很伤脑筋，心不在焉地向多年来一直不用的猪圈破门踢了一脚。门开了，门板在门铰链上摆来摆去发出拍击声。一股热气和马身上的气味从里面冒出来。一盏昏暗的厩灯吊在里面的一根绳子上晃动着。有个人在这样低矮的用木板拦成的地方蹲着，露出一张睁着蓝眼睛的脸。"要我套马吗？"他问道，匍匐着爬了出来。我不知道说什么好，只是弯下腰来看看猪圈里还有什么。女用人站在我的身边。她说："人往往不知道自己家里还会有些什么东西。"我们两人都笑了。

　　"喂，老兄，喂，姑娘！"马夫叫着，于是两匹强壮的膘肥的大马，它们的腿紧缩在身体下面，长得很好的头像骆驼一样低垂着，只是靠着躯干运动的力量，才从那个和它们身体差不多大小的门洞里一匹跟着一匹挤出来。它们马上都站直了，原来它们的腿很长，身上因出汗而冒着热气。"去帮帮他忙"。我说，于是那听话的姑娘就赶紧跑过去，把套车用的马具递给马夫。可是她一走近他，那马夫就抱住她，把脸贴向她的脸。她尖叫一声，逃回到我这里来,脸颊上红红地印着两排牙齿印。"你这个畜生,"我愤怒地喊道:"你是不是想挨鞭子?"但是我马上就想到,这是个陌生人;我不知道他是从哪儿来的,而当大家都拒绝我的要求时,他却自动前来帮助我摆脱困境。他好像知道我在想什么,所以对我的威胁没有生气,只顾忙着套马;最后才把身子转向我。"上车吧,"他说。的确:一切都已准备好了。我注意到这确实是一对好马,我还从来没有用过这样的好马拉过车呢,我就高高兴兴地上了车。"不过我得自己来赶车,因为你不认识路,"我说。"当然啰,"他说:"我不跟你去,我要留在罗莎这里。""不,"罗莎叫喊起来,并跑进屋里,预感到自己将遇到无可逃避的厄运;我听见她拴上门链发出的叮当声;我听见钥匙在锁孔里转动的声音;我还可以看到她先关掉过道里的灯,然后穿好几个房间把所有的灯都关掉,别人就找不到她了。"你同我一道走,"我对马夫说:"否则我就不去了,即使是急诊也罢。我不想为这事把姑娘交给你作为代价。""驾!"他吆喝道,同时拍了拍手,马车便像在潮水里的木头一样向前急驰。我听到马夫冲进我屋子时把房屋的门打开发出的爆裂声;接着卷来一阵狂风暴雪侵入我所有的感官,使我什么也听不见什么也看不到。但这只是一瞬间的工夫,因为我已经到了目的地,好像病人家的院子就在我家的院门外似的。两匹马安静地站住了。风雪已经停止,月光洒在大地上,病人的父母匆匆忙忙地从屋里出来,后面跟着病人的姐姐。我几乎是被他们从车子里抬出来的,他们七嘴八舌地嚷嚷着,我一句也听不清楚。病人房间里的空气简直无法呼吸,炉子没人管可是冒着烟。我想打开窗子,但是我首先得看看病人。这年轻的病人长得很瘦,不发烧,不冷,也不热,有一双失神的眼睛,身上没有穿衬衫,他从鸭绒被下坐起来,搂住我的脖子,对着我的耳朵轻声说,"医生,让我死吧。"我向四周看了一眼,没有人听到这句话,病人的父母正弯身向前默默地站着,静候我的诊断。姐姐搬来一张椅子让我放手提包。我打开提包,寻找医疗用具;孩子还是从床上向我摸过来,要我记住他的请求。我取出一把小镊子,在烛光下检查了一下又把它放回去。"是的。"我有些亵渎神明地想:"上帝在这种情况下真肯帮忙,送来了失去的马,由于事情紧急还多送了一匹,甚至还过了分多送了一个马夫——。"这时我才又想起了罗莎,我该怎么办,我怎样才能救她,离她有十英里之外,而且套的两匹马难以驾驭,在这种情况下,我怎样才能把她从马夫身下拉出来呢? 现在,这两匹马不知用什么方法松开了缰绳,我也不道它们怎样从外面把窗户顶开的。每一匹马都从一扇窗户探进头来注视着病人,对于这家人的叫喊毫不在乎。"我最好马上就回去,"我想,好像那两匹马在要求我回去似的,但我还是容许病人的姐姐替我脱下皮大衣,她还以为我热得有些晕眩了。老人给我斟来一杯罗木酒,拍拍我的肩膀,他拿出心爱的东西来待客表明对我的亲切信赖。我摇了摇头,老人狭隘的思想,使我很不舒服;正是由于这个原因我谢绝喝酒。母亲站在床边招呼我过去,我顺从了。而当一匹马向天花板高声嘶叫的时候,我把头贴在孩子的胸口,他在我的潮湿的胡子下面颤栗起来。这就证实了我的看法:这孩子是健康的,只是血液循环方面有些小毛病,这是因为她母亲宠爱过分给他多喝了咖啡的缘故,但确实是健康的,最好还是把他赶下床来。我并不是个社会改革家,所以只好由他躺着。我是这个地区雇佣的医生,非常忠于职守,甚至有些过了分。我的收入很少,但我非常慷慨,对穷人乐善好施。可是我还得养活罗莎,所以这男孩想死是对的,因为我自己也想死。在这漫长的冬日里,我在这儿干些什么啊?我的马已经死了,村子里没有一个人肯借马给我。我只得从猪圈里拉出马来套车;要不是猪圈里意外地有两匹马,我只好用猪来拉车了。事情就是这样。于是我向这家人点点头。他们一点也不知道这些事,即使他们知道了,他们也是不会相信的。开张药方是件容易的事,但是人与人之间要互相了解却是件难事。好了,我的出诊也就到此结束,我又一次白跑了一趟,反正我已经习惯了。这一地区的人老是晚上来按我的门铃,使我深受折磨,但是这一次还得牺牲个罗莎,这个漂亮的姑娘多年来一直和我生活在一起,我几乎没有怎么管她——这个牺牲未免太大了。于是我必须在头脑里仔细捉摸一下,以克制自己不致对这家人训斥起来,他们无论如何也不可能把罗莎还给我了。但是当我关上提包,伸手去取皮大衣时,全家人都站在一起,父亲嗅着手里的那杯甜酒,母亲可能对我感到失望——是啊,人们还要期待些什么呢?——她含着泪咬着嘴唇,姐姐摇晃着一条满是血污的毛巾,于是我打定主意作好准备,在某种情况下承认这孩子也许是真的病了。我向他走去,他朝我微笑着,好像我给他端去最滋补的汤菜似的——啊,现在两匹马同时嘶叫起来,这叫声一定是上帝特地安排来帮助我检查病人的——此时我发现:这孩子确实有病。在他身体的右侧靠近胯骨的地方,有个手掌那么大的溃烂伤口。玫瑰红色,但各处深浅不一,中间底下颜色最深,四周边上颜色较浅,呈微小的颗粒状,伤口里不时出现凝结的血块,好像是矿山上的露天矿。这是从远处看上。如果近看的话,情况就更加严重。谁看了这种情形会不惊讶地发出唏嘘之声呢？和我的小手指一样粗一样长的蛆虫,它们自己的身子是玫瑰红色,同时又沾上了血污,正用它们白色的小头和许多小脚从伤口深处蠕动着爬向亮处。可怜的孩子,你是无可救药的了。我已经找出了你致命的伤口,你身上的这朵鲜花②正在使你毁灭。全家人都很高兴,他们看我忙来忙去,姐姐把这个情况告诉母亲,母亲告诉父亲,父亲告诉一些客人,他们刚从月光下走进洞开的门,踮起脚、张开两臂以保持身体的平衡。"你要救我吗?"这孩子抽噎着轻轻地说,他因为被伤口中蠕动的生命而弄得目眩眼花。住在这个地区的人都是这样,总是向医生要求不可能做到的事情。他们已经失去了旧有的信仰,牧师坐在家里一件一件地拆掉自己的法衣,可是医生却被认为是什么都能的,只要一动手术就会妙手回春。好吧,随他的便吧:我不是自动要去替他们看病的,如果他们要用我充作圣职,那我也只好这样。我是个上了年纪的乡村医生,我的女佣人都给人家夺去了,我还能希冀什么好事情呢! 于是这家人和村子里的长者一同来了,他们脱掉我的衣服;老师领着一个学生合唱队站在房子的前面,用极简单的曲调唱着这样的歌词:

> 脱掉他的衣服,他就能治愈我们,
>
> 如果他医治不好,就把他处死!
>
> 他仅仅是个医生,他仅仅是个医生。

然后我的衣服被脱光了,我的手指捋着胡子,我把头侧向一边,静静地看着这些人。我镇定自若,胜过所有的人,尽管他们现在抱住我的头,拖住我的脚,把我按倒在床上,我仍然是这样。他们把我放在朝墙的一面,靠近孩子的伤口。然后他们从小房间里走出去;门也关上了;歌声也停止了;云层遮住了月亮;被褥使我的周身感到暖和;忽隐忽现的马头在洞开的窗户前晃动。"你知道,"我听到有人在我耳边说:"我对你很少信任。你不过是从那儿被抛弃掉的,根本不是用自己的脚走来的。你不但没有帮助我,还缩小我死亡时睡床的面积。我恨不得把你的眼睛挖出来。""你说得对,"我说:"这的确是一种耻辱。但我是个医生。那我怎么办呢? 相信我,我作为一个医生,要做什么事情也并不是很容易的。""你以为这几句道歉的话就会使我满足吗? 哎,我也只能这样,我对一切都很满足。我带着一个美丽的伤口来到世界上;这是我的全部陪嫁。""年轻的朋友,"我说:"你的错误在于:你对全面的情况不了解。我曾经去过远远近近的许多病房,可以告诉你:你的伤口还不算严重。只是被斧子砍了两下,有了这么一个很深的口子。许多人都自愿把半个身子呈献出来,而几乎听不到树林中斧子的声音,更不用说斧子靠近他们了。""这是真的吗,或者是你趁我发烧伤时候来哄骗我?""确实是这样,你安心地带着一个公家医生以荣誉担保的话去吧。"于是他相信了,他静静地安息了。可是现在我得考虑如何来救我自己了。两匹马还忠实地站在原处。我很快地把衣服、皮大衣和提包收集在一起;我不愿意把时间花费在穿衣服上;如果两匹马能像来时一样快速,那么简直就可以说我从这张床一跳就跳回到自己的床上。一匹马驯顺地从窗口退回去了;我把收拾好的那包东西扔进马车;皮大衣飞得太远了,只有二只袖子牢牢地挂在一只钩子上。这就很好了。我自己也跃上马去;缰绳松松地拖曳着,这匹马同另一匹马几乎没有套在一起,双轮马车晃里晃荡地随在后面,皮大衣拖在最后面,就这样行驶在雪地上。"驾!"我喊道,可是马没有奔驰起来;我们像老年人似的慢慢地拖过荒漠的雪地;在我们后面长久地响着孩子们唱的一首新编的、但是错误的歌曲:

高兴吧,病人们,

医生正陪着你们躺在床上!

这样下去我可永远回不到家,我的兴旺发达的医疗业务也完了,一个后继者正在抢我的生意,但是没有用,因为他不能替代我。在我的房子里那讨厌的马夫正在胡作非为,罗莎是他的牺牲品,我不愿意再想下去了。在这最不幸时代的严寒里,我这个上了年纪的老人赤裸着身体,坐着尘世间的车子,驾着非人间的马,到处流浪。我的皮大衣挂在马车的后面,可是我够不着它,我那些手脚灵活的病人都不肯助我一臂之力。受骗了! 受骗了! 只要有一次听信深夜急诊的骗人的铃声——这就永远无法挽回。

(孙坤荣 译)

注释:①《乡村医生》是卡夫卡的名篇。小说描写一个乡村医生在风雪之夜出诊,为一个小男孩看病后在严寒中流浪,无法回家的故事。作品通过怪诞的情节、不完整的结构、漫画式的场面、片断的感觉和含混的背景,把现实与非现实、合理与荒诞结合起来,造成一种神秘的气氛,展示出一个梦魇的世界,富有象征意义地表现了人自我存在的苦痛感和原罪感,揭示了社会的荒诞性和非理性。②原文 Bume 为花朵,卡夫卡在这里把鲜红的伤口比作鲜红的花朵,具有一种象征意义。

印第安人营地[①]

[美国]海明威

又一条划船拉上了湖岸。两个印第安人站在湖边等待着。

尼克和他的父亲跨进了船艄,两个印第安人把船推下水去,其中一个跳上船去划桨。乔治大叔坐在营船的尾部。那年轻的一个把营船推下了水,随即跳进去给乔治大叔划船。

两条船在黑暗中划出去。在浓雾里,尼克听到远远地在前面传来另一条船的桨架的声响。两个印第安人一桨接一桨,不停地划着,掀起了一阵阵水波。尼克躺倒下去,偎在父亲的胳膊里。湖面上很冷。给他们划船的那个印第安人使出了大劲,但是另一条船在雾里始终划在前面,而且越来越赶到前面去了。

"上哪儿去呀,爸爸?"尼克问道。

"上那边印第安人营地去。有一位印第安妇女病势很重。"

"噢,"尼克应道。

划到海湾的对岸,他们发现那另一条船已靠岸了。乔治大叔正在黑暗中抽雪茄烟。那年轻的印第安人把船推上了沙滩,乔治大叔给两个印第安人每人一支雪茄烟。

他们从沙滩走上去,穿过一片露水浸湿的草坪,跟着那个年轻的印第安人走,他手里拿一盏提灯。接着他们进入了林子,沿着一条羊肠小道走去,小道的尽头就是一条伐木的大路。这条路向小山那边折去,到了这里就明亮得多,因为两旁的树木都砍掉了。年轻的印第安人立停了,吹灭了提灯,他们一起沿着伐木大路往前走去。

他们绕过了一道弯,有一只狗汪汪地叫着,奔出来。前面,从剥树皮的印第安人住的棚屋里,有灯光透出来,又有几只狗向他们扑过来了。两个印第安人把这几只狗都打发回棚屋去。最靠近路边的棚屋有灯光从窗口透射出来。一个老婆子提着灯站在门口。

屋里,木板床上躺着一个年轻的印第安妇女。她正在生孩子已经两天了,孩子还生不下来。营里的老年妇女都来帮助她、照应她。男人们跑到了

521

路上,直跑到再听不见她叫喊的地方,在黑暗中坐下来抽烟。尼克,还有两个印第安人,跟着他爸爸和乔治大叔走进棚屋时,她正好又尖声直叫起来。她躺在双层床的下铺,盖着被子,肚子鼓得高高的。她的头侧向一边。上铺躺着她的丈夫。三天以前,他把自己的腿给砍伤了,是斧头砍的,伤势很不轻。他正在抽板烟,屋子里一股烟味。

尼克的父亲叫人放些水在炉子上烧,在烧水时,他就跟尼克说话。

"这位太太快生孩子了,尼克,"他说。

"我知道,"尼克说。

"你并不知道,"父亲说。"听我说吧。她现在正在忍受的叫阵痛。婴孩要生下来,她要把婴孩生下来。她全身肌肉都在用劲要把婴孩生下来。方才她大声直叫就是这么回事。"

"我明白了,"尼克说道。

正在这时候,产妇又叫了起来,"噢,爸爸,你不能给她吃点什么,好让她不这么直叫吗?"尼克问道。

"不行,我没有带麻药,"他的父亲说道。"不过让她去叫吧,没关系。我听不见。反正她叫不叫没关系。"

那做丈夫的在上铺翻个身面向着墙壁。

厨房间里那个妇女向大夫做了个手势,表示水热了。尼克的父亲走进厨房,把大壶里的水倒了一半光景在盆里。然后他解开手帕,拿出一点药来放在壶里剩下的水里。

"这半壶水要烧开,"他说着,就用营里带来的肥皂在一盆热水里把手擦了一番。尼克望着父亲的满是肥皂的双手互相擦了又擦。他父亲一面小心地把双手洗得干干净净,一面说道:

"你瞧,尼克,按理说,小孩出生时头先出来,但有时却并不这样。不是头先出来。那就要给大家添不少麻烦。说不定我要给这位女士动手术呢。等会儿就可以知道了。"

大夫认为自己的一双手已经洗干净了,于是他进去准备接生了。

"把被子掀开好吗,乔治?"他说。"我最好不碰它。"

过一会儿,他要动手术了。乔治大叔和三个印第安男人按住了产妇,不让她动。她咬了乔治大叔的手臂,乔治大叔说:"该死的臭婆娘!"那个给乔治大叔划船的年轻的印第安人听了就笑他。尼克给他父亲端着盆,手术做了好长一段时间。

他父亲拎起了孩子,拍拍他,让他透过气来,然后把他递给了那个老妇人。

"瞧,是个男孩,尼克,"他说道。"做个实习大夫,你觉得怎么样?"

尼克说,"还行。"他把头转过去,不敢看他父亲在干什么。

"好吧,这就可以啦,"他父亲说着,把什么东西放进了盆里。

尼克看也不去看一下。

"现在,"他父亲说,"要缝上几针,看不看随便你,尼克。我要把切开的口子链起来。"

尼克没有看。他的好奇心早就没有了。

他父亲做完手术,站起身来。乔治大叔和那三个印第安男人也站立起来。尼克把盆端到厨房去。

乔治大叔看看自己的手臂。那个年轻的印第安人想起什么,笑了起来。

"我要在你那伤口上放些过氧化物,乔治。"大夫说。

他弯下腰去看看印第安产妇,这会儿她安静下来了,她眼睛紧闭,脸色灰白。孩子怎么样,她不知道——她什么都不知道。

"一清早我就回去,"大夫站起身来说。"到中午时分会有护士从圣依格那斯来,我们需要些什么东西她都会带来。"

这当儿,他的劲头来了,喜欢说话了,就像一场比赛后足球运动员在更衣室里的那股得意劲儿。

"这个手术真可以上医药杂志了,乔治,"他说,"用一把大折刀做剖腹产手术,再用九英尺长的细肠线缝起来。"

乔治大叔靠墙站着,看着自己的手臂。

"噢,你是了不起的人物,没错的。"他说道。

"该去看看那个洋洋得意的爸爸爸。在这些小事情上做爸爸的往往最痛苦,"大夫说,"我得说,他倒是真能沉得住气。"

他把蒙着那个印第安人的头的毯子揭开来。他这么往上一揭,手湿漉漉的。他踏着下铺的床边,一只手提着灯,往上铺一看,只见那印第安人脸朝墙躺着。他的脖子贴两个耳根割开了一道大口子。鲜血直冒,使躺在床铺上的尸体全汪在血泊里。他的头枕在左臂上。一把剃刀打开着,锋口朝上,掉在毯子上。

"快把尼克带出棚屋去,乔治,"大夫说。

其实用不到多此一举了。尼克正好在厨房门口,把上铺看得清清楚楚,那时他父亲正一手提着灯,一手把那个印第安人的脑袋轻轻推过去。

父子两个沿着伐木道走回湖边的时候,天刚刚有点亮。

"这次我真不该带你来,尼克,"父亲说,他做了手术后的那种得意的劲儿全没了。"真是糟透了——拖你来从头看到底。"

"女人生孩子都得受这么大罪吗?"尼克问道。

"不,这是很少、很少见的例外。"

"他干吗要自杀呀,爸爸?"

"我说不出,尼克。他这人受不了一点什么的,我猜想。"

"自杀的男人有很多吗,爸爸?"

"不太多,尼克。"

"女人呢,多不多?"

"难得有。"

"有没有呢?"

"噢,有的。有时候也有。"

"爸爸?"

"是呀。"

"乔治大叔上哪儿去呀?"

"他会来的,没关系。"

"死,难不难? 爸爸?"

"不,我想死是很容易的吧。尼克。要看情况。"

他们上了船,坐了下来,尼克在船艄,他父亲划桨。太阳正从山那边升起来。一条鲈鱼跳出水面,在水面上弄出一个水圈。尼克把手伸进水里,让手跟船一起在水里滑过去。清早,真是冷飕飕的,水里倒是很温暖。

清早,在湖面上,尼克坐在船艄,他父亲划着船,他满有把握地相信他永远不会死。

(玉 澄 译)

注释:①海明威的短篇小说主要创作于 20 世纪的 20—30 年代。在这些作品中,充满了暴力、鲜血和死亡的意象。这些意象既给海明威的世界投下了一个不祥的阴影,也构成了他的死亡意识和蔑视死亡的"硬汉子精神"。《印第安人营地》就是这种精神的突出表现。迎接死亡的勇敢,面对死亡的冷静以及简洁含蓄的语言等将海明威的创作风格体现得淋漓尽致。

局 外 人（节选）①

[法国]加　缪

四

即便是坐在被告席上,听见大家谈论自己也总是很有意思的。在检察官和我的律师进行辩论的时候,我可以说,大家对我的谈论是很多的,也许谈我比谈我的罪行还要多。不过,这些辩护词果真有那么大的区别吗? 律师举起胳膊,说我有罪,但有可以宽恕的地方。检察官伸出双手,宣告我的罪行,没有可以宽恕的地方。但是,有一件事使我模模糊糊地感到尴尬。尽管我心里不安,但有时我很想参加进去说几句,但这时我的律师就对我说:"别说话,这对您更有利。"可以这么说,他们好像在处理这宗案子时把我撇在一边。一切都在没有我的干预下进行着。我的命运被决定,而根本不征求我的意见。我不时地真想打断他们,对他们说:"可说来说去,究竟谁是被告? 被告也是很重要的。我也有话要说呀。"但是三思之后,我也没有什么好说的。再说,我应该承认,一个人对别人所感到的兴趣持续的时间并不长。例如,检察官的控诉很快就使我厌烦了。只有那些和全局无关的片言只语,几个手势,或连珠般说出来的大段议论,还使我感到惊奇或引起我的兴趣。

如果我没有理解错的话,他的思想实质是我杀人是有预谋的。至少,他试图证明这一点。正如他自己所说:"先生们,我将提出证据,我将提出双重的证据。首先是光天化日之下的犯罪事实,然后是这个罪恶灵魂的心理向我提供的晦暗的启示。"他概述了妈妈死后的一系列事实。他提出我的冷漠,不知道妈妈的岁数,第二天跟一个女人去游泳,看电影,还是费南代尔的片子,最后同玛丽一起回去。那个时候,我是花了很长时间才明白他的话的,因为他说什么"他的情妇"。而对我来说,情妇原来就是玛丽。接着,他又谈到了莱蒙的事情。我发现他观察事物的方式倒不乏其清晰正确。他说的话还是可以接受的。我和莱蒙合谋把他的情妇引出来,然后让这个"道德可疑"的人去羞辱她。我在海滩上向莱蒙的仇人进行挑衅。莱蒙受了伤。我向他要来了手枪。我为了使用武器又一个人回去。我预谋打死阿拉伯人。我又等了一会儿。"为了保证事情干得彻底",我又沉着地、稳妥地、在某种程度上是经过深思熟虑地开了四枪。

"事情就是这样,先生们,"检察官说,"我把这一系列事情的线索给你们勾画出来,说明这个人如何在神志完全清醒的情况下杀了人。我强调这一点。因为这不是一宗普通的杀人案,不是一个未经思考的,你们可能认为可以用当时的情况加以减轻的行动。这个人,先生们,这个人是很聪明的。你们都听过他说话,不是吗?他知道如何回答问题。他熟悉用词的分量。人们不能说他行动时不知道自己干的是什么。"

我听着,我听见他们认为我聪明。但我不太明白,平常人身上的优点到了罪犯的身上,怎么就能变成沉重的罪名。至少,这使我感到惊讶,我不再听检察官说话了,直到我又听见他说:"难道他曾表示过悔恨么,从来没有,先生们。在整个预审的过程中,这个人从来没有一次对他这个卑劣的罪行表示过激动。"这时,他朝我转过身来,用指头指着我,继续对我横加责难,但事实上,我并不知道这是为什么。当然,我也不能不承认他说得有道理。对我的行动我并不怎么悔恨。但是他这样激烈却使我吃惊。我真想亲切地、甚至友爱地试着向他解释清楚,我从来不会对某件事真正感到愧恨。我总是为将要发生的事,为今天或明天操心。但是,当然啰,在我目前所处的境况中,我是不能以这种口吻向任何人说话的。我没有权利对人表示亲热,也没有权利有善良的愿望。我试图再听听,因为检察官说起我的灵魂来了。

他说,陪审员先生们,他曾仔细探索过我的灵魂,结果一无所获。他说实际上我根本就没有灵魂,对于人性,对于人们心中的道德原则,我都是一窍不通。他补充道:"当然,我们也不能责怪他。他不能得到的,我们也不能怪他没有。但是说到法院,宽容所具有的全然反面的作用应该转化为正义所具有的作用,这不那么容易,但是更为高尚,特别是当这个人的心已经空虚到人们所看到的这种程度,正在变成连整个社会也可能陷进去的深渊的时候。"这时,他又说到我对待妈妈的态度。他重复了他在辩论中说过的话。但是他的话要比谈到我的杀人罪时多得多,多到最后我只感到早晨的炎热了。最后,他停下了,沉默了一会儿,又用低沉的、坚信不疑的声音说道:"先生们,这个法庭明天将要审判一宗滔天罪行:杀死亲生父亲。"据他说,这种残忍的谋杀使人无法想像。他斗胆希望人类的正义要坚决予以惩罚而不能手软。但是,他敢说,这一罪行在他身上引起的憎恶比起我的冷漠使他感到的憎恶来,几乎是相形见绌。他认为,一个在精神上杀死母亲的人,和一个杀死父亲的人,都是以同样的罪名自绝于人类社会。在任何一种情况下,前者都是为后者的行动作准备,以某种方式预示了这种行动,并且使之合法化。他提高了声音说:"先生们,我坚信,如果我说坐在这张凳子上的人也犯了这个法庭明天将要审判的那种谋杀罪,你们不会认为我这个想法过于大胆。因此,他要受到相应的惩罚。"说到这里,检察官擦了擦因出汗而发亮的脸。最后,他说他的职责是痛苦的,但是他要坚决地完成它。他说我与一个我连最基本的法则都不承认的社会毫无干系,我不能对人类的心有什么指望,因为我对其基本的反应根本不知道。他说:"我向你们要这个人的脑袋,而在我这样请求时,我的心情是轻松的。像我这操之已久的生涯中,如果我有时请求处人以极刑的话,我却从未像今天这样感到我这艰巨的职责得到了补偿、平衡和启发,因为我已意识到某种神圣的、不可抗拒的命令,因为我在这张除残忍之外一无所见的人的脸上感到了憎恶。"

检察官坐下了,在相当长的一段时间里,大厅里一片寂静。我呢,我已经由于炎热和惊讶而昏头昏脑了。庭长咳嗽了几声,用很低的声音问我还有什么话要说。我站了起来。由于我很想说话,我就有点儿没头没脑地说我没有打死那个阿拉伯人的意图。庭长说这是肯定的,到现在为止,他还摸不清我的辩护方式,他说他很高兴在我的律师发言之前先让我说清楚我的行为的动机。我说得很快,有点儿语无伦次,我意识到了我很可笑,我说是因为太阳。大厅里有人笑了起来。我的律师耸了耸肩膀,马上,他们就让他发言了。但是他说时间不早了,他需要好几个钟头,他要改在下午。法庭同意了。

下午,巨大的电扇依旧搅动着大厅里沉浊的空气,陪审员们手里五颜六色的小扇子都朝着一个方向摇动。我觉得我的律师的辩护词大概说不完了。有一阵,我注意听了听,因为他说:"的确,我是杀了人。"接着,他继续使用这种口吻,每次谈到我时他也总是以"我"相称。我很奇怪。我朝一个法警弯下身子,问他这是为什么。他叫我住嘴,过了一会儿,他跟我说:"所有的律师都是这样。"我呢,我想这还是排斥我,把我化为乌有,从某种意义上说,他取代了我。不过,我已经和这个法庭距离很远了。再说,我也觉得我的律师很可笑。他很快以挑衅为理由进行辩护,然后也谈起我的灵魂。不过,我觉得他的才华大大不如检察官的。他说:"我也仔细探索了这个灵魂,但是与检察院的这位杰出代表相反,我发现了一些东西,而且我还可以说,我看得一目了然。"他看到我是个正经人,一个正派的职员,不知疲倦,忠于雇主,受到大家的爱戴,同情他人的痛苦。在他看来,若论儿子,我是典范,我在力之所及范围内尽力供养母亲,最后,为了让她享受到我力所不及的舒适,这才把老太太送进养老院的。他说:"先生们,我感到奇怪的是,大家对养老院议论纷纷。因为说到底,如果需要证明这些设施的用处和伟大,只须说是国家本身资助的就够了。"只是他没有提到下葬的问题,我感到这是他的辩护的漏洞。但是,由于这些长句,由于人们一小时又一小时、一天又一天地没完没了地谈论我的灵魂,使我产生了一种印象,仿佛一切都变成一片没有颜色的水,我看得头晕目眩。

最后,我只记得,正当我的律师继续发言时,一个卖冰的小贩吹响了喇叭,从街上穿过所有的大厅和法庭传到我的耳畔。对于某种生活的种种回忆突然涌上我的脑海,这种生活虽已不属于我,但我曾经在那里发现了我最可怜且深刻难忘的快乐:夏天的气味,我热爱的街区,某一种夜空,玛丽的笑容和裙子。在这里我所做的一切都毫无用处的想法涌上了心头,压得我喘不过气来,我只想赶紧让他们结束,赶紧回到牢房去睡觉。所以,最后我的律师大嚷大叫我也几乎没有听见。他说陪审员们是不会把一个一时糊涂的正直劳动者打发到死亡那里去的。他要求考虑那些可减罪的情节,因为我已背上了杀人罪的重负,这是永远的悔恨,最可靠的刑罚。法庭中止辩论,我的律师精疲力竭地坐下了。他的同事们都过来同他握手。我听见他们说:"棒极了,亲爱的。"其中一个甚至拉我来作证:"嗯,您说怎么样?"他说。我表示同意,但是我的赞扬并不真心真意,因为我太累了。

然而,外面天色已晚,也不那么热了。从街上听到的一些声音,我可以猜想到傍晚时分的凉爽。我们都在那儿等着。其实,大家一道等着的事只跟我一人有关。我又看了看大厅。一切都和第一天一样。我碰到了那个穿灰上衣的记者和那个像自动机器一样的女人的目光。这使我想了起来,在整个审判过程中,我都没有朝玛丽那边看一眼。我并没有忘记她,但我的事情太多了。我看见她坐在赛莱斯特和莱蒙之间。她朝我做了个小小的动作,仿佛是说:"总算完了。"我看见她那有些焦虑的脸上泛起了微笑。但我觉得我的心已和外界隔绝,我甚至没有回答她的微笑。

法官们回来了。很快,有人把一连串的问题念给他们听。我听见什么"杀人犯","预谋","可减轻罪行的情节",等等。陪审员们出去了,我被带进我原来在里面等候的那间小屋子里。我的律师也来了。他口若悬河,话说得从来也没有像现在那样有信心,那样亲切,他认为一切顺利,我只须坐几年监狱或服几年苦役就完事。我问他如果判决不利,有没有上诉最高法院的机会。他说没有。他的策略是不提出当事人的意见,免得引起陪审团的不满。他对我解释说,不能无缘无故随便上诉。我觉得这是明摆着的事,便同意了他的看法。其实,冷静地看问题,这也是很自然的。否则,要费的公文状纸就太多了。我的律师说:"无论如何,上诉是可以的。不过,我确信判决会有利的。"

我们等了很久,我想约有三刻钟。铃声响了。我的律师向我告别,说道:"庭长要宣读对质询的答复了。您要到宣读判决的时候才能进去。"我听见一阵门响。一些人在楼梯上跑过,听不出远近。接着,我听见大厅中一个低沉的声音在读着什么。铃又响了,门开了,大厅里一片寂静,静极了,我注意到那个年轻的记者把眼睛转到别处,一种奇异的感觉油然而生。我没有朝玛丽那边看。我没有时间,因为庭长用一种奇怪的方式对我说要以法兰西人民的名义在一个广场上将我斩首示众。我这时才觉得认清了我在所有这些人脸上所看到的感情。我确信那是尊敬。法警对我也温和了。律师把手放在我的腕上。我什么也不想了。庭长问我还有什么话要说。我说:"没有。"他们这才把我带走。

五

我拒绝接待指导神甫,这已经是第三次了。我跟他没有什么可说的,我不想说话,很快我又会见到他。我现在感兴趣的,是想逃避不可逆转的进程,是想知道不可避免的事情能不能有一条出路。我又换了牢房。在这个牢房里,我一躺下,就看得见天空,也只能看见天空。我整天整天地望着它的脸上那把白昼引向黑夜的逐渐减弱的天色。我躺着,把手放在脑后,等待着。我不知道想过多少次,是否曾有判了死刑的人逃过了那无情的、不可逆转的进程,法警的绳索断了,临刑前不翼而飞,于是,我就怪自己从前没有对描写死刑的作品给予足够的注意。对于这些问题,一定要经常关心。谁也不知道会有什么事情发生。像大家一样,我读过报纸上的报道。但是一定有专门著作,我却从来没有想到去看看。那里面,也许我会找到有关逃跑的叙述。那我就会知道,至少有那么一次,绞架的滑轮突然停住了,或是在一种不可遏止的预想中,仅仅有那么一回,偶然和运气改变了什么东西。仅仅一次,从某种意义上说,我认为这对我也就足够了,剩下的就由我的良心去管。报纸上常常谈论对社会欠下的债。依照他们的意思,欠了债就要还。不过,在想像中这就谈不上了。重要的是逃跑的可能性,是一下子跳出那不可避免的仪式,是发疯般地跑,跑能够为希望提供各种机会。自然,所谓希望,就是在马路的一角,在奔跑中被一顿流弹打死。但是我想来想去,没有什么东西允许我有这种享受,一切都禁止我作这种非分之想,那不可逆转的进程又抓住了我。

尽管我有善良的愿望,我也不能接受这种咄咄逼人的确凿性。因为,说到底,在以这种确凿性为根据的判决和这一判决宣布之时起所开始的不可动摇的进程之间,存在着一种可笑的不相称。判决是在二十点而不是在十七点宣布的,它完全可能是另一种结论,它是由一些换了衬衣的人作出的,它要取得法国人民的信任,而法国人(或德国人,或中国人)却是一个很不确切的概念,这一切使得这决定很不严肃。但是,我不得不承认,从作出这项决定的那一秒钟起,它的作用就和我的身体靠着的这堵墙的存在同样确实,同样可靠。

这时,我想起了妈妈讲的关于我父亲的一段往事。我没有见过我的父亲。关于这个人,我所知道的全部确切的事,可能就是妈妈告诉我的那些事。有一天,他去看处决一名杀人凶手。他一想到去看杀人,就感到不舒服。但是,他还是去了,回来后呕吐了一早上。我听了之后,觉得我的父亲有点儿叫我厌恶。现在我明白了,那是很自然的。我当时居然没有看出执行死刑是件最最重要的事,总之,是真正使一个人感兴趣的唯一的一件事!如果一旦我能从这座监狱里出去,我一定去观看所有的处决。我想,我错了,不该想到这种可能性。因为要是,有那么一天清晨我自由了,站在警察的绳子后面,可以这么说,站在另一边,作为看客来看热闹,回来后还要呕吐一番,我一想到这些,就有一阵恶毒的喜悦涌上心头。然而,这是不理智的。我不该让自己有这些想法,因为这样一想,我马上就感到冷得要命,在被窝里缩成一团,还禁

不住把牙咬得格格响

当然啰,谁也不能总是理智的。比方说,有几次,我就制订了一些法律草案。我改革了刑罚制度。我注意到最根本的是要给犯人一个机会。只要有千分之一的机会,就足以安排许多事情。这样,我觉得人可以去发明一种化学物,服用之后可以有十分之九的机会杀死受刑者(是的,我想的是受刑者)。条件是要让他事先知道。因为我经过反复的考虑,冷静的权衡,发现断头刀的缺点就是没给任何机会,绝对地没有。一劳永逸,一句话,受刑者的死是确定无疑的了。那简直是一桩已经了结的公案,一种已经确定了的手段,一项已经谈妥的协议,再也没有重新考虑的可能了。如果万一头没有砍下来,那就得重来。因此,令人烦恼的是,受刑的人得希望机器运转可靠。我说这是它不完善的一面。从某方面说,事情确实如此。但从另一方面说,我也得承认。严密组织的全部秘密就在于此。总之,受刑者在精神上得对行刑有所准备,他所关心的就是不发生意外。

我也不能不看到,直至此时为止,我对于这些问题有着一些并非正确的想法。我曾经长时间地以为——我也不知道是为什么——上断头台,要一级一级地爬到架子上去。我认为这是由于一七八九年大革命的缘故,我的意思是说,关于这些问题人们教给我或让我看到的就是这样。但是有一天早晨,我想起了一次引起轰动的处决,报纸上曾经登过一张照片。实际上,杀人机器就放在平地上,再简单也没有了。它比我想像的要窄小很多。这一点我早没有觉察到,是相当奇怪的。照片上的机器看起来精密、完善、闪闪发光,使我大为叹服。一个人对他所不熟悉的东西总是有些夸大失实的想法。我应该看到,实际上一切都很简单:机器和朝它走过去的人都在平地上,人走到它跟前,就跟碰到另外一个人一样。这也很讨厌。登上断头台,仿佛升天一样,想像力是有了用武之地。而现在呢,不可逆转的进程压倒一切:一个人被处死,一点也没引起人的注意,这有点丢脸,然而却非常确切。

还有两件事是我耿耿于怀时常考虑的,那就是黎明和我的上诉。其实,我总给自己讲道理,试图不再去想它。我躺着,望着天空,努力对它发生兴趣。天空变成绿色,这是傍晚到了。我再加一把劲儿,转移转移思路。我听着我的心。我不能想像这种跟了我这么久的声音有朝一日会消失。我从未有过真正的想像力。但我还是试图想像出那样一个短暂的时刻,那时心的跳动不再传到脑子里了。但是没有用。黎明和上诉还在那儿。最后我对自己说,最通情达理的作法,是不要勉强自己。

我知道,他们总是黎明时分来的。因此,我夜里全神贯注,等待着黎明。我从来也不喜欢遇事措手不及。要有什么事发生,我更喜欢有所准备。这就是为什么我最后只在白天睡一睡,而整整一夜,我耐心地等待着日光把天窗照亮。最难熬的,是那个朦胧晦暗的时辰,我知道他们平常都是在那时候行动的。一过半夜,我就开始等待,开始窥伺。我的耳朵从没有听到过那么多的声音,分辨出那么细微的声响。我可以说,在整个这段时间里,我总还算有运气,因为我从未听见过脚步声。妈妈常说,一个人从来也不会是百分之百的痛苦。当天色发红,新的一天悄悄进入我的牢房时,我就觉得她说得实在有道理。况且也因为,我本是可以听到脚步声的,我的心也本是可以紧张得炸开的。甚至一点点窸窣的声音也使我扑向门口,甚至把耳朵贴在门板上,发狂似的等待着,直到听到自己的呼吸声,很粗,那么像狗的喘气,因而感到惊骇万状,但总的说,我的心并没有炸开,而我又赢得了二十四小时。

白天,我就考虑我的上诉。我认为我已抓住这一念头里最可贵之处。我估量我能获得的效果,我从我的思考中获得最大的收获。我总是想到最坏的一面,即我的上诉被驳回。"那么,我就去死。"不会有别的结果,这是显而易见的。但是,谁都知道,活着是不值得的。事实上我不是不知道三十岁死或七十岁死关系不大,当然喽,因为不论是哪种情况,别的男人和女人就这么活着,而且几千年都如此。总之,没有比这更清楚的了,反正总是我去死,现在也好,二十年后也好。此刻在我的推理中使我有些为难的,是我想到我还要活二十年时心中所产生的可怕的飞跃。不过,在设想我二十年后会有什么想法时(假如果真要到这一步的话),我只把它压下去就是了。假如要死,怎么死,什么时候死,这都无关紧要。所以(困难的是念念不忘这个"所以"所代表的一切推理),所以,我的上诉如被驳回,我也应该接受。

这时,只是这时,我才可以说有了权利,以某种方式允许自己去考虑第二种假设:我获得特赦。苦恼的是,这需要使我的血液和肉体的冲动不那么强烈,不因疯狂的快乐而使我双眼发花。我得竭力压制住喊叫,使自己变得理智。在这一假设中我还得表现得较为正常,这样才能使自己更能接受第一种假设。在我成功的时候,我就赢得一个钟头的安宁。这毕竟也是不简单的啊。

也是在一个这样的时刻,我又一次拒绝接待神甫。我正躺着,天空里某种金黄的色彩使人想到黄昏临近了。我刚刚放弃了我的上诉,并感到血液在周身正常地流动。我不需要见神甫。很久以来,我第一次想到了玛丽。她已经很多天没给我写信了。那天晚上,我反复思索,心想她给一名死囚当情妇可能已经当烦了。我也想到她也许病了或死了。这也是合乎情理的。既然在我们现已分开的肉体之外已没有任何东西联系着我们,已没有任何东西使我们彼此想念,我怎么能够知道呢? 再说,就是从这个时候起,我对玛丽的回忆也变得无动于衷了。她死了,我也就不再关心她了。我认为这是正常的,因为我很清楚,我死了,别人也就把我忘了。他们跟我没有关系了。我甚至不能说这样想是冷酷无情的。

恰在这时,神甫进来了。我看见他之后,轻微地颤抖了一下。他看出来了,对我说不要害怕。我对他说,平时他都是在另外一个时候到来,他说这是一次完全友好的拜访,与我的上诉毫无关系,其实他根本不知道我的上诉是怎么回事。他坐在我的床上.请我坐在他旁边。我拒绝了。不过,我觉得他的态度还是很和善的。

他坐了一会,胳膊放在膝头,低着头,看着他的手。他的手细长有力,使我想到两头灵巧的野兽。他慢慢地搓着手。他就这样坐着,一直低着头,时间那么长,有一个时候我都觉得忘了他在那儿了。

但是,他突然抬起头来,眼睛盯着我,问道:"您为什么拒绝接待我?"我回答说我不信上帝。他想知道我是不是对此确有把握,我说我用不着考虑,我觉得这个问题并不重要。他于是把身子朝后一仰,靠在墙上,两手贴在大腿上。他好像不是对着我说,说他注意到有时候一个人自以为确有把握,实际上,他并没有把握。我不吭声。他看了看我,问道:"您以为如何?"我回答说那是可能的。无论如何,对于什么是我真正感兴趣的事情,我可能不是确有把握,但对于什么是我不感兴趣的事情,我是确有把握的。而他对我说的事情恰恰是我所不感兴趣的。

他不看我了,依旧站在那里,问我这样说话是不是因为极度的绝望。我对他解释说我并不绝望。我只是害怕,这是很自然的。他说:"那么,上帝会帮助您的。我所见过的所有情况和您相同的人最后都归附了他。"我承认那是他们的权利。那也证明他们还有时间。至于我,我不愿意人家帮助我,我也恰恰没有时间去对我不感兴趣的事情再发生兴趣。

这时,他气得两手发抖,但是,他很快挺直了身子,顺了顺袍子上的褶皱。顺完了之后,他称我为"朋友",对我说,他这样对我说话,并不是因为我是个被判死刑的人;他认为,我们大家都是被判了死刑的人。但是我打断了他,对他说这不是一码事,再说,无论如何,他的话也不能安慰我。他同意我的看法:"当然了。不过,您今天不死,以后也是要死的。那时就会遇到同样的问题。您将怎样接受这个考验呢?"我回答说我接受它和现在接受它一模一样。

听到这句话,他站了起来,两眼直盯着我的眼睛。这套把戏我很熟悉。我常和艾玛努埃尔和赛莱斯特这样闹着玩,一般地说,他们最后都移开了目光。神甫也很熟悉这套把戏,我立刻就明白了,因为他的目光直盯着不动。他的声音也不发抖,对我说:"您就不怀着希望了吗? 您就这样一边活着一边想着您将整个儿地死去吗?"我回答道:"是的。"

于是,他低下了头,又坐下了。他说他怜悯我。他认为一个人要真是这样的话,那是不能忍受的。而我,我只是感到他开始令我生厌了。我转过身去,走到小窗口底下。我用肩膀靠着墙。他又开始问我了,我有一搭没一搭地听着。他的声音不安而急迫。我知道他是动了感情了,就听得认真些了。

他说他确信我的上诉会被接受,但是我背负着一桩我应该摆脱的罪孽。据他说,人类的正义不算什么,上帝的正义才是一切。我说正是前者判了我死刑。他说它并未因此而洗刷掉我的罪孽。我对他说我不知道什么是罪孽。人家只告诉我,我是个犯人。我是个犯人,我就付出代价,除此之外,不能再对我要求更多的东西了。这时,他站了起来,我想在这间如此狭窄的囚室里,他要想活动活动,也只能如此,要么坐下去,要么站起来,实在没有别的办法。

我的眼睛盯着他。他朝我走了一步,站住,好像不敢再向前一样。"您错了,我的儿子,"他对我说,"我们可以向您要求更多的东西。我们将向您提出这样的要求,也许。""要求什么?""要求您看。""看什么?"

教士四下里望了望,我突然发现他的声音疲惫不堪。他回答我说:"所有这些石头都显示出痛苦,这我知道。我没有一次看见它们而心里不充满了忧虑。但是,说句心里话,我知道你们当中最悲惨的人就从这些乌黑的石头中看见过一张神圣的面容浮现出来。我们要求您看的,就是这张面容。"

我有些激动了。我说我看着这些石墙已经好几个月了。对它们,我比世界上任何东西,任何人都更熟悉。也许,很久以前,我曾在那上面找过一张面容。但是那张面容有着太阳的色彩和欲望的火焰,那是玛丽的面容。我白费力气,没有找到。现在完了。反正,从这些水淋淋的石头里,我没看见有什么东西浮现出来。

神甫带着某种悲哀的神情看了看我。我现在全身靠在墙上了,阳光照着我的脸。他说了句什么,我没听见,然后很快地问我是否允许他拥抱我。我说:"不。"他转过身去,朝着墙,慢慢地把手放在墙上,轻声地说:"您就这么爱这个世界吗?"我没有理他。

他就这样背着我待了很久。他待在这里使我感到压抑、感到恼火。我正要让他走,让他别管我,他却突然转身对着我,大声说道:"不,我不能相信您的话。我确信您曾经盼望过另一种生活。"我回答说那是当然,但那并不比盼望成为富人,盼望游泳游得很快,或生一张更好看的嘴来得更为重要,那都是一码事。但是他拦住了我,他想知道我如何看那另一种生活。于是,我就朝他喊道:"一种我可以回忆现在这种生活的生活!"然后,我跟他说我够了。他还想跟我谈谈上帝,但是我朝他走过去,试图跟他最后再解释一回我剩下的时间不多了,我不愿意把它浪费在上帝身上。他试图改变话题,问我为什么称他为"先生"而不是"我的父亲"。这可把我惹火了,我对他说他不是我的父亲,让他当别人的父亲去吧。他把手放在我的肩膀上,说道:"不,我的儿子!我是您的父亲。只是您不能明白,因为您的心是糊涂的。我为您祈祷。"

我也不知道是为什么,好像我身上有什么东西爆裂了似的,我扯着喉咙大叫,我骂他,我叫他不要为我祈祷。我揪住他的长袍的领子,把我内心深处的话,喜怒交迸的强烈冲动,劈头盖脸地朝他发泄出来。他的神气不是那样地确信无疑吗?然而,他的任何确信无疑,都抵不上一根女人的头发。他甚至连活着不活着都没有把握,因为他活着就如同死了一样。而我,我好像是两手空空。但是我对我自己有把握,对一切都有把握,比他有把握,对我的生命和那即将到来的死亡有把握。是的,我只有这么一点儿把握。但是至少,我抓住了这个真理,正如这个真理抓住了我一样。我从前有理,我现在还有理,我永远有理。我曾以某种方式生活过,我也可能以另一种方式生活。我做过这件事,没有做过那件事。我干了某一件事而没有干另一件事。而以后呢?仿佛我一直等着的就是这一分钟,就是这个我将被证明无罪的黎明。什么都不重要,我很知道为什么。他也知道为什么。在我所度过的整个这段荒诞的生活里,一种阴暗的气息穿越尚未到来的岁月,从遥远的未来向我扑来,这股气息所过之处,使别人向我建议的一切都变得毫无差别,未来的生活并不比我已往的生活更真实。他人的死,对母亲的爱,与我何干?既然只有一种命运选中了我,而成千上万的幸运的人却都同他一样自称是我的兄弟,那么，他所说的上帝，他们选择的生活，他们选中的命运，又都与我何干？他懂，他懂吗？大家都幸运，世上只有幸运的人。其他人也一样，有一天也要被判死刑。被控杀人，只因在母亲下葬时没有哭而被处决，这有什么关系呢？萨拉玛诺的狗和他的老婆具有同样的价值。那个自动机器般的小女人，马松娶的巴黎女人，或者想跟我结婚的玛丽，也都是有罪的。莱蒙是不是我的朋友，赛莱斯特是不是比他更好，又有什么关系？今天，玛丽把嘴唇伸向一个新的默而索，又有什么关系？他值吗？这个判了死刑的人，从我的未来的深处——我喊出了这一切，喊得喘不过气来。但是已经有人把神甫从我的手里抢出去，看守们威胁我。而他却劝他们不要发火，默默地看了我一阵子。他的眼里充满了泪水。他转过身去，走了。

他走了之后，我平静下来。我累极了，一下子扑到床上。我认为我是睡着了，因为我醒来的时候，发现满天星斗照在我的脸上。田野上的声音一直传到我的耳畔。夜的气味，地的气味，海盐的气味，使我的两鬓感到清凉。这沉睡的夏夜的奇妙安静，像潮水一般浸透我的全身。这时，长夜将尽，汽笛叫了起来。它宣告有些人踏上旅途，要去一个从此和我无关痛痒的世界。很久以来，我第一次想起了妈妈。我觉得我明白了为什么她要在晚年又找了个"未婚夫"，为什么她又玩起了"重新再来"的游戏。那边，那边也一样，在一个个生命将尽的养老院周围，夜晚如同一段令人伤感的时刻。妈妈已经离死亡那么近了，该是感到了解脱，准备把一切再重新过一遍。任何人，任何人也没有权利哭她。我也是，我也感到准备好把一切再过一遍。好像这巨大的愤怒清除了我精神上的痛苦，也使我失去希望。面对着充满信息和星斗的夜，我第一次向这个世界的动人的冷漠敞开了心扉。我体验到这个世界如此像我，如此友爱，我觉得我过去曾经是幸福的，我现在仍然是幸福的。为了把一切都做得完善，为了使我感到不那么孤独，我还希望处决我的那一天有很多人来观看，希望他们对我报以仇恨的喊叫声。

（郭宏安 译）

注释：①《局外人》是加缪的代表作。小说描写了一个小公务员因过失杀人被送上法庭，却被法庭以在母亲的葬礼上没有流泪为罪名宣判死刑的悲剧，进而揭示了法律的荒诞、社会的荒诞、人生的荒诞。这里所节选的是第二部的最后两章，也是小说最精彩部分。法庭的黑暗、审判的荒谬、人心的巨

测、神甫的伪善、主人公的绝望,把一个孤独的局外人冷漠的内心世界以及对生活的渴望,深刻地展示出来,具有撼人心扉的艺术力量。

百年孤独(节选)①

[哥伦比亚]马尔克斯

第二十章

一个节日的夜晚,庇拉·特内拉在她的乐园门口看门的时候,坐在藤摇椅上死去了。人们遵照她的遗言,没有给她棺葬,只是在舞池中央挖了一个大坑,让她坐在摇椅上,由八个男人用龙舌兰绳把摇椅吊进坑里。皮肤黝黑的妇女们穿着黑色的丧服,哭得脸色苍白。她们一边为死者祈祷,一边摘下耳环、别针、戒指,扔在墓穴中。末了,人们把一块既无姓名又无日期的石板盖在坑上,并在上面堆起一堆亚马孙山茶花。然后毒死了所有的家畜,用砖头和灰浆把门窗封死,这才四散走开。临走时,他们把庇拉·特内拉的大木箱全带走了。这些箱子的内壁糊着圣徒像和从杂志上剪下来的彩画,还糊着她在很久以前偶尔相爱的鬼魂般的情人们的肖像,他们有的屙钻石,有的吃人肉,有的是公海上的加冕牌王。

这已是马贡多历史的尾声。在庇拉·特内拉的坟上,在妓女们唱圣诗拨念珠的和声中,历史陈迹的瓦砾已经在腐烂。自从加泰罗尼亚学者拍卖了书店返回地中海的故乡以后,这种废墟已所剩无几了。这位学者出于对四季如春的故乡的怀念回去了。事先没有人觉察到他这一决定。当初他为逃避战乱,在香蕉公司最兴盛的时期来到了马贡多。那时他所想到的最切实可行的事,就是开那出售各种语言的古珍本、善本书店。那些在书店门口排队等候圆梦的人们,偶尔也光顾书店,他们以疑惑的目光浏览着书籍,还以为那是从垃圾堆里捡来的。学者在闷热的后店堂里度过了半生,他从小学生练习本上撕下纸片来,然后用紫色墨水涂写了不少笔画繁复的花体字,但谁也不知道他究竟写了些什么。奥雷良诺与他结识的时候,他已经存了两箱这种使人想起墨尔基阿德斯的羊皮书的乱纸片。此后直到他离去,他又塞满了第三箱。因此,说他在侨居马贡多的这段时间里没有干别的事。倒也是不无道理

537

的。他只同四个朋友有过来往,用书跟他们换陀螺和风筝,而且当他们还在念小学的时候,就让他们读塞涅卡②和奥维德③的作品。他谈论起那些经典作家来如数家珍,仿佛他们都曾同他住过一个房间似的。有许多根本不该知道的事情,他也知道。比如,圣徒奥古斯丁在袈裟里面穿着一件十四年没有脱过的羊毛紧身衣,还有阿纳尔多•德维拉诺瓦,那个关亡师,因为被蝎子蜇了一下,从小就阳痿。他说话时书面语连篇,这使他既受人尊敬又遭人非议,连他的手稿也没有能幸免这矛盾的命运。阿尔丰索为了翻译这些手稿学会了加泰罗尼亚语。他把一卷译文藏在口袋里,他口袋里经常装满了剪报和各种稀奇古怪的手艺课本。一天晚上他在靠卖身糊口的姑娘家里把材料全丢失了。博学的祖父知道后,非但没有追究,反而乐不可支地说,这正是文学作品的自然归宿。然而,当他要返回故里时,却坚持要带上那三箱乱纸片,谁也没能劝阻他。车站上的检票员要他把纸片箱当货物托运时,他竟用卡塔赫那方言破口大骂,直到让他把木箱带进旅客车厢才罢休。"有朝一日人都坐一等车厢而书却进货物车厢,"他说,"那世界就遭殃了。"这是人们听到他说的最后一句话。最后准备行装的那个星期过得很不顺利,行期愈近,他的脾气愈坏,谁都猜不透他的心思,而那些曾经烦扰过菲南达的鬼魂都纠缠着他:他放在一个地方的东西,常常会出现在另一个地方。

"混蛋,"他诅咒道,"去他娘的伦敦宗教会议第二十七条教规!"

赫尔曼和奥雷良诺来帮他的忙。他们像照顾小孩子似地服侍他,用保姆用的别针,把车船票、移民证件别在他的口袋上,还给他写了一张详细的单子,一条条写明从离开马贡多一直到抵达巴塞罗那港所要做的事情。可是,他却不知怎么搞的把一条裤子连同一半钱财扔进了垃圾堆。临行的前一天,他钉完木箱,把衣服往当初带到马贡多来的手提箱里一塞,皱起了蛤蜊似的眼皮,以一种幸灾乐祸的语气,指着他流亡时随身带来的一堆书,对朋友们说:

"这堆臭狗屎,我就留给你们了。"

三个月以后,他寄来了一个大信封,里面有二十九封信和五十多张相片,那是他在海上闲得无聊时收集起来的。信上都没注明日期,但写信的次序却很分明。在头几封信中,他以惯常的幽默叙述了旅途中的遭遇:说船上的货运员不让他把三箱纸片放到客舱里,他真想把那人扔到海里去;还说到一位夫人的蠢笨相,她一见到数字十三就惊恐万状,但并不是出于迷信,而是因为

538

在她看来,这是个没完没了的数字;还讲到在吃第一顿晚饭时,他与人打赌打赢了,因为他尝出船上的水有一种莱里达温泉区产的夜甜菜味道。但是,随着时间一天天过去,他对船上的事越来越不感兴趣,而不久前在马贡多经历的事,哪怕再平淡无味,也值得他留恋,因为船越走越远,他的回忆也变得忧伤起来。这种日见深切的怀念,在他的相片上也一目了然。在最初几张照片上,他身穿残废人的衬衣,一头白发,背衬着泛着泡沫的加勒比海,看起来很愉快。而在最后几张上,只见他穿着深色大衣,围着一条丝围脖,苍白的脸上露出了离别的愁容。他站在一条沉闷的软船的甲板上,开始在深秋的洋面上漂流。赫尔曼和奥雷良诺常给他写回信。头几个月他写了那么多信,以至使他俩感到他近在咫尺,比他在马贡多时还近,所以他俩几乎不再为他的离去可恼火了。他回家以后,起初还来信说,家乡一切如故,在他出生的房子里还有粉红色的蜗牛,夹面包吃的鲟鱼干还是原来的滋味,村子里的瀑布黄昏时仍然散发着清香。他又一次用练习本纸当信笺,用紫墨水写上密密麻麻的花体字,还特意给他俩每人各写一段。然而,虽然他自己似乎并没有觉察,他那些情绪恢复后写的热情洋溢的书信,渐渐地变成了失望者的田园诗。冬天的夜晚,当热汤在火炉上沸腾的时候,他怀念着后店堂里的温暖,怀念盖满灰尘的扁桃树林中太阳光的嗡嗡声以及中午困倦时听到的火车鸣笛声,正如当年在马贡多时想念冬日在火炉上沸腾的热汤,想念卖咖啡小贩的叫卖声和春天里掠空飞过的云雀一样。两种乡思像两面镜子相对而立,使他感到茫然,从而失去了那种奇妙的超现实感,他甚至劝所有的人离开马贡多,劝他们忘掉他教给他们的关于世态人情等等一切知识,叫他们在贺拉斯①头上拉屎,还说,无论他们到什么地方去,都应该记住,过去都是假的,回忆是一条没有归途的路。一切已往的春天是无法复原的,那最狂乱而又坚韧的爱情归根结底也不过是一种瞬息即逝的现实。

　　阿尔瓦罗第一个听从了他的劝告,离开了马贡多。他变卖了一切,连那只抓来关在他家院子里吓唬过路人的老虎也一起卖了。他买了一张永久性车票,登上了一列永远不停止运行的火车。在从沿途车站寄来的许多明信片中,他高声地描述着他从车厢的小窗子里看到的刹那间的事物的印象,犹如把一首瞬间的长诗撕成碎片,扔进了遗忘之中:路易斯安娜棉田里虚幻的黑人;肯塔基蓝色草地上的飞马,亚利桑那地狱般的暮色中的希腊情侣;密执安湖畔画水粉画的穿红套衫的姑娘,她还挥动画笔跟他再见,那与其说是为了告别,不如说是为了期待,因为她不知道她看到的这列火车是一去不复返的。紧跟着出走的是阿尔丰索和赫尔曼,他们离开那天是星期六,本想星期一就回来的,但一去就杳无音讯。加泰罗尼亚学者离去一年之后,四人之中惟一留在马贡多的就是加布列尔了。他还在到处漂泊,靠着尼格鲁曼塔倒霉的施舍度日。那时,他参加了一家法国杂志举办的答题竞赛,按规定得头奖者可去巴黎旅行一次。杂志是奥雷良诺订的,他帮加布列尔写答案,有时在自己家里写,但大部分时间是在马贡多仅存的一家药房的香水瓶之间,在飘着缬草香味的空气中填写的。药房里住着加布列尔的秘密情人梅尔赛德丝。这是马贡多过去所遗留下来的最后一点东西,它的毁灭尚未完成,因为它还在无限期地毁灭下去,在自身中不断消耗,它每一分钟都在结束自己,但永远也结束不了。镇子死气沉沉到了极点。到了加布列尔中奖,带着两套换洗衣服、一双鞋和一套拉伯雷⑤全集前往巴黎的时候,他不得不自己去招呼火车司机把车停下来让他上去。昔日的土耳其人大街,这时已成了招人遗弃的角落,那里,最后几个阿拉伯人按照他们渊源千古的风俗留坐在门槛上等死。好多年前,他们就卖光了最后一码斜纹布。昏暗的玻璃橱窗里只剩下一些掉了脑袋的模特儿。当年香蕉公司的城镇阿拉伯马,现在成了杂草丛生的荒野。也许在嚼着布拉特维尔醋渍黄瓜的难熬晚上,帕特里夏·布朗还会在她的孙辈面前提起它。接替安赫尔神父的是一个年老的神父,谁也没有费神去打听过他的姓名。他懒洋洋地躺在吊床上盼望着上帝的怜悯,关节炎和忧虑失眠症在折磨着他,此时,蜥蜴和老鼠却正在争夺着隔壁小教堂的继承权。在连鸟儿都把它忘却了的马贡多,尘土飞扬,酷热难忍,叫人透不过气来。奥雷良诺和阿玛兰塔·乌苏拉被孤独的爱情以及爱情的孤独囚禁在由于红蚂蚁的喧闹使人无法入睡的房子里,他们是惟一的幸福的生灵,是世间最幸福的人。

加斯东回布鲁塞尔去了。他等飞机已经等得不耐烦了,一天,他把生活必需品和通讯录往手提箱里一塞,就离开了马贡多。那时,一些德国飞机师向省政府递交了一份比他更雄心勃勃的计划,所以他想赶在政府把特许证发给德国飞机师之前就飞回马贡多。自从奥雷良诺和阿玛兰塔·乌苏拉第一次偷情的那个下午以后,他俩一直趁着丈夫加斯东难得的疏忽之机,在提心吊胆的幽会中默默地、热烈地相爱,但往往总是被她丈夫的突然回家所打断。然而,只要他俩单独地留在家里,他们就沉浸在一种迟来的爱情所特有的狂热之中。那是一种缺乏理智的、疯狂的、会使坟墓里的菲南达的骨殖怕得发抖的激情,这激情使他俩永久地保持着兴奋状态。阿玛兰塔·乌苏拉的尖叫声,她那垂死般的歌声,无论在午后两点饭桌上,还是在深夜两点的谷仓里,都会爆发出来。"最叫我伤心的是,"她笑着说,"我们失掉了那么多时间。"在昏头昏脑的情爱中,她看到一群群蚂蚁在毁坏着花园,它们啃食着家里的木器,来填饱从前世带来的饥肠。她看到那活岩浆流似的红蚂蚁又一次盖没了长廊。但是,直到她看见这岩浆流进了自己的卧室,才设法阻挡。奥雷良诺把羊皮纸丢在一边,从此足不出户,给加泰罗尼亚学者写回信也总是草草了事。他们俩失去了现实感,失去了时间概念,失去了日常饮食起居的节奏。他们重新关起了门窗,免得费时脱衣服。他们索性像俏姑娘雷梅苔丝当初一直想干的那样光着身子在家里走来走去,赤条条地滚在花园的烂泥中。一天下午,他们在水池里相爱,差一点淹死在水中。他俩在很短时间中毁掉的东西,比红蚂蚁毁掉的还多。他们拆毁了大厅里的家具,发疯似地撕碎了吊床,这张吊床曾经受过奥雷良诺·布恩地亚上校在军营中遇到的那些不幸的爱情。他们把床垫统统撕开,把棉花全倒在地板上,在这场棉花的暴风雨中作乐,差点儿闷得喘不过气来。虽然,奥雷良诺作为一个情人,同他的对手一样凶猛,但在这座灾难临头的乐园中,阿玛兰塔·乌苏拉却用她荒唐的智慧和诗一般的贪婪主宰着一切,仿佛她通过爱情集中了她高祖母当年做糖制小兽时那种难以抑制的劲头。而且,当她为自己的别出心裁而得意欢畅或者笑得要死的时候,奥雷良诺却变得越来越沉默了,因为他的热情是深思熟虑的。但是两人配合得非常默契。他们在一起玩腻了,又在厌倦之中寻觅新的乐趣。他们发现在单调的情爱之中还有未曾开发的地方,要比情欲更有趣味。他们开始了对身体的崇拜。有一天晚上,他们俩从头到脚涂上了蜜桃糖浆,躺在走廊的地板上,像狗一样互相舔来舔去,发疯似地相爱。一群准备把他俩活吞了的食肉蚁爬过来,才把他俩从梦中惊醒。

在他们胡来鬼混的间歇,阿玛兰塔·乌苏拉才给加斯东回信。她觉得他离得那么远,又是那样忙碌,似乎永远也回不来了。在最初的几封来信中,有一次他说,事实上他的合伙人已经把飞机运给他了,可是布鲁塞尔的一家海运公司搞错了地址把它运到了坦噶尼喀,交给了一个散居的麦康多人部落。这一错失,造成了许多困难,所以光是索回飞机就可能拖上两年的时间。因此,阿玛兰塔·乌苏拉排除了他突然闯回家来的可能性。至于奥雷良诺,他除了看看加泰罗尼亚学者的来信和听听沉默寡言的女药剂师梅尔赛德丝转达的有关加布列尔的消息外,几乎跟世界隔断了联系。起先,这些联系还是很实在的。加布列尔退掉了回程票留在巴黎,他在那里贩卖过期的报纸和女招待们从杜菲纳大街一家阴森森的旅馆里拿出来的空瓶子。奥雷良诺可以想像得出,他身穿一件高领套衫,只有当蒙特帕尔纳斯广场的花坛上挤满了春天的恋人时,才会脱掉它;为了模糊饥饿的感受,他白天睡觉,晚上写信。屋子里总飘着一股煮开了的花椰菜的泡沫味。这屋子大概就是罗卡马杜尔去世的地方。但是后来,他的消息越来越不确切,加上学者的来信越来越少,越来越忧伤,所以,奥雷良诺想起他们来,就像阿玛兰塔·乌苏拉想到她的丈夫一样渺茫。他俩就像漂浮在真空的世界中,而惟一日常的也是永恒的现实就是爱情。

突然,像是在这个不知不觉的幸福天地中响起了一阵爆炸的轰鸣,传来了加斯东要回家的消息。奥雷良诺和阿玛兰诺·乌苏拉睁大了眼睛,求索自己的灵魂,他俩手扣在心口互相望着对方的脸,他们明白,他们已经紧紧连接在一起,宁可死也不愿分开。于是,她给丈夫写信,告诉他这个矛盾的现实。信中她重申了她对他的爱和想见到他的渴望,同时她承认,作为命运的安排,她生活中不能没有奥雷良诺。出乎他俩的意料,加斯东给了他们一个心平气和的、几乎是以父亲口吻写的答复,洋洋两大张纸都是提醒他们在感情上不要反复无常,最后一段还明确地表示了祝愿,希望他俩像他在短暂的夫妻生活中一样幸福。他的态度变化那样突然,以至阿玛兰塔·乌苏拉觉得她丈夫早就要抛弃她,这会儿正好给他提供了一个借口,因此她感到受了侮辱。又过了六个月,加斯东从利奥波德维尔给她写信说,他在那儿终于收到了飞机,现在只求她把脚踏车给他寄去,还说,在他留在马贡多的所有东西中,这是惟一有爱的价值的。这时她更觉得怒不可遏了。奥雷良诺耐心地同她一起分担了这种恼怒,他竭力表明,无论是在顺利的时候还是在逆境中.他都会是个好丈夫。加斯东留下的钱用完了,生活的窘迫使他们之间产生了一种同舟共济的感情,这虽不及狂乱那样使人眼花缭乱、那样热烈,但却使两人情笃如初,同纵欲欢闹时一样幸福。到庇拉·特内拉死的时候,她正怀着孩子。

在怀孕困倦的时候,阿玛兰塔·乌苏拉想建一个鱼骨项链工场。可是,除了梅尔赛德丝买了她一打项链外根本没有人来买。奥雷良诺第一次明白,他学习语言的本领、他的万宝全书似的知识、他未经了解就能详细地回忆起遥远的地方的那种罕见才能,就跟他女人那只宝石箱子一样毫无用处。那时候,她的箱子的价值相当于把马贡多最后的居民们的钱放在一起。他俩奇迹般地幸存了下来。阿玛兰塔·乌苏拉情绪一直很好,在玩爱情游戏时还是那样别出心裁。她习惯于在午饭后坐在长廊里,睡上一会儿不眠的、沉思的午觉,奥雷良诺总是陪伴在她的身旁。有时他俩一声不响地坐到黄昏,脸对着脸,眼睛望着眼睛。他俩在平静中相爱就像过去在狂恋时一样缠绵。未来的渺茫使他们的心转向了过去。他们仿佛看到自己在大雨期间那个肮脏的天堂里,在院子里的泥水坑里拍水,追打蜥蜴,然后把它们挂在乌苏拉的身上,玩着把她活埋的游戏。这些回忆为他们揭示了一个事实,那就是他俩从记事起就曾幸福地在一起。回忆的深入使阿玛兰塔·乌苏拉想起有一天下午,她走进做金银器的工作间,她母亲告诉她,小奥雷良诺是没有父母的孩子,他是躺在一只小篮子里漂流时被人发现的。虽然他们觉得这种说法不可信,但又没有确切的材料来取代这种说法。他们仔细研究了各种可能性,惟一可以肯定的是,菲南达不是奥雷良诺的母亲,阿玛兰塔·乌苏拉倾向于相信他是佩特拉·科特的儿子,她只记得有关佩特拉·科持的丑事的一些传闻。这种假设使他俩产生了一种揪心的恐惧。

奥雷良诺因为确信自己是妻子的兄弟而深感苦恼,于是,他溜到神父家里,想在那破烂的、虫蛀了的档案里找到一点有关他父母的确切线索。他找到一本最早的洗礼册,那上面写着阿玛兰塔·布恩地亚的名字,她是在少女时代由尼卡诺尔·雷依纳神父主持洗礼仪式的。那时,神父正试图用巧克力这个手段来证实上帝的存在。奥雷良诺曾想像自己可能是十七个奥雷良诺兄弟之一。这十七人的生日散记在四本洗礼册上,可是他们的生日与奥雷良诺的年龄相比,都太远了。患关节炎的教区神父躺在吊床上一直在注意他,看他犹犹豫豫地在一个个血统的迷宫中徘徊,便同情地问他叫什么名字。

"奥雷良诺·布恩地亚。"他说。

"那你就别拼命去找了,"神父把握十足地说,"好多年前,这儿有条街就叫这个名字,那时候人们有用街名给孩子取名的风俗。"

奥雷良诺气得发抖。

"好哇!"他说,"这么说,您也不相信!"

"不相信什么?"

"不相信奥雷良诺·布恩地亚上校发动了三十二次内战,全都失败了。"

543

奥雷良诺回答,"不相信军队围困了三千工人,把他们全枪毙了,还用一列两百节车厢的火车把尸体运去扔进了大海。"

神父用怜悯的目光打量了他一眼。

"哎,孩子啊,"他叹了口气说,"我只要知道这会儿你和我都还活着就足够啦!"

就这样,奥雷良诺和阿玛兰塔·乌苏拉接受了小篮子的说法,并不是因为他们都相信了,而是因为这种说法使他们摆脱了恐惧。随着孕期的进展,他们俩慢慢变成了一个人。在一座只消再吹口气就能使它崩塌的房子里,在孤独之中,他们渐渐地化为一体。他们占据的空间缩小到了不能再小的地步:从菲南达的房间——在这里他们初尝到安定的爱情之乐——到长廊的尽头,——阿玛兰塔·乌苏拉坐在这里编结婴儿的小靴、小帽,奥雷良诺在这里答复加泰罗尼亚学者偶尔写来的信件。房子的其他地方就任其不可抗拒地毁坏覆灭。银匠工作间、墨尔基阿德斯的房间以及圣女塔索菲姬·德·拉·佩达的那原始的、宁静的王国就留在一座私家森林的深处,谁也没有胆量去摸清它。奥雷良诺和阿玛兰塔·乌苏拉虽然被大自然的贪婪所包围,但他们仍然种植着牵牛花和海棠,他们用石灰粉画线包围着自己的地盘,在这渊源太古人蚁之战中构筑着最后的堑壕。阿玛兰塔·乌苏拉的头发又长又乱,清晨起床脸上出现一块块紫斑,双腿水肿,那鼬鼠似的古老而充满爱情的身子也变了形,使她看起来不像当初提着一笼子倒霉的金丝雀,牵着俘来的丈夫回家时那样年轻,但她那活泼的天性却丝毫未改。"见鬼!"她常笑着说,"谁会想到我们真的到头来会像野人一样活着。"怀孕六个月时,他们收到一封显然不是加泰罗尼亚学者写来的信,从此,他们与世界的最后联系被割断了。信是从巴塞罗那寄来的,但是信封是用普通的蓝墨水和公文字体写的,有一种仇人信件清白公正的外表。阿玛兰塔·乌苏拉正要拆信,奥雷良诺从她手里把信夺走了。

"这封信别拆,"他说,"我不想知道上面写些什么。"

正如他预感到的,加泰罗尼亚学者再也没给他写信。那封旁人的来信后来谁也没有拆看,丢在菲南达曾把结婚戒指忘记在上面的那只壁灯架上听凭蛀虫摆布,让那坏消息的邪火慢慢地把它吞掉。此刻,两个孤独的情人正在末日的时光里逆水行舟,那蛮横的、不祥的时间徒劳地想把他俩推向失望和遗忘的荒漠。奥雷良诺和阿玛兰塔·乌苏拉感觉到了这种危险。在最后几个月的时间里,他俩手拉着手,以至诚的爱情育成了在偷情中得到的孩子。夜晚,他俩拥抱在床上,静听着蚂蚁在月光下的哄闹声、蛙虫啃食东西的巨响、隔壁房间里野草生长时持续而清晰的尖叫声,心中却一点也不害怕。有许多次鬼魂的忙碌声把他们吵醒。他们听到乌苏拉为了保存她的家族在跟造化搏斗,听到霍塞·阿卡迪奥·布恩地亚在寻找伟大发明的神秘真诣,听见菲南达在祈祷,听见奥雷良诺·布恩地亚上校为战争的骗局和金制小鱼使性发狂,还听见奥雷良诺第二在晕头转向的欢闹中为孤独而奄奄一息。于是他俩明白了,一种占上风的固执念头能把死神压倒。他们相信,即使他俩变成鬼魂。即使虫子从人手中夺走,其他动物又从昆虫的口中夺走了这座贫困的乐园,他俩还会长久地相爱下去。想到这点,他们又感到沉浸在幸福之中了。

一个星期天下午六点钟,阿玛兰塔·乌苏拉感到了分娩的阵痛。一个专为卖身糊口的女孩子们接产的产婆,笑眯眯地把她扶到饭厅的桌子上。然后跨坐在她的肚子上,蹬呀压的直到她的喊叫声被一个大胖男孩的啼哭声淹没。阿玛兰塔·乌苏拉透过泪珠看到了一个个头极大的布恩地亚家的后裔,他强壮、好动,很像那些叫霍塞·阿卡迪奥的;但那静大的眼睛和锐利的目光,却又酷似那些叫奥雷良诺的。这孩子生下来就是为了重振血统,清除它的恶习,改变它孤独的本性,因为他是一个世纪来惟一由爱情孕育出来的后代。

"一个十足的野小子,"她说,"叫他罗德里戈吧!"

"不,"她丈夫反对说,"叫他奥雷良诺,他准能打赢二十二场战争。"

产婆给他割断了脐带,然后,由奥雷良诺掌灯,开始用布片给他擦去裹在身上的蓝色浆水。等到把孩子翻过身来,这才发现孩子比别人多长了点东西,低头细看,原来是一条猪尾巴。

奥雷良诺和阿玛兰塔·乌苏拉并不惊慌,因为他俩既不知道家族史上的先例,也记不得乌苏拉那些吓人的警告,何况产婆安慰说,那条无用的尾巴也许在孩子换牙时就可以割掉。此后就没有时间再去想这事了,因为阿玛兰塔·乌苏拉产后血崩。大家想用蜘蛛网和灰团给她止血,可是就像用双手捂水龙头似的按不住。开始几个钟头,她极力保持良好的情绪。她抓住受惊的奥雷良诺的手,求他不要着急,还说像她这样的人不想死是死不了的。她看着产婆的那些可怕的办法放声大笑。但随着奥雷良诺的希望一个接一个地破灭,她的笑容逐渐看不见了,仿佛消失在亮光之中。最后,她终于陷入了昏睡。星期一的黎明,请来了一个女人在她床边念止血咒,本来这对人畜都是百试不爽的,可是阿玛兰塔·乌苏拉奔放的热血对于爱情以外的任何办法都无动于衷。经过绝望的二十四小时以后,当天下午,大家得知她死了,因为没有得到救助,血流尽了。她脸部轮廓分明,一块块紫斑消失在一片雪白的霞光里,重新露出了笑容。

奥雷良诺这时才感到他多么想念他的朋友们,为了在这时候能同他们在一起他可以献出一切。他把孩子放在阿玛兰塔·乌苏拉生前准备好的摇篮里,用毯子盖住了死者的脸,就走出门去,漫无目标地在荒凉的镇子里游荡,想寻找一条回到过去的小道。他去敲药房的门,最近一段时间里他没去过那里,结果他看到的却是一家木匠铺。手拿着灯盏来给他开门的老太婆,听了他的胡言乱语觉得他挺可怜,但她坚持说那里从来没有什么药房,也从来不认识那个脖子细长、有一双倦眼的叫做梅尔赛德丝的女人。他走到加泰罗尼亚学者过去的书店门前,头倚着门扉痛哭起来。他明白他是在补哭,对于阿玛兰塔·乌苏拉的死他本该当场就哭的,可是为了不破坏那爱情的幻景,他把它推迟了。他走到金童乐园,连声呼喊着庇拉·特内拉的名字,他伸出拳头打在泥灰路上,把手也打破了。天空中穿过一个个闪着金光的圆盘。在过去节日的晚上,他曾多少次站在养着石鵟的院子里,用一种天真的惊奇神态注视过它们,现在他却对此毫无兴趣。在废弃的游乐区的最后一只开着的酒店里,一个手风琴乐队正在演奏拉法埃尔·埃斯卡洛纳的歌曲。他是主教的侄儿,他继承了好汉弗朗西斯科的绝招。店主有一条萎缩了的手臂,仿佛因为他对他母亲挥过手臂而被灼焦了,他请奥雷良诺共饮一瓶烧酒,奥雷良诺也回请了一瓶。店主讲述他的手臂的不幸,奥雷良诺则诉说他内心的辛酸,他的心枯萎了,仿佛是因为倾心于他的姐妹而被灼焦了。最后,两个人抱头痛哭。奥雷良诺一时觉得心中的悲痛哭完了。但是到了马贡多的最后一个早晨,又剩下他一个人的时候,他走到广场中央张开双臂,就像要唤醒整个世界似的用足力气高声喊:

"朋友都是婊子养的!"

尼格鲁曼塔从混杂着眼泪和呕吐的污秽的泥淖中把他救起,把他带到自己房间里,替他擦洗干净,端汤给他喝。她一笔勾销了他欠她的数不清的爱情债,她还主动诉说自己最寂寞的哀愁,免得他一个人哭个没完,她相信这么做能给他安慰。第二天清早,奥雷良诺从短暂的昏睡中醒来,感到头疼,他睁开眼睛,想起了孩子。

孩子没在摇篮里。他的第一个反应,是感到一阵突然的喜悦,他以为阿玛兰塔·乌苏拉从死亡中苏醒过来去照料孩子了,可是她的遗体像一堆石头,直挺挺地躺在毯子下面。他发觉,进门时卧室的门是开着的,于是它穿过牛至花吐着清香的长廊,探身朝饭厅里张望了一下,只见分娩时的脏物还在那里:大水锅、血污的床单、灰盆和桌上摊开的尿布中放着孩子蜷曲的脐带,还有剪刀和丝线。产婆晚上把孩子抱走了,他这么想,这使他有空冷静下来回想往事。他倒在摇椅里,这张摇椅,早年雷蓓卡曾坐在上面教人绣花,阿玛兰塔曾坐在上面和赫里奈多·马尔克斯上校下过围棋,阿玛兰塔·乌苏拉坐在上面缝制过孩子的小衣服。在闪电般清醒的瞬间,他明白自己的内心无力承受那么多往事的重压。受到自己的和别人的怀恋那致命尖刀的刺伤,他不禁佩服起凋谢的玫瑰上的蜘蛛网的坚韧,钦佩野麦的顽强和二月清晨日出时空气的耐心。这时,他看到了孩子,他已经成了一张肿胀干枯的皮了,全世界的蚂蚁群一起出动,正沿着花园的石子小路费力地把他拖到蚁穴中去。这时,奥雷良诺动弹不得,倒不是因为惊呆了,而是因为在这奇妙的瞬间,他领悟墨尔基阿德斯具有决定意义的密码,他发现羊皮纸上的标题完全是按照人们的时间和空间排列的:家族的第一人被绑在一棵树上,最后一个人正在被蚂蚁吃掉。

奥雷良诺一生中再也没有比此刻更大彻大悟了。他忘记了两个死者,忘记了丧妻失子的哀痛,回头就用菲南达的十字花织物把门窗钉起来,免得自己被世上的诱惑惊扰,因为这时他明白了,在墨尔基阿德斯的羊皮书上写着他的归宿。史前植物丛、冒着水汽的泥潭、闪光的昆虫,把世人的足迹从房间里全部抹去了,但在这中间,他却看到羊皮书完好无损。奥雷良诺等不及把羊皮书拿到亮光下去,就站在原地毫不费力地大声把它们译了出来,就如在正午的艳阳下读西班牙文一样。这是墨尔基阿德斯提前一百年写就的这个家族的历史,细枝末节无不述及。他用自己的母语梵文写成。那些逢双的韵文用的是奥古斯托大帝的私人密码,逢单的则用斯巴达国的军用密码。最后一个关键,——当初奥雷良诺快要看出来时,却被阿玛兰塔·乌苏拉的爱情迷住了——在于墨尔基阿德斯没有把事情按人们惯用的时间程序排列,而是把一个世纪的琐碎事件集中在一起,使他们共存于一瞬间。奥雷良诺对这一发现心醉神迷,他逐字逐句地大声朗读那段训谕,这段训谕墨尔基阿德斯曾亲念给阿卡迪奥听过,实际上那是他将被处决的预言。奥雷良诺看到羊皮书上预言了一个世界上最美丽的女人的降生,说她的肉体和精神正在飞升。他还看到一对孪生的遗腹子的来历,他们拒绝译读羊皮书,这不仅因为他们无能和缺乏毅力,也因为他们的想法不成熟。看到这里,他急着想知道自己的来历,就跳过了几页。这时,外面起风了,那刚刚吹起的和风中充满着过去的声音,有古老的天竺葵的絮絮低语,还有人们在感到最深切的怀念之前发出的失望的叹息。这一切他都没有听见,因为这时他正巧发现了他自己的初步线索。那上面谈到了一个好色的祖父,轻浮使他穿越了一片幻觉的荒野,去寻找一个漂亮的女人,但女人没有使他幸福。奥雷良诺认出了他。循着他的秘密的传代线索,奥雷良诺找到了自己在一个昏暗的浴室里,在蝎子和黄蛾子中间开始孕育的时刻。在那里,一个工匠在一个女人身上发泄着情欲,而那女人是出于对家庭的反抗而委身于他。奥雷良诺全神贯注地看着,第二阵风吹来他也没有发觉。飓风般的风力把门窗都吹脱了臼,掀掉了东面走廊的屋顶,拔出了房基。这时候,奥雷良诺才发现阿玛兰塔·乌苏拉原来不是他的姐妹,而是他的姑母。而弗朗西斯·德雷克袭击里约阿查只不过是为了让他们在错综复杂的血统迷宫中去寻找自己,直到生下那个终结家族的、神话般的动物为止。马贡多在《圣经》上记载的那种飓风的狂怒袭击,已经变成了四下抛洒灰尘和瓦砾的可怕旋涡。这时,奥雷良诺觉得这些内容太熟悉了,不想浪费时间,于是又跳过了十一页,开始译读有关他正在度过的这一刻的情况。他一面读,一面就过着这段时间,并预测自己在读完羊皮书后的情景,如同在照一面会说话的镜子。这时候,为了早些看到有关他死的预言,以便知道死的日期和死时的情景,他又跳过几页。但是,他还没有把最后一句话看完,就已经明白了,他从此再也不会离开这间屋子,因为这座镜子城(或称幻景城)在奥雷良诺·巴比洛尼亚译读出全本羊皮书的时刻,将被飓风刮走,并将从人们的记忆中完全消失。这手稿上所写的事情过去不曾,将来也永远不会重复,因为命中注定要一百年处于孤独的世家决不会有出现在世上的第二次机会。

(黄锦炎 沈国正 陈泉 等译)

注释:①这里所选的是马尔克斯的代表作《百年孤独》的最后一章,也是小说的高潮所在。随着小镇的凋零,人气的衰微,女人的难产死亡,猪尾巴孩子的降生和正在被蚂蚁吞噬,那张多年来无人能读懂的、写在羊皮书上的布恩地亚家族的密码,顷刻间被奥雷良诺奇迹般地译读了。而就在他译读的同时。这座曾经从无到有的百年小镇也将在飓风中,在人们的记忆中永远消失。魔幻现实主义的艺术魅力就这样被作家魔幻般地展示出来。②塞涅卡:古罗马哲学家、戏剧家。③奥维德(前43—约18):古罗马诗人。④贺拉斯(前65—前8):古罗马诗人。⑤拉伯雷(约1495—1553):法国作家,人文主义者,著有《巨人传》。

伊豆的舞女①

一

山路变得弯弯曲曲,快到天城岭了。这时,骤雨白亮亮地笼罩着茂密的杉林,从山麓向我迅猛地横扫过来。

那年我二十岁,头戴高等学校②的制帽,身穿藏青碎白花纹上衣和裙裤,肩挎一个学生书包。我独自到伊豆旅行,已是第四天了。在修善寺温泉歇了一宿,在汤岛温泉住了两夜,然后登着高齿木屐爬上了天城山。重叠的山峦,原始的森林,深邃的幽谷,一派秋色,实在让人目不暇接。可是,我的心房却在猛烈跳动。因为一个希望在催促我赶路。这时候,大粒的雨点开始敲打着我。我跑步登上曲折而陡峭的山坡,好不容易爬到了天城岭北口的一家茶馆,吁了一口气,呆若木鸡地站在茶馆门前。我完全如愿以偿。巡回艺人一行正在那里小憩。

舞女看见我呆立不动,马上让出自己的坐垫,把它翻过来,推到了一旁。

"噢……"我只应了一声,就在这坐垫上坐下。由于爬坡气喘和惊慌,连"谢谢"这句话也卡在嗓子眼里说不出来了。

我就近跟舞女相对而坐,慌张地从衣袖里掏出一支香烟。舞女把随行女子跟前的烟灰碟推到我面前。我依然没有言语。

舞女看上去约莫十七岁光景。她梳理着一个我叫不上名字的大发髻,发型古雅而又奇特。这种发式,把她那严肃的鹅蛋形脸庞衬托得更加玲珑小巧,十分匀称,真是美极了。令人感到她活像小说里的姑娘画像,头发特别丰厚。舞女的同伴中,有个四十出头的妇女、两个年轻的姑娘;还有一个二十五六岁的汉子,他身穿印有长冈温泉旅馆字号的和服外褂。

舞女这一行人至今我已见过两次。初次是在我到汤岛来的途中,她们正去修善寺,是在汤川桥附近遇见的。当时有三个年轻的姑娘。那位舞女提着鼓。我不时地回头看看她们,一股旅行的情趣油然而生。然后是翌日晚上在汤岛,她们来到旅馆演出。我坐在楼梯中央,聚精会神地观赏着那位舞女在门厅里跳舞。

……她们白天在修善寺,今天晚上来到汤岛,明天可能越过天城岭南行去汤野温泉。在天城山二十多公里的山路上,一定可以追上她们的。我就是这样浮想联翩,急匆匆地赶来的。赶上避雨,我们在茶馆里相遇了。我心里七上八下。

不一会儿,茶馆老太婆把我领到另一个房间去。这房间大概平常不用,没有安装门窗。往下看去,优美的幽谷,深不见底。我的肌肤起了鸡皮疙瘩,牙齿咯咯作响,浑身颤抖了。我对端茶进来的老太婆说了声:"真冷啊!"

"唉哟! 少爷全身都淋湿了。请到这边取取暖,烤烤衣服吧。"

老太婆话音未落,便拉着我的手,把我领到她们的起居室去了。

这个房间里装有地炉,打开拉门,一股很强的热气便扑面而来。我站在门槛边踟蹰不前。只见一位老大爷盘腿坐在炉边。他浑身青肿,活像个溺死的人。他那两只连瞳孔都黄浊的、像是腐烂了的眼睛,倦怠地朝我这边瞧着。身边的旧信和纸袋堆积如山。说他是被埋在这些故纸堆里,也不过分。我呆呆地只顾望着这个山中怪物,怎么也想象不出他还是个活人。

"让你瞧见这副有失体面的模样……不过,他是我的老伴,你别担心。他相貌丑陋,已经动弹不了,请将就点吧。"老太婆这么招呼说。

据老太婆谈,老大爷患了中风症,半身不遂。他身边的纸山,是各县寄来的治疗中风症的药方,以及从各县邮购来的盛满治疗中风症药品的纸袋。听说,凡是治疗中风症的药方,不管是从翻山越岭前来的旅客的口中听到的,或是从新闻广告中读到的,他都一一打听,照方抓药。这些信和纸袋,他一张也不扔掉,都堆放在自己的身边,凝视着它们打发日子。天长日久,这些破旧的废纸就堆积如山了。

老太婆讲了这番话,我无言以对,在地炉边上一味把脑袋耷拉下来。越过山岭的汽车,震动着房子。我落入沉思:秋天都这么冷,过不多久白雪将铺

550

满山头,这位老大爷为什么不下山呢? 我的衣衫升腾起一股水蒸气,炉火旺盛,烤得我头昏脑涨。老太婆在铺面上同巡回演出的女艺人攀谈起来。

"哦,先前带来的姑娘都这么大了吗? 长得蛮标致的。你也好起来了,这样娇美。姑娘家长得真快啊。"

不到一小时的工夫,传来了巡回演出艺人整装出发的声响。我再也坐不住了。不过,只是内心纷乱如麻,却没有勇气站起来。我心想:虽说她们长期旅行走惯了路,但毕竟还是女人,就是让她们先走一二公里,我跑步也能赶上。我身在炉旁,心却是焦灼万分。尽管如此,她们不在身旁,我反而获得了解放,开始胡思乱想。老太婆把她们送走后,我问她:

"今天晚上那些艺人住在什么地方呢?"

"那种人谁知道会住在哪儿呢,少爷。什么今天晚上,哪有固定住处的哟。哪儿有客人,就住在哪儿呗。"

老太婆的话,含有过于轻蔑的意思,甚至煽起了我的邪念:既然如此,今天晚上就让那位舞女到我房间里来吧。

雨点变小了,山岭明亮起来。老太婆一再挽留我说:"再呆十分钟,天空放晴,定会分外绚丽。"可是,说什么我再也坐不住了。

"老大爷,请多保重,天快变冷了。"我由衷地说一句,站了起来。老大爷呆滞无神,动了动枯黄的眼睛,微微点了点头。

"少爷! 少爷!"老太婆边喊边追了过来,"你给这么多钱,我怎么好意思呢。真对不起啊。"

她抱住我的书包,不想交给我。我再三婉拒,她也不答应,说要把我直送到那边。她反复唠叨着同样的话,小跑着跟在我后头走了一町远。

"怠慢了,实在对不起啊! 我会好生记住你的模样。下次路过,再谢谢你。下次你一定来呀。"

我只是留下一个五角钱的银币,她竟如此惊愕,感动得热泪都快要夺眶而出。而我只想尽快赶上舞女。老太婆步履蹒跚,反而难为我了。我们终于来到了山岭的隧道口。

"太谢谢了。老大爷一个人在家,请回吧。"我说过之后,老太婆好歹才放开了书包。

走进黑魆魆的隧道,冰凉的水嘀嘀嗒嗒地落下来。前面是通向南伊豆的出口,露出了小小的亮光。

二

　　山路从隧道出口开始,沿着崖边围上了一道刷成白色的栏杆,像一道闪电似地伸延过去。极目展望,山麓如同一副模型,从这里可以窥见艺人们的倩影。走了不到七百米,我追上了她们一行。但我不好突然放慢脚步,便佯装冷漠的样子,赶过了她们。独自走在前头二十米远的汉子,一看见我,就停住了步子。

　　"您走得真快……正好,天放晴了。"

　　我如释重负,开始同这汉子并肩行走。这汉子连珠炮似地向我问东问西。姑娘们看见我们俩人谈开了,便从后面急步赶了上来。

　　这汉子背着一个大柳条包。那位四十岁的女人,抱着一条小狗。大姑娘挎着包袱。另一个姑娘拎着柳条包。各自都拿着大件行李。舞女则背着鼓和鼓架。四十岁的女人慢慢地也同我搭起话来。

　　"他是高中生呐。"大姑娘悄声对舞女说。

　　我一回头,舞女边笑边说:

　　"可能是吧。这点事我懂的。学生哥常来岛上的。"

　　这一行是大岛波浮港人。她们说,她们春天出岛,一直在外,天气转冷了,由于没做过冬准备,计划在下田呆十天左右,就从伊东温泉返回岛上。一听说是大岛,我的诗兴就更浓了。我又望了望舞女秀美的黑发,询问了大岛的种种情况。

　　"许多学生哥都来这儿游泳呢。"舞女对女伴说。

　　"是在夏天吧?"我回头问了一句。

　　舞女有点慌张地小声回答说:"冬天也……"

　　"冬天也?……"

　　舞女依然望着女伴,舒开了笑脸。

　　"冬天也能游泳吗?"我重问了一遍。

　　舞女脸颊绯红,非常认真地轻轻点了点头。

　　"真糊涂,这孩子。"四十岁的女人笑了。

　　到汤野,要沿着河津川的山涧下行十多公里。翻过山岭,连山峦和苍穹的色彩也是一派南国的风光。我和那汉子不住地倾心畅谈,亲密无间。过了获乘、梨本等寒村小庄,山脚下汤野的草屋顶,便跳入了眼帘。我断然说出要同她们一起旅行到下田。汉子喜出望外。

来到汤野的小客店前,四十岁的女人脸上露出了惜别的神情。那汉子便替我说:

"他说,他要跟我们搭伴呐。"

她漫不经心地答道:"敢情好。'出门靠旅伴,处世靠人缘'嘛。连我们这号微不足道的人,也能给您消愁解闷呐。请进来歇歇吧。"

姑娘们都望了望我,显出若无其事的样子。她们一句话也没说,只是羞答答地望着我。

我和大家一起登上客店的二楼,把行李卸了下来。铺席、隔扇又旧又脏。舞女从楼下端茶上来。她刚在我的面前跪坐下来,脸就臊红了,手不停地颤抖,茶碗险些从茶碟上掉下来,于是她就顺势把它放在铺席上了。茶碗虽没落下,茶却洒了一地。看见她那副羞涩柔媚的表情,我都惊呆了。

"哟,讨厌。这孩子有恋情哩。瞧,瞧……"四十岁的女人吃惊地紧蹙起双眉,把手巾扔了过来。舞女捡起手巾,拘谨地揩了揩铺席。

我听了这番意外的话,猛然联想到自己。我被山上老太婆煽起的遐思,戛然中断了。

这时候,四十岁的女人仔细端详了我一番,抽冷子说:

"这位书生穿藏青碎白花纹布衣,真是潇洒英俊啊。"

她还反复地问身旁的女人:"这碎白花纹布衣,同民次的是一模一样的。瞧,对吧,花纹是不是一样呢?"

然后,她对我说:

"我在老家还有一个上学的孩子。现在想起来了,你这身衣服的花纹,同我孩子那身碎白花纹是一模一样的。最近藏青碎白花纹布好贵,真难为我们啊。"

"他上什么学校?"

"上普通小学五年级。"

"噢,上普通小学五年级,太……"

"是上甲府的学校。我长年住在大岛,老家是山梨县的甲府。"

小憩一小时之后,汉子带我到了另一家温泉旅馆。这以前,我只想着要同艺人们同住在一家小客店里。我们从大街往下走过百来米的碎石路和石台阶,渡过小河边公共浴场旁的一座桥。桥那边就是温泉旅馆的庭院。

我在旅馆的室内浴池洗澡,汉子跟着进来了。他说,他快二十四岁了,妻子两次怀孕,不是流产,就是早产,胎儿都死了。他穿着印有长冈温泉字号的和服短外褂,起先我以为他是长冈人。从长相和言谈来看,他是相当有知识的。我想,他要么是出于好奇,要么是迷上了卖艺的姑娘,才帮忙拿行李跟着来的。

洗完澡,我马上吃午饭。早晨八点离开汤岛,这会儿还不到下午三点。

汉子临回去时,从庭院里抬头望着我,同我寒暄了一番。

"请拿这个买点柿子尝尝吧!从二楼扔下去,有点失礼。"我说罢,把一小包钱扔了下去。汉子谢绝了,想要走过去,但纸包却已落在庭院里,他又回头捡了起来。

"这样不行啊。"他说着把纸包抛了上来,落在茅屋顶上。我又一次扔下去。他就拿走了。

黄昏时分,下了一场暴雨。巍巍群山染上了一层白花花的颜色。远近层次已分不清了。前面的小河,眼看着变得浑浊,成为黄汤了。流水声更响了。这么大的雨,舞女们恐怕不会来演出了吧。我心里这么想,可还是坐立不安,一次又一次地到浴池去洗澡。房间里昏昏沉沉的。同邻室相隔的隔扇门上,开了一个四方形的洞,门框上吊着一盏电灯。两个房间共用一盏灯。

暴雨声中,远处隐约传来了咚咚的鼓声。我几乎要把挡雨板抓破似地打开了它,把身子探了出去。鼓声迫近了。风雨敲打着我的头。我闭目聆听,想弄清那鼓声是从什么地方传来、又是怎样传来的。良久,又传来了三弦琴声。还有女人的尖叫声、嬉闹的欢笑声。我明白了,艺人们被召到小客店对面的饭馆,在宴会上演出。可以辨出两三个女人的声音和三、四个男人的声音。我期待着那边结束之后,她们会到这边来。但是,那边的筵席热闹非凡,看来要一直闹腾下去。女人刺耳的尖叫声像一道道闪电,不时地划破黑魆魆的夜空。我心情紧张,一直敞开门扉,惘然呆坐着。每次听见鼓声,心胸就豁然开朗。

"啊,舞女还在宴席上坐着敲鼓呐,"

鼓声停息,我又不能忍受了。我沉醉在雨声中。

不一会儿,连续传来了一阵紊乱的脚步声。他们是在你追我赶,还是在绕圈起舞呢?嗣后,又突然恢复了宁静。我的眼睛明亮了,仿佛想透过黑暗,看穿这寂静意味着什么。我心烦意乱,那舞女今晚会不会被人玷污呢?

我关上挡雨板,钻进被窝,可我的心依然阵阵作痛。我又去浴池洗了个澡,暴躁地来回划着温泉水。雨停了,月亮出来了。雨水冲洗过的秋夜,分外皎洁,银亮银亮的。我寻思:就是赤脚溜出浴池赶到那边去,也无济于事。这时,已是凌晨两点多钟了。

三

翌日上午九时许,汉子又到我的住处来访。我刚起床,邀他一同去洗澡。南伊豆是小阳春天气,一尘不染,晶莹透明,实在美极了。在浴池下方的上涨的小河,承受着暖融融的阳光。昨夜的烦躁,自己也觉得如梦似幻。我对汉子说:

"昨夜里闹腾得很晚吧?"

"怎么,都听见了?"

"当然听见罗。"

"都是本地人。本地人净瞎闹,实在没意思。"

他装出无所谓的样子。我沉默不响。

"那伙人已经到对面的温泉浴场去了……瞧,似乎发现我们了,还在笑呐。"

顺着他手指的方向,我看见河对面那公共浴场里,热气腾腾的,七八个光着的身子若隐若现。

一个裸体女子突然从昏暗的浴场里首先跑了出来,站在更衣处伸展出去的地方,做出一副要向河岸下方跳去的姿势。她赤条条的一丝不挂,伸展双臂,喊叫着什么。她,就是那舞女。洁白的裸体,修长的双腿,站在那里宛如一株小梧桐。我看到这幅景象,仿佛有一股清泉荡涤着我的心。我深深地吁了一口气,噗嗤一声笑了。她还是个孩子呐。她发现我们,满心喜悦,就这么赤裸裸地跑到日光底下,踮起足尖,伸直了身躯。她还是个孩子呐。我更是快活、兴奋,又嘻嘻地笑了起来。脑子清晰得好像被冲刷过一样。脸上始终漾出微笑的影子。

舞女的黑发非常浓密,我一直以为她已有十七八岁了呢。再加上她装扮成一副妙龄女子的样子,我完全猜错了。

我和汉子回到了我的房间。不多久,姑娘到旅馆的庭院里观赏菊圃来了。舞女走到桥当中。四十岁的女人走出公共浴场,看见了她们俩人。舞女紧缩肩膀,笑了笑,让人看起来像是在说:要挨骂的,该回去啦。然后,她疾步走回去了。四十岁的女人来到桥边扬声喊道:

"您来玩啊!"

"您来玩啊!"大姑娘也同样说了一句。

姑娘们都回去了。那汉子到底还是静坐到傍晚。

晚间,我和一个纸张批发商下起围棋来,忽然听见旅馆的庭院里传来的鼓声。我刚要站起来,就听见有人喊道:

"巡回演出的艺人来了。"

"嗯,没意思,那玩意儿。来,来,该你下啦。我走这儿了。"纸商说着指了指棋盘。他沉醉在胜负之中了。我却心不在焉。艺人们好像要回去,那汉子从院子里扬声喊了一句:"晚安!"

我走到走廊上,招了招手。艺人们在庭院里耳语了几句,就绕到大门口去。三个姑娘从汉子身后挨个向走廊这边说了声:"晚安。"便垂下手施了个礼,看上去一副艺妓的风情。棋盘上刹时出现了我的败局。

"没法子,我认输了。"

"怎么会输呢。是我方败着嘛。走哪步都是细棋。"

纸商连瞧也不瞧艺人一眼,逐个地数起棋盘上的棋子来,他下得更加谨慎了。姑娘们把鼓和三弦琴拾掇好,放在屋角上,然后开始在象棋盘上玩五子棋。我本是赢家,这会儿却输了。纸商还一味央求说:"怎么样,再下一盘,再下一盘吧。"

我只是笑了笑。纸商死心了,站起身来。

姑娘们走到了棋盘边。

"今晚还到什么地方演出吗?"

"还要去的,不过……"汉子说着,望了望姑娘们。

"怎么样,今晚就算了,我们大家玩玩就算了。"

"太好了,太高兴了。"

"不会挨骂吧?"

"骂什么? 反正没客,到处跑也没用嘛。"

于是,她们玩起五子棋来,一直闹到十二点多才走。

556

舞女回去后,我毫无睡意,脑子格外清醒,走到廊子上试着喊了喊:

"老板! 老板!"

"哦……"一个年近六旬的老人从房间里跑出来,精神抖擞地应了一声。

"今晚来个通宵,下到天亮吧。"

我也变得非常好战了。

四

我们相约翌日早晨八点从汤野出发。我将高中制帽塞进了书包,戴上在公共浴场旁边店铺买来的便帽,向沿街的小客店走去。二楼的门窗全敞开着。我无意之间走了上去,只见艺人们还睡在铺席上。我惊慌失措,呆呆地站在廊道里。

舞女就躺在我脚跟前的那个卧铺上,她满脸绯红,猛地用双手捂住了脸。她和中间那位姑娘同睡一个卧铺。脸上还残留着昨夜的艳抹浓妆,嘴唇和眼角透出了些许微红。这副富有情趣的睡相,使我魂牵梦萦。她有点目眩似的,翻了翻身,依旧用手遮住了脸面,滑出被窝,坐到走廊上来。

"昨晚太谢谢了。"她说着,柔媚地施了个礼。我站立在那儿,惊慌得手足无措。

汉子和大姑娘同睡一个卧铺。我没看见这情景之前,一点儿也不知道他们俩是夫妻。

"对不起。本来打算今天离开,可是今晚有个宴会,我们决定推迟一天。如果您非今儿离开不可,那就在下田见吧。我们订了甲州屋客店,很容易找到的。"四十岁的女人从睡铺上支起了半截身子说。

我顿时觉得被人推开了似的。

"不能明天再走吗? 我不知道阿妈推迟了一天。还是有个旅伴好啊。明儿一起走吧。"

汉子说过后,四十岁的女人补充了一句:

"就这么办吧。您特意同我们作伴,我却自行决定延期,实在对不起……不过,明天无论发生什么情况,我们也得起程。因为我们的宝宝在旅途中天折了,后天是七七,老早就打算在下田做七七了。我们这么匆匆赶路,就是要赶在这之前到达下田。也许跟您谈这些有点失礼,看来我们特别有缘分。后

557

天也请您参加拜祭吧。"

于是,我也决定推迟出发,到楼下去。我等候他们起床,一边在肮脏的帐房里同客店的人闲聊起来。汉子邀我去散步。从马路稍往南走,有一座很漂亮的桥。我们靠在桥栏杆上,他又谈起自己的身世。他说,他本人曾一度参加东京新派剧②剧团。据说,这剧种至今仍经常在大岛港演出。刀鞘像一条腿从他们的行李包袱里露出来③。有时,也在宴席上表演仿新派剧,让客人观赏。柳条包里装有戏装和锅碗瓢勺之类的生活用具。

"我耽误了自己,最后落魄潦倒。家兄则在甲府出色地继承了家业。家里用不着我罗。"

"我一直以为你是长冈温泉的人呐。"

"是么?那大姑娘是我老婆,她比你小一岁,十九岁了。第二个孩子在旅途上早产,活了一周就断气了。我老婆的身子还没完全恢复过来呢。那位是我老婆的阿妈。舞女是我妹妹。"

"嗯,你说有个十四岁的妹妹?……"

"就是她呀。我总想不让妹妹干这行,可是还有许多具体问题。"

然后他告诉我,他本人叫荣吉,妻子叫千代子,妹妹叫薰子。另一个姑娘叫百合子,十七岁,惟独她是大岛人,雇用来的。荣吉非常伤感,老是哭丧着脸,凝望着河滩。

我们一回来,看见舞女已洗去白粉,蹲在路旁抚摸着小狗的头。我想回到自己的房间去,便说:

"来玩吧。"

"嗯,不过,一个人……"

"跟你哥哥一起来嘛。"

"马上就来。"

不大一会儿,荣吉到我下榻的旅馆来了。

"大家呢?"

"她们怕阿妈唠叨,所以……"

然而,我们俩人正摆五子棋,姑娘们就过了桥,嘎嘎地登上二楼来了。和往常一样,她们郑重地施了礼,接着依次跪坐在走廊上,踟蹰不前。第一个站起来的,是千代子。

"这是我的房间,请,请不要客气,进来吧。"

玩了约莫一个小时,艺人们到这旅馆的室内浴池洗澡去了。她们再三邀我同去,因为有三个年轻女子,所以我搪塞了一番,说我过一会儿再去。舞女马上一个人上楼来,转达千代子的话说:

　　"嫂嫂说请您去,好给您搓背。"

　　我没去浴池,同舞女下起五子棋来。出乎意料,她是个强手。循环赛时,荣吉和其他妇女轻易地输给我了。下五子棋,我实力雄厚,一般人不是我的对手。我跟她下棋,可以不必手下留情,尽情地下,心情是舒畅的。房间里只有我们俩人。起初,她离棋盘很远,要伸长手才能下子。渐渐地她忘却了自己,一心扑在棋盘上。她那显得有些不自然的秀美的黑发,几乎触到我的胸脯。她的脸倏地绯红了。

　　"对不起,我要挨骂啦。"她说着扔下棋子,飞跑出去。阿妈站在公共浴场前。千代子和百合子也慌里慌张地从浴池里走上来,没上二楼就逃回去了。

　　这天,荣吉从一早直到傍晚,一直在我的房间里游乐。又纯朴又亲切的旅馆老板娘告诫我说:请这种人吃饭,白花钱!

　　入夜,我去小客店。舞女正在向她的阿妈学习三弦琴。她一眼瞧见我,就停下手了。阿妈说了她几句,她才又抱起三弦琴。歌声稍为昂扬,阿妈就说:

　　"不是叫你不要扯开嗓门唱吗!可你……"

　　从我这边,可以望见荣吉被唤到对面饭馆的三楼客厅里念什么台词。

　　"那是念什么?"

　　"那是……谣曲呀。"

　　"念谣曲,气氛不谐调嘛。"

　　"他是个多面手,谁知他会演唱什么呢。"

　　这时,一个四十开外的汉子打开隔扇,叫姑娘们去用餐。他是个鸟商,也租了小客店的一个房间。舞女带着筷子同百合子一起到贴邻的小房间吃火锅。她和百合子一起返回这边房间的途中,鸟商轻轻地拍了拍舞女的肩膀。阿妈板起可怕的面孔说:

　　"喂,别碰这孩子!人家还是个姑娘呢。"

　　舞女口口声声地喊着大叔大叔,请求鸟商给她朗读《水户黄门漫游记》。但是,鸟商读不多久,便站起来走了。舞女不好意思地直接对我说"接着给我朗读呀",便一个劲儿请求阿妈,好像要阿妈求我读。我怀着期待的心情,把

559

说书本子拿起来。舞女果然轻快地靠近我。我一开始朗读,她就立即把脸凑过来,几乎碰到我的肩膀,表情十分认真,眼睛里闪出了光彩,全神贯注地凝望着我的额头,一眨也不眨。好像这是她请人读书时的习惯动作。刚才她同鸟商也几乎是脸碰脸的。我一直在观察她。她那双娇媚地闪动着的、亮晶晶的又大又黑的眼珠,是她全身最美的地方。双眼皮的线条,也优美得无以复加。她笑起来像一朵鲜花。用笑起来像一朵鲜花这句话来形容她,是恰如其分的。

不多久,饭馆女佣接舞女来了。舞女穿上衣裳,对我说:

"我这就回来,请等着我,接着给我读。"

然后,走到走廊上,垂下双手施礼说:

"我走了。"

"你绝不能再唱啦!"阿妈叮嘱了一句。舞女提着鼓,微微地点点头。阿妈回头望着我说:

"她现在正在变嗓音呢……"

舞女在饭馆二楼正襟危坐,敲打着鼓。我可以望见她的背影,恍如就在跟她贴邻的宴席上。鼓声牵动了我的心,舒畅极了。

"鼓声一响,宴席的气氛就活跃起来。"阿妈也望了望那边。

千代子和百合子也到同一宴席上去了。

约莫过了一小时,四人一起回来了。

"只给这点儿……"舞女说着,把手里攥着的五角钱银币放在阿妈的手掌上。我又朗读了一会儿《水户黄门漫游记》。她们又谈起宝宝在旅途中夭折的事来。据说,千代子生的婴儿十分苍白,连哭叫的力气也没有。即使这样,他还活了一个星期。

对她们,我不好奇,也不轻视,完全忘掉她们是巡回演出艺人了。我这种不寻常的好意,似乎深深地渗进了她们的心。不觉间,我已决定到大岛她们的家去。

"要是老大爷住的那间就好罗。那间很宽敞,把老大爷撵走就很清静,住多久都行,还可以学习呢。"她们彼此商量了一阵子,然后对我说,"我们有两间小房,山上那间是闲着的。"

她们还说,正月里请我帮忙,因为大家已决定在波浮港演出。

后来我明白了,她们的巡回演出日子并不像我最初想象的那么艰辛,而是无忧无虑的,旅途上更是悠闲自在。他们是母女兄妹,一缕骨肉之情把她们连结在一起。只有雇来的百合子总是那么腼腆,在我面前常常少言寡语。

夜半更深,我才离开小客店。姑娘们出来相送。舞女替我摆好了木屐。她从门口探出头来,望了望一碧如洗的苍穹。

"啊,月亮……明儿就去下田啦,真快活啊!要给宝宝做七七,让阿妈给我买把梳子,还有好多事呐。您带我去看电影好不好?"

巡回演出艺人辗转伊豆、相模的温泉浴场,下田港就是她们的旅次。这个镇子,作为旅途中的故乡,它飘荡着一种令人爱恋的气氛。

五

艺人们各自带着越过天城山时携带的行李。小狗把前腿搭在阿妈交抱的双臂上,一副缱绻的神态。走出汤野,又进入了山区。海上的晨曦,温暖了山腹。我们纵情观赏旭日。在河津川前方,河津的海滨历历在目。

"那就是大岛呀。"

"看起来竟是那么大。您一定来啊。"舞女说。

秋空分外澄澈,海天相连之处,烟霞散彩,恍如一派春色。从这里到下田,得走二十多公里。有段程路,大海忽隐忽现。千代子悠然唱起歌来。

她们问我:途中有一条虽然险峻却近两公里路程的山间小径,是抄近路还是走平坦的大道?我当然选择了近路。

这条乡间小径,铺满了落叶,壁峭路滑,崎岖难行。我下气不接上气,反而豁出去了。我用手掌支撑着膝头,加快了步子。眼看一行人落在我的后头,只听见林间送来说话的声音。舞女独自撩起衣服下摆,急匆匆地跟上了我。她走在我身后,保持不到两米的距离。她不想缩短间隔,也不愿拉开距离。我回过头去同她攀谈。她吃惊似地嫣然一笑,停住脚步回答我。舞女说话时,我等着她赶上来,她却依然驻足不前。非等我起步,她才迈脚。小路曲曲弯弯,变得更加险峻,我越发加快步子。舞女还是在后头保持二米左右的距离,埋头攀登。重峦叠嶂,寥无声息。其余的人远远落在我们的后面,连说话的声音也听不见了。

"家在东京什么地方?"

"不,我在学校住。"

561

"东京我也熟识,赏花时节我还去跳过舞呢……是在儿时,现在什么也不记得了。"

后来,舞女又断断续续地问了一通:"令尊健在吧?""您去过甲府吗?"她还谈起到了下田要去看电影,以及婴儿夭折一类的事。

爬到山巅,舞女把鼓放在枯草丛中的凳子上,用手巾擦了一把汗。她似乎要掸掉自己脚上的尘土,却冷不防地蹲在我跟前,替我抖了抖裙裤下摆。我连忙后退。舞女不由自主地跪在地上,索性弯着身子给我掸去身上的尘土,然后将撩起的衣服下摆放下,对站着直喘粗气的我说:

"请坐!"

一群小鸟从凳子旁飞起来。这时静得只能听见小鸟停落在枝头上时摇动枯叶的沙沙声。

"为什么要走得那么快呢?"

舞女觉得异常闷热。我用手指咚咚地敲了敲鼓,小鸟全飞了。

"啊,真想喝水。"

"我去找找看。"

转眼间,舞女从枯黄的杂树林间空手而归。

"你在大岛干什么?"

于是,舞女突然列举了三两个女孩子的名字,开始谈了起来。我摸不着头脑。她好像不是说大岛,而是说甲府的事。又好像是说她上普通小学二年级以前的小学同学的事。完全是东拉西扯,漫无边际。

约莫等了十分钟,三个年轻人爬到了山顶。阿妈还晚十分钟才到。

下山时,我和荣吉有意殿后,一边慢悠悠地聊天,一边踏上归程。刚走了两百多米,舞女从下面跑了上来。

"下面有泉水呢。请走快点,大家都等着你呢。"

一听说有泉水,我就跑步奔去。清澈的泉水,从林荫掩盖下的岩石缝隙里喷涌而出。姑娘们都站立在泉水的周围。

"来,您先喝吧。把手伸进去,会搅浑的。在女人后面喝,不干净。"阿妈说。

我用双手捧起清凉的水,喝了几口。姑娘们眷恋着这儿,不愿离开。她们拧干手巾,擦擦汗水。

下了山,走到下田的市街,看见好几处冒出了烧炭的青烟。我们坐在路旁的木料上歇脚。舞女蹲在路边,用粉红的梳子梳理着狮子狗的长毛。

"这样会把梳齿弄断的!"阿妈责备说。

"没关系。到下田买把新的。"

还在汤野的时候,我就想跟她要这把插在她额发上的梳子。所以她用这把梳子梳理狗毛,我很不舒服。

我和荣吉看见马路对面堆放着许多捆矮竹,就议论说:这些矮竹做手杖正合适,便抢先一步站起身来。舞女跑着赶上,拿来了一根比自己身材还长的粗竹子。

"你干什么用?"荣吉这么一问,舞女有点着慌,把竹子摆在我前面。

"给您当手杖用。我捡了一根最粗的拿来了。"

"可不行啊。拿粗的人家会马上晓得是偷来的。要是被发现,多不好啊。送回去!"

舞女折回堆放矮竹捆的地方以后,又跑了过来。这回她给我拿了一根中指般粗的。她身子一晃,险些倒在田埂上,气喘吁吁地等待着其他妇女。

我和荣吉一直走在她们的前面,相距十多米远。

"把那颗牙齿拔掉,装上金牙又有什么关系呢?"舞女的声音忽然飞进了我的耳朵。我扭回头来,只见舞女和千代子并肩行走,阿妈和百合子相距不远,随后跟着。她们似乎没有察觉我回头,千代子说:

"那倒是,你就那样告诉他,怎么样?"

她们好像在议论我。可能是千代子说我的牙齿不整齐,舞女才说出装金牙的话吧。她们无非是议论我的长相,我不至于不愉快。由于已有一种亲切之情,我也就无心思去倾听。她们继续低声谈论了一阵子,我听见舞女说:

"是个好人。"

"是啊,是个好人的样子。"

"真是个好人啊,好人就是好嘛。"

这言谈纯真而坦率,很有余韵。这是天真地倾吐情感的声音。连我本人也朴实地感觉到自己是个好人。我心情舒畅,抬眼望了望明亮的群山。眼睑微微作痛。我已经二十岁了,再三严格自省,自己的性格被孤儿的气质扭曲了。我忍受不了那种令人窒息的忧郁,才到伊豆来旅行的。因此,有人根据社会上的一般看法,认为我是个好人,我真是感激不尽。山峦明亮起来,已经快到下田海滨了。我挥动着刚才那根竹子,斩断了不少秋草尖。

途中，每个村庄的入口处都竖立着一块牌子：

"乞丐、巡回演出艺人禁止进村！"

六

"甲州屋"小客店坐落在下田北入口处不远。我跟在艺人们之后，登上了像顶楼似的二楼。那里没有天花板，窗户临街。我坐在窗边上，脑袋几乎碰到了房顶。

"肩膀不痛吗？"

"手不痛吗？"

阿妈三番五次地叮问舞女。

舞女打出敲鼓时那种漂亮的手势。

"不痛。还能敲，还能敲嘛。"

"那就好。"

我试着把鼓提起来。

"唉呀，真重啊。"

"比您想象的重吧。比你的书包还重呐。"舞女笑了。

艺人们和住在同一客店的人们亲热地相互打招呼。全是些卖艺人和跑江湖的家伙。下田港就像是这种候鸟的窝。客店的小孩儿小跑着走进房间，舞女把铜币给了他。我刚要离开"甲州屋"，舞女就抢先走到门口，替我摆好木屐，然后自言自语似地柔声说道：

"请带我去看电影吧。"

我和荣吉找了一个貌似无赖的男子带了一程路，到了一家旅店，据说店主是前镇长。浴罢，我和荣吉一起吃了午饭，菜肴中有新上市的鱼。

"明儿要做法事，拿这个去买束花上供吧。"我说着，将一小包为数不多的钱让荣吉带回去。我自己则不得不乘明早的船回东京，因为我的旅费全花光了。我对艺人们说学校里有事，她们也不好强留我了。

午饭后不到三小时，又吃了晚饭。我一个人过了桥，向下田北走去，攀登下田的富士山，眺望海港的景致。归途经过"甲州屋"，看见艺人们在吃鸡火锅。

"您也来尝尝怎么样？女人先下筷虽不洁净，不过可以成为日后的笑料哩。"阿妈说罢,从行李里取出碗筷,让百合子洗净拿来。

明天是宝宝夭折四十九天,哪怕推迟一天走也好嘛。大家又这样劝我。可是我还是拿学校有事做借口,没有答应她们。阿妈来回唠叨说:

"那么,寒假大家到船上来迎您,请通知我们日期。我们等着呐。就别去住什么旅馆啦,我们到船上去接您呀。"

房间里只剩下千代子和百合子,我邀她们去看电影,千代子按住腹部让我看:

"我身体不好,走那么些路,我实在受不了。"

她脸色苍白,有点精疲力尽。百合子拘束地低下头来。舞女在楼下同客店里的小孩儿游玩儿,一看见我,她就央求阿妈让她去看电影。结果脸上掠过一抹失望的阴影,茫然若失地回到了我这边,替我摆好了木屐。

"算了,让他带她一个人去不好吗?"荣吉插进来说。阿妈好像不应允。为什么不能带她一个人去? 我觉得不可思议。我刚要迈出大门,这时舞女抚摸着小狗的头。她显得很淡漠,我没敢搭话。她仿佛连抬头望我的勇气也没有了。

我一个人看电影去了。女解说员在煤油灯下读着说明书。我旋即走出来,返回旅馆。我把胳膊肘支在窗台上,久久地远眺着街市的夜景。这是黑暗的街市。我觉得远方不断隐约地传来鼓声。不知怎的,我的眼泪扑簌簌地滚落下来了。

七

动身那天早晨七点钟,我正在吃早饭,荣吉从马路上呼喊我。他穿了一件带家徽的黑外褂,这身礼服像是为我送行才穿的。姑娘们早已芳踪渺然。一种剐心的寂寞,从我心底里油然而生,荣吉走进我的房间,说:

"大家本来都想来送行的,可昨晚睡得太迟,今早起不来,让我赔礼道歉来了。她们说等着您冬天再来。一定来呀。"

早晨,街上秋风萧瑟。荣吉在半路上给我买了四包敷岛牌纸烟、柿子和"熏牌"清凉剂。

"我妹妹叫熏子。"他笑咪咪地对我说。"在船上吃桔子不好。柿子可以防止晕船,可以吃。"

565

"这个送给你吧。"

我脱下便帽，戴在荣吉的头上。然后从书包里取出学生制帽，把皱折展平。我们俩人都笑了。

快到码头，舞女蹲在岸边的倩影赫然映入我的心中。我们走到她身边以前，她一动不动，只顾默默地把头奢拉下来。她依旧是昨晚那副化了妆的模样，这就更加牵动我的情思。眼角的胭脂给她的秀脸添了几分天真、严肃的神情，使她像在生气。荣吉说：

"其他人也来了吗？"

舞女摇了摇头。

"大家还睡着吗？"

舞女点了点头。

荣吉去买船票和舢板票的工夫，我找了许多话题同她攀谈，她却一味低头望着运河入海处，一声不响。每次我还没把话讲完，她就一个劲点头。

这时，一个建筑工人模样的汉子走了过来：

"老婆子，这个人合适哩。"

"同学，您是去东京的吧？我们信赖您，拜托您把这位老婆子带到东京，行不行啊？她是个可怜巴巴的老婆子。她儿子早先在莲台寺的银矿上干活，这次染上了流感，儿子、儿媳都死掉了。留下三个这么小不丁点的孙子。无可奈何，俺们商量，还是让她回老家。她老家在水户。老婆子什么也不清楚，到了灵岸岛，请您送她乘上开往上野站的电车就行了。给您添麻烦了。我们给您作揖。拜托啦。唉，您看到她这般处境，也会感到可怜的吧。"

老婆子呆愣愣地站在那里，背上背着一个吃奶的婴儿。左右手各拖着一个小女孩，小的约莫三岁，大的也不过五岁光景。那个污秽的包袱里带着大饭团和咸梅。五六个矿工在安慰着老婆子。我爽快地答应照拂她。

"拜托啦。"

"谢谢，俺们本应把她们送到水户的，可是办不到啊。"矿工都纷纷向我致谢。

舢板猛烈地摇晃着。舞女依然紧闭双唇，凝视着一个方向。我抓住绳梯，回过头去，舞女想说声再见，可话到嘴边又咽了回去，然后再次深深地点了点头。舢板折回去了。荣吉频频地摇动着我刚才送给他的那顶便帽。直到船儿远去，舞女才开始挥舞她手中白色的东西。

轮船出了下田海面,我全神贯注地凭栏眺望着海上的大岛,直到伊豆半岛的南端,那大岛才渐渐消失在船后。同舞女离别,仿佛是遥远的过去了。老婆子怎样了呢? 我窥视船舱,人们围坐在她的身旁,竭力抚慰她。我放下心来,走进了贴邻的船舱。相模湾上,波浪汹涌起伏。一落坐就不时左跌右倒。船员依次分发着金属小盆⑤。我用书包当枕头,躺了下来。脑子空空,全无时间概念了。泪水簌簌地滴落在书包上。脸颊凉飕飕的,只得将书包翻了过来。我身旁睡着一个少年。他是河津一家工厂老板的儿子,去东京准备入学考试。他看见我头戴一高制帽,对我抱有好感。我们交谈了几句之后,他说:

　　"你是不是遭到什么不幸啦?"

　　"不,我刚刚同她离别了。"

　　我非常坦率地说了。就是让人瞧见我在抽泣,我也毫不在意了。我若无所思,只满足于这份闲情逸致,静静地睡上一觉。

　　我不知道海面什么时候昏沉下来。网代和热海已经耀着灯光。我的肌肤感到一股凉意,肚子也有点饿了。少年给我打开竹叶包的食物。我忘了这是人家的东西,把紫菜饭团抓起来就吃。吃罢,钻进了少年学生的斗篷里,产生了一股美好而又空虚的情绪,无论别人多么亲切地对待我,我都非常自然地接受了。明早我将带着老婆子到上野站去买前往水户的车票,这也是完全应该做的事。我感到一切的一切都融为一体了。

　　船舱里的煤油灯熄灭了。船上的生鱼味和潮水味变得更加浓重。在黑暗中,少年的体温温暖着我。我任凭泪泉涌流。我的头脑恍如变成了一池清水,一滴滴溢了出来,后来什么都没有留下,顿时觉得舒畅了。

(叶渭渠 译)

　　注释:①这是川端康成的成名作,写于 1926 年。小说通过一名大学预科学生与一名年轻的舞女之间产生的朦胧的爱情,细微地描绘了情窦初开的日本男女青年之间丰富而复杂的情感生活。小说当年即获日本"芥川龙之介"奖。②高等学校,即旧制大学预科。③新派剧是与歌舞伎相抗衡的现代戏。④刀鞘是新派剧表演武打时使用的道具。露出刀鞘,表明他们也演新派剧武打。⑤供晕船者呕吐用。

图书在版编目(CIP)数据

大学语文新编教程. 文学卷 / 毛信德主编.
—杭州：浙江大学出版社，2011.3（2024.8 重印）
ISBN 978-7-308-08408-6

Ⅰ.①大…　Ⅱ.①毛…　Ⅲ.①汉语－高等学校－教材
②文学史－世界－高等学校－教材　Ⅳ.①H1

中国版本图书馆 CIP 数据核字(2011)第 017625 号

大学语文新编教程·文学卷

毛信德　主编

责任编辑	傅百荣　李海燕
封面设计	刘依群
出版发行	浙江大学出版社
	（杭州市天目山路148号　邮政编码310007）
	（网址：http://www.zjupress.com）
排　　版	浙江时代出版服务有限公司
印　　刷	杭州杭新印务有限公司
开　　本	850mm×1168mm　1/32
印　　张	18.25
字　　数	538千字
版 印 次	2011年3月第1版　2024年8月第15次印刷
书　　号	ISBN 978-7-308-08408-6
定　　价	39.50元